THILO SARRAZIN

FEINDLICHE ÜBER- NAHME

Wie der Islam den Fortschritt behindert und die Gesellschaft bedroht

FBV

Bibliografische Information der Deutschen Nationalbibliothek:
Die Deutsche Nationalbibliothek verzeichnet diese Publikation in der Deutschen Nationalbibliografie. Detaillierte bibliografische Daten sind im Internet über http://dnb.d-nb.de abrufbar.

Für Fragen und Anregungen:
info@finanzbuchverlag.de

Originalausgabe, 1. Auflage 2018

© 2018 by FinanzBuch Verlag, ein Imprint der Münchner Verlagsgruppe GmbH
Nymphenburger Straße 86
D-80636 München
Tel.: 089 651285-0
Fax: 089 652096

Redaktion: Dr. Annalisa Viviani
Druck: GGP Media GmbH, Pößneck
Printed in Germany

ISBN Print 978-3-95972-162-2
ISBN E-Book (PDF) 978-3-96092-295-7
ISBN E-Book (EPUB, Mobi) 978-3-96092-296-4

Weitere Informationen zum Verlag finden Sie unter

www.finanzbuchverlag.de

Beachten Sie auch unsere weiteren Verlage unter www.m-vg.de.

Inhalt

Einleitung

In den letzten zehn Jahren hat es sich ergeben, dass ich immer mehr Artikel und Bücher las, die in irgendeiner Form die Religion des Islam berühren. Die christliche Kultur, in der ich aufgewachsen bin, ist mir kulturelle, aber nicht religiöse Heimat. Ich bin eher Agnostiker als religiös und habe Vorbehalte gegen Utopien jeder Art: Mit Unverständnis sah ich Ende der Sechzigerjahre des vergangenen Jahrhunderts, dass viele Altersgenossen linke Gedanken so trugen wie eine modische Haartracht – als Bestätigung für sie und als Zeichen an die Umwelt, dass sie zu den Guten, den Modernen und Fortschrittlichen gehörten. Für mich war es recht geistlos, aber auch ein Irrweg, sich um so fragwürdige Feldzeichen wie Bilder von Mao oder Che Guevara zu scharen.

Als die Mauer fiel und der Ostblock zusammenbrach, war ich erleichtert, weil eine große Bedrohung verschwunden schien. Die Hoffnung von Francis Fukuyama, nun sei *Das Ende der Geschichte*[1] erreicht, fand ich zwar voreilig, denn menschliche Irrtümer, Bosheit und Unvernunft kommen niemals an ihr Ende, ebenso wenig wie der technische Fortschritt und die natürliche Evolution. Aber nach dem Zusammenbruch des Kommunismus glaubte ich an das allmähliche Ende eines unaufgeklärten religiösen Glaubens und war der festen Überzeugung, dass alle großen Religionen irgendwann den Weg gehen, der für das Christentum durch die Reformation vorgezeichnet wurde: nämlich das Sichbeugen vor den Gesetzen der Logik und des wissenschaftlichen Denkens – mit der Folge, dass Religion immer abstrakter, immer entfernter und folglich auch immer gleichgültiger wird.

Da hatte ich mich offenbar gründlich getäuscht. Das merkte ich auch im Lauf der Neunzigerjahre, aber ich blieb grundsätzlich unbesorgt: Ich fühlte mich nicht betroffen, wenn Kreationisten im amerikanischen Mittelwesten Darwins Evolutionstheorie ablehnten, wenn indische Hindus Sikh-Tempel stürmten oder die Mullahs im Iran die persischen Frauen unter das Kopftuch zwangen und Homosexuelle verfolgten. Das schien doch ziemlich weit weg. Samuel Huntingtons Buch *Kampf der Kulturen*[2] blätterte ich 1997 eher lustlos durch. Ich empfand es als alarmistisch und in einem zu großen Rahmen angelegt. Da konnte ich ja gleich *Der Untergang des Abendlandes* von Oswald Spengler lesen.

Natürlich bekam ich mit, dass es an deutschen Schulen mit türkischen und arabischen Schülern öfter (und andere) Probleme gab als mit Italienern, Russen oder Polen. Aber das war, so glaubte ich, nur eine Frage der Zeit. Nach dem Flugzeugattentat auf das World Trade Center stieß ich auf das Buch von V. S. Naipaul: *Among the Believers. An Islamic Journey*[3] aus dem Jahr 1981. Naipaul hatte 1979 und 1980 den Iran, Pakistan, Malaysia und Indonesien bereist. Eindrucksvoll beschreibt er in seinen persönlichen Begegnungen und Erlebnissen das Erstarken des islamischen Fundamentalismus vom Nahen Osten bis Ostasien und die dahinterstehende Gedankenwelt. Dieses 37 Jahre alte Buch ist aus heutiger Sicht geradezu seherisch. Nach seiner Lektüre beschlich mich in Bezug auf den Islam erstmals ein Gefühl der Sorge oder des Alarms.

2006 begegnete mir das Buch *Die fremde Braut*[4] von Necla Kelek: Am Beispiel türkischer Einwanderer nach Deutschland zeigt es, dass diese größtenteils nicht etwa unsere Kultur annehmen, sondern ihre Kultur quasi in einer virtuellen Blase zu uns tragen und Assimilation verweigern. Diese Lektüre traf mittlerweile bei mir auf ein geschärftes Sensorium: Als Berliner Finanzsenator wurde ich auf vielfältige Weise mit den besonderen Integrationsschwierigkeiten bei vielen Türken und Arabern konfrontiert. Die soziale Problematik dieser Stadt war offenbar nicht zu trennen von der Problematik der muslimischen Minderheit.

Im August 2010 erschien *Deutschland schafft sich ab*. Es war konzipiert als Buch über die Risiken und Mängel des deutschen Sozialstaats. Aber es befasste sich in diesem Zusammenhang auch mit Bildung, Einwanderung, Integration und Demografie. Die dort enthaltenen – aus heutiger Sicht eher vorsichtigen – kritischen Anmerkungen zum Integrationsverhalten vieler Muslime und zur Religion des Islam führten quasi zu einer Zwangsverheiratung meines Namens mit der grassierenden Islamkritik. So wurde ich in wenigen Tagen in die erste Reihe der deutschen Islamdebatte katapultiert. Diese Debatte erfuhr einige Wochen nach dem Erscheinen meines Buches ihre vorläufige Krönung durch die Äußerung von Bundespräsident Christian Wulff: »Der Islam gehört inzwischen auch zu Deutschland.« Anfang 2011 veröffentlichte Patrick Bahners *Die Panikmacher*,[5] eine Fundamentalkritik an den deutschen Islamkritikern, zu denen er insbesondere Necla Kelek, Henryk M. Broder, Ralph Giordano und mich zählte. Für ihn ist der Islam nichts anderes als Religion, seine Glaubenssätze rechtfertigen sich jenseits unserer säkularen Staatlichkeit und sind insoweit einer säkularen Kritik definitorisch enthoben. Der Titel des Buches ist zwar aus heutiger Sicht angesichts der islamistischen Bedrohung in der Welt spektakulär missglückt. Der Standpunkt von Bahners ist aber rein logisch nicht widerlegbar. Er ist allerdings irreführend, denn er klammert das Gefährdungspotenzial, über das diskutiert werden könnte und müsste, bereits definitorisch aus.

In der unvermuteten Rolle eines prominenten Islamkritikers fühlte ich mich nicht wohl. So hielt ich mich in dieser Hinsicht zurück. Zwar wurde nichts von dem, was ich zum Islam in *Deutschland schafft sich ab* geschrieben oder vermutet hatte, seitdem wirklich widerlegt, aber publizistisch verfolgte ich in den Folgejahren andere Projekte.

Die Fragen, die mich damals bedrängten, haben sich seitdem nicht in Luft aufgelöst. Eine vielfältige Krise rund um die islamische Welt einschließlich der Muslime in Europa wird auch von vielen Muslimen selbst nicht mehr geleugnet. Gleichzeitig wird »Islamkritik« in vielen deutschen Medien und auch von Wissenschaftlern gerne immer dann delegitimiert, wenn sie ins Grundsätzliche geht. Der Islamwissenschaftler Mathias Rohe bezeichnet »Thilo Sarrazin, Hamed Abdel-Samad und Necla Kelek« als »prominente Vertreter« einer Desintegrationsindustrie, die »statt faktenorientierter Benennung von konkreten Problemen (...) weitgehend essentialistische Ansichten« verbreiten, »die den Islam als strukturell andersartig und inkompatibel mit europäischen Rechts- und Gesellschaftsordnungen abstempeln wollen«.[6] Mathias Rohe wird es aushalten müssen, dass man Fakten anders bewerten kann, als er es tut.

Der von ihm erwähnte, in Ägypten geborene deutsche Politologe Hamed Abdel-Samad hatte sich in seinem Heimatland zunächst den Muslimbrüdern zugewandt. In *Mein Abschied vom Himmel*[7] zeichnete er 2009 seine allmähliche Abwendung vom fundamentalistischen Islam nach. In den Folgejahren wurde er zu einem der bekanntesten deutschen Islamkritiker und hat dazu mittlerweile sechs Bücher veröffentlicht.[8] Im Dezember 2016 beklagte er, dass die gesellschaftliche Stimmung die »Einschüchterung von und den Rufmord an Islamkritikern« begünstige. Kritik am Islam sei »in Europa tatsächlich unerwünscht«. Die Politik fürchte, Islamkritik könne zum einen »ihre Geschäfte mit islamischen Ländern, zum anderen ihre Migrations- und Flüchtlingspolitik stören«. Viele Muslime interpretierten Islamkritik »meist sofort als Angriff auf das Existenzrecht aller Muslime«. Für Journalisten und Intellektuelle aus dem linksliberalen Lager sei Islamkritik quasi automatisch fremdenfeindlich, rassistisch oder rechtspopulistisch.[9] Der Politologe Bassam Tibi, Student bei Theodor Adorno, in Syrien aufgewachsen und seit 40 Jahren deutscher Staatsbürger, fühlt sich in Deutschland mit seiner kritischen Haltung zum politischen Islam seit vielen Jahren nicht willkommen: »Es gibt kritische Meinungen, die in diesem Land nicht gefragt sind. Für sie gibt es einen Maulkorb.« Deshalb sei er von den Medien ausgeblendet worden und erst 2016 nach den Ereignissen auf der Kölner Domplatte wieder in die Medien zurückgekehrt. »Ich hätte hier viel zu sagen, aber meine Meinung will man nicht hören.«[10]

Solche Diagnosen decken sich mit meinen eigenen Erfahrungen und Beobachtungen. Typisch ist die Einstellung von Michael Thumann. In seinem 2011 erschienenen Buch *Der Islam-Irrtum. Europas Angst vor der muslimischen Welt* kritisierte er die europäische »Islam-Besessenheit« und erwartete, dass die damals erst wenige Monate alte »Arabellion« dem Nahen Osten Demokratie und Fortschritt bringt. Alle Probleme, die Islamkritiker dem Einfluss des Islam zurechnen, sind für ihn entweder eingebildet oder Ausdruck eines Modernisierungsrückstands, der mit dem Islam gar nichts zu tun hat. Dabei schließt er die im Namen des Islam ausgeübte Gewalt und den Terror von Al Kaida (der IS war damals noch unbekannt) ausdrücklich ein. Für Thumann steht fest: »Wenn man genau hinsieht, geht es diesen Gruppen in der Regel nicht um den Islam selbst. Die Religion ist Mittel zum Zweck. Sie wird zum Vehikel der Eiferer. Sie macht in vielen Fällen nicht das Wesen der Konflikte, Streitthemen und Hoffnungen aus. Die Religion prägt bisweilen die Oberflächen der Politik, aber nicht den Kern.«[11]

Die gläubigen Marxisten in Westeuropa wollten in den Sechzigerjahren des vergangenen Jahrhunderts den Kommunismus (also ihre Religion) nicht mit dem Blutgeruch des Stalin-Terrors oder dem Unterdrückungsapparat des Mauerbaus in Verbindung sehen. Sie leugneten den Zusammenhang. So verfahren auch viele gläubige Muslime, die Terror und Unterdrückung im Namen des Islam ablehnen. Der islamische Theologe Ahmad Nofal ist deshalb zwar ein Gegner der Salafisten. Er propagiert gleichwohl: »Es gibt nur einen Islam. Die Menschen und die Kulturen sind jedoch verschieden, daher gibt es Unterschiede in der Auslegung.« Seine Auslegung, den »Wasatiyya-Islam«, der für eine Koexistenz der Menschen eintritt, hält Nofal für den Mainstream. »Dieser Islam hat viel mit Jesu Botschaft gemeinsam, der ja auch nicht Hass und Feindschaft gepredigt hat. Es kann doch nicht sein, dass ein Mensch einen anderen hasst.«[12] Als Norm ist das ehrenwert, doch spiegelt es die ganze Wirklichkeit und Breite der islamischen Glaubensrichtungen?

Der algerische Schriftsteller Yasmina Khadra hatte als Offizier der algerischen Armee über viele Jahre gegen islamistische Terroristen gekämpft. Für ihn steht fest: »Mit der Religion haben die Attentate nichts zu tun. Man kann sie nur aus dem Geisteszustand des Terroristen erklären, mit seinem Glauben haben sie nichts zu tun. (...) Es ist falsch, eine Verbindung zwischen der Herkunft eines Mörders und seiner Tat herzustellen. Kein Muslim muss sich wegen der Terroristen schuldig fühlen. (...) Man kann diese Seuche nur bekämpfen, indem man sie isoliert und eben nicht mit einer Gemeinschaft in Verbindung bringt, die zu verteidigen die Terroristen vorgeben.«[13] Das ist eine starke Proklamation. Aber kann man Stalins Untaten begreifen und den Sowjetkommunismus dabei ausklammern? Den Umfragen zufolge glaubte ein großer Teil der Deutschen noch viele Jahre nach dem Zweiten Weltkrieg, dass der Nationalsozialismus im Prinzip eine gute

Sache war, nur die Ausführung sei schlecht gewesen. Diese Analogie mag polemisch wirken, aber nachdenklich stimmen sollte sie schon. In den letzten Jahren sind alle mit dem Islam verbundenen Fragen an uns herangerückt. Das gilt sowohl für die Ideenwelt dieser Religion als auch für die Muslime selbst. Ich frage mich: *Inwieweit bildet der Islam (in seinem ganzen Schillern von Religion bis politischer Ideologie) und inwieweit bildet die Einwanderung von Muslimen nach Europa eine Gefahr für die Zukunft der westlichen Gesellschaft und für unser Lebensmodell?* Sind die unguten Gefühle, die ich offenbar mit vielen anderen teile, Ausdruck unbegründeter Ängste und möglicherweise unbewusster Vorurteile, oder haben sie einen rationalen Kern? Und wenn ja, worin besteht dieser, und was ist seine praktische Bedeutung? Dabei möchte ich das empirisch verfügbare Material und seine Deutungen vernünftig und belastbar interpretieren und darum vom bloßen Meinen, Glauben und Fürchten absehen. Ich hoffe, dass die Antworten mehr Klarheit für meine Sorgen und die Besorgnisse anderer bringen, indem sie die Sachverhalte präzisieren und so die Ängste kanalisieren oder relativieren.

Der Kern meiner Sorgen liegt in Folgendem: Die Europäer haben durch die Kombination von Wissenschaft und Technik, Herrschaft des Gesetzes und Demokratie ein bestimmtes Zivilisationsmodell geschaffen, dessen Freiheit und Wohlstand sehr attraktiv sind. Dieses Modell funktioniert aber nur, wenn es von den Menschen auch gelebt und verinnerlicht wird.

Viele Problemstaaten in Afrika und Asien eint das starke Wachstum ihrer Bevölkerung und der Umstand, dass die dort lebenden Menschen überwiegend muslimischen Glaubens sind. Der fehlende demografische Übergang dieser Länder in die Moderne zeigt, dass die aus dem Westen importierte Modernisierung von Medizin und Landwirtschaftstechnik die Mentalitäten der Menschen noch nicht ausreichend verändert hat. Für die unumgängliche Modernisierung im Sinne der technisch-wissenschaftlichen Zivilisation Afrikas und des Nahen und Mittleren Ostens ergeben sich möglicherweise Schranken aus der islamischen Tradition heraus.

An dieser Stelle kommt meine subjektive Sicht als Mitteleuropäer ins Spiel: Ich mag die menschliche Vielfalt und meine, dass jeder nach

12

seiner Fasson selig werden sollte, solange er die Gesetze respektiert. Es liegt mir fern, mich in religiöse Überzeugungen oder in die Lebensziele und Lebensweisen anderer einmischen zu wollen. Und doch fühle ich mich wohler in einer Gesellschaft, in der die Unterschiede nicht übermäßig sind und die gemeinsamen Grundlagen fühlbar bleiben. Natürlich sollen sich die Menschen mischen. Darum habe ich auch nichts gegen Einwanderung, sei es in Deutschland oder Europa. Aber die, die einwandern, müssen sich auch tatsächlich mischen. *Es ist nicht gut und führt langfristig zu Unfrieden, wenn sich in der Gesellschaft Gruppen bilden, die ethnisch, religiös oder wirtschaftlich dauerhaft abgesondert sind und fast nur untereinander heiraten.* Das führt zu Spannungen und mehrt nicht das gesellschaftliche Glück. Die durch Schichtung bewirkte Ungleichheit ist in jeder Gesellschaft Anlass für Spannungen, wenn sie ein gewisses Maß überschreitet. Diese Spannungen werden noch verstärkt und können eine gefährliche Sprengkraft annehmen, wenn Unterschiede im wirtschaftlichen Erfolg oder in der gesellschaftlichen Stellung für alle sichtbar mit Unterschieden in der ethnischen Herkunft oder der ausgeübten Religion einhergehen. Einwanderer sollten integrationswillig sein. Ihre Zahl sollte so bemessen und ihre Zusammensetzung so gemischt sein, dass sich in Europa keine verfestigten ethnischen Untergruppen bilden.

Der in Europa lange Zeit weitverbreitete Antisemitismus erklärte sich nicht nur aus der religiösen Sonderrolle der Juden, sondern auch aus ihren besonders großen Erfolgen in Wirtschaft und Wissenschaft. Das führte zu Neidreaktionen, die sich teilweise in Antisemitismus übersetzten. Umgekehrt ist es auch nicht gut, wenn sichtbar abgegrenzte Minderheiten, wie die Schwarzen in den USA, bei Bildungserfolg, Einkommen und Lebenserwartung deutlich schlechter abschneiden. Die vernünftigste Lösung wäre eine Aufhebung der Unterschiede durch Vermischung der verschiedenen Ethnien. Dies widerstrebt aber offenbar den Wünschen der meisten Menschen: Schwarze, Weiße und Ostasiaten heiraten in den USA zumeist unter sich. Bei Muslimen kann Integration durch Vermischung schon deshalb nicht funktionieren, weil gläubigen Muslimen die Heirat mit Ungläubigen verboten ist.

In Europa gab es bis vor wenigen Jahrzehnten kaum nennenswerte Gruppen nichteuropäischen Ursprungs. Hier lebten europäische Weiße, und soweit sie eine Religion hatten, war diese christlich. Das änderte sich in einigen Ländern wie Großbritannien, Frankreich oder den Niederlanden durch Zuzug aus den ehemaligen Kolonien, in anderen wie Deutschland oder Österreich durch Zuzug von Gastarbeitern aus der Türkei oder Nordafrika. Skandinavien wiederum war Vorreiter bei der Aufnahme von Asylbewerbern und Flüchtlingen, sodass jetzt in Dänemark, Norwegen und Schweden große arabische Minderheiten leben.

Seit Jahrzehnten steigt in allen europäischen Ländern die Wahrnehmung, dass es mit den Einwanderern muslimischen Glaubens und ihren Nachkommen, die häufig schon in der dritten und vierten Generation in Europa leben, besondere Probleme gibt. Solch eine Wahrnehmung mag sich aus Vorurteilen speisen oder sich quasi als selbsterfüllende Prophezeiung aus gesellschaftlicher Diskriminierung ergeben. Aber ihre große Verbreitung ist eine gesellschaftliche Realität. Staatliche Organe sind hier zu Recht beunruhigt. In Deutschland war die Einrichtung der »Deutschen Islamkonferenz« durch Innenminister Wolfgang Schäuble im Jahr 2006 ein Ausdruck dieser Beunruhigung und ein Versuch ihrer Kanalisierung.

Während einerseits das Gefahrenbewusstsein in der Gesellschaft wächst, wird andererseits das Problem gerne verneint und soll nach dem mehrheitlichen Willen von Politik und Medien im Sinne politischer Korrektheit möglichst nicht benannt werden. Das Kunstwort »Islamophobie« ist ein Ausdruck dieser Tendenz. Mit dieser wissenschaftlich anmutenden »Diagnose« wird Kritikern und Besorgten entweder eine (krankheitsverwandte) psychische Anormalität oder eine unmoralische, dem Antisemitismus verwandte Geisteshaltung unterstellt.

In der vorherrschenden Sicht von Politik und Medien darf der Islam als solcher kein grundsätzliches Problem darstellen, weil sonst mehr Fragen entstehen, als man politisch zu beantworten in der Lage ist. Entsprechend gilt der Islamismus mit seinen unterschiedlichen Erscheinungsformen vielen als eine Fehlentwicklung, die außerhalb des Islam steht. Besondere Integrationsprobleme muslimischer Einwanderer können aus dieser Sicht schon definitorisch nicht existieren. Wo sie gleichwohl bestehen, müssen andere Faktoren verantwortlich sein, sodass der islamische Glaube und besondere Integrationsprobleme der Gläubigen allenfalls in einer Scheinkorrelation miteinander zu tun haben. Kurz nach dem Terroranschlag auf dem Weihnachtsmarkt am Berliner Breitscheidplatz im Dezember 2016 beklagte Sigmar Gabriel: »Wir sind konfrontiert mit einer Ideologie, die allem entgegensteht, was unsere freie und demokratische Gesellschaft ausmacht. Dieser Kampf gegen ›den Westen‹ ist seit Jahren vorbereitet worden.« Aber das sei »ein Machtkampf unter dem Deckmantel der Religion«. Wer dem Ressentiment gegen »den Islam« nicht das Wort reden wolle, der dürfe »aus der Auseinandersetzung mit dem Dschihadismus gerade keine Religionsfrage machen«.[14] Ähnlich äußerte sich Norbert Lammert im Deutschen Bundestag: »Wir bekämpfen nicht den Islam, sondern Fanatismus, nicht Religion, sondern Fundamentalismus.«[15] Mit solchen Vorgaben verstellt das Establishment in Politik und Medien eine freie Sicht auf die Problemlage und deren voraussetzungslose Analyse. Wie soll man eine Antwort auf islamistischen Fanatismus finden, wenn es moralisch untersagt wird, die religiösen Quellen dieses Denkens zu untersuchen?

Dazu passt das blinde Auge der amtlichen deutschen Statistik: In allen Untersuchungen über Migranten und ihre Nachfahren, die anhand offizieller Statistiken angestellt werden, wird der Faktor der Religion vollständig ausgeblendet. Offenbar geben sich viele der Hoffnung hin, dass etwas, von dem man nichts Genaues weiß, auch kein Problem sein kann. Als es mir in *Deutschland schafft sich ab* gelang, trotz der statistischen Lücken einigermaßen verlässliches Material über die spezifischen Integrationsprobleme muslimischer Migranten zusammenzutragen, löste dies in Politik und Medien einen Aufschrei der Empörung aus. Ich fühlte mich an die Energie erinnert, mit der offizielle Stellen der Türkei all jene verdammen, die meinen, es habe vor hundert Jahren einen Völkermord an den Armeniern gegeben. Solch eine Empörung findet immer dann statt, wenn unwillkommene Fakten ein Weltbild in Gefahr bringen.

Im Oktober 2014 war ich Zuhörer, als Ayaan Hirsi Ali, die als junges Mädchen mit ihren Eltern und ihrer Schwester aus Somalia in die Niederlande eingewandert war, das Problem in einem Vortrag an der Universität Leiden beschrieb: Sie habe das kulturelle Angebot des Westens angenommen, verinnerlicht und davon profitiert. Ihre nahezu gleichaltrige Schwester habe es aber abgelehnt und gehöre nun zu jenen eingewanderten Muslimen, die der Kultur des Westens feindlich gegenüberstehen und sich in ihrem Muslimsein verschanzen. Zwischen den beiden Reaktionsweisen gebe es keine rationale Brücke, das mache auch sie ratlos. Sie warnte vor den Gefahren eines zunehmenden fundamentalen Islam, weil ein sehr großer und wachsender Teil der Muslime sich wie ihre Schwester verhalte. Er nehme zwar den westlichen Lebensstandard an, nicht aber die kulturellen Einstellungen, die diesen Lebensstandard erst ermöglicht haben.

Viele säkulare Muslime in der westlichen Welt argumentieren wie Ayaan Hirsi Ali (in Deutschland z.B. Bassam Tibi, Hamed Abdel-Samad, Necla Kelek, Güner Balci, Abdel-Hakim Ourghi, Ralph Ghadban). Viele Linke und Liberale hören das nicht gern. Für sie haben solche Warnungen einen rechtspopulistischen Geruch und unterstützen letztlich den Aufstieg von FPÖ, Front National oder AfD. So entstand in den letzten Jahren eine Lähmung offener Debatten, die zugunsten ebendieser Parteien wirkte und Befürchtungen noch verstärkte, statt sie zu zerstreuen.

Das schiere Gewicht des demografischen Faktors wird in solchen Debatten immer wieder unterschätzt. Einstellungen in der Gesellschaft ändern sich durch Änderung der demografischen und religiösen Mischung. Anschaulich gesprochen: Wenn große Teile Deutschlands so wie die Sonnenallee in Neukölln aussehen, kann durch neue Mehrheiten auch das Grundgesetz geändert werden, oder es kann sich die gelebte Verfassungswirklichkeit verschieben. Dagegen gibt es keinen Schutzmechanismus. Auch die Werte des Abendlands lassen sich nicht künstlich konservieren, wenn die sich neu bildenden demografischen Mehrheiten sie nicht teilen oder anders interpretieren. Wie das Beispiel der Türkei eindringlich zeigt, kann man in einem islamischen Land mit dem Mittel einer demokratischen Wahl sogar das westliche Demokratiemodell mit Meinungsfreiheit und Gewaltenteilung durch Mehrheitsentscheidung abschaffen.

Für viele Linke und Liberale in den Gesellschaften des Westens, aber auch für viele Vertreter des Christentums besteht die Faszination der Einwanderung von Muslimen offenbar darin, dass die Sitten, Traditionen und die Machtverhältnisse der als glaubenslos und materialistisch empfundenen westlichen Gesellschaften infrage gestellt werden und die Legitimität des abendländischen Projekts mitsamt Marktwirtschaft und Leistungsorientierung untergraben wird. Aus dieser Motivation heraus kann man dann ernsthaft die Behauptung aufstellen, dass eine muslimische Frau im Schleier eigentlich keine Unterdrückte sei, vielmehr eher der Westen gegenüber dem sichtbaren Ausdruck ihrer Religiosität intolerant ist.

Unter den Beschwichtigern und Verharmlosern gibt es drei Gruppen: zunächst jene, die keine Probleme mit dem »wahren« Islam sehen (was auch immer unter »wahr« verstanden wird). Sodann gibt es jene, die Probleme zwar sehen, sie aber für überschaubar, lösbar oder vorübergehend halten. Und schließlich gibt es jene, die die Benennung von Problemen oder die Herstellung einer Verbindung zwischen diesen Problemen mit dem »Wesen« des Islam als prinzipiell unzulässig oder als unbegründet ansehen und jenen Kritikern, die so denken oder argumentieren, Islamophobie oder rassistische Motive unterstellen.

Typisch für diese Tendenz zur Verharmlosung (die sich gleitend mit Leugnung mischt) war ein Interview, das der Regierende Bürgermeister von Berlin, Michael Müller, und die stellvertretende Sprecherin des Auswärtigen Amtes, Sawsan Chebli, im August 2016, wenige Wochen vor der Berliner Abgeordnetenhauswahl, gemeinsam der *FAZ* gaben.[16] Das Thema waren die Muslime in Berlin, und es war aufschlussreich, was zur Sprache kam und was nicht.

Die Politologin Chebli, Tochter palästinensischer Einwanderer, lehnte es ab, die Integrationsdebatte mit der Diskussion über Muslime, Islam oder Religion überhaupt zu vermengen. Sie bestritt damit implizit, dass der Islam als solcher oder in bestimmten Ausprägungen ein Integrationshindernis sein könne, und widersprach sich doch selbst, als sie sagte:»Mein Vater ist ein frommer Muslim, spricht kaum Deutsch, kann weder lesen noch schreiben, ist aber integrierter als viele Funktionäre in der AfD, die unsere Verfassung infrage stellen.« Dabei ist es schon eine Leistung, wie ihr Vater 40 Jahre in Berlin zu leben, ohne Deutsch zu lernen. Dies ist eigentlich nur aus einem weitgehenden Desinteresse an der umgebenden deutschen und europäischen Kultur und an sozialen Kontakten im fremden Umfeld zu erklären. Unklar blieb, nach welchen Maßstäben Chebli die Integration ihres Vaters in Deutschland für höher hält als die von vielen AfD-Funktionären.

Im weiteren Verlauf des Interviews bestand Chebli darauf, dass muslimische Frauen in Deutschland ihr Kopftuch durchweg freiwillig tragen. Sie verwies dazu auf ihre Mutter und ihre fünf Schwestern, allesamt Kopftuchträgerinnen. Sie wandte sich gegen berufliche Einschränkungen aufgrund des Kopftuchs. Einen Gegensatz zwischen dem Islam und der Identifikation mit Deutschland und dem Grundgesetz verneinte sie. Die Scharia regle zum größten Teil das Verhältnis zwischen Gott und den Menschen und sei für sie als Demokratin kein Problem im Alltag. Der islamistische Extremismus treffe vor allem die Muslime selbst. Islamkritik aus der AfD setzte sie mit rassistischer Hetze gleich: »Da müssen wir Demokraten klar Stellung beziehen und Rassismus mit aller Vehemenz zurückweisen.«

Die zeitgemäße Auslegung des Islam sei »ein innerislamischer Prozess, der auch nicht von außen bestimmt werden sollte«, vom Euro-Islam halte sie nichts. Ein Problem erkannte sie immerhin an: »Als Muslim ist man nur Gott gegenüber zur Rechenschaft verpflichtet. Das ist ein Segen, macht es aber zugegebenermaßen schwieriger, die Zusammenarbeit mit dem Staat zu organisieren.«

Der Regierende Bürgermeister Michael Müller war in dem Interview im Wesentlichen Cheblis freundliches Echo. Den Begriff »Leitkultur« empfand er als zu eng gefasst, auch werde er gern politisch zur Ausgrenzung missbraucht. Das Grundgesetz müsse natürlich für alle verbindlich sein. Verträge mit muslimischen Verbänden und Vereinen seien anzustreben. Die Ausbildung für Imame am Islam-Institut der Humboldt-Universität müsse unterschiedliche Glaubensrichtungen abbilden, und es wäre, so Müller, jedenfalls ein großer Fortschritt, wenn in Berlin aufgewachsene und ausgebildete Imame auch in den Berliner Moscheen predigen könnten. Immerhin erkannte er an, dass Integration offenbar nicht automatisch erfolgt. »Für das Zusammenleben muss es einen klar benannten und für alle nachvollziehbaren Rahmen geben. Die für alle verbindlichen Regelungen müssen angesprochen werden.« Damit wurde Müller deutlicher, als es noch vor einigen Jahren in Berlin üblich war. Aber auffallend blieb, welche Themen von den beiden Gesprächspartnern, die sich so freundlich die Bälle zuwarfen, ausgespart wurden:

– der sich in weiten Teilen ausbreitende Fundamentalismus und die zunehmende Radikalisierung von Heranwachsenden und jungen Erwachsenen unter den Muslimen in Berlin und in Deutschland,
– die Folgen der frühen Familiengründung und durchschnittlich höheren Kinderzahl bei den Muslimen. In Berlin stellen die Muslime einen Bevölkerungsanteil von 8–10 Prozent, aber ihr Anteil an den Schulkindern liegt bereits bei 15–20 Prozent. Amtliche Statistiken dazu gibt es leider nicht,
– der überdurchschnittliche Anteil der jungen Muslime an der Gewaltkriminalität,
– der weitverbreitete Antisemitismus unter den Berliner Muslimen,
– die unterdurchschnittlichen Bildungsleistungen, der niedrige Anteil qualifizierter Berufe und die niedrigen Beschäftigungsquoten der Muslime im Erwerbsalter.

Michael Müller argumentierte im Berliner Wahlkampf nicht anders, als es jeder beliebige Vertreter von SPD, CDU, Grünen oder Linken getan hätte. In Bezug auf den Wahlausgang der Abgeordnetenhauswahl 2016 half das offenbar nicht. Für die Regierungsparteien SPD und CDU wurde sie zum Desaster.

Der Durchschnittseuropäer, der weder als Muslim aufgewachsen ist noch Islamwissenschaften studiert hat, kann sich über das »Wesen« des Islam und die Frage, ob dieser Religion bestimmte Gefahren innewohnen, die Muslime auch gefährlich werden lassen, naturgemäß kein Bild machen. Er kennt ja kaum seine eigene Religion, falls er überhaupt religiös ist. Andererseits wird der Durchschnittseuropäer mit Erscheinungen (bzw. mit Behauptungen über Erscheinungen) konfrontiert, die viele beängstigen: Terrorismus, Fundamentalismus, Unterdrückung von Frauen, Kopftuchzwang, überdurchschnittliche Kriminalität, unterdurchschnittliche Bildung, hohe Geburtenrate, großer Einwanderungsdruck, Rückständigkeit in den Herkunftsländern usw. Was ist davon Vorurteil? Was ist Verleumdung? Was hat ganz andere Ursachen als die Religion? Und wie schlimm und gefährlich ist das alles? Bis zu welchem Grad kann man es ändern? Und wie?

Im Angesicht des Islam ziehen sich »die Kirchen in Deutschland (...) auf Allgemeinplätze zurück, weil sie sich mit allen Religionsgemeinschaften in einem Boot sehen«, und bevorzugen eine Schönwetterdogmatik. Als der ehemalige Bundestagspräsident Norbert Lammert im Januar 2017 über die religiöse Prägung des Grundgesetzes sprach und konstatierte, wir müssten mit dem Abschied von kultureller Homogenität leben, erwähnte er den Islam mit kaum einem Wort.[17] Die Frage, ob der Islam als solcher mit unseren kulturellen Grundwerten in Einklang steht und welcher Art das Spannungsverhältnis ist, wird weitgehend tabuisiert.

Mathias Rohe fordert, man dürfe »den Islam und sein Normensystem« nicht »entgegen allen historischen und gegenwärtigen Erfahrungen als unveränderliche, durchweg gegen säkular-rechtsstaatliche Ordnungen gerichtete Größe ansehen«, sondern müsse sich »mit der Vielfalt und Dynamik dieses Systems« konfrontieren.[18] Das ist richtig, aber eine Religion existiert nicht unabhängig von ihren Gläubigen. Ihr Inhalt wird dadurch bestimmt, was die Gläubigen glauben, und kann deshalb genauso widersprüchlich sein wie die Überzeugungen der Gläubigen. *Entscheidend ist also die Frage: Was glauben Muslime, und wie wirkt sich ihr Glaube auf ihr Verhalten aus?* Die Frage nach dem »Wesen« des Islam ist zwar sinnvoll. Ihr Erkenntniswert wird aber dadurch begrenzt, dass die Frage nach dem »Wesen« einer Religion nicht getrennt werden kann von der Praxis der Gläubigen.

Bei heterogen zusammengesetzten Gruppen kann in Bezug auf einzelne Gruppenmitglieder die eine Aussage und in Bezug auf andere Gruppenmitglieder das Gegenteil davon wahr sein. Zu allgemeinen Aussagen kann man nur kommen, wenn man die vielen widersprüchlichen Aussagen in einer Häufigkeitsverteilung oder einem statistischen

Durchschnitt verdichtet. Zu den Gefahren des Islam gilt deshalb: Für Einzelne mag das eine stimmen, für andere aber gilt genau das Gegenteil – wie bei Ayaan Hirsi Ali und ihrer Schwester. Es ist also auch eine Frage der statistischen Relationen und der Dauerhaftigkeit der zugrunde liegenden Verhaltensmuster. Die individuelle Erzählung hilft nur begrenzt, denn es gibt sowohl negative als auch positive Beispiele in großer Zahl. Entscheidend ist das Verhältnis der Zahlen, ihr positiver oder negativer Trend, die Gefährlichkeit negativer Erscheinungen, die Wahrscheinlichkeit endogener Veränderungen und die Möglichkeit, Veränderungen exogen zu bewirken.

Vieles deutet darauf hin, dass im Islam eine Tendenz zum Beleidigtsein und zum Sich-angegriffen-Fühlen angelegt ist, die mit unseren Begriffen von Meinungsfreiheit und Demokratie schwer vereinbar ist. Über dem Schriftsteller Salman Rushdie schwebt seit 1989 eine Todesdrohung der Islamischen Republik Iran wegen seines Romans *Die satanischen Verse*, der angeblich Mohammed und den Islam beleidigt. Der dänische Zeichner Kurt Westergaard ist seit 2002 wegen seiner Mohammed-Karikaturen Gegenstand konkreter Mordpläne und steht unter ständigem Polizeischutz. Die Schriftstellerin Sabatina James wurde in einer muslimischen Familie in Pakistan geboren und wuchs in Österreich auf. Sie weigerte sich, den Cousin zu heiraten, den die Familie ihr als Ehemann zugedacht hatte, und konvertierte zum Christentum. Von ihrer in Österreich lebenden Familie wird sie seitdem mit dem Tod bedroht. Sie lebt an einem unbekannten Ort. Der deutsche Publizist Hamed Abdel-Samad hält sich mittlerweile wegen der Todesdrohungen gegen ihn an einem unbekannten Ort im Ausland auf und steht unter ständigem Polizeischutz.

Solche Ereignisse und die seit Jahrzehnten wachsende Radikalisierung unter Muslimen überall auf der Welt waren ein Anstoß für dieses Buch. An seinen Anfang stelle ich die Frage nach dem »Wesen« des Islam. Meine Antwort suche ich im Text des Korans, so wie ich ihn als verständiger Laie ohne Kenntnisse des Arabischen in deutscher Sprache verstehe. Von daher versuche ich, das Spektrum der Deutungen des Islam aufzufächern, und untersuche näher, was Muslime unter dem Islam verstehen und wie der Islam die Lebenswelt, die Gesellschaften und die Mentalität der Muslime prägt. Dazu sammle ich verfügbare Fakten und interpretiere ihren inneren Zusammenhang. Bei meinen Deutungen versuche ich, nicht voreilig zu sein. Wer ihnen nicht folgt, wird die von mir dargelegten Fakten gleichwohl nicht übergehen können. Er muss sie in diesem Falle anders erklären. Ein bisschen ist es dann wie in einem Indizienprozess: Voneinander unabhängige Fakten, die jede für sich eine andere Erklärung haben mögen, können zusammen Schlussfolgerungen mit einer sehr hohen Wahrscheinlichkeit ergeben, denen sich der verständige Betrachter eigentlich nicht entziehen kann.

Im Verlauf des Buches spanne ich einen Bogen von den Aussagen des Korans zur mentalen Prägung der Muslime, von da weiter zu Eigenarten und Problemen muslimischer Staaten und Gesellschaften und schließlich zu den Einstellungen und Verhaltensweisen von Muslimen in den Einwanderungsgesellschaften des Westens. Die Erkenntnisse daraus haben einen gruppenbezogenen statistischen Charakter. Sie beschreiben stochastische Zusammenhänge, die niemals sichere Rückschlüsse auf einzelne Personen oder auf die Kausalität einzelner Ereignisse zulassen. Das vermindert aber nicht ihre empirische Relevanz oder ihren teilweise bestürzenden Charakter. Statistische Erkenntnisse über die gesundheitlichen Risiken des Rauchens werden ja auch nicht widerlegt durch den Umstand, dass der Kettenraucher Helmut Schmidt 95 Jahre alt wurde.

Kapitel 1
Die Religion des Islam

Der Inhalt der koranischen Offenbarung

Im islamischen Glauben ist der Koran das Wort Gottes – ausgesprochen und den Menschen überbracht durch seinen Gesandten auf dieser Erde, den Propheten Mohammed.

Da ich zur Religion des Islam nicht von Behauptungen und Einschätzungen aus zweiter Hand leben möchte, habe ich den Koran in der Übersetzung von Rudi Paret von der ersten bis zur letzten Zeile gelesen.[1] Paret äußert in seinem Vorwort die Einschätzung, »daß der Text im großen ganzen zuverlässig ist und den Wortlaut so wiedergibt, wie ihn die Zeitgenossen aus dem Munde des Propheten gehört haben«. Aus seiner Sicht gibt es »keinen Grund anzunehmen, daß auch nur ein einziger Vers im ganzen Koran nicht von Mohammed selber stammen würde«.[2] Unklar ist dagegen die Entstehung der Zusammensetzung des Textes, auch innerhalb der Suren. Die 113 Suren sind nicht nach Inhalt, sondern in absteigender Reihenfolge nach ihrer Länge geordnet. Wie Paret schreibt, wird »das richtige Verständnis des Korans (...) dadurch besonders erschwert, daß die Ausdrucksweise des Originals oft abrupt und unausgeglichen ist«.[3]

Die Entstehungsgeschichte des koranischen Textes mitsamt der Vielfalt der Einflussfaktoren ist seit langer Zeit Gegenstand intensiver Forschungen.[4] Liest man den Text historisch-kritisch, so vergrößert sich die Bandbreite seiner Aussagen erheblich.[5] In der neueren Forschung wird vielfach bezweifelt, dass der Text des Korans von Mohammed stammt. Es wird angenommen, dass manche Teile deutlich älter sind, während andere erst im 9. Jahrhundert entstanden.[6] Der tatsächliche historische Weg der Textentstehung ist allerdings für die religiöse Rolle des Korans als Offenbarungstext ohne Belang.

Der koranische Text ist an vielen Stellen schwer verständlich. Es gibt keine erkennbare Gliederung, in den meisten Suren auch keinen erkennbaren roten Faden und zudem ungeheuer viele Wiederholungen. Diese wiederum erleichtern das Verständnis der wesentlichen Aussagen. Gläubige Muslime nehmen in ihrer großen Mehrheit den Text des Korans als Botschaft Gottes wörtlich. So wird es vom Gesandten Gottes, dem Propheten Mohammed, verlangt, und so sehen es auch überwiegend die heute im Islam verbreiteten Lehrmeinungen.

Eine historisch-kritische Interpretation des Textes könnte – ähnlich wie im Fall der Bibel – auch zu einem anderen Ergebnis kommen. Sie gilt aber bei vielen Autoritäten des Islam als unislamisch. Die Anhänger einer historisch-kritischen Argumentation werden mit dem Vorwurf der Gotteslästerung (Apostasie) konfrontiert oder müssen gar um ihr Leben fürchten. Der aus der Türkei stammende, an der Universität Frankfurt lehrende Islamwissenschaftler Ömer Özsoy weist auf den unscharfen, bedeutungsreichen Charakter der arabischen Sprache hin, der dem Übersetzer großen Spielraum gibt und unterschiedliche Interpretationen ermöglicht. Man muss aus seiner Sicht auch die historischen Umstände der Offenbarung einbeziehen, sodass sich ein ähnliches Vorgehen wie bei der historisch-kritischen Bibelexegese empfiehlt. Allerdings ist diese Verfahrensweise bei der Koranexegese unüblich und wird von vielen Muslimen als »Reformtheologie« abgelehnt.[7]

Die Kernaussagen des Korans sind über den gesamten Text mehr oder weniger willkürlich verstreut und wiederholen sich vielfach. In der folgenden Darstellung ordne ich die Aussagen des Korans nach Gegenständen.[*] Gerade durch die Fülle der Wiederholungen gewinnt der oft zusammenhanglose Text eine überraschende Klarheit. Versteht man ihn wörtlich, so lässt er wenig Raum für Missverständnisse. Soweit ich im Folgenden die Aussagen des Korans interpretiere oder in einen Zusammenhang bringe, folge ich dabei ausschließlich meinem unmittelbaren Textverständnis aus der sorgfältigen Lektüre der Übersetzung von Rudi Paret. Ich klammere dabei bewusst alles aus, was ich

---

[*] Zum besseren Verständnis hat Rudi Paret in seiner Übersetzung »gedankliche Übergänge und Ergänzungen« vorgenommen. Diese sind jeweils in runde Klammern gesetzt und dadurch als Zugabe des Übersetzers kenntlich gemacht. Im vorliegenden Buch wurden diese Ergänzungen von mir weitestgehend übernommen. Auslassungszeichen in runden Klammern (...) weisen darauf hin, dass vom Übersetzer vorgenommene Ergänzungen nicht mit zitiert werden, Auslassungszeichen in eckigen Klammern [...] zeigen an, dass der Korantext selbst gekürzt wurde.

ansonsten über den Koran und den Islam gehört und gelesen habe. So möchte ich der vorurteilsfreien Sicht eines verständigen Betrachters *sine ira et studio* möglichst nahekommen:

Gott

Immer wieder wird im Koran die Größe und Allmacht Gottes beschworen. Die meisten Suren beginnen mit seinem Lobpreis: Gott ist allmächtig, Er weiß alles, was auf der Welt geschieht, sieht alles, kennt jeden Gedanken, und nichts geschieht ohne seinen Willen. Er hasst die Ungläubigen, sie kommen alle in die Hölle. Barmherzig ist er nur zu den Gläubigen, sie kommen ins Paradies:

– »*Gott ist der Schöpfer von allem (...) Er ist Sachwalter über alles. Er hat die Schlüssel von Himmel und Erde.*« *(39/62 f.)*[8] »*Gott gehört der Osten und Westen. Wohin ihr euch (beim Gebet?) wenden möget, da habt ihr Gottes Antlitz vor euch. Er umfasst (alles) und weiß Bescheid.*« *(2/115)*
– »*Gott bezeugt, daß es keinen Gott gibt, außer ihm. [...] Er sorgt für Gerechtigkeit. Es gibt keinen Gott außer ihm. (Er ist) der Mächtige und Weise.*« *(3/18)* »*Gott vergibt nicht, daß man ihm (andere Götter) beigesellt.*« *(4/116)* »*Und Gott hat gesagt: Nehmt euch nicht zwei Götter! Es gibt nur einen einzigen Gott. Vor mir (allein) sollt ihr darum Angst haben.*« *(16/51)*
– »*Ihr Menschen! Ihr seid es, die arm und auf Gott angewiesen sind. Gott aber ist es, der reich (...) und des Lobes würdig ist. Wenn er will, läßt er euch vergehen und eine neue Schöpfung (...) kommen (...)*« *(35/15 f.)*
– »*Gott ist der Freund derer, die gläubig sind. Er bringt sie aus der Finsternis hinaus ans Licht. Die Ungläubigen aber haben die Götzen zu Freunden. [...] Sie (...) werden Insassen des Höllenfeuers sein und (ewig) darin weilen.*« *(2/257)* »*Über die Zeichen Gottes streiten nur diejenigen, die ungläubig sind.*« *(40/4)* »*Sie werden (schon noch zu) wissen (bekommen, was mit ihnen geschieht), (...) wenn sie (...) Fesseln und Ketten an ihrem Hals haben und (...) in das heiße Wasser gezerrt werden und hierauf das Höllenfeuer mit ihnen geschürt wird.*« *(40/70 f.)*

Diese wenigen Verse umfassen im Grunde die zentrale Botschaft des ganzen Korans:

- die Allmacht und Allwissenheit des einzigen Gottes,
- die ewige Verdammnis all jener, die nicht an ihn glauben,
- die Barmherzigkeit gegenüber den Gläubigen und ihre Erhebung über die Ungläubigen.

Mit dem Ruf »Gott ist groß« (»Allahu akbar«) stürzten sich seit Mohammeds Zeiten die Gläubigen in den Kampf gegen die Ungläubigen. Und denselben Ausruf hat offenbar seit Jahren nahezu jeder Terrorattentäter auf den Lippen. Wo endet der Glaubenskern des Islam, und wo beginnt sein Missbrauch?

Mohammed und die koranische Offenbarung

Mohammed sah sich als den jüngsten Propheten in der Tradition der Propheten des Alten Testaments: Auch Jesus war für ihn nur ein Prophet in einer Reihe, die in ihm, Mohammed, Abschluss und Höhepunkt fand. Immer wieder bezieht er sich im Koran auf Erzählungen aus dem Alten Testament. Mannigfach wiederholt werden im Koran seine Klagen, dass viele auf ihn nicht hören wollen. Ihnen droht er in immer neuen Wendungen die Höllenstrafe an, während er umgekehrt denjenigen, die an seine Botschaft glauben, das Paradies verspricht. Den Umstand, dass ihm die koranische Offenbarung seiner Meinung nach zuteilwurde, hält er für den Beweis ihrer Wahrheit. Wer ihm nicht glaubt oder seine Worte bezweifelt, ist verstockt und böswillig und deshalb moralisch minderwertig:

- »Mohammed ist der Gesandte Gottes. Und diejenigen, die mit ihm (gläubig) sind, sind den Ungläubigen gegenüber heftig, unter sich aber mitfühlend.« (48/29) »Euer Landsmann (...) ist nicht fehlgeleitet und befindet sich nicht im Irrtum.« (53/2)

– »Ich folge (...) dem, was mir von meinem Herrn (als Offenbarung) ein-
gegeben wird. Dies (...) sind sichtbare Beweise von unserem Herrn und
eine Rechtleitung und Barmherzigkeit für Leute, die glauben.« (7/203)
Die koranische Offenbarung »ist eine von uns hinabgesandte, gesegnete
Schrift. Folgt ihr und seid gottesfürchtig! Vielleicht werdet ihr (dann) Erbarmen finden.« (6/155) »Er (d.h. der Koran) ist die Aussage eines vor-
trefflichen Gesandten, nicht die eines Dichters.« (69/40 f.) »Und wenn
der Koran vorgetragen wird, dann hört zu und haltet (...) Ruhe.« (7/204)
– »Aber nun ist ein klarer Beweis und Rechtleitung und Barmherzigkeit
von eurem Herrn zu euch gekommen. Und wer ist frevelhafter, als
wer die Zeichen (...) Gottes für Lüge erklärt und sich davon abwen-
det?« (6/157) »Denen, die unsere Zeichen für Lüge erklären und sie
hochmütig ablehnen, werden (dereinst) die Tore des Himmels nicht
geöffnet, und sie werden solange nicht in das Paradies eingehen, bis ein
Kamel in ein Nadelöhr eingeht. So vergelten wir (dereinst) den Sün-
dern. Sie bekommen die Hölle zum Lager. Und auf ihnen sind Decken
(aus Höllenfeuer). So vergelten wir (dereinst) den Frevlern.« (7/40 f.)
– »Denjenigen, die glauben und tun, was recht ist, werden die Gärten der
Einkehr als Quartier zuteil (...) für das, was sie (...) getan haben. Diejenigen aber, die freveln, wird das Höllenfeuer aufnehmen. Sooft sie aus ihm
herauskommen wollen, werden sie wieder hineingebracht.« (32/19 f.)

Mohammed war natürlich auch Mensch, und als solcher liebte er offenbar die Frauen. Mit einer Begrenzung auf vier Ehefrauen, wie er sie ansonsten im Koran für die Gläubigen verfügt hatte, wollte er sich für seine
Person nicht zufriedengeben. Zur Lösung des Problems übersandte ihm
Gott eine Offenbarung, die Mohammed (und nur ihm unter den Gläubigen) mehr als vier Ehefrauen gestattete: »Prophet! Wir haben dir zur
Ehe erlaubt: deine (...) Gattinnen, denen du ihren Lohn (...) gegeben hast;
was du (an Sklavinnen) besitzt, (ein, Besitz, der) dir von Gott (als Beute)
zugewiesen (worden ist); die Töchter deines Onkels und deiner Tanten väterlicherseits und deines Onkels und deiner Tanten mütterlicherseits, die mit dir
ausgewandert sind; (weiter) eine (jede) gläubige Frau, wenn sie sich dem
Propheten schenkt und er (seinerseits) sie heiraten will. Das (letztere?) gilt
in Sonderheit für dich im Gegensatz zu den (anderen) Gläubigen.« (33/50)

Die Muslime

Die Muslime sind durch ihren Glauben von Gott ausgezeichnet. Sie können deshalb zu Recht auf die Ungläubigen herabsehen und bilden eine besondere Gemeinschaft, die untereinander im Glauben wetteifert und dereinst ins Paradies eingehen wird. Sie stehen im Rang genauso über den Ungläubigen, wie Mohammed im Rang über der Gemeinschaft der Muslime steht:

– *»Und so haben wir euch (Muslime) zu einer in der Mitte stehenden Gemeinschaft gemacht, damit ihr Zeugen über die (anderen) Menschen seiet und der Gesandte über euch Zeuge sei.« (2/143) »Als der Vornehmste gilt bei Gott derjenige von euch, der am frömmsten ist.« (49/13) »Und die gläubigen Männer und Frauen sind untereinander Freunde und bilden eine Gruppe für sich.« (9/71) »Gott hat den gläubigen Männern und Frauen Gärten versprochen, in deren Niederungen (...) Bäche fließen, daß sie (ewig) darin weilen, und gute Wohnungen in den Gärten von Eden.« (9/72)*

Der Glaubensinhalt des Islam und die Pflichten des guten Muslims

Der Islam ist keine sehr komplizierte Religion: Man muss an den einzigen wahren Gott glauben und einige Verhaltensvorschriften beachten: *»Die Frömmigkeit (...) besteht (...) darin, dass man an Gott, den Jüngsten Tag, die Engel, die Schrift und den Propheten glaubt und sein Geld – mag es einem noch so lieb sein – den Verwandten, den Waisen, den Armen, dem, der unterwegs ist, (...) den Bettlern und für (den Loskauf von) Sklaven hergibt, das Gebet verrichtet und die Almosensteuer bezahlt.« (2/177)* An anderer Stelle heißt es ganz ähnlich: *»Selig sind die Gläubigen, die in ihrem Gebet demütig sind, Gerede kein Gehör schenken, der Almosensteuer nachkommen«*, nur mit ihren Ehefrauen und ihren Sklavinnen sexuell verkehren, *»das ihnen anvertraute Gut treu verwalten, ihre Verpflichtung erfüllen und ihre Gebete einhalten. Das sind die, die die Erben sind, die das Paradies er-*

ben und ewig darin weilen werden.« Daneben besteht noch die Pflicht zur Wallfahrt nach Mekka und zum Fasten im Monat Ramadan. Für Leihgeschäfte dürfen keine Zinsen genommen werden. (30/39) Am Freitag soll man dem Gebetsruf folgen und die Geschäfte ruhen lassen. (62/9)

Im Übrigen gilt, dass man »das diesseitige Leben« nicht überschätzen soll, es ist »nichts als eine Nutznießung, durch die man sich (...) betören lässt«.

(57/20) Auch sollte man sich deshalb möglichst keine Sorgen machen, weil ohnehin alles vorherbestimmt und Gottes Wille ist: »Kein Unglück trifft ein, weder (...) auf der Erde noch bei euch selber, ohne daß es in einer Schrift (...) wäre, noch ehe wir es erschaffen. Dies (...) ist Gott ein leichtes. (...) damit ihr euch wegen dessen, was euch (...) entgangen ist, nicht (...) Kummer macht und (damit ihr) euch über das, was er euch gegeben hat, nicht (zu sehr) freut (...)! Gott liebt keinen, der eingebildet und prahlerisch ist.« (57/1 22f.)

Ganz wichtig ist der richtige Umgang. Immer wieder ruft der Koran die Muslime dazu auf, sich abzusondern und den Kontakt mit Ungläubigen zu meiden. Nur aus taktischen Gründen, wenn Muslime in der schwächeren Position sind, ist eine Ausnahme erlaubt.

– »Die Gläubigen sollen sich nicht die Ungläubigen anstatt der Gläubigen zu Freunden nehmen. Wer das tut, hat keine Gemeinschaft (mehr) mit Gott. Anders ist es, wenn ihr euch vor ihnen (...) wirklich fürchtet. (In diesem Fall seid ihr entschuldigt.)« (3/28)
– »Ihr Gläubigen! Nehmt euch nicht Leute zu Vertrauten, die außerhalb eurer Gemeinschaft stehen!« (3/118)
– »Ihr Gläubigen! Nehmt euch nicht die Ungläubigen anstatt der Gläubigen zu Freunden!« (4/144)
– »Ihr Gläubigen! Nehmt euch nicht die Juden und die Christen zu Freunden!« (5/51)
– »Du wirst nicht finden, daß Leute, die an Gott und den jüngsten Tag glauben, mit denen Freundschaft halten, die Gott und seinem Gesandten zuwiderhandeln, auch wenn es ihre Väter, ihre Söhne, ihre Brüder oder ihre Sippenangehörigen wären.« (58/22)
– »Ihr Gläubigen! Nehmt euch nicht meine und eure Feinde zu Freunden, indem ihr ihnen (eure) Zuneigung zu erkennen gebt, wo sie doch nicht an das glauben, was von der Wahrheit (...) zu euch gekommen

ist, und den Gesandten und euch (...) vertrieben haben (...), daß ihr an Gott, euren Herrn, glaubt.« (60/1)

Mohammed ruft die Muslime immer wieder dazu auf, sich abzusondern und den sozialen Umgang mit Ungläubigen zu vermeiden.

Die Ungläubigen

Religionen vertreten gewöhnlich zunächst nur die eigenen Interessen. Das galt auch für den jüdischen und den christlichen Glauben:

– Die Juden hielten sich für das von Gott auserwählte Volk, dem von Gott als seine Heimstätte das Land Kanaan zugewiesen worden war. Das eroberten sie, dort wurden sie heimisch und verstreuten sich erst nach der Eroberung und Zerstörung Jerusalems durch den römischen Kaiser Titus über das Römische Reich. Für andere Religionen interessierten sie sich nicht. Sie unternahmen auch keine Bekehrungsversuche.

– Das Christentum entwickelte sich im Römischen Reich als Religion einer Minderheit gewaltfrei über 350 Jahre, bis es schließlich kurz vor der Völkerwanderung zur Staatsreligion wurde. Als Staatsreligion entwickelte es erst 600 bis 1000 Jahre nach seiner Entstehung auch aggressive Elemente, die sich in Kreuzzügen, Judenverfolgungen und zuletzt in den Religionskriegen des 16. und 17. Jahrhunderts äußerten. Die letzten Zuckungen davon sind aber im Verlauf des 18. Jahrhunderts erloschen.

Ganz anders der Islam, so wie er sich im Koran darstellt: Im religiösen Gehalt eher rudimentär, wenig abstrakt und kaum über den monotheistischen Ansatz des jüdischen und christlichen Glaubens hinausgehend, gewinnt der Koran seine Spannkraft einerseits aus der Ehrfurcht vor dem einzigen Gott, die er in sich wiederholenden Formulierungen immer wieder variiert, andererseits aber aus dem Hass auf die Ungläubigen. Dieser Hass ist ein zentraler Teil der koranischen Offenbarung, ein beherrschendes Thema der meisten Suren, und er findet machtvollen sprachlichen Ausdruck.

Diesen im Koran propagierten Hass muss man in Zusammenhang sehen mit Mohammeds Gebot, den sozialen Umgang mit Ungläubigen zu vermeiden, und dem im Koran kodifizierten Heiratsverbot zwischen Gläubigen und Ungläubigen. Nachfolgend eine Auswahl aus den Hunderten von Stellen des Korans, in denen zum Hass gegen Ungläubige aufgerufen wird.

– *»Für ihre Lügenhaftigkeit haben sie (dereinst) eine schmerzhafte Strafe zu erwarten.« (2/10)*
– *»Gottes Fluch komme über die Ungläubigen.« (2/89)*
– *»Bei den Ungläubigen ist es, wie wenn man Vieh (...) anschreit, das nur Zu- und Anruf hört (...). Taub (sind sie), stumm und blind. Und sie haben keinen Verstand.« (2/171)*
– *»Und der Versuch, (Gläubige zum Abfall vom Islam) zu verführen, wiegt schwerer als Töten. Und sie werden nicht aufhören, gegen euch zu kämpfen, bis sie euch von eurer Religion abbringen – wenn sie (es) können.« (2/217)*
– *»Diese (Gefolgsleute des Satans) wird die Hölle aufnehmen (...)« (4/121)*
– *»Als die schlimmsten Tiere gelten bei Gott diejenigen, die ungläubig sind und (auch) nicht glauben werden (...).« (8/55)*
– *»Die heuchlerischen Männer und Frauen gehören zueinander (und bilden eine Gruppe für sich) [...] Gott hat den heuchlerischen Männern und Frauen und den Ungläubigen das Feuer der Hölle angedroht, daß sie (ewig) darin weilen.« (9/67 f.)*
– *»Das Feuer verbrennt ihnen das Gesicht, wobei sie (in ihrer Qual) die Zähne fletschen. (...) ›Sind euch nicht (...) meine Verse (...) verlesen worden, worauf ihr sie (...) für Lüge erklärt habt?‹« (23/104 f.)*
– *»Das ist der Lohn der Feinde Gottes (...), das Höllenfeuer, in dem sie eine Behausung für die Ewigkeit finden. (...) zum Lohn dafür, daß sie unsere Zeichen (...) geleugnet haben.« (41/28)*
– *»Wer nicht an Gott und seinen Gesandten glaubt, (muß sich auf ein schlimmes Ende gefasst machen). Für die Ungläubigen haben wir einen Höllenbrand bereit.« (48/13)*

Oft wird im Koran Gottes Barmherzigkeit angerufen und auf seine Liebe Bezug genommen. Diese Barmherzigkeit erstreckt sich aber ausschließlich auf die Gläubigen. Die Ungläubigen werden erst in dem Moment einbezogen, in dem sie sich zum Islam bekennen.

Christen und Juden

Für Mohammed sind Juden und Christen »Leute der Schrift«. Er sieht sich ja schließlich in der Reihe der Propheten von Moses bis Jesus. Er betrachtet sie deshalb nicht a priori als Ungläubige, ist aber dann umso erzürnter, wenn sie die aus seinem Mund offenbarte koranische Verkündigung nicht annehmen wollen:

– »Ihr Leute der Schrift! Warum glaubt ihr nicht an die Zeichen Gottes, wo ihr doch (selber) Zeuge (der (...) Wahrheit) seid?« (3/70) »Ihr Leute der Schrift! Warum verdunkelt ihr die Wahrheit mit Lug und Trug (...) und verheimlicht sie, wo ihr doch (um sie) wisst?« (3/71)
– »Ihr Gläubigen! Wenn ihr einem Teil von denen gehorcht, die die Schrift erhalten haben, werden sie euch, nachdem ihr gläubig geworden seid, wieder zu Ungläubigen machen.« (3/100) »Wenn die Leute der Schrift (ebenfalls) glauben würden (wie ihr), wäre es besser für sie. Es gibt (zwar) Gläubige unter ihnen. Aber die meisten von ihnen sind Frevler.« (3/110)
– »Ihr, die ihr die Schrift erhalten habt! Glaubt an das, was wir (nunmehr) zur Bestätigung dessen, was euch (an früheren Offenbarungen bereits) vorliegt, (als neue Offenbarung) hinabgesandt haben!« (4/47)
– »Ihr Leute der Schrift! Treibt es in eurer Religion nicht zu weit und sagt gegen Gott nichts aus, als die Wahrheit! Christus Jesus, der Sohn der Maria, ist nur der Gesandte Gottes und sein Wort, das er der Maria entboten hat, und Geist von ihm. Darum glaubt an Gott und seine Gesandten und sagt nicht (von Gott, daß er in einem) drei (sei)!« (4/171)
– »Und du bekommst von ihnen (d.h. den Juden) immer (wieder) Falschheit zu sehen – mit Ausnahme von (einigen) wenigen von ihnen, (die aufrichtig und zuverlässig sind).« (5/13)

32

- »Ungläubig sind diejenigen, die sagen: ›Gott ist Christus, der Sohn der Maria.‹ Christus hat (...) gesagt: ›Ihr Kinder Israels! Dienet Gott, meinem und eurem Herrn!‹ Wer (dem einen) Gott (andere Götter) beigesellt, dem hat Gott (...) den Eingang in das Paradies versagt (...). Das Höllenfeuer wird ihn (...) aufnehmen. Und die Frevler haben (...) keine Helfer.‹« (5/72) »Sie (...) sagen: ›Der Barmherzige hat sich ein Kind zugelegt.‹ (...) Da (...) habt ihr etwas Schreckliches begangen.« (19/88 f.) »Wenn Gott sich Kinder hätte zulegen wollen, hätte er aus seinen (...) Geschöpfen nach Belieben (...) ausgewählt. « (39/4)

Immerhin konnten die Christen und Juden bis vor wenigen Jahrzehnten in den meisten islamischen Ländern, wenn auch als Bürger zweiter Klasse, ihre Religion weitgehend ungestört ausüben. Voraussetzung war, dass sie das Missionsverbot beachteten und die Kopfsteuer zahlten. Letztere war neben dem überdurchschnittlichen Kinderreichtum der Muslime ein Grund dafür, dass der Bevölkerungsanteil der Christen und Juden über die Jahrhunderte immer weiter schrumpfte. Für die wirtschaftlich weniger Erfolgreichen unter ihnen war nämlich der Übertritt zum Islam attraktiv, weil sie so die Kopfsteuer vermeiden konnten.

Auferstehung und Jüngstes Gericht

Der Tag der Abrechnung beim Jüngsten Gericht spielt im Koran eine zentrale Rolle. Mohammed kommt darauf immer wieder zurück. Die Beschreibung des Paradieses soll zum Glauben verlocken, während umgekehrt die Beschreibung der Hölle durch Erzeugung von Angst vom Unglauben abschrecken soll:

- »Sag: Wem gehört, was im Himmel und auf der Erde ist? Sag: (Es gehört) Gott. Er hat sich (...) zur Barmherzigkeit verpflichtet. Er wird euch (...) sicher zu dem Tag der Auferstehung versammeln, an dem nicht zu zweifeln ist.« (6/12) »Das (...) ist ein Tag, zu dem die Menschen (...) versammelt werden.« (11/103) »Und am Tag der Auferstehung siehst du, daß diejenigen, die (...) gegen Gott gelogen haben, (...) finstere Ge-

sichter haben. Ist nicht für die Hochmütigen ein Quartier in der Hölle (...)?«(39/60)»Die Unseligen werden dann im Höllenfeuer sein, wo sie (vor Schmerzen) laut aufheulen und hinausschreien.«(11/106)

Die Hölle

Nirgendwo ist der Text des Korans fantasievoller und variantenreicher als bei der Beschreibung der Qualen der Hölle für die Ungläubigen:

- *»Diejenigen, die nicht an unsere Zeichen glauben, werden wir (dereinst) im Feuer schmoren lassen. Sooft (...) ihre Haut gar ist, tauschen wir ihnen eine andere (dagegen) ein, damit sie die Strafe (richtig) zu spüren bekommen. Gott ist mächtig und weise.«(4/56)*
- *»Für diejenigen nun, die ungläubig sind, sind Kleider aus Höllenfeuer zugeschnitten. (...) während ihnen heißes Wasser über den Kopf gegossen wird,«(22/19)*
- *»Heute sollt ihr in ihr schmoren (...) dafür, daß ihr (...) ungläubig waret.«(36/64)*
- *»Der Saqqum-Baum ist (in der Hölle) die Speise des Sünders. (Er ist mit seinen Früchten) wie flüssiges Metall und kocht im Bauch (der Sünder, die davon gegessen haben), wie heißes Wasser kocht.«(44/43 ff.)*

Nichts ist davon zu spüren, dass auch Ungläubige Menschen sind, die Erbarmen verdienen, auch wenn sie aus der Perspektive der koranischen Offenbarung irren und an ihren Irrtümern festhalten. Die Barmherzigkeit Gottes bleibt auf die Gläubigen beschränkt. Die Wollust der Höllenbeschreibungen im Koran trägt sadistische Züge.

Das Paradies

Die koranische Offenbarung beschreibt das Paradies als eine Oase in der Wüste, als Schlaraffenland: Es gibt schattenspendende Bäume, unter denen Ruhebetten stehen. In den Niederungen fließen Bäche. Vor Hitze und

Kälte ist man gleichermaßen geschützt. Es gibt seidene Gewänder für alle. Süße Früchte sind leicht erreichbar, und schöne Knaben versorgen die Paradiesbewohner mit gewürztem Wein, der keine Kopfschmerzen verursacht. Außerdem gibt es großäugige Jungfrauen für alle. Keine Angaben macht der Koran darüber, ob den gläubigen Muslimas, die ins Paradies eingehen, eine ähnliche Dienstleistung in Gestalt attraktiver junger Männer zuteilwird:

– *»Diejenigen aber, die glauben und tun, was recht ist, werden wir (dereinst) in Gärten eingehen lassen, in deren Niederungen (...) Bäche fließen, und in denen sie ewig weilen werden. Darin haben sie gereinigte Gattinnen (zu erwarten). Und in dichten Schatten lassen sie wir kommen.«* (4/57)
– *»Sie und ihre Gattinnen liegen im Schatten (...) auf Ruhebetten und haben (...) Früchte (...) und (...) wonach sie verlangen.«* (36/56 f.)
– *»Die Gottesfürchtigen (...) befinden sich an einem sicheren Standort, in Gärten und an Quellen, in Sundus- und Istabraq-Brokat gekleidet (...) einander gegenüber(liegend). So (...). Und wir geben ihnen großäugige Huris als Gattinnen, und sie verlangen darin (...) nach allerlei Früchten.«* (44/51 ff.)
– *»Sie greifen in ihm (...) nach einem Becher (mit Wein), bei dem man weder (...) daherredet noch sich versündigt.«* (52/23)
– *»Darin (...) befinden sich (...), die Augen (...) niedergeschlagen, weibliche Wesen, die vor ihnen (...) weder Mensch noch Dschinn entjungfert hat.«* (55/56)
– *»Auf golddurchwirkten Ruhebetten liegen sie (...) einander gegenüber, während ewig junge Knaben unter ihnen die Runde machen mit Humpen und Kannen (...) und einem Becher (...) von Quellwasser, (mit einem Getränk), von dem sie weder Kopfweh bekommen noch betrunken (...) werden, und (...) Früchten, was (immer) sie wünschen (...), und Fleisch vom Geflügel, wonach (...) sie Lust haben. Und großäugige Huris (...), wohlverwahrten Perlen zu vergleichen.«* (56/15 ff.)
– *»Wir haben sie regelrecht geschaffen (...) und sie zu Jungfrauen gemacht, heiß liebend und gleichaltrig. [...] Eine ganze Schar (...) gehört den früheren (Generationen) an und (...) eine ganze Schar den späteren.«* (56/35 ff.)

Das Paradies wirkt im Koran wie ein Fünf-Sterne-all-inclusive-Urlaub auf Gottes Kosten, einschließlich aller nur denkbaren sexuellen Dienstleistungen. Philosophisch ungelöst bleibt das Problem, das jeden tatkräftigen, geistvollen Menschen spätestens nach 14 Tagen in einem so ausgestatteten Paradies tödliche Langeweile überkommen würde. Aus gutem Grund hat deshalb der irdische Traumurlaub durchweg eine Dauer von nicht mehr als zwei Wochen.

Der Dschihad

Zahlreich und über den ganzen Koran verstreut sind die Verse, in denen Gott die Gläubigen durch den Mund des Propheten Mohammed zur Gewalt und zum Krieg gegen die Ungläubigen auffordert. Durch das Versprechen des Paradieses haben die Gläubigen nach dem im Koran ausgedrückten göttlichen Willen die Freiheit verloren, sich der Aufforderung zum Kampf gegen die Ungläubigen zu entziehen:

– *»Ihr Gläubigen! Fürchtet Gott und trachtet danach, ihm nahezukommen, und führet um seinetwillen Krieg (...)!« (5/35)*
– *»Euch ist vorgeschrieben, (gegen die Ungläubigen) zu kämpfen, obwohl es euch zuwider ist.« (2/216)*
– *»Und kämpft gegen sie, bis niemand (mehr) versucht, (Gläubige zum Abfall vom Islam) zu verführen, und bis nur noch Gott verehrt wird!« (2/193)*
– *»Und laßt nicht nach (in eurer Bereitschaft), den Feind aufzusuchen (und zum Kampf zu stellen). Wenn ihr (unter den Beschwerden des Krieges) zu leiden habt, so hat er (ebenso darunter) zu leiden wie ihr. Ihr aber habt von seiten Gottes zu erhoffen, was er nicht zu erhoffen hat. Gott weiß Bescheid und ist weise.« (4/104)*
– *»Ihr Gläubigen! Wenn ihr mit einer Gruppe (von Ungläubigen) zusammentrefft (und es zum Kampf kommt), dann seid standhaft und gedenket Gottes ohne Unterlaß (...). Vielleicht wird es euch (dann) wohl ergehen.« (8/45)*
– *»Prophet! Feure die Gläubigen zum Kampf an! Wenn unter euch zwanzig sind, die Geduld (und Ausdauer) zeigen, werden sie über zweihundert, und wenn unter euch hundert sind, werden sie über tausend von den Ungläubigen siegen.« (8/65)*

- »Gott hat den Gläubigen ihre Person und ihr Vermögen dafür abgekauft, daß sie das Paradies haben sollen. Nun müssen sie um Gottes willen kämpfen und dabei töten oder (...) (selber) den Tod erleiden.« (9/111)

Diejenigen, die sich dem Kampf entziehen wollen, indem sie gar nicht erst ausrücken oder die Flucht ergreifen, verlieren die Gunst Gottes und werden schwer bestraft:

- »Wenn ihr davor flieht, zu sterben oder getötet zu werden, wird es euch nichts nutzen.« (33/16)
- »Wenn ihr nicht ausrückt, läßt er euch eine schmerzhafte Strafe zukommen und ein anderes Volk eure Stelle einnehmen.« (9/39)

Grundsätzlich sollen die Ungläubigen getötet oder vertrieben werden. Sie können aber auch versklavt, gegen Lösegeld freigekauft oder begnadigt werden, wenn sie sich unterwerfen. Wer unter den Ungläubigen am Kampf nicht teilgenommen hat, darf milde behandelt werden. Gnade sollen jene unter den Ungläubigen erfahren, die sich zum Islam bekehren. Nach der Logik des Korans sind am Ende des Kampfes für den richtigen Glauben die Ungläubigen entweder tot, versklavt, vertrieben oder als Unterworfene tributpflichtig oder zum Islam bekehrt.

- »Und wenn nun die heiligen Monate abgelaufen sind, dann tötet die Heiden, wo (immer) ihr sie findet, greift, sie, umzingelt sie und lauert ihnen überall auf! Wenn sie sich aber bekehren, das Gebet verrichten und die Almosensteuer geben, dann laßt sie ihres Weges ziehen! Gott ist barmherzig und bereit zu vergeben.« (9/5)
- »Der Lohn derer, die gegen Gott und seinen Gesandten Krieg führen und (überall) im Land eifrig auf Unheil bedacht sind, soll darin bestehen, daß sie umgebracht oder gekreuzigt werden, oder daß ihnen wechselweise (rechts und links) Hand und Fuß abgehauen wird, oder daß sie des Landes verwiesen werden. Das kommt ihnen als Schande im Diesseits zu. Und im Jenseits haben sie (überdies) eine gewaltige Strafe zu erwarten.« (5/33)

- »*Als sie sich dann schließlich über das freuten, was sie erhalten hatten, kamen wir plötzlich (...) über sie. [...] Und die Leute, die frevelten, wurden ausgerottet. Lob sei Gott, dem Herrn der Menschen in aller Welt.*« *(6/44 ff.)*
- »*Wie manche Stadt haben wir (...) zugrunde gehen lassen! Dann kam unsere Gewalt bei Nacht über sie, oder während sie Mittagsrast hielten. Und als dann unsere Gewalt über sie kam, blieb ihnen nichts anderes übrig als auszurufen:* ›*Wir haben (...) gefrevelt.*‹« *(7/4 f.)*
- »*Wenn ihr (auf einem Feldzug) mit den Ungläubigen zusammentrefft, dann haut (ihnen mit dem Schwert) auf den Nacken! Wenn ihr sie schließlich vollständig niedergekämpft habt, dann legt (sie) in Fesseln, (um sie) später entweder auf dem Gnadenweg oder gegen Lösegeld (freizugeben.)*« *(47/4)*
- »*Er ist es, der diejenigen von den Leuten der Schrift, die ungläubig sind (...), aus ihren Wohnungen vertrieben hat, zur ersten (...) Versammlung (...).* « *(59/2)*
- »*Gott verbietet euch nicht, gegen diejenigen pietätvoll und gerecht zu sein, die nicht der Religion wegen gegen euch gekämpft, und die euch nicht aus euren Wohnungen vertrieben haben.*« *(60/8)*

Der wichtigste Lohn des gläubigen Kämpfers sind die Wonnen des Paradieses, die ihn im Jenseits erwarten. Auf der Erde hat der siegreiche Kämpfer aber immerhin Anspruch auf 80 Prozent der von ihm gemachten Beute. Den Rest soll er spenden. Zur Beute zählen auch die erbeuteten Menschen einschließlich der Frauen:

- »*Wenn ihr irgendwelche Beute macht, gehört der fünfte Teil davon Gott und dem Gesandten und den Verwandten (...), den Waisen, den Armen und dem, der unterwegs ist [...].*« *(8/41)*
- »*Aber der Gesandte und diejenigen, die mit ihm glauben, führen mit ihrem Vermögen und in eigener Person Krieg (...). Ihnen kommen (dereinst) die guten Dinge zu, und ihnen wird es wohl ergehen.*« *(9/88)*
- »*Und du darfst ja nicht meinen, daß diejenigen, die um Gottes willen getötet worden sind, (wirklich) tot sind. Nein, (sie sind) lebendig (im Jenseits), und ihnen wird bei ihrem Herrn (himmlische Speise) beschert* (3/169)

- »Denen, die, nachdem sie eine Schlappe erlitten hatten, auf Gott und den Gesandten hörten, steht – soweit sie (in ihrem Erdenleben) rechtschaffen und gottesfürchtig waren – (im Jenseits) gewaltiger Lohn zu.« (3/172)
- »Diejenigen aber, die das diesseitige Leben um den Preis des Jenseits verkaufen, sollen um Gottes willen kämpfen. Und wenn einer um Gottes willen kämpft, und er wird getötet – oder er siegt –, werden wir ihm (im Jenseits) gewaltigen Lohn geben.« (4/74)

Der Text des Korans zeigt: Im Islam kommt dem Dschihad eine zentrale Bedeutung zu. Er schafft die Verbindung zwischen dem Allmachtsanspruch Gottes, dem Auserwähltsein der Gläubigen und der Herabsetzung und ewigen Verdammnis der Ungläubigen. Und er gibt den Gläubigen auf dieser Welt die zentrale Aufgabe ihres Erdendaseins: für die Reinheit und umfassende Geltung des islamischen Glaubens Sorge zu tragen und all jene zu bekämpfen, die sich nicht darein fügen wollen. Karl Marx äußerte dazu treffend: »Der Islam ächtet die Nation der Ungläubigen und schafft einen Zustand permanenter Feindschaft zwischen Muselmanen und Ungläubigen.«[9]

Die Ordnung der Gesellschaft

Zur weltlichen Ordnung der Gesellschaft gibt es nur wenige Aussagen im Koran. Diese sind aber wegen ihres konkreten Charakters umso einschneidender. Immer wieder setzt sich der Koran mit dem erlaubten Sexualverhalten auseinander. Im Zusammenhang damit stehen die Aussagen zu den Frauen und die Bekleidungsvorschriften. Bestimmungen zur sexuellen Treue, zur Ehescheidung und zum Erbrecht sind nicht zu trennen von dem durch den Koran vermittelten Frauenbild. Daneben gibt es zum Zivilrecht keine Aussagen. Eigentumsverhältnisse und Wirtschaftsordnung werden bis auf das Zinsverbot nicht angesprochen. Die Haltung von Sklaven und insbesondere die sexuelle Verfügbarkeit von Sklavinnen für ihre Eigentümer zählen für den Koran offenbar zur natürlichen Ordnung. Jedenfalls werden sie nirgendwo kritisiert, sondern als selbstverständlich vorausgesetzt.

Mehrfach ist im Koran das Zinsverbot ausgesprochen und eindeutig formuliert. Für den geschäftlichen Umgang wird Ehrlichkeit gefordert. Das Vermögen von Waisen soll man bis zu ihrer Volljährigkeit treu verwalten und nicht veruntreuen. Den alt gewordenen Eltern soll man Respekt erweisen und sie gut versorgen. Unerwünschte Kinder sollen nicht getötet werden. Fremde Häuser soll man erst nach Aufforderung betreten. Man soll das Fastengebot beachten und die koranischen Speisevorschriften einhalten:

– *»Aber Gott hat (...) das Kaufgeschäft erlaubt und die Zinsleihe verboten. [...] Diejenigen aber, die es (künftig) wieder tun, werden Insassen des Höllenfeuers sein und (ewig) darin weilen.« (2/275)*
– *»Ihr Gläubigen! Fürchtet Gott! Und laßt (...) das Zinsnehmen bleiben, wenn (...) ihr gläubig seid.« (2/278)*
– *»Ihr Gläubigen! Nehmt nicht Zins, (indem ihr) in mehrfachen Beträgen (wiedernehmt, was ihr ausgeliehen habt)!« (3/130)*
– *»Und gebt, wenn ihr zumeßt, volles Maß und wägt mit der richtigen Waage!« (17/35)*
– *»Und tastet das Vermögen der Waise nicht an, es sei denn auf die (...) beste Art! (...) bis sie volljährig geworden sind.« (17/34)*
– *»Und zu den Eltern (sollst du) gut sein. Wenn eines von ihnen (...) oder (...) beide bei dir (...) hochbetagt geworden (...) sind, dann sag nicht ›Pfui!‹ zu ihnen und fahr sie nicht an, sondern sprich ehrerbietig zu ihnen.« (17/23)*
– *»Und tötet nicht eure Kinder aus Furcht vor Verarmung. Wir bescheren ihnen und euch (...). Sie zu töten ist eine schwere Verfehlung.« (17/31)*
– *»Ihr Gläubigen! Eßt von den guten Dingen, die wir euch beschert haben. [...] Verboten ist euch nur Fleisch von verendeten Tieren (...), Blut, Schweinefleisch und Fleisch (...), worüber (beim Schlachten) ein anderes Wesen als Gott angerufen worden ist.« (2/172 f.)*
– *»Verboten ist euch (...) Fleisch von verendeten Tieren (...), Blut, Schweinefleisch und (...) Fleisch (...) worüber (beim Schlachten) ein anderes Wesen als Gott angerufen worden ist, [...]«* (5/3)

- »(Fastenzeit ist) der Monat Ramadan, in dem der Koran (erstmals) als Rechtleitung für die Menschen herabgesandt worden ist, [...] Es ist euch erlaubt, zur Fastenzeit bei Nacht mit euren Frauen Umgang zu pflegen [...] berührt sie (unbedenklich) [...] und eßt und trinkt, bis ihr in der Morgendämmerung einen weißen von einem schwarzen Faden unterscheiden könnt! Hierauf haltet das Fasten durch bis in die Nacht!« (2/185 ff.)

Im Wesentlichen scheint der Koran die Stammesgesellschaft der Arabischen Halbinsel, in die Mohammed hineingeboren wurde, als die natürliche gesellschaftliche Ordnung zu akzeptieren. Das Zinsverbot, das Verbot der Kindestötung sowie die Fasten- und Speisevorschriften kennzeichnen Ausnahmen. Besonders folgenreich aber erscheint die im Koran deutlich werdende Obsession des Islam mit der menschlichen Sexualität und infolgedessen mit der Rolle der Frauen.

Sexualität, Frauen und Familie

Eindeutig wird im Koran die Homosexualität verurteilt und ihre Ausübung als schwere Sünde bezeichnet:

- »Ihr gebt euch in (eurer) Sinnenlust wahrhaftig mit Männern ab, statt mit Frauen. Nein, ihr seid ein Volk, das nicht maßhält.« (7/81)
- »Wollt ihr euch denn mit Menschen männlichen Geschlechts abgeben und (...) vernachlässigen (...), was euer Herr euch in euren Gattinnen (...) geschaffen hat?« (26/165 f.)
- »Wollt ihr denn gegen eure (...) Einsicht etwas (...) Abscheuliches begehen? Wollt ihr euch in (...) Sinnenlust wirklich mit Männern abgeben, statt mit Frauen?« (27/54 f.)

Sexualität außerhalb der Ehe ist verboten. Allerdings darf jeder Gläubige mit den Sklavinnen in seinem Eigentum sexuell verkehren, ohne sie zu heiraten.

- »Und laßt euch nicht auf Unzucht ein! Das ist etwas Abscheuliches – eine üble Handlungsweise!« (17/32)
- »Und diejenigen, die es sich (...) nicht leisten können zu heiraten, sollen so lange Enthaltsamkeit üben (...), bis Gott sie durch seine Huld reich macht.« (24/33)

Der Text des Korans zeigt eine große Gleichgültigkeit gegenüber den Frauen. Durchweg werden nur die Männer angesprochen. Sie sind die eigentlich Handelnden, während die Frauen als Objekte ihres Handelns angesehen werden. Ihnen wird kaum Eigenständigkeit zugesprochen. Im Verständnis des Korans steht der Ehemann im Rang über seiner Frau. Deshalb darf er sie auch züchtigen, wenn sie ihm den Gehorsam verweigert. Sexuelle Selbstbestimmung der Frau ist dem Koran fremd. Der Ehemann kann über seine Ehefrau nach Belieben sexuell verfügen:

- »Die Männer stehen über den Frauen, weil Gott sie (von Natur vor diesen) ausgezeichnet hat und wegen der Ausgaben, die sie von ihrem Vermögen (...) gemacht haben. [...] Und wenn ihr fürchtet, daß (irgendwelche) Frauen sich auflehnen, dann vermahnt sie, meidet sie im Ehebett und schlagt sie! Wenn sie euch (daraufhin wieder) gehorchen, dann unternehmt (...) nichts gegen sie! Gott ist erhaben und groß.« (4/34)
- »Eure Frauen sind euch ein Saatfeld. Geht zu (diesem) (...) Saatfeld, wo immer ihr wollt!« (2/223)

Für die Heirat zahlt der Mann mit der Morgengabe. Diese geht in den Besitz der Ehefrau über. Sie kann sie mitnehmen, wenn der Mann die Scheidung ausspricht. Der Koran gesteht den Männern bis zu vier Ehefrauen zu. Er regelt genau die Scheidungsmodalitäten und den Unterhaltsanspruch der Frau, wenn sie ein Kind erwartet oder noch einen Säugling stillt. Der Unterhaltsanspruch endet aber in jedem Fall mit dem Ende der Stillzeit. Das abgestillte Kind geht in den Besitz des Mannes über. Die Männer werden dazu ermahnt, ihre Zuwendung gerecht zu verteilen, wenn sie mehrere Frauen haben. Muslimische Männer dürfen muslimische Frauen, Jüdinnen und Christinnen heiraten.

Muslimische Frauen dürfen nur an muslimische Männer verheiratet werden:

- »Und (zum Heiraten sind euch erlaubt) die ehrbaren gläubigen Frauen und die ehrbaren Frauen (aus der Gemeinschaft derer), die vor euch die Schrift erhalten haben.« (5/5)
- »Und heiratet nicht heidnische Frauen, solange sie nicht gläubig werden! Eine gläubige Sklavin ist besser als eine heidnische Frau, auch wenn diese euch gefallen sollte. Und gebt nicht (gläubige Frauen) an heidnische Männer in die Ehe, solange diese nicht gläubig werden!« (2/221)
- »Die gläubigen Frauen (...) sind diesen (w. ihnen d.h. den ungläubigen Männern) nicht (zur Ehe) erlaubt, und umgekehrt. [...] Aber haltet nicht an den(...) Verbindungen mit ungläubigen Frauen fest (...).« (60/10)
- »Und wenn ihr fürchtet, in Sachen der (eurer Obhut anvertrauten weiblichen) Waisen nicht recht zu tun, dann heiratet, was euch an Frauen gut ansteht (...), zwei, drei oder vier.« (4/3)
- »Und diejenigen von euch, die nicht so bemittelt sind, daß sie ehrbare gläubige Frauen zu heiraten vermögen, (sollen welche) von euren gläubigen Mägden (heiraten), die ihr (als Sklavinnen) besitzt.« (4/25)
- »Prophet! Wenn ihr Frauen entlaßt, dann tut das unter Berücksichtigung ihrer Wartezeit, und berechnet die Wartezeit (genau)!« (65/1)
- »Und die Mütter, (die von ihrem Gatten entlassen sind), sollen ihre Kinder zwei volle Jahre stillen. [...] Und der Vater (...) ist verpflichtet, (während dieser Zeit) ihren Unterhalt (...) und ihre Kleidung in rechtlicher Weise zu bestreiten.« (2/233)

Die im Koran festgehaltenen **Bekleidungsvorschriften** sollen offenbar ein Beitrag zum sexuellen Anstand sein, indem sie weibliche Reize vor den Blicken jener Männer verbergen, die nicht zur Familie gehören. Wirklich klare Bekleidungsvorschriften lassen sich aus den einschlägigen Versen jedoch nicht ableiten. Klar ist allenfalls, dass die primären Geschlechtsmerkmale in jedem Fall bedeckt sein müssen:

- »Sag den gläubigen Männern, sie sollen (...) ihre Augen niederschlagen, und sie sollen darauf achten, daß ihre Scham bedeckt ist (...). So *halten sie sich am ehesten sittlich (...). Gott ist wohl darüber unterrichtet, was sie tun.« (24/30)*

– *»Und sag den gläubigen Frauen, sie sollen (...) ihre Augen niederschlagen, und sie sollen darauf achten, daß ihre Scham bedeckt ist (...), den Schmuck, den sie (...) tragen, nicht offen zeigen, soweit er nicht (...) sichtbar ist, ihren Schal sich über den Schlitz (des Kleides) ziehen und den Schmuck, den sie(...) tragen, niemand (...) offen zeigen, außer ihrem Mann, ihrem Vater, ihrem Schwiegervater, ihren Söhnen, ihren Stiefsöhnen, ihren Brüdern, den Söhnen ihrer Brüder und ihrer Schwestern, ihren Frauen, ihren Sklavinnen (...), den männlichen Bediensteten, die keinen (Geschlechts)trieb (...) haben, und den Kindern, die noch nichts von weiblichen Geschlechtsteilen wissen.« (24/31)*

– *»Und wenn ihr die Gattinnen des Propheten (...) um (irgend)etwas bittet, das ihr benötigt, dann tut das hinter einem Vorhang! Auf diese Weise bleibt euer und ihr Herz eher rein. (...) [...] Es ist keine Sünde für sie (...), wenn es sich um ihren Vater, ihre Söhne, ihre Brüder, die Söhne ihrer Brüder und ihrer Schwestern, ihre Frauen (...) und ihre Sklavinnen handelt.« (33/53 ff.)*

– *»Prophet! Sag deinen Gattinnen und Töchtern und den Frauen der Gläubigen, sie sollen, (wenn sie austreten) sich etwas von ihrem Gewand (über den Kopf) herunterziehen. So ist am ehesten gewährleistet, daß sie (als ehrbare Frauen) erkannt und daraufhin nicht belästigt werden.« (33/59)*

Ein Gebot zum Kopftuch, zur Verschleierung oder auch nur eine Abweichung vom modernen westlichen Kleidungsstil (indem man z. B. lange Mäntel und Röcke über Hosen trägt) lässt sich aus dem Text des Korans nicht ableiten. Solche konservativen Interpretationen ergeben sich allenfalls aus der gesamten Haltung des Korans zu Sexualität und Frauen: Frauen sind nur sicher unter der Herrschaft eines Mannes, und die Männer wiederum sind so triebgesteuert, dass unbedeckte weibliche Reize das Risiko sexueller Belästigungen mit sich bringen.

Der unterschiedliche Rang von Männern und Frauen ergibt sich auch aus den Bestimmungen des Korans zum **Erbrecht**: Danach erben Männer bei vergleichbaren Verwandtschaftsverhältnissen immer doppelt so viel wie Frauen:

- »Wenn es bei einem von euch aufs Sterben geht, und wenn er Vermögen hinterläßt, ist es euch vorgeschrieben, in rechtlicher Weise eine letztwillige Verfügung zugunsten der Eltern und der nächsten Verwandten zu treffen.« (2/180)
- »Gott verordnet euch hinsichtlich eurer Kinder: Auf eines männlichen Geschlechts kommt (bei der Erbteilung) gleichviel wie auf zwei weiblichen Geschlechts. [...] Wenn er jedoch kinderlos ist und seine Eltern ihn beerben, steht seiner Mutter ein Drittel zu.« (4/11)
- »Und wenn es (verschiedene) Geschwister sind, Männer und Frauen, kommt auf eines männlichen Geschlechts gleichviel wie auf zwei weiblichen Geschlechts. Gott gibt euch Klarheit, (um zu verhindern), daß ihr irregeht. Er weiß über alles Bescheid.« (4/176)

Das Strafrecht

Im Koran gibt es Aussagen zu den Strafen bei Ehebruch, bei Mord und Totschlag und bei Diebstahl. Zur Zeit der koranischen Offenbarung waren sie wohl, gemessen an den Zuständen der Zeit und des Ortes, weder besonders schwer noch besonders grausam. Beim Mord und Totschlag gilt die Rache als erlaubt, wenn die Verhältnismäßigkeit gewahrt ist. Aufschlussreich ist, dass sich das Tötungsverbot nur auf gläubige Opfer bezieht.

- »Wenn eine Frau und ein Mann Unzucht begehen, dann verabreicht jedem von ihnen hundert (Peitschen)hiebe! Und laßt euch im Hinblick darauf, daß es (...) um die Religion Gottes geht, nicht von Mitleid mit ihnen erfassen, [...] « (24/2)
- »Und wenn welche (...) ehrbare (Ehe)frauen (...) in Verruf bringen und hierauf keine vier Zeugen (...) beibringen, dann verabreicht ihnen achtzig (Peitschen)hiebe und nehmt nie (...) eine Zeugenaussage von ihnen an!« (24/4)
- »Diejenigen, die (...) gläubige Ehefrauen (...) in Verruf bringen, sind im Diesseits verflucht und (...) im Jenseits (...).« (24/23)
- »Kein Gläubiger darf einen (anderen) Gläubigen töten, es sei denn, (er tötet ihn) aus Versehen.« (4/92)

- »*Und tötet niemanden, den (...) Gott verboten hat, außer wenn ihr dazu berechtigt seid! Wenn einer zu Unrecht getötet wird, geben wir seinem nächsten Verwandten Vollmacht (zur Rache). Er soll (...) dann im Töten nicht maßlos sein (...).*« (17/33)
- »*Ihr Gläubigen! Bei Totschlag ist euch die Wiedervergeltung vorgeschrieben: ein Freier für einen Freien, ein Sklave für einen Sklaven und ein weibliches Wesen für ein weibliches Wesen. [...] (d.h. wenn statt der Wiedervergeltung durch Tötung nur Blutgeld gefordert wird), soll die Beitreibung (...) auf rechtliche und (...) die Bezahlung an ihn auf ordentliche Weise vollzogen werden.*« (2/178)
- »*Wenn ein Mann oder eine Frau einen Diebstahl begangen hat, dann haut ihnen die Hand ab!*« (5/38)

So weit meine nach Themen geordnete und mit Zitaten belegte Wiedergabe der wesentlichen Aussagen des Korans. Sie enthält gleichzeitig die wesentlichen Glaubensinhalte der islamischen Religion, denn der Koran ist ja nach der Meinung der überwiegenden Mehrheit der Muslime und der islamischen Religionsgelehrten die wörtliche Offenbarung Gottes aus dem Mund des Propheten Mohammed.

Hadithe und Scharia

Der Koran ist die göttliche Offenbarung. Alle wesentlichen Glaubensinhalte der islamischen Religion sind dort entweder enthalten oder durch Interpretation daraus ableitbar. Neben dem Koran gelten im Islam als wesentliche Quelle der Überlieferung die Worte und Taten Mohammeds (571–632 n. Chr.). Daraus und aus der Interpretation des koranischen Textes selbst hat sich insbesondere zwischen 620 und 920 ein reichhaltiges Schrifttum entwickelt. Darin werden Worte des Propheten zitiert oder Aussagen wiedergegeben, die andere in seiner Gegenwart taten und denen er nicht widersprach, sodass man davon ausgehen kann, dass diese Aussagen Dritter seine stillschweigende Zustimmung fanden. Solche Aussagen werden »Hadithe« genannt.

Muslimische Gelehrte legten umfangreiche Sammlungen von Hadithen an und interpretierten diese ausführlich. Dies bewog andere Gelehrte zu eigenen Sammlungen und Interpretationen, sodass im Lauf der Jahrhunderte zu den Hadithen ein schier unüberschaubares Schrifttum entstand.

Wie schon im Koran angelegt, gibt es im Islam keine klare Unterscheidung zwischen religiösem und weltlichem Recht, zwischen gesetzlichen Vorschriften und Anleitungen für eine gute Lebensführung. So schuf die Sammlung von Hadithen auch erste Grundlagen für das islamische Recht und war insofern zusammen mit dem Koran die Basis für die Entwicklung der Scharia.

Die Rolle der Hadithe

Wie Marco Schöller schreibt, ist es »das dominante Kennzeichen der islamischen Religion, dass sie dem Gläubigen sowohl in seiner Eigenschaft als Individuum als auch in seiner Eigenschaft als Mitglied der Gesellschaft einen modellhaften Lebensentwurf anbietet, der alle Aspekte des Lebens vom Aufstehen bis zum Schlafengehen und von der Wiege bis zur Bahre (und darüber hinaus) umfasst«.[10] Der Islam ist also ein religiöses System der Anleitung zum richtigen Handeln in allen Details. Die Hadithe schließen für den Gläubigen die Lücke, die sich daraus ergibt, dass der Koran nicht zu allen nur denkbaren Aspekten des Lebens Stellung bezieht. »In ihnen werden sämtliche Aspekte des menschlichen Daseins und Zusammenlebens in allen Einzelheiten thematisiert, woraus sich im ganzen ein modellhafter Lebensentwurf im Sinne einer Orthopraxie – einer Anleitung zum rechten Handeln – ergibt.«[11] Wie Schöller weiter schreibt, ist »in praktischer Hinsicht (...) die Beschäftigung mit den Hadithen der wichtigste und umfassendste Bereich der islamischen Gelehrsamkeit, weil die meisten Fragen, die sich hinsichtlich der rechten Lebensweise und Gesellschaftsordnung ergeben, nur mit Rückgriff auf die Hadithe geklärt werden können«.[12]

»Nur der kleinste Teil der Hadithüberlieferung« ist wohl »tatsächlich auf den Propheten zurück[zu]führen«.[13] Gelehrte bemühten sich zwar über die Jahrhunderte hinweg immer wieder um strenge Authentizität bei der Überlieferung von Hadithen. Dies konnte aber nicht verhindern, dass sich schon in den ersten Jahrhunderten nach Mohammeds Tod sehr unterschiedliche islamische Gruppierungen bildeten, die jene Hadithe für ihre eigene Überlieferung beanspruchten, die zu ihrer Argumentation zu passen schienen. In den letzten Jahrzehnten litt eine kritische Praxis im Umgang mit Hadithen zudem unter dem »wachsende[n] Einfluß eines dogmatischen Islamismus«, der zu einer »Aufweichung überkommener Standards im Hadithenstudium« führte.[14]

Um die Rolle der Hadithe besser zu verstehen, habe ich die aus dem 13. Jahrhundert stammende Hadithensammlung des berühmten Gelehrten al-Nawawi aus Damaskus mitsamt seiner Kommentierung gelesen. Al-Nawawi schrieb über seine Auswahl von 42 Hadithen: »Diese Hadithe fassen in sich alle Grundpfeiler des Islams zusammen und enthalten unvorstellbar viel Wissen. (...) Doch Gott weiß am besten, was richtig ist!«[15]

Ich habe in al-Nawawis Sammlung nichts entdeckt, was meine aus dem Koran gewonnene Kenntnis des Islam wesentlich erweitert hätte. Aus drei Hadithen zitiere ich, um den Einfluss der Hadithe auf die Prägung des islamischen Denkstils zu illustrieren:

— Der 14. Hadith besagt, dass ein Muslim nur in drei Fällen getötet werden darf: als verheirateter Ehebrecher, als Mörder und als von der Religion Abtrünniger. Al-Nawawi sagt dazu, dass die Tötung eines Abtrünnigen nicht erfolgt, weil er den Glauben verloren hat, sondern weil er sich weigert, wieder zum Islam überzutreten.[16]
— Im 25. Hadith wird der erlaubte Beischlaf als gute Tat bezeichnet: »Das Beiwohnen eines jeden von euch ist ein Almosen.« Al-Nawawi lobt in seinem Kommentar die Ausübung des Beischlafs erstens als Vorbeugung gegen die Unzucht und zweitens als Mittel, womit »die Kultivierung der diesseitigen Welt vervollständigt und sich die Gemeinde der Muslime bis zum Tag der Auferstehung vermehren wird«.[17]
— Im 28. Hadith heißt es zur Glaubenspraxis (Sunna): »Hütet euch vor den Dingen, die neu aufgebracht werden, denn alles, was neu

aufgebracht wird, ist eine ›Neuerung‹. Jede ›Neuerung‹ aber ist ein Gang in die Irre, und jeder Gang in die Irre führt ins Höllenfeuer.«[18]

Die drei Zitate veranschaulichen das strikte Ordnungsdenken des Islam und den Willen, seine Herrschaft zu sichern, durch

- natürliche Vermehrung der Gläubigen,
- Bekämpfung der Abtrünnigen und
- kritische Distanz zu Neuerungen, weil sie die Reinheit der Lehre gefährden können.

Die Rolle der Scharia

Die Scharia ist der von Gott gewiesene Weg. »Folge nun ihm, und nicht den persönlichen Neigungen derer, die nicht Bescheid wissen«, heißt es im Koran (45/18). Die 1968 in Ägypten erschienene *Enzyklopädie der islamischen Rechtswissenschaft* sagt dazu: »Die Scharia ist der Königsweg, die gerade Straße. Gott hat sie aus seinem Wissen gestiftet; er hat die Kenntnis von ihr auf den letzten seiner Propheten ... herabgesandt und ihr so viel Kraft und Beständigkeit zugemessen, dass sie ewig bleiben wird, geschützt davor, sich zu Nichtigem oder zum Irrtum zu neigen.«[19] Das »weite Verständnis der Scharia umfasst die Gesamtheit aller religiösen und rechtlichen Normen, Mechanismen zur Normfindung und Interpretationsvorschriften des Islam«.[20] Die Scharia ist in diesem Sinne mehr als das »islamische Recht«. Andererseits passen die Vorschriften aus dem Koran aus den Hadithen sowie die Erkenntnisse aus der umfangreichen Tätigkeit muslimischer Rechtsgelehrter in den letzten 1400 Jahren nicht ohne Weiteres zu den Notwendigkeiten eines modernen Rechtssystems, zumal sie häufig zeitgebunden sind, unterschiedlich interpretiert werden können und sich zudem vielfältig widersprechen. Anwendbares kodifiziertes Recht muss deshalb weiter gehen als die Scharia und konsistenter sein, wenn es taugen soll. Es muss aber auch ausreichend flexibel und änderungsfähig sein.

Soll sich islamisches Recht möglichst eng an die rechtlichen Vorgaben halten, wie sie sich aus dem Text des Korans und der in der Sunna herausgebildeten Praxis ergeben? Wie füllt man Lücken, wie geht man mit Bestimmungen um, die aus heutiger Sicht vormodern, grausam oder aus anderen Gründen obsolet sind? Ein allzu wörtlich verstandenes islamisches Recht hat islamische Gesellschaften vielfach in Rückständigkeit festgehalten und Modernisierung verhindert. Andererseits stand und steht die kulturelle Prägung dieser Gesellschaften vielfach einer modernen Rechtspraxis auch dort im Weg, wo das Recht modernisiert wurde.

Die Tradition und die Gegenwart des islamischen Rechts sind breit, vielfältig und ungeheuer widersprüchlich. Jedoch nehmen die Rechtssysteme und (soweit es sie gibt) die Verfassungen nahezu aller islamischen Länder in irgendeiner Weise die Scharia zum Ausgangspunkt.[21] Dies gilt besonders für das Personenstandsrecht, das Familienrecht und das Erbrecht, aber auch für die Rechtsstellung der Nichtmuslime, für die Bestimmungen zur Religionsfreiheit und teilweise auch für das Strafrecht. In den vergangenen Jahrzehnten gab es Tendenzen zur Liberalisierung und Modernisierung. Aber es gab auch Rückschritte. »Insgesamt«, so der Jurist und Islamwissenschaftler Mathias Rohe, »sind die einschlägigen Regelungen und gesellschaftlichen Voraussetzungen in der islamischen Welt mittlerweile höchst disparat.«[22] Er weist am Beispiel der viel diskutierten »Kairoer Erklärung der Menschenrechte im Islam«, der Organisation für Islamische Zusammenarbeit, darauf hin, »dass Normen und Dokumente, welche einen allgemeinen Schariavorbehalt enthalten, aus menschenrechtlicher Sicht weitgehend wertlos sind. (...) Die Bandbreite möglicher Scharia-Interpretationen ermöglicht dem weithin dominierenden Traditionalismus das Festhalten an menschenrechtswidrigen Regelungen etwa im Bereich der Frauen-, Minderheiten- und Freiheitsrechte (z.B. Meinungsfreiheit, Religionsfreiheit).«[23]

Die aufgezeigte widersprüchliche Entwicklung des Rechts ist darum nicht zu trennen von der Haltung zu religiösen Fragen und der widersprüchlichen Entwicklung der Ideenwelten im Islam und in den islamischen Gesellschaften. Mit der Einwanderung von Muslimen kamen die damit verbundenen Fragen auch nach Europa und in die westliche Welt.

Mathias Rohe betont in seinem materialreichen Werk über das islamische Recht immer wieder die Aspekte der Vielfalt und Offenheit sowie die zahlreichen gegensätzlichen Strömungen, und er warnt davor, den Islam und das islamische Recht mit Rückständigkeit und Demokratiefeindlichkeit gleichzusetzen. Das ist zwar richtig. Es gab zu jeder Zeit und es gibt auch heute sehr fortschrittliche und liberale islamische Theologen und Rechtsgelehrte. Allerdings waren sie stets in der Minderheit. Generell dominierten und dominieren aber traditionelle und manchmal fundamentalistische Auffassungen. Der Mainstream des islamischen Rechts konnte sich niemals ausreichend von der Religion des Islam und folglich auch nicht von dem Gesellschaftsbild, das der Islam vermittelt, trennen – etwa in Bezug auf die Rolle der Frauen, auf die Haltung zu den Ungläubigen, auf die Legitimation des Staates oder auf Demokratie und Meinungsfreiheit.

Es ist hier nicht der Ort, das islamische Recht systematisch in seiner Vielfalt zu erörtern. Im weiteren Verlauf meiner Darlegung komme ich auf Rechtsfragen, Rechtsanwendung und den Einfluss der Scharia zurück, wenn es um die folgenden Themen geht:

– Trennung von Religion und Staat,
– Glaubensfreiheit, bürgerliche Gleichstellung der Nichtmuslime,
– Behandlung der Apostasie,
– Rolle der Frau,
– Behandlung von Homosexualität,
– Behandlung von Ehebruch,
– grausame Körperstrafen.

Islamische Glaubensrichtungen

Nach Mohammeds Tod fächerte sich der Islam in viele Glaubensrichtungen auf, weil eine zentrale Glaubensinstanz fehlte. Dabei war die früheste und folgenschwerste Entwicklung die Spaltung zwischen Sunniten und Schiiten. Der Islam nahm in seinem weiten Verbreitungsgebiet von Spanien bis Indonesien auch regional unterschiedliche Formen an. Auch wechselten seine kulturelle Flexibilität und der Grad seines Dominanzstrebens. Die islamischen Eroberungszüge erfassten in recht kurzer Zeit Nordafrika, Spanien, das Persische Reich, das zentrale Asien, später große Teile Indiens und des Fernen Ostens bis nach Indonesien. Der relative Niedergang der islamischen Welt begann mit der Renaissance in Europa, der Entdeckung Amerikas sowie dem Fortschritt der europäischen Naturwissenschaft, und er verschärfte sich mit der industriellen Revolution. Mit der Niederlage der Osmanen vor Wien im Jahr 1689 begann ihr militärischer Niedergang. Der Untergang des Osmanischen Reiches 1918 vollendete die Kolonialisierung der islamischen Welt (bis auf die geschrumpfte Türkei und Saudi-Arabien), die mit der Eroberung Indonesiens durch die Holländer im 16. Jahrhundert eingesetzt hatte.

Nach dem Zweiten Weltkrieg erlangte die gesamte islamische Welt in nur anderthalb Jahrzehnten von 1947 bis 1962 die staatliche Unabhängigkeit. Seitdem ist sie in Gärung: Die Bevölkerungszahlen wuchsen in den vergangenen 70 Jahren durchschnittlich auf das Fünffache. Wo es Demokratien gab, hielten sie sich nicht lange. Während sich einerseits die technische Zivilisation Bahn brach und zusammen mit dem Bevölkerungswachstum herkömmliche Lebensformen veränderte, gewannen andererseits konservative bzw. fundamentalistische Ausprägungen des Islam an Boden. Je nach Standort kann man dies als Modernisierungskrise, aber auch als kulturelle Rückbesinnung interpretieren.

Extrem stark vereinfacht, geht es dabei im Wesentlichen um zwei Fragen:

1. Wie abschließend und wie wortgetreu sind die Texte und Regeln des Korans und die Lehren der Sunna auszulegen und anzuwenden?

2. Wie steht es mit der Trennung von Religion und Staat? Wie legitimiert sich ein Staatswesen?

Beide Fragen sind nicht voneinander zu trennen. Beantwortet man sie fundamentalistisch, so gelangt man zu einer islamistischen Auslegung des Islam. Am extremen Rand des Islamismus findet sich dann der Terrorismus.

Die erste Frage ist nicht nur wichtig wegen des unvermeidlich zeitgebundenen Charakters eines jeden 1400 Jahre alten Textes. Vielmehr ist eine sehr freie Interpretation geboten, wenn man konkrete Aussagen relativieren oder aufheben möchte, die der Gleichberechtigung von Mann und Frau entgegenstehen oder die Bestrafung von Ehebruch und Glaubensabfall fordern. Außerdem ist eine Distanzierung von allen Botschaften des Korans, die zum Hass auf die Ungläubigen und zu deren physischer Verfolgung und Tötung aufrufen, unverzichtbar, wenn man den Islam als Religion der Liebe, der Versöhnung oder des Friedens darstellen will.

Will man die Texte, so zeitgebunden sie sein mögen, nicht großenteils ihres Sinns entleeren, dann fallen weitgehende Interpretationen schwer. Und so überwiegt mehrheitlich unter den islamischen Theologen eine eher traditionelle Sicht. Diese spiegelt sich auch, etwa was das Personenstandsrecht oder die Stellung der Nichtmuslime angeht, in den Rechtssystemen der meisten islamischen Länder.[24] Wie Bernard Lewis 1988 schrieb, gibt es unter muslimischen Theologen bisher noch keinen liberalen oder modernistischen Zugang zum Koran, und alle Muslime sind zumindest in ihrer Einstellung zum Korantext im Prinzip Fundamentalisten.[25]

Der in Tunis geborene französische Schriftsteller Abdelwahab Meddeb nennt den Hang zur wörtlichen Interpretation des Korans und der Gebote der Scharia die »Krankheit des Islam«. In der Blütezeit der islamischen Gelehrsamkeit seien die Interpretationen breiter und intellektueller gewesen. Jene Richtung, die im 9. Jahrhundert auf einem wörtlichen Verständnis des Korans bestand – nach dem Gelehrten Ibn Hanbal (780 bis etwa 855) »Hanbalismus« genannt –, habe sich zunächst nicht durchsetzen können. Diese Doktrin besteht »auf der Rückkehr zur reinen Auslegung des Buchstabens und der Nachfolge der *salaf*, der Alten von Medina, was letztlich bedeutet, dass jeder Einzelne wie jedes Jahrhundert sich an der idealen Stadt des Propheten zu messen hat«.[26] Diese Strömung fand im 18. Jahrhundert ihre Zuspitzung in der Lehre des Ibn Abd al-Wahhab (1703–1792), dem Wahhabismus. Alles, was einem strikten Monotheismus widerspricht, etwa die Verehrung von Heiligen, wird geächtet und verboten. Als im Verlauf des 19. und 20. Jahrhunderts die wachsende Lücke zwischen dem Entwicklungsstand des Westens und der islamischen Welt immer deutlicher wurde, verbanden sich die fundamentalistischen Strömungen des Islam mit einer antiwestlichen Tendenz. Durch die Rückkehr zu den Ursprüngen des Glaubens sollte die alte Herrlichkeit des Islam wiedererrichtet werden. Hassan al-Banna (1906–1949), der Begründer der ägyptischen Muslimbruderschaft, drückte das so aus:»Wir glauben fest daran, dass die Vorschriften des Islams umfassend sind und die Angelegenheiten der Menschen im Diesseits und Jenseits regeln. Des Weiteren glauben wir, dass diejenigen sich irren, die annehmen, diese Lehren behandelten lediglich die Aspekte des Glaubens und der Spiritualität. Denn der Islam ist Gottesdienst und Glaubensgrundsatz, Heimatland und Staatsangehörigkeit, Religion und Staat, Idee und Werk sowie Koran und Schwert.«[27]

Der Westen, so glaubte er, sei»zum Untergang verdammt, liege in den letzten Zuckungen, und das Ende seiner Vorherrschaft stehe vor der Tür«.[28] 1946 äußerte er sich folgendermaßen dazu:»Hier, seht den Westen. Nachdem er Ungerechtigkeit, Knechtschaft und Tyrannei gesät hat, liegt er nun darnieder und zappelt in seinen Widersprüchen; es würde genügen, daß eine mächtige Hand aus dem Orient eingreift, unter dem Banner Gottes mit dem Zeichen des Koran, einer Standarte, die der mächtigen Armee des Glaubens vorangetragen wird; unter der Führung des Islam wird die Welt dann wieder zu Gerechtigkeit und Frieden finden.«[29]

Heute, über 70 Jahre später, können sich hinter diesem programmatischen Text der türkische Präsident Erdoğan, der sogenannte Islamische Staat und die Taliban gleichermaßen vereinen. Sie alle spiegeln auf unterschiedliche Art die Verengung des Islam auf fundamentalistische Positionen wider.

Abdelwahab Meddeb nimmt als Indikator dafür die Verhüllung der Frauen. Er beschreibt, wie er in seiner Kindheit in den Fünfzigerjahren des 20. Jahrhunderts in Tunis»im Zuge von Verwestlichung und Modernisierung die Entschleierung der Frauen«[30] erlebte, und er empfand es 30 Jahre später »als Schock«, als ihm »die erneute Verschleierung der Frauen in einer der Hochburgen der Freiheit und der westlichen Kultur, in Frankreich, genauer: in Paris, vor Augen geführt wurde«.[31]

Bei den Vertretern liberaler Positionen der Koran-Interpretation handelt es sich zumeist um Publizisten und Islamwissenschaftler, die im Westen leben. Der französische Islamwissenschaftler Seyed Mostafa Azmayesh meint, dass im überlieferten Text des Korans zwei ganz unterschiedliche, in ihrer Aussage gegensätzliche Texte miteinander vermischt worden seien.[32] Der an der Universität Münster lehrende Islamwissenschaftler Mouhanad Khorchide möchte aus dem Islam eine Theologie machen, »die das Verhältnis zwischen Gott und Mensch als dialogisches Freiheitsverhältnis bestimmt, in dem Gott allein mit den Mitteln der Liebe und Barmherzigkeit versucht, die Liebe des Menschen und somit Mitliebende zu gewinnen«.[33] Der deutsche Politologe Hamed Abdel-Samad analysiert die widersprüchliche Botschaft des koranischen Textes und nutzt dies zu einem politischen Aufruf an die Muslime: Wollen die »gläubigen Muslime (...) den Koran wie bislang als unantastbar betrachten und jede Kritik an ihm als Angriff gegen ihre Gefühle werten, dann unterstützen sie ungewollt die Fanatiker, die im Namen des Korans töten, Christen verfolgen und vertreiben. Wollen sie den Koran für Kritik und Forschung öffnen, dann gibt es vielleicht eine Chance für Reformen. Nicht der Koran würde dadurch reformiert werden, sondern das Denken der Muslime und ihre Haltung zum heiligen Text.«[34] Solche Stimmen sind auch unter den Muslimen in Deutschland und Europa Außenseiterpositionen,[35] in großen Teilen der islamischen Welt könnten sie ihre Interpretationen ohne Gefahr für Leib und Leben gar nicht vorbringen.

Muhamad Khorchide, der wegen seiner liberalen Interpretation des Islam nach Ansicht der DITIB in Deutschland keine Religionslehrer ausbilden soll, ist in Saudi-Arabien aufgewachsen. Dieses Land ist das Zentrum des Wahhabismus. Aus Saudi-Arabien heraus wird der konservative Islam weltweit gefördert – durch materielle Unterstützung von Moscheevereinen, durch die Gewährung von Geldern für den Moscheenbau, aber auch durch entsprechendes Schrifttum.

Ein Beispiel ist das Buch *Man-made Laws vs. Sharia*, das durch den in Riad ansässigen Verlag neben vielen anderen Propagandaschriften für einen konservativen Islam über das Internet weltweit vertrieben wird. Dort schreibt Abduur-Rahman ibn Salih al-Mahmood, die Scharia sei als Gottes Offenbarung wörtlich zu nehmen. Es sei eine Abwendung von Gott, wenn man sich für eine Entscheidung auf die Systeme und Gesetze der heidnischen Welt berufe.[36]

Je nach dem Grad der Abweichung von einer wörtlichen Interpretation islamischer Texte, insbesondere des Korans, sind zahlreiche Interpretationen möglich. Selbst die freieste Interpretation wird aber nicht umhinkönnen, einige Aussagen zum Nennwert zu nehmen, wenn der Bezug auf den religiösen Text überhaupt noch Sinn machen soll. Und selbst die wörtlichste Interpretation muss mit der objektiven Unschärfe vieler Textstellen und den gar nicht oder widersprüchlich geregelten Sachverhalten umgehen.

Abdelwahab Meddeb macht es sich zu einfach, wenn er die Neigung zum wörtlichen Verständnis des Korans mit der von ihm beklagten wachsenden Halbbildung in den islamischen Ländern in Zusammenhang bringt. Er meint, dass wie zu Zeiten von Averroes die Interpretation des Korans einer Elite vorbehalten sein und nicht dem Volk zukommen solle: »Der Elite fällt die Aufgabe zu, die Argumente zu entwickeln, die nur mit den Methoden des Beweises zugänglich werden, die Masse hingegen hält sich an den wörtlichen Sinn.«[37] In der Zeit der Massenmedien hat das von Meddeb postulierte Interpretationsmonopol der Elite einen utopischen Charakter. Die Gefährlichkeit des koranischen Textes ist offenbar auch Meddeb bewusst. Bei der Bibel war es zu keiner Zeit nötig, die Gefährlichkeit des Textes dadurch zu kontrollieren, dass man die Massen der Gläubigen von seiner Interpretation ausschloss. Meddeb spricht von der »Doppelgesichtigkeit des Buchstabens des Koran«:[38] »So ist die Krankheit des Islam beschaffen. Sie hat in seiner ganzen Geschichte existiert und läßt sich auch heute am Gebaren und den Sprüchen der Fundamentalisten ablesen.«[39]

Der Islam und die weltliche Herrschaft

Je wörtlicher man den Koran nimmt, desto klarer scheint die Schluss-folgerung, dass weltliche Herrschaft ihre Legitimation immer nur in Gott finden kann und eigentlich Gottesherrschaft sein muss. Andern-falls hat sie keine Legitimität. Zu Mohammeds Lebzeiten konnte es daran keinen Zweifel geben. Er war gleichzeitig der Gesandte Got-tes, der Gesetzgeber und der weltliche Herrscher über die Gläubigen. Nach seinem Tod übernahm die Rolle des weltlichen Herrschers der Kalif, dessen Herrschaft über die Gläubigen und Ungläubigen sich durch Gott legitimierte. Im Streit über die legitime Nachfolge des Kalifen entzweiten sich bald nach Mohammeds Tod Sunniten und Schiiten. Aber ein einheitliches Kalifat war schon deshalb nicht lange durchhaltbar, weil der islamische Machtbereich sich so weit ausdehnte und weil Umstürze, Kriege und Eroberungen die Machtverhältnisse in der islamischen Welt ständig veränderten. Gleichwohl hielt sich der Gedanke, dass sich die weltliche Herrschaft durch Gott legitimieren müsse, in der islamischen Welt bis heute und gewann teilweise sogar an Boden:

- In Saudi-Arabien ging das Herrscherhaus schon in den Dreißiger-jahren des vergangenen Jahrhunderts eine sehr enge Verbindung mit der konservativen Geistlichkeit ein. Diese unterstützte die Legitimität der weltlichen Herrschaft und bekam dafür sehr weit-gehende Interpretationsgewalt über den dort praktizierten kon-servativen Islam, dessen Lehren mithilfe saudischer Ölmilliarden über die ganze Welt verbreitet wurden und werden.
- Im Iran wurde 1979 mit der Revolution der Ajatollahs eine Art Gottesstaat geschaffen: Demokratie darf praktiziert werden, aber nur innerhalb der vom Wächterrat der Religionsgelehrten gesetz-ten Grenzen. Diese leiten ihre Legitimation für Eingriffe in das weltliche Geschehen unmittelbar aus ihrer Interpretation der ko-ranischen Offenbarung her und sprechen quasi »ex cathedra«. Sie haben das erreicht, was die mittelalterlichen Päpste im Investitur-

streit mit den deutschen Kaisern nicht durchsetzen konnten: den umfassenden Vorrang der religiösen vor der weltlichen Macht.

- In Pakistan, Bangladesch, Malaysia und Indonesien wurde die aus der Kolonialzeit übernommene säkulare Staatsverfassung mehr und mehr verschoben in Richtung eines explizit islamischen Staatswesens, wodurch sich Rechtselemente der Scharia mehr und mehr in den staatlichen Gesetzen ausbreiten.
- Unklar ist der Weg der Türkei. Der Staatsgründer Kemal Atatürk hatte sie nach dem Ersten Weltkrieg als säkulare Republik konzipiert. Unter der Herrschaft der AKP und des Präsidenten Erdoğan scheint sie den Weg der Demokratie zu verlassen und in die Richtung eines stärker islamisch geprägten Staatswesens zu gehen. Manches in Erdoğans Gebaren und Auftreten erinnert an einen modernen Kalifen. Ob dies Zufall oder Methode ist, sei dahingestellt.
- Abu Bakr al-Baghdadi, der Anführer der Terrororganisation Islamischer Staat (IS), sieht sich selbst als neuen Kalifen und den Islamischen Staat als neues Kalifat. Den vom IS ausgeübten Terror sehen er und seine Anhänger als den neuen Dschihad. Historisch und religionsphilosophisch schließt sich hier ein Kreis.

Islamismus und Terrorismus

Sayyid Qutb war neben Hassan al-Banna der zweite große Vordenker der Muslimbruderschaft. Er dachte »die von al-Banna begonnene Ideologisierung des Islams radikal weiter und wurde mit seiner Theorie einer islamischen Ordnung zum Vordenker des militanten Islam in der zweiten Hälfte des 20. Jahrhunderts«.[40] 1966 wurde er in Kairo hingerichtet. In dem folgenden Zitat wird er als Cheftheoretiker des islamistischen Terrors angesehen:»Der weiße Mann tritt uns mit Füßen. Während wir unseren Kindern in der Schule von seiner Zivilisation, seinen höheren Prinzipien und seinem edlen Vorbild erzählen. (...) Lasst uns versuchen, Samen der Abneigung, des Hasses und der

58

Rache in den Herzen unserer Millionen Kinder zu säen. [...] Und lasst uns sicher sein, dass der westliche Kolonialismus erzittern wird, wenn er uns diese Samen säen sieht.«[41]

Wie Imad Mustafa schreibt, haben Hassan al-Banna und Sayyid Qutb den Islam »durch die Verbindung mit dem Nationenbegriff und dessen Ausweitung auf die Umma (...) essentialistisch reduziert. (...) Was blieb, war, überspitzt formuliert, eine Ideologie, die instrumentell flexibel angepasst und eingesetzt werden konnte. Alle Bewegungen im islamistischen Spektrum, seien sie bewaffnet oder nicht, gäbe es ohne diese geistige Wende nicht.«[42]

Der Islamismus ist eine politische Glaubensrichtung des Islam, er setzt auf die Durchsetzung des Islam und die Schaffung einer islamischen Gesellschaft mit politischen Mitteln. Der Keim des Islamismus ist im Islam selbst angelegt: Islamisten dehnen den religiösen Wahrheitsanspruch des Islam auf einen politischen Herrschaftsanspruch aus. Im weiteren Sinn können z.B. die Ziele von Erdoğans AKP in der Türkei oder der Muslimbrüder in Ägypten als islamistisch bezeichnet werden. Der politische Islamismus kann sich demokratischer Mittel bedienen, er ist nicht zwingend gewaltsam. Offen ist die Frage, was geschieht, wenn Islamisten einmal an der Macht sind und diese nicht wieder hergeben bzw. wenn sie das Staatswesen unwiderruflich islamisch umgestalten wollen.

Gleitend sind die Übergänge vom *politischen* Islamismus, der sich um die friedliche Umgestaltung der Verhältnisse in einem bestimmten Land bemüht, zu einem expansiven *missionarischen* Islamismus, der in andere Länder ausgreift. Bereits die umfangreiche weltweite Unterstützung eines sehr konservativen sunnitischen Islam aus der Staatskasse Saudi-Arabiens wirft hier Fragen auf. Den missionarischen Islamismus trennen wiederum nur gleitende Übergänge vom *dschihadistischen* Islamismus, der den rechten Glauben durch bewaffneten Kampf verbreiten will.[43] Er ist dann vom *islamistischen Terrorismus* kaum noch zu unterscheiden. Die Keimzelle des islamistischen Terrors, Al Kaida, hatte ihren Ursprung in Saudi-Arabien. Ihr Begründer Osama bin Laden stammte aus einer sehr reichen saudi-arabischen Familie und betrieb sein radikales Geschäft bis 1992 aus Saudi-Arabien.

Die Kämpfe im Irak, der Bürgerkrieg in Syrien und der einige Jahre bestehende IS-Terrorstaat sind ohne die religiösen und islamistischen Elemente gar nicht zu erklären: Die sunnitischen und schiitischen Vormächte und Erzfeinde, Saudi-Arabien und der Iran, kämpfen hier gegeneinander um Einfluss. Saudi-Arabien unterstützt, ebenso wie dies lange Zeit auch die Türkei tat, islamistische Rebellengruppen, deren demokratische Gesinnung zweifelhaft und deren Beziehung zum Terror teilweise eng ist. Einig sind sich die meisten immerhin in der Ablehnung des IS. Die Christen wiederum stehen zumeist auf der Seite des vom Iran und von Russland unterstützten alevitischen Diktators Assad, denn er ist in Syrien der einzige Garant ihrer Glaubensfreiheit und physischer Sicherheit.[44] Syrien und der Irak zeigen leider sehr eindeutig, dass es in der islamischen Welt vielfach kaum möglich ist, klare Grenzen zu ziehen zwischen Demokraten und ihren Feinden, liberalen Muslimen und Islamisten, Islamisten und Terroristen. Wo immer der Westen in den letzten 40 Jahren in der islamischen Welt intervenierte – Afghanistan, Irak, Libyen, Syrien –, hat er schlechte Ordnungen durch Chaos ersetzt, Islamismus und Terrorismus gestärkt und letztlich die Voraussetzungen geschaffen, um den Terror nach Europa zu bringen.[45]

Die Problematik des Islamismus bis hin zum Terrorismus ist in der vorherrschenden Tradition des Islam angelegt. Der französische Schriftsteller und liberale Muslim Tahar Ben Jelloun sagt dazu: »Im Allgemeinen (...) akzeptieren Muslime das System der Laizität nicht. Denn für sie ist der Islam alles, eine Religion, eine Moral, eine Weltanschauung, eine tägliche Praxis. ... Der Gläubige kann sich nicht vorstellen, dass ein muslimisches Land die Moschee vom Staat trennen könnte. Das ist nicht unmöglich, aber außer der Türkei hat noch kein Staat, dessen Religion der Islam ist, Laizität gewagt.«[46] Seit dieser Aussage sind drei Jahre vergangen. In dieser Zeit haben wir erlebt, dass die türkische Demokratie unter dem islamistischen AKP-Führer Erdoğan weitgehend abgeschafft wurde.

Ein europäischer Islam?

Sobald der universale Anspruch des Islam auf die Regelung weltlicher Fragen übergreift und er damit politisch wird, stellt sich die Frage nach der Vereinbarkeit von Demokratie und Islam. Der aus Syrien stammende deutsche Politologe Bassam Tibi hatte Anfang der Neunzigerjahre des vergangenen Jahrhunderts für die Versöhnung zwischen Islam und Demokratie den Begriff des Euro-Islam geprägt[47] und dafür immer wieder geworben. Als Grundvoraussetzungen für einen europäischen, mit der Demokratie kompatiblen Islam benennt er:

1. »Trennung von Religion und Politik im Namen der Privatisierung des Glaubens.
2. Aufgabe der islamischen Konzepte von Dschihad und Scharia (...)
3. Islamische Akzeptanz der säkularen Demokratie als Werteorientierung für ein Gemeinwesen (...)
4. Toleranz im Sinne der europäischen Aufklärung (...)
5. Aufgabe des islamischen Anspruchs auf (...) Vorherrschaft und religiöse Überlegenheit der Muslime (...)
6. Bestimmung der in Europa lebenden Muslime als Individuen, nicht als Umma-Kollektiv (...)«[48]

Mittlerweile äußert Bassam Tibi die Einschätzung, dass seine Idee vom Euro-Islam gescheitert sei, allenfalls 5 Prozent der deutschen Muslime lebten auf individueller Ebene einen europäischen Islam.[49] Bassam Tibi, bis Anfang des letzten Jahrzehnts einer der meistgefragten Islam-Experten in Deutschland, geriet, wie bereits erwähnt, in den vergangenen anderthalb Jahrzehnten ins Abseits, weil er anscheinend zu islamkritisch war.[50]

Der Islamwissenschaftler und Jurist Mathias Rohe, politisch sehr korrekt und in der Diktion vorsichtig, äußert sich zum »europäischen Islam« allerdings in der Sache kaum anders als Bassam Tibi: »Es geht (...) nicht darum, das theologische Fundament des Islam zu

regionalisieren. Zielrichtung wäre es alleine, die denkbaren Interpre-
tationsspielarten auf die Palette zu begrenzen, die sich im Rahmen
der Religionsfreiheit, aber auch der freiheitlichen und demokratischen
Verfassungsordnungen Europas halten. Damit wird deutlich, dass die
(...) islamistischen Positionen, die ja auch nur von wenigen Muslimen
geteilt werden, keinen Platz im Rahmen dieser Verfassungsordnungen haben. Dabei ist nicht nur auf gewalttätige Extremisten zu achten,
sondern auch auf ihr publizistisches Um- und Vorfeld, das ganz besonders im Vereinigten Königreich, aber durchaus auch in Deutschland in gelegentlich überraschender Offenheit tätig ist.«[51]

Es läuft immer wieder darauf hinaus: Wenn man den Koran nur
frei genug interpretiert, dann können die Fragen nach dem »Wesen«
des Islam und nach seiner Vereinbarkeit mit der westlichen Demokratie ganz unterschiedlich beantwortet werden. Entscheidend für das
Gefahrenpotenzial der Religion des Islam ist damit allein, was Muslime glauben und denken bzw. was sie glauben und denken *dürfen*. Für
gläubige Muslime ist nämlich heute ein freies Denken nicht nur im
Iran oder in Saudi-Arabien, sondern auch in Ägypten gefährlich.[52] Das
im Westen so beliebte Reden von der »Vielfalt des Islam« ist einerseits
sachlich richtig, andererseits wirkt es in irreführender Weise verharm-
losend, wenn dabei das tatsächliche Gewicht von engen und weiten Interpretationen, von fundamentalistischen und liberalen Auslegungen
ausgeblendet bzw. verzerrt dargestellt wird. Dazu neigen viele westliche Kenner des Islam und der islamischen Gesellschaften.[53]

Tahar Ben Jelloun meint dazu: »Die Gefahr ist real, dass die Fundamentalisten siegen werden. (...) Zu großen Teilen liegt es an den
Muslimen, die ihre Lebensweise im Westen ändern müssen. (...) Wenn
man den Koran klug liest, merkt man, dass es ein Text großer Schönheit voll Poesie und Humanismus ist. Doch sobald man die Brille des
Buchstäblichen aufsetzt, wenn man den Text auf zerfleddernde Weise
interpretiert, kann man herauslesen, was man will.«[54]

Die Mehrheit der Muslime auf der Welt versteht den Koran nicht
historisch-kritisch als freiheitliche Lehre der Barmherzigkeit, sondern
eher so, wie es das wörtliche und sinngemäße Studium des Textes
recht zwingend nahelegt. Tahar Ben Jelloun hat deshalb Angst »vor

jenen, die sich dieser Religion bedienen, um zu herrschen und die anderen zu unterdrücken«.[55]

Die islamische Prägung: Mentalitätsaspekte der koranischen Offenbarung

Der Islamwissenschaftler Tilman Nagel schreibt in der Einleitung zu seiner Einführung in das islamische Recht: »Noch nie ist mir jemand begegnet, der sich selber als Muslim bekannt und zugleich geleugnet hätte, daß der Koran Gottes Wort und daher der oberste Maßstab aller Daseinsbewältigung sei; nie habe ich einen Muslim getroffen, der mir gesagt hätte, ihn kümmere jener Muhammad nicht, der vor 1400 Jahren (...) wirkte, und wie man heute beispielsweise die Riten des Islams ausübe, das habe mit jenem Manne nicht das geringste zu tun.«[56]

Damit wird umso bedeutsamer, dass die Aussagen des Korans, wenn sie einmal in eine inhaltliche Ordnung gebracht wurden, es an Klarheit und Deutlichkeit nicht mangeln lassen und wenig Ambivalenz übrig bleibt. Sie enthalten kaum Abstraktionen oder Überlegungen abwägender Vernunft, dafür aber eindeutige Anweisungen für das Verhalten der Gläubigen, klare Benennungen von Richtig und Falsch und von Gut und Böse. Ihr religiöser Gehalt ist sehr schlicht, die Vorgaben für den Gläubigen sind dafür umso klarer.

Wer den Text des Korans im Sinne von Intoleranz, Gewalttätigkeit, Hass auf die Ungläubigen, Rückständigkeit und Unterdrückung der Frauen interpretiert, kann seine Positionen unmittelbar und reichhaltig aus dem wörtlichen Korantext belegen. Er wird von der Logik und vom Sinngehalt des Textes umfassend gestützt. Wer dagegen aus dem Koran Menschenliebe, Barmherzigkeit, Toleranz, Gewaltabneigung und Gleichberechtigung der Geschlechter herauslesen will, der muss die Aussagen des Textes, so wie er vorliegt, schon ziemlich verbiegen und ihn vor allem durch die historisch-kritische Brille betrachten. Nimmt man den Koran auch nur einigermaßen beim Wort, so ist der Islam beim besten Willen keine Religion des Friedens und der

Toleranz, sondern eher eine »Gewaltideologie, die im Gewand einer Religion daherkommt«.[57] Liebe und Barmherzigkeit erstrecken sich nur auf die Gläubigen, nicht auf den Rest der Welt.

Das hohe Prestige dieses aggressiven, ungeordneten, emotionalen und wenig abstrakten Textes erkläre ich mir aus seiner Wirkungsgeschichte: Immerhin gelang es den von Mohammed und dem Koran angefeuerten Gläubigen, in nur wenigen Jahrzehnten einen großen Teil der damals bekannten Welt zu erobern. Unter dem Banner des Islam gelangten nicht nur die Araber schon 120 Jahre nach Mohammed bis nach Tours und Poitiers in die Mitte des Frankenreichs, sondern auch die Osmanen zweimal bis vor die Tore von Wien. Unter dem Banner des Islam eroberten die Moguln Indien, zerstörten Tempel und richteten entsetzliche Blutbäder an. Der dadurch ausgelöste Hass prägt noch heute den indischen Subkontinent. Heute treibt der wörtlich verstandene Korantext erneut die Islamisten in aller Welt an.

Wer den Korantext wörtlich nimmt, ihn auswendig lernt, ihn häufig hört oder rezitiert, wird unweigerlich angesteckt vom Geist dieses Textes und von der darin bekundeten Mentalität. Vieles, was uns am Islam und am Verhalten vieler Muslime beunruhigt, erklärt sich für mich aus der durch den Koran geprägten Mentalität. Jeder Versuch, die Botschaft des Korans als tolerant und friedliebend zu interpretieren, ist zwar zu begrüßen, doch solche Versuche sind stets ein interpretierender Bergauf-Kampf gegen den unmittelbaren Sinngehalt der klaren Kernaussagen der koranischen Offenbarung.[58]

Hass und Liebe

Oft werden im Koran die Liebe und Barmherzigkeit Gottes beschworen. Sie beziehen sich aber immer nur auf das Wohlergehen der Gläubigen. Allen Ungläubigen dagegen gilt ausnahmslos ein hochemotionaler Hass. Dieser kehrt sich erst dann in Barmherzigkeit um, wenn der Übertritt zum rechten Glauben vollzogen wird. Aus der Sicht des Korans entscheidet allein mein Glaube und nicht mein Sein, ob ich von Gott angenommen und geliebt werde. Erst dann, wenn ich zu den

Gläubigen zähle, werden auch meine Taten von Gott gewogen und bewertet. Bei Christen und Juden, den »Leuten der Schrift«, ist der Koran etwas vorsichtiger. Die Teilhabe an einer Teilwahrheit wird ihnen zugestanden. Aber die Ablehnung von Mohammeds Offenbarung führt am Ende gleichwohl zu ihrer Verdammnis.

Unter der Herrschaft des Islam können aber, anders als es die koranische Botschaft vermittelt, nicht einmal die Liebe und der Frieden unter den Muslimen selbst sichergestellt werden. Es fehlt im Islam seit dem Tod des Religionsgründers Mohammed an einer zentralen Lehrinstanz. So kam nicht nur die Spaltung zwischen Sunniten und Schiiten zustande. Es entstanden vielmehr – und entstehen immer noch – zahlreiche Lehrmeinungen. Deren Vielfalt erleichtert es, Muslime, die einer anderen Lehrmeinung anhängen, als »Ungläubige« zu bezeichnen und entsprechend mit Tod und Verderben zu überziehen. So geschieht es heute noch bei der Rechtfertigung eines jeden Attentats durch den IS.

Auserwählung und Verdammnis

Der Gläubige ist durch seinen Glauben von Gott auserwählt. Er wird, wenn er die übrigen Glaubensregeln beachtet, unweigerlich ins Paradies einkehren. Dem Ungläubigen dagegen helfen sein Lebenswandel und seine guten Taten gar nichts. Die Ablehnung der Offenbarung ist die Sünde, die ihn am Jüngsten Tag in die Hölle bringt. Unklar und im Koran nicht erwogen ist das Schicksal jener Ungläubigen, die zur falschen Zeit oder am falschen Ort geboren wurden, sodass sie von der Schrift und der koranischen Offenbarung nichts mitbekamen. Da aber alles, was auf der Welt geschieht, Gottes Wille ist, war es vielleicht auch sein Wille, dass sie gar nicht zu Gläubigen werden können und deshalb der Verdammnis anheimfallen.

Der Koran befördert bei den Gläubigen ein Gefühl der Privilegierung und des Auserwähltseins und schafft gleichzeitig eine Distanz zu und Verachtung von allen Ungläubigen. Dies wird unterstützt durch das Verbot des Korans, Ungläubige zu heiraten, und durch die wiederholte Aufforderung, den sozialen Umgang mit Ungläubigen zu meiden. Die den Gläubigen in einem Land der Ungläubigen vom Koran empfohlene Existenz ist also die Absonderung von der umgebenden Gesellschaft.

Legitimität, Herrschaft und Gewalt

Der Krieg gegen die Ungläubigen ist gottgefällig, Gewalt gegen sie erwünscht. Legitim ist weltliche Gewalt nur, wenn sie sich auf Gott stützt, den Islam voraussetzt und die Religion des Islam verbreitet. Insofern ist alle Herrschaft auf der Welt entweder Gottes Herrschaft, weil sie seinen Gesetzen und der Offenbarung des Korans folgt, oder es handelt sich um eine illegitime Herrschaft, die von der islamischen Autorität allenfalls geduldet werden mag, aber keine Legitimität aus eigenem Recht hat. Die demokratische Idee »Alle Gewalt geht vom Volke aus« ist unislamisch, weil sie nicht auf der Herrschaft Gottes gründet. Meinungsfreiheit findet ohnehin dort ihre Grenzen, wo die Anerkennung der koranischen Offenbarung infrage gestellt wird.

Das Bild des Mannes

Der Mann ist der eigentliche Adressat des Korans. Frauen werden in ihm so gut wie nie angesprochen. Die Qualität des Mannes bestimmt sich zunächst durch seinen Glauben, sodann durch seine unbedingte Unterwerfung unter den Willen Gottes und seine kritiklose Hingabe an den Inhalt der koranischen Botschaft. Seine Frömmigkeit zeichnet ihn vor allem aus, sodann aber seine Bereitschaft, vorbehaltlos gegen die Ungläubigen für die Verbreitung des Islam zu kämpfen.

Die Betonung des Kampfes spiegelt das Männlichkeitsideal des Islam. Verstärkt wird es durch den Kerngedanken des islamischen Strafrechts, die Rache. Eine staatliche Instanz, die das Gewaltmonopol für sich beansprucht und die Durchsetzung des Rechts in staatliche Hand nimmt, kommt im Koran nicht vor. Die Blutrache ist Sache des Gekränkten und hängt deshalb von seiner Stärke ab. Männliche Ehre und männliche Stärke sind nicht voneinander zu trennen.

Ungeheuer ist der durch den Koran produzierte sexuelle Druck: Homosexualität ist verboten. Wer heiraten will, muss sich die Morgengabe leisten können, sonst bekommt er keine Ehefrau. Die Heirat mit Ungläubigen ist verboten. Sex außerhalb der Ehe ist verboten, eine Ausnahme ist der Sex mit den Sklavinnen, die man besitzt. Zudem darf man mehrere Ehefrauen haben, und das Recht zur Scheidung liegt allein beim Mann. Dadurch ergibt sich nahezu zwingend, dass ein nennenswerter Teil der Männer aus materiellen Gründen unverheiratet bleibt. Dies erklärt die im Koran immer wieder ausgesprochene Sorge um die Belästigung ehrbarer Frauen.

Erbeutete Frauen gehören zu den Sklavinnen. Der mit ihnen erlaubte Sex macht Kriege und Raubzüge für alle Männer, die keine Frauen haben oder mehr von ihnen haben wollen, besonders attraktiv.

Alle Männer können sich dadurch bevorzugt fühlen, dass sie nach der Lehre des Korans als Geschlecht den Frauen überlegen sind.

Das Bild der Frau

Dem Koran zufolge stehen Frauen im Rang unter den Männern. Als Ehefrauen, Sklavinnen oder Töchter zählen sie zum Besitz des Mannes, über die er im Rahmen der koranischen Vorschriften verfügen kann. Frauen haben keine Möglichkeit, aus einer unglücklichen Ehe auszubrechen. Keine Aussagen gibt es im Koran darüber, ob ihre Zustimmung zu einer Heirat notwendig ist. Heiratsfähig sind Frauen spätestens mit Eintritt der Geschlechtsreife. Sklavinnen müssen ihrem Eigentümer sexuell zu Willen sein, weil sie zu seinem Besitz zählen. Der sexuelle Verkehr mit ihnen ist weder Unzucht noch Ehebruch.

Durch die Möglichkeit des Mannes, mehrere Frauen zu haben, und die für den Mann unkomplizierten Scheidungsregeln sind eine weitgehende Verheiratung aller jungen gesunden Frauen und ein früher Zeitpunkt der ersten Geburt gesichert. So erklärt sich der traditionell besonders große Kinderreichtum der islamischen Länder. Dieser hält bis heute an und hat dazu geführt, dass der Anteil der Muslime an der Weltbevölkerung seit Mohammeds Zeiten kontinuierlich angestiegen ist und weiter ansteigt.

Das Verhältnis der Geschlechter

Wenn Muslime den Regeln des Korans folgen, dann ehren sie ihre Mütter und behandeln ihre Ehefrauen mit Respekt. Aber sie können Gehorsam einfordern und ihn notfalls auch mit Gewalt durchsetzen. Ehefrauen und Sklavinnen sind Sexualobjekte, die jederzeit dem Vergnügen des Mannes dienen müssen. Töchter müssen beaufsichtigt und beschützt werden, bis sie den Haushalt durch Heirat verlassen. Jungfräulichkeit steht extrem hoch im Kurs. Im Paradies hat Gott sogar ausdrücklich alle Frauen, die den Gläubigen zur Verfügung stehen, in Jungfrauen verwandelt.

Frauen, die nicht als Mütter, Ehefrauen, Töchter und Sklavinnen unter dem Schutz und der Befehlsgewalt eines Mannes stehen, kennt der Koran eigentlich nicht. Es kann sich in solchen Fällen nur um Witwen handeln oder um geschiedene Frauen, die von ihrem Mann entlassen wurden.

Ein gleichberechtigtes Verhältnis der Geschlechter oder gar ein freier Umgang miteinander jenseits von Sexualität und Verwandtschaft ist dem Koran vollständig fremd. Es ist möglich, dass er damit lediglich die gesellschaftliche Wirklichkeit und das soziale Bewusstsein auf der Arabischen Halbinsel des 6. Jahrhunderts mehr oder wenig unreflektiert abgebildet hat. Der koranischen Botschaft ist es allerdings zu verdanken, dass solch ein Gesellschaftsbild in der heutigen Welt eine so große und in vielen Bereichen der Welt sogar wachsende Rolle spielt.

Wissensdurst, Wahrheit und Fortschritt

Der Koran spiegelt eine statische Welt wider: Gott ist allmächtig, er sieht alles, ohne seinen Willen geschieht nichts. Das Schicksal des

Menschen ist vorherbestimmt. Er hat allein die Wahl, zu glauben und die Vorschriften des Korans zu beachten. Dann kommt er ins Paradies, andernfalls in die Hölle. Das Paradies ähnelt dem guten Leben eines reichen Mannes in einer schönen Oase auf der Arabischen Halbinsel, nur dass es ewig währt.

Irdisches Missgeschick braucht den wahren Gläubigen nicht zu bekümmern, sein Ziel ist ja das Paradies. Irdisches Glück darf ihn nicht dazu verführen, übermäßig am Diesseits zu hängen. Dadurch könnte er seine Pflichten als guter Muslim vernachlässigen und den eigenen Eingang ins Paradies gefährden.

Um ein guter Muslim zu sein und dereinst ins Paradies zu kommen, muss man weder besonders viel wissen noch Besonderes leisten. Es reicht aus, nach den Regeln des Korans einen frommen Lebenswandel zu führen. Die Religion des Islam gibt als solche überhaupt keinen Anreiz zu einer Wissbegier, die über die Grenzen der Religion hinausreicht. Der einzige Anreiz zur Eroberung und Veränderung der Welt ist der Sieg über die Ungläubigen, deren Unterwerfung und, falls sie sich nicht fügen, Vernichtung.

Der Islam brachte in seinem schnellen Eroberungslauf große Kulturen unter seine Macht, etwa das Erbe der europäischen Antike durch die Eroberung Syriens, Ägyptens, Nordafrikas und Spaniens, das kulturelle Erbe Persiens durch die Eroberung des Iran und später dasjenige der Hindus durch die Eroberung Indiens. Diese Eroberungen beeinflussten ohne Frage die arabisch-islamische Kultur. Sie prägten Baustil und Wissenschaften.

Über die passive Verwaltung der eroberten Wissensbestände ging es aber kaum hinaus. Eigenständiges wurde nicht entwickelt, und so fiel die islamische Welt nach Abschluss der Eroberungen in eine umfassende Erstarrung. Die Rolle der Christen und Juden im Wirtschaftsleben und in der Wissenschaft der islamischen Länder war bis in die jüngste Zeit weit größer, als es ihrem stetig fallenden Bevölkerungsanteil entsprach. Diese Diskrepanz erklärt sich mir aus der gegenüber Wissen und Fortschritt gleichgültigen Natur des Islam, so wie er im Koran zum Ausdruck kommt.

Toleranz und Intoleranz

Die ehemalige Salafistin Henda Ayari fasste 2016 den engen Glauben, den sie überwunden hatte, wie folgt zusammen: »Nichtmuslime sind der Abschaum der Menschheit. Franzosen, Atheisten, Katholiken waren Abfall. In die Hölle mit ihnen. Wir sind die Geretteten und Auserwählten Gottes. Wer sich mit Nichtmuslimen einlässt, fährt mit ihnen zur Hölle.«[59] Solchen Extremen stehen aber auch aktuelle Beispiele einer toleranteren Ausprägung des Islam gegenüber, z. B. in Marokko, Tunesien oder Oman. Aber der *eine* Islam mit dem *einen* Koran kann eben sehr unterschiedlich interpretiert werden. Und da es an einer zentralen Lehrinstanz fehlt, gibt es keine anerkannte Methode, »falsche« und »richtige« Interpretationen voneinander zu unterscheiden.

Die Religion des Islam ist letztlich das, was die gelebte Religiosität der Muslime ihr zuschreibt. Eine Essenz, die unabhängig von den Überzeugungen der Gläubigen wäre, hat sie nicht. Schon immer bezog sich die »Toleranz« im Islam allenfalls auf die Christen und Juden als den »Leuten der Schrift«. Und auch dabei handelte es sich immer um die Toleranz der Herrschenden gegenüber den abhängigen Beherrschten. Gleichberechtigt waren Christen und Juden in der islamischen Welt zu keiner Zeit, und werben durften sie für ihre Religionen schon gar nicht. Das wollen jene im Westen nicht hören, die immer wieder – wie Rainer Hermann in der *FAZ* – die angebliche historische Toleranz des Islam preisen und die gegenwärtig weltweite Radikalisierung zu einer Art Betriebsunfall herunterstufen wollen.[60] Die religiöse Intoleranz ist im Text des Korans angelegt und wird umso zwingender, je wörtlicher dieser Text interpretiert wird.

Die islamische Welt von Nigeria bis Indonesien umfasst Völker und Staaten mit einem ganz unterschiedlichen ethnischen und kulturellen Hintergrund. So sind auch die Ausprägungen des gelebten Islam sehr unterschiedlich. Sie folgen aber grundsätzlich einem gemeinsamen Muster, denn die Religion des Islam, insbesondere der als Gottes Offenbarung verstandene Text des Korans, erzieht zu einer bestimmten Weltsicht. Diese ist dem selbstständigen Denken grundsätzlich abhold. Sie begünstigt Autoritätshörigkeit und Ge-

waltbereitschaft. Sie befördert eine Tendenz zum Beleidigtsein und zur Intoleranz gegenüber Andersdenkenden. Sie behindert Wissbegier und Veränderungsbereitschaft. Sie belastet das Verhältnis der Geschlechter. Sie behindert die Emanzipation der Frau, sie stützt Unbildung, frühe Heirat und Kinderreichtum. Sie fördert Rückständigkeit, behindert Meinungsfreiheit und Demokratie. Sie ist eine schwere Hypothek für die Zukunft der islamischen Welt. Weil aber die islamische Welt wegen der durch den Islam beförderten Rückständigkeit weitaus fruchtbarer ist als die westliche Welt, ist die dem Islam innewohnende demografische Sprengkraft über Kriege und Einwanderungsdruck gleichzeitig eine Bedrohung für die Zukunft und die Stabilität der westlichen Welt.

In starker Verdichtung könnte man sagen:

- Der im Koran vermittelte Hass auf die Ungläubigen und das Auserwähltsein der Gläubigen verleihen dem Islam die *expansive Eroberungskraft.*

- Der Unterwerfungsgestus des Islam, die im Koran angelegte Feindseligkeit gegenüber selbstständigem Denken sowie die Geringschätzung des nicht religiösen Wissens führen zu niedriger Bildungsleistung und geringer geistiger Neugier und erklären so den *technisch-zivilisatorischen Rückstand der islamischen Welt.*

- Das hierarchische Verhältnis der Geschlechter und die niedrige Stellung der in Unbildung und Abhängigkeit gehaltenen Frauen sorgen für die überdurchschnittliche Fruchtbarkeit der islamischen Welt und ihre *demografische Expansion.*

Spuren der islamischen Prägung kommen mit unterschiedlicher Intensität in allen Staaten der islamischen Welt zum Vorschein.

Kapitel 2
Die islamische Staatenwelt von Arabien bis Indonesien

Eine kurze Geschichte der islamischen Welt

Überwiegend geht man heute davon aus, dass der Text des Korans weitgehend die Wiedergabe von Äußerungen Mohammeds ist. Es dauerte aber einige Jahrzehnte, bis die heute vorliegende Fassung in Schriftform fixiert und weitgehend unbestritten war. Die Praxis der islamischen Religion und das sie umgebende Lehrgebäude bildeten sich erst allmählich heraus und nahmen erst ab Anfang des 8. Jahrhunderts, 100 Jahre nach Mohammeds Tod, festere Formen an.

Eroberungen

Noch zu Lebzeiten Mohammeds war es gelungen, die Stämme der Arabischen Halbinsel weitgehend – durch Unterwerfung oder Überzeugung – unter dem Banner des neuen Glaubens zu vereinen. Der Versuch vieler Stämme, nach Mohammeds Tod 632 vom neuen Glauben abzufallen und sich damit auch aus dem gemeinsamen Bündnis zu lösen, wurde von seinem Nachfolger Abu Bakr niedergeschlagen. Ab 634 eroberten die verbündeten Araberstämme in schneller Folge Syrien und Ägypten vom Oströmischen Reich und zerstörten mit der Eroberung des Irak und des Iran das Perserreich der Sassaniden.[1]

30 Jahre nach Mohammeds Tod war die Landmasse von Libyen in Nordafrika bis nach Armenien im Kaukasus und bis zur Grenze des heutigen Afghanistan unter arabischer Herrschaft. Bis 750 waren die Araber im Osten bis zum Indus vorgedrungen. Auch Zentralasien mit den Städten Samarkand und Buchara im heutigen Usbekistan war in arabischer Hand. Im Westen war der Rest Nordafrikas von Ostrom

und die spanische Halbinsel von den Westgoten erobert worden. Erst die Schlacht von Tours und Poitiers im Frankenreich brachte den arabischen Vormarsch in Westeuropa 732 zum Stillstand.

Seit den Feldzügen Alexanders des Großen, der 1000 Jahre vorher ebenfalls ein Perserreich zerstört hatte und bis zum Indus vorgedrungen war, hatte es einen vergleichbaren militärischen Siegeslauf nicht gegeben. Nie zuvor in der Geschichte war für die im Nahen Osten herrschenden Ägypter, Römer oder Perser von der Arabischen Halbinsel eine ernsthafte militärische Bedrohung ausgegangen. Dafür war die Region mit ihren vielen Wüsten zu arm, und die Stämme waren zu zerstritten. Eine Erklärung mag sein, dass zum Zeitpunkt der Eroberungen das Oströmische Reich und das Reich der Sassaniden durch einen jahrzehntelangen Krieg gegeneinander geschwächt waren. Auch hatte die Pest wiederholt viele Opfer gefordert. Auf der spanischen Halbinsel wiederum konnten sich die Araber die Uneinigkeit unter den Westgoten zunutze machen. Gleichwohl bleiben das Tempo, die Größe und die Dauerhaftigkeit des Erfolgs erstaunlich. Lediglich mit den Berbern in Nordafrika und den Völkerschaften in Zentralasien gab es anhaltende Schwierigkeiten.

Einigkeit und glaubensbeseelter Kampfgeist müssen bei den Siegeszügen der Araber eine ebenso große Rolle gespielt haben wie die Aussicht auf Beute, die es ja reichlich gab, solange der Siegeszug anhielt. Die Araber verlangten Unterwerfung. Wenn Städte oder Landstriche sich unterwarfen, wurden sie geschont. Die örtlichen Herrschafts- und Besitzverhältnisse blieben weitgehend unangetastet, aber die Unterworfenen mussten Tribut zahlen. Für die ungläubigen Schutzbefohlenen (Djimmis) wurde daraus dauerhaft die Kopfsteuer. Widerstand gegen die Eroberung führte zur Zerstörung und Vernichtung: Die Männer wurden getötet, die Frauen und Kinder in die Sklaverei geführt. Unterwerfungsverträge hielten die Araber aber weitgehend ein, und die örtliche Wirtschaft tasteten sie nicht an, sie wollten ja von ihr durch Abgaben profitieren. Die militärische Kontrolle folgte durch die Ansiedlung arabischer Stämme in Militärstädten. Eine Vermischung mit der einheimischen Bevölkerung fand zunächst nicht statt. Übernommene Abgabensysteme wurden erhalten und gepflegt, um die arabischen Stämme in den Militärstädten zu unterhalten und der Regierung des Kalifen Einnahmen zu verschaffen.

In den eroberten Gebieten, die außer in Persien vorwiegend christlich waren, konnten die verschiedenen christlichen Kirchen (und mit einer gewissen Abstufung auch die Juden) ihre Religion zunächst weitgehend ungestört ausüben. Offenbar unterließen die Eroberer nach vollzogener Unterwerfung zunächst Missionierungsversuche. Das änderte sich nach dem Ende des 7. Jahrhunderts: »Die Muslime begannen jetzt offensiv für ihre Religion zu werben und die Präsenz insbesondere des Christentums im öffentlichen Raum einzuschränken.«[2] Der Kalif Abd al-Malik veranlasste die Zerstörung von Kreuzen und die ostentative Tötung von Schweinen. In dem zwischen 687 und 691 errichteten Felsendom in Jerusalem, der auf dem ehemaligen Platz des jüdischen Tempels steht, polemisierten Schriftbänder gegen die Lehre von der Dreifaltigkeit. Zunehmend wurde der Islam für Konvertiten geöffnet. Die Konversion war für Nichtgläubige materiell sehr attraktiv, weil sie zum Erlass der Kopfsteuer führte.

»Auf diese Weise entwickelte sich der Islam von der Religion einer Eroberergemeinschaft zu einer Universalreligion. (...) Diese Universalisierung war sehr früh in der Botschaft Mohammeds angelegt. In dem Moment, in dem der Koran in Christen- und Judentum verfälschte Varianten der eigenen Botschaft erkannte, lag es nahe, die reine Lehre Gottes wieder überall zur Geltung bringen zu wollen.«[3] Erst ein Jahrhundert nach Mohammeds Tod begannen auch die christlichen Kirchen, den Islam als religiöse Konkurrenz wahrzunehmen.

In ihrem schnellen Eroberungszug hatten die Araber die reichsten Gebiete der damals bekannten Welt eingenommen. 200 Jahre vor Mohammed war das Weströmische Reich durch die Germanen zerstört worden. Dessen Untergang hatte seit dem Beginn des 5. Jahrhunderts von Britannien bis Italien zu einem großen Niedergang von Wirtschaftskraft und Bevölkerungsdichte geführt. Es dauerte 700 Jahre bis ins Hochmittelalter, um diesen Niedergang wieder aufzuholen.[4] Dagegen war das Oströmische Reich von der Völkerwanderung und ihren Folgen weitgehend verschont geblieben. Den Arabern fielen mit Ägypten, Syrien, dem Irak und dem Iran blühende Landstriche und hoch entwickelte Zivilisationen in die Hände, von denen sie einiges annahmen. Während aber die lateinische und griechische Kultur in Nordafrika, Ägypten und Syrien mit der Zeit zunehmend verschwand und einer Arabisierung Platz machte, übernahmen die Araber sehr viele Elemente der persischen Kultur. So wurde der arabisch beherrschte Mittelmeerraum allmählich nicht nur islamisiert, sondern auch orientalisiert.

Um 750 löste das Kalifat der Abbasiden die Herrschaft der Omaijaden gewaltsam ab.[5] Die Hauptstadt des arabischen Weltreichs wurde von Damaskus nach Bagdad verlegt. Das Kalifat stellte die im Islam erstrebte Einheit von religiöser und weltlicher Herrschaft dar. Es änderte aber nichts an dem immer wieder aufbrechenden Widerstand der Partei Alis, des Schwiegersohns des Propheten. Der Opfermythos der schiitischen Glaubensrichtung des Islam hatte 680 mit der Schlacht bei Kerbala begonnen, als Hussain, der Sohn Alis, im Kampf gegen den Kalifen Yazid fiel. Nur kurze Zeit konnten die Kalifen von Bagdad aus die staatliche Einheit des lose zusammengefügten Großreichs wahren, das von Spanien bis zum Indus reichte. Im Verlauf eines halben Jahrtausends bis zum Einbruch der Mongolen, die 1258 Bagdad eroberten, den Kalifen töteten und dem Kalifat ein Ende setzten, bildeten sich immer neue Teilreiche mit eigenen Herrscherdynastien heraus, häufig Militärherrschaften, die aus Eroberungszügen entstanden waren. Mal entsprach dies dem Streben nach regionaler Unabhängigkeit wie bei den nordafrikanischen Berbern, mal ergab es sich aus dem Eindringen fremder Völker. Im Osten gewannen die aus Zentralasien drängenden Turkvölker mehr demografisches und auch militärisches Gewicht. Ihre Heerführer herrschten teilweise bis Ägypten.

Kennzeichnend für das Herrschaftssystem des Islam war eine ausgedehnte Sklavenwirtschaft. Seit 800 gab es keinen einzigen Kalifen, der nicht von einer Sklavin geboren wurde. Die Heere bestanden großenteils aus Sklaven, ebenso die meisten Offiziere, desgleichen ein großer Teil der Berater und Verwaltungsbeamten der Kalifen. Die Idee der Gottesherrschaft in Gestalt des Kalifen als Alleinherrscher behinderte die Institutionalisierung und Beschränkung von Macht und die Herausbildung legaler Systeme, die über die Scharia hinausgingen und auch für die weltlichen Herrscher verbindlich waren. In der islamischen Welt entstand ein ausgedehntes sklavistisches System, das sich durch anhaltende Importe von Sklaven aus Europa, Zentralasien, Indien und Subsahara-Afrika speiste. Die Sklavenimporte der islamischen Welt »übertrafen jene des römischen Reiches bei weitem, was bedeutet, daß die islamische Kultur als sklavenimportierende ›Metropole‹ in der Peripherie die Versklavungsprozesse so anheizte, wie es bis dahin in der Weltgeschichte noch nie geschehen war«.[6]

Der sogenannte Dschihad vermischte sich untrennbar mit der Jagd nach Sklaven. Die systematische Sklavenjagd durch Raubzüge aus der islamischen Welt begann um 650 und endete erst um 1920 im Wesentlichen durch die Interventionen der Kolonialmächte in Afrika. »Aber in Gebieten, die dem Zugriff der Kolonialmächte entzogen blieben, gedieh der Sklavenhandel in der Illegalität; und die Sklavenrazzien von moslemischen Jägern gingen weiter, bis in die 20er-Jahre des 20. Jhs.«[7] Als im 17. Jahrhundert die Einfuhr schwarzer Sklaven in großem Stil nach Amerika begann, konnten sich die europäischen Sklavenhändler dabei weitgehend auf die Infrastruktur der islamischen Sklavenjäger in Afrika stützen. Die Bewegung zur Aufhebung der Sklaverei begann und vollendete sich in den Ländern des Westens und wurde letztlich mit der Gewalt der Kolonialmächte durchgesetzt. Aus den islamischen Ländern gab es dazu nie eine Initiative.

Bei alledem war die Periode von 750 bis 1150 doch alles in allem eine Zeit großer wirtschaftlicher und kultureller Blüte. Die arabischen Herren der islamischen Welt nahmen in starkem Umfang Elemente der persischen Kultur auf. Arabische Gelehrte bekundeten aber auch Interesse an der griechischen Philosophie, übersetzten Platon und Aristoteles und trugen teilweise dazu bei, die kulturelle Tradition der Antike für das Abendland zu bewahren.

Auch wenn die politische Macht des Kalifen verblasste und das Reich auseinanderfiel, so blieb doch die Idee der im Islam verkörperten Einheit lebendig und gewann sogar ständig weiter an Kraft. Überall an den Stätten der islamischen Gelehrsamkeit von Córdoba bis Samarkand brüteten Gelehrte über der richtigen Auslegung des Korans, legten Sammlungen von Hadithen an und entwickelten Vorschriften für das Leben des frommen Muslims. Die weltliche Herrschaft tat dabei wenig zur Sache – vorausgesetzt, sie war islamisch und förderte den richtigen Glauben. In der sich so entwickelnden Orthodoxie setzte schleichend und unmerklich eine geistige Erstarrung ein. Das Interesse an Naturwissenschaften, an Philosophie, an allem, was vom rechten Glauben und der Herrlichkeit Allahs ablenken konnte, wurde geringer, teilweise auch geradezu als unislamisch bekämpft. Aus der Rückschau betrachtet, geriet die islamische Welt damals schleichend in eine geistige und wirtschaftliche Stagnation und verlor den Anschluss an den wissenschaftlichen und zivilisatorischen Aufstieg des Abendlandes.

Der aus Österreich stammende amerikanische Orientalist Gustave Edmund von Grunebaum drückte das – poetisch und durchaus respektvoll – wie folgt aus: »Die Größe (...) der muslimischen Gemeinschaft wird im Muslim-Sein als die entscheidende Tatsache der Einzelexistenz empfunden, die sie, wie die Gemeinde als Ganzes, einer metaphysischen Bewährung in Leistung und Aufbau enthebt. Was entscheidet, ist das Sein, nicht das Tun.« [8] »Das allmähliche Versiegen der wissenschaftlichen Produktivität ist nicht dem Druck der öffentlichen Gewalt anzulasten; soweit die Geistigkeit des 12. und 13. Jahrhunderts diesen Schwund erkennen lässt, geht er auf nichts anderes zurück als auf einen Wandel in den Interessen der muslimischen Intelligenz.« [9] »Glaubensseligkeit stumpfte das kritische Wollen und damit das kritische Vermögen ab. Der Fehlbarkeit des Menschengeistes wurde religiöse Befriedigung abgewonnen; die Schwäche des Menschen war Gottes Ruhm, Demut vor Gott seine einzige Ehre.« [10]

Der vernichtende Mongolensturm, der unter Dschingis Khan begann, zerstörte das Kalifat. Diesen Verlust des Kalifats hat zwar der sunnitische Islam psychologisch niemals völlig überwunden. Aber das über die Jahrhunderte entwickelte islamische Gemeinschaftsgefühl sah sich losgelöst von den Wechselfällen der Geschichte als »in sich geschlossen und vom Staatlich-Zufälligen unberührt«. [11]

Die islamisch gewordenen Mongolen gaben aber auch der militärischen Expansion des Islam in den nachfolgenden Jahrhunderten neue Kraft. Bereits 711 waren arabische islamische Eroberer bis an den Indus gelangt. Im 11. und 12. Jahrhundert wurden große Teile Nordindiens von afghanischem Gebiet aus erobert und bis nach Bengalen in wechselnde islamische Reichsbildungen einbezogen.[12] Ab dem 13. Jahrhundert eroberten mongolische Herrscher mit ihren wilden Heeren große Teile des indischen Subkontinents. Das im 16. Jahrhundert entstehende Mogulreich umfasste in seiner größten Ausdehnung nahezu den gesamten indischen Subkontinent. Es wurde nach einem allmählichen Niedergang erst ab Mitte des 18. Jahrhunderts durch die britische Kolonialherrschaft stufenweise abgelöst. An Indien biss sich das islamische Herrschaftssystem allerdings auch die Zähne aus. Der größte Teil der Hindu-Fürstentümer konnte nie in dem Maße unterworfen werden, wie es mit den Völkern in Vorder- und Zentralasien und in Nordafrika geschehen war.

Die bis heute wirksame Abstoßung zwischen Hindu- und Muslimkultur erklärte der indische Archäologe und Historiker Tara Chand wie folgt: »Während der Hinduismus sich in erster Linie mit der Frage nach dem Wahren befasste, beschäftigte den Muslim die Frage nach dem Rechten. Für den Hindu stand der private und persönliche Aspekt der religiösen Erfahrung im Vordergrund, für den Muslim ihre Einfügung in das Kollektiv der Gläubigen. Der Hindu war geneigt, über die Unzulänglichkeiten seiner sozialen Bräuche hinwegzusehen, dem Muslim waren sie ein Greuel. Andererseits litt der Hindu unter der Intoleranz der Muslime und der Erinnerung an die ferne Vergangenheit. Der Hindu fühlte keinerlei Verwandtschaft mit der arabischen Vergangenheit, die der Muslim im Herzen trug. Der Muslim hatte keine innere Beziehung zum vedischen Indien. Zwar entwickelte sich ein Gruppenbewußtsein, und das territoriale Element stand bei beiden im Vordergrund, aber was sie darunter verstanden, deckte sich nicht ganz.«[13]

Übrig blieb ein großer Hass zwischen Hindus und Muslimen, der sich in einem Blutrausch entlud, als sich die Briten 1947 nach 300 Jahren aus Indien zurückzogen und es zur Teilung der Kolonie in die beiden Staaten Pakistan und Indien kam. Die Initiative für die Teilung ging von den Muslimen aus, denn für sie war es undenkbar, nach der muslimischen Mogulherrschaft und dem Abschütteln der britischen Herrschaft in einem Staat zu leben, in dem nach demokratischen Regeln die Mehrheit von den ehemals beherrschten Hindus gebildet werden würde, sodass die Muslime nicht die Herren des Staates waren.

In Zentralasien stieß der islamische Eroberungszug bereits Mitte des 8. Jahrhunderts mit dem Chinesischen Reich zusammen. In dessen westlichen Provinzen lebten seit dem Mittelalter Muslime. Im nordwestlichen China (Sinkiang) besteht auch gegenwärtig die autochthone Bevölkerung zum großen Teil aus muslimischen Uiguren, die zu den Turkvölkern gehören. Teils über China, vorwiegend aber wohl über Handelskontakte aus Indien breitete sich seit dem 11. Jahrhundert der Islam in Malaya, der indonesischen Inselwelt und den südlichen Philippinen aus.

In Afrika folgte der Islam schon früh den arabischen Nomaden, den Händlern und Sklavenjägern. Ganz Nordafrika bis an den Südrand der Sahelzone und ganz Ostafrika bis auf Abessinien wurden so schon früh islamisch. Anders als beim muslimischen Spanien, Persien, Zentralasien oder Indien gab es aber aus Afrika niemals Impulse für die islamische Kultur.

Kulturell und zivilisatorisch begannen Stagnation und schließlich Niedergang der islamischen Welt im 12. und 13. Jahrhundert. Militärisch gesehen, strebte die Zeit der Eroberungen aber einem neuen Höhepunkt zu. Während auf der Iberischen Halbinsel die christliche Reconquista zum Abschluss kam, wurde 1453 im Osten Konstantinopel von den Osmanen erobert. Das bedeutete die Bildung des letzten muslimischen Großreichs und den endgültigen Verlust Kleinasiens für die abendländisch-christliche Welt. Dieser vollzog sich schleichend über die Jahrhunderte und kam erst zu Beginn des 20. Jahrhunderts mit der Vertreibung der Griechen aus der Türkei und dem Völkermord an den Armeniern zu seinem Abschluss.

Das Oströmische Reich hatte schon im 12. und 13. Jahrhundert in wechselhaften Kämpfen den größten Teil Kleinasiens an eingewanderte türkische Stämme verloren, die aber untereinander in fortlaufende Auseinandersetzungen verstrickt waren, sodass es nicht zu stabilen Herrschaftsbildungen kam. Sie alle vereinte allerdings der islamische Glaube. Unter ihnen setzten sich schließlich die Osmanen durch, deren Herrschaftsgebiet im westlichen Anatolien lag.[14] Seit dem 14. Jahrhundert griffen sie auf den Balkan über, drangen bis an die Donau vor und unterwarfen Serbien. 1453 eroberten sie Konstantinopel und machten es zu ihrer Hauptstadt. Nach der Unterwerfung Anatoliens erwarben sie schließlich Mesopotamien, Syrien, die Arabische Halbinsel und Nordafrika bis Tunesien. Sie eroberten die Krim und die südliche Ukraine, schließlich Ungarn. 1529 belagerten sie Wien und taten dies 1683 ein zweites Mal.

In seiner größten Ausdehnung umfasste der osmanische Machtbereich nahezu – bis auf den Iran und Zentralasien – das Kalifat der Abbasiden auf dem Höhepunkt ihrer Macht um das Jahr 800. So war es folgerichtig, dass die osmanischen Sultane immer wieder mit den Kalifen verglichen wurden. Diesen Titel nahmen sie allerdings erst seit 1774, also in der Spätphase des Niedergangs, auch offiziell in Anspruch.

Niedergang und Kolonialisierung

»Der Niedergang der politischen Macht der Muslime im 18. Jahrhundert war ein nicht nur auf Indien beschränktes Phänomen. Ganz ähnlich erging es der osmanischen Türkei, dem safavidischen Iran und dem usbekischen Zentralasien. Die muslimische Kultur hatte nicht nur ihre Schwungkraft verloren, sondern war auch auf dem Wege zu erstarren und zu verknöchern durch ihre beharrliche Weigerung, von ihrer mittelalterlichen Struktur und Denkweise zur modernen überzugehen.«[15] Im Osmanischen Reich hatte der Niedergang bereits Ende des 16. Jahrhunderts eingesetzt. Aber er blieb lange unbemerkt. Seit Anfang des 18. Jahrhunderts verloren die Osmanen nach und nach ihre europäischen Besitzungen, bis schließlich 1912 nur ein kleines Stück Europa im türkischen Besitz verblieb. Die osmanische Herrschaft in Nordafrika und Ägypten war bereits im Verlauf des 19. Jahrhunderts ausgehöhlt worden bzw. ganz entfallen. Die restlichen arabischen Besitzungen verlor das Osmanische Reich durch das Ergebnis des Ersten Weltkriegs. Der Irak und Palästina wurden britisches, Syrien und der Libanon französisches Mandatsgebiet. Die von Kemal Atatürk 1923 neue gegründete türkische Republik sollte ein säkularer türkischer Nationalstaat sein und setzte sich insofern vom Osmanischen Reich betont ab.

Von seinen Anfängen bis zu seinem Untergang währte das Osmanische Reich rund 600 Jahre, von denen es rund 300 Jahre im Niedergang begriffen war. Die Ursachen für seine erstaunliche Stabilität und für seinen Niedergang finden sich gleichermaßen in seiner islamischen Tradition.

Das Selbstverständnis des Islam liegt seit der Begründung der Religion in der Unterwerfung unter den Willen Gottes. Die Aufgabe der Gemeinschaft der Gläubigen bestand darin, diese Unterwerfung nicht nur selbst zu üben, sondern sie auch bei den Ungläubigen durchzusetzen. Auch weltliche Herrschaft bezog ihre Legitimität und ihren Herrschaftsanspruch aus der Unterwerfung unter den Willen Allahs. Gläubige duldeten, ohne zu klagen, Willkür und Misswirtschaft ihrer weltlichen Herren, solange diese gute Muslime waren. Fielen sie aber vom Glauben ab, so verloren sie die Legitimität, über Gläubige zu herrschen. Über den rechten Glauben wachten die Religionsgelehrten durch ihre Interpretation des Korans, der Hadithen und der Scharia. Das gab Streit genug, der oft auch bitter und blutig war, besonders das Schisma zwischen Schiiten und Sunniten. Weltliche Herren in der islamischen Welt taten gut daran, als Muslime demonstrativ ihren Glauben zu pflegen und sich nicht mit der Geistlichkeit anzulegen. Jeder Apostasievorwurf bedeutete eine gefährliche Entfremdung zu den gläubigen Untertanen und gefährdete die Legitimation der Herrschenden.

Die Religion machte den weltlichen Herrschern zwar keine Vorgaben, die über die Beachtung der guten Glaubenspraxis und der Regeln der Scharia hinausgingen. Durch betonte Rechtgläubigkeit festigten die islamischen Herrscher aber ihre Position gegenüber den gläubigen Untertanen, und ihr Prestige als islamische Herrscher wurde durch die gewaltsame Ausdehnung des islamischen Machtbereichs weiter gesteigert. So funktionierte die Ausbreitung des Islam von Mohammed bis in die Neuzeit, und so funktionierte es auch bei der Eroberung christlicher Länder durch das Osmanische Reich.

Das osmanische Großreich wurde möglich durch eine dichte Abfolge sehr tüchtiger Sultane zwischen dem 14. und dem 16. Jahrhundert, die noch dazu bei ihren Unternehmungen Glück hatten.[16] Ihren Höhepunkt erreichte die osmanische Macht in der langen Regierungszeit von Süleyman dem Prächtigen (1520–1566). In dieser Zeit entfalteten sich aber bereits die inneren Faktoren des späteren Niedergangs:

– Das war zunächst die sich entwickelnde Praxis bei Erziehung und Auswahl der Sultane, die formal alle Staatsmacht in ihrer Hand vereinten: Legitime Ehefrauen nahmen bei den osmanischen Sultanen wie früher bei den Kalifen keine besondere Rolle ein. Im Harem hatten zahlreiche Sklavinnen Kinder vom Sultan. Am Beginn der Regierungszeit eines neuen Sultans stand regelmäßig die Tötung aller Brüder und Halbbrüder, um einen Anschlag auf seine Macht zu vermeiden. Ebenso versuchten regierende Sultane, die Bedrohung durch tüchtige Söhne zu vermeiden, indem sie die potenziellen Nachfolger möglichst lang bei ihren Müttern im Harem hielten. Der Kampf um die Macht wurde so zur Intrigenpolitik im Harem, und wer aus diesen Intrigen als neuer Sultan hervorging, war allenfalls zufällig geeignet und hatte keine Verwaltungs- oder Regierungserfahrung.

– An der Spitze der Verwaltung stand der Großwesir, der den Sultan in allen Verwaltungsbelangen vertrat. Die Sultane selbst traten seit Ende des 16. Jahrhunderts immer weniger in Erscheinung. Eine leistungsfähige, einheitliche zentrale Verwaltung wurde niemals geschaffen. Der osmanischen Verwaltung oblag es im Wesentlichen, Steuern einzuziehen. Nennenswerte staatliche Leistungen neben militärischem Schutz wurden nicht erbracht. Staatliche Funktionsträger konnten sich weitgehend ungehindert bereichern, solange sie das notwendige Steueraufkommen abführten. Öffentliche Ämter führten so zu Wohlstand und Reichtum. Man musste sie allerdings nutzen, solange man sie hatte. Bei hohen Verwaltungsposten stützten sich die Sultane nicht nur auf den türkischen Adel – dessen Machtansprüchen standen sie vielmehr misstrauisch gegenüber –, sondern gern auf die Dienste besonders tüchtiger Christen und Juden. Diese mussten aber zum Islam übertreten, wenn sie hohe Positionen besetzen wollten.

- Das große Reich wurde durch Gouverneure regiert, die in ferne Länder entsandt wurden, dort weitgehend selbstständig agierten und sehr häufig ausgetauscht wurden. Objektiv waren sie wegen der kurzen Verweildauer ziemlich machtlos und subjektiv oft vor allem an ihrer Bereicherung interessiert.

- Die militärische Verwaltung war von der zivilen Verwaltung getrennt. Ihre Chefs wechselten seltener, sodass ihre lokale Macht häufig weitaus höher war als die der zivilen Gouverneure. Den Kern der militärischen Macht des Sultans bildeten die Janitscharen, auch dies war eine Fortsetzung des sklavistischen Herrschaftssystems der Kalifen. Einmal im Jahr wurden bei der sogenannten Knabenlese in den christlichen Landesteilen die 20 Prozent stärksten und tüchtigsten Knaben ihren Familien gewaltsam entrissen. So wurde der christliche Bevölkerungsteil über die Jahrhunderte hinweg systematisch geschwächt. Die den Christen gewaltsam entrissenen Knaben wurden militärisch ausgebildet und zum Islam bekehrt. Sie bildeten ein Heer von Militärsklaven, deren Loyalität allein dem Sultan galt. Bei Bewährung konnten sie es weit bringen.

- Bei der Verwaltung und Beherrschung des großen Reiches spielte das Millet-System eine zentrale Rolle: Christen und Juden konnten ihre Religion grundsätzlich weiter ausüben. Untertanen lebten nach Glaubensgemeinschaften getrennt, diese verwalteten sich selbst und hatten auch ihr eigenes Recht. Eine Integration über die Glaubensgrenzen hinweg war nicht vorgesehen und fand auch nicht statt.

- Ein staatliches Erziehungs- und Bildungswesen, Universitäten oder Ähnliches gab es nicht. Bildung und Erziehung lagen allein in der Hand der Religionsschulen. Die erste osmanische Druckerpresse in arabischer Schrift wurde im Jahre 1729 in Istanbul aufgestellt (also 300 Jahre nach der Erfindung des Buchdrucks durch Johannes Gutenberg). Sie sollte der Verbreitung religiösen Schrifttums dienen. Abendländisches Ideengut kam im Wesentlichen durch Kaufleute ins Land.

So wurde im Verlauf des 18. Jahrhunderts der Rückstand des Osmanischen Reiches bei Wissenschaft und Technik, beim Stand der Wirtschaft, aber auch im Militärwesen immer größer. In Syrien, Ägypten und Nordafrika gerieten räuberische Beduinenstämme militärisch mehr und mehr außer Kontrolle. Die Anbauflächen gingen zurück. Ende des 18. Jahrhunderts war in Ägypten die Bevölkerung mit rund 3,5 Mio. Menschen nur halb so groß wie zur Römerzeit.[17]

An der Wende zum 19. Jahrhundert wurden die Defizite immer deutlicher, das hatte auch Konsequenzen: Der Sultan Mahmud II. ließ 1826 im gesamten Osmanischen Reich die Janitscharen in Massakern hinmetzeln. Wie die fortwährenden Niederlagen zeigten, hatten sie ihre militärische Nützlichkeit eingebüßt, stellten aber durch ihren Einfluss eine innenpolitische Bedrohung dar.[18] Militärreformen fanden statt, auch innere Reformen setzten ein. Aber beginnend mit dem griechischen Unabhängigkeitskrieg, gingen die europäischen Reichsgebiete Stück für Stück verloren. Das im Trend der Zeit liegende nationale Erwachen der Völker trat hinzu, auch ein türkischer Nationalismus nahm Gestalt an. Jedoch kamen die Reformen im Osmanischen Reich bis zum Untergang im Ersten Weltkrieg stets zu spät, oder sie gingen nicht weit genug. Aber die Zeit der Vielvölkerstaaten war ohnehin zu Ende. Auch die Donaumonarchie ging im Ersten Weltkrieg unter.

Im Verlauf des 19. und frühen 20. Jahrhunderts war das kranke Osmanische Reich leichte Beute für die Begehrlichkeiten europäischer Kolonialmächte. Schon im frühen 19. Jahrhundert nahm Frankreich das spätere Tunesien und Algerien ein.[19] Italien eignete sich 1912 Libyen an. Ägypten war bereits zu Beginn des 19. Jahrhunderts selbstständig geworden und stand nur noch nominell unter osmanischer Oberhoheit.[20] Ende des 19. Jahrhunderts geriet es aufgrund eines drohenden Staatsbankrotts in die Abhängigkeit von Großbritannien und war bis Ende des Zweiten Weltkriegs praktisch ein britisches Protektorat. Höhepunkt und gleichzeitig Wendepunkt der Kolonialisierung war nach dem Ersten Weltkrieg die Einrichtung der britischen und französischen Mandatsgebiete in den arabischen Teilen des untergegangenen Osmanischen Reiches: der Libanon und Syrien für Frankreich, Palästina und der Irak für Großbritannien.[21]

Selbstständigkeitsbestrebungen begannen früh und waren konfliktreich. Sie reichten teilweise bis ins 19. Jahrhundert zurück und beschleunigten sich nach dem Zweiten Weltkrieg. Mit der Unabhängigkeit Algeriens 1961 war die Kolonialherrschaft in der gesamten islamischen Welt beendet. 30 Jahre später wurden auch die zentralasiatischen Sowjetrepubliken mit ihrer vorwiegend islamischen Bevölkerung selbstständig.

Die Position der islamischen Staaten in der modernen Welt

Die Fragestellung dieses Buches betrifft die Gefahren des Islam und nicht die Geschicke einzelner islamischer Länder. Auf das arabische Kalifenreich und das Osmanische Reich bin ich näher eingegangen, weil sie im Zentrum der islamischen Geschichte stehen und ihre Entwicklung in vielerlei Hinsicht exemplarisch ist. Den Begriff »islamische Länder« benutze ich im Folgenden für Staaten, in denen Muslime die größte religiöse Gruppe sind bzw. die Bevölkerungsmehrheit bilden. Ich betrachte sie anhand zugänglicher statistischer Indikatoren zunächst als Kollektiv und differenziere anschließend nach regionalen Entwicklungen.

Nahezu alle islamischen Länder durchliefen bis in die Fünfziger- und Sechzigerjahre des vergangenen Jahrhunderts eine Phase der Verwestlichung. Diese stellte sich aber in vielerlei Hinsicht als nur oberflächlich heraus und wurde seit den Siebzigerjahren von Tendenzen zur Reislamisierung abgelöst. Nur in wenigen Ländern gelang eine Modernisierung, die zum Anschluss an den Entwicklungsstand der westlichen Industriegesellschaften ausreichte. Nahezu nirgendwo entstanden stabile demokratische Strukturen. Zu beobachten sind zahlreiche Rückschläge, wachsender Fundamentalismus und ein zunehmendes Gewaltniveau, dessen Spitze der Terrorismus ist.

Demografisches Gewicht

Im Jahr 1950 lebten rund 470 Millionen Muslime auf der Welt, rund 70 Prozent davon in Asien und rund 30 Prozent in Afrika. Ihre Anzahl wuchs seitdem auf das Fünffache und liegt jetzt bei 2,3 Milliarden. Ihr Anteil an der Weltbevölkerung hat in dieser Zeit von 19 Prozent auf 31 Prozent zugenommen (zu allen demografischen Daten und Indikatoren dieses Abschnitts vgl. Tabelle 1 im Anhang). Bei den von mir genannten Daten stütze ich mich auf Statistiken und Prognosen der UN Population Division. Dort wird die Bevölkerung nach Staaten und nicht nach Religionen abgegrenzt. In der von mir gewählten Abgrenzung zählen jene Staaten zu den islamischen Staaten, deren Bevölkerung 2015 mehrheitlich muslimisch war.[22] Das Pew Research Center schätzt im Rahmen seiner Prognosen auch die Religionszugehörigkeit innerhalb der Länder ab. Bei der Zahl der Muslime im Jahr 2015 liegt es wegen der nicht islamischen Minderheiten niedriger als in der von mir gewählten Abgrenzung, bei der Prognose für 2050 dagegen höher. Der Trend der Ergebnisse ist vergleichbar.[23]

Die islamischen Staaten liegen von Afrika über den Nahen und Mittleren Osten bis nach Zentralasien wie ein Kranz um Europa. Folgerichtig handelt es sich auch bei der Einwanderung nach Europa – besonders deutlich in der Flüchtlingswelle seit 2015 – zum größten Teil um Muslime. 1950 lebten in der gesamten islamischen Welt 20 Prozent weniger Menschen als in Europa, 1990 waren es 80 Prozent mehr, und 2015 lebten in der islamischen Welt dreimal so viele Menschen wie in Europa.

Während die Bevölkerung Europas aufgrund der niedrigen Geburtenzahl immer älter wird, sind die Menschen der islamischen Welt sehr jung. 2015 betrug das sogenannte Medianalter der Bevölkerung (50 Prozent sind jünger, 50 Prozent sind älter als der Median) in Europa 41,7 Jahre, in Deutschland sogar 46,2 Jahre, in den islamischen Ländern dagegen nur 25,2 Jahre. In den Ländern, aus denen der Einwanderungsdruck nach Europa besonders groß ist (muslimisches Subsahara-Afrika, Syrien, der Irak und Afghanistan), liegt das Medianalter noch niedriger, nämlich bei 18 bis 20 Jahren.

Die Nettoreproduktionsrate ist ein statistisches Maß für die Fruchtbarkeit einer Bevölkerung. Sie bringt zum Ausdruck, wie viele Mädchen eine Frau im Laufe ihres Lebens im Durchschnitt zur Welt bringt. Ist die Zahl größer als 1, wächst die Bevölkerung, ist sie kleiner, schrumpft die Bevölkerung. Die nachfolgende Generation ist zum Beispiel bei einer Nettoreproduktionsrate von 2 immer doppelt so groß wie die vorhergehende, bei einer Nettoreproduktionsrate von 0,5 halbiert sie sich in jeder Generation.

In Deutschland betrug 2015 die Nettoreproduktionsrate 0,67. Dieses Niveau hat sie seit 50 Jahren. Das heißt, die nachfolgende Generation ist in Deutschland stets um ein Drittel kleiner als die vorhergehende. In ganz Europa liegt die Nettoreproduktionsrate bei 0,76. Das heißt, die nachfolgende Generation ist in Europa jeweils um ein Viertel kleiner als die vorhergehende.

Ganz anders verhält es sich in der islamischen Welt:

- Im islamischen Afrika liegt die Nettoreproduktionsrate gegenwärtig bei 1,97. Sie ist damit noch höher als im Jahr 1950, wo sie bei 1,81 lag. Grob gesprochen, verdoppelt sich also die Bevölkerung des islamischen Afrika in jeder Generation, und ein Abflauen der Wachstumsdynamik hat es in den letzten 65 Jahren nicht gegeben.
- Im islamischen Asien ist die Nettoreproduktionsrate mit 1,28 zwar deutlich niedriger als in Afrika und zudem seit 1950, wo sie bei 2,08 lag, gefallen. Aber sie ist deutlich höher als in den nicht muslimischen Ländern Asiens, z. B. Indien. Dessen Nettoreproduktionsrate von 1,08 wäre noch niedriger ohne die überdurchschnittlich wachsende muslimische Minderheit Indiens. China und ganz Ostasien, wo kaum Muslime leben, haben mit einer Nettoreproduktionsrate von 0,7 bereits europäisches Niveau erreicht.
- Die kombinierte Nettoreproduktionsrate der islamischen Welt liegt bei 1,65. Das heißt, jede nachfolgende Generation ist um zwei Drittel größer als die vorhergehende.

Je nach Altersaufbau steht eine Gesellschaft vor unterschiedlichen strukturellen Herausforderungen:

- Deutschland kann sich auch deshalb einer niedrigen Arbeitslosigkeit erfreuen, weil die Rentnergeneration stets mehr Arbeitsplätze frei macht, als die nachrückende Generation braucht. Es muss aber auch mit den Folgewirkungen des Mangels an jungen Erwerbstätigen und den finanziellen Belastungen einer hohen Rentnerquote in der Bevölkerung umgehen.
- Bei Ländern mit stark wachsender Bevölkerung drängen stetig weitaus mehr junge Menschen ins Erwerbsleben, als alte Menschen Arbeitsplätze räumen. Dies kann schon aus wirtschaftlichen Gründen zu großen Spannungen führen. Hinzu kommt, dass Aggression, Kraft und die Fähigkeit zu gewalttätigen Auseinandersetzungen grundsätzlich mit einem jugendlichen Alter einhergehen.

Aggression und Gewaltbereitschaft sind im Wesentlichen eine Angelegenheit junger Männer. Sie werden zusätzlich befeuert, wenn junge Männer aus demografischen Gründen Schwierigkeiten haben, in der Gesellschaft ihren Platz zu finden. Der Soziologe Gunnar Heinsohn hat zur Messung des darin liegenden Konfliktpotenzials die Relation zwischen den Männern von 15 bis 20 und den Männern von 55 bis 60 Jahren vorgeschlagen, denn um die Arbeitsplätze, die die Letzteren frei machen, konkurrieren die Ersteren. Heinsohn nennt diese Relation »Kriegsindex«. Der so definierte Kriegsindex liegt für die Welt insgesamt bei 1,8, für Europa bei 0,8 und für Deutschland bei 0,7. Für die islamische Welt insgesamt liegt er bei 3,1. Alle gegenwärtigen Konfliktregionen in der islamischen Welt weisen aufgrund ihres besonders starken Bevölkerungswachstums einen sehr hohen »Kriegsindex« auf:

- Mali   6,5
- Nigeria   4,7
- Somalia   5,6
- Jemen   5,4
- Irak   5,8
- Syrien   4,1
- Westjordan und Gazastreifen   5,8
- Afghanistan   6,0

Man könnte argumentieren, dass Rückständigkeit und schlechte Regierungspraxis zu Kriegen führen und nicht das Bevölkerungswachstum als solches. Das ist kein Widerspruch, denn die Loslösung des Bevölkerungswachstums von den wirtschaftlichen Grundlagen eines Staates ist ja gerade Ausdruck von Rückständigkeit und schlechter Regierungspraxis.

Die anhaltende Bevölkerungsdynamik der islamischen Welt bewirkt, dass sich die demografischen Gewichte in hohem Tempo verändern.

Der Anteil der islamischen Länder an der Weltbevölkerung beträgt bei

– den Männern im Alter von 55 bis 60 Jahren	16 Prozent
– den Männern im Alter von 15 bis 20 Jahren	28 Prozent
– den Geburten	33 Prozent

Das Größenverhältnis der islamischen Länder zu Europa beträgt bei

– den Männern im Alter von 55 bis 60 Jahren	1,12:1
– den Männern im Alter von 15 bis 20 Jahren	4,40:1
– den Geburten	5,83:1

Nach der mittleren Variante der aktuellen UNO-Bevölkerungsprognose werden 2050 in den islamischen Ländern gut viermal und 2100 gut sechsmal so viele Menschen leben wie in Europa. Dabei ist allerdings unterstellt, dass die Nettoreproduktionsraten weiter sinken werden, was aber für das islamische Afrika gar nicht erkennbar ist. Es ist deshalb aus meiner Sicht sehr wahrscheinlich, dass zumindest für die islamische Welt die UNO-Bevölkerungsprognose deutlich übertroffen wird.

Die Bevölkerungsexplosion und die Überbevölkerung in den islamischen Ländern sind nicht nur Ausdruck der Rückständigkeit und mangelhaften Modernisierung der islamischen Gesellschaften, sondern gleichzeitig ein wachsendes Risiko für ihre künftige Entwicklung: Überall in Nordafrika und dem Nahen Osten führt die wachsende Bevölkerung zu einer Intensivierung der Landwirtschaft und zu verstärkter künstlicher Bewässerung. Dadurch werden zunehmend, von Marokko bis zum Iran, die nicht erneuerbaren Grundwasserreserven eingesetzt. Diese ökologische Katastrophe gefährdet die künftige Ernährungsbasis der wachsenden Bevölkerung. Das Bevölkerungswachstum ist die Hauptursache dafür, dass wiederkehrende Dürrephasen, die es in Nordafrika und im Nahen Osten immer schon gab, zur sozialen Katastrophe geraten. So war in Syrien der Sturm der verarmten Landbevölkerung auf die syrischen Städte ein wesentlicher Auslöser des Bürgerkrieges.[24] Die Folgen des Klimawandels, soweit es ihn gibt, treten noch erschwerend hinzu. Sie wären aber ohne das explosive, anhaltende Bevölkerungswachstum wesentlich besser zu beherrschen.

Demografie, Modernisierung und wirtschaftliche Entwicklung

Beim Zusammenhang zwischen Demografie und wirtschaftlicher Entwicklung lässt sich in der Regel Folgendes beobachten:

- Je rückständiger ein Land ist, desto höher ist die Geburtenrate.
- Je gebildeter die Frauen sind, desto niedriger ist die Geburtenrate.
- Muslimische Länder und muslimische Minderheiten in nicht muslimischen Ländern haben regelmäßig höhere Geburtenraten als Länder mit vergleichbarem Entwicklungsstand oder als Gruppen mit einem vergleichbaren soziökonomischen Status.
- Es ist kausal nicht eindeutig zu klären, zu welchem Grad die vergleichsweise hohen Geburtenraten islamischer Länder ihrer wirtschaftlichen Rückständigkeit und zu welchem Grad sie dem islamischen religiösen Hintergrund zuzurechnen sind.

Üblicherweise sinkt die Geburtenrate eines Landes, wenn die Kindersterblichkeit dauerhaft fällt. Im klassischen Modell des sogenannten demografischen Übergangs führen eine Verbesserung der Ernährung, der Hygiene und der medizinischen Versorgung zu einem nachhaltigen Rückgang der Kindersterblichkeit. Ein korrespondierender Rückgang der Geburtenraten folgt dann in einem zeitlichen Abstand von zwei bis drei Generationen. Dabei haben auch die Veränderungen gesellschaftlicher Leitbilder und eine Zunahme des Bildungsgrads der Frauen einen Einfluss.

Es macht aber offenbar einen Unterschied, ob sich die Bedingungen für eine geringere Kindersterblichkeit endogen aus der Entwicklung einer Gesellschaft ergeben – dann erfolgt der demografische Übergang sehr schnell, wie sich am Beispiel Ostasien zeigt – oder ob verbesserte Ernährung, bessere Hygiene und medizinischer Fortschritt von außen an eine Gesellschaft herangetragen werden, während sich diese innerlich nur wenig oder gar nicht entwickelt – dann kann der demografische Übergang sehr lange dauern, wie im Fall der Türkei oder des Iran, oder auch ganz ausfallen, wie bislang bei den meisten Ländern Subsahara-Afrikas.

Bei fehlendem oder stark verzögertem demografischen Übergang beobachten wir ein Paradoxon, das die Gesetze der natürlichen Evolution quasi auf den Kopf stellt: Wenn die Erkenntnisse der modernen Hygiene, eine medizinische Grundversorgung und eine halbwegs stabile Ernährungslage in der modernen Welt mehr oder weniger zu freien Gütern werden, die allen Gesellschaften unabhängig von ihrem Entwicklungsstand grundsätzlich zugutekommen, *dann ist der im Bevölkerungszuwachs zum Ausdruck kommende »Reproduktionserfolg« umso höher, je rückständiger, je traditionsverhafteter und je ungebildeter eine Gesellschaft ist* und je mehr sie ihre Frauen in überkommenen Rollen gefangen hält. Dies erklärt zu einem guten Teil auch das starke Bevölkerungswachstum in islamischen Ländern.

Man kann es auch anders ausdrücken: In der Welt insgesamt ist das Bevölkerungswachstum umso höher, je rückständiger der betreffende Staat ist und je größer seine Entwicklungsdefizite sind. Innerhalb von Gesellschaften sind gesellschaftliche Gruppen umso geburtenreicher, je bildungsferner, rückständiger und wirtschaftlich erfolgloser sie relativ zum Rest der Gesellschaft sind. Dieser Befund ist empirisch vielfach gesichert und kann geradezu eine universelle Geltung beanspruchen.[25] Das wird von vielen nicht gern gehört und stößt besonders dann auf Widerspruch, wenn die Grenze zwischen Gruppen unterschiedlicher Geburtenstärke mit ethnischen oder religiösen Trennlinien zusammenfällt.

Ich habe die Vermutung, dass auch die seit Anfang der Siebzigerjahre in den meisten Ländern der islamischen Welt beobachtete Reislamisierung zu einem erheblichen Teil demografische Ursachen hat.
1970 sah man in den Stadtzentren von Kairo, Damaskus oder Istanbul
nur wenige Kopftücher. Heute dagegen tragen dort nur wenige Frauen
kein Kopftuch. Aus meiner Sicht kann dies so erklärt werden, dass
die von der Modernisierung bereits erfassten Teile der Gesellschaft
damals bereits die einem hohen Entwicklungsniveau entsprechende
niedrige Geburtenrate hatten und deshalb zahlenmäßig stagnierten.
Dagegen behielten die von der Modernisierung nicht erfassten Teile
der Gesellschaft ihre hohen Geburtenraten bei. So wurden die Träger
der Moderne in der islamischen Welt in wenigen Jahrzehnten aus rein
demografischen Gründen von einer Minderheit zu einer kleinen Minderheit. So hat sich die Bevölkerung der Türkei von 1970 bis heute
mehr als verdoppelt. Die Träger des Kinderreichtums waren aber nicht
die säkularen Türken in den westtürkischen Küstenstädten, sondern
die konservativen Landbewohner in Anatolien, die in großen Massen
in die Städte der Westtürkei zogen und diese in wenigen Jahrzehnten
demografisch und religiös quasi »umdrehten«.

Wirtschaftliches Gewicht

Der aussagefähigste Maßstab zur vergleichenden Messung der wirtschaftlichen Aktivität von Volkswirtschaften ist das Bruttoinlandsprodukt in Dollar, umgerechnet in Kaufkraftparitäten. Gerechnet pro
Kopf der Bevölkerung, gibt dies zugleich einen groben Indikator zur
Messung des Lebensstandards in einem Land. Dabei bleiben Vertei-
lungsfragen natürlich ausgeklammert. Es gibt viele begründete Einwände gegen das etablierte Konzept der Volkswirtschaftlichen Gesamtrechnung. Allerdings fehlt bis heute eine alternative Methodik zur
vergleichenden Betrachtung von Volkswirtschaften, und vor allem gibt
es nur auf dieser Grundlage internationale vergleichbare Statistiken.
Dies vorausgeschickt, stellt sich die wirtschaftliche Position der islamischen Länder in der Welt wie folgt dar: [26]

- In den islamischen Ländern leben 31 Prozent der Weltbevölkerung. Das kombinierte Bruttoinlandsprodukt (BIP) dieser Länder betrug 2016, in Kaufkraftparitäten gerechnet, rund 15 Prozent des Weltsozialprodukts.
- Pro Kopf gerechnet, erreicht das kaufkraftbereinigte BIP in den islamischen Ländern mit 8800 Dollar etwa die Hälfte des Weltdurchschnitts und knapp ein Fünftel des deutschen Niveaus.
- Von den 51 Ländern mit mehrheitlich islamischer Bevölkerung exportieren 15 in großem Stil Erdöl und Erdgas. Sie zählen zu den reichsten islamischen Ländern.
- Von den 36 islamischen Ländern ohne nennenswerten Energieexport erreichen nur drei Staaten ein Bruttoinlandsprodukt, das über dem Weltdurchschnitt von 17 100 Dollar liegt, nämlich die Türkei, Malaysia und der Libanon. 27 islamische Länder sind mit einem BIP pro Kopf von unter 6000 Dollar pro Kopf als arm oder sehr arm zu bezeichnen (vgl. Tabelle 2 im Anhang).

Stellung in Wissenschaft und Technik

Aus der gesamten islamischen Welt gab es seit dem ausgehenden Mittelalter keine nennenswerten Beiträge zur Entwicklung der technisch-wissenschaftlichen Revolution, die seit der Renaissance die Lebensbedingungen des Menschen grundlegend geändert hat. Solche Beiträge aus der islamischen Welt fehlen auch in der jüngsten Zeit noch weitgehend. Das ist bemerkenswert, denn im Zuge der islamischen Eroberungen wurden ja von Ägypten bis Persien große damalige Hochkulturen dem islamischen Machtbereich einverleibt. Auch die Hochkulturen Ostasiens hatten an der wissenschaftlich-technischen Revolution zunächst nicht teilgenommen, dann aber, beginnend mit der Öffnung Japans Ende des 19. Jahrhunderts, diese Lücke aus eigener Kraft sehr schnell geschlossen. In der islamischen Welt setzte das sehr langsam und verspätet ein. Unter jenen islamischen Staaten, die nicht von ihrem Reichtum an Öl und Gas zehren können, haben bislang nur die Türkei und Malaysia halbwegs Anschluss an die Wirtschaftsentwicklung der westlichen Welt gefunden. Auch dies geschah im Wesentlichen durch den Import von Innovationen und Verfahrenstechniken, weniger durch eigene Beiträge dazu.

Der relative Rückstand der islamischen Welt bei Innovation, Wissenserwerb und Wissensproduktion zeigt sich an unterschiedlichen Indikatoren:

- Unter den seit 1901 vergebenen Nobelpreisen für Physik, Chemie und Medizin gibt es keinen einzigen Preisträger aus einem islamischen Land. Das ist wohl kein Zufall. Auch die große preiswürdige Einzelleistung kann ja nur in einem kulturellen Umfeld und einem geistigen Klima erbracht werden, das solche Leistungen ermutigt und ermöglicht.
- Ein beliebter Innovationsindex sind die Patentanmeldungen pro eine Million Einwohner.[27] Innovationsspitzenreiter ist nach diesem Maßstab Japan mit 276,06 Patenten. Deutschland liegt mit 122,93 Patenten zwischen den USA und der Schweiz. Die beiden, gemessen an diesem Maßstab, innovationsstärksten islamischen Länder sind Malaysia mit 7,99 und die Türkei mit 5,64 Patenten pro eine Million Einwohner (vgl. Tabelle 2 im Anhang).

Aufschlussreich ist die Stellung der islamischen Länder im internationalen Hochschulranking. Der jährliche veröffentlichte THE-Index[28] umfasst 965 Universitäten in aller Welt, die nach der Qualität ihrer Lehre und Forschung bewertet und eingestuft werden. Solch ein Ranking ist immer auch ein Stück weit mechanistisch. Der Anspruch an seine Aussagekraft sollte deshalb nicht überdehnt werden. Gleichwohl ist der statistische Trend der Einstufungen, über eine große Zahl von Universitäten gesehen, sehr aussagekräftig. Von den für 2017 einbezogenen 965 Universitäten sind 303 in angelsächsischen Ländern gelegen, 302 im restlichen Europa, 208 in Ostasien und 70 in islamischen Ländern:

- Unter den (dem Ranking zufolge) 200 besten Universitäten liegen 111 in angelsächsischen Ländern, 69 im restlichen Europa, 15 in Ostasien und keine in einem islamischen Land.

- Unter den 500 besten Universitäten sind 230 in angelsächsischen Ländern, 191 im restlichen Europa, 51 in Ostasien und 8 in islamischen Ländern. Die beste Universität aus Saudi-Arabien belegt Platz 217, die beste türkische Universität Platz 264 und die beste iranische Universität Platz 524.

Das Niveau wissenschaftlicher Leistungen und die Qualität von Bildungsstätten sind nicht zu trennen vom Meinungsklima und von der kulturellen Ausrichtung einer Gesellschaft. Die wissenschaftliche Weltgeltung Deutschlands, die sich im Verlauf des 19. Jahrhunderts aufbaute, ging beispielsweise Hand in Hand mit einer intensiven Lesekultur. Diese zeigte sich in einem großen und stark wachsenden Markt für Bücher. Dazu gehörte auch eine hohe Zahl von Übersetzungen aus fremden Sprachen.

Zum eher insularen Charakter der islamisch geprägten Kulturen passen die im internationalen Vergleich relativ niedrige Zahl von Neuerscheinungen von Büchern und die extrem niedrige Zahl von Übersetzungen. Selbst in der vergleichsweise hoch entwickelten Türkei gibt es nur wenige öffentliche Bibliotheken und keine ausgeprägte Lesekultur. Nur einer unter tausend Türken nimmt regelmäßig ein Buch zur Hand.[29]

Stabilität, Demokratie, Krieg und Frieden

Seit den Neunzigerjahren des vergangenen Jahrhunderts finden die meisten nennenswerten kriegerischen Verwicklungen auf der Welt mit islamischen Staaten als Kriegsparteien, zwischen islamischen Staaten oder innerhalb von islamischen Staaten als Bürgerkriege statt. Das gilt auch für die aktuellen Konflikte:

- die Bürgerkriege mit radikalen Islamisten in Nigeria oder Mali,
- die Auseinandersetzungen in Ländern mit zerfallener Staatsgewalt wie Libyen oder Somalia und in ihrem Umfeld,
- der Bürgerkrieg im Jemen, der gleichzeitig ein Stellvertreterkrieg zwischen Saudi-Arabien und dem Iran ist,

- der Bürgerkrieg in Syrien und der Kampf mit dem Terror des IS in Syrien und im Irak,
- der Kampf des türkischen Staates gegen die kurdische Minderheit,
- die dauernden Auseinandersetzungen in Afghanistan mit den radikalen Taliban,
- der immer wieder aufflammende Konflikt um den Kaschmir zwischen Pakistan und Indien
- und natürlich als »Dauerbrenner« der Nahostkonflikt zwischen Israel und den Arabern.

Walter Laqueur meint zur religiösen Färbung dieses Konfliktreichtums: »Wenn man vor zehn oder zwanzig Jahren über den Nahostkonflikt gesprochen hat, meinte man immer den zwischen Israel und den Arabern. Heute befindet sich der ganze Mittlere Osten im Zustand eines Konflikts. Selbst die Türkei ist keineswegs davon ausgenommen, wie sich in letzter Zeit herausgestellt hat. (...) In einer Sache habe ich mich getäuscht. Das liegt dreissig Jahre zurück. Ich bin selber kein sehr frommer Mensch, und ich habe daher die Bedeutung der Religion im Nahen Osten unterschätzt. (...) Die Welle des Fanatismus wird, fürchte ich, noch einige Zeit weitergehen. Vorläufig lautet der Slogan der Muslimbrüder und der anderen Fanatiker: ›Der Islam ist die Antwort auf alle politischen Fragen.‹ Erst wenn sich herausgestellt hat, dass dies nicht der Fall ist, dass die islamistischen Fanatiker zum Beispiel die ökonomischen und sozialen Probleme nicht lösen können, erst dann wird es zu einem Rückgang dieser Welle kommen, der heute allerdings noch nicht abzusehen ist.«[30]

Nur wenige islamische Länder sind Demokratien im westlichen Sinn. Die Zeitschrift *Economist* veröffentlicht jährlich einen Demokratie-Index.[31] Dabei werden 167 Länder auf einer Skala von 1 bis 10 bewertet, basierend auf 60 Indikatoren:

- In diesem Ranking zählt kein islamisches Land als volle Demokratie, dazu wären 8 Punkte nötig (Deutschland z.B. hatte 2016 8,63 Punkte).

- 3 von 51 islamischen Ländern zählen als unvollständige Demokratie, nämlich Tunesien, Malaysia und Indonesien. Dazu sind 6 Punkte nötig.
- 12 islamische Länder, darunter die Türkei und Ägypten, zählen als hybride Systeme. Dazu sind 4 Punkte nötig.
- 36 islamische Länder zählen als autoritäre Regime (vgl. dazu Tabelle 3 im Anhang).

Die Organisation Reporter ohne Grenzen veröffentlicht jährlich eine »Rangliste der Pressefreiheit«.[32] Deutschland stand 2016 auf Platz 16, zwischen Luxemburg und Namibia. Unter den islamischen Ländern erreicht dort Burkina Faso mit Rang 42 den besten Platz. Unter 180 untersuchten Ländern schaffen es nur zehn islamische Länder auf einen zweistelligen Rangplatz. Indonesien hat Rangplatz 130 und Malaysia Platz 146. Die Türkei steht auf Platz 151, Ägypten auf Platz 159, Saudi-Arabien auf Platz 165 und der Iran auf Platz 169. Das bedeutet: Praktisch ausnahmslos in der gesamten islamischen Welt ist die Pressefreiheit stark eingeschränkt, auch in jenen Staaten, die in der Rangliste des *Economist* als »unvollständige Demokratien« durchgehen.

Kaum besser sieht es beim jährlich von Transparency International veröffentlichten Korruptionswahrnehmungsindex aus.[33] Deutschland stand dort 2016 auf Platz 10, zwischen Kanada und Luxemburg. Der gemessene Grad an Korruption lässt indirekte Rückschlüsse auf die Qualität, Neutralität und Stärke staatlicher Institutionen und auf das in einer Gesellschaft vorhandene Sozialkapital zu. Transparency International untersuchte für 2016 den Korruptionsgrad in 176 Staaten, darunter waren 48 islamische Länder. Nur 13 unter ihnen schafften es unter die ersten Hundert. Die Vereinigten Arabischen Emirate erreichten Rangplatz 24, Malaysia Rangplatz 55 und die Türkei Rangplatz 75. Dann hören die Lichtblicke auf: Indonesien und Marokko liegen bei 90, Ägypten bei 108, Pakistan bei 116, der Iran bei 131 und Afghanistan bei 169. Unter den 50 Ländern mit der niedrigsten Korruption gibt es nur zwei islamische Staaten, beides ölreiche, bevölkerungsarme Länder am Persischen Golf. Unter den 50 korruptesten

Staaten der Welt gibt es dagegen 24 islamische Länder. Dies illustriert die grundsätzlichen Schwierigkeiten islamischer Länder, moderne und belastbare Strukturen für Staat und Gesellschaft zu finden.

Der regionale Blick

Der vorhergehende Abschnitt gab einen zusammenfassenden, gerafften statistischen Blick auf die islamische Welt: Bevölkerungsexplosion, wirtschaftliche Unterentwicklung, niedrige Bildung, schlechte Regierungspraxis, diktatorische Herrschaftsformen und das nahezu vollständige Fehlen von Demokratie und Meinungsfreiheit treten als gemeinsame Merkmale hervor, die sich nicht aus Vorurteilen, sondern aus unwiderlegbaren statistischen Befunden speisen. Gleichzeitig gibt es in der islamischen Welt große Unterschiede, die klimatisch, ethnisch, kulturell und historisch bedingt sind. Hinzu tritt die innere Differenzierung der Staaten und Regionen.

Arabische Länder

Historisch war der Islam die Religion, die vor 1400 Jahren aus der arabischen Wüste kam. Arabisch ist die Sprache des Korans. Die Ausbreitung der Religion ging mit der Entstehung eines arabischen Großreichs Hand in Hand, und die ersten 600 Jahre der Religionsgeschichte waren im Wesentlichen identisch mit der Geschichte der arabischen Staatenbildung. Ab dem Mongolensturm wurden die arabischen Länder von Marokko bis zum Irak für die folgenden 700 Jahre zur Provinz – stehende Gewässer weitab vom Strom der Geschichte. Schließlich verschränkte sich der Untergang des Osmanischen Reiches mit der etwa 100 Jahre währenden Phase der europäischen Kolonialherrschaft, und um die Mitte des 20. Jahrhunderts erlangte rund ein Dutzend arabischer Länder von Marokko bis zum Persischen Golf ungefähr gleichzeitig die staatliche Souveränität.

Die Erinnerung an vergangene Größe und die Hoffnung auf deren Erneuerung spukte in den Köpfen herum. Der gegen den Willen der Araber in Palästina entstandene jüdische Staat wurde nicht nur als Demütigung empfunden, sondern stellte als Feindbild auch ein Band der Einigung dar. Der Reichtum aus Erdöl und Erdgas schien es möglich zu machen, den Weg in die wirtschaftliche Moderne abzukürzen.

Hier endete aber auch die Einigkeit der Araber. Während die einen eine schnelle Modernisierung nach dem Vorbild der sozialistischen Länder wollten, sahen andere die Rückbesinnung auf den ursprünglichen Islam als Weg in die arabische Zukunft. In Ägypten erstarkten die Muslimbrüder und wurden durch autoritäre Militärregime unterdrückt. In Saudi-Arabien ging das Herrscherhaus einen Pakt mit dem konservativen wahhabitischen Islam ein. Syrien und der Iran wurden von Diktatoren der Baath-Partei regiert. In Libyen stürzte der junge Offizier Muammar al-Gaddafi den König und errichtete eine Militärdiktatur. In Tunesien und Algerien wurden die ehemaligen Unabhängigkeitskämpfer in Regierungsämtern alt. Überall wuchs die Bevölkerung ins Unermessliche und fand zu immer größeren Teilen Trost und Bestätigung in einem konservativen Islam, während die Ansprüche zunahmen und die wirtschaftlichen und sozialen Probleme ungelöst blieben.

Schließlich machte sich 2011 der Frust über dysfunktionale Regierungen in der sogenannten Arabellion Luft. In Ägypten und Tunesien kam es zum gewaltsamen Regierungssturz. In Libyen halfen Frankreich und die USA mit ihren Luftwaffen beim Sturz des Diktators Gaddafi. Aus dem Scheitern der Arabellion in Syrien entwickelte sich seit 2012 der syrische Bürgerkrieg. Der Irak war bereits 2003 von den USA durch die Invasion und den Sturz Saddam Husseins ins Chaos gestürzt worden. Der Zerfall des Irak und der syrische Bürgerkrieg schufen die Basis für den Aufstieg des IS.

Das gewaltsame Geschehen in Syrien und dem Irak[34] wurde – ähnlich dem Dreißigjährigen Krieg in Europa – zu einem unentwirrbaren Geflecht unterschiedlichster religiöser, ethnischer und politischer Interessen:

- Die Türkei stützte den Aufstand gegen den syrischen Diktator Assad, gab sunnitischen Widerstandsgruppen vielfältige Hilfen und ermöglichte ihnen den Zugang über das Territorium der Türkei. Davon profitierte lange Zeit auch der IS. Den kurdischen Widerstandskämpfern in Syrien legte dagegen die Türkei möglichst viele Steine in den Weg. Jedoch unterstützte sie zunächst den neu entstandenen Kurdenstaat im Norden des Irak. Mittlerweile geht die Türkei gegen die Kurden im nördlichen Syrien militärisch massiv vor. Ihre vollständige Vertreibung und die Annexion des kurdisch nördlichen Syrien durch die Türkei ist nicht mehr ausgeschlossen.

- Der Iran sieht die Gründung des IS-Staates und den Aufstand gegen Assad (der Alevite ist) als Angriff auf schiitische Glaubensbrüder im Irak, in Syrien und im Libanon. Er unterstützt sowohl die schiitisch beherrschte Regierung in Bagdad als auch das Regime von Assad in Syrien.

- Saudi-Arabien unterstützt die Sunniten im Irak und die sunnitischen Aufständischen in Syrien. Lange Zeit gab es dabei fließende Übergänge bei der Unterstützung IS-naher Gruppen von Aufständischen.

- Im Bürgerkrieg im Jemen führen Saudi-Arabien und der Iran einen Stellvertreterkrieg.

- Die USA haben die Lektion aus ihrem weitgehenden Scheitern im Irak gelernt und mischen sich nicht mit Bodentruppen in den Krieg gegen den IS und den syrischen Bürgerkrieg ein. Sie gaben aber beim Kampf gegen den IS Luftunterstützung.

- Russland unterstützt das Regime von Assad durch Waffenlieferungen und den Einsatz seiner Luftwaffe. Aufgrund der Zurückhaltung der USA hat es als Regionalmacht an Einfluss gewonnen.

- Israel hält an seiner strikten Feindschaft zur potenziellen Atommacht Iran fest und pflegt seine Beziehung zu Saudi-Arabien, einem Erzfeind des Iran.

Die Dauer und die schlussendliche Lösung des Konflikts in Syrien und im Irak bleiben ungewiss. Vielfach wird die von Frankreich und

England verantwortete Aufteilung des Nahen Ostens nach dem Untergang des Osmanischen Reiches für heutige Probleme verantwortlich gemacht. Das halte ich für unhistorisch und falsch.

Seit die arabischen Eroberungen im 7. Jahrhundert der Herrschaft der Römer und Perser ein Ende machten, hatte es in jener Region, die man heute den Nahen und Mittleren Osten nennt, einen ständigen Wechsel oft kurzlebiger Staatenbildungen gegeben, bei denen meistens Eroberer herrschten, oft Turkvölker, später auch Mongolen. Die Eroberung durch das Osmanische Reich setzte dem ein Ende. Sie war aber nicht einer Staatenbildung im modernen Sinne gleichzusetzen. Wie bereits erwähnt, übte das Osmanische Reich nahezu keinerlei staatliche Funktionen aus mit Ausnahme der Steuererhebung und der Innehabung der militärischen Gewalt. Im Millet-System genossen die Religionsgemeinschaften das Recht der Selbstverwaltung. Völkerschaften und Religionen lebten vermischt, aber getrennt. Örtliche Gewalt gab es häufig, etwa im 19. Jahrhundert im Libanon wiederholte Massaker an Christen. Von einem »Staatswesen« im modernen Sinn konnte man zu Beginn des 20. Jahrhunderts in Palästina, Syrien und im Irak nicht sprechen.[35]

Die Beduinenstämme, die der britische Offizier Thomas Edward Lawrence (Lawrence von Arabien) 1916 in den Aufstand gegen das Osmanische Reich führte,[36] lebten grundsätzlich nicht anders als ihre Vorfahren vor 1300 Jahren zur Zeit des Propheten Mohammed. Die Aufteilung der orientalischen Erbmasse des Osmanischen Reiches durch das englisch-französische Sykes-Picot-Abkommen vom 16. Mai 1916 in die englischen und französischen Mandatsgebiete folgte der räuberischen Logik, welche die Geschicke des Orients schon immer bestimmt hatte, und stellte insofern nichts Neues dar. Neu war allein, dass mit der späten britischen und französischen Herrschaft unwiderruflich die Moderne im Mittleren und Nahen Osten Einzug hielt und damit gleichzeitig auch das Gedankengut der Aufklärung, der Nationalstaat und die Errungenschaften der modernen Wissenschaft und Technik sich über dessen vormoderne Gesellschaften ergossen.

An diesem plötzlichen Schock hat sich der Nahe und Mittlere Osten wie nahezu die gesamte islamische Welt sozusagen den Magen verdorben. Die gegenwärtigen schrecklichen Ereignisse in Syrien und im Irak lassen sich – um ein etwas kühnes Bild zu wählen – auch als die anhaltenden Konvulsionen eines daraus folgenden Brechdurchfalls interpretieren. Mittlerweile hat die durch das Eindringen der westlichen Technik und Medizin ausgelöste anhaltende Bevölkerungsexplosion jede Rückkehr zu alten Zuständen unmöglich gemacht, denn traditionelle Formen des Wirtschaftens und Lebens können diese Massen nicht ernähren. Äußerst verderblich war die fortgesetzte Einmischung des Westens in die Geschicke der arabischen Staaten auch nach deren Unabhängigkeit. Maßgeblich waren dafür Ölinteressen bestimmend. Sie führten zu einer gewissen Symbiose zwischen den mehr oder weniger autoritären Regimen der arabischen Welt und den westlichen Mächten.

Eine eigenständige Quelle des Unfriedens war und ist bis heute der *Palästina-Konflikt*, der mit der jüdischen Einwanderung zur britischen Mandatszeit begann und mit der Gründung des Staates Israel 1948 zu einem Dauerzustand wurde. Erwähnt sei in diesem Zusammenhang lediglich ein Aspekt. Er zeigt für mich die strukturelle Unfähigkeit der arabischen Welt zu unvermeidlichen Kompromissen und ist ein negativer Indikator für die Entwicklung im gesamten Nahen Osten:

1948/49 waren beim israelischen Unabhängigkeitskrieg einige Hunderttausend Palästinenser aus dem heutigen Staatsgebiet Israels vertrieben worden oder geflohen. Sie wurden in Flüchtlingslagern rund um den neuen Staat Israel angesiedelt. Natürlich hätte die arabische Welt diese eigentlich geringfügige Zahl bei sich aufnehmen und integrieren können, so wie dies mit den Vertriebenen in Deutschland geschah. Das wurde aber von den arabischen Ländern verweigert. In den von der UNO unterstützten Lagern begann vielmehr eine Bevölkerungsexplosion: Allein die arabische Bevölkerung im Gaza-Streifen und im 1967 von Israel besetzten Westjordanland hat sich seit 1950 durch Geburtenreichtum von 400 000 Menschen auf 2,8 Millionen Menschen vermehrt. Ähnlich war das Bevölkerungswachstum unter den palästinensischen Flüchtlingen in Jordanien, in Syrien und im Libanon. Nach 1945 waren aus Ostdeutschland und dem Sudetenland 11 Millionen Deutsche vertrieben worden. Bei einer ähnlichen Demografie und einer ähnlichen Politik würden heute rund 80 Millionen vertriebene Deutsche aus grenznahen Lagern in Tschechien und Polen Einlass begehren. Das ihren Vorfahren geschehene Unrecht war vergleichbar.

Vergangenes Unrecht kann man aber nicht durch neues Unrecht heilen. Solch eine Einsicht scheint es im Nahen Osten schwer zu haben. Der Geburtenreichtum der palästinensischen Araber, der jetzt eine friedliche Lösung des Palästinakonflikts erschwert, mag als Ausdruck palästinensischen Aufbegehrens gegen Israel interpretiert werden. Ich sehe ihn aber auch als Ausdruck einer im Islam angelegten und vor allem in der Rolle der Frau zum Ausdruck kommenden gesellschaftlichen Rückständigkeit.

Die beiden Kriegsländer *Syrien* und *Irak* erfahren seit vielen Jahren eine Bevölkerungsexplosion: In Syrien hat sich die Bevölkerung seit 1950 versechsfacht, im Irak verachtfacht. Trotz des kriegerischen Geschehens liegt die Geburtenrate in beiden Ländern unverändert sehr hoch. Speziell der Irak hat eine höhere Nettoreproduktionsrate als Afrika. Der Kriegsindex liegt in Syrien bei 4,1, im Irak sogar bei 5,8. Die demografischen Spannungen haben offenbar zur Gewaltspirale beigetragen.

Die *kleineren arabischen Staaten am Persischen Golf* werden noch lange von ihrem Reichtum an Öl und Gas zehren können. Die Arbeit wird dort weitgehend von Landesfremden verrichtet, die keine dauerhaften Aufenthaltsrechte haben. Der produktive Beitrag der autochthonen Bevölkerung bleibt im Ungewissen.

Das *saudi-arabische Königreich* sicherte bislang seine Stabilität durch die Kombination eines sehr konservativen Islam mit autoritärer Herrschaft des Königshauses[37] und großen Einnahmen aus dem Export von Öl und Gas. Seine Bevölkerung hat sich seit 1950 auf über 30 Millionen verzehnfacht und wächst weiter bei neuerdings leicht sinkender Geburtenrate. Das mittlere Alter der Bevölkerung liegt bei 28,3 Jahren. Der Kriegsindex liegt bei 2,0. Jährlich treten doppelt so viele junge Männer ins Erwerbsalter ein, wie altersbedingt ausscheiden. Die tatsächliche Arbeit wird aber im Wesentlichen von neun Millionen Gastarbeitern verrichtet, während die einheimische Bevölkerung vom Staat weitgehend alimentiert wird. Es ist nicht erkennbar, wie Stabilität und Lebensstandard aufrechterhalten werden können, wenn die Einnahmen aus dem Energieexport mit der Bevölkerungsentwicklung nicht mehr Schritt halten. Dieser Punkt wird gerade erreicht. Künftig sollen Saudis sowohl qualifizierte Funktionen ausüben als auch manuelle Arbeiten verrichten. Dazu hat der saudische Staat ehrgeizige Programme aufgelegt, deren Erfolg abzuwarten bleibt.[38]

In keinem Land ist die Geschlechtertrennung so weitgehend wie in Saudi-Arabien. Auch für nicht muslimische Frauen herrscht Kopftuchzwang, Frauen dürfen erst seit Juli 2018 ein Fahrzeug führen. Modernisierung findet nur sehr langsam statt, auch wenn sie sich in jüngster Zeit beschleunigt hat.[39] Es gilt der Vorrang des überlieferten islamischen Rechts. Der saudische Staat nimmt massiven Einfluss auf die weltweite Verbreitung eines konservativen Islam durch die Finanzierung und laufende Unterstützung von Moscheen und Schulen und durch die Verbreitung konservativen islamischen Schrifttums.[40]

Ägypten bleibt durch seine Bevölkerungsdichte von mittlerweile 94 Millionen, seine kulturelle Tradition und seine landwirtschaftliche Bedeutung ein Kernland der arabischen Welt. Hier triumphierte die Arabellion, und hier scheiterte sie spektakulär, als die 2012 in den Wahlen erfolgreichen Muslimbrüder unter dem kurzzeitigen Präsidenten Mohammed Mursi das Land in islamistischem Sinne verändern wollten. Die erneute Machtergreifung der Militärs im Jahr 2013, deren Reihen der jetzige Präsident Abdel Fattah al-Sisi entstammt, verhinderte die islamistische Umgestaltung.

Offen bleibt, wie sich das Land weiterentwickelt. Demografisch platzt es aus allen Nähten. Die Geburtenrate ist in jüngster Zeit wieder angestiegen. Die Zahl der jährlichen Geburten liegt mit 2,5 Millionen immer noch weit über dem bestandserhaltenden Niveau. Seit 1950 hat sich die Bevölkerung nahezu verfünffacht, sie wird nach der UNO-Prognose in den nächsten 30 Jahren um weitere 60 Millionen zunehmen. Das mittlere Alter liegt bei 24,7 Jahren. Der Kriegsindex steht bei 2,5. Immer wieder gibt es Terroranschläge, die sich vor allem gegen die christliche Minderheit der Kopten und gegen unabhängige Geister richten.[41] Die wirtschaftlichen Probleme des Landes bleiben weitgehend ungelöst. Die Jugendarbeitslosigkeit liegt bei 40 Prozent und ist bei Hochschulabsolventen noch höher als bei Analphabeten.[42] Die kaufkraftbereinigte Pro-Kopf-Wirtschaftsleistung dieses in der Antike wohl reichsten Landes der Welt liegt um 30 Prozent unter dem Weltdurchschnitt und bei einem Viertel des deutschen Niveaus.

Libyen hat gegenwärtig keine funktionierenden staatlichen Strukturen. Wegen seiner Energievorkommen bleibt der dünn besiedelte Staat mit gegenwärtig 8 Millionen Einwohnern ein potenziell reiches Land. Das mittlere Alter der Bevölkerung beträgt 27,5 Jahre, der Kriegsindex steht bei 1,97.

Die Bevölkerung *Algeriens* hat sich seit 1950 auf 40 Millionen verfünffacht. Die Geburtenrate ist in jüngster Zeit wieder angestiegen, und die Zahl der Geburten liegt mit jährlich 950 000 immer noch weit über dem bestandserhaltenden Niveau. Der Kriegsindex steht bei 4,1. Jedoch gehört Algerien wegen seiner Energieexporte mit einem Pro-Kopf-BIP von rund 15 500 Dollar zu den reicheren islamischen Ländern. Das Land wurde seit der Unabhängigkeit von Frankreich von Vertretern der Befreiungsbewegung autoritär regiert. Die algerische Staatsmacht stand seit 1992 mit terroristischen islamistischen Bewegungen in einem Bürgerkrieg, der rund 120 000 Tote forderte und erst 2005 mit einer Generalamnestie beendet wurde. Intellektuelle, Christen, säkulare Muslime, Frauen ohne Kopftuch und Ausländer waren die bevorzugten Opfer des islamistischen Terrors.[43] Auch heute fordern islamistische Attentate jährlich Hunderte von Toten.

Tunesien war Anfang 2011 der Ausgangspunkt der Arabellion. Unter allen arabischen Ländern kommt es gegenwärtig einer funktionierenden Demokratie am nächsten. Islamistische Bewegungen sind allerdings sehr stark. Die islamistische Partei Ennahda hatte bei der Parlamentswahl 2014 einen Stimmenanteil von rund 28 Prozent. Islamistischer Terror führte zu wiederholten Attentaten. Dadurch wurde der wirtschaftlich wichtige Tourismus stark beeinträchtigt. Auch der Attentäter am Berliner Weihnachtsmarkt Anis Amri stammte aus Tunesien. Einer seiner Brüder kommentierte auf Facebook zum Attentat, er verstehe die ganze Aufregung um den Tod einiger »Insekten« nicht, Europa sei eine »alte Hure«.[44] Die Bevölkerung Tunesiens hat sich seit

1950 verdreifacht. Die Geburtenrate ist aber mittlerweile auf ein bestandserhaltendes Niveau gesunken. Das mittlere Alter der Bevölkerung liegt bei 31,2 Jahren, der Kriegsindex bei 1,5.

Marokko ist als konstitutionelle Monarchie ein für arabische Verhältnisse relativ stabiles Land. Der König hat eine starke Stellung. Bei den Parlamentswahlen 2016 war die Islamistische Partei für Gerechtigkeit und Entwicklung mit rund 28 Prozent der Stimmen die stärkste Kraft. Wegen fehlender Einnahmen aus Energieexporten ist Marokko mit einem Pro-Kopf-BIP von knapp 9000 Dollar deutlich ärmer als die anderen Maghreb-Staaten, aber immer noch weitaus reicher als die islamischen Länder Subsahara-Afrikas.

Die Bevölkerung des *Sudan* ist seit 1950 auf das Siebenfache gestiegen und liegt gegenwärtig bei 41 Millionen. Die Geburtenrate ist sehr hoch. Die Bevölkerung verdoppelt sich alle 25 Jahre, der Kriegsindex steht bei 4,7. Das mittlere Alter der Bevölkerung beträgt 19,4 Jahre. Mit einem BIP von rund 4600 Dollar ist das Land ziemlich arm. Entwicklungsmäßig gehört es eher zu Subsahara-Afrika als zum Maghreb.

In allen arabischen Ländern gehen vier Elemente Hand in Hand:

- wachsende Bedeutung islamistischer Ausprägungen des Islam mit gleitendem Übergang zu Radikalisierung und Terrorismus,
- das Scheitern oder die Gefährdung demokratischer Regierungsformen,
- ungünstige wirtschaftliche Entwicklung, außer bei reichen Öl- oder Gasvorkommen
- und als deren Folge eine immer größer werdende Unzufriedenheit der zahlreichen Jugend mit der Entwicklung ihrer Länder.[45] 2009 wollten noch 23 Prozent der Araber ihre Länder verlassen, 2015 waren es bereits 35 Prozent.[46]

Dabei bleiben die Kausalitäten unklar. Viele sehen die zunehmende Frömmigkeit und fortschreitende islamistische Radikalisierung der arabischen Jugend auch als Reaktion auf deren fehlende wirtschaftliche Perspektiven.[47] Arabische Intellektuelle, die die Entwicklung der arabischen Welt sehr kritisch sehen, scheuen sich gleichwohl häufig davor, einen Zusammenhang der Entwicklungsprobleme mit dem Islam herzustellen. Sie interpretieren vielmehr die islamistische Radikalisierung der Massen als Reaktion auf das Versagen der Eliten, so z. B. der jordanische Politikwissenschaftler Abu Hanieh: »Nach 1950 war der offizielle Islam nahe am Islam der Bevölkerung. Heute ist die einzige Aufgabe des offiziellen Islams, dem Regime zu Legitimität zu verhelfen, was immer es tut. Daher haben die Menschen das Vertrauen in ihn verloren. Im ›Arabischen Frühling‹ begehrten die Menschen gegen die Regime und den offiziellen Islam auf. Denn die staatlichen religiösen Institutionen ergreifen Partei für die Diktaturen, sind sehr weit von den Menschen entfernt. So entwickelte sich erst der politische Islam, und als der scheiterte, kam der dschihadistische Islam auf.«[48]

Hier wird ohnehin die fehlende bzw. unzureichende Trennung von Staat und Religion deutlich: Nirgendwo in der westlichen Welt käme man auf die Idee, Mängel in der Regierungspraxis auf Fehler der Kirchen oder falsche religiöse Einstellungen der Herrscher zurückzuführen.

Der britische Nahostexperte David Pryce-Jones sieht die islamische Welt und in diesem Zusammenhang insbesondere die arabischen Gesellschaften gefangen in einem psychologischen Kreislauf der Empfindungen von Stolz und Scham/Schande (»guilt and shame«), der sie als Individuen und als Gesellschaften dabei behindert, sich selbst objektiv aus der nötigen Distanz zu betrachten und für ihre Rückständigkeit produktive Lösungen zu finden, die nach vorne weisen. Stattdessen sucht man die Schuld in äußeren Umständen oder im Verrat an der Religion und kultiviert ein unproduktives Gefühl beleidigten Stolzes.[49] Dazu passt die Beobachtung des britischen Journalisten Tim Marshall, dass »die arabischen Länder (...) mit Vorurteilen, sogar Hassvorstellungen, geschlagen« sind, »von denen die Durchschnittswestler so wenig wissen, dass sie es meist nicht einmal glauben, wenn sie sie gedruckt vor Augen haben. (...) Fremdenhass auszudrücken ist so üblich und allgegenwärtig (...), dass kaum jemand dazu Stellung nimmt.«[50]

Subsahara-Afrika

Bei den arabischen Ländern des Maghreb kann man (mit Ausnahme des Sudan) bei gutem Willen immer noch eine Entwicklungsperspektive sehen. Immerhin sind die noch zu hohen Geburtenraten in einigen Ländern gesunken, und auch das wirtschaftliche Niveau hat die absolute Armut hinter sich gelassen. Für die islamischen Länder Subsahara-Afrikas gilt das nicht. Sie sind ausnahmslos gekennzeichnet von einem weiterhin ungehemmten Bevölkerungswachstum mit einer Nettoreproduktionsrate von 2 oder mehr, sodass sich die Bevölkerung alle 25 Jahre oder noch schneller verdoppelt. Dies kommt zum Ausdruck im hohen Kriegsindex, der durchweg bei 4 bis 6 liegt, und in der extremen Jugend der Bevölkerung, deren mittleres Alter in *Eritrea* 17,3 Jahre und in *Niger* sogar nur 15,2 Jahre beträgt. In jenen Ländern Subsahara-Afrikas, deren Bevölkerung teils christlich und teils islamisch ist, wächst der islamische Teil der Bevölkerung überdurchschnittlich und hat so in den letzten Jahren die ursprünglichen christlichen Mehrheiten in Nigeria, Tansania oder Äthiopien zu Minderheiten gemacht.

Alle islamischen Staaten Subsahara-Afrikas gehören zu den ärmsten Ländern der Welt,[51] es droht eine enorme Fluchtwelle nach Europa.[52] Nur *Nigeria* sticht wegen seines Ölreichtums hier ein wenig hervor. Nigeria bringt aber auch die Problematik dieser Länder auf den Punkt: Seine Bevölkerung hat sich seit 1950 auf jetzt 180 Millionen verfünffacht, die Nettoreproduktionsrate ist mit 2,12 höher als 1950 und zeigt keine Anzeichen eines Rückgangs. Nach der UNO-Bevölkerungsprognose, die diesen Rückgang unterstellt, werden 2050 in Nigeria 400 Millionen Menschen leben, mehr als in den USA, und 2100 750 Millionen Menschen, mehr als in ganz Europa.

Türkei

Die Türkei ist als Nachfolgestaat des Osmanischen Reiches und als geografische Brücke zu Europa ein Kernland der islamischen Welt.

Ihre geografische Lage im ehemaligen Zentrum des christlichen Oströmischen Reiches hat eine nachhaltig hohe Symbolkraft für den Kampf zwischen Christentum und Islam, aber auch für die Hoffnung auf Modernisierung und Wandel in der islamischen Welt.

Meine erste Reise in die Türkei fand im Oktober 1978 statt. Als Ministerialbeamter im Bundesarbeitsministerium begleitete ich den damaligen Arbeitsminister Herbert Ehrenberg zu einem Besuch bei seinem türkischen Amtskollegen. Es ging um Fragen der Rentenversicherung für die türkischen Gastarbeiter in Deutschland. Bei unserer Ankunft in Ankara saß ich auf der Fahrt vom Flughafen in die Stadt im Auto neben dem Staatssekretär des türkischen Arbeitsministeriums. Er fragte mich nach der Geburtenrate in der Bundesrepublik und rechnete mir vor, dass die Türkei in wenigen Jahrzehnten mehr Einwohner haben werde als die Bundesrepublik. Das schien ihn zu erfreuen. Mir zeigte dies erstmals einen Denkstil, den ich 40 Jahre später beim Präsidenten Erdoğan wiedererkannte, als er die in Europa lebenden Türken aufrief, fünf statt drei Kinder zu bekommen und so ihren Einfluss auf ihre Gastländer zu vergrößern.[53] Das Streben nach Dominanz der Muslime durch Kinderreichtum und eine hohe Geburtenrate passen zum islamistischen Konzept der Ausbreitung der Vorherrschaft des Islam über die ganze Welt.

1978 war das Land erkennbar in einem sehr schlechten Zustand. Es war international kaum zahlungsfähig und wurde von Attentaten erschüttert. Der Sozialdemokrat Bülent Ecevit führte eine instabile Regierung. Die Beamten des Arbeitsministeriums erzählten mir, dass sie unter der Vorgängerregierung bei einem islamistischen Arbeitsminister im Ministerium das Fastengebot einhalten mussten und zum gemeinsamen Gebet zusammengerufen wurden. Der zwei Jahre später folgende Militärputsch zeichnete sich bereits ab. Frauen in Kopftüchern sah ich in Ankara und Istanbul kaum auf den Straßen. Kopftücher blieben Gruppen von bäuerlich gekleideten Landbewohnern vorbehalten, die offenbar in der Stadt zu Besuch waren und wie Fremdkörper wirkten. Während unseres Besuchs wurden die Frau und die Tochter des österreichischen Botschafters am Strand von einem islamistischen Attentäter ermordet. Ich hatte das Gefühl, in einem gescheiterten Land zu sein, für dessen Zukunft man nur schwarzsehen konnte.

Da hatte ich mich getäuscht. Der islamische Einfluss in der Türkei nahm zwar kontinuierlich zu, die rasante Ausbreitung von Kopftüchern im Straßenbild war dafür ein untrügliches Indiz. Aber es fanden innere Reformen statt, der wirtschaftliche Erfolg stellte sich mit der Zeit ein, und das Land schien sich auch demokratisch zu festigen. Sichtbar wurde eine Kehrtwende, als sich Erdoğan in seinen späten Jahren als Ministerpräsident und seit 2014 als Präsident immer islamistischer gebärdete, die Aussöhnung mit den Kurden abbrach, zunehmend die Medien und die Meinungsfreiheit einschränkte und schließlich im Sommer 2016 nach dem missglückten Putschversuch 40 000 Staatsbedienstete, darunter einen großen Teil der Richter und Hochschulrektoren, entließ. Im März 2017 waren noch 47 000 Putschverdächtige, darunter 150 regierungskritische Journalisten, in Untersuchungshaft. 140 Medienunternehmen wurden per Dekret geschlossen.[54]

Seit 2014 isolierte sich die Türkei zunehmend in der Außenpolitik und scheiterte mit ihren Bestrebungen zum Sturz Assads im syrischen Bürgerkrieg. Sie wurde zu einer Macht ohne Freunde. Erdoğan bezeichnete europäische Regierungen als Nazis, wenn sie in ihren Ländern die Auftritte türkischer Politiker vor Auslandstürken beschränkten. Die EU nannte er eine »Kreuzritter-Allianz«.[55] Am 16. April 2017 gewann er knapp das Referendum über die Einführung eines Präsidialsystems in der Türkei, das dem Präsidenten weitgehende Vollmachten verleiht. Am 24. Juni 2018 wurde er mit 52,6 Prozent der abgegebenen Stimmen zum Präsidenten im neuen Präsidialsystem gewählt. Dazu leistete das Abstimmungsverhalten der im Ausland lebenden Türken einen wesentlichen Beitrag.[56] Erdoğans Partei, die AKP, sicherte sich zusammen mit der nationalistischen MHP die Mehrheit der Sitze im Parlament.

Für den Politologen Tezcan Gümüş ist die Türkei gekennzeichnet durch ein auf Konfrontation ausgerichtetes Politikverständnis. Als »rote Fäden, die die türkische Geschichte durchziehen«, identifiziert er »Intoleranz gegenüber der Opposition, die Ummünzung politischer

Gegensätze in persönliche Fehden und einen Hang zur Alleinherrschaft«.[57] Die türkische Wirtschaft litt 2016 und 2017 unter diesen politischen Entwicklungen erheblich. Das Wachstum flachte ab, der Tourismus ging zurück. Ein größerer Wirtschaftseinbruch blieb aber aus. Die Korruption hat unter Erdoğans Herrschaft stark zugenommen und betrifft auch ihn und sein persönliches Umfeld.[58]

Gegenwärtig (Mitte 2018) bleibt offen, wohin die unter Erdoğan eingeleitete und weiter vorangetriebene islamistische Umgestaltung das Land führen wird. Mittlerweile wurde das Kopftuchverbot nicht nur an Schulen und Universitäten, sondern auch in der Armee aufgehoben. Die säkulare Armee Kemal Atatürks soll geschleift werden, die Militärakademien wurden aufgelöst. Ein frommes Offizierskorps soll an einer neuen Verteidigungsuniversität herangezogen werden. Erdoğan ist mit aller Macht zu seinen islamistischen Ursprüngen zurückgekehrt.[59]

An Silvester 2017 wurden in zahlreichen großen Städten, darunter Istanbul und Ankara, Silvesterfeiern auf öffentlichen Plätzen verboten. Stattdessen durften langbärtige Islamisten auf den gesperrten Plätzen unter Polizeischutz Flugblätter mit der Überschrift »Muslime feiern nicht Silvester« verteilen. Präsident Erdoğan äußerte zum Jahresende 2017: »Alle haben Internet im Haus, das Gift ist ins Haus eingedrungen. Das ist eine ernsthafte Drogensucht, wir müssen unsere Jugend vor der Drogensucht bewahren.«[60]

Die Einschränkung der politischen Freiheiten bleibt erheblich. Trotz der erreichten wirtschaftlichen Erfolge ist es noch ein weiter Weg, bis die Türkei das Wohlstandsniveau des Westens erreicht hat. Das wird ihr nur gelingen, wenn sie auch in Forschung und Technik zum Niveau des Westens aufschließt. Damit verträgt sich kaum, dass in den türkischen Schulen die Evolutionstheorie, die Grundlage der modernen Wissenschaft, nicht mehr gelehrt werden darf, während gleichzeitig die Zahl der Schüler an den Koranschulen nach oben schießt und 2017 bereits 10 Prozent aller Schüler umfasste. Statt der Evolution wird dort der Dschihad gelehrt.[61] Die Türkei steht in der vordersten Front eines großen Sozialexperiments zur Frage, ob ein konservativer Islam mit einer modernen Wissensgesellschaft vereinbar ist.

Fraglich ist, ob die durch Erdoğan betriebene Reislamisierung des Landes den säkularen Geburtenrückgang stoppen kann, der mittlerweile auch die Türkei erreicht hat. Das gewaltige Bevölkerungswachstum der Türkei von 21 Millionen 1950 auf 79 Millionen 2015 war einer vormodernen Geburtenrate geschuldet. Das ist vorbei. Wegen der großen Jugend der Bevölkerung (das Medianalter liegt bei knapp 30 Jahren) ist die jährliche Geburtenzahl mit 1,3 Millionen zwar immer noch doppelt so groß wie in der Bundesrepublik mit ihren 82 Millionen Einwohnern, aber die Nettoreproduktionsrate der türkischen Frauen liegt aktuell bei 1,00 und damit auf dem Bestandserhaltungsniveau. Das findet Erdoğan unzureichend. Öffentlich hat er sich zu dem Ziel bekannt, dass jede türkische Frau wieder fünf Kinder bekommen sollte, tatsächlich bekommt sie aktuell nur noch zwei. Sofern die Reislamisierung in der Türkei darauf hinausläuft, die traditionellen Geschlechterrollen wiederherzustellen, die Individualisierung zurückzudrehen und so die Geburtenzahlen der Frauen wieder zu erhöhen, haben wir ein in doppelter Hinsicht interessantes Sozialexperiment vor uns:

1. ob solch eine Retraditionalisierung überhaupt möglich ist und,
2. falls sie gelingt, was dies für die Modernisierung von Wirtschaft und Gesellschaft und die Anschlussfähigkeit an das westliche Entwicklungsniveau bedeutet.

Etwas anachronistisch wirkt der unbändige Nationalstolz der türkischen Politik. Dabei gehen allerdings die Verherrlichung des Türkentums, der Stolz auf die Vergangenheit als osmanische Weltmacht und das gefühlte islamistische Sendungsbewusstsein immer wieder eine undurchsichtige und gefährliche Mischung ein.[62] Für die türkische Aggression in den syrischen Kurdengebieten führte Erdoğan religiöse Motive an und ließ jene massenhaft verhaften, die das militärische Vorgehen öffentlich kritisierten.[63]

Der in der Türkei geborene deutsche Schriftsteller Feridun Zaimoglu sagt dazu: »Der Herrscher in der Türkei kommt nicht einfach irgendwoher, er wurde von den Leuten gewählt. Viele Menschen dort ziehen das Illusionäre dem Denken vor. Die Türkei hat nicht erst jetzt viele Probleme: eine nicht überwundene Tradition der Gewalt, Minderwertigkeitskomplexe, ein immer noch nachwirkender postimperialer Schock und der Übergang von einer Regierung zu einem Regime.« Und zu den Türken in Deutschland meint er: »Es mag besserwisserisch klingen, aber die Sichtweise der Multikulturalisten in diesem Land zeugte immer schon von Verblendung. Friedliche Koexistenz der vielen Speisekarten in den Vierteln – die gab es so nie. Dass Deutschtürken heute so begeistert Fähnchen schwenken und augenscheinlich Erdoğan hinterherlaufen, der mit ihrem Leben in Deutschland doch eigentlich gar nichts zu tun hat, kommt für mich nicht überraschend. Es ist ja immer wieder mal in Mode, Deutschland für alles verantwortlich zu machen, aber die Desintegration geht oft von der türkischen Minderheit selbst aus. Und auch wenn das jetzt harte Worte sind: An der Erdoğan-Begeisterung sieht man, wie blind und taub viele hier durchs Leben taumeln wollen.«[64] 63 Prozent der Türken in Deutschland stimmten im März 2017 bei dem Referendum über die Einführung einer Präsidialverfassung mit Ja und damit im Ergebnis für die weitgehende Einschränkung der Demokratie in der Türkei. 65 Prozent wählten im Juni 2018 Erdoğan als Präsidenten. Obwohl sie und ihre Vorfahren seit 50 Jahren in Deutschland leben, scheinen sie von westlicher Demokratie nur wenig zu halten.

Iran

Über lange Zeiträume seiner 3000-jährigen Geschichte hat sich Persien, der heutige Iran, als sehr widerstandsfähig erwiesen. Ethnisch gehören auch große Teile der Bevölkerung Zentralasiens und des östlichen Irak zu den Iranern, während umgekehrt im Norden des Iran auch die Nachfahren von Turkvölkern leben. Von Persien gingen immer wieder große Reichsbildungen aus. In den Perserkriegen stieß es 490 v. Chr. mit dem antiken Griechenland zusammen. Anderthalb Jahrhunderte später wurde es vom mazedonischen König Alexander dem Großen erobert und zerstört. Nach Alexanders Tod gab es das Diadochenreich der Seleukiden, später das Reich der Sassaniden, das schließlich von den Arabern erobert und islamisiert wurde. Die Perser übernahmen jedoch den Islam und übten großen Einfluss auf die arabische Kultur aus. Unter der Herrscherdynastie der Safawiden wurde der schiitische Glaube in der Form der Zwölfer-Schia – desjenigen Zweigs des Schiitentums, nach dessen Lehre es insgesamt zwölf Imame gibt – 1501 zur Staatsreligion Persiens. Seit Beginn der Neuzeit nahm das Land am kulturellen Niedergang der islamischen Welt teil. Es wurde jedoch nie kolonialisiert. Eine Modernisierung und Konstitutionalisierung begannen zu Beginn des 20. Jahrhunderts. Die beiden Weltkriege und Ölinteressen führten zu Interventionen ausländischer Mächte. Der Modernisierungskurs und die autoritäre Herrschaft des letzten Schahs Reza Pahlavi lösten die Revolution von 1979 aus. In deren Verlauf besiegten die Islamisten schließlich auch ihre liberalen und kommunistischen Verbündeten und gründeten die theokratische Islamische Republik Iran.

In ihr geht die oberste Herrschaft vom islamischen Wächterrat aus, der als eine Art Stellvertreter Gottes auf Erden agiert. Der oberste Führer des Wächterrats ist zugleich das Staatsoberhaupt. Unter diesem Dach gibt es eine begrenzte konstitutionelle Demokratie. Kandidaten bei den Wahlen müssen jedoch vom Wächterrat zugelassen werden, auch sonst sind ihm Eingriffe in das Regierungshandeln möglich. Meinungsfreiheit und Medienvielfalt können sich nur in dem vom Wächterrat gesetzten Rahmen entfalten. Die Gesetzgebung folgt der Scharia. Die Verheiratung von Mädchen ist ab neun Jahren erlaubt. Ausübung von Homosexualität kann mit dem Tode bestraft werden, seit 1979 wurden rund 4000 Homosexuelle hingerichtet. Im Jahr gibt es etwa 1000 Hinrichtungen, nur in China ist die Zahl der Exekutionen höher.[65]

Der Iran ist jedoch kein dysfunktionales Staatswesen. Durch den Verkauf von Öl an China unterlief er viele Jahre die wirtschaftlichen Auswirkungen der westlichen Sanktionen. Das kaufkraftbereinigte BIP pro Kopf liegt trotz der Sanktionen etwa auf dem Niveau des Libanon. Die Sanktionen wurden nach der Unterzeichnung des Atomabkommens mit dem Iran im Juli 2015 aufgehoben. Seitdem normalisierten sich allmählich die Wirtschaftsbeziehungen mit dem westlichen Ausland, bis dieser Prozess durch die von Präsident Trump verhängten Sanktionen erneut unterbrochen wurde. Der Iran verfügt über vielfältige Ansätze eigener Industrialisierung.[66] Dies wird unterstützt durch ein im Vergleich zu anderen islamischen Ländern durchaus leistungsfähiges System von Schulen und Hochschulen. Kulturell fühlen sich viele Iraner dem sie umgebenden Orient überlegen und eher auf Augenhöhe mit dem Westen.[67] Die besten Talente wandern gerne in den Westen mit seiner größeren geistigen Freiheit ab.[68] Auch nahezu vier Jahrzehnte nach der Vertreibung des Schahs und der Gründung der Islamischen Republik sind staatliche und religiöse Willkür weit verbreitet, und der Zustand der Menschenrechte ist sehr schlecht.[69]

Durch die scharfe Zensur ist das nicht religiöse öffentliche Geistesleben weitgehend abgetötet: Wie der in Teheran lebende Autor Amir-Hassan Cheheltan schreibt, ist »der Vertrauensverlust gegenüber allem, was von der scharfen Klinge der Zensur verschont bleibt, (...) mittlerweile so hoch, dass heute niemand im Land mehr Bücher liest, und Zeitungen auch nicht. In einem Land mit achtzig Millionen Einwohnern werden Bücher nur noch in Auflagen von dreihundert Exemplaren gedruckt, und die Gesamtauflage aller Presseerzeugnisse liegt bei nur 200 000.«[70] Aufgrund des staatlichen und religiösen Drucks wird das geistige und gesellschaftliche Leben beherrscht von einer Atmosphäre der Heuchelei und der Lüge, die kleine, immer wieder gefährdete Freiheitsinseln schaffen.[71]

Im Rahmen der islamischen Lehre nimmt das theokratische Regime die Gleichstellung der Geschlechter ernst. Im Vergleich zu den Männern ist die Bildung der Frauen innerhalb der islamischen Welt nirgendwo so weit fortgeschritten wie im Iran. Das hat dazu geführt, dass die Nettoreproduktionsrate seit Anfang der Neunzigerjahre sinkt. Sie hat heute mit 0,83 das niedrigste Niveau der gesamten islamischen Welt erreicht. Möglicherweise liegt darin aber auch ein Protest der iranischen Gesellschaft gegen das theokratische Regime, das sie nicht abwählen kann. Die hohen Geburtenzahlen wirken jedoch nach: Seit 1950 hat die iranische Bevölkerung von 17,1 auf 79,1 Millionen Einwohner zugenommen. Das mittlere Alter der Bevölkerung beträgt 29,5 Jahre, und bei etwa gleich großer Bevölkerung werden im Iran mit 1,4 Millionen jährlich circa doppelt so viele Menschen geboren wie in Deutschland.

Zentralasien

Eine Staatenbildung im modernen Sinn hatte es schwer im zentralen Asien. Schon die Araber als die ersten islamischen Eroberer konnten diese Gebiete nicht nachhaltig befrieden und halten. Zwar fasste der islamische Glaube dauerhaft Fuß, aber bis auf wenige Städte und Oasen blieb das zentrale und mittlere Asien vom Kaspischen Meer bis an die indische Grenze ein Gebiet, das von räuberischen Nomaden und wilden Bergvölkern bewohnt wurde, die sich bis ins späte 19. Jahrhundert einer Staatenbildung entzogen. Der ungarische Orientalist Hermann Vámbéry und der junge Kavallerieleutnant Winston Churchill sind anschauliche Zeitzeugen aus dem 19. Jahrhundert.

1863 unternahm Vámbéry von Teheran aus eine Reise nach Mittelasien, die ihn durch das heutige *Turkmenistan, Usbekistan* und *Afghanistan* nach Chiwa, Samarkand, Taschkent und Herat führte. Der vielsprachige Vámbéry reiste verkleidet als türkischer sunnitischer Derwisch in einer Gruppe frommer Pilger. Seine Erzählung offenbart ein unglaubliches Ausmaß an Rückständigkeit, Grausamkeit und Gewaltherrschaft sowie das nahezu vollständige Fehlen funktionierender staatlicher Strukturen. Persien und das Osmanische Reich erscheinen bei ihm, damit verglichen, als Glanzpunkte der Zivilisation. Gleichzeitig zeigte sich unter den Menschen der bereisten Gebiete eine intensive, geradezu fanatische islamische Frömmigkeit. Ohne seine Tarnung als Derwisch, die ihm seine Vielsprachigkeit ermöglichte, wäre er des Todes gewesen. Für einen Ungläubigen wäre es nicht möglich gewesen, diese Reise zu unternehmen. Das zur Zeit seiner Reise stattfindende koloniale Vordringen Russlands von Norden und Großbritanniens von Südosten nach Mittelasien erscheint bei ihm als ein zivilisatorisches Projekt, das die schrecklichen, durchweg von Raub, Willkür und entsetzlicher Unwissenheit geprägten Verhältnisse nur verbessern konnte. Vámbéry hat über seine Erlebnisse einen sehr anschaulichen Bericht geschrieben. Die turkmenischen Nomaden bestritten damals ihren Lebensunterhalt im Wesentlichen durch Raub: In den Grenzgebieten entführten sie massenhaft Perser und verkauften sie als Sklaven weiter nach Zentralasien, soweit sie nicht durch Lösegeld ihrer Familien zurückgekauft wurden. Der schockierte Vámbéry schreibt dazu: »So mußte ich mich langsam gewöhnen an schroffe Gegensätze von Tugenden und Lastern, von Menschenliebe und Tyrannei, von skrupulöser Redlichkeit und abgefeimter Schurkerei, die im Orient überall, aber in Mittelasien am meisten, anzutreffen sind, und vorzüglich dort, wo der Islam, dieses schreckliche Gift des socialen Lebens, den Samen seiner falschen Civilisation ausgestreut hat. Die nichtmuselmanischen Nomaden dagegen sind die besten Menschen von der Welt.«[72]

Der junge Winston Churchill diente als britischer Offizier in Indien. 1897 nahm er an einem Feldzug im Grenzgebiet zu *Afghanistan* teil. Über die dort lebenden Paschtunen schreibt er: Inmitten einer Berglandschaft »von großartiger Wildheit lebt eine Bevölkerung, deren Wesen mit ihrer Umgebung übereinstimmt. Ausgenommen zur Erntezeit, wenn das Gebot der Selbsterhaltung zu zeitweiligem Waffenstillstand zwingt, leben die Pathan-Stämme ständig im Krieg von Mann zu Mann oder Gemeinschaft zu Gemeinschaft. Jeder einzelne ist Krieger, Politiker und Theologe. Jedes größere Haus ist eine Festung für sich, hergestellt zwar nur aus getrocknetem Lehm, aber vollständig ausgebaut mit Zinnen, Türmchen, Schießscharten, Flankierungsgewehren, Zugbrücken usw. Jedes Dorf hat seine Verschanzung. Jede Familie unterhält ihre Vendetta, jeder Clan seine Feinde. Alle die zahlreichen Stämme und Gruppen von Stämmen haben Rechnungen miteinander zu begleichen. Nichts wird vergessen, und höchst selten einmal bleibt eine Schuld unbezahlt. (...) In diese glückliche Welt brachte das neunzehnte Jahrhundert zwei Neuerungen: das Hinterladergewehr und die britische Regierung. Das erste bedeutete einen großen Fortschritt und Segen, das zweite eine Erzplage. (...) Überall längs der Wege verlangte man von der Bevölkerung, sie sollte sich ruhig verhalten, nicht mehr aufeinander schießen und – was das schlimmste war – auch nicht mehr die Reisenden auf diesen Straßen überfallen.

Das war zu viel gefordert; und aus dieser Quelle entsprang eine lange Reihe von Zwisten.«[73]

Das Gebiet des heutigen Afghanistan war im 19. Jahrhundert Zankapfel zwischen Russland und Großbritannien gewesen. Es stand lange Zeit unter britischem Einfluss und wurde 1919 ein unabhängiger und souveräner Staat. Afghanistan ist aber bis heute eine durch das staatliche Band nur lose zusammengehaltene Ansammlung von persischen, paschtunischen und türkischen Stammesgemeinschaften geblieben. Das 1979 zur Stützung der linken Zentralregierung erfolgte militärische Eingreifen der Sowjetunion in den afghanischen Bürgerkrieg blieb erfolglos und endete 1989 mit dem Rückzug der sowjetischen Truppen. Die Niederlage der sowjetgestützten Regierung ging Hand in Hand mit dem Aufstieg der fundamental-islamistischen Taliban. In ihrem Einflussbereich entstand das Terrornetzwerk Al Kaida. Das Al Kaida zugeschriebene Attentat vom 11. September 2001 führte zur Invasion Afghanistans unter Führung der USA. Die anfänglichen Erfolge gegen die Taliban waren jedoch nicht von Dauer. Heute beherrschen sie erneut etwa die Hälfte Afghanistans.[74]

Trotz großer Kosten und eines erheblichen internationalen Engagements konnte in Afghanistan kein stabiles Regime etabliert werden. Die großen Geldflüsse aus der internationalen Gemeinschaft seit 2001 haben allerdings die Wirtschaft belebt, die Sterblichkeit gesenkt und das Wachstum der Bevölkerung beflügelt. Die Nettoreproduktionsrate Afghanistans liegt bei 2,12. Die Bevölkerung hat sich trotz der nahezu permanenten Kriegsereignisse seit 1990 fast verdreifacht, das mittlere Alter der Bevölkerung liegt bei 17,5 Jahren. Das kaufkraftbereinigte Pro-Kopf-BIP Afghanistans beträgt aber nur 2020 Dollar und ist damit auf dem Niveau der ärmsten Länder Afrikas. Ohne die ständigen Geldflüsse der westlichen Interventionsländer wäre es vermutlich noch weitaus niedriger. Der mittlerweile 15 Jahre währende Versuch der internationalen Gemeinschaft, aus dem von Stammesgesellschaften geprägten Afghanistan mit viel Geld und Beratung einen modernen Staat zu machen, ist bislang misslungen.[75]

Die Gebiete des heutigen *Aserbaidschan, Kasachstan, Turkmenistan, Usbekistan, Tadschikistan* und *Kirgistan* wurden im 19. Jahrhundert zur

Zarenzeit dem Russischen Reich einverleibt. Mit dem Zerfall der 1922 geschaffenen Sowjetunion, der Gründung unabhängiger Staaten und der Alma-Ata-Erklärung vom Dezember 1991 erlangten auch die zentralasiatischen Sowjetrepubliken ihre Unabhängigkeit. Der Untergang des Kommunismus tat ihnen sicherlich gut, die Loslösung aus dem Staatenverband der Sowjetunion aus meiner Sicht wohl eher nicht. »Sozialistische Errungenschaften« wie Gleichstellung der Geschlechter, Bildung für alle und religiöse Distanz hatten nämlich für das zivilisationsferne Zentralasien relativ größere Fortschritte bedeutet als für das europäische Russland. Außer im kleinen Kirgistan entwickelten sich nach der Auflösung der Sowjetunion in all diesen Ländern statt einer demokratischen Regierungsform autoritäre Herrschaften. Auf den Ranglisten zu Pressefreiheit und Korruption belegen sie hintere Plätze. Soweit sie nicht wie Aserbaidschan und Kasachstan über große Energievorkommen verfügen, bleiben sie arm. Seit Ende der Neunzigerjahre ist in diesen Ländern auch der Rückgang der Geburtenraten zum Stillstand gekommen und hat mit Ausnahme Turkmenistans einem erneuten Anstieg Platz gemacht. Offenbar führt die Reislamisierung der zentralasiatischen Gesellschaften zu einem Rollback bei der Emanzipation der Frauen. Auch ein radikaler Islamismus dehnt sich aus. So wurde das Attentat in einer Istanbuler Diskothek an Neujahr 2017 von einem Kirgisen verübt.[76]

Der indische Subkontinent

Der indische Subkontinent war kaum je staatlich geeint. Die dort seit 1192 errichteten muslimischen Reiche erfassten über die längste Zeit nur Teile Indiens. Auch dort, wo sie über Hindu-Fürstentümer militärisch herrschten, misslang großenteils deren kulturelle und religiöse Überwölbung. Als die Mogulherrschaft Anfang des 19. Jahrhunderts durch die britische Kolonialherrschaft abgelöst wurde, passten sich die Hindus flexibel an. Statt Persisch, der Verwaltungssprache der Moguln, lernten sie jetzt Englisch, die Sprache der neuen Herren. So wuchs bei den Hindus eine neue Mittelschicht heran, während sich die

Muslime aus einer kleinen Gruppe reicher Grundbesitzer und einer großen ungebildeten Unterschicht zusammensetzten und an Einfluss verloren. Die entmachtete muslimische Oberschicht blieb beim Persisch. Sie schmollte und verpasste so den Zug in die neue Zeit.

Schon früh machten sich die indischen Muslime Sorgen über die Zeit nach dem Abzug der Briten. Einer ihrer Führer, Sir Syed Ahmed Khan, brachte die künftige Machtfrage zwischen Muslimen und Hindus bereits 1888 in einer Rede auf den Punkt: »Now, suppose that the English community and the army were to leave India, taking with them all their cannons and their splendid weapons and all else, who then would be the rulers of India? (...) Is it possible that under these circumstances two nations – the Mohammedans and the Hindus – could sit on the same throne and remain equal in power? Most certainly not. It is necessary that one of them should conquer the other. To hope that both could remain equal is to desire the impossible and the inconceivable. ... But until one nation has conquered the other and made it obedient, peace cannot reign the land.«[77]

Die Idee der Teilung Indiens in einen Staat der Muslime und einen Staat der Hindus entstand aus der Angst der indischen Muslime vor einer Majorisierung durch die Hindus. 1940 formulierte der Vorsitzende der indischen Muslim-Liga, Muhammad Ali Jinnah, später der erste Präsident den neuen Staates Pakistan, sein Konzept von den zwei Nationen: »The Hindus and Muslims belong to two different religious philosophies, social customs and literature[s]. They neither intermarry nor inter-dine together, and indeed they belong to two different civilizations which are based mainly on conflicting ideas and conceptions. Their [perspectives] on life, and of life, are different. It is quite clear that Hindus and Mussalmans derive their inspiration from different sources of history. (...) To yoke together two such nations under a single state, one as a numerical minority and the other as a majority, must lead to growing discontent, and final destruction of any fabric that may be [so] built up for the government of such a state.«[78]

1945, als die Spannungen um die Teilung Indiens zunahmen, sagte Mahatma Gandhi in einem Interview: »The Muslims are religious fanatics but fanaticism cannot be answered with fanaticism. ... Brilliant

Muslims in Congress became disgusted. They did not find the brotherhood of man among the Hindus. They say Islam is the brotherhood of man. As a matter of fact, it is the brotherhood of Muslims. (...) Jinnah is an evil genius. He believes he is a prophet.«[79]

Diese Zitate zeigen eine generelle Problematik, die weit über die Muslime in Indien hinausreicht: *Muslime in aller Welt wollen sich sozial nicht mit Ungläubigen vermischen.* Sie wollen möglichst vermeiden, unter ihrer Herrschaft zu leben. Sie kennen nicht die Brüderschaft der Menschheit, sie meinen die Brüderschaft des Islam. Mahatma Gandhi bringt damit den Kern der Spannungen auf den Punkt, die bis heute zwischen den gläubigen Muslimen und dem Rest der Menschheit bestehen.

Die am Ende unvermeidliche Aufteilung der Kolonie Britisch-Indien in ein hinduistisches Indien und islamisches Pakistan führte im August 1947 zu einer großen Flucht von Hindus und Muslimen aus dem jeweils anderen Landesteil. Begleitende Massaker kosteten in wenigen Tagen 500 000 bis 600 000 Menschen das Leben, je etwa zur Hälfte Hindus und Muslime. 1971 spaltete sich Ostpakistan nach einem blutigen Bürgerkrieg ab und wurde zum unabhängigen Staat Bangladesch.

Seit den Siebzigerjahren des vergangenen Jahrhunderts wurde in *Pakistan* die Islamisierung vorangetrieben. Der Konflikt um das Kaschmir mit Indien bindet viele Ressourcen. Die paschtunischen Spannungsgebiete im Norden des Landes dienen den Taliban als Rückzugsraum, Terroristen werden nicht konsequent verfolgt.[80] Bei Demokratie, Pressefreiheit und Korruption nimmt das Land hintere Rangplätze ein. Immer wieder kommt es zu Christenverfolgungen.[81] Das Bevölkerungswachstum ist deutlich stärker als im Nachbarland Indien. Die Nettoreproduktionsrate liegt bei 1,59 gegenüber 1,09 in Indien. Obwohl das derzeitige Pakistan einst zu den besonders entwickelten Teilen der Kolonie Britisch-Indien zählte, ist Pakistan heute ein armes Land. Das kaufkraftbereinigte BIP pro Kopf liegt 25 Prozent unter dem indischen Niveau.

Noch ärmer als Pakistan ist *Bangladesch*. Mit über 1000 Einwohnern pro Quadratkilometer ist es mittlerweile der am dichtesten bevölkerte Flächenstaat der Welt. Auch dort gibt es religiösen Fundamentalismus und islamistischen Terror. So ermorden dort Islamisten systematisch säkulare Blogger, und die Regierung duckt sich weg.[82] Gleichwohl erscheinen die Perspektiven für Bangladesch günstiger als für Pakistan. Die Demokratie ist gefestigter. Es ist zu einem wichtigen Standort der Textilbranche und anderer Leichtindustrien geworden. Die starke Beschäftigung von Frauen in diesen Industrien hat zu einem deutlichen Rückgang der Nettoreproduktionsrate auf 1,03 geführt. Das zeigt eine Modernisierungsperspektive an.

Von den 530 Millionen Muslimen auf dem indischen Subkontinent leben rund 180 Millionen in *Indien*. Ihr Anteil an der indischen Bevölkerung liegt bei gut 14 Prozent. Traditionell wächst die Zahl der Muslime in Indien deutlich stärker als der Rest der Bevölkerung, sodass ihr Anteil steigt.[83] Die Muslime leben vorwiegend in den nördlichen Landesteilen, dort also, wo es seit 1192 – in der Schlacht von Tarain an der »Pforte von Delhi« war die Koalition der Hindu-Fürsten überraschend geschlagen worden, die Muslime siegten über die Rajputen und setzten sich in Nordindien fest – bis zur britischen Kolonialherrschaft durchgehend islamische Herrscher gab. Im indischen Teil Kaschmirs stellen Muslime die Bevölkerungsmehrheit. Der Kaschmirkonflikt belastet auch das Verhältnis der Religionsgemeinschaften. Zwischen Hindus und Muslimen kommt es immer wieder zu Spannungen und Gewalttaten. Die meisten Terroranschläge in Indien gehen auf radikale Islamisten zurück.

Im indischen Rechtssystem gilt für die Muslime ein spezielles islamisches Personenstands- und Familienrecht, das z.B. auch Polygamie ermöglicht. Traditionell war der Übertritt zum islamischen Glauben in Indien bei den niedrigen Kasten und den Unberührbaren besonders groß. Auch heute noch sind die indischen Muslime in den unteren Schichten der Bevölkerung überproportional vertreten.

Südasien

Malaysia ist mit seinen 30 Millionen Einwohnern ein Vielvölkerstaat, in dem die Malaien einen Anteil von gut 50 Prozent haben, 23 Prozent sind Chinesen, 7 Prozent Inder. 1957 erlangte es seine Unabhängigkeit von der britischen Kolonialherrschaft. Die eigentliche Geburtsstunde des Staates Malaysia war jedoch die Trennung von *Singapur* im Jahr 1963. Grund für die Trennung war die Furcht der Malaien vor einem zu großen Einfluss der Chinesen, die in Singapur den größten Teil der Bevölkerung stellen. Traditionell dominieren in der Wirtschaft Malaysias Chinesen und Inder. Wegen der deutlich höheren Geburtenrate der Malaien nimmt ihr Bevölkerungsanteil stetig zu. Die Islamisierung des Landes fand, wie in Indonesien, vorwiegend im 14. und 15. Jahrhundert statt. Die Malaien sind ausnahmslos Muslime. Die Religionszugehörigkeit wird ihnen mit der Geburt qua Gesetz zugesprochen. Ein Religionswechsel ist für sie kaum möglich und wird durch die gesetzlichen Regelungen systematisch erschwert. Der Islam ist Staatsreligion. Andere Religionen sind zwar nicht verboten, insbesondere die christliche Minderheit von 9 Prozent wird jedoch vielfältig behindert. Die Glaubensfreiheit ist also sehr eingeschränkt. Der Staat betreibt eine ausgeprägte Politik zugunsten der Malaien. In der Verwaltung und in allen öffentlichen Ämtern werden sie bevorzugt, was mit einer Bevorzugung der muslimischen Bevölkerung identisch ist. Die Spannung zwischen den einheimischen Malaien und den wirtschaftlich dominierenden eingewanderten Chinesen und Indern überlagerte sich in der Landesgeschichte mit den religiösen Unterschieden. Die seit den Siebzigerjahren des vergangenen Jahrhunderts wachsende Rolle eines konservativen Islam ist offenbar auch ein Element der nationalen Selbstvergewisserung der malaischen Mehrheitsbevölkerung. Auch aufgrund des hohen chinesischen und indischen Bevölkerungsanteils erlebte Malaysia in den letzten Jahrzehnten eine positive wirtschaftliche Entwicklung und gilt mit einem kaufkraftbereinigten BIP pro Kopf von 28 600 Dollar mittlerweile als Schwellenland.

Indonesien ist mit einer Bevölkerung von 258 Millionen, davon knapp 90 Prozent Muslime, das bevölkerungsreichste islamische Land der Erde. Der Anteil der Christen liegt bei 9 Prozent. Bis zur Unabhängigkeit 1949 war Indonesien 350 Jahre lang als Niederländisch-Indien eine holländische Kolonie gewesen. Nach den beiden autokratischen Präsidenten Sukarno und Suharto entwickelte sich seit Ende der Neunzigerjahre eine Demokratisierung des Landes. Diese ging mit dem Aufstieg eines konservativen und teilweise radikalen Islam einher.[84] Indonesien erlebte schwere islamistische Attentate. Das früher eher unübliche Kopftuch findet immer weitere Verbreitung. Der Vorwurf der Blasphemie wird zur Unterdrückung von Christen und missliebigen politischen Gegnern missbraucht.[85] Diese Radikalisierung wird offenbar von weiten Teilen der Jugend getragen. Sie treibt eine zögernde und eher liberale Regierung vor sich her. Eine »Vorhut« der Islamisierung bildet die westliche Provinz Aceh. Sie erstritt sich größere Autonomie und hat mit einer islamistischen Umgestaltung des Landes begonnen – u. a. durch Kleidungsvorschriften für Frauen und Verhaltensvorschriften für Unverheiratete –, die von einer Scharia-Polizei überwacht wird.

Yahia Cholil Staquf, Generalsekretär der größten und moderatesten muslimischen Vereinigung in Indonesien, sagte zum Erstarken des Islamismus, der »politische ›Suprematismus‹« »radikaler Gruppen sei im orthodoxen Islam angelegt. Wenn diese ›mittelalterlichen‹ Gedankengänge in modernen heterogenen Gesellschaften angewandt würden, führten sie zwangsläufig in eine Katastrophe. Indonesien stehe vor der Gefahr, ein neues Pakistan zu werden, auf dem Spiel stehe letztlich die Zivilisation selbst.«[86]

Für die Ethnologin Susanne Schröter ist »die Islamisierung Indonesiens exemplarisch für einen weltweit zu beobachtenden Prozess: Zunächst machten dort muslimische Intellektuelle, die einen fundamentalistisch gefärbten, oft von den Muslim-Brüdern inspirierten Islam für die einzige Zukunft des Landes hielten, Rechtsansprüche geltend, die im zweiten Schritt zur unabdingbaren religiösen Pflicht erklärt und schließlich auch für die gemäßigte Mehrheit, die man mit der Diskurskeule der Islamophobie zum Schweigen brachte, verpflichtend gemacht wurden.« Mit brutalen Folgen: Übergriffe auf Intellektuelle und Minderheiten werden in Indonesien heute laut Schröter toleriert, politische Gegner juristisch folgenlos vor laufender Kamera totgeschlagen«.[87] Die Zahl der Blasphemieklagen steigt exponentiell an.[88] In Indonesien wird mittlerweile die Todesstrafe für Homosexuelle debattiert. Jegliche außerehelichen sexuellen Beziehungen sollen kriminalisiert werden. Marco Stahlhut spricht von der »Illusion eines moderaten Islam« und konstatiert, dass es »nach dem Wandel Indonesiens (...) kein moderates mehrheitlich islamisches Land von Bedeutung« mehr gibt.[89]

Thailand und die *Philippinen* haben in ihren südlichen Landesteilen islamische Minderheiten. Sie sind in beiden Ländern Unruheherde mit kriegerischen Verwicklungen, terroristischen Attentaten und Entführungen.[90]

Zwischenresümee

Sowohl die Geschichte der islamischen Eroberungen als auch die vielgestaltige Gegenwart der islamischen Länder zeigen klar: *Unterwerfung* ist nicht nur ein zentrales Element der islamischen Religion, sondern auch ein politisches Prinzip der Muslime in allen Ländern, die sich als islamisch verstehen. Nirgendwo gelten Menschen, die nicht muslimischen Glaubens sind, als wirklich gleichberechtigt. Überall werden religiöse Minderheiten benachteiligt, wenn sie nicht ganz unterdrückt werden. Nirgendwo dürfen Andersgläubige für ihren Glauben offen werben. Nirgendwo dürfen Muslime über ihren Glauben frei entscheiden, und der Blasphemievorwurf wird oft benutzt, um das unabhängige Denken und die offene Meinungsäußerung zu unterdrücken. Natürlich gibt es nach wie vor große Differenzierungen zwischen einem moderaten, einem konservativen und einem fundamentalistischen Islam. In der Praxis der islamischen Welt laufen sie aber offenbar weitgehend leer. Zudem sind überall konservative und fundamentalistische Strömungen auf dem Vormarsch. Pressefreiheit und Meinungsfreiheit sind durchweg gefährdete Güter, oder sie existieren gar nicht.

Überall in den islamischen Ländern wächst die Bevölkerung deutlich schneller als in vergleichbaren nicht islamischen Ländern, und überall dort, wo sich die Bevölkerung aus unterschiedlichen Gruppen zusammensetzt, wächst die muslimische Bevölkerung am schnellsten.

Das sorgt überall dort für wachsende Spannungen, wo muslimische Minderheiten leben, etwa in Sri Lanka und in Thailand.[91] So erklärt sich auch in Myanmar der Konflikt um die im 19. Jahrhundert aus Indien eingewanderten muslimischen Rohingya. In allen drei Ländern fühlt sich die buddhistische Mehrheitsbevölkerung durch die überdurchschnittlich geburtenreichen muslimischen Minderheiten in ihrer kulturellen Identität bedroht. Hier wirkt das kulturelle Langzeitgedächtnis der Völker: In Afghanistan und auf dem indischen Subkontinent gelang den muslimischen Eroberern seit dem 13. Jahrhundert die fast vollständige Vernichtung der buddhistischen Religion. In Indonesien und Malaysia gelang ihre Marginalisierung.

Stark sind die islamischen Länder nur beim Bevölkerungswachstum. Schwach sind sie bei der Schaffung von Wohlstand, schwach sind sie bei der Bildung ihrer Menschen, und schwach sind sie in Wissenschaft und Technik. Die Unterschiede in der Entwicklung der islamischen Länder zeigen zwar an, dass der Islam nicht die einzige Einflussgröße ist: Iraner sind erfolgreicher als Araber, in Südasien ist Malaysia erfolgreicher als Indonesien, und alle lassen sie die islamischen Länder Subsahara-Afrikas hinter sich. Aber in allen Ländern ist die hemmende Wirkung des Islam für Modernisierung, Wissen, Wohlstand und Freiheit übermächtig spürbar, auch macht sich eine wachsende Radikalisierung negativ bemerkbar.

Marco Stahlhut resümiert: »Die Entwicklungen im globalen Islam gehen so deutlich in Richtung eines Siegeszugs des Islamismus, dass für das Verschweigen dieser Tatsache durch sich als liberal verstehende westliche Eliten kaum eine Erklärung übrig bleibt als klassisches Lagerdenken: Man fürchtet, der ›Rechten‹ zu nutzen, wenn man den Islam kritisiert. Dabei haben die gegenwärtig dominanten Strömungen in dieser Religion viel mehr Gemeinsamkeiten mit dem deutschen rechten Rand, als irgendeinem tolerant gesinnten Menschen lieb sein kann. Wohin die Entwicklung in Indonesien geht, war seit Jahren hinreichend deutlich. Für den Rest der muslimischen Welt ist das nicht anders. Alle Informationen dazu liegen bereits seit langem vor. Wer aber vom Islamismus nicht reden mag, sollte auch vom Rechtspopulismus schweigen.«[92]

Kapitel 3
Problemzonen islamischer Gesellschaften

In den ersten beiden Kapiteln habe ich ganz bewusst versucht, mich von fremden Analysen, Urteilen und Vorurteilen rund um das Thema Islam fernzuhalten, und mich stattdessen auf unmittelbar beobachtbare Sachverhalte konzentriert:

- In Kapitel 1 war dies die theologische und gesellschaftspolitische Botschaft, wie sie sich unmittelbar aus dem Koran ergibt, wenn man den Text sorgfältig, ohne innere Vorbehalte und ohne vorgefasste Meinung liest.
- In Kapitel 2 habe ich den heutigen Zustand der islamischen Welt, differenziert nach Regionen und Ländern, zusammenfassend dargestellt und die Geschichte der islamischen Eroberungen und der Ausbreitung der Religion einbezogen.

Dabei zeigte sich: Die Problemfelder, die sich aus der Lektüre des Korans und aus der Entwicklung der Religion in den ersten Jahrhunderten ihres Bestehens abzeichnen, bestimmen heute in großem Umfang die soziale Wirklichkeit und die beobachtbaren Defizite der islamischen Länder. Ausgehend von dieser empirisch gesicherten und von Ideologie freien Grundlage, befasse ich mich in diesem Kapitel zunächst mit den kulturellen Aspekten des Islam und sodann mit den Konsequenzen der islamischen Prägung für die islamischen Staaten und Gesellschaften.

Religion und Kultur

Die islamischen Eroberungszüge vom 7. bis 12. Jahrhundert hatten die reichsten und zivilisatorisch fortgeschrittensten Teile der damals bekannten Welt unter islamische Herrschaft gebracht, und die Araber machten sich das Wissen der unterworfenen Völker und Kulturen durchaus zunutze. Sie übernahmen die in Europa arabisch genannten indischen Zahlen. Sie veranlassten die Übersetzung von Platon und Aristoteles ins Arabische.[1] So trugen sie für einige Jahrhunderte zur Sammlung, Erhaltung und Verbreitung des Weltwissens bei. Davon profitierte auch die europäische Kultur. Allerdings gingen die antiken Manuskripte selbst bei den Arabern unter. Sie überlieferten nur Übersetzungen von Teilen des erbeuteten Schriftguts. Die originalen Texte überlebten in byzantinischen Klöstern und Bibliotheken.

Seit dem späten Mittelalter bildete sich, schleichend zunächst, mehr und mehr ein Vorsprung des Westens gegenüber der islamischen Welt in Wirtschaft, Wissenschaft und Technik sowie später auch in den militärischen Fähigkeiten aus. Dabei ist es eine Sache, diesen wachsenden Rückstand durch eine Beschleunigung von Wissen und Innovation im westlichen Abendland zu erklären, und eine andere, eine Erklärung dafür zu finden, weshalb die islamische Welt den Aufwuchs dieses Rückstands so ohne Weiteres geschehen ließ, ihn vielfach noch heute geschehen lässt und sogar die Tatsache des Rückstands und seines ständigen Größerwerdens über Jahrhunderte hinweg gar nicht bemerkte bzw. erfolgreich verdrängte.

Ich stelle die These auf, dass es sich bei dieser Entwicklung nicht um einen historischen Unfall handelt. Vielmehr ist es die innere Logik der Religion des Islam,

— die eine Anpassung der islamischen Gesellschaften an die Moderne behindert,
— die wirkliche Demokratien unter islamischer Glaubensherrschaft unmöglich macht,
— die die Muslime zum Desinteresse an der nicht islamischen Welt und zur Intoleranz gegenüber allen Ungläubigen, ihrem Wissen und ihren Lebensformen erzieht,
— die das wirtschaftliche Zurückbleiben der muslimischen Welt bewirkt und

– die die durchweg unterdurchschnittliche Bildungsleistung der muslimischen Bevölkerung überall in der Welt erklärt.

Diese These ist zugespitzt, aber sie wird plausibel durch die Aussagen des Korans und die tatsächliche Entwicklung der islamischen Gesellschaften in den letzten 800 Jahren. Mit gutem Recht kann man argumentieren, dass die wachsende Rückständigkeit der islamischen Welt 800 Jahre lang gar nicht aufgefallen wäre ohne den Kontrast des aufsteigenden westlichen Abendlandes. Beide Kulturkreise hatten ja vielfältige Verbindungen, mindestens durch den Handel und durch zahlreiche militärische Konflikte. Gleichwohl blieb den Muslimen, auch ihren Eliten, das westliche Abendland bis weit ins 19. Jahrhundert weitgehend unbekannt. Die Faktoren, welche die Modernisierung des Westens und seinen wachsenden Vorsprung erklären konnten, waren offenbar für sie ohne Interesse, z.B.:

– das klassische Erbe der Antike,
– die Strömungen im abendländischen Christentum (Katholizismus und Protestantismus),
– europäische Sprachen,
– Trennung von geistlicher und weltlicher Macht,
– Rechtsstaatlichkeit (»rule of law«),
– gesellschaftlicher Pluralismus,
– Repräsentativorgane,
– Individualismus.[2]

Zur Rolle des Individualismus für die Moderne schreibt der in Marokko geborene französische Schriftsteller Tahar Ben Jelloun: »Die Moderne bedeutet die Anerkennung des Einzelnen, doch in den arabisch-muslimischen Gesellschaften sind es der Klan, die Familie, die Ethnie, die Vorrang haben, nicht der Einzelne. Daher auch das Fehlen sozialen Fortschritts, daher die Bindung an den Islam als gemeinsamen Nenner für alle gesellschaftliche Schichten.«[3] An die Stelle des Individualismus tritt im Islam das Prinzip der Unterwerfung.

Das Prinzip der Unterwerfung

Der Basler Kulturhistoriker Jacob Burckhardt[4] analysierte dazu vor 150 Jahren: Aus der »Verneinung des Individuellen geht dann vielleicht eine relativ hohe Partialkultur hervor, welche im Technischen, in der vererbten Vollendung äußerlicher Geschicklichkeiten recht haben kann (...), im Geistigen aber mindestens Stillstand, Beschränkung, Dünkel gegen außen mit sich führt. Denn bei der Freiheit des Individuums, welche hier gebrochen wird, handelt es sich ja nicht um die Willkür zu tun, was jedem beliebt, sondern um die Schrankenlosigkeit des Erkennens und Mitteilens und den freien Trieb des Schaffens, und dies ist es, was nun gehemmt wird.«[5] Durch die Verneinung des Individuellen wird der geistige Kern der westlichen Moderne gehemmt.

Den Buddhismus, das Christentum und den Islam bezeichnet Burckhardt als Weltregionen im Gegensatz zu Nationalreligionen. Alle drei verstehen sich übernational als Universalreligionen. Als »Armenreligionen und Sklavenreligionen« sind alle drei auch ein »soziales Vehikel«. Im Gegensatz zu den anderen beiden Weltreligionen verstand sich aber der Islam von Anfang an als »eine Religion von Siegern«.[6] Er »missioniert nicht oder doch nur zeit- und stellenweise; solange er kann wenigstens, dehnt er sich nicht durch Mission, sondern durch Eroberung aus und findet das Dasein zinsender Giaurs [gemeint sind zur Kopfsteuer verpflichtete Schutzbefohlene] sogar bequem, tötet sie aber durch Verachtung und Misshandlung und massakriert sie in Wutanfällen auch etwa.«[7] So war es in der Tat. Die wiederholten Massaker an Christen im Osmanischen Reich, deren größtes, der Völkermord 1915 an den Armeniern, zur Zeit von Burckhardts Analyse noch in der Zukunft lag, legen davon ein beredtes Zeugnis ab. Aber auch die wiederholten Massaker an Chinesen im muslimischen Indonesien, deren größtes 1965 stattfand, hatten neben dem schieren Sozialneid auf die tüchtigen Chinesen immer wieder religiöse Untertöne.

Burckhardt sieht das totalitäre Risiko, das allen Religionen innewohnt: »Jede Religion würde, wenn man sie rein machen ließe, Staat und Kultur völlig dienstbar, d.h. zu lauter Außenwerken ihrer selbst, machen und die ganze Gesellschaft von sich aus neu bilden. Ihre Repräsentanten, d.h. ihre Hierarchie, würden vollkommen jede andere Herrschaft ersetzen. Und wenn dann der Glaube Tradition geworden und versteinert ist, dann würde es der Kultur nicht mehr helfen, wenn sie Fortschritt bleiben und sich ändern wollte; sie bliebe gefangen.«[8] So geschah es in der islamischen Welt. Dagegen wurde im christlichen Abendland die Emanzipation der Kultur von der Religion durch die im Christentum angelegte Trennung von Staat und Kirche ermöglicht. Schon Jesus hatte gesagt: Gebt dem Kaiser, was des Kaisers ist, und Gott, was Gottes ist. So »hatte die Kultur (...) das unaussprechliche Glück, daß wenigstens nicht im Abendlande (während es in Byzanz allerdings bis zu einem gewissen Grade der Fall war) Staat und Kirche in ein erdrückendes Eins zusammenrannen, und daß dann die Barbaren weltliche, zunächst meist arianische Reiche errichteten«.[9]

»Dies Zusammenrinnen geschah im Islam, welcher seine ganze Kultur wesentlich beherrscht, bedingt und färbt. Er hat nur einerlei unvermeidlich despotisches Staatswesen, nämlich die vom großen Kalifat auf alle Dynastien wie selbstverständlich übergegangene weltlich-geistige, theokratische Machtvollkommenheit. (...) Der Islam, der eine so furchtbar kurze Religion ist, ist mit dieser seiner Trockenheit und trostlosen Einfachheit der Kultur wohl vorwiegend eher schädlich als nützlich gewesen, und wäre es auch nur, weil er die betreffenden Völker gänzlich unfähig macht, zu einer anderen Kultur überzugehen. Die Einfachheit erleichterte sehr seine Verbreitung, war aber mit derjenigen höchsten Einseitigkeit verbunden, welche der starre Monotheismus bedingt, und aller politischen und Rechtsentwicklung stand und steht der elende Koran entgegen; das Recht bleibt halbgeistlich.«[10]

Burckhardt drückt es klar und präzise aus: Er nimmt den Islam als Gefängnis wahr, in dem die Gläubigen in geistiger Unmündigkeit gehalten werden, ohne dass sich aus dem Denksystem dieser Religion heraus eine Entwicklungsperspektive ergeben könnte. Hellsichtig sieht er voraus, dass auch die Rückkehr zu den Quellen dieser Religion ihr geistiges Gefängnis nicht sprengen kann. Dieser 150 Jahre alte Kommentar zur Gegenwart des Islam könnte treffender kaum sein.

Ehe die Trennung von Staat und Kirche vollendet war, führte zwar auch der christliche Glaube immer wieder zur Unterdrückung Andersdenkender. »Aber auch die trübste christliche Kontemplation und Askese war der Kultur nicht so schädlich als der Islam, sobald man folgendes erwägt: Abgesehen von der allgemeinen Rechtlosigkeit vor dem Despotismus und seiner Polizei, von der Ehrlosigkeit aller derer, die mit der Macht zusammenhängen, wofür die Gleichheit aller, die Abwesenheit von Adel und Klerus keinen Ersatz gewähren, entwickelt sich ein diabolischer Hochmut gegenüber dem nichtislamischen Einwohner und gegenüber anderen Völkern, bei periodischer Erneuerung des Glaubenskrieges, ein Hochmut, wodurch man gegen den noch immer unverhältnismäßig größten Teil der Welt und dessen Verständnis abgesperrt ist.«[11]

Dieser Hochmut führt zum Desinteresse an der nicht islamischen Welt. Auch unterstützt er ein generelles Desinteresse an allem, was jenseits der Religion und des eigenen unmittelbaren Lebenskreises liegt. So entsteht eine enge und bornierte Sicht auf die Welt, deren Folgen für die Künste und die Wissenschaft Burckhardt wie folgt beschreibt:

»In der Bildung fällt auf das Vordringen der Sprache und Grammatik über den Inhalt, die sophistische Philosophie, an der nur die häretische Seite frei und bedeutend ist, dann eine erbärmliche Geschichtswissenschaft, weil alles außerhalb des Islam gleichgültig und alles innerhalb des Islam Partei- und Sektensache ist, und eine im Verhältnis zu ganz ungehemmter Empirie doch nur mangelhafte Pflege der Naturkunde. Sie haben lange nicht so viel geforscht und entdeckt, als sie frei gedurft hätten, es fehlte der allgemeine Drang zur Ergründung der Welt und ihrer Gesetze.

Die Poesie kennzeichnet hier vor allem der Hass auf des Epischen, weil die Seele der Einzelvölker darin fortleben könnte. (...) Dazu kommt noch die für das Epos tödliche Richtung auf das Lehrhafte, die Tendenz, das Erzählende nur als Hülle eines allgemeinen Gedankens, als Parabel wert zu achten. Der Rest flüchtete sich in das figurenreiche, aber gestaltenlose Märchen. Ferner gibt es kein Drama. Der Fatalismus macht die Herleitung des Schicksals aus Kreuzung der Leidenschaften und Berechtigungen unmöglich; – ja vielleicht hindert schon der Despotismus an sich die poetische Objektivierung von irgend etwas. Und eine Komödie ist unmöglich, schon weil es keine gemischte Geselligkeit gibt. (...)

In der bildenden Kunst ist nur die Architektur ausgebildet, zuerst durch persische Baumeister, dann mit Benützung des byzantinischen und überhaupt jedes vorgefundenen Stiles und Materials. Skulptur und Malerei existieren so gut wie gar nicht, weil man die Vorschrift des Korans nicht nur innehielt, sondern weit über den Wortlaut übertrieb. Was dabei der Geist überhaupt einbüßte, läßt sich denken.«[12]

Absonderung vs. Neugier und Offenheit

In der historischen Wirklichkeit gibt es für die Richtung einer Entwicklung stets viele Gründe, und in der Rückschau sehen bestimmte Entwicklungspfade zumeist viel determinierter aus, als sie es im Vorhinein waren. Vor monokausalen Erklärungen sollte man sich also in Acht nehmen. Gleichwohl ist die Hypothese sehr schlüssig und auch empirisch belastbar, dass die Religion des Islam durch das Überlegenheitsgefühl, das sie dem Gläubigen gibt, und durch die Erziehung zur Verachtung der Ungläubigen das Interesse der Muslime an der Welt der Ungläubigen lähmt sowie Neugier, Forschergeist und Bildungseifer einschränkt. Dies gilt umso mehr, je intensiver die Religion den Alltag und das tägliche Leben prägt. Die Religion formt grundlegende kulturelle Einstellungen, und diese kulturelle Prägung durch die Religion hält auch dann noch über Generationen an, wenn der religiöse Einfluss selbst sinkt.

Burckhardt sagt dazu: »Die Wirkung der Religionen auf die Kulturen hängt natürlich sehr von ihrem Geltungsgrad im Leben überhaupt ab, allein nicht bloß vom gegenwärtigen, sondern auch von den ehemaligen Geltungsgraden. Eine Religion knickt im entscheidenden geistigen Entwicklungsaugenblick eine Falte in den Geist eines Volkes, die nie mehr auszuglätten ist. Und wenn dann später auch alle Pforten in die freie Kultur hinein geöffnet werden, so ist die Neigung oder doch die beste Neigung für das früher Verwehrte vorüber. Denn derjenige Moment kehrt nicht wieder, da der betreffende Kulturzweig, im Zusammenhang mit sonstiger Erhöhung des nationalen Lebens, geblüht haben würde. Wie große Wälder einmal und dann, wenn ausgerottet, nicht wieder wachsen, so besitzen und erwerben Mensch und Volk gewisse Dinge in der Jugend oder nie.«[13]

So erklärt sich das relative Zurückbleiben islamischer Länder auch dort, wo sich das öffentliche und private Leben in gewissem Umfang säkularisiert hat. Die durch den Islam bewirkte geistige Steppe im Leben der Völker wird nicht automatisch wieder fruchtbar, wenn die Geltung der Religion zurückgeht. Hier lauert eine geistige Falle, die den weltweiten Wiederaufstieg eines konservativen Islam mit fundamentalistischen Zügen erklärt und am Ende den Modernisierungsrückstand der islamischen Länder noch vergrößern kann:

Der Vorsprung des Westens wird in der islamischen Welt als ein Schock empfunden. Er wird aber häufig nicht verstanden als Aufruf zu überprüfen, was an der Lehre des Islam und den durch ihn bewirkten Einstellungen der Gläubigen verändert werden müsste, sondern als Mahnung, zu den »Ursprüngen« der Religion zurückzukehren, ihre Modernisierung zu verhindern und die eingeleitete Säkularisierung des öffentlichen und privaten Lebens zurückzuführen. So kam es in vielen islamischen Ländern u. a.

- zur Verstärkung der Scharia im Rechtssystem,
- zur Verschärfung und forcierten Durchsetzung der Bekleidungsvorschriften für Frauen,
- zur größeren Betonung religiöser Erziehung mit der Folge, dass z. B. die Evolutionslehre aus den Lehrplänen der Schulen in der Türkei gestrichen wurde, und
- zu wachsenden Bedrängnissen für die immer kleiner werdenden christlichen und anderen religiösen Minderheiten.

Eine so verstandene Rückwendung des Islam zu seinen Ursprüngen kann die Modernisierungskrise, in der sich alle islamischen Länder mehr oder weniger befinden, weder auflösen noch entschärfen. Sie kann allenfalls bewirken, dass der Modernisierungsrückstand sich weiter vergrößert.

Die Künste

Jacob Burckhardt sah vor 150 Jahren die Schädlichkeit des Islam für die Kultur im »diabolische(n) Hochmut gegenüber den nicht islamischen Einwohnern und gegenüber anderen Völkern, bei periodischer Erneuerung des Glaubenskrieges, ein Hochmut, wodurch man gegen den noch immer unverhältnismäßig größten Teil der Welt und dessen Verständnis abgesperrt ist«. Seit Burckhardts harschem Urteil hat sich dieser Hochmut durch die im Zuge der Modernisierung unvermeidlichen Kontakte mit der westlichen Lebensart und der westlichen Technik sicherlich gelockert. Bei der Mehrheit der Muslime lebt er aber als unbewusste Grundeinstellung fort. Das erklärt das weitgehende Desinteresse der im Westen lebenden Muslime an der westlichen Kultur. Frauen im Hidschab und ihre Männer sieht man in London, Paris oder Berlin zwar mit Kinderwagen auf den Straßen oder als reiche Kundinnen aus den Ölstaaten im KaDeWe oder bei Harrods, kaum jedoch in Buchhandlungen, in Museen, in der Oper, in Konzerten oder bei der Besichtigung von Schlössern und Kirchen.

In einem Bericht über Liberalisierungstendenzen in Saudi-Arabien feierte es Rainer Hermann im Mai 2017 als Fortschritt, dass saudische Sänger mittlerweile auch in ihrem Heimatland öffentlich auftreten können, dass es öffentliche Symphonie- und Jazzkonzerte ausländischer Orchester gibt, dass Theateraufführungen möglich sind, dass irgendwann vielleicht sogar öffentliche Kinos erlaubt werden. Er schildert aber auch die Widerstände der wahhabitischen Geistlichkeit, auf deren Unterstützung das Königshaus angewiesen ist, gegen die neuen Freiheiten. Zwar können internationale Sinfonieorchester auftreten, auch gibt es junge saudische Maler, aber in den Schulen bleiben Mal- und Musikunterricht weiterhin verboten.[14]

Der deutsche Naturwissenschaftler Salman Ansari, 1941 als Muslim in Indien geboren, zitiert aus dem letzten Brief, den ihm sein Vater 1961 kurz vor seinem Tod aus Pakistan nach Deutschland schrieb:

»Du bist umgeben von unermesslicher Schönheit, was Kunst, Literatur und Musik betrifft. Nutze jede Sekunde, dieses Universum zu betreten, wo und wann immer Du nur kannst! Keine Religion der Welt kann das Verlangen nach Schönheit auslöschen.

Einzig die islamische Welt wehrt sich anzuerkennen, dass die Künste Ausdruck der Sehnsucht nach besseren Welten sind. Wie kann man ein besserer Mensch werden, ohne die Erfahrung der Schönheit?

In der Ablehnung der Künste manifestiert sich die Arroganz und Ignoranz des Islams. Es wird behauptet, die vollkommenste Konzentration auf Allah werde durch Musik oder bildende Kunst gestört. (...) Die islamische Welt hat Angst vor dem Verlangen des Menschen nach schrankenloser Freiheit und Autonomie. Vielleicht ist darin die Tatsache begründet, dass seit mehreren hundert Jahren Muslime nicht eine einzige für die ganze Menschheit bedeutende Erfindung vorzuweisen haben. (...)

Arroganz und Ignoranz sind stets gepaart mit Minderwertigkeitsgefühlen. Der Hochmut vieler Muslime besteht darin, zu glauben, ihre Religion sei die beste. (...) Diese angemaßte Überlegenheit vieler Muslime verdunkelt ihren Blick, die Werte der anderen Kulturen anzuerkennen und davon zu lernen.«[15]

Dies entspricht der Tradition der islamischen Kultur. Ihre Ausrichtung auf die Dominanz der Religion und der religiösen Vorschriften für das menschliche Zusammenleben sah eine Rolle für die freien Künste nicht vor. Angesichts der Vollständigkeit und universalen Geltung der religiösen Offenbarung käme es ja der Gotteslästerung nahe, sie als eigenständige Quelle menschlicher Bereicherung und als unabhängiges Reich des Geistes anzusehen. Dies wurde befördert durch die Einheit von Religion und weltlicher Herrschaft, die in der islamischen Welt durchweg eine despotische Herrschaft war. Sie respektierte zwar individuelle Eigentumsrechte, so wie es der Koran gebot, aber ein zweckfreies, von der Religion unabhängiges Geistesleben war für den Gläubigen nicht vorgesehen.

Auch in der Frühphase des Islam übernahm die islamische Welt aus den Kulturen der Unterworfenen nur das, was nützlich schien. Darum wurden die mathematischen Werke der Inder und die philosophischen Texte der Griechen ins Arabische übersetzt, nicht aber Werke der griechischen Literatur, weder die *Ilias* noch die Dramen und

Komödien der klassischen Zeit. Diese waren nicht »nützlich« und darum uninteressant.[16] Außerhalb von Märchenstoffen gab es bis ins 20. Jahrhundert hinein *keine Literatur aus islamischen Ländern*, keine Dramen, keine Komödien, keine Romane. Auch öffentliche Theater und Aufführungen gab es nicht. Nur in Persien hielt sich in der Versdichtung eine gewisse vorislamische Tradition.

Die *bildende Kunst* litt im Islam von Anfang an unter dem in den Koran hineininterpretierten Bildnisverbot. Die reiche griechische und römische Tradition menschlicher Bildnisse ging so zugrunde. Dies erstreckte sich auch auf alle plastischen Werke der bildenden Kunst. Auch die für den Islam kennzeichnende Tabuisierung des nackten menschlichen Körpers, insbesondere des weiblichen, spielte hier eine Rolle. Jeder barocke Schlossgarten mit seinem reichen Bestand an nackten Figuren ist für das islamische Auge eine Versündigung gegen die Gebote Gottes. Der Kontrast zu den verhüllten weiblichen Figuren, die mittlerweile überall in Europa die einschlägigen Viertel bevölkern, könnte ja auch nicht größer sein.

So wurde den Malern und Bildhauern ihr wichtigster Gegenstand, der Mensch, der Ausdruck des menschlichen Gesichts und der menschliche Körper genommen. Diese ungeheure Verarmung konnte auch durch exzessive florale Muster beim Marmorschneiden und Teppichweben nicht ausgeglichen werden. Nur in persischen Miniaturen überlebte die Abbildung des Menschen teilweise, führte aber eine Randexistenz.

Eine zusätzliche Verödung der Künste bewirkte die von der Religion verordnete strikte Trennung der Geschlechter. Männer und Frauen haben im Islam kein öffentlich wahrnehmbares gemeinsames gesellschaftliches Leben. Wo die gemischte Gesellschaft fehlt, sind aber weder Komödien noch Romane denkbar. In der abendländischen Tradition gibt es dagegen kaum eine bildliche oder skulpturale Komposition ohne die Mischung der Geschlechter. Das beginnt mit der Heiligen Familie, setzt sich fort bei Kreuzigungsszenen und hört nicht auf bei französischen Schäferidyllen aus dem 18. Jahrhundert.

Der muslimische Eroberer des nördlichen Indien, Muhammad von Ghur, hatte 1193 in der Nähe des heutigen Delhi zum Zeichen des islamischen Siegs die Stadt Lal Kot gegründet und dort die Moschee Qutb-ul-Islam (Macht des Islam) errichten lassen. Die Moschee wurde errichtet »auf dem zerstörten Tempel des geschlagenen Herrschers Prithvi Raj, ein symbolischer Akt, die Überlegenheit der neuen Religion zu demonstrieren«.[17] Die große Anlage wurde aus den Trümmern der von den Eroberern zerstörten indischen Tempel von indischen Handwerkern errichtet. Überall sind die Steine mit indischen Skulpturen verbaut. Bei jedem Stein mit einer menschlichen oder göttlichen Figur, der dort verbaut wurde, ist das Gesicht herausgeschlagen. Auch 800 Jahre später schockiert der Anblick. Ich fragte mich bei meinem Besuch im November 2016, was die indischen Familien und Schulklassen dachten, die gleichzeitig mit mir die Anlage in großen Scharen besuchten.

Es ist, so gesehen, kein Wunder, dass religiöse Spannungen zwischen den Hindus und den Muslimen auf dem indischen Subkontinent allgegenwärtig sind. Der Islam hatte wiederholt den Versuch unternommen, die Kultur der Hindus zu zerstören, und ist dabei zum Glück gescheitert. Diese kunst- und bilderfeindliche islamische Tradition ist nicht tot. Sie wird von den radikalen Ausprägungen des Islam auch in der Gegenwart noch fortgeführt. Untaten wie die Sprengung der beiden 1500 Jahre alten, in die Felswand gehauenen riesigen Buddhafiguren im afghanischen Bamiyan-Tal durch die Taliban im März 2001 und das Wüten des IS gegen Bildnisse und antike Kulturgüter während seiner Schreckensherrschaft im Irak und in Syrien von 2014 bis 2017 waren nicht nur sinnlose Aggressionen entarteter Terroristen, sie wurzeln vielmehr in einer ehrwürdigen islamischen Tradition. *Kunstfeindlichkeit und Bilderstürmerei zählen in gewissem Sinne zum islamischen Glaubenskern.*[18]

In der Architektur ist die islamische Kultur stark von der oströmischen und persischen Tradition geprägt. Eine selbstständige islamische Baukultur hat sich nie entwickelt. Der Inbegriff der Moschee-Architektur ist immer noch die Hagia Sophia, im 6. Jahrhundert n. Chr. unter Kaiser Justinian als christliche Kirche erbaut. Neben Moscheen entstanden Festungen, Paläste und Grabmäler, Letztere durchweg im persischen Stil. Einen planvollen Städtebau mit Achsen und öffentlichen Plätzen nach griechischem und römischem Vorbild gab es nicht.[19] Die Städte wuchsen genau wie Dörfer wild, ohne Plan und öffentliche Infrastruktur.

Damit korrespondiert, dass in der islamischen Welt der Sinn für das Messbare und das Messen für lange Zeit wenig ausgeprägt war. Noch im 19. Jahrhundert waren nicht einmal die Waagen und Gewichte auf den Märkten geeicht, sondern folgten undurchschaubaren lokalen Gebräuchen.[20] Auch geografische Distanzen wurden nicht objektiv gemessen. Bei längeren Distanzen kalkulierte man in Tagesreisen. Entfernungsangaben auf Wegweisern gab es auf den Straßen des Osmanischen Reiches nicht. Aus der oströmischen Tradition blieb die römische Meile noch für einige Zeit in Erinnerung und in Gebrauch, aber auch sie verschwand bald.[21] Nicht einmal an exakten Grenzziehungen zwischen politischen Einheiten gab es ein Interesse. Man interessierte sich für Orte mit Untertanen und darauf basierenden Steuereinnahmen. Erst im Jahr 1914 wurde mit russischer und britischer Hilfe der Grenzverlauf zwischen dem Osmanischen Reich und dem Iran festgelegt.[22]

Ebenso wenig wie die Messung des Raums interessierte die Messung der Zeit. Das fiel schon in der Mitte des 16. Jahrhunderts dem Botschafter des deutschen Kaisers bei der Reise nach Konstantinopel auf: Wenn die Delegationsmitglieder baten, bei Tagesanbruch geweckt zu werden, wurden sie von ihren türkischen Begleitern durchaus auch kurz nach Mitternacht bei hellem Mondschein geweckt. Wenn es dann wieder dunkler wurde, legten sich die Türken erneut schlafen. Schließlich bestand die Delegation darauf, nach Maßgabe ihrer mitgeführten Uhr selbst aufzustehen und sodann die türkischen Begleiter zu wecken. Diese brauchten einige Zeit, bis sie begriffen, dass die Zeiger der Uhr ein zuverlässiger Anhaltspunkt waren.[23] Erst um die Mitte des 19. Jahrhunderts wurde die erste öffentliche Uhr in Istanbul aufgestellt.[24]

Die zuverlässige Koordination in Raum und Zeit auf der Basis objektiver Messungen ist ein zentrales Element der abendländischen Kultur und war eine Voraussetzung für die industrielle Revolution. Sie ist heute zu einem selbstverständlichen Teil der Weltkultur geworden. In weiterem Sinn gibt es auch einen elementaren Zusammenhang zwischen wirtschaftlichem Erfolg und einer Kultur der Pünktlichkeit. Bernard Lewis hat darauf hingewiesen, dass die Koordination in Zeit und Raum eine Grundlage vieler kultureller Leistungen des Abendlandes ist. Das gilt für die Interaktion der Schauspieler im Theater, aber auch für die Komposition des Stückes selbst. Sie ist von Belang für die Struktur eines Romans, in der sich die zeitlichen und räumlichen Linien von Personen und Ereignissen treffen und kreuzen.

In besonderem Maß gilt diese für die polyphone europäische Musik, wo sich unterschiedliche Melodien, Tonlagen und Instrumente zeitlich koordiniert verflechten und mit Harmonie und Kontrapunkt zu einem ästhetischen Gesamteindruck führen, der die einzelnen Komponenten transzendiert. Eine Steigerung dieses Prinzips um weitere Elemente findet sich bei Oper und Ballett. Die europäische Musiktradition wurde in Ostasien einschließlich Indien aufgenommen. Dort gibt es Sinfonieorchester, ein interessiertes Publikum und zunehmend auch Komponisten in der europäischen Tradition. Mehr und mehr ausübende Künstler der Spitzenklasse kommen aus Ostasien, wie man auch an der Besetzung europäischer Orchester sieht.

In der islamischen Welt kam dagegen die polyphone Musik bis heute nicht an. Es gibt im islamischen Raum kein einziges bedeutendes sinfonisches Orchester und kaum Aufführungen westlicher Musik. Eine weltweite Berühmtheit hat das ägyptische Militärorchester erlangt, weil es bei Staatsbesuchen die Nationalhymnen so unnachahmlich schief spielt.[25] Als Begründung wird genannt, dass sich Ägypten im Unterschied zu den reichen arabischen Ölstaaten keine ausländischen Musiker leisten könne. Es hatte eine durchaus symbolische Bedeutung, dass der türkische Präsident Erdoğan im Juli 2017 beim G20-Gipfel in Hamburg dem Konzertabend in der Elbphilharmonie mit Beethovens 9. Sinfonie demonstrativ fernblieb.

Wissenschaft und Technik

Bereits im 2. Kapitel im Abschnitt »Die Position der islamischen Staaten in der modernen Welt« hatte ich die geringe Stellung islamischer

Länder in Wissenschaft und Technik angesprochen und dazu einige Fakten genannt: Die Universitäten islamischer Länder stehen im internationalen Hochschulranking ganz hinten. Unter den herausragenden Naturwissenschaftlern des vergangenen Jahrhunderts stammt kein einziger aus dem islamischen Kulturkreis. Islamische Länder spielen in der internationalen Patentstatistik praktisch keine Rolle.

Natürlich ist niemand durch den historischen Zufall dümmer, der ihn als Muslim auf die Welt kommen ließ. Und natürlich folgt die messbare Intelligenz der Menschen im Jemen genauso einer Normalverteilung wie in Japan oder in Finnland. Zwar werden zwischen den Ländern deutliche Intelligenzunterschiede gemessen, aber es bleibt dabei offen, wie sich die Ursachen dieser Unterschiede auf genetische Disposition und auf kulturelle Einflüsse verteilen. Im Zweifel gebe ich der Hypothese den Vorzug, dass es sich vornehmlich um kulturelle Einflüsse handelt. *Dann allerdings verweist der für die ganze islamische Welt ziemlich einheitliche Befund zwingend auf die islamische Umgebungskultur als Ursache.* Als Erklärung sehe ich mit Jacob Burckhardt den »diabolischen Hochmut«, durch den man »gegen den größten Teil der Welt und dessen Verständnis abgeschlossen ist«. Wie Burckhardt schrieb, knickt eine Religion »im entscheidenden geistigen Entwicklungsaugenblick eine Falte in den Geist eines Volkes, die nie mehr auszuglätten ist. Und wenn dann auch später alle Pforten in die freie Kultur hinein geöffnet werden, so ist die Neigung oder doch die beste Neigung für das früher Verwehrte vorüber. Denn derjenige Moment kehrt nicht wieder, da der betreffende Kulturzweig, im Zusammenhang mit sonstiger Erhöhung des nationalen Lebens, geblüht haben würde. Wie große Wälder einmal und wenn ausgerottet, nicht wieder wachsen, so besitzen und erwerben Mensch und Volk gewisse Dinge in der Jugend oder nie.«

Hier passt auch die deutsche Spruchweisheit: »Was Hänschen nicht lernt, lernt Hans nimmermehr.« Das niedrige Leistungsniveau der Schüler islamischer Länder in Mathematik und Naturwissenschaften, insbesondere der sehr geringe Anteil an Spitzenleistungen, zieht unvermeidlich auch das Niveau der Universitäten in der islamischen Welt herunter. Es gibt viele Faktoren, die für eine Beeinträchtigung von Kreativität sorgen, z. B.:

- der fehlende Kunst- und Musikunterricht wie in den Schulen Saudi-Arabiens,
- mangelhafte Verbreitung der Kenntnis fremder Sprachen,
- Geringschätzung des Lesens und des Bücherwissens, soweit es sich nicht um den Koran und religiöse Literatur handelt, und
- geringe Kenntnis und niedriges Interesse an der Welt außerhalb des islamischen Kulturkreises.

Die Fakten rund um das jetzt schon 800 Jahre während Zurückbleiben der islamischen Welt in Wissenschaft und Technik stehen ja fest, und es gibt keine Fakten ohne Ursachen. Solange man diese Ursachen nicht im Genetischen sucht und eine »Erbdummheit der Muslime«[26] ausschließt, bleibt nur der kulturelle Einfluss des Islam.

Für geistige Produktivität und innovative Leistungen bedarf es des kombinierten Auftretens mehrerer Faktoren:

- angeborenes persönliches Begabungspotenzial,
- kindliche Schulung und Erziehung, die dieses Begabungspotenzial fördert und mit Wissen und Fertigkeiten umgibt,
- ein gesellschaftliches Klima, das das freie Schweifen des neugierigen, forschenden Geistes ermutigt und stärkt, und
- Gefährten und Zeitgenossen, die durch geistige Anregung und Verkehr mit Gleichgesinnten das Kreative, Unkonventionelle stärken und ihm gleichzeitig Richtung geben.

Das Zurückbleiben im wissenschaftlich-technischen Bereich begann früh, und es fiel nachdenklichen Muslimen in verantwortlichen Positionen auch auf. Die erste Ernüchterung kam auf dem Schlachtfeld.[27] 1570 gewann die christliche Heilige Liga die Seeschlacht von Lepanto gegen das Osmanische Reich wegen der größeren Reichweite der venezianischen Kanonen und der Ausrüstung der christlichen Soldaten mit Feuerwaffen. Fortan beschränkte sich die Seeherrschaft des Osmanischen Reiches auf das östliche Mittelmeer. Es baute sich ein technologischer Vorsprung des Westens beim Schiffbau auf, der nie mehr aufgeholt werden konnte. Auch bei der Fertigung von Kanonen und

Gewehren geriet man bald ins Hintertreffen. Am Ende des 17. Jahrhunderts verließ die osmanischen Truppen auch das Schlachtenglück zu Lande. Der Vorsprung der europäischen Feinde lag nicht mehr nur in der Ausrüstung, sondern in Training, Zusammenspiel und Organisation. Erneut hing dies zusammen mit der exakten Messung von Zeit und Raum und deren strategischer Nutzung. Bloße Tapferkeit reichte nicht mehr. Das Osmanische Reich reagierte durch gezielten Import von Waffentechnologien und durch den Einsatz abendländischer Militärberater.

Hier wurde ein Muster deutlich: Die Ursache für eine sich immer weiter aufbauende Unterlegenheit sah man nicht in der eigenen, durch die islamische Kultur geprägten geistigen Einstellung, die Neugier sanktionierte und wissensabgewandt war, sondern in isolierten Faktoren, durch deren geschickte Nutzung die »Ungläubigen« sich einen Vorteil verschafft hatten. Diesen Vorteil wollte man gezielt beseitigen, indem man die fragliche Technik importierte und übernahm. Das geistige Umfeld, das diese Innovation ermöglicht hatte, lehnte man weiterhin ab. Stattdessen hielt man an der prinzipiellen Überlegenheit der eigenen Kultur fest. Den Beweis des Gegenteils sah man als isolierten Betriebsunfall. So perpetuierte man die Rückständigkeit, anstatt ihren Ursachen nachzugehen, und lebte doch immer mehr in einem der eigenen Kultur fremden zivilisatorischen Umfeld, das vom Westen entliehen war und die eigene Identität unter Dauerbelastung setzte.

Es war kein Zufall, dass gerade ein erfolgreicher Militär, Kemal Atatürk, diese Zusammenhänge erkannte und die Türkei nach dem Ersten Weltkrieg in eine schockartige Säkularisierung aller Institutionen und Rechtsgrundlagen zwang, um dadurch die Ursachen für den Modernitätsvorsprung des Westens zu beseitigen.[28] Seine Anstrengung war offenbar vergeblich. 100 Jahre später, unter dem autoritären Islamisten Erdoğan, sehen wir in der Türkei die Rückkehr des politischen Islam auf breiter Front, offenbar grundsätzlich mitgetragen von einer Mehrheit der Bevölkerung. Details, wie die Sperrung des Zugangs zum Internetlexikon Wikipedia und die Revision der Lehrpläne an den Schulen in eine mehr islamische Richtung, zeigen den Willen, die von der westlichen Kultur mitgebrachte geistige Freiheit einzuschränken. Die Vorteile der modernen Wissenschaft für Technologie und Produktivität möchte man natürlich nutzen und die große Wohlstandslücke zum Westen schließen. Aber auf ihre geistigen Grundlagen möchte man sich nicht einlassen. Wenn man, wie dies in der Türkei zunehmend geschieht, die darwinsche Evolutionstheorie ablehnt und aus den Lehrplänen streicht,[29] versperrt man den Zugang zu den Biowissenschaften und zur Genetik und legt den Grund für eine dauerhafte geistige Rückständigkeit. Es bleibt ein Experiment mit offenem Ausgang.

Mit einem eher skurrilen, aber bezeichnenden Detail möchte ich schließen: In der islamischen Welt war die Wissenschaft von der Medizin im Wesentlichen auf dem Stand des berühmten persischen Arztes Avicenna (980–1037) stehen geblieben. Unzweifelhaft jüngeren Datums war jedoch die aus der Neuen Welt eingeschleppte Syphilis, und so wurden im 17. Jahrhundert einige europäische Schriften des 16. Jahrhunderts zu dieser Krankheit übersetzt. Diese Geschlechtskrankheit, von den Spaniern Anfang des 16. Jahrhunderts aus Amerika nach Europa eingeschleppt, verbreitete sich schnell über den ganzen Kontinent, auch in den islamischen Kulturkreis. Da sie aus dem Abendland eingeschleppt war, schien es adäquat, auch für ihre Heilung das Wissen der Ungläubigen in Anspruch zu nehmen. Alles andere, die Erkenntnisfortschritte in der Anatomie, die Entdeckung des Blutkreislaufs, die Entdeckungen unter dem Mikroskop, die Fortschritte in der Hygiene, kam erst mit den Kolonialmächten bzw. mit der mühseligen Modernisierung des Osmanischen Reiches im 19. Jahrhundert in das Gesichtsfeld des islamischen Kulturkreises. Gar nicht aufgefallen war im islamischen Kulturkreis, dass der syrische Arzt Ibn al-Nafis bereits im 13. Jahrhundert den Blutkreislauf entdeckt hatte. Er wurde dann 1628 erneut entdeckt vom englischen Arzt William Harvey und revolutionierte Theorie und Praxis der Medizin.[30]

Immer wieder ist zu hören, dass über weite Strecken der gemeinsamen Geschichte der islamische Kulturraum dem christlichen Abendland weit überlegen gewesen und die wissenschaftlich-technische Führung des Westens relativ jungen Datums sei, zudem mehr oder weniger zufällig stattgefunden habe und ohne die wissenschaftlichen

Leistungen der islamischen Araber ohnehin nicht möglich gewesen sei.[31] Sehr schön kommt diese Haltung zum Ausdruck bei Wolfgang Kania: »Neben den (...) griechisch-römischen und jüdischen Kultur-leistungen, die in die Entstehung eines Europas von heute flossen, sind es die arabisch, syrisch und persischen wissenschaftlichen Erkennt-nisse in Astronomie, Mathematik und Medizin, die seinerzeit das noch junge europäische Geistesleben aufnahm. Diese Impulse strah-len teilweise bis heute noch aus. Ohne die Übersetzung griechischer Philosophentexte ins Arabisch-Syrische und von dort in die lateini-sche Sprache wäre zum Beispiel unser Wissen über Aristoteles höchst lückenhaft und vielleicht gar nicht mehr vorhanden. Wir rechnen mit arabischen Schriftzeichen und benutzen noch heute die mathemati-schen Termini Algorithmus oder Algebra wie selbstverständlich, Be-griffe, die arabischen Ursprungs sind. So trägt mit Sicherheit dieses ›Christliche Abendland‹ noch viel mehr Gene in sich als vermutet.«[32]

Dazu ist zu bemerken, dass erst die arabische Eroberung der grie-chischen Welt, insbesondere Syriens und Ägyptens, den Untergang der griechisch-römischen Kultur in diesen Ländern bewirkt hat. Die Araber haben dann einige geistige Leistungen der von ihnen zerstörten Kultur adaptiert und weitergereicht, aber sie sind nicht die Urheber dieser Leistungen. Endgültig verursacht wurde dann der Untergang der griechischen Kultur durch die Zerstörung des Oströmischen Rei-ches seitens der Osmanen. Anzuerkennen ist die Brückenfunktion der Araber für die indische Mathematik. In der Summe wird heute »über-wiegend (...) davon ausgegangen, dass kein signifikanter Zusammen-hang zwischen den Eroberungen [der Araber] und neuen Techniken und Nutzpflanzen besteht. In islamischer Zeit habe man lediglich zu-vor Bekanntes und Verbreitetes weiter genutzt.«[33]

Der vermittelnde Beitrag der islamischen Kultur zum Weltwissen endete aber spätestens mit der Eroberung Bagdads durch die Mongo-len im Jahr 1253. Seitdem beobachten wir eine jetzt 750 Jahre wäh-rende Phase der Austrocknung und Erstarrung. Die islamische Welt war zwar immer wieder bereit, die wissenschaftlichen und technischen Leistungen der Ungläubigen zu übernehmen, soweit sich das für Mi-litär oder Medizin als vorteilhaft erwies. Aber sie scheuten zurück vor der Philosophie und dem gesellschaftlichen Kontext, die dem wissen-schaftlich-technischen Vorsprung des Westens zugrunde liegen.[34]

Das scheint sich fortzusetzen. Gegenwärtig ist noch offen, ob Jacob Burckhardts Einschätzung zutrifft, dass der Islam »die betreffenden Völker gänzlich unfähig gemacht hat, zu einer anderen Kultur über-zugehen«. Ich halte das allerdings für wahrscheinlich. In diesem Fall wäre das immerwährende Zurückbleiben der islamischen Welt gegen-über dem Westen die bittere Konsequenz. Der in der Türkei geborene deutsche Schriftsteller Zafer Senocak sagt dazu: »Denn die Muslime von Marokko bis Malaysia und in der durch Migration anwachsenden Diaspora sind in ihrer unheilbaren Krankheit immun gegen einen in-tellektuellen Diskurs, der sie zu einer kritischen Sichtung der eigenen Positionen anleiten könnte. Die islamische Welt ist einer Phantasma-gorie des eigenen kulturellen, moralischen und sozialen Abstiegs ver-sunken, die keinen Ausgang mehr bietet.«[35]

Kognitive Kompetenzen

Die formale Verbreitung von Bildung zeigt sowohl weltweit als auch regional erhebliche religionsspezifische Unterschiede. Das gilt für die Frage und die Dauer des Schulbesuchs sowie für die erreichten Ab-schlüsse. Weltweit, in jeder Region und jedem Land, sind die Juden im Durchschnitt am höchsten gebildet. Dann folgen die Christen, die Religionslosen, die Buddhisten und die Hindus. Die durchschnitt-lich niedrigste formale Bildung haben die Muslime. *Dieses Muster gilt grundsätzlich immer, in jeder Region und jedem Land, in dem die unterschiedlichen Gruppen in nennenswerter Zahl vorkommen.* In Ein-wanderungsländern schneiden Muslime dort etwas besser ab, wo die aufnehmenden Staaten eine selektive Einwanderungspolitik betreiben, also nur Qualifizierte ins Land lassen.

Tabelle 3.1 enthält die Eckwerte für die Welt, den Nahen Osten, Nordafrika und für Europa aus den entsprechenden Erhebungen von Pew Research für das Jahr 2016. Interessant ist der Vergleich zwischen

Muslimen und Hindus: Weltweit gesehen, ist ihre Bildungsferne in etwa vergleichbar. Im Unterschied zu den Muslimen haben sich aber die Hindus in Europa aus dieser Bildungsferne befreit und in ihrer formalen Bildung zu den Juden aufgeschlossen.

Tabelle 3.1: Bildungsabschlüsse religiöser Gruppen[36]

	Christen	Muslime	Hindus	Buddhisten	Juden	Andere
			Welt			
Schulbesuch in Jahren	9,3	5,6	5,6	7,9	13,4	8,8
% ohne formale Schulbildung	9	36	41	10	1	8
% mit Primarschulbildung	24	27	21	34	7	24
% mit Sekundarschulbildung	47	29	28	45	30	53
% mit höherem Abschluss	20	8	10	12	61	16
			Naher Osten und Nordafrika			
Schulbesuch in Jahren	7,3	5,9	.	.	12	.
% ohne formale Schulbildung	44	42	.	.	2	.
% mit Primarschulbildung	4	16	.	.	15	.
% mit Sekundarschulbildung	30	29	.	.	36	.
% mit höherem Abschluss	23	12	.	.	46	.
			Europa			
Schulbesuch in Jahren	10,8	9,5	13,9	.	13,1	12
% ohne formale Schulbildung	2	5	< 0,5	.	< 0,5	1
% mit Primarschulbildung	14	16	10	.	14	8
% mit Sekundarschulbildung	61	63	32	.	38	59
% mit höherem Abschluss	23	16	57	.	47	32

Wie die Bildungsforschung zeigt, hängt der tatsächliche Bildungserfolg aber nicht von der Dauer des Schulbesuchs und auch nicht von den Kosten des Bildungssystems, sondern von qualitativen Faktoren ab.

Der Modernitätsgrad, die Innovationskraft und die wirtschaftliche Leistung eines Landes werden im Ergebnis hauptsächlich durch die Bildungsleistung und das Wissenskapital seiner Bürger bestimmt. Die internationale Bildungsforschung spricht hier von »Cognitive Skills«, von »kognitiven Kompetenzen«. Sie lassen sich durch internationale Vergleichsstudien wie TIMSS oder PISA recht zuverlässig messen. Die hierbei ermittelten Unterschiede erklären auf längere Sicht weitgehend das Niveau der wirtschaftlichen Entwicklung und die Dynamik des wirtschaftlichen Wachstums.[37]

Kognitive Fähigkeiten können auch durch psychometrische Intelligenztests gemessen werden. Durch Standardisierungsverfahren kann man daraus international vergleichbare Werte für den Intelligenzquotienten (IQ) ermitteln. Der IQ zeigt auf der Grundlage einer Gauß'schen Normalverteilung die relative Abweichung vom gruppenbezogenen Durchschnitt an. Zwischen dem Niveau der gemessenen Intelligenz einer Bevölkerung und dem Wohlstandsniveau eines Landes besteht ein enger Zusammenhang, der über verschiedene Kanäle vermittelt wird, darunter die Qualität und Stabilität des rechtlichen Rahmens, der Grad an ökonomischer Freiheit und das Niveau der wissenschaftlichen und technischen Leistung.[38] Der allgemeine Zusammenhang zwischen kognitiven Fähigkeiten und Wohlstandsniveau wird auch im innerstaatlichen Zusammenhang bestätigt.[39]

Trotz des unterschiedlichen Ansatzpunktes – bei Tests der Bildungsleistung werden die Anwendung erworbenen Wissens, bei Intelligenztests werden die kognitiven Fähigkeiten überprüft – weisen die Ergebnisse dieser beiden unterschiedlichen Testverfahren eine hohe und stabile Übereinstimmung auf. Sowohl Intelligenztests als auch Tests der Bildungsleistung messen offenbar zu einem großen Teil Identisches, nämlich eine allgemeine geistige Leistungsfähigkeit, die nach dem britischen Psychologen Charles Edward Spearman, der darüber 1904 erstmals schrieb, der »g-Faktor« genannt wird.[40] Die Berechnungen des Psychologen und Bildungsforschers Heiner Rindermann ergeben, dass Schulleistungstests und IQ-Tests zu etwa 90 Prozent dasselbe messen.[41] Es mag daran liegen, dass die Ausübung geistiger Fähigkeiten stets auch das individuelle Wissen zum Einsatz bringt, so wie umgekehrt die Anwendung erworbenen Wissens umso leichter fällt, je intelligenter man ist.

Interessant ist, dass man auf beiden Wegen zu einer recht ähnlichen Einstufung der kognitiven Kompetenzen (oder Fähigkeiten) in der islamischen Welt kommt. Zusammenfassend ausgedrückt, lässt sich die mittlere Leistung einer Bevölkerung in einem der Testverfahren am besten vorhersagen, indem man ihre mittleren Leistungen in anderen Testverfahren heranzieht. Ein Land, dessen Bevölkerung gute Leseleistungen erzielt, erreicht in der Regel auch gute Leistungen in Mathematik, Naturwissenschaften und in IQ-Tests. Von einem Land, dessen Bevölkerung schlecht in IQ-Tests abschneidet, sind kaum gute Leistungen in Schulleistungstests zu erwarten etc.

Überträgt man die Resultate aus den hier aufgeführten Testverfahren für kognitive Kompetenz (oder gar einen aus den verschiedenen Testverfahren errechneten Mittelwert) mithilfe eines Farbindexes auf eine Weltkarte, so fällt auf, dass die Verteilung der Farben über- bzw. unterdurchschnittlicher Länderwerte nicht per Zufallsprinzip erfolgt. Vielmehr gibt es größere zusammenhängende geografische Flächen mit ähnlicher Färbung, die mehr oder weniger fließend ineinander übergehen. Die höchste kognitive Kompetenz findet sich in den Staaten (Nord-)Ostasiens (Japan, Südkorea, China, Taiwan, Singapur), gefolgt von vielen Staaten der westlichen Welt (USA, Kanada, Nord-Mittel-West-Europa, Australien etc.). Im Mittelfeld finden sich zumeist Staaten Südeuropas und des Nahen Ostens, Mittel- und Südamerikas, gefolgt von Staaten in Nordafrika, Indien, Indonesien etc. Das Schlusslicht bilden die Staaten Subsahara-Afrikas, soweit sie an den jeweiligen Studien teilnehmen.[42] Bei diesen Tests nehmen die islamischen Länder, soweit sie teilnehmen, regelmäßig hintere Plätze ein. Das kann generell an ihrer Rückständigkeit liegen. Soweit aber diese Rückständigkeit durch den Islam verursacht wird, lässt sich auf ihn auch die niedrige Bildungsleistung zurückführen.

Aus zahlreichen internationalen Vergleichstests zur Bildungsleistung von Schülern[43] führe ich an dieser Stelle den TIMMS-Vergleich 2015 für Grundschüler der vierten Jahrgangsstufe in Mathematik an.

Tabelle 3.2: Testergebnisse ausgewählter Länder bei TIMMS 2015 für Schüler der vierten Jahrgangsstufe[44]

Land	Mathematik	
	Durchschnittlicher Punktwert	Standardabweichung
Singapur	618	86
Südkorea	608	67
Japan	593	69
Russland	564	73
USA	539	81
OECD	**528**	**74**
Deutschland	**527**	**65**
Frankreich	488	74
Türkei	483	95
Vereinigte Arabische Emirate	452	105
Bahrain	451	88
Katar	439	97
Iran	431	102
Oman	425	101
Indonesien	397	89
Saudi-Arabien	383	92
Marokko	377	96
Kuwait	353	104

Zur Würdigung der Ergebnisse ist festzuhalten:

- Die Schülerleistung in Deutschland liegt im Durchschnitt der OECD und der EU. Die ostasiatischen Staaten schneiden weitaus besser, Russland und die USA deutlich besser ab als Deutschland.
- Unter den islamischen Ländern schneidet die Türkei relativ am besten ab, liegt aber deutlich unter dem deutschen und europäischen Niveau.
- Die Ergebnisse für alle übrigen getesteten islamischen Länder sind schlecht bis katastrophal. Das scheint keine Geldfrage zu sein, denn bei den meisten der am Test teilnehmenden Länder handelt

es sich um reiche Exporteure von Erdöl. Man muss davon ausgehen, dass die Ergebnisse für jene islamischen Länder, die am Test nicht teilgenommen haben, noch weitaus schlechter sind.

– Bei der Ergebnisübersicht in Tabelle 3.2 ist die Standardabweichung mit aufgeführt, sie zeigt das Ausmaß der Streuung an. So bedeutet die Standardabweichung von 65 für Deutschland, dass zwei Drittel der Schüler mit ihrer Leistung zwischen 462 und 592 Punkten liegen. Die Standardabweichung von 95 für die Türkei bedeutet, dass zwei Drittel der Schüler zwischen 388 und 578 Punkten liegen.

– In den islamischen Ländern ist die Streuung der Testergebnisse durchweg besonders groß. Angesichts der niedrigen durchschnittlichen Punktwerte bedeutet dies, dass ein großer Teil der getesteten Schüler gar keine nennenswerten Rechenkenntnisse hat und dass die Spitzengruppe sehr klein ist.

In dieselbe Richtung weisen die Ergebnisse der regelmäßig von der OECD für 15-jährige Schüler durchgeführten PISA-Tests (vgl. Tabelle 3.3). Auch hier liegen ostasiatische Länder an der Spitze und islamische Länder ganz am Ende. Während in Deutschland der Anteil besonders leistungsstarker Schüler 19,2 Prozent, in Finnland 29,9 Prozent und in Singapur sogar 39,1 Prozent beträgt, liegt er in der Türkei lediglich bei 1,6 Prozent und in Indonesien bei 0,8 Prozent. Umso zahlreicher sind dort besonders leistungsschwache Schüler, in Indonesien liegt ihr Anteil bei 42,3 Prozent und in der Türkei bei 31,2 Prozent, in Algerien sogar bei 61,1 Prozent. In Deutschland sind 9,8 Prozent der Schüler besonders leistungsschwach, in Singapur dagegen nur 4,8 Prozent. Auch im zeitlichen Trend verbessern sich die Ergebnisse der islamischen Länder nicht, in der Türkei und den arabischen Ländern sind sie sogar rückläufig.[45]

Bei PISA machen 25 Punkte etwa das Lernergebnis eines Schuljahrs aus. Vereinfacht gesprochen, bedeutet dies, dass türkische Schüler der neunten Jahrgangsstufe gegenüber Deutschland, Kanada oder Japan um drei bis fünf Jahre zurückliegen. In Algerien, Tunesien oder dem Libanon ist der Unterschied noch größer. Diese haben in der neunten Jahrgangsstufe das Grundschulniveau noch nicht überwunden.

Tabelle 3.3: Testergebnisse ausgewählter Länder bei PISA 2015 für 15-jährige Schüler[46]

	Naturwissen-schaften	Lese-kompetenz	Mathe-matik	Naturwissenschaften, Lese-kompetenz und Mathematik	
	Durchschnittlicher Punktwert			Anteil besonders leistungs-starker Schüler	Anteil besonders leistungs-schwacher Schüler
Ostasiatische Länder					
Singapur	556	535	564	39,1	4,8
Japan	538	516	532	25,8	5,6
Südkorea	516	517	524	25,6	7,7
Europäische Länder					
Finnland	531	526	511	29,9	8,3
Deutschland	**509**	**509**	**506**	**19,2**	**9,8**
Russland	487	495	494	13,0	7,7
Nordamerika					
Kanada	528	527	516	22,7	509
USA	496	497	470	13,3	13,6
OECD	**493**	**493**	**490**	**15,3**	**13,0**
Islamische Länder					
Ver. Arab. Emirate	437	434	427	5,8	31,3
Albanien	427	405	413	2,0	31,1
Türkei	425	428	420	1,6	31,2
Jordanien	409	406	380	0,6	35,7
Indonesien	403	397	386	0,8	42,3
Libanon	386	347	396	2,5	50,7
Tunesien	386	361	367	0,6	57,3
Kosovo	378	347	362	0,6	60,4
Algerien	376	350	360	0,1	61,1

Diese negativen Zusammenhänge beschränken sich nicht allein auf das Bevölkerungsmittel. Rindermann, Kodila-Tedika und Christainsen ermittelten ebenso einen deutlich geringeren durchschnittlichen Bildungsgrad von Politikern, berechnet anhand biografischer Angaben, in der arabisch-muslimischen Welt im Vergleich zur westlichen Welt.[47] Ebenso schnitten Studenten von Ingenieurwissenschaften aus den Vereinigten Arabischen Emiraten, einem der reichsten arabisch-muslimischen Länder, deutlich schlechter ab als jene aus Deutschland. Auf der von Lynn und Vanhanen standardisierten Skala (IQ von Großbritannien = 100) ergab sich für die Studenten aus den Vereinigten Arabischen Emiraten ein mittlerer IQ von etwa 104, für die Studenten aus Deutschland von etwa 115 bis 117.[48] Erstere liegen damit »um zwei bis vier Schuljahre hinter denen vergleichbarer deutscher Ingenieurstudenten«.[49]

Länder mit durchschnittlich niedrigerer kognitiver Kompetenz haben wegen der üblichen Gauß'schen Normalverteilung einen besonders hohen Rückstand beim Umfang der verfügbaren Spitzenkompetenzen. Gerade diese sind aber für die technische und soziale Entwicklung eines Landes oder einer Gesellschaft von besonderer Bedeutung.[50]

In Israel wird der IQ von Kindern israelischer Araber, berechnet nach der israelisch-jüdischen Norm, mit 86 gemessen.[51] Interessant ist, dass der altersbedingte Anstieg der kindlichen Intelligenz in arabischen Ländern langsamer verläuft als in Europa, sodass die gemessenen Unterschiede mit dem Lebensalter zunehmen, statt abzunehmen.[52] Das könnte ein Hinweis auf umweltbedingte Ursachen sein. Geschlechtsspezifische Unterschiede sind dagegen trotz der Benachteiligung von Mädchen und Frauen nicht sehr bedeutend.[53] Das spricht gegen umweltbedingte Ursachen. Generell sind in Entwicklungsländern die zwischen Männern und Frauen gemessenen Unterschiede umso größer, je niedriger der Entwicklungsstand ist. Die Zugehörigkeit zur Gruppe der Muslime spielt dabei zwar nur eine geringe Rolle, aber sie ist eine stabile Einflussgröße.[54] Der Nachteil der Muslime bei kognitiven Leistungen setzt sich auch im Fernen Osten fort: Für die (durchweg muslimischen) Malaien in Singapur wurde ein IQ von 94 gemessen, für die Chinesen in Singapur ein IQ von 110 (standardisiert auf den britischen IQ-Durchschnitt von 100).[55]

Angesichts der Welle von illegalen Einwanderern und Kriegsflüchtlingen nach Deutschland war 2015 und 2016 vielfach die Erwartung geäußert worden, hier kämen mindestens zu einem größeren Teil Menschen, die qualifiziert oder qualifizierungsfähig seien. Die Erfahrung spricht ja auch dafür, dass diejenigen, die sich mit dem Ziel der Auswanderung auf eine lange und oft riskante Reise machen, eher eine positive Auslese darstellen. Diese Menschen kamen vorwiegend aus islamischen Ländern und sind überwiegend Muslime. Es dauerte einige Zeit, bis qualifizierte Stichproben für die Beurteilung ihrer kognitiven Kompetenzen vorlagen. Die Ergebnisse sind äußerst enttäuschend, sie passen zu den Schulleistungstests in den Herkunftsländern.

Wie aktuelle Untersuchungen zeigen, liegen die kognitiven Kompetenzen der seit 2015 nach Deutschland gekommenen Flüchtlinge deutlich (nämlich um 1,2 Standardabweichungen[56]) *unter* der deutschen Referenznorm. Besonders groß ist der Unterschied bei sprachfreien, numerischen Aufgaben. Bei textgebundenen Aufgaben besteht auch in der jeweiligen Muttersprache ein erheblicher Abstand zur deutschen Referenznorm.[57] Die beobachteten Defizite in der kognitiven Kompetenz lassen sich also nicht durch die mangelhaften Deutschkenntnisse erklären und können deshalb auch nicht durch Sprachkurse kompensiert werden. Wie erwähnt, muss man davon ausgehen, dass es sich bei den Flüchtlingen und illegalen Einwanderern seit 2015 um eine positive Auslese aus ihren islamischen Heimatländern handelt, sodass die durchweg sehr enttäuschenden Testergebnisse eher noch ein zu positives Bild von der Bildungsleistung in den islamischen Herkunftsländern vermitteln.

Religion und kognitive Kompetenz

Kognitive Kompetenzen lassen sich messen. Korrelationen zu ethnischen, geografischen oder religiösen Gegebenheiten lassen sich ermitteln. Vermutete Kausalitäten können zwar mehr oder weniger schlüssig begründet, aber nicht streng bewiesen werden. Für den ermittelten Rückstand der islamischen Länder müssen nicht allein religiöse Hintergründe die Ursache sein. Es können auch ethnische, geografische oder nicht religiös bedingte kulturelle Faktoren eine Rolle spielen.

In den meisten islamischen Ländern lebten seit der islamischen Eroberung unter der Vorherrschaft der Muslime mehr oder weniger große Gruppen von Juden und Christen. Sie genossen als Angehörige der sogenannten Religionen des Buches den Schutz der islamischen Herren, soweit sie sich gewissen Regeln fügten, nicht für ihre Religion warben und eine besondere Kopfsteuer zahlten, von der die Muslime befreit waren. Untersucht man islamische Gesellschaften mit nennenswerten Minderheiten von Juden und Christen, so stellt sich durchweg heraus, dass diese im Handel, in der Wirtschaft und bei den qualifizierten Wissensberufen eine weit überdurchschnittliche Rolle spielten und, sofern sie nicht vertrieben oder umgebracht wurden, heute noch spielen. Das galt für die Griechen und Armenier im Osmanischen Reich, die Kopten in Ägypten, die Christen und Juden im Irak, im Iran, in Syrien oder im Libanon. Da die Christen und Juden von der islamischen Herrschaft in keiner Weise privilegiert wurden, muss dieser ausgeprägte und über die Jahrhunderte andauernde relative Erfolg an einem – im Vergleich zur muslimischen Mehrheit – überdurchschnittlichen Maß an geistiger Beweglichkeit, Fleiß und Bildungsleistung gelegen haben. Es liegt nahe, als Erklärung für diese Unterschiede die kulturelle Prägung der Muslime durch ihre Religion im Sinne von Passivität, Selbstzufriedenheit und geringem Bildungseifer herbeizuziehen. So entstand für die anders geprägten Christen und Juden ein permanenter Wettbewerbsvorteil.

Der Historiker Gregory Clark bietet eine ergänzende Erklärung an, die ich für sehr schlüssig halte.[58] Während der – je nach Zeitpunkt der Eroberung – 600 bis 1400 Jahre währenden Herrschaft des Islam konvertierte immer wieder ein Teil der Christen und Juden zum Islam. Das verbesserte ihren bürgerlichen Status, und die Kopfsteuer wurde auch eingespart. Diese Neigung war aber unter den weniger erfolgreichen und weniger gebildeten Christen und Juden stärker ausgeprägt. Nach der Konversion wirkte das Heiratsverbot, denn Muslime dürfen nur Muslime heiraten. Über die Jahrhunderte wirkte so die nach der sozialen Schichtung unterschiedliche Konversionsrate wie eine positive Selektion für die verbleibenden Christen und Juden: Der Anteil der Christen und Juden in der islamischen Welt ging zwar stetig zurück, aber ihre durchschnittlichen Fähigkeiten und Leistungen hoben sich immer signifikanter vom Durchschnitt der muslimischen Mehrheit ab. Beide Elemente – selektive Konversion und Ausschluss interreligiöser Heiraten – bewirkten so über die Jahrhunderte hinweg eine immer stärkere genetische Ausdifferenzierung zwischen den Muslimen und den religiösen Minderheiten.[59] So wird erklärlich, dass in allen islamischen Ländern die Christen und Juden durchschnittlich einen höheren Bildungsstand haben als die Muslime, dass sie in den qualifizierten Berufsfeldern wie Medizin oder Ingenieurwesen weit überdurchschnittlich vertreten sind und entsprechend auch ihr wirtschaftlicher Einfluss überproportional ist – bzw. bis zu ihrer Vertreibung oder Ermordung (Griechen und Armenier im Osmanischen Reich) überproportional war.

Das Heiratsverbot gilt auch für die in Europa lebenden gläubigen Muslime und die muslimischen Einwanderer. Wie die sehr geringe Zahl der religiösen Mischehen in Europa zeigt, wird es weitgehend beachtet. So wird die allmähliche Angleichung der muslimischen Einwanderer durch soziale Mobilität behindert bzw. verhindert. Sie würde auch ohne solche Hindernisse viele Generationen in Anspruch nehmen.[60] In jedem Fall wird die Endogamie der Muslime in Europa ihren sozialen Aufstieg verzögern bzw. beeinträchtigen.

In einer Expertenbefragung unter 71 Bildungs- und Intelligenzforschern aus dem Jahr 2013 über die Gründe für die international gemessenen Unterschiede bei kognitiven Fähigkeiten nahmen Bildung, genetische Faktoren, Gesundheit und Wohlstand die höchsten Ränge ein. Es folgten Faktoren wie Kultur, Modernisierung und Politik. Geografie, Klima und Migration wurden als am wenigsten relevant bewertet. Dagegen führten die Experten den statistisch auffallenden Unterschied zwischen Staaten innerhalb und außerhalb der muslimisch-arabischen Welt in deutlich höherem Umfang auf den Faktor Kultur zurück.[61]

Generell lässt sich beobachten, dass der Zusammenhang zwischen Religiosität und kognitiver Kompetenz tendenziell negativ ist. Tabelle 3.4 zeigt die Korrelationen[62] zwischen den Anteilen an Menschen einer bestimmten Glaubensrichtung an der Gesamtbevölkerung sowie der jeweiligen Methode der Erfassung kognitiver Kompetenz. Die Religionszahlen beschränken sich auf die vier am weitesten verbreiteten

Weltreligionen. Hierbei wurden kleinere Untergruppen aufsummiert. So beinhalten die Zahlen für Christen neben Katholiken, Protestanten und Orthodoxen z. B. auch Mormonen, Zeugen Jehovas und lokale Sekten. Verwendet wurden ausschließlich konkrete Angaben in Zahlen. Die Resultate der verschiedenen PISA-Untertests (Naturwissenschaft, Lesekompetenz, Mathematik) wurden je Land zu einem Wert gemittelt, ebenso die der verschiedenen TIMSS-Untertests (Mathematik, Naturwissenschaft), diese jedoch getrennt für Viert- und Achtklässler. Als zusätzliche Variable für kognitive Kompetenz dienen die von Lynn und Vanhanen ermittelten nationalen IQ-Werte in ihrer aktuellsten Form.[63] Diese sind jedoch für einige Staaten nach Resultaten in früheren PISA- und TIMSS-Studien korrigiert.

Tabelle 3.4: Statistische Beziehungen zwischen Anteilen von Gläubigen der vier großen Weltreligionen an den Gesamtbevölkerungen und Resultaten verschiedener Messung kognitiver Kompetenz auf Staatenebene[64]

Erfassungsmethode für kognitive Kompetenz	Anteil Menschen einer Glaubensrichtung an Gesamtbevölkerung			
	% Muslime	% Christen	% Hindus	% Buddhisten
PISA (2015) (NW+L+M)	-.74 (41)*	-.15 (69)	-.30 (11)	.05 (19)
TIMSS-4 (2015) (NW+M)	-.69 (32)*	.06 (44)	-.14 (10)	.63 (15)*
TIMSS-8 (2015) (NW+M)	-.56 (27)*	-.14 (35)	-.23 (10)	.23 (14)
L&V-IQ (2012)	-.30 (113)*	-.09 (168)	-.44 (24)*	-.10 (31)

Hinweise: Pearson's Korrelationskoeffizienten. Zahl der verglichenen Staaten in Klammern. *Korrelationen mit Signifikanz (p<.05). NW = Naturwissenschaften; L = Lesekompetenz; M = Mathematik.

Auffällig ist zunächst die überwiegende Zahl an negativen Koeffizienten, die auf einen allgemeinen negativen Zusammenhang zwischen kognitiver Kompetenz und Religionsanteil schließen lassen. Eine Ausnahme ist der Buddhismus, der in dieser Analyse stark positiv mit den Resultaten aus TIMSS der vierten Klassenstufe sowie mittelstark positiv mit Resultaten aus TIMSS der achten Klassenstufe assoziiert werden kann. Christentum und Hinduismus sind eher negativ, wenn auch nur schwach, mit kognitiven Kompetenzen assoziiert. Bis auf die negative Korrelation zwischen Hinduismus und IQ sind sämtliche Werte in den

Spalten für Christen, Hindus und Buddhisten jedoch nicht signifikant. Deutliche Zahlen finden sich hingegen für den Islam. Die statistischen Zusammenhänge sind allgemein stark negativ bzw. sehr stark negativ und signifikant im Bereich der Schulleistungstests. Im Bereich des IQ ist lediglich der Hinduismus stärker negativ assoziiert als der Islam, jedoch für eine deutlich kleinere Fallzahl. Negative Korrelationen zwischen dem Anteil der Muslime an der Gesamtbevölkerung und kognitiven Kompetenzen werden von anderen wissenschaftlichen Publikationen bestätigt. Hier betrugen die ermittelten Korrelationen -.31 und -.21.[65]

Es soll an dieser Stelle nicht unerwähnt bleiben, dass auch die generelle Religiosität von Bevölkerungen, ohne Beachtung der verschiedenen Glaubensrichtungen, negativ mit deren durchschnittlichen kognitiven Kompetenzen assoziiert ist. Stoet und Geary nutzten Daten aus dem World Values Survey (WVS), dem European Social Survey (ESS) sowie den Schulleistungsstudien TIMSS und PISA und ermittelten für den genannten Zusammenhang über einen Zeitraum von 2000 bis 2015 robuste Korrelationen zwischen 0,65 und 0,74. Negative Effekte von Religiosität blieben auch nach Kontrolle durch den Index der menschlichen Entwicklung (HDI, Human Development Index) bestehen.[66] Eine ähnliche Korrelation war bereits von Reeve unter Verwendung der IQ-Werte von Lynn und Vanhanen mit 0,60 für 137 Staaten ermittelt worden, wobei Religiosität hier mit dem Glauben an Gott gleichgesetzt wurde.[67] Eine Ursache für den negativen Zusammenhang könnte sein, dass religiöse Überzeugungen Erziehungsstile beeinflussen. So wird man die Zeit, die in der Koranschule mit dem Auswendiglernen und Rezitieren von religiösen Texten verbracht wurde, nicht mehr für Spracherziehung, Mathematik und Naturwissenschaften verwenden können.

Verwandtenheirat

Ein kulturelles Merkmal vieler islamischer Länder ist die Verwandtenheirat. Das heißt konkret die Heirat von Cousins und Cousinen, Onkeln und Nichten, Großcousins und Großcousinen. Heirat unter engen Verwandten kann negative genetische Folgen haben. Das wusste schon Charles Darwin, und dazu gibt es eine reichhaltige Literatur.

Ermutigt wird die Verwandtenheirat durch den Text der Sure 33, Vers 50, wo es heißt: »Prophet! Wir haben Dir zur Ehe erlaubt: deine Gattinnen, denen du ihren Lohn gegeben hat; was du an Sklavinnen besitzt, deinen Besitz, der dir von Gott als Beute zugewiesen worden ist; die Töchter deines Onkels und deiner Tanten väterlicherseits und deines Onkels und deiner Tanten mütterlicherseits (…).«

Verwandtenheirat betrifft in Marokko 30 Prozent aller Eheschließungen,[68] in Subsahara-Afrika knapp 40 Prozent, in Syrien 47 bis 60 Prozent, im Irak 30 bis 40 Prozent.[69] In der Türkei werden, je nach Landstrich, 20 bis 30 Prozent aller Ehen unter Verwandten arrangiert. »Der langjährige Leiter der genetischen Beratungsstelle der Berliner Charité, Jürgen Kunze, hat im Nahen Osten Regionen mit bis zu 80 Prozent Verwandtenehen gefunden.«[70] Auch unter den Muslimen in Zentralasien, Pakistan, Indien und Bangladesch ist Verwandtenheirat weit verbreitet. In Europa liegt Verwandtenheirat bei unter 1 Prozent. Allerdings bringen muslimische Einwanderer diesen Brauch aus ihrer Heimat mit, sodass er sich in diesen Kreisen jetzt auch in Europa verbreitet.[71]

Die Sitte der Verwandtenheirat kann neben verschiedenen Erbkrankheiten auch genetische Folgen für die Intelligenz der in diesen Ehen geborenen Kinder haben. Eine Metaanalyse des holländischen Psychologen Jan te Nijenhuis aus dem Jahr 2010 kommt auf eine Wirkung von -6 IQ-Punkten.[72] Eine marokkanische Studie aus dem Jahr 2009, die Kinder aus Verwandtenheiraten mit anderen Kindern vergleicht, spricht von »signifikanten Unterschieden« der kognitiven Fähigkeiten.[73] Eine indische Kohortenstudie aus dem Jahr 2014, die Kinder indischer Muslime im Kaschmir mit und ohne Verwandtenheirat vergleicht, kommt auf eine Wirkung von -24 IQ-Punkten bei der Heirat von Cousins und Cousinen ersten Grades.[74]

Ungeklärt und möglicherweise kumulativ ist die Wirkung, wenn solche Bräuche über Jahrhunderte beibehalten werden. Heiner Rindermann weist auf »indirekte Effekte« hin, »bei den Kindeskindern, über verringerte Kompetenz der Eltern, anregende Umwelten in Erziehung, Familie und Freizeit zu schaffen, und generell über gesellschaftliche

Effekte – etwa negative auf politische Modernisierung«.[75] Es hat sich nämlich gezeigt, dass das Institut der Verwandtenheirat Clanstrukturen begünstigt und die Kooperationsbereitschaft zwischen Nichtverwandten senkt. Gesellschaften, die stark geprägt sind durch Verwandtenheirat, haben schwache Institutionen und kaum Solidarität über das verwandtschaftliche Umfeld hinaus. Dies fördert Rückständigkeit und behindert den Aufbau eines modernen Staatswesens, wie sich beispielhaft im Nahen Osten zeigt.[76]

Fasten im Ramadan

Eine 2017 veröffentlichte dänische Langzeitstudie hat den Schulerfolg von Kindern muslimischer Einwanderer in Dänemark untersucht und dabei die Kinder danach eingeteilt, ob die Schwangerschaft der Mutter sich mit der Fastenzeit des Ramadan überschnitt. Dabei zeigte sich, dass jene Kinder, die vom Ramadan-Fasten der Mütter während der Schwangerschaft betroffen waren, statistisch signifikant schlechtere Schulleistungen zeigten als jene, bei denen der Ramadan nicht in die Schwangerschaftszeit fiel. Die Stärke des Effekts hing allerdings auch vom sozioökonomischen Status der Familie ab. Bei Muslimen mit höherem sozioökonomischem Status war er weniger ausgeprägt. Es mag sein, dass sie die Fastenregeln weniger stark beachteten oder bei der Erziehung der Kinder besser kompensieren konnten.[77] Sofern die Ergebnisse dieser sehr solide durchgeführten Studie zutreffen, betreffen sie alle islamischen Gesellschaften, in denen die Fastengebote von den Müttern während der Schwangerschaft beachtet werden.

Das muslimische Bildungsideal

Tareque Bin Atique von der Jagannath University in Dhaka, Bangladesch, bezeichnet als das erste Ziel islamischer Erziehung das Verständnis der Lehren des heiligen Korans. Konkretes Weltwissen steht dagegen nicht im Vordergrund: »The purpose of Islamic education ist not do cram the pupil's head with facts but to prepare them for a life of purity and sincerity. (...) The supreme goal of Islamic education is to provide experiences which are based on the fundamentals of Islam as embodied in the Holy Qurán and Sunnah which cannot be changed.«[78] In dieser Sicht wird erst durch den in seiner Substanz unveränderlichen islamischen Glauben das weitere Weltwissen geadelt, es ist sozusagen nachrangig: »Without Islamic education it is in certainty that knowledge without the basis in faith and religion is merely incomplete education.« Der Autor zitiert dazu den Beschluss der ersten Weltkonferenz über Muslimische Erziehung in Mekka 1977: »The ultimate aim of Muslim education lies in the realization of complete submission to Allah on the level of the indvidual, the community and humantiy at large.«[79] Nicht die Herausbildung kritischer unabhängiger Geister ist also das Ziel. Der Kern der islamischen Erziehung soll vielmehr in der Anleitung zur Unterwerfung unter den Willen Allahs bestehen.

Ähnlich äußert sich Shiro Ito von der University of the Philippines, Diliman: Das wichtigste Element islamischer Erziehung sei das Studium des Korans. Gläubige Muslime in Japan seien nicht der Meinung, dass reguläre Schulen hier Ausreichendes leisteten, und würden es bevorzugen, ihre Kinder auf spezielle Koranschulen anstatt auf staatliche Schulen zu schicken. So könnte auch der Einfluss eines »nicht islamischen Lebensstils« vermieden werden. Für die Muslime in Japan brauche man muslimische Schulen, um den Zusammenhang zwischen der häuslichen Umgebung, der Erziehung und der muslimischen Gemeinschaft zu wahren.[80]

Anwar Farooq und Mazher Hussain von der Islamia University of Bahawalpur, Pakistan, befassen sich in einem 2017 erschienenen Aufsatz mit der muslimischen Erziehung im vorkolonialen Indien unter der Herrschaft der Sultane und der Moguln. Sie rühmen die Ausbreitung der Koranschulen und beschreiben, wie der Kampf zwischen religiöser und weltlicher Erziehung zugunsten der Ersteren und zulasten der rationalen Wissenschaften ausging. Allerdings sei der Kampf schließlich durch den Übergang zur britischen Kolonialherrschaft irrelevant geworden. Diese habe dann den Umbau des Bildungssystems zugunsten der rationalen Wissenschaften durchgeführt.[81]

Die drei zitierten erziehungswissenschaftlichen Papiere aus der islamischen Welt zeigen dasselbe Problem: Die Erziehung zum gläubigen Muslim wird ausgespielt gegen die rationale Wissenschaft und den Erwerb objektiven Weltwissens. Diese offenbar immer noch anhaltende Tendenz liefert aus meiner Sicht einen Erklärungsbeitrag zum jetzt 800 Jahre währenden Zurückbleiben der islamischen Welt.

Die hier zusammengetragenen Fakten werfen kein günstiges Bild auf die Bildungsleistung und die kognitiven Kompetenzen in der islamischen Welt. Aber, wie die zitierten Quellen zeigen, stehen sie auf einer sehr breiten empirischen und wissenschaftlichen Grundlage. Mit kausalen Erklärungen habe ich mich zurückgehalten. Es ist für mich jedoch offenkundig, dass die Kultur des Islam einen Einfluss auf die sehr ungünstigen Ergebnisse hat. Die Ergebnisse sagen etwas aus über statistische Zusammenhänge und über Durchschnittsfaktoren, sie lassen nie eine Aussage zum Einzelfall zu. Der islamischen Welt ist zu wünschen, dass dort möglichst viele Talente blühen und dass es ihr zunehmend gelingt, die Beschränktheit und die Vorprägungen abzuschütteln, die sich historisch aus der Religion des Islam ergeben haben.

Das Verhältnis der Geschlechter und die Rolle der Frau

Im April 2017 erschien eine UNO-Studie über das Geschlechterverhältnis im Nahen Osten und Nordafrika, deren Eckwerte ernüchternd sind:[82]

- In den untersuchten Ländern Ägypten, Libanon, Marokko und Palästina stellt nur gut ein Viertel der Männer Gewalt gegen Frauen infrage oder befürwortet, dass besondere Gesetze die Rechte der Frauen schützen sollen.
- Zwei Drittel bis mehr als drei Viertel der Männer sind der Meinung, dass die wichtigste Rolle der Frauen die Sorge für den Haushalt ist.

- Weniger als die Hälfte der Männer meint, dass eine verheiratete Frau dasselbe Recht auf Erwerbsarbeit haben sollte wie ein Mann.
- Die Ansichten der älteren und jüngeren Männer über die Gleichberechtigung der Frauen unterscheiden sich kaum, sodass auch keine Hoffnung auf einen Generationswechsel besteht.
- 10 bis 45 Prozent der Männer berichten, dass sie Gewalt gegen ihre Frauen benutzt haben.
- Nur ein Zehntel bis zu einem Drittel der Männer hat in jüngerer Zeit eine typisch weibliche Aufgabe im Haushalt übernommen.
- 35 bis 52 Prozent der befragten Frauen weisen depressive Symptome auf, ebenso 26 bis 38 Prozent der Männer.
- In Ägypten befürworten mehr als 70 Prozent der Männer und rund die Hälfte der Frauen die weibliche Beschneidung. Mehr als 60 Prozent der Männer berichten, dass sie Frauen oder Mädchen auf der Straße sexuell belästigt haben.
- Im Libanon berichten 60 Prozent der Frauen über sexuelle Belästigung auf der Straße. Ein Drittel der Männer gesteht sexuelle Belästigung ein.
- In Marokko berichten mehr als 60 Prozent der Frauen über sexuelle Belästigung auf der Straße. Über 50 Prozent der Männer geben solch ein Verhalten zu.

Angesichts dieser Fakten klingt die Behauptung des jordanischen Theologen Ahmad Nofal heroisch, diese Rückständigkeit habe nichts mit dem Islam zu tun: »Selbst wenn der Islam sagt, man müsse eine Frau mit Würde behandeln, behandelt eine rückständige Gesellschaft die Frau schlecht. Solche Rückständigkeit wirft ein schlechtes Licht auf den Islam.«[83]
Ich bin mittlerweile zu der Überzeugung gelangt, dass die Stellung der Frau in der Religion des Islam und in den islamischen Gesellschaften zentral für nahezu alles steht, was an dieser Religion problematisch ist und die Rückständigkeit der islamischen Länder bewirkt. Tahar Ben Jelloun meint dazu: »Alles dreht sich um den Körper der Frau. Im Grunde ist es ein ungelöstes Sexualproblem.«[84] Anschaulich zugespitzt wird dies in der Rolle der Bekleidungsvorschriften und der

ihnen zugeschriebenen Bedeutung: Die Verhüllung der Frauen betont nicht nur den Machtanspruch der Männer über die Frauen und die fehlende Gleichberechtigung der Geschlechter, sondern auch den Machtanspruch des Islam über den Rest der Welt. Er zwingt in Ländern, die wie der Iran und Saudi-Arabien konsequent nach der Scharia regiert werden, sogar ausländische Besucherinnen zur Verhüllung.[85]

Nachdem in der Türkei ein Missbrauch junger Mädchen an einer staatsnahen islamistischen Bildungseinrichtung bekannt geworden war, führte ein Lehrer an einem staatlichen Religionsgymnasium die Versuchung auf die falsche Bekleidung von Mädchen zurück und sagte wörtlich: »Der Trainingsanzug, den Mädchen im Sportunterricht tragen, macht sie nackig.« Von Mädchen im Trainingsanzug fühle er sich aufgereizt. »Entweder habe ich perverse Gefühle, oder Satan versucht andere nicht. Wenn euch Satan nicht versucht, wenn ihr die Figur eines jungen Mädchens seht, heißt das, ihr habt entweder eure Männlichkeit oder euren Glauben eingebüßt.«[86] So stellte er eine unmittelbare Verbindung der sexuellen Versuchung zur Religion her. Wer den Drang zur Sünde nicht spürt, ist aus dieser Sicht entweder kein Mann oder keine Muslim.

Überall dort, wo sich Muslime mit Nichtmuslimen mischen, zeigen die verhüllten Frauen neben der Macht der Männer auch die Macht der Religion und grenzen die Gemeinschaft der Gläubigen, die *Umma*, optisch deutlich sichtbar von der Gemeinschaft der Ungläubigen ab. Wie der in Syrien geborene deutsche Politologe Bassam Tibi sagt, besteht die »doppelte Funktion des Kopftuchs (...) darin, einerseits eine Scharia-Weltanschauung zum Ausdruck zu bringen und andererseits eine ausdrückliche zivilisatorische Abgrenzung gegenüber allem, was als westlich-europäisch-säkular gilt.«[87]

Darum stehen Muslimas überall in der Welt unter wachsendem Druck, sich zu verhüllen und das Kopftuch zu tragen und sich auch sonst islamkonform zu verhalten.[88] Demnach wird der rapide steigende Anteil der Kopftücher in den Städten der westlichen Welt von den Muslimen als sichtbares Zeichen eines Machtgewinns und von der Mehrheit der »Ungläubigen« als unerwünschter Machtanspruch und latente Bedrohung interpretiert. Diese Problematik liegt hinter jedem »Kopftuchstreit«. Regelmäßig geht es dabei nicht nur um ein Bekleidungsstück, sondern um viel mehr, und alle Beteiligten wissen das auch. Die Befürworter des Kopftuchs geben das aber ungern zu. Bei den »Ungläubigen« unter ihnen – in Deutschland meist Linksliberale mit einer Sozialisation als Altachtundsechziger – passt das zu dem alles überwölbenden Wunsch, den Islam zu verharmlosen und die Islamkritiker zu verteufeln. Umgekehrt wollen die muslimischen Befürworter des Kopftuchs dessen Vormarsch nicht dadurch erschweren, dass sie sich zu dem damit verbundenen Machtanspruch offen bekennen.

Wie Zana Ramadani schreibt, ist »die Forderung nach angemessener Kleidung (...) das erste Mittel der Disziplinierung von Frauen in einer religiösen Community. Die Zahl der Frauen, die sich dem beugen, wächst. Je mehr Frauen diesen Vorschriften nachkommen, desto ›natürlicher‹ wird dieses religiöse Gebot. (...) Irgendwann ist der Punkt erreicht, da erachten die Frauen ihre Unterdrückung als frei gewählte Entscheidung. Diesem Teufelskreis kann in einer Gesellschaft, die sich radikalisiert und einen bestimmten Punkt überschreitet, niemand mehr entkommen, weder Frau noch Mann.«[89]

Im Islam ist das weibliche Kopftuch oder generell die Obsession mit der Verhüllung der weiblichen Reize nicht in erster Linie ein religiöses Symbol – das wäre, dem Kreuz vergleichbar, der Halbmond –, sondern ein Ausdruck der besonderen Vorgaben des Islam für das Verhältnis der Geschlechter, die zulässige Rolle der Frau und die Ausübung der weiblichen Sexualität. Die Verbreitung des Kopftuchs und weitergehender Verhüllungen der Frauen in der islamischen Welt korreliert eng mit einer konservativen Auslegung des Islam und einer eher wörtlichen Interpretation des Korans sowie der überkommenen muslimischen Verhaltensnormen. Sie korreliert eng mit einer Ablehnung der Werte der abendländischen Aufklärung, mit einer Distanz zur abendländischen Demokratie, mit niedrigen Bildungsleistungen und mit Rückständigkeit in Wirtschaft, Wissenschaft und Technik. Beim Referendum in der Türkei im April 2017 zeigte sich dieser Zusammenhang klar: Die Befürworter der Verfassungsreform – und damit der weitgehenden Abschaffung der Demokratie – trugen, soweit weiblich, nahezu durchgehend Kopftuch, die Gegner der Verfassungsreform trugen hingegen fast ausnahmslos kein Kopftuch. In den wirt-schaftsnahen Ballungsräumen und küstennahen Zonen dominierte durchweg das »Nein«, in jenen ländlichen Gebieten, in denen vor-wiegend türkische Sunniten lebten, durchweg das »Ja«.[90] In jeder is-lamischen Gesellschaft und bei den Muslimen in der westlichen Welt korrelieren Kopftuch und weibliche Verhüllung negativ mit der Bil-dungsleistung, der Wirtschaftsleistung und dem Innovationsniveau, positiv mit der Kinderzahl sowie dem Grad an Rückständigkeit, an Unwissenheit und an Armut.

Fremde Kulturen und das Wesen der Fremdheit

Kultur ist ein komplexer, historisch geformter Bedingungszusammen-hang, ein Raster für die Weltbetrachtung, ein Interpretationsmuster, eine Skala für Bewertungen und kausale Zuschreibungen. Sie prägt Zuneigungen und Abneigungen, Denkstile und Interessen. Sie liefert Gebrauchsanweisungen für die eigene Lebensführung und einen Leit-faden für den sozialen Umgang. Sie ist der Nährboden für die sinn-hafte Deutung der eigenen Existenz und für die Findung der eigenen Rolle in der Welt und im Leben. In der Kultur hängt alles mit allem zusammen. Das erschwert das geistige Eindringen in fremde Kulturen. Als Fremder gegenüber einer bestimmten Kultur mag man Details verstehen und kann doch den Sinnzusammenhang verpassen, weil man die Verflechtungen nicht erkennt.

So kommt es zu kulturellen Missverständnissen, und diese fallen umso leichter, je fremder sich die Kulturen sind. Bereits regionale Unterschiede in derselben Nation können das Verständnis erschwe-ren. Unterschiede in der sozialen Klasse treten hinzu. Dazu kommt die Prägung, die man vielleicht als Protestant oder Katholik erfahren hat, außerdem das historische Erbe der Geschichte des eigenen Vol-kes. So fällt es uns Deutschen bereits schwer, das Finanzgebaren der Griechen zu verstehen, und Italiener können über die Steuermoral der Schweden nur den Kopf schütteln. Die Schweden empfinden ihre hohe Steuermoral als freiwillig. Wird die erfolgreiche Steuervermeidung eines reichen Bürgers öffentlich, so erhöht dies in Rom eher das Sozialprestige, während es in Stockholm den sozialen Tod bedeuten kann. Wie freiwillig ist also die Steuerehrlichkeit der Schweden, und wie freiwillig trägt in Berlin-Kreuzberg ein 13-jähriges Mädchen das Kopftuch, wenn alle ihre muslimischen Mitschülerinnen, ihre Mutter und ihre Schwestern es auch tragen und sie zudem von den jungen Männern beschimpft wird, wenn sie es nicht tut? Die Antwort ist: Wir wissen es nicht, und aus unserer Außensicht, noch dazu als Kulturfremde, können wir es auch nicht mit Sicherheit wissen. Mit letzter Sicherheit können wir kaum beurteilen, ob sich ein konformes Verhalten aus eigenem Antrieb, aus dem schieren Zwang oder aus einem vielleicht sogar unbewussten sozialen Opportunismus ergibt.

In großen Teilen der muslimischen Welt werden die jungen Mädchen beschnitten. Kann man sich vorstellen, dass irgendwo auf der Welt ein zehnjähriges Mädchen freiwillig für die Religion ihre Klitoris opfert? Wohl kaum, aber sie kann sich gegen den primären Zwang nicht wehren. Ist sie einmal beschnitten, kann sich ihre Einstellung ändern. Das Zwangsopfer und die damit lebenslang verbundene Lusteinschränkung werden mit einem religiösen Sinn unterlegt und dadurch geheiligt. Das mag erklären, warum es gerade die älteren Frauen, die Großmütter, Mütter und Tanten, sind, die strikt an der Genitalverstümmelung der jungen Mädchen festhalten und so den Brauch perpetuieren. Auch das ist nur Vermutungswissen. Wenn wir aber nicht einmal bei der weiblichen Beschneidung beweiskräftig zwischen Zwang und Freiwilligkeit unterscheiden können, gilt dies umso weniger bei den Vorschriften für die weibliche Bekleidung und bei allen anderen Vorschriften für das Verhalten und die Rechte der muslimischen Frau und ihre Unterordnung unter den Mann.

Bei Geiselnahmen, die zu einer länger anhaltenden sozialen Isolation der Opfer führen, geschieht es immer wieder, dass sich die Opfer mit dem Geiselnehmer solidarisieren, weil sie es nicht ertragen, im Dissens mit der einzigen sozialen Umwelt zu leben, die ihnen zugänglich ist. Die Situation selbst wirkt wie eine Gehirnwäsche. In exakt dieser Situation ist auch der größte Teil der Frauen in der islamischen Welt vom Hindukusch bis nach Berlin-Neukölln: Der Ausbruch aus ihrer Situation bedeutet für sie den sozialen Tod, in Neukölln vielleicht auch das Risiko eines Ehrenmordes, am Hindukusch aber ziemlich sicher die Gefährdung von Leib und Leben.

So fügen sich die Frauen. Im interdependenten Gewebe ihrer islamischen Herkunftskultur gibt es keinen von außen durchführbaren objektiven Test für die »Freiwilligkeit« ihres Tuns. Deshalb gleiten Debatten, ob sich junge Frauen im Sommer bei großer Hitze freiwillig verhüllen und dafür sorgen, dass keine einzige Haarsträhne, kein Quadratzentimeter vom Hals, keine nackten Arme und Beine sichtbar sind, schnell in den Austausch von Anschuldigungen ab. Fast regelmäßig laufen dabei die Verhüllungsgegner in die Falle der Behauptung, man nehme den jungen Frauen den Ausdruck ihrer Religionsfreiheit, wenn man sie an der Verhüllung hindere. Die Kritiker der Verhüllungspraxis erscheinen so als säkulare Fundamentalisten, die gegen die Glaubensfreiheit sind. Die konservativen Imame dagegen, die den Burkini und nach Geschlechtern getrennte Badeanstalten fordern, und die verhüllte Lehrerin, die auf Einstellung in den Staatsdienst klagt, gerieren sich als Vertreter der Glaubensfreiheit.[91] Von außen können wir es nicht beurteilen, und nicht einmal die betroffenen Frauen selbst könnten es zuverlässig von sich sagen.

Niemand kann sich von seiner eigenen Sozialisation lossagen. Ich sehe mich als pünktlich, fleißig und zuverlässig und habe die Einschätzung, dass ich das freiwillig bin. Schließlich bin ich ja Herr über meine Termine und habe den Zuschnitt meines Lebens selbst gewählt. Wollte ein antiautoritärer Linker die Person Thilo Sarrazin psychologisieren, so könnte er behaupten, dass mich der in meiner frühen Jugend ausgeübte primäre Zwang zu einem ordnungsliebenden Analerotiker gemacht und die Sekundärtugenden hervorgebracht hat, die die Entfaltung meiner natürlichen Identität verhindert und in meinem späteren Leben zur Abfassung schrecklicher Bücher geführt haben. Ich halte das für ausgemachten Unsinn, aber widerlegen kann ich es nicht, weil ich nicht sinnvoll hinterfragen kann, wie ich zu dem wurde, der ich bin. So ist das auch mit den muslimischen Frauen: Zwei Drittel der in Deutschland lebenden Türken haben für die Abschaffung der Demokratie in der Türkei gestimmt. Die Frauen dieser Gruppe trugen nahezu ausnahmslos Kopftuch und wirkten oft regelrecht fanatisiert. Ich halte sie für die Opfer einer Gehirnwäsche in ihrer sozialen und religiösen Gruppe. Beweisen kann ich das ebenso wenig, wie jemand angebliche Verfehlungen meiner Sozialisation beweisen kann, trotzdem bleibe ich dabei.

Identitätsstiftung und Sicherheit durch Unterdrückung

Das Rollbergviertel in Berlin-Neukölln ist ein sozialer Brennpunkt, in dem vorwiegend Türken und Araber wohnen. Dort geht das Wort um, dass sich hier kein Mädchen seinen Mann selbst aussucht. Schon die 8-jährigen Mädchen in der Schule wissen oft bereits, welchen Vetter sie einmal heiraten werden, und im Gespräch mit 12- bis 13-jährigen Mädchen zeigt sich, dass diese keine Einwände gegen eine frühe Verheiratung äußern. Offenbar wirken die familiäre Tradition und die Sozialisation durch das islamische Umfeld stärker als die sie auf den Straßen umgebende westliche Zivilisation. Inbegriff der Freiheit ist es, wenn sie sich unter mehreren vorgeschlagenen Ehepartnern einen aussuchen können. Immer wieder gibt es schreckliche Geschichten, wenn Mädchen aus dieser Kultur ausbrechen wollen. Dazu sind allein in Deutschland schon unzählige Bücher über teils erschütternde Einzelschicksale erschienen.[92]

Der Zwang ist da, aber er zeigt sich erst an den oft brutalen Sanktionen und negativen Folgen, wenn die Mädchen den Regeln und sozialen Erwartungen ihrer Religion und Familie zuwiderhandeln und mehr Eigenständigkeit bei der Bekleidung, im sozialen Leben, bei der Bildungslaufbahn und der Partnerwahl wollen. Manche widerstehen und brechen aus, aber einfacher ist es, sich zu fügen. Das gilt nicht nur im Rollbergviertel, sondern in der ganzen islamischen Welt. So verknüpfen sich schnell geringe Bildung, frühe Heirat und große Kinderzahl und perpetuieren das wirtschaftliche Zurückbleiben der Muslime überall auf der Welt.

Natürlich gibt es Unterschiede. Die Förderung der Frauenbildung im Iran wirkt auch im Gottesstaat subversiv: Die Mädchen heiraten später, und die Geburtenzahlen gehen zurück. Unklar ist auch gegenwärtig noch, ob der Versuch Erdoğans, in der Türkei ein islamistisches Regime zu errichten, nicht nur die Kopftuchquote vergrößert, sondern auch die Emanzipation der Frauen wieder reduziert.[93] Nach wie vor ist die Gewalt gegen Frauen in der Türkei endemisch und gilt vielen nur dann als nicht legitim, wenn sie außerhalb der Familie von Nichtverwandten ausgeübt wird.[94] Progressive, gebildete Frauen erwägen mittlerweile die Auswanderung, auch um ihren Töchtern bessere Lebenschancen zu ermöglichen. Mittlerweile wurde die Schulpflicht gelockert, nach dem vierten Schuljahr besteht keine Anwesenheitspflicht in der Schule mehr, und die Regierungspartei AKP bemüht sich um nachträgliche Legalisierung von Kinderehen.[95] Zum Jahresende 2017 erklärte Diyanet, Mädchen seien mit neun Jahren heiratsfähig.[96]

Die sehr langsamen Fortschritte bei der Emanzipation der Frau in der islamischen Welt, vor allem aber die offenkundigen Rückschritte, die sich im weltweiten Vordringen traditioneller Verhüllungen der muslimischen Frauen zeigen, deuten darauf hin, dass das aus dem Westen und aus Ostasien gewohnte Modernisierungsmuster im islamischen Kulturkreis offenbar so nicht gilt. Nach diesem Muster ist Modernisierung verbunden mit einem Rückgang von Bindungen in der Großfamilie und mit dem Vordringen einer individuellen Partnerwahl unter dem Ideal der Liebesheirat. Wegen der Ansprüche auf Liebes- und Lebensglück und individuelle Selbstverwirklichung, die damit verbunden sind, werden die Menschen wählerischer, heiraten später, trennen sich leichter und bekommen deutlich weniger Kinder. Auch in den westlichen Gesellschaften ist dies nur eine Teilerklärung für Partnerwahl, Heiratsverhalten und Kinderzahl, wenngleich eine ziemlich belastbare. In den islamischen Gesellschaften scheint dagegen die Individualisierung durch Modernisierung für die Emanzipation der Frauen nur eine geringe Rolle zu spielen. Zu einem Teil ist dies sicherlich den Unterdrückungsmechanismen des Islam mit seinem spezifischen Frauenbild geschuldet. Aber offenbar stiften die religiös vorgeprägte strikte Rollenzuweisung und Verhaltenslenkung für viele Frauen auch Sicherheit und Orientierung, sodass Widerstand und Aufbegehren entweder schwach sind oder ganz ausfallen.

Frauen als Teil der Unterdrückung

Anders als bei der abendländischen Frauenemanzipation ist im Islam nicht erkennbar, dass die Frauen in größerer Zahl gegen die ihnen von Religion und Sitten zugewiesene untergeordnete und eingeschränkte Rolle und gegen die schweren Sanktionen beim Regelbruch systematischen oder gar kollektiven Widerstand geleistet hätten oder leisten. Selbst unter den Muslimen im Westen scheint dies eher ein Kampf einzelner, besonders widerständiger Frauen zu sein. Man darf nicht in die Falle laufen, dies als einen Beweis für ein freiwilliges selbst gewähltes Schicksal anzusehen. Aber umgekehrt ist es auch falsch, muslimische Frauen generell als Unterdrückte anzusehen. Sie sind Teil einer tief durch den Islam geprägten gesellschaftlichen Ordnung, und sie scheinen sich auch mehrheitlich so zu begreifen.

Zwar gab es auch im vormodernen westlichen Abendland eine weitgehende Trennung der Geschlechter, aber sie ging niemals so weit wie im Islam. In der islamischen Welt findet ein gesellschaftlicher Umgang zwischen Männern und Frauen außerhalb der Familie nicht statt, und er ist auch undenkbar. In der medizinischen Versorgung der Frauen hat vielfach die Einhaltung der Geschlechtertrennung Vorrang vor der Behandlungsqualität.[97] Selbst Hochzeiten werden getrennt nach Geschlechtern gefeiert. In den Bildern des späten europäischen Mittelalters sehen wir dagegen, dass sich Männer und Frauen bei den unterschiedlichsten Gelegenheiten bunt mischen. In Theaterstücken und Romanen erleben wir den sozialen Verkehr zwischen Männern und Frauen weit über die verwandtschaftlichen Grenzen hinaus. Frauen wurden im Abendland nie auf ihre Geschlechterrolle beschränkt. Sie durften lesen, musizieren und flirten. Daraus entwickelten sich dann in der westlichen Moderne allmählich und durchaus konfliktreich die Emanzipation und volle Gleichberechtigung der Frauen.

Selbst wo die muslimische Frau ihre eingeschränkte Rolle und ihre Unterordnung unter Mann und Familie schmerzlich spüren mag, bleibt sie doch Teil der muslimischen Glaubensgemeinschaft, der »Umma«, und darf als Teil dieser Gemeinschaft das Gefühl der Überlegenheit über die Ungläubigen teilen. Selbst wenn sie schwach ist, ist sie doch Teil von etwas Starkem und kann daraus Identität und Selbstbewusstsein ziehen. Die ihr auferlegten Bekleidungsvorschriften sind die sichtbarste und wirkungsvollste Abgrenzung ihrer Glaubensgemeinschaft gegen die Ungläubigen. Sie drücken den Rang des Islam und seinen Herrschaftsanspruch aus und erheben, so gesehen, auch sie. Im Straßenbild der einschlägigen migrantischen Viertel Europas illustriert die Dominanz der Kopftücher und langen Gewänder zusammen mit den Kinderzahlen und zahlreichen Kinderwagen symbolisch den Vormarsch des Islam in Europa auf breiter Front. Das scheinen viele muslimische Frauen auch zu genießen.

Geringe Bildung, frühe Heirat, größere Kinderzahl, niedrige Erwerbsbeteiligung, fehlende gemischte Gesellschaft außerhalb der Familie, fehlende oder minimale Kontakte mit »Ungläubigen« versetzen die Frauen in der Summe in eine virtuelle Blase, die sie von der Gedankenwelt außerhalb der Familie, der Moschee und den türkischen bzw. arabischen Fernsehprogrammen weitgehend abschirmt. Schon um ihr eigenes Leben zu rechtfertigen, erziehen sie ihre Töchter und Söhne im Sinne der islamischen Kultur. Aus den Letzteren werden dann leicht Machoprinzen, während die Ersteren sich ergeben, sich möglicherweise sogar in subjektiver Freiwilligkeit den Heiratswünschen ihrer Eltern fügen und so den Kreislauf der islamischen Rückständigkeit fortsetzen.

Männliche Dominanz als Teil einer Universalkultur

Selbstverständlich sind die Dominanz des Mannes und die unterdrückte, nachgeordnete Stellung der Frau keine Erfindungen des Islam, sondern vielmehr eine häufige Begleiterscheinung traditioneller Gesellschaften: Die Körperkraft und Schnelligkeit des starken gesunden Mannes entscheiden über den Erfolg bei der Jagd und bei der Verteidigung gegen feindliche Stämme. Die stärksten Männer setzen sich gegen ihre Artgenossen durch, und sie haben dann selbstverständlich auch den Zugriff auf die jüngsten und attraktivsten Frauen. So waren die Verhältnisse in der arabischen Beduinengesellschaft, in der Mohammed der Koran offenbart wurde, und ähnlich ging es in großen Teilen der damaligen Welt zu. Durch die koranische Offenbarung wurde aber der Augenblickszustand in einer primitiven, auf Jagd, Kampf und Macht gestimmten Gesellschaft, zumindest was das Verhältnis von Männern und Frauen angeht, zu einer religiösen Botschaft mit Ewigkeitscharakter überhöht.

Zwar wurden auch in der Kultur der Hindus Frauen unterdrückt und – Beispiel Witwenverbrennung – entwürdigend vergegenständlicht. Die Auswahl der Ehepartner durch die Eltern ist auch heute noch in Indien das übliche Verfahren. Aber die gesellschaftlichen Sphären von Mann und Frau waren nicht in gleicher Weise getrennt. Die Sexualität wurde nicht in gleicher Weise tabuisiert und damit ungesund überhöht. Das sieht man an dem sinnenfreudigen Figurenschmuck vieler Hindutempel, der für Muslime den Charakter von Gotteslästerung hat. Bei den Hindus gelten zudem andere Heiratsregeln als bei den Muslimen. Im islamischen Kulturkreis führt das überkommene Denken in Familien und Stämmen noch heute dazu, dass die Heirat unter Verwandten weit verbreitet ist. Diese traditionsreiche Praxis hat negative genetische Folgen, die sich auch an der relativ hohen Verbreitung von Missbildungen und Geburtsdefekten bei den in Europa lebenden Muslimen zeigen.[98] Bei den Hindus dagegen wird auch bei der Heirat die Trennung nach Kasten beachtet. Heirat unter nahen Verwandten ist aber verpönt. Man achtet auf eine gewisse Mindestdistanz zwischen dem Geburtsort der Braut und des Bräutigams. Die besonders hohe Wertschätzung der Männer gilt auch in der überkommenen chinesischen Kultur. Aber sie wurde, genau wie in Indien, nicht religiös überhöht und bleibt deshalb in der Gegenwart offen für einen natürlichen historischen Wandel.

Das wohl grausamste Ritual zur Unterdrückung der Frauen, die Beschneidung des weiblichen Genitals, stammt aus vorislamischer Zeit, ist aber in den Ländern des sunnitischen Islam weit verbreitet. Der ursprüngliche Grund für diese Praxis ist nicht mehr zu ermitteln. Fraglos beeinträchtigt die Entfernung der Klitoris das sexuelle Empfinden der Frau. So passt die Beschneidung der Frau gut in eine Kultur der männlichen Dominanz, die sich der weiblichen Treue versichern und gleichzeitig den Anspruch der Frau an die sexuelle Leistung des

Mannes reduzieren will. Wer nämlich als Mann sexuell nicht gefordert wird, vermeidet das Risiko, mit dem eigenen Unvermögen konfrontiert zu werden. Die nach wie vor sehr starke Verbreitung der weiblichen Beschneidung (rund 90 Prozent in Ägypten, Sudan und Ostafrika) zeigt an einem besonders abstoßenden Detail, wie weit der Weg zur Emanzipation der islamischen Frau noch ist. Aufklärung findet selbst bei den im Westen lebenden muslimischen Frauen oft nicht statt, der Besuch beim Frauenarzt ist vielfach verpönt.[99]

Die Bedrohung des islamischen Mannes und die sexuelle Verheißung des Paradieses

Moderne Moralvorstellungen und die Möglichkeit zur sicheren Empfängnisverhütung haben der Sexualität viel von ihrer elementaren Wucht genommen. Historisch gesehen, war es fast immer so, dass das Angebot williger Männer für die jungen und halbwegs attraktiven Frauen reichlich war, während umgekehrt die Männer hart um die attraktivsten Frauen konkurrieren mussten. Die Unterdrückung der Frauen durch die Männer machte hier vieles leichter. Ihre Wahlfreiheit wurde weitgehend durch den Aushandlungsprozess – oft genug gewalttätig – unter den Männern ersetzt. Wo eine Frau aber nicht frei wählen kann, kann man sich ihrer Zuneigung und Treue auch nicht sicher sein. Die Obsession der Männer mit der Treue der Frauen begann also mit ihrer Unterdrückung.

Die »Ehre« des muslimischen Mannes liegt zwischen den Beinen der Frau. So kommt die große Zahl von »Ehrenmorden« in der islamischen Welt zustande, oft genug auch dann, wenn sich die Frauen gar nichts zuschulden kommen ließen.[100] »96 Prozent der in Europa begangenen Ehrenmorde gehen auf das Konto von Muslimen.«[101]

Das Symbol der Treue und der zuverlässige Beweis des privilegierten sexuellen Besitzes ist die Jungfräulichkeit. Die Rahmenhandlung der Märchensammlung *Tausendundeine Nacht* nimmt hier ihren Ausgang: Der Fürst, erzürnt von Untreue, schläft nur noch mit Jungfrauen. Jede Nacht mit einer anderen, die danach getötet wird und somit auch nicht untreu werden kann. Die listenreiche Scheherazade unterbricht dieses Muster durch das Erzählen spannender Geschichten: Jedes Mal, wenn der Morgen graut und sie eigentlich sterben müsste, ist es gerade so spannend, dass der Fürst sie am nächsten Abend erneut in seinem Schlafgemach empfängt, um die Fortsetzung der Geschichte zu hören, bis er schließlich von ihrer Liebe überzeugt und von seiner Obsession geheilt ist.

Der im Islam, aber nicht nur dort, herrschende Jungfrauenwahn ist für mich ein gleichzeitiger Ausdruck von männlichen Dominanzfantasien und männlichen Versagensängsten. Wo dem Partner die Erfahrung und die Vergleichsmöglichkeiten fehlen, ist die eigene Heldenrolle geradezu unvermeidlich. Sie wird umso größer, je mehr Jungfrauen man beeindrucken darf. Der beste Garant für Jungfräulichkeit in der Ehe ist frühe Heirat. In der Türkei ist heute jede vierte Braut minderjährig, und im Iran werden mit steigender Tendenz jährlich ca. 31 000 Mädchen unter 15 Jahren verheiratet.[102]

Fast schon rührend wirkt vor diesem Hintergrund die Beschreibung des Paradieses im Koran in ihrer pubertären Naivität. Der Gipfel des himmlischen Glücks besteht darin, über eine unbegrenzte Zahl von schönen Jungfrauen zu verfügen, mit denen man sich sexuell vergnügen kann. Als Personen scheinen die Frauen keine Rolle zu spielen, nur ihre Geschlechtseigenschaft zählt. Auf die gläubigen Muslimas wartet zwar auch das Paradies. Einen vergleichbaren Service können sie dort aber nicht genießen, sie dringen ja auch nicht bis zum siebten Himmel vor. Die Religion des Islam beruht auf dem Bild eines sexuell zutiefst unsicheren Mannes, der sich nur durch Herrschaft und Kontrolle der sexuellen Treue der Frau versichern kann.

Geschlechtertrennung und weibliche Verhüllung als religiöses Gebot

Dass Männer oft sexuell unsicher sind, Erfolgs- und Machtfantasien haben und gern das eigene Geschlecht für überlegen halten, gehört in den Bereich der Geschlechterpsychologie. Diese Problematik wird je nach Kultur und Entwicklungsstand unterschiedlich verarbeitet und in der Ordnung der Gesellschaft abgebildet. Aber der Koran stellt den Umgang mit der sexuellen Unsicherheit der Männer in den Mittelpunkt seiner religiösen Botschaft. Das macht den Islam einzigartig unter den Religionen.

Im Koran wird ein bestimmtes Bild vom Verhältnis der Geschlechter und der sexuellen Ordnung der Gesellschaft zum Kern der religiösen Botschaft erhoben. Die Unterordnung der Frauen unter die Männer, ihre eheliche sexuelle Treue und ihre Keuschheit außerhalb der Ehe gelten als ewige Gebote Gottes. »Der Maßstab ist Gott, und da Gott allwissend ist, gilt sein Wort für die Ewigkeit.« Das rechtfertigt bei sexuellen Verfehlungen auch drakonische Körperstrafen wie die Steinigung.[103] Die religiöse Überhöhung der Sexualprobleme, die jeden Mann beschäftigen, und ihre Lösung durch Verhaltensvorschriften, die auf Kosten der Frauen gehen, haben etwas Perverses. Diese Perversion zählt zum Kern der koranischen Offenbarung. Aus der Sicht eines aufgeklärten Menschen wirkt das sowohl abstoßend als auch lächerlich. Verschärft wird dies noch durch die historische Entwicklung der Bekleidungsvorschriften für die Frau, die im Koran so gar nicht enthalten sind. Überall in der Welt des Islam, wo sich traditionelle Bekleidungsvorschriften durchgesetzt haben, sind die Frauen wandelnde vermummte Gestalten.

Gesteigert wird dies noch durch die Verschleierung des weiblichen Gesichts. Der Kunsthistoriker Hans Belting sagt dazu: »Das Gesicht ist Ausdrucksträger und als solcher auch Zeichenträger der Person in der europäischen Kultur. (...) Seit der Antike gibt es die Metapher vom Auge als Fenster der Seele. (...) Die französischen Kolonialherren haben den Frauen in Algerien den Gesichtsschleier verboten. Das haben aber auch Kemal Atatürk in der Türkei und der Schah von Persien getan, denn sie erachteten den Schleier als Hindernis auf dem Weg in die Moderne. (...) Die Debatte um den Schleier ist aber nicht mehr zu trennen von der Unterdrückung der Frau im islamischen Fundamentalismus.«[104]

Die in allen islamischen Ländern und in den islamischen Gemeinschaften des Westens endemische Gewalt gegen Frauen rankt sich zum großen Teil um die Durchsetzung dieser Bekleidungsvorschriften. Die negative Energie und der Fanatismus, die dabei zutage treten, werden regelmäßig religiös begründet. Fanatismus und Gewalt sind erfahrungsgemäß besonders groß, wenn sie religiöse oder sexuelle Motive haben. Im Verhältnis des Islam zu den Frauen vereint sich beides.

Durchsetzung von Geschlechtertrennung und Frauenverhüllung als Herrschaftsakt

Der Islam ist bekanntlich eine Religion der Hierarchie und der Unterwerfung: Ganz oben steht der mächtige Gott im Himmel. Er beherrscht alles. Die Gläubigen hat er über die Ungläubigen gesetzt. Ihre Aufgabe ist es, die Herrschaft des Islam über die ganze Welt auszubreiten, die Ungläubigen unterzuordnen, soweit sie nicht bekehrt werden, und ihnen die weltliche Herrschaft zu entreißen. Desgleichen hat der Koran als Teil der ewigen Ordnung bestimmt, dass die Männer über den Frauen stehen. Die islamische Tradition hat die Unterordnung der Frauen weiterentwickelt zur Unterbindung des geselligen Verkehrs zwischen den Geschlechtern und zu strikten Vorschriften über ihre Verhüllung außerhalb der Familie. Die möglichst umfassende Durchsetzung dieser Regeln in der Öffentlichkeit zeigt die Herrlichkeit des allmächtigen Gottes, die Herrschaft des Islam in dieser Welt und nebenbei auch noch die Herrschaft der Männer über die Frauen.

Unterdrückung der Frau als Selbstbestätigung der muslimischen Männer

Aus ihrer Zeit als Lehrerin in Berlin erzählt meine Frau folgende Geschichte: Im Deutschunterricht im vierten Schuljahr besprach sie mit der Klasse die Weihnachtsgeschichte. Der zuständige Religionslehrer hatte das verweigert, weil die Hälfte der Schüler Muslime war. Die Geschichte fand gleichwohl bei allen Kindern Anklang. Schließlich erhob sich ein muslimischer Junge und sagte mit bedeutungsvoller Stimme:

»Jesus war ein *Mann*.« Die Klasse stutzte: Konnte das von Bedeutung sein? Sind die Männer von Natur aus zu Höherem bestimmt? Meine Frau sagte schließlich: »Das war Zufall, Jesus hätte genauso als Frau zur Welt kommen können.« Die Klasse war zufrieden und die Frage des Rangunterschieds zwischen Männern und Frauen für den Augenblick glücklich umschifft. Der vorwitzige muslimische Junge hatte mit seinem Einwurf den Geist seiner Religion ganz zutreffend wiedergeben: Die Männer sind von Gott über die Frauen gestellt und somit etwas Besseres.

Seit einigen Jahren sprießen als Teil der Ausbreitung eines fundamentalen Islam überall in der islamischen Welt neue Sittenwächter wie Pilze aus dem Boden. Die Sittenwächter, zumeist junge bärtige Männer, sind fixiert auf die korrekte islamische Bekleidung der Frauen:

- In Istanbul wird es für türkische Frauen ohne Kopftuch immer gefährlicher, sich in bestimmten Vierteln zu bewegen, ohne Drohungen oder übler Anmache ausgesetzt zu sein.[105]
- In Algerien, Marokko und Tunesien, wo die Bekleidungsregeln in den Städten noch bis vor wenigen Jahren recht liberal waren, können einheimische Frauen, die sich westlich kleiden, z. B. kein Kopftuch und keine knöchellangen Kleider tragen, in ganz fürchterliche Situationen kommen.[106]
- In den muslimischen Vierteln Berlins werden Frauen mit muslimischem Migrationshintergrund, die kein Kopftuch tragen, immer öfter von jungen muslimischen Männern angemacht und als Schlampe beschimpft.

Überall in der islamischen Welt gibt es das anzügliche, unverschämte Anstarren von nicht verhüllten Frauen. Mit dem normalen Interesse, das überall auf der Welt Männerblicke zeigen und über das sich die meisten Frauen als Bestätigung ihrer Attraktivität auch freuen, ist das nicht zu verwechseln. Es hat etwas Herabsetzendes und geht dort, wo es enger wird, übergangslos in verstörendes kränkendes Grabschen und sexuelles Bedrängen über. Die Ereignisse der Silvesternacht 2015 in Köln waren kein Ausrutscher, sondern systemischer Ausdruck der mentalen Verfassung vieler muslimischer Männer.[107] Rana Zamadani, eine junge deutsche Autorin, die muslimisch erzogen wurde, machte in Berlin-Neukölln den Test. Ging sie in ihrer normalen Kleidung durch bestimmte Straßen, begleitete sie ein Strom anzüglicher Blicke, die sie förmlich auszogen. Ging sie im Hidschab und langen Kleid durch dieselben Straßen, so war sie förmlich unsichtbar, die Blicke derselben jungen Männer glitten über sie hinweg. Sie verstand plötzlich die Entlastung, die in der islamischen Welt die Verhüllung für die Frauen bedeuten kann.[108]

Erst die verklemmte und neurotische Atmosphäre, die die Religion des Islam rund um das Thema Sexualität erzeugt, führt zu der perversen Idee, dass ein gesunder Mann sich nicht beherrschen könne, wenn er eine unverhüllte Frau sieht, und dass er sich auch nicht beherrschen müsse, weil die Frau durch den Verzicht auf Verhüllung anzeige, dass sie entweder ungläubig oder eine Schlampe ist. Noch schlimmer ist es, wenn die jungen muslimischen Männer wegen eines Mangels an Bildung und der generellen Misere der Wirtschaft in der islamischen Welt kein ausreichendes Erwerbseinkommen haben und somit in der Hierarchie der Gesellschaft ganz unten stehen. Dann kann ihr Stolz, als Muslim über den Ungläubigen und als Mann über den Frauen zu stehen, eine ganz unverhältnismäßige Bedeutung annehmen und ihre Fanatisierung fördern.

Der Widerspruch zwischen der islamischen Frauenrolle und der Moderne

Am Beginn der westlichen Moderne standen die Emanzipation des philosophischen und wissenschaftlichen Denkens von den Zwängen religiöser Vorgaben und die unmittelbare Zuwendung des denkenden Geistes zu den Phänomenen und kausalen Zusammenhängen der realen Welt. Die Künste – Malerei, Literatur und Musik – folgten diesem Trend und befreiten sich gleichfalls von den Zwängen und Vorgaben der Religion. Dieser Prozess ging Hand in Hand mit einer Individualisierung der Interessen, des Forschens und Denkens. So konnten Denkgewohnheiten, Wissensschranken und eingefahrene Bräuche leichter hinterfragt und überwunden werden. Das führte seit dem Mittelalter zu einer Beschleunigung des Erkenntnisgewinns und der Wissensbestände über Natur und Gesellschaft. So wurden die Innovationen möglich, die schließlich zur industriellen Revolution führten. Deren Verbreitung und die Umsetzung in die Steigerung der wirtschaftlichen Aktivität und des Wohlstands erforderten die ständige Ausbreitung der Bildung. Die Ausdehnung der Schulpflicht und die immer weitere Verbreitung höherer Bildung waren die Folge. Ganz klar zeigt sich auch heute, dass die tatsächliche Zunahme des durch die technische Entwicklung grundsätzlich ermöglichten hohen Wohlstands eng an das durch die Bevölkerung erworbene Wissenskapital gebunden ist: Länder mit niedriger Bildung bleiben arm, es sei denn, sie können Öl und Gas an die Industriestaaten verkaufen. Länder mit hoher Bildung werden reich, selbst wenn sie rohstoffarm sind und ihr Klima ungünstig ist.

Ein hohes Bildungsniveau ist aber in einer Gesellschaft nicht erreichbar ohne eine Einbeziehung der Frauen. Zu große Bildungsunterschiede zwischen Ehepartnern senken die Verständigungsmöglichkeiten, harmonische Beziehungen beruhen auf einer gewissen Ähnlichkeit. Auch im westlichen Abendland waren die Bildungschancen der Geschlechter lange Zeit nicht gleich. So war es bis Anfang des 20. Jahrhunderts in Deutschland nicht üblich, dass die bürgerliche Tochter Abitur machte oder gar studierte. Aber man legte schon Wert darauf, dass sie Französisch lernte und sich in Musik und Literatur auskannte. Auch für die Erziehung der Kinder galt die Bildung der Frau als wichtig. Es zeigte sich, dass Bildungserfolg für die Gesellschaft als Ganzes nur in dem Maße möglich ist, in dem auch die Frauen gebildet sind.

Das sehen wir auch in internationalen Tests zur Bildungsleistung: Männer und Frauen haben unterschiedliche Leistungsschwerpunkte, aber in der Summe sind ihre Leistungen im jeweiligen Kulturkreis ähnlich. Wollen die islamischen Länder wirtschaftlichen Erfolg haben und mit der Zeit zum Westen aufschließen, so verträgt sich das nicht mit der Unbildung ihrer Frauen. Es ist aber wenig wahrscheinlich, dass die Gebildeten unter den muslimischen Frauen dauerhaft die Rolle akzeptieren, die ihnen durch die wörtliche Interpretation eines 1400

Jahre alten Textes zugewiesen wird. So wird die Bildung der Frauen in gewissem Sinn zu einem Sprengsatz im System des Islam. Jede höhere Bildung steigert die Tendenz zur Individualisierung. *Ceteris paribus* gilt: Je gebildeter die Frauen sind, desto eigenwilliger werden sie – mit dem Risiko, dass sie die Autorität des Mannes infrage stellen. So wird die Bildung der Frau zur Bedrohung für die religiöse Ordnung des Verhältnisses der Geschlechter, wie der Islam sie vorschreibt.

Wo zur Stärkung des Islam Bildung eingeschränkt oder zumindest die Bildung der Frauen behindert wird, indem man sie z. B. früh verheiratet und in die Familiengründung drängt, da wird der wirtschaftliche Rückstand der islamischen Länder perpetuiert. Für die Muslime im Westen gilt: Soweit sie wie bisher ihre Frauen gerne in Unbildung halten und früh verheiraten, werden sie weiterhin in den Hierarchien des Bildungserfolgs, der beruflichen Stellung und der Einkommen die hinteren Plätze besetzen. Nur bei den Erwerbslosen werden sie weiterhin an vorderer Stelle stehen.

Führt die Moderne zwingend zur Emanzipation der muslimischen Frau?

Noch vor wenigen Jahren hatte ich die Einschätzung, dass die mit der Moderne einhergehende Individualisierung auch zur allmählichen Befreiung der Frau aus der muslimischen Großfamilie, zu einer individuelleren Partnerwahl und so auch mit der Zeit zu einer Emanzipation aus dem engen Geschlechterkorsett des Islam führen wird. Das ist so nicht der Fall. Nimmt man die Ausbreitung der islamischen Verhüllung der Frauen als Maßstab, so ist eher das Gegenteil eingetreten. Dafür habe ich keine rechte Erklärung. Ich interpretiere dies als das Wirken widerstreitender Kräfte: Der generelle Rückzug auf einen traditionellen Islam, wie er sowohl bei den Muslimen des Westens als auch in den islamischen Ländern zu beobachten ist, hat offenbar den Druck auf die Frauen verstärkt, sich in ihre traditionellen Rollen zu fügen, und so den Trend zur Individualisierung ausgeglichen bzw. überkompensiert. Es mag auch sein, dass bei vielen muslimischen Frauen der Stolz auf die Zugehörigkeit zur islamischen Gemeinschaft den Frust über die niedrige Rolle der Frau im Islam überkompensiert.

Welcher extreme Druck auf den muslimischen Frauen lastet, lässt sich in Deutschland in der Selbstmordstatistik erkennen: Bei den jungen türkischstämmigen Frauen zwischen 16 und 24 Jahren ist die Selbstmordrate fast doppelt so hoch wie bei den deutschen gleichartigen Frauen, obwohl bei Türken generell die Selbstmordrate niedriger ist.[109]

Der Maßstab der Freiheit

Beobachten wir das Verhalten von Menschen, so können wir den von ihnen ausgeübten Freiheitsgrad umso weniger beurteilen, je größer der soziale Verhaltensdruck ist, der auf ihnen lastet. Bei Frauen in der islamischen Welt ist der auf ihnen lastende Druck fraglos besonders groß. Der Maßstab der Freiheit für die muslimische Frau kann deshalb nur sein, inwieweit eine sanktionslose Abweichung möglich ist. Frei wird die muslimische Frau erst sein, wenn sie

- sich in westlicher Kleidung ohne Kopftuch überall zeigen kann, ohne bedroht oder beschimpft zu werden,
- eine frühe Heirat und den von der Familie ausgewählten Ehemann ablehnen kann,
- über die Wahl ihrer Liebes- und Lebenspartners selbst entscheiden kann, ohne von ihrer Familie ausgegrenzt oder gar mit Ehrenmord bedroht zu werden, und
- wenn die Sitte der Beschneidung in der gesamten islamischen Welt ausgestorben ist.

Das Desinteresse westlicher Intellektueller an den Geschicken der muslimischen Frauen

Es gibt ein ursprüngliches menschliches Mitgefühl, das sich in spontaner Hilfsbereitschaft äußert und die Welt zu einem besseren

Ort machen kann. Mitgefühl ist aber nicht unbegrenzt vorhanden, denn dazu reichen weder unsere emotionalen noch unsere materiellen Ressourcen aus. Und es ist umso ausgeprägter, je näher uns die Menschen stehen, um die es geht. Jesu Wort »Liebe deinen Nächsten wie dich selbst« umfasst ja nicht die ganze Menschheit, sondern zielt auf das jeweilige persönliche Umfeld ab. Anders konnte Nächstenliebe auch nie gelebt werden, dazu gab und gibt es zu viel Not und Elend auf der Welt. Immerhin haben die Abstraktionen und wirtschaftlichen Ressourcen der modernen Gesellschaft den »Sozialstaat« geschaffen. So wird eine verrechtlichte Solidarität von spontanen Gefühlen gelöst und in Versorgungspflichten bzw. Versorgungsansprüche großer Kollektive umgewandelt.

Die instinktive Solidarität des Menschen bezieht sich aber zunächst auf jene Gruppen, denen er sich zugehörig fühlt und von denen er abhängt. Die Gruppensolidarität wird begleitet von einem Abstoßungseffekt gegen fremde Gruppen. Das beginnt bereits auf der Ebene des Fußballvereins. Die meisten Religionen und alle Ideologien folgen der Einteilung von »wir« und »die«, häufig gleichgesetzt mit »gut« und »böse«, oft aber auch mit »sympathisch« und »unsympathisch«. Solche Einteilungen können emotional sehr wirkmächtig sein, bisweilen Hass erzeugen und verheerend wirken. Pauschale Aufteilungen der Menschen nach religiösen oder ideologischen Kriterien, z.B.

- durch den Islam in Gläubige und Ungläubige,
- durch die Nazis in Juden und Nichtjuden,
- durch die Kommunisten in Kapitalisten und Lohnabhängige und
- durch die westliche Linke in Ausbeuter (der kapitalistische Westen) und Ausgebeutete (die gesamte Dritte Welt)

haben eine große Anziehungskraft, weil sie eine leichte Identifikationsmöglichkeit geben, ein anschauliches Feindbild bieten und dem Betrachter helfen, sich sicher auf der Seite der Guten zu verorten.

Muslimische Frauen werden im Westen allenfalls bedauert als Mitleidende ihre Kollektivs, z.B. als

- Opfer der Ausbeutung der Dritten Welt durch den Westen,
- Opfer von Bürgerkriegen und Gewaltherrschaft,
- Opfer von Flucht und Vertreibung und
- Opfer von Islamkritik und Islamophobie, die ihnen das Kopftuch missgönnt.

Eine weitergehende Kritik an ihrer Unterdrückung und abhängigen Stellung wird dagegen gerne übergangen oder verdrängt. Dies würde nämlich Kritik an den religiösen Aussagen oder der gelebten Praxis des Islam bedeuten. Das geht schon deshalb nicht, weil der typische Intellektuelle sich als »links« versteht. Islamkritik gilt dagegen als »rechts« und deshalb zumindest uncool, wenn nicht gar verabscheuungswürdig. Die intellektuellen Eliten des Westens mögen Berichte aus dem Inneren der Frauenunterdrückung zumeist gar nicht. Sie möchten diese Unterdrückung wie auch ihr äußeres Symptom, das Kopftuch, möglichst herunterspielen, weil sie dann nicht aus dem bequemen Wunschdenken herausmüssen, dass der Islam demokratiekompatibel sei und die Frauen ihre Rolle unter dem Kopftuch aus voller Überzeugung in äußerer und innerer Freiheit wählen. Der in Israel als Araber aufgewachsene Psychologe Ahmad Mansour benennt den größeren Kontext der Probleme, für den sich das linke und liberale Milieu gerne blind macht: »Das Anwachsen eines gefährlichen Fundamentalismus (...), das Ausgrenzen von Frauen als Menschen zweiten Ranges, die Erziehung von Kindern mit Angstpädagogik, eine Sexualfeindlichkeit, die zugleich hochgradig sexualisiert wie tabuisiert, ein Buchstabenglaube, der den Koran nicht in seinem historischen und lokalen Kontext versteht, sondern als von Allah diktierten Text begreift.«[110]

Außerdem ist der typische westliche Intellektuelle ein Anhänger kultureller Vielfalt. Diese ist für ihn als solche gut, vor allem wenn sie sich gegen die erprobten Formen und Traditionen des Westens wendet. So drückt man bei Feinden des Westens gern ein Auge zu, und wo negative Erscheinungen des Islam auf die Frauenemanzipation unübersehbar sind, werden sie gerne kleingeredet, nach hinten geschoben oder ganz verdrängt. Nicht anders machten es ja die westlichen Intellektuellen bis in die Sechzigerjahre des vergangenen Jahrhunderts mit dem Terror und den Untaten in der kommunistischen Welt.

Die *FAZ*-Redakteurin Karen Krüger gesteht immerhin zu, dass die »arabische Gesellschaft von Geschlechterfreiheit weiter entfernt« ist »als die Sonne vom Mond«. Aber die Ursache will sie nicht im Islam sehen, denn es gebe ja in Deutschland »genügend islamische Reformtheologen, die Leute, deren Einstellungen zur Frau und zur Sexualität auf einseitigen Koraninterpretationen fußen, über die emanzipatorische Haltung des Korans aufklären können«.[111] Für jeden, der den Text des Korans kennt, ist das eine absurde Aussage (vgl. Kapitel 1). Karen Krüger erinnert mich an Reformmarxisten in Westeuropa, die jederzeit die Diktatoren des Ostblocks über einen humanen Marxismus aufklären konnten.

Die unterdrückte Frau und die demografische Explosion der islamischen Welt

Immer wieder hören wir aus der islamischen Welt Einschätzungen, die selbst ein starkes Bevölkerungswachstum positiv sehen und als Machtzuwachs ihres Landes und der Religion des Islam interpretieren. So äußern sich afrikanische Potentaten,[112] aber auch der türkische Präsident Erdoğan hat die türkischen Frauen im Inland und im Ausland wiederholt dazu aufgefordert, mehr Kinder zu bekommen. Das ungezügelte Wachstum der Bevölkerung Palästinas lässt sich gleichfalls als Kampf um die Macht mit den Mitteln der Demografie interpretieren. In diesen Überlegungen haben die gesellschaftliche Beschränkung der Rolle der Frauen und ihre frühe Verheiratung geradezu eine strategische Bedeutung für die Geltung des Islam in der Welt. Der aus Unbildung und Rückständigkeit geborene Kinderreichtum wird als islamkonform und Gott wohlgefällig religiös legitimiert. Hier wird mit dem Westen ein Kulturkampf ausgetragen, den Gerhard Bökenkamp wie folgt beschreibt:

»Das westliche Modell sexueller Freiheit und das islamische Modell stehen sich gegenüber und es scheint ein globaler Konflikt mit offenem

Ausgang zu sein. Die technische und wirtschaftliche Überlegenheit des Westens steht außer Zweifel. Auf dieser Ebene kann der islamische Fundamentalismus nicht konkurrieren Deshalb haben Fundamentalisten eine andere Schwäche des Westens ausgemacht: die fallenden Geburtenraten, die mit höherem Wohlstand, individueller Freiheit und Emanzipation verbunden sind. Innerhalb des Islamismus besteht die Vorstellung, man könne den Westen langfristig durch die eigenen höheren Geburtenraten einfach überrollen. Die konservative islamische Zivilisation würde auf diese Weise den dekadenten Westen überwinden Die Sexualität und die Rolle der Frau wird damit mit der Bedeutung eines globalen Konfliktes aufgeladen. Die sexuelle Freiheit des Westens wird als Dekadenz wahrgenommen, die diesen schließlich zu Fall bringen werde. Nicht nur die Ideologen des politischen Islam, sondern auch manche westlichen und islamkritischen Kommentatoren folgen dieser Interpretation, wenn unter ihnen auch nicht wenige eine Bedrohung der westlichen Zivilisation sehen.« [113]

Die französischen Soziologen Youssef Courbage und Emmanuel Todd hatten bereits 2008 vorausgesagt, dass eine zunehmende Bildung der Frauen in der islamischen Welt zu einem Rückgang der Geburten und einer Modernisierung des Islam führen werde. Alle Erscheinungsformen des Islamismus interpretierten sie als vorübergehende Radikalisierung, die aber letztlich den demografischen Übergang und die Annäherung des Islam an den Westen nicht aufhalten könne.[114] Die Entwicklung der letzten zehn Jahre zeigt, dass dieser Optimismus zumindest verfrüht war.

Ursachen und Folgen der demografischen Explosion

Samuel Huntington vergleicht in *Kampf der Kulturen* den Aufstieg Ostasiens mit dem Aufstieg der islamischen Welt. Während der Erstere »durch spektakuläre Raten des Wirtschaftswachstums angeheizt worden ist, ist die Resurgenz des Islam durch nicht minder spektakuläre Raten des Bevölkerungswachstums angeheizt worden«.[115] Niger z. B. gehört zu den ärmsten Ländern der Welt, steht aber mit

7,6 Kindern je Frau beim Kinderreichtum an der Spitze. Der lang-jährige Präsident Mamadou Tana fand, dass in seinen flächenreichen Wüstenstaat (dreimal so groß wie die Bundesrepublik) noch viel mehr Menschen hineinpassen. Als die ehemalige französische Kolonie 1960 unabhängig wurde, waren es 3,5 Millionen gewesen, gegenwärtig sind es 20 Millionen, 2050 werden es laut UNO-Prognose 72 Millionen sein (vgl. Kapitel 2, »Demografisches Gewicht« auf Seite 87 ff.). So verfünffachte sich seit 1950 die Zahl der Muslime in der Welt, ihr An-teil an der Weltbevölkerung stieg auf 31 Prozent.

Eine besondere Situation bedeutet dies für Europa, denn die ju-gendlichen islamischen Länder umgeben das alternde Europa wie ein Ring. Gegenwärtig leben in der islamischen Welt dreimal so viele Men-schen wie in Europa. Die Zahl der jungen Männer beträgt allerdings das Viereinhalbfache und die Zahl der Geburten das Sechsfache des europäischen Niveaus (vgl. Tabelle 1 im Anhang).

1996 schrieb Huntington, »irgendwann einmal wird die islamische Resurgenz abklingen und in die Geschichte eingehen. Am wahrschein-lichsten wird dies geschehen, sobald der sie tragende demographische Impuls sich im zweiten und dritten Jahrzehnt des 21. Jahrhunderts ab-schwächt. Dann werden sich die Reihen der Militanten, Krieger und Migranten lichten, und die großen Konfliktpotentiale innerhalb des Islam und zwischen den Muslimen (...) dürften sich entschärfen. Die Beziehungen zwischen dem Islam und dem Westen werden nicht innig werden, aber sie werden weniger konfliktträchtig sein, und an die Stel-le eines Quasi-Krieges dürfte ein Kalter Krieg oder vielleicht sogar ein Kalter Friede treten.«[116] Das von Huntington vorhergesehene Abklin-gen des demografischen Impulses ist allerdings für das islamische Af-rika bislang vollständig ausgeblieben. Dort ist im Gegenteil die Netto-reproduktionsrate noch höher als 1950, die Bevölkerung verdoppelt sich in jeder Generation. Im islamischen Asien ist die Nettoreproduk-tionsrate zwar insgesamt gefallen, aber nach wie vor positiv. Gerade in Krisenländern wie Palästina, Irak oder Afghanistan wächst die Bevöl-kerung mit afrikanischem Tempo.

In der Demografie galt es lange Zeit als recht gesicherte Erkennt-nis, dass ein Anstieg der Lebenserwartung in einer Gesellschaft innerhalb von zwei bis drei Generation zu einem Rückgang der Geburten führt. Die Entwicklung in den meisten Ländern Afrikas, aber auch in vielen islamischen Ländern Asiens scheint diese Gesetzlichkeit zu widerlegen. Ich erkläre das mit folgender Hypothese:

Wichtige geistige Produkte der westlichen Kultur kommen auch jenen Völkern und Gesellschaften zugute, die diese ablehnen bzw. wenig oder gar nichts von ihr verstanden haben, man denke an:

- die Erkenntnisse der modernen Hygiene und der Medizin,
- die stark erhöhten Erträge der Landwirtschaft bei immer weniger menschlicher Arbeitskraft,
- preisgünstige Textilien und
- moderne Massenkommunikation.

So kommen auch rückständige Staaten und Gesellschaften ohne Leistungen aus eigener Kraft zumindest teilweise in den Genuss des durch den Westen bewirkten Fortschritts. Die Sterblichkeit sinkt und führt, wenn die Geburtenraten wegen ausbleibender Modernisierung gar nicht oder nur geringfügig sinken, zu einem starken Anstieg der Bevölkerung. Das Elend der immer volkreicheren Länder wird durch die passive Nutzung des vom Westen ermöglichten technischen Fortschritts allerdings nicht beseitigt. Dazu bedürfte es funktionierender Staaten mit einem halbwegs stabilen Rechtssystem und einer gewissen Breitenbildung der Bevölkerung.

Wenn ein Land das schafft, kann es eine große und wachsende Bevölkerung auch langfristig ernähren. Zwar werden die Staaten mit solcher Halbmodernisierung niemals an das materielle Niveau des Westens und Ostasiens anschließen können. Aber sie können sich dank der aus den Industriestaaten importierten technischen Errungenschaften ohne Weiteres dauerhaft Religionen und Regierungen leisten, die dem selbstständigen Denken im Weg stehen, fortschrittsfeindlich sind und nach Abschottung von westlichen Einflüssen streben. *Sind solche Gesellschaften dauerhaft kinderreich, so werden sie trotz ihrer Rückschrittlichkeit langfristig zumindest hinsichtlich ihrer Bevölkerungszahlen die Welt dominieren.* Diese Erklärung zielt nicht spezifisch auf den

Islam ab. Aber sie passt besonders gut für die überwiegende Zahl der islamischen Länder.

Für die fortgeschrittenen Teile der Welt wird diese Entwicklung dann gefährlich, wenn sie sich nicht konsequent und mit Erfolg gegen Masseneinwanderung aus diesen rückständigen Regionen abschirmen. Durch die Zulassung falscher Einwanderung kann sich der Universalismus des Westens gegen ihn selbst wenden und die Zukunft seines Modells auf dem eigenen Territorium gefährden. Es gehört zur Tragik des Westens, dass Denkansätze, welche für solche Risiken empfänglich sind, durchweg als »rechts« eingeordnet und entsprechend leicht diskreditiert werden können.

Speziell für die islamische Welt gilt: Der durch gesellschaftliche Rückständigkeit konservierte Kinderreichtum ermöglicht zusammen mit dem erst durch die westliche Technik begünstigten Anstieg der Lebenserwartung ein rein durch die demografische Mechanik schnell wachsendes Gewicht des Islam in der Welt. Der Abfall der Nettoreproduktionsraten in der islamischen Welt vollzieht sich uneinheitlich. Er hat sich im Durchschnitt seit 2000 verlangsamt und teilweise auch in sein Gegenteil verkehrt. Es erscheint mir deshalb fraglich, ob Gerhard Bökenkamp mit der Einschätzung recht behält, dass am Ende der Sieg der Moderne über den politischen Islam unvermeidlich sei:

»Ein Grundproblem des politischen Islam teilt dieser mit anderen fundamentalistischen Ideologien. Er hat zwar kulturelle Ressentiments, aber kein Konzept, wie eine moderne Volkswirtschaft funktionieren soll. Dieses Problem stellt sich ihm so lange nicht, solange er nicht an der politischen Macht ist, sondern sich in Fundamentalopposition zu den meist säkularen Machthabern befindet. Wenn er aber die politische Macht erlangt, stellt sich das Problem in besonderem Maße. Der politische Islam als Gesellschaftssystem hat keine Antwort auf die Frage parat, wie die wachsende Bevölkerung mit Einkommen und Kaufkraft versorgt werden kann. In diesem Fall wird er mit einer unangenehmen Wahl konfrontiert: Entweder betreibt er die ökonomische Öffnung und Modernisierung des Landes. Das führt auf dem Weg der Arbeitsteilung, des Wettbewerbs, der Ausbreitung unternehmerischer Logik auf dieselbe Entwicklungsspur wie die der westlichen Staaten.

Die steigende Frauenerwerbstätigkeit, die Opportunitätskosten der Kindererziehung, die Strahlkraft der Konsumgesellschaft und individuelle Freiräume für die freie Wahl des Sexualpartners unterminieren seine sittenpolitische Agenda. Oder er setzt auf ökonomische Abschottung und Mangelwirtschaft, was aber in Kombination mit einer rasant wachsenden Bevölkerung zu einem enormen sozialen und politischen Sprengsatz führt, der das Schicksal der politischen Führung besiegeln kann.«[117]

Das Zerwürfnis mit der Moderne und der Vormarsch des konservativen Islam

In Kapitel 1 hatte ich die koranische Botschaft und die darauf aufbauende Entwicklung des Islam analysiert und herausgearbeitet, dass

- der im Koran vermittelte Hass auf die Ungläubigen und das Auserwähltsein der Gläubigen dem Islam die *expansive Eroberungskraft* verleihen,
- das hierarchische Verhältnis der Geschlechter und die Unterdrückung der in Unbildung und Abhängigkeit gehaltenen Frauen für die überdurchschnittliche Fruchtbarkeit der islamischen Welt und ihre *demografische Expansion* sorgen und
- der Unterwerfungsgestus des Islam, die im Koran angelegte Feindseligkeit gegenüber selbstständigem Denken, der Hochmut gegenüber den Ungläubigen sowie die Geringschätzung des nicht religiösen Wissens zu niedriger Bildungsleistung und geringer geistiger Neugier führen und den *technisch-zivilisatorischen Rückstand der islamischen Welt* erklären.

In Kapitel 2 habe ich gezeigt, dass die Spuren der so beschriebenen islamischen Prägung sich mit unterschiedlicher Intensität in allen Staaten der islamischen Welt zeigen.

Ich würde jedoch niemals für mich in Anspruch nehmen, den »wahren« Islam zu kennen oder ihn gar vom »falschen« Islam unterscheiden zu können. In Fragen des religiösen Glaubens gibt es nämlich kein Wahr oder Falsch. Wenn jemand aufgrund einer religiösen Offenbarung eine bestimmte Sicht für wahr hält, gibt es keine Möglichkeit seiner Widerlegung. Allerdings ist es möglich, den objektiven Aussagegehalt überlieferter religiöser Texte zu analysieren und die Art ihres Zustandekommens zu erforschen, soweit die Quellenlage dies zulässt. Ebenso können der Einfluss der Religion auf das Denken der Gläubigen sowie die Prägung der Geschicke von Kulturen und Staaten durch die Religion mit wissenschaftlichen Methoden untersucht werden.

Erkenntnisse aus solchen Untersuchungen scheinen jedoch an Medien und Politik in Deutschland weitgehend spurlos vorbeizugehen. Die Äußerungen des durchschnittlichen deutschen Journalisten, Bischofs, Innenministers oder Bundespräsidenten zum Islam lassen sich nämlich wie folgt zusammenfassen:

»Der Islam ist eine friedliche Religion, und die Muslime sind grundsätzlich durchweg friedliebend. Unterdrückung der Frauen und Demokratiefeindlichkeit sind dem Islam nicht immanent, sondern, wo sie zu beobachten sind, isolierte Verirrungen. Einen ›politischen Islam‹, der nach der Macht in Staat und Gesellschaft strebt, gibt es nicht. Es gibt nur ein paar Terroristen, die sich zu Unrecht auf den Koran berufen. Muslime sind mental etwa so beschaffen wie Christen oder Juden vor 200 Jahren, und sie brauchen nur noch etwas Zeit, um sich an die westlichen Werte anzupassen. Angesichts der Gewalttaten in der westlichen Geschichte steht den Europäern, insbesondere aber den Deutschen, Hochmut sowieso nicht an.«

Ich habe mit diesem erfundenen Zitat nur mild ironisiert, die Wirklichkeit ist oft noch krasser. Dazu vier Beispiele:

– Nach dem Attentat auf den Weihnachtsmarkt am Berliner Breitscheidplatz im Dezember 2016 sagte der Regierende Bürgermeister Michael Müller viel Gefühlvolles, aber er verlor kein Wort zum islamistischen Hintergrund der Tat. Für ihn schien der Terror aus der Luft zu kommen. Gegen den Protest der jüdischen Verbände nahm er gemeinsam mit islamistischen Organisationen an zwei Gedenkveranstaltungen zu den Opfern des Attentats teil. Der Berliner Verfassungsschutz zählt diese Organisationen zu den Vertretern des »legalistischen Islamismus«, denn »Langfristig streben sie die Umformung des demokratischen Rechtsstaates in einen islamischen Staat an«.[118]

– Zwei Tage nach dem islamistischen Terroranschlag von Manchester im Mai 2017 sagte Bundesfinanzminister Schäuble im Deutschlandfunk: »Wir sehen eben (...), dass Fanatismus nicht nur im Islam auch zu schrecklichen Verbrechen führt. (...) Im Islam werden auch sehr viele menschliche Werte sehr stark verwirklicht. (...) Wir können von ihnen auch lernen. (...) Denken Sie mal an Gastfreundschaft und Ähnliches mehr, was da ist. Und auch die Toleranz.«[119]

– Angela Merkel bestreitet gar jedwede Verbindung zwischen Islam und Terror, indem sie das Problem wegdefiniert. Wortwörtlich sagte sie im September 2017 in einer öffentlichen Rede: »Religionen haben den Auftrag zum Frieden. Deshalb kann es keine Rechtfertigung von Krieg und Gewalt im Namen einer Religion geben.«[120] In Angela Merkels Welt kann also derjenige kein gläubiger Muslim sein, der einen Anschlag begeht. Darum ist der Terror für sie auch kein Problem des Islam.

– Außenminister Gabriel lud im Mai 2017 religiöse Oberhäupter aus 53 Ländern zu einer Konferenz über »Friedensverantwortung der Religionen« ein, darunter auch einen Vertreter des Islamischen Zentrums in Hamburg, das vom Verfassungsschutz beobachtet wird.[121] Offenbar »vergaßen« der Außenminister und seine Diplomaten, dass seit vielen Jahrzehnten nur eine Religion ein Problem mit dem Weltfrieden hat, nämlich der Islam.

Wenn man solche Äußerungen und Ereignisse wohlwollend versteht, kann man sie als Ausdruck politischer Taktik interpretieren. In diesem Sinn wären Wahrheitsgehalt und Wirklichkeitsnähe falsche Kriterien für ihre Beurteilung. Es geht offenbar darum, die Öffentlichkeit zu beruhigen, den Kritikern der Einwanderungspolitik keine Argumente zu liefern und die Millionen Muslime, die bei uns leben, nicht durch

Kritik an ihrer Religion zu entfremden. Mit dieser Art, eine überfällige Debatte zu unterlaufen, setze ich mich in Kapitel 5 auseinander.

Da die Religion des Islam eine reale Macht in der Welt ist und in vielen Aspekten zugleich für das westliche Lebensmodell eine wachsende Gefahr darstellt, ist es in praktischer Hinsicht keineswegs gleichgültig, wie weltweit innerhalb der islamischen Glaubensgemeinschaft die Debatten verlaufen und wer sich am Ende durchsetzt. Entscheidend ist nicht, wie ein westlicher Politiker, ein westlicher Islamwissenschaftler oder Thilo Sarrazin den Islam interpretieren, sondern welche Strömungen sich in der Wirklichkeit der islamischen Welt durchsetzen. Der Friedenspreisträger des Deutschen Buchhandels, Boualem Sansal, meint dazu: »Es gibt keine Indizien dafür, dass irgendwo ein aufgeklärter Islam auftaucht.«[122]

Meine Interpretation der Aussagen des Korans habe ich in Kapitel 1 dargelegt. Wie in Kapitel 2 gezeigt, passt dazu die historische, soziale und politische Entwicklung in der islamischen Welt: Wenn die islamische Welt die überkommenen Interpretationsmuster ihrer Religion nicht überwindet, werden sich Demokratieferne und Rückständigkeit verewigen, wenn nicht Schlimmeres geschieht.

Eine Selbstverständlichkeit halte ich erneut fest: »Den« Islam gibt es natürlich nicht, vielmehr eine Fülle unterschiedlicher Strömungen. Das ist ja auch nicht verwunderlich, weil ein zentrales Lehramt mit einer entsprechenden religiösen Hierarchie nicht existiert. Für alle verbindlich ist der Text der koranischen Offenbarung mitsamt den dort enthaltenen Geboten und Regeln für das Leben des gläubigen Muslims. Aus pragmatischen Gründen unterscheide ich für die Zwecke dieses Abschnitts vier Strömungen:

— Der sogenannte *Mainstream-Islam* prägt die überwiegende Glaubenspraxis in den meisten islamischen Ländern und den muslimischen Minderheiten des Westens. Man folgt der überkommenen Sitte, glaubt, dass der Koran die wörtliche Botschaft Gottes ist, hält die Scharia für göttliches Recht und ist der Meinung, dass dort, wo Muslime die Mehrheit bilden, das Staatswesen islamisch sein sollte. Die Trennung zwischen Religion und Staat, zwischen weltlicher und geistiger Sphäre, hält man überwiegend für künstlich. Der sunnitische Mehrheitsislam »beinhaltet eine riesige Vielfalt an Positionen, die auf einem rudimentären Glaubensbekenntnis basieren: Der eine Gott, der letzte Prophet und das Jenseits. (...) Nach außen blieb der Dschihad gegen die Ungläubigen als Pflicht bestehen.«[123]

– Der *politische Islam*, auch *Islamismus* genannt, ist davon nicht trennscharf zu unterscheiden. Es ist bezeichnend, dass bereits der frühe Erdoğan die Unterscheidung von Islam und Islamismus vehement abgelehnt hatte. Er sagte 2008: »Es gibt keinen Islam und Islamismus. Es gibt nur einen Islam. Wer etwas anderes sagt, beleidigt den Islam.«[124] Der politische Islam hat gleitende Übergänge

- von einer sehr konservativen Auslegung der Religion wie im saudi-arabischen Wahhabismus
- über eine revolutionäre, auf den weltweiten Dschihad zielende Version wie im Salafismus
- bis hin zum terroristischen Islamismus, für den der sogenannte Islamische Staat steht.

Nach der Weltanschauung der Islamisten besteht die Geschichte der Menschheit – so die prägnante Zusammenfassung des französischen Soziologen Gilles Kepel – »aus nichts anderem als den Offenbarungen Allahs und ihrer Umsetzung. Die Tatsache, dass die Welt noch nicht völlig muslimisch geworden ist, ist die Schuld der Gläubigen, die vom rechten Weg der Lehre abgewichen sind. Für den wichtigsten Vordenker und Mentor der Islamisten, den Ägypter Sayyid Qutb, von Nasser 1966 zum Tod durch den Strang verurteilt, war es nun deren Pflicht, eine ›neue Koran-Generation‹ zu bilden, um wieder an die Tradition der Zeitgenossen und Nachfolger des Propheten (die *salafs*) anzuknüpfen. Diese sei mit der jahrhundertelangen Dekadenz und dem Erlahmen des politisch-religiösen Eifers der Muslime verloren gegangen.«[125]

– Der *terroristische Islam* in der von Al Kaida oder dem Islamischen Staat praktizierten Form ist mit all seinen Varianten die pervertierte Konsequenz eines zu Ende gedachten politischen Islam, der auf einer einseitigen und extrem engen Auslegung der göttlichen Botschaft des Korans und der Hadithe beruht.

– Der *aufgeklärte, mit westlichen Werten kompatible Islam*, für den Bassam Tibi den Begriff *Euro-Islam* prägte, wird vorwiegend von islamischen Denkern und Theologen propagiert, die im Westen leben. Die Texte von Koran und Hadithen werden historisch-kritisch interpretiert, um so das Zeitgebundene von den noch heute gültigen religiösen Aussagen zu trennen. So soll die Religion des Islam mit

- der Trennung von Religion und Staat,
- dem Vorrang der Menschenrechte vor der Religion,
- der Demokratie, in der alle Souveränität vom Volke ausgeht,
- dem Vorrang der weltlichen Gesetze vor der Scharia und
- der Gleichstellung der Geschlechter

versöhnt werden.

Die Übergänge zwischen dem Mainstream-Islam und dem politischen Islam sind fließend. Mehr noch: Wenn man den Koran tatsächlich für das Wort Gottes hält, das auch heute noch mehr oder weniger wört-lich zu nehmen ist, dann sind diese Übergänge bei präzisem Nachden-ken eigentlich gar nicht vorhanden. Dann muss nämlich z.B.

– in allen islamischen Ländern die Scharia gelten,
– der Mann über die Frau gestellt sein,
– die Frau den Schleier tragen,
– Apostasie strafbar sein,
– die Heirat mit Ungläubigen verboten sein,
– der heilige Dschihad Pflicht aller Muslime sein,
– die weltliche Herrschaft den religiösen Geboten untergeordnet sein und
– die politische Herrschaft in einem Staatswesen bei den Gläubigen liegen.

Dem politischen Islam wohnt eine Tendenz zur Radikalisierung inne, die bis zum terroristischen Dschihad gehen kann. Sie speist sich unmittelbar aus den drei zentralen Charakteristika des Islam:

- Hochmut gegenüber den Ungläubigen, der Glaube, etwas Besseres zu sein,
- Fixierung auf Unterwerfung und Herrschaft sowie
- Rückständigkeit und Misserfolg wegen geistiger Arroganz, geringer Wissbegier und geringer Lernbereitschaft.

Misserfolge, Niederlagen und niedriges Prestige können in dieser Sicht definitorisch nie an den gläubigen Muslimen liegen, denn sie sind ja von Allah selbst in die Position der natürlichen Überlegenheit eingesetzt. Sie können vielmehr ihren Grund nur in der Bosheit und Niedertracht der Ungläubigen haben, die in der Summe im Dienst des Bösen stehen und sich gegen die Muslime verschworen haben. Deshalb haben die Muslime aufgrund ihrer Religion alles Recht, sich als Opfer und Verfolgte zu fühlen. Zur Überwindung dieser Situation muss man Stärke im Glauben haben, zur traditionellen Praxis des islamischen Glaubens zurückkehren und die Ausübung der Religion von allem Unreinen und ihr Fremden befreien.

So erscheint die Rückkehr zu einer fundamentalistischen Interpretation der Religion und einer entsprechenden Lebenspraxis als der einzig mögliche Weg, dem Islam Stärke und den Muslimen die ihnen zukommende Stellung in der Welt zurückzugeben.

Vor diesem Hintergrund stellen sich in Bezug auf den richtigen Umgang der westlichen Gesellschaft mit dem Islam fünf Fragen, mit denen ich mich in Kapitel 5 näher auseinandersetzen werde:

- Wo ziehen wir die Trennlinie zwischen den (aus der Sicht unserer Gesellschaft) akzeptablen und den nicht akzeptablen Formen des Islam?
- Welche Maßstäbe legen wir dabei an?
- Welche Konsequenzen ziehen wir daraus?

- Wie setzen wir diese Konsequenzen durch?
- Was geschieht, wenn wir uns dieser Aufgabe entziehen?

Über keine dieser Fragen gibt es in den westlichen Gesellschaften eine Einigkeit, die stark genug ist, um in Tatkraft zu münden. Im Gegenteil, der Kampf gegen den Terror und die Angst vor seinem Nährboden stärken bisweilen sogar die Tendenz, ganz inakzeptable Formen des Islam im Westen zu dulden und quasi zu entschuldigen, solange sie nur »friedlich« sind. *So wird der Terror zum indirekten Erpressungshebel, um den Westen in die Nachgiebigkeit zu zwingen.*

Das Problem sowohl des Mainstream-Islam als auch des politischen Islam mitsamt all seinen islamistischen und terroristischen Varianten ist die starke Fokussierung auf eine wortgläubige, recht geistlose Orthopraxie, die zum Fanatismus neigt, geistige und vitale Ressourcen verzehrt und insgesamt lähmend wirkt. Sie erfüllt *Machtbedürfnisse*, weil sie dem Rechtgläubigen, der alle Vorschriften beachtet, ein Gefühl der Überlegenheit gibt, und sie *entlastet*, weil der Gläubige sich in seiner im Detail geregelten Glaubenspraxis sicher und aufgehoben fühlt. Der Rest ist dann nicht mehr so wichtig.

Die Entstehung und Verbreitung des Islam weist zu anderen Weltreligionen einen zentralen Unterschied auf. Dieser liegt nicht in der Offenbarung an den Religionsstifter. Der Unterschied liegt vielmehr in der Ausbreitung der Religion durch militärische Stärke und gewaltsame Eroberungen. Islam bedeutete von Anfang an vor allem Ausbreitung der Herrschaft der Gläubigen durch Gewalt. Wo immer Muslime waren, übten sie die politische Herrschaft aus. Der Islam war die Religion der Herren, nicht der Knechte. So entsprach es dem Willen Allahs. Eine untergeordnete Stellung der Muslime in einem Staat oder einer Gesellschaft war quasi ein Verstoß gegen die natürliche, von Allah gewollte Ordnung und nur erklärbar durch die mangelnde Glaubensstärke der Muslime und/oder die Perfidie der Ungläubigen.

In der so begriffenen »natürlichen Ordnung« konnten sich die Muslime bis Mitte des 18. Jahrhunderts weitgehend ungestört fühlen. Wo immer es Muslime gab, übten sie auch die politische Herrschaft aus. Die Erzählung, ihre Berufung zur Herrschaft und immer weiteren Ausbreitung über die Welt sei quasi ein göttliches historisches Gesetz, schien sich durch den Lauf der Geschichte zu bestätigen.

Das änderte sich – zunächst unmerklich – seit Beginn des 18. Jahrhunderts:

- Auf dem Balkan verlor das Osmanische Reich immer mehr Ländereien. Seit dem Balkankrieg 1912 blieb ihm nur noch ein kleiner Zipfel Europas.
- In Indien wurde Mitte des 18. Jahrhunderts die Herrschaft der muslimischen Moguln durch die Briten abgelöst.
- In Zentralasien gerieten seit Anfang des 19. Jahrhunderts mehr und mehr Muslime unter russische Herrschaft.
- Im islamischen Afrika breiteten sich Frankreich, England und schließlich auch Italien als Kolonialmächte aus.
- Der Gipfel der Demütigung schien erreicht, als die Briten und Franzosen nach dem Ersten Weltkrieg Palästina, Syrien und den Irak unter sich aufteilten.

Die Reaktion darauf war in der islamischen Welt gespalten und ist es bis heute:

- Einsichtige, weltlich gestimmte Kräfte erkannten schon früh den Modernisierungsrückstand der islamischen Welt. Sie bemühten sich um Bildung und um institutionelle Reformen. Wo sie unter kolonialer Herrschaft lebten, versuchten sie von den Kolonialherren zu lernen. So verbreiteten sich unter den Führungsschichten westliche Bildung, westliche Mode, westliches Denken und westliche Sitten.
- Unter den religiös gestimmten Kräften zeigte sich früh die Tendenz, in der Rückbesinnung auf einen von westlichen Modernisierungseinflüssen und von »Verfallserscheinungen« gereinigten Islam die Lösung zu sehen. Die Reinheit und Stärke des Glaubens und dessen universale Geltendmachung sollten den Muslimen ihren Stolz wiedergeben und die islamischen Länder zu neuer Stärke führen.

Ungelöst und auch weitgehend unadressiert blieb dabei bis heute das Problem, dass die Quelle der Rückständigkeit der islamischen Welt gerade im engen Vollzug einer 1400 Jahre alten Religion und einer entsprechenden Glaubenspraxis liegt.

Die Modernisierung setzte in den islamischen Ländern zwar ein, aber sie vollzog sich sehr langsam und umfasste nur Teile der Bevölkerung. Sie blieb zudem oft stecken in der oberflächlichen Übernahme westlicher Errungenschaften und Techniken und des westlichen Lebensstils, während institutionelle Reformen unvollständig blieben und der westliche Denkstil, der der eigentliche Kern seines Erfolgs ist, sich nur wenig verbreitete.

Nur in einem Punkt kam der westliche Einfluss voll zum Tragen: In der gesamten islamischen Welt ging die Kindersterblichkeit stark zurück, die Lebenserwartung stieg rapide. Der auf den Anstieg der Lebenserwartung üblicherweise folgende Geburtenrückgang fiel aber in der islamischen Welt für lange Zeit aus und hat in vielen islamischen Ländern bis heute nicht eingesetzt. Insbesondere aber verteilte er sich unterschiedlich auf die sozialen Gruppen: Jene Muslime, die für westliche Modernisierung und westlichen Lebensstil offen waren – zumeist große Teile der in der Summe recht kleinen gebildeten bürgerlichen Mittelschichten –, hatten nach westlichem Muster kleinere Familien. Im Rest der Gesellschaft aber überwogen große Kinderzahlen. So führte in allen muslimischen Ländern ein auf die Schichten ungleich verteilter Bevölkerungsanstieg dazu, dass die westlich orientierten Schichten in den letzten Jahrzehnten demografisch in die Defensive gerieten und ihr Bevölkerungsanteil rapide sank.

Deutlich sichtbar wurde dies in den Metropolen der gesamten islamischen Welt am Vordringen der Kopftücher unter den Frauen. Das illustriert die starke Verschiebung in den Bevölkerungsstrukturen zugunsten der Anhänger eines traditionellen Islam. Diese demografischen Verschiebungen gingen Hand in Hand mit dem ideologischen Wiedererstarken eines konservativen, tendenziell fundamentalistischen Islam. So gerieten die Vertreter der Moderne in den islamischen Ländern in eine Zangenbewegung aus Demografie und fundamentalistischer Religionsauffassung. Das lässt sich in allen islamischen

Ländern über den Verlauf der letzten 50 Jahre studieren. So erklärt sich auch, dass konservative bis fundamentalistische Interpretationen des Islam nahezu überall in der islamischen Welt die begeisterte Unterstützung der Massen finden, die mit ihrer Radikalität die weltlichen Führer oft geradezu vor sich hertreiben.

Der britische Schriftsteller V. S. Naipaul reiste von August 1979 bis Februar 1981 durch den Iran, Pakistan, Malaysia und Indonesien. Überall waren Gärung und eine fundamentalistische Auffassung des Islam im Vordringen begriffen. Sein indisches Aussehen erleichterte ihm den Kontakt. Er wurde nicht als Mann des Westens angesehen. Seine zumeist jungen Gesprächspartner stammten aus allen Schichten. Sie träumten von einer neuen sozialen Ordnung auf der Grundlage des Islam, von einem islamischen Staatswesen, das sich auf die Traditionen des ursprünglichen Islam besinnt und die Wirren der modernen Welt beseitigt.

Wie Naipaul schreibt, übersahen seine Gesprächspartner durchweg, dass der historische Islam schon in seiner Frühphase an der Etablierung einer gerechten sozialen Ordnung gescheitert war. Er sah voraus, dass auch der politische Islam des späten 20. Jahrhunderts scheitern werde, denn er hat – so Naipaul – »teil an jenem Geburtsfehler, der sich durch die ganze islamische Geschichte hindurchzieht: Für die von ihm aufgeworfenen politischen Probleme hielt er keine politische oder praktische Lösung bereit. Zu bieten hatte er nur den Glauben, nur den Propheten, der schon alles richten würde – den es aber nicht mehr gab. Dieser politische Islam war nichts als blindes Wüten, Anarchie.«[126] Naipaul lag in seinem 1981 erschienenen Buch mit seiner Analyse bestürzend richtig. Die von ihm prognostizierte Wut und Anarchie füllen täglich die Nachrichten, aber das Scheitern des politischen Islam kann sich noch Jahrzehnte hinziehen.

25 Jahre später unternahm der junge britische Journalist Aatish Taseer, Kind einer indischen Mutter und eines pakistanischen Vaters, ebenfalls eine islamische Reise, die ihn von Istanbul über Damaskus und Mekka nach Pakistan führte. Im Herbst 2005 weilte er gerade in Damaskus, als die Empörung über die dänischen Mohammed-Karikaturen sich verbreitete und zu großen Unruhen führte. Nach der Meinung auf der Straße konnte nur ein unterlegenes Volk solch eine Beleidigung er-

fahren, und dies war die Strafe für mangelhafte Glaubensfestigkeit. Der 26-jährige Student Muhammad drückte das so aus: »Es ist unsere eigene Schuld, weil wir keine guten Muslime sind. Wenn wir gute Muslime wären, würde niemand es wagen, unseren Propheten und unseren Glauben zu beleidigen. Wenn wir gute Muslime wären, wäre die Weltsprache Arabisch und nicht Englisch.«[127] Bei den jungen Muslimen gingen offenbar leere Träume, Illusionen und Allmachtsfantasien, die mit der Rückbesinnung auf einen »wahren« Islam verbunden waren, Hand in Hand. »Die demokratischen Rechte und die Institutionen, die diese Rechte schützen, lagen außerhalb des Erfahrungsbereichs dieser Religion. (...) Um Nedal [seinem jungen Gesprächspartner] zu erklären, wie man ein Recht haben konnte, den Propheten zu beleidigen, hätte ich ihn bitten müssen, von seiner Religion einen Schritt zurückzutreten und an etwas zu glauben, das heiliger war als sein Prophet und der Koran.«[128]

Taseers Reise endete bei seinem Vater in Lahore, einem mächtigen Mann und bekannten pakistanischen Politiker. Sie stritten sich über den Holocaust, sein Vater hielt die Zahlen der Opfer für übertrieben. »Während meiner Reise«, so Taseer, »hatte ich immer wieder erlebt, dass Muslime den Holocaust leugneten oder verharmlosten.«[129] Der Grund sei seine Bedeutung für die Gründung und das Selbstverständnis des Staates Israel. Diese Leugnung sei aber auch typisch für die muslimische »Vermischung von Geschichte und Religion; die Vorstellung, einer großen Vergangenheit beraubt worden zu sein; und damit verbunden ein Gefühl von Schmerz und Ressentiment«.[130] Vor diesem Hintergrund verwundert es nicht, dass sein Vater, ein gemäßigter Muslim und bedeutender pakistanischer Politiker, auch Zweifel am Attentat vom 11. September 2001 äußerte.[131]

Der heilige Text als Gefängnis des Denkens

Bei einer unvoreingenommenen und gesamthaften Lektüre des Korans, wie ich sie für Kapitel 1 vorgenommen hatte, kann kein Zweifel bestehen, dass es sich um einen in weiten Teilen aggressiven Text handelt, der die Liebe Gottes auf die Gläubigen beschränkt, deren Abgrenzung zu den Ungläubigen betont und ein reaktionäres Gesellschaftsbild vermittelt. Dies wird von einer bedenklichen Relevanz, wenn man eine wörtliche oder zumindest textnahe Interpretation zugrunde legt, wie dies die islamische Theologie seit 1400 Jahren überwiegend tut.

Weitblickende liberale islamische Theologen haben die Falle erkannt, in die der Islam dadurch in der modernen Welt geraten ist. Aber sie waren stets nur eine kleine Minderheit. Tatsächlich haben liberale und weniger liberale Interpretationen dieser Religionen immer wieder miteinander gestritten. Die konservativen Interpretationen behielten regelmäßig die Oberhand und haben sie bis heute. So fiel der berühmte maurische Philosoph Averroës, der Aristoteles ins Arabische übersetzt hatte und auch für seine medizinischen Forschungen bekannt war, 1195 beim Kalifen in Ungnade, weil er sich die orthodoxen Theologen zum Feind gemacht hatte. Seine Werke wurden verboten und verbrannt. 790 Jahre später, im Jahr 1985, wurde in Khartum, der sudanesischen Hauptstadt, der Sufi-Theologe Mahmud Muhammad Taha im Alter von 76 Jahren unter dem Beifall der jubelnden Menge öffentlich gehängt. Er war wegen Abfalls vom Glauben (Apostasie) zum Tode verurteilt worden, weil er den Text des Korans historisch-kritisch interpretierte und nur die in Mekka entstandenen Suren als zeitlos gültig ansah. »Dagegen habe«, so der in Freiburg lehrende Islamwissenschaftler Abdel-Hakim Ourghi, »Muhammed als Staatsmann einer irdischen Gemeinde in Medina (622–632) situationsbedingte Koranstellen verkündet, die in ihrem historischen Wirkungskontext zu begreifen seien.«[132]

Bezogen auf die in Deutschland tätigen türkischen und arabischen »Importimame«, spricht Ourghi von einer »Pädagogik der Unterwerfung« und der »Weitergabe einer unreflektierten Tradition«, die allerdings exakt der in den Herkunftsländern Türkei, Saudi-Arabien oder Ägypten herrschenden Tradition entspricht. Im Hinblick auf diese Tradition stellt Ourghi fest: »Wir dürfen einfach nicht mehr länger behaupten, der Islam sei eine friedliche Religion. Die Realität spricht eine andere Sprache: Im Namen dieser Religion werden weltweit Gewalttaten verübt. Das erstaunt nicht, finden wir doch sowohl im Koran wie auch in der Sunna und in der klassischen islamischen Theologie eigentliche Handlungsanleitungen zu Anwendung von Gewalt.«[133] Es verwundert vor diesem Hintergrund kaum, dass Murat Kayman, der Koordinator des türkischen Moscheeverbands DITIB, in seinem Blog Ourghi als »abtrünnig« bezeichnete und ihn damit quasi für vogelfrei erklärte.[134]

Die Bemühungen um eine liberale und moderne Interpretation des Islam gehen vor allem von Islamwissenschaftlern und Theologen aus, die im Westen leben. Sie bilden jedoch gegenüber dem Mainstream-Islam eine hoffnungslos winzige Minderheit. Zu ihnen zählt der an der Universität Münster lehrende Religionspädagoge Mouhanad Khorchide. Seine Glaubensinterpretation wird von den deutschen Islamverbänden abgelehnt, was für seine berufliche Aufgabe, islamische Religionslehrer auszubilden, problematisch ist. In seinem 2012 erschienenen Buch *Islam ist Barmherzigkeit* wollte Khorchide ein humanes Gesicht des Islam zeigen. Vom Koordinationsrat der Muslime in Deutschland (KRM) wurde es vernichtend begutachtet. Wie Ralph Ghadban schrieb, betonte der Koordinationsrat »das düstere, mittelalterliche Bild des Islam«.[135]

Trotz der Widerstände und Bedrohungen versucht Khorchide weiterhin, die Botschaft des Islam zu modernisieren und ein abstraktes Substrat daraus zu ziehen, das den Islam neben anderen großen Religionen als Quelle eines modernen Humanismus erscheinen lässt. Er schreibt: »Der Islam, wie ich ihn verstehe und für den ich mich stark mache, beschreibt die Gott-Mensch-Beziehung (...) als eine partnerschaftliche Beziehung. Weder will Gott den Menschen bevormunden, noch soll der Mensch sich für göttlich halten.«[136] Khorchide meint, »dass der Koran historisch zu kontextualisieren ist: Sämtliche Verse, die an historische Ereignisse gebunden sind und somit einem gesellschaftlichen Wandel unterliegen, müssen in ihrem historischen Kontext verstanden werden, um in einem zweiten Schritt das jeweilige ethische Prinzip des Verses zu eruieren.«[137]

Seine historisch-kritische Interpretation des Korans verdreht allerdings dessen Text für den unvoreingenommenen Leser geradezu in sein Gegenteil: »Der Ruf des Korans zum Glauben an den einen Gott ist ein Ruf, sich zur Freiheit zu bekennen. Der Monotheismus ist im

Grunde ein Bekenntnis zur Befreiung von jeglicher geistigen, sozialen und politischen Bevormundung.«[138] »Gerade das islamische Glaubensbekenntnis ist in erster Linie ein Bekenntnis zur Befreiung von jeglicher Bevormundung und somit ein Bekenntnis zur Befreiung von allem, was den freien Blick der Menschen einschränkt und den Menschen abhängig macht.«[139] »Wer sich gegen ständige Reformen stellt – und das sind heute nicht wenige – stellt sich gegen den Geist des Islams.«[140]

Natürlich weiß Khorchide, dass sich subjektive Interpretationen des Islam weder beweisen noch widerlegen lassen: »Der Islam ist letztendlich das, was Muslime daraus machen. Daher ergibt der Satz ›Terroristen, die im Namen des Islams Terror ausüben, sind keine Muslime‹ keinen Sinn. Selbstverständlich sind sie Muslime, weil sie sich mit dem Islam identifizieren, ihn aber so interpretieren, wie sie ihn interpretieren, nämlich im Sinne von Gewalt und Terror. Und da der Islam keine Kirche kennt, obliegt es dem Diskurs, zu bestimmen, welcher Islam sich letztendlich durchsetzt.«[141]

Khorchide spricht offen an, »dass in der islamischen Tradition, die zum Teil als ›Mainstream‹ gilt, nicht nur gewaltbejahende Haltungen verbreitet sind, sondern auch solche, die Kriegsgefangene zur Sklaverei freigeben, ja sogar die Vergewaltigung von Frauen unter dem Vorwand der Sklaverei religiös legitimieren«.[142] Ein Blick in die islamische Theologie zeige, »dass die Mehrheit der traditionellen muslimischen Gelehrten die Meinung vertrat, das Verhältnis zwischen Muslimen und Nichtmuslimen sei vom Krieg und nicht vom Frieden bestimmt. Und genau diese exklusivistische Haltung ist die Grundlage für Gewalt und Krieg.«[143] Aus seiner Sicht verdrängen Muslime, »dass das Problem viel tiefer innerhalb der islamischen Tradition verwurzelt ist, als die meisten es glauben oder gerne hätten. (...) Wir Muslime müssen uns dringend und mit viel Mut mit der eigenen Tradition kritisch auseinandersetzen und erneut überprüfen, welche Positionen darin heute noch vertretbar und welche einfach zu verwerfen sind. (...) Das Problem des Islams heute sind längst nicht allein die Extremisten, sondern ein in sich verkapselter Diskurs, der sich zu öffnen weigert und keine Reformen zulässt.«[144] »Im islamischen Kontext ist (...) immer wieder vom ›Mainstream‹ die Rede, und zwar meist als Machtinstrument im Sinne von ›Man darf dem Mainstream nicht widersprechen‹. Gerade wenn es um religiöse Belange geht, ist so ein Machtinstrument ein Hindernis für jegliche Form der Reflexion und somit ein Instrument der Selbstmanipulation. Aber genau das ist das Argument der Masse: ›Das widerspricht dem Mainstream.‹ Dadurch verhindert dieser Mainstream einen reflektierten Diskurs, und so wird er zu einem Instrument der Stagnation.«[145]

Am Ende seines Buches über den Islam als Quelle des Humanismus ruft Khorchide zur Unterstützung des Reform-Islam nach dem Staat: »Daher ist es Aufgabe des politischen Systems, Räume und Institutionen zu schaffen, die (...) Aushandlungsprozesse garantieren, ständig schützen und möglichst viele Akteure miteinbeziehen.«[146] Er weiß offenbar, dass sein Reform-Islam nur unter dem staatlichen Schutz einer westlichen Demokratie gedeihen kann. Was wäre, wenn das Staatswesen islamisch wäre? Diese Frage beantwortet Khorchide nicht. Wahrscheinlich ist er froh, dass er seine Professur in Münster und nicht in einem arabischen Land hat.

Die Bemühungen Khorchides und gleichgesinnter islamischer Theologen um einen liberalen, mit der Moderne kompatiblen Islam sind in jeder Hinsicht verdienstvoll. Ihre kühnen Interpretationen entfernen sich jedoch weit von den konkreten Aussagen des koranischen Textes. Sie taugen zudem nicht dazu, die Fantasien der Massen zu befeuern. Darum wird diese Denkrichtung auf absehbare Zeit in einer hoffnungslosen Minderheit verharren.

Im Westen wird die Rezeption des Islam stark geprägt von Lessings berühmter *Ringparabel* über die Ähnlichkeit der drei monotheistischen Religionen, sodass »es sich bei den in ihrem Namen ausgefochtenen Konflikten und Kriegen nur um Missverständnisse handelt« kann, »die durch geistigen Austausch, Aufklärung und Toleranz zu überwinden sind«. Für den deutsch-israelischen Schriftsteller Chaim Noll ist dies schon deshalb falsch,

– »weil bei den drei in Frage stehenden Religionen ganz zweifelsfrei eine Reihenfolge ihrer Entstehung und damit der Originalität ihrer Ideen feststellbar ist (...) Der Koran ist zu weiten Teilen Bibel-Exegese. (...) Nähme man vom Koran alles hinweg, was bi-

207

blischer Stoff, jüdisch-talmudisches oder christlich-theologisches Denken ist, bliebe nur noch ein schmaler Text übrig. Fast alles, was der Koran an Fakten mitteilt, ist biblischer Stoff.«[147]

– Andererseits adaptierte Mohammed »Elemente in seine Lehre, die mit jüdischen und christlichen Konzepten der Welt unvereinbar sind, etwa das Paradies als Ort des Sinnenrauschs und irdischer Vergnügungen, das generelle Verbot Wein zu trinken oder die sprachliche Suggestion seiner, Mohammeds, eigenen Gottnähe«.[148]

– Ganz unterschiedlich ist das Verhältnis von Bibel und Koran zur Gewalt gegen Andersgläubige im Namen der Religion: »Unbestreitbar hat es auch im Judentum verderblichen Fanatismus gegeben und im Christentum Kreuzzüge, Hexenwahn und Inquisition. Doch im Unterschied zum Koran sind solche Missbräuche nicht durch den biblischen Text selbst geboten.«[149] Die Textstellen im Neuen Testament zur Mission »meinen ohne Zweifel die Bekehrung von Individuen, nicht ihre massenhafte Unterwerfung oder das Erobern von Gebieten. Der Text der Evangelien äußerte keine Drohungen oder Strafen gegenüber denen, die sich der Bekehrung entziehen.«[150]

– Im Unterschied zur Bibel fehlt dem Koran der Respekt gegenüber Andersgläubigen: »Den Status von Gott geduldeter, sogar in die Gottes Liebe einbezogener Fremder gibt es im Islam nicht. Der Begriff des ›Andersgläubigen‹ ist im Koran unbekannt, folglich gibt es auch keine Toleranz ihm gegenüber. Die Menschheit ist dort getrennt in Gläubige, denen die Gnade, Barmherzigkeit und Anleitung Allahs gelten, und Ungläubige, die nicht nur davon ausgeschlossen sind, sondern die der Gott des Islam in leitmotivischer Eindringlichkeit (...) von der Erde zu vertilgen verlangt.«[151]

– Der Islam ist tief geprägt vom Nomadentum seiner Entstehungszeit: In der Bibel ist das Land »ein fest umrissenes Gebiet, das intensiv kultiviert werden soll, um die darauf Lebenden zu ernähren, im Koran ein – nun aus religiösem Grund – ständig zu erweiterndes Territorium. Der Koran enthält einen erneuten Aufruf zum Nomadentum, diesmal zu einem globalen, von der ›Gemeinschaft der Gläubigen‹ gemeinsam unternommen«, um die Herrschaft des Islam auf die ganze Welt auszudehnen.[152]

Die Spiegelung der islamischen Lehre in den Einstellungen der Muslime

2013 veröffentlichte das Pew Research Center eine breit angelegte Studie über die Einstellungen der Muslime in 42 islamischen Ländern, die auf persönlichen Interviews mit einer repräsentativen Stichprobe im jeweiligen Land beruhte. Die Interviews wurden anhand eines weitgehend identischen Fragenkatalogs vorgenommen, der nur in wenigen Fällen je nach kulturellem Umfeld variiert wurde.[153]

Die Ergebnisse zeigen in allen Ländern eine tiefe Prägung durch den Islam. Angesichts der Spannweite der einbezogenen Länder von Subsahara-Afrika über Zentralasien bis nach Indonesien erscheinen die Variationen in den Antworten als gering. Man kann trotz der ethnischen Unterschiede von einer durchweg sehr starken kulturellen Prägung durch den Islam sprechen. Für die Zwecke dieser Darstellung habe ich die Ergebnisse stark gebündelt:

Politik

Für die überwältigende Mehrheit der Befragten ist die Korruption der politischen Führer ein großes Problem, das Spektrum reicht von 71 Prozent in der Türkei bis zu 99 Prozent in Indonesien. Durchweg um die 90 Prozent klagen über die große Kriminalität. Etwa die Hälfte hält islamische politische Parteien für besser als andere Parteien. Eine deutliche Mehrheit meint, religiöse Führer sollten einen großen oder nennenswerten Einfluss auf die Politik haben. In Ägypten meinen dies 75 Prozent, in der Türkei 36 Prozent.

Religiöse Konflikte und religiöser Extremismus

Mehrheiten von 60 bis 80 Prozent halten die Konflikte zwischen religiösen Gruppen für ein großes Problem. 50 bis 70 Prozent sind über Extremisten im eigenen Land beunruhigt, in Indonesien sogar 95 Prozent. Auch halten die meisten die Spannungen zwischen den religiösen und den weniger religiösen Muslimen im eigenen Land für groß. Hier liegt die Türkei bei 37 Prozent und Ägypten bei 94 Prozent.

Um den Islam vor seinen Feinden zu schützen, halten in allen islamischen Ländern starke Minderheiten Selbstmordattentate unter Umständen für gerechtfertigt. Dies meinen 23 Prozent der Türken und 15 Prozent der Iraker. In Palästina, Ägypten und Afghanistan ist sogar eine Mehrheit der Befragten dieser Auffassung. Terroristen finden also in allen islamischen Ländern ein breites Feld von Sympathisanten vor.

Glaubensstärke und Fundamentalismus

Die überwältigende Mehrheit der Muslime meint, dass man kein guter Mensch sein kann, wenn man nicht an Gott glaubt. Dieser Ansicht sind 70 Prozent der Türken, 94 Prozent der Ägypter und 95 Prozent der indonesischen Muslime. Auch glauben ähnliche Mehrheiten, dass man nur über den Islam das ewige Leben im Himmel erreichen kann.

Ablehnung des Westens

Überwiegend äußern die Muslime eine Abneigung gegen westliche Musik, Filme und Fernsehen. Sie meinen, dass sie der Moral im Land schaden. So äußern sich 50 Prozent der Türken, 75 Prozent der Iraker und 96 Prozent der Pakistani.

Die Evolutionstheorie, also das im Westen entwickelte wissenschaftliche Gebäude von der Entstehung der Welt und des Menschen, wird in der Türkei von 49 Prozent, im Irak von 67 Prozent und in Indonesien von 55 Prozent der Muslime abgelehnt.

Die überwältigende Mehrheit der Muslime nimmt niemals an sozialen Aktivitäten mit Christen teil. So äußern sich 83 Prozent der Türken, 92 Prozent der Ägypter und 91 Prozent der Pakistani.

Auch hält eine große Mehrheit den Genuss von Alkohol für moralisch falsch, in der Türkei 66 Prozent, in Ägypten 79 Prozent und in Malaysia 93 Prozent.

Sexualmoral

Die überwältigende Mehrheit der Muslime hält Sex zwischen Menschen, die nicht miteinander verheiratet sind, für moralisch falsch. So äußern sich 88 Prozent der Türken, 93 Prozent der Pakistani und 94 Prozent der Indonesier. Eine vergleichbar hohe Ächtung erfährt die Homosexualität. 85 Prozent der Türken, 94 Prozent der Ägypter und 94 Prozent der Nigerianer halten homosexuelles Verhalten für unmoralisch.

Unterdrückung der Frau

85 Prozent der Ägypter, 92 Prozent der Iraker und 96 Prozent der Malaien meinen, dass eine Frau immer ihrem Mann gehorchen muss. Auch in der Türkei sind 65 Prozent dieser Meinung. 75 Prozent der Iraker und 65 Prozent der Ägypter meinen, dass die Söhne mehr erben sollen als die Töchter, in Indonesien meinen das 18 Prozent, in der Türkei 5 Prozent.

6 Prozent der Türken meinen, dass eine Frau **nicht** frei entscheiden darf, ob sie den Schleier trägt, in Ägypten meinen dies 44 Prozent, in Nigeria 64 Prozent.

Polygamie ist moralisch akzeptabel für 13 Prozent der Türken, 46 Prozent der Iraker und 49 Prozent der Malaien. Immerhin ist die islamische Welt zu diesem Thema gespalten.

Gespalten ist die islamische Welt auch beim Ehrenmord. Dass dieser unter Umständen gerechtfertigt ist, wenn eine Frau vorehelichen Sex hat oder Ehebruch begeht, meinen 24 Prozent der Türken, 57 Prozent der Ägypter und 46 Prozent der Pakistani.

Scharia

Mit großer Mehrheit glauben die Muslime, dass die Scharia das offenbarte Wort Gottes ist. Das meinen 49 Prozent der Türken, 75 Prozent der Ägypter, 81 Prozent der Pakistani und 45 Prozent der Indonesier.

Die überwältigende Mehrheit möchte das Scharia-Recht als offizielles Gesetz im eigenen Land. Das meinen 74 Prozent der Ägypter, 84 Prozent der Pakistani und 86 Prozent der Malaien. Nur in der Türkei ist das mit 12 Prozent eine Minderheitenmeinung. Passend dazu fordert auch eine überwältigende Mehrheit, dass muslimische Führer und religiöse Richter über Familien- und Eigentumsstreitigkeiten entscheiden sollten, in Ägypten meinen dies 94 Prozent, in Pakistan 84 Prozent. Auch hier bildet die Türkei mit einer Minderheitsmeinung von 14 Prozent eine Ausnahme.

Das gilt auch bei der Todesstrafe für Muslime, die vom Glauben abfallen. Diese wünschen 8 Prozent in der Türkei, 41 Prozent im Irak, 88 Prozent in Ägypten, 75 Prozent in Pakistan und 58 Prozent in Malaysia.

Ein ähnlicher Prozentsatz fordert die Steinigung von Menschen, die Ehebruch begehen. Das meinen 9 Prozent der befragten Türken, 80 Prozent der Ägypter, 86 Prozent der Pakistani und 42 Prozent der Indonesier.

Dass Verbrechen wie Diebstahl und Raub durch Auspeitschung und Handabschneiden bestraft werden, befürworten 12 Prozent der Türken, 70 Prozent der Ägypter, 85 Prozent der Pakistani und 37 Prozent der Indonesier.

In der Summe wird deutlich, dass in praktisch allen islamischen Ländern die weitaus meisten Muslime eine sehr enge und rigide Auslegung der islamischen Religion befürworten. Dabei scheint es sich um eine Massenbewegung von unten zu handeln. Viele Regierende in der islamischen Welt mögen zögern. Es sind offenbar ihre Völker, die einen engen, konservativen, ja über weite Strecken fundamentalistischen Islam wollen. Am stärksten gefeit erscheint dagegen noch die Türkei, 80 Jahre unter der säkularen Gesetzgebung des Kemal Atatürk blieben nicht ohne Folgen. Allerdings ist in der Türkei der Druck von oben durch die Regierung auf eine islamistische Umgestaltung des Landes besonders groß.

Vor diesem Hintergrund bleibt der Traum des Mouhanad Khorchide und gleichgesinnter Theologen von einem liberalen, mit der Moderne kompatiblen Islam eine Utopie – weltweit handelt es sich nicht einmal um eine Splitterbewegung.

Auch bei den nach Europa eingewanderten Muslimen bleibt der religiöse Fundamentalismus stark und nimmt auch in der zweiten Generation kaum ab:

– 50 Prozent glauben, dass der Islam zu den Wurzeln zurückkehren muss,

– 70 Prozent meinen, es gebe nur eine wahre und bindende Interpretation der Religion,

- 65 Prozent halten religiöse Regeln für wichtiger als weltliche Gesetze, und
- knapp 40 Prozent halten alle drei Meinungen für richtig.

Damit ist der Fundamentalismus unter den Muslimen Europas um ein Vielfaches ausgeprägter als unter den Christen.[154] Fundamentalismus ist noch kein Extremismus, aber er bereitet den Boden dafür.[155] Offenbar wirken Islam und Herkunft auch für die Kinder und Enkel der Eingewanderten weitaus prägender als die westliche Kultur der Aufnahmeländer. Auf diese Problematik komme ich in Kapitel 4 zurück.

Religion vor Demokratie und Menschenrechten

Statistische Modelle zum Zusammenhang zwischen Religion und Menschenrechten zeigen sowohl im historischen Längsschnitt als auch im Querschnittsvergleich, dass die Verwirklichung der Menschenrechte mit dem Prozentsatz der Christen in einem Staat positiv, dem Prozentsatz der Muslime dagegen negativ korreliert. Auch politische Institutionen haben eine hohe Korrelation zu Menschenrechten, der Einfluss der Religion ist aber deutlich größer.[156]

Religiöse Überzeugungen können ihrer Natur nach von außen weder bewiesen noch widerlegt oder überprüft werden. Für den Gläubigen ist ihre Wahrheit nicht hinterfragbar, sie hat axiomatischen Charakter. Der Ungläubige dagegen wird dadurch ausgeschlossen, dass ihm der Glaube fehlt. Ein rational nicht hinterfragbarer Glaubenskern ist insoweit das Wesen jeder Religion. Seine innere Akzeptanz als »wahr« unterscheidet den Gläubigen vom Ungläubigen.

Im Polytheismus wird die Widersprüchlichkeit der religiösen Erwartungen, Bedürfnisse und Überzeugungen durch die Vielzahl der Götter, ihren unterschiedlichen Charakter und die Verschiedenartigkeit ihrer Forderungen an den Menschen abgebildet. Im Monotheismus ist das nicht möglich. Wenn es nur einen Gott gibt und seine dem

Gläubigen offenbarten Aussagen einigermaßen klar sind, wird damit für den Gläubigen der Raum von »wahr« und »falsch«, von »gut« und »böse« so eingeschränkt, dass es kein Entrinnen gibt, wenn man gläubig sein will.

Im Monotheismus streiten jedoch stets engere und weitere Auslegungen der religiösen Offenbarung miteinander. So gibt es hinsichtlich der Glaubenspraxis orthodoxe und säkulare Juden, und die christliche Religion hat sich in zwei Jahrtausenden sowieso vielfältig verzweigt. Das macht es dem gläubigen Christen einerseits schwerer, die religiöse Wahrheit zu erkennen. Andererseits macht es ihn flexibler, um seine religiösen Überzeugungen mit seinen inneren Bedürfnissen und dem von ihm gewählten Lebensmodell in Übereinstimmung zu bringen.

Im Islam setzte sich früh eine enge Auslegung durch, und sie dominiert bis heute: Der Koran ist Wort für Wort die göttliche, ewige und letzte Offenbarung Gottes aus dem Munde des Propheten Mohammed. Neben dem Koran gelten weiterhin die zuverlässig überlieferten Worte des Propheten und seine Lebenspraxis als verbindlich.

Die koranische Offenbarung erfolgte in einem Zeitraum von nur 23 Jahren. Mohammed, der Empfänger der Offenbarung, war gleichzeitig der Anführer der Gläubigen und der weltliche Herrscher des sich ausdehnenden islamischen Herrschaftsbereichs. Die Frage der Trennung von Religion und Staat, von weltlicher und religiöser Herrschaft stellte sich also nicht.

Ganz anders das Christentum: Ehe es im spätrömischen Reich zur Staatsreligion wurde, entwickelte es sich über 300 Jahre unabhängig von der weltlichen Herrschaft des Römischen Reiches und schuf seine eigenen Hierarchien und Institutionen. Diese blieben auch dann bestehen, als das Christentum Staatsreligion wurde.[157] Im Christentum gingen Staat und Kirche mal stärker zusammen, mal trennten sich die Wege auf bestimmten Gebieten. Die weltliche Herrschaft bezog vielfach ihre Legitimation aus dem christlichen Glauben, aber sie war nicht identisch mit ihr. So konnte sich ein Denken entfalten, das unabhängig vom religiösen Glauben war. Das Zeitalter der Aufklärung im westlichen Abendland war selbstverständlich keine historische Zwangsläufigkeit. Aber es wurde erleichtert und ermöglicht durch die im Christentum von Anfang an angelegte Trennung von Staat und Religion. So konnten sich Staat und Gesellschaft letztlich von der Religion emanzipieren.

Im Zeitalter der Religionskriege war dies begleitet von gewalttätigen Auseinandersetzungen. Am Ende aber stand die Religionsfreiheit, die eine doppelte Bedeutung hat:

– Die Menschen sind frei, sich ihre Religion zu wählen und sie zu praktizieren oder auch ganz auf einen religiösen Glauben zu verzichten.
– Der Staat und seine Institutionen sind frei vom Zugriff der Religion. Weltliche Herrschaft ist auch dann legitim, wenn sie keine religiöse Quelle hat. Weltliche Gesetze brauchen keine Rechtfertigung durch religiöse Normen.

Eingeschränkte Meinungsfreiheit, religiöse Intoleranz

Das wird im Islam überwiegend ganz anders gesehen. Die Religion ist grundsätzlich auch die Quelle des weltlichen Rechts, dafür steht die Scharia, und die menschlichen Freiheiten werden durch das religiöse Gesetz eingeschränkt, mindestens gilt das für die Gläubigen. Der Islam passt insofern nicht zur Demokratie, aber dieses »Nicht-passend-Sein« hat gleichzeitig ungeheuer viele Abstufungen. Allerdings passen auch die liberalsten Abstufungen nicht zu einer Demokratie westlicher Art. Wie ich bereits in Kapitel 2 beschrieben hatte, ist in allen Ländern der islamischen Welt die Demokratie in abgestufter Weise eingeschränkt, besteht nur rudimentär oder gar nicht.

Exemplarisch auf den Punkt gebracht wurde dies durch die Debatte über die Menschenrechte. Die Kairoer Erklärung der Menschenrechte im Islam – im Jahr 1990 verabschiedet von 45 Außenministern islamischer Länder – stellt in Artikel 24 ausdrücklich fest, dass »alle in dieser Erklärung festgelegten Rechte und Freiheiten (...) der islamischen Scharia nachgeordnet« sind. Nach Artikel 22 wird auch das Recht auf freie Meinungsäußerung durch die Grundsätze der Scharia begrenzt.

In Artikel 25 wird das islamische Recht als alleinige Quelle der Rechtsfindung festgelegt. In Artikel 5 werden zwar Heiratsbeschränkungen verboten, die Religion wird dabei aber nicht erwähnt. Aus der Sicht der Kairoer Erklärung ist es also menschenrechtlich zulässig, Muslimen die Heirat mit Nichtmuslimen zu verbieten. Artikel 6 spricht den Frauen zwar gleiche Würde, nicht aber eine völlige rechtliche Gleichstellung zu. *Tatsächlich ist die Kairoer Erklärung die Ablehnung des westlichen Konzepts der Menschenrechte und der Idee eines säkularen, gegenüber den Religionen neutralen Staates.*[158] Es ist verräterisch und rätselhaft zugleich, wie wenig das jene zu interessieren scheint, die seit Jahren gedankenlos daherreden, dass der Islam jetzt auch zu Deutschland gehöre.

Folgerichtig enthielt die auf der zweiten Weltkonferenz über Menschenrechte 1993 – die erste hatte 1969 in Teheran stattgefunden – verabschiedete »Wiener Erklärung« aufgrund des Widerstands islamischer Länder und Chinas »keine ausdrückliche Bekräftigung der Rede-, Presse-, Versammlungs- und Religionsfreiheit und war damit in vieler Hinsicht schwächer als die Allgemeine Erklärung der Menschenrechte, die die UNO 1948 beschlossen hatte«.[159] Im traditionellen Islam wird ganz explizit »der Schutz der Religion vor Diffamierungen höher bewertet (...) als das Recht auf freie Meinungsäußerung«.[160]

Nur eine kleine Minderheit muslimischer Denker äußert die Hoffnung, dass sich der Islam in die Richtung einer toleranten, mit Säkularität und Demokratie zu vereinbarenden Religion weiterentwickeln könne. Die Vertreter des sogenannten Mainstream-Islam lehnen bereits die Fragestellung ab. Für sie steht der islamische Glaube weitaus höher als jede politische Demokratie. Undenkbar erscheint es, dass weltliche Gesetze der Scharia übergeordnet sind. Mindestens dies gilt für den Mainstream-Islam: Wo Muslime die Mehrheit bilden, muss auch das Staatswesen islamisch sein.

Der algerische Dichter Boualem Sansal beschreibt in seinem an George Orwell angelehnten utopischen Roman *2084 Das Ende der Welt* die Konsequenzen einer religiösen Glaubensdiktatur. Sie »bot der Menschheit die Unterwerfung unter die heiliggesprochene Ignoranz als Antwort auf die der Lehre inhärente Gewalt (...) und verweigerte ihr die Revolte als Mittel, eine Welt nach ihrem Maß zu finden. (...) Die Religion ist wirklich ein tödliches Heilmittel.«[161] Sansal gibt der religiösen Diktatur eine Zukunft, weil sie die Gewaltanwendung durch religiöse Überhöhung besser legitimiert. Aus einer Schuldfrage wird das Gesetz Gottes, das entlastet selbst die Opfer, so Sansal in seinem rabenschwarzen Blick in die Zukunft.[162]

Glaubensfreiheit, Christenverfolgung

Der Koran gesteht den »Religionen des Buches«, also dem Judentum und dem Christentum, eine gewisse Teilhabe an der religiösen Wahrheit und damit eine eigene Würde zu. Wenn Christen und Juden sich der Herrschaft des Islam unterwerfen, dürfen sie ihre Religion im Privaten frei ausüben, aber mehr auch nicht. Rechtlich und moralisch werden sie ins zweite Glied gerückt, »so nimmt es nicht wunder, dass die Benachteiligung der Christen wie die anderer religiöser Minderheiten mit der Intensität der religiösen Orientierung und Bindung des Staatswesens und der Gesetzgebung zunimmt«. Das heißt nicht, »dass ein toleranter und zur Gleichberechtigung fähiger Islam nicht möglich ist. Es heißt aber sehr wohl, dass ein moralisches wie rechtliches Gefälle zwischen Muslimen und Nicht-Muslimen im Islam selbst seine Grundlage findet, im Koran und in der Sunna, dem überlieferten Vorbild des Religionsstifters.«[163]

Das internationale Hilfswerk Open Doors kümmert sich seit 60 Jahren um verfolgte Christen in aller Welt und stellt jährlich einen Weltverfolgungsindex der 50 Länder auf, in denen Christen am meisten Verfolgung erleiden. Dabei wird nach Lebensbereichen differenziert, auch das Auftreten von Gewalt fließt ein. An der Spitze steht Nordkorea, gleich danach folgen Somalia und Afghanistan. Die Türkei steht auf Platz 37, zwei Plätze vor China. 41 der 50 im Weltverfolgungsindex 2017 gelisteten Länder haben eine muslimische Bevölkerungsmehrheit. *Christenverfolgung ist also weit überwiegend eine Spezialität der islamischen Länder.*[164]

Die Tendenz zur Marginalisierung und Ausgrenzung von Christen und Juden hat mit der Welle der Reislamisierung zugenommen. Auch wenn die Christen länger in den islamischen Kernländern gelebt haben als die Muslime selbst, werden sie heute zunehmend mit »›dem Westen‹ als dem vermeintlichen Feind der islamischen Welt identifiziert. Sie werden marginalisiert, weil erneut die Untrennbarkeit von Religion und Politik als wesenhaft islamisch propagiert wird, weil Islam und Scharia eine herausragende Rolle für die Gestaltung von Recht und Gesellschaft zukommt und weil die Überlegenheit und das Deutungsmonopol des Islams gegenüber anderen Religionen in einer Weise bekannt und gelebt werden, die weit über das persönliche Bekenntnis hinausgeht.«[165] »Antichristliche Propaganda muss man in den meisten muslimisch geprägten Ländern nicht mehr hinter vorgehaltener Hand äußern, sie ist salonfähig und gehört vielerorts geradezu zum guten Ton.«[166]

Die komplizierte Situation beschreibt Open Doors wie folgt:

»Auch im Jahr 2016 hat sich die Minderheit der traditionellen christlichen Gemeinschaften im Nahen und Mittleren Osten durch eine systematische Vertreibung weiter reduziert. Dabei spielen islamistische Regime und Netzwerke, die ihre Einflussbereiche weltweit ausbauen, eine zentrale Rolle. Die Gemengelage ist und war aufgrund wechselnder Koalitionen mitunter unübersichtlich. Während sich weltweit sunnitische islamistische Netzwerke wie Boko Haram, al-Shabaab und größere Teile der Taliban in ihrem Kampf für die Islamisierung der Welt dem IS unterworfen haben, kämpfen mit dem sunnitischen Saudi-Arabien und dem schiitischen Iran zwei traditionell verfeindete islamistische Regime gemeinsam gegen den zunehmenden Einfluss des IS. Doch gleichzeitig stehen sie in einem Wettstreit um die Vormachtstellung im Mittleren Osten. Verstärkt wird dieser Konflikt noch durch die unterschiedlichen Interessenslagen von Russland und den westlichen Staaten unter Führung der USA. Die im Wesentlichen durch die Vielzahl islamistischer Kräfte existenziell bedrohte christliche Gemeinschaft in der Region ist zwischen alle Fronten geraten. Die demokratischen Staaten, die sich teilweise auf ihre christlichen Werte berufen, haben in dem Konflikt die besondere Schutzbedürftigkeit der christlichen Minderheit aus den Augen verloren. Trotz ihrer tiefen Verwurzelung im Nahen Osten droht den traditionellen Christen damit die völlige Vertreibung aus der Region.«[167]

Das Zusammenleben des Islam mit anderen Religionen ist freilich niemals wirklich friedlich gewesen. Die gesamte islamische Geschichte war immer wieder von Massakern an Angehörigen fremder Religionen begleitet.[168] Der in den Neunzigerjahren des vergangenen Jahrhunderts im jugoslawischen Bürgerkrieg ausgebrochene Hass zwischen Serben und Muslimen hatte seine Wurzeln in der 400 Jahre währenden Gewalterfahrung während der osmanischen Herrschaft, die immer wieder zu Massakern an Christen führte.[169] »Für die einheimischen Christen (...) bedeutet die erneute Welle der Islamisierung von Staat, Recht und Gesellschaft das Aus für ihren Traum von einem säkularen Staatswesen, das sehr wohl religiöse Werte schätzt und respektiert, die Bürger aber nicht nach ihrer Religionszugehörigkeit qualifiziert und unterschiedlich behandelt.«[170]

Jedoch kann man auch im idealsten Fall eines friedlichen Mainstream-Islam dann kaum von Religionsfreiheit reden, wenn die Muslime die Mehrheit stellen und die Scharia dem weltlichen Gesetz übergeordnet ist, so wie 1990 bei der Konferenz über die Menschenrechte im Islam postuliert. »Das islamische Verständnis von Religionsfreiheit im Sinne der Scharia: die Freiheit der Muslime, ihren Glauben ungehindert zu leben, zu bekennen und dafür zu werben, sowie die Freiheit der Juden und Christen, ihren Glauben in den Grenzen zu leben, in denen es die dominierende muslimische Bevölkerung nicht stört oder provoziert, geschweige denn in ihrer eigenen Glaubensgewissheit irritiert«:[171]

– Für die Christen gilt damit das Missionsverbot. Sie dürfen gegenüber Muslimen den Inhalt ihres Glaubens weder erläutern, noch dürfen sie für ihren Glauben werben. »Mission unter Muslimen, ja bereits jede Konfrontation mit der christlichen Botschaft, sei es im Gespräch oder durch entsprechendes Schrifttum, ist bis heute in allen muslimisch geprägten Ländern ungeachtet der jeweiligen strafrechtlichen Relevanz der Scharia ein absolutes Tabu.«[172]

- Muslime dürfen nicht zum Christentum konvertieren, das wäre Apostasie und wird mindestens moralisch missbilligt, wenn nicht gar nach dem weltlichen Gesetz bestraft.
- Muslime sind aber angehalten, ihrerseits Christen zur Konversion einzuladen.
- Muslimische Frauen dürfen keine christlichen oder jüdischen Männer heiraten, es sei denn, diese treten vorher zum Islam über.
- Christliche und jüdische Frauen dürfen muslimische Männer heiraten, ohne konvertieren zu müssen. Ihre Kinder sind dann aber zwingend Muslime.
- Den Muslimen in islamischen Ländern werden keinerlei Kenntnisse über fremde Religionen vermittelt. Für gläubige Muslime ist es verboten, sich in ähnlicher Weise mit dem christlichen oder jüdischen Glauben zu befassen, wie dies Islamwissenschaftler im Westen mit dem Islam tun. Über den fremden Glauben erfahren sie nur das, was im Koran steht. Bibeln in Landessprache gibt es praktisch nicht. Eine »persönliche nähere Befassung mit dem christlichen Glauben (...) ist für den Muslim tabu – ein Phänomen, das sich bis ins 21. Jahrhundert hinein auswirkt«.[173]
- Damit fehlen den Muslimen alle Grundlagen für einen religiösen Dialog. Da der Weg zum Islam eine Einbahnstraße sein soll, kann ein auf breitem Wissen aufgebauter unvoreingenommener Dialog nur schädlich sein und wird möglichst gleich unterbunden.

Das gilt für den friedlichen Mainstream-Islam. Bei islamistischen Richtungen wird – darüber noch hinausgehend – die im Vergleich zu den »Ungläubigen« bevorzugte Stellung der anderen beiden »Religionen des Buches« mehr oder weniger aufgehoben. Christen und Juden werden im Grunde wie Ungläubige behandelt. Für die unterschiedlichen Richtungen des Salafismus gilt gleichermaßen, »dass allen dieselbe Ideologie der krankhaften Selbstaufwertung und Fremdabwertung zugrunde liegt, die die Voraussetzung für die Verachtung der anderen ist und der Gewalt Vorschub leistet«.[174] Für die Islamwissenschaftlerin Rita Breuer steht außer Frage, dass »islamistische Parteien, Verbände und Strömungen das Christentum in islamischen Ländern ersticken wollen, sei es durch Konversion zum Islam, Unterdrückung religiöser Ausdrucksformen in der Öffentlichkeit, Vertreibung oder gar Tötung«.[175]

Aber auch dort, wo nicht die Radikalen herrschen, gilt überwiegend: »Erlebbares Christentum und einschlägige Symbole sollen mehr und mehr aus dem öffentlichen Raum verschwinden und werden teilweise gewaltsam zerstört. Eine voranschreitende Prägung von Rechtssystemen durch die Scharia manifestiert sich in Rechtsungleichheit zwischen Muslimen und Nichtmuslimen und führt zur Diskriminierung Letzterer. Hetze bereitet den Boden für immer mehr Christenfeindlichkeit.«[176] Rita Breuer resümiert: »Die Reislamisierung der letzten Jahre und Jahrzehnte (...) hat den Christen ausschließlich Nachteile gebracht. (...) Jedes Mehr an Islam in der Rechtsprechung, in der öffentlichen Meinungsbildung und in der Alltagskultur bedeutet für Christen wie für andere religiöse Minderheiten ein Weniger an Rechten und gesellschaftlicher Akzeptanz. Verglichen mit der Mitte des 20. Jahrhunderts gibt es deutlich weniger Christen in Regierungen und einflussreichen Posten.«[177]

Die Einschränkung der Religionsfreiheit der Christen in der islamischen Welt erfolgt über Behinderungen, Übergriffe, Bedrohung und Terror, dafür einige Beispiele:

Behinderungen

– Das Bild des Christentums in den Schulbüchern der islamischen Welt ist extrem verzerrt. Rita Breuer nennt es »im Großen und Ganzen eine Zumutung«. Für die Christen gibt es keine Möglichkeit, sich dagegen zu wehren. Schon gar nicht erfahren sie dabei eine Unterstützung der Behörden.[178]
– Zwar sind kirchliche Bauten nur in Saudi-Arabien vollständig verboten. Aber Neubauten sind praktisch überall weitgehend unmöglich, schon bei Reparaturen gibt es behördliche Schwierigkeiten.[179]
– Der öffentliche Ausdruck der Religion wird extrem erschwert. So sind selbst in Tunesien, oft für seine Toleranz gelobt, Glockengeläut, öffentliche Prozessionen oder Ordenstrachten verboten.[180]
– Christen hatten wegen ihrer besseren Bildung häufig einen überdurchschnittlichen Personalanteil in der öffentlichen Verwaltung. In Ägypten z. B. waren zu Beginn des 20. Jahrhunderts 45 Prozent

der Verwaltungsmitarbeiter Christen. Heute sind sie kaum noch in höheren Verwaltungsfunktionen oder gar in politischen Ämtern vertreten.[181] Nur in der Privatwirtschaft, wo der Staat keinen Zugriff hat, können sie sich gegenwärtig noch halten. 35 Prozent der ägyptischen Privatwirtschaft sind in koptischer Hand, aber an den Hochschulen gibt es kaum noch christliche Professoren.[182]

– In Algerien ist allen Staatsbürgern die Vergabe nicht muslimischer Vornamen verboten.[183]

Übergriffe

– In Malaysia war die Bezeichnung Gottes als Allah bei Christen und Muslimen gleichermaßen üblich. Den Christen wurde dies von der Regierung verboten. Die katholische Kirche klagte dagegen. Das oberste Gericht bestätigte 2014 das Verbot.[184]

– Christliche Minderheiten kommen in islamischen Ländern immer öfter unter Druck, wenn die Frauen sich nicht an die muslimischen Kleidungsvorschriften halten. Im Iran oder in Saudi-Arabien ist den christlichen Frauen eine Abweichung von den Bekleidungsvorschriften sogar explizit verboten. Im Gaza-Streifen müssen seit 2009 alle Schülerinnen in öffentlichen Schulen muslimische Kleidung tragen.[185]

– Christen werden vielfach bedroht und verhaftet, wenn sie im Ramadan öffentlich während der Fastenzeit essen. Auch für Christen wird der Handel mit Wein oder Schweinefleisch zunehmend beschränkt.[186]

– In der Türkei beschlagnahmt der Staat immer wieder ohne Rechtsgrund Kirchen und Klöster, die seit vorislamischer Zeit, also bereits zu Zeiten des Oströmischen Reiches, im Besitz christlicher Kirchen waren. So wurden im Juni 2017 an der Grenze zu Syrien, wo es gegenwärtig noch etwa 2000 christliche Aramäer gibt (vor dem Völkermord an Armeniern und Aramäern im Ersten Weltkrieg lebten in diesem Landstrich mehrere Hunderttausend Christen), mindestens 50 Kirchen, Klöster, Ländereien und Grabstätten der syrisch-orthodoxen Kirche beschlagnahmt und teilweise in den Besitz des islamischen Religionsamtes Diyanet überführt.[187]

Bedrohungen

- In Ägypten, aber nicht nur dort, werden zunehmend junge Christinnen drangsaliert, zum Islam überzutreten oder zumindest einen Muslim zu heiraten. Islamrechtlich werden damit ihre Kinder automatisch Muslime, sie haben trotz christlicher Mutter ihre Religionsfreiheit quasi durch Geburt verloren.[188] Immer häufiger gibt es auch Zwangskonversionen durch extremistische Gruppen.[189]

- In Ägypten gibt es nicht nur eine wachsende Zahl von Attentaten, Zerstörungen und Plünderungen von Kirchenbauten, sondern darüber hinaus auch Angriffe gegen Leben und Eigentum der Kopten, ohne dass das regierende Militär wirksamen Schutz gewähren kann oder will.[190] Kopten werden auch unter der Herrschaft von Präsident al-Sisi diskriminiert und erniedrigt. Genehmigungen für Kirchenbauten sind kaum noch zu bekommen. Schon Gerüchte über Neubauten rufen gewalttätige Übergriffe hervor.[191]

- In der Türkei bleiben Morde an Christen immer wieder ungeahndet. Im Fall eines besonders grausamen Mordes an zwei konvertierten Türken und einem konvertierten Prediger entließ man die überführten Attentäter nach fünf Jahren aus der Untersuchungshaft in die Freiheit, weil ein Prozesstermin nicht zustande gekommen war. Der protestantische Pastor Semir Serkek aus Istanbul, selbst schon mehrfach Opfer von Gewalt, sagte dazu: »Der Staat ruft mit dieser Freilassung regelrecht dazu auf, die Christen in diesem Land zu töten.«[192]

- In Indonesien steckte ein entfesselter Mob binnen wenigen Jahren 1000 Kirchen an. Eine gewalttätige Islamisierungskampagne wird seit Jahren von der Regierung geduldet.[193]

- Schreckliche Blüten treibt die Umsetzung des seit 1985 in Pakistan geltenden Blasphemiegesetzes.[194] Auch ansonsten nimmt dort der Hass auf die christliche Minderheit, die nur 2,5 Prozent der Bevölkerung ausmacht, erschreckend zu. So randalierten 3000 Muslime 2013 in einem christlichen Wohnviertel von Lahore und steckten über 100 Wohnhäuser in Brand.[195]

Terror

Gleitend ist der Übergang von der Bedrohung zum Terror:

- In Ägypten sind die Terroranschläge auf christliche Kirchen mit vielen Toten zu einem regelmäßig wiederkehrenden Ereignis geworden.
- Gezielt werden im Norden Nigerias und im Herrschaftsgebiet des IS, aber nicht nur dort, christliche und andere nicht muslimische Mädchen und Frauen verschleppt, zwangsverheiratet, gegebenenfalls versklavt und zwangsislamisiert. Das passt zur Tradition der Scharia, die Sklaverei nicht ächtet und sogar die sexuelle Beziehung des muslimischen Eigentümers mit seiner Sklavin legitimiert. Tatsächlich ist die Sklaverei beispielsweise in Saudi-Arabien erst 1963 verboten worden. Von Salafisten und Dschihadisten wird sie heute erneut gerechtfertigt.[196]
- Die terroristische Gruppierung Boko Haram im Norden Nigerias bekämpft jede Schule, in der nicht ausschließlich der Islam gelehrt wird. Bei Mädchen lehnt sie sogar, ähnlich wie die Taliban, jeglichen Schulbesuch ab. Im Herbst 2014 eskalierte dies in der spektakulären Entführung von 276 vornehmlich christlichen Schulmädchen.[197]
- Immer wieder gibt es in Afrika antichristliche Selektionsmorde radikaler Milizen, etwa wenn Busse überfallen wurden. Auch kam es vor, dass Christen »aus religiösen Motiven« von Booten geworfen wurden, die auf dem Weg nach Italien waren.[198]
- Der IS geht in seinem Herrschaftsgebiet systematisch gegen Christen vor. Aber auch sonst nimmt die Gewalt gegen Christen zu. Das reicht von Tunesien über Ägypten bis nach Pakistan und Indonesien.

Folgen

Für Rita Breuer trägt die »Leidenschaft, mit der Christen in vielen Teilen der islamischen Welt bedrängt und die Erscheinungsformen des gelebten Christentums unterdrückt werden, (...) deutlich phobische Züge«. Kleine christliche Minderheiten scheinen »die Islamisten derart in Panik zu versetzen, dass einfach alles als Zündstoff für antichristliche Propaganda und Agitation herangezogen wird, als gehe es um das Überleben der islamischen Welt«. Offenbar sollen der Westen und die Christen als Sündenbock für alles dienen, »was in der islamischen Welt politisch, wirtschaftlich und sozial schiefläuft«.[199]

Im ganzen islamischen Machtbereich war die Stellung der Christen immer schon abhängig und untergeordnet, so wie es der Koran vorsieht. Aber über weite Strecken waren sie doch eine geduldete, wenn auch nicht gleichberechtigte Minderheit. Das geht gegenwärtig zu Ende. In einigen Jahren wird es im islamischen Machtbereich keine nennenswerten Zahlen von Christen mehr geben. So verließen in Ägypten allein im ersten Jahr nach dem Sturz Mubaraks 100 000 Christen das Land.[200] Im Irak lebten 2003 noch 1,4 Millionen Christen, 2015 waren es noch etwa 200 000.[201] Die Christen zählten in den islamischen Ländern durchweg zur Bildungselite, der geistige Verlust ist also erheblich. Aber den Islamisten scheint das gleichgültig zu sein. Für sie und die von ihnen »infizierten Teile der Bevölkerung ist eine respektable Stellung von Christen im Land unerträglich«.[202]

Wie Rita Breuer beklagt, beschränkt man sich im Westen »gerne darauf, die Probleme zu leugnen, und wenn sie denn unübersehbar werden, zu beteuern, mit dem Islam habe dies alles nichts zu tun. Fakt ist aber, dass die vielfältigen Formen der Christendiskriminierung und -verfolgung in der islamischen Welt sich alle auf den Islam berufen und hieraus begründen.«[203]

Während die Christen im islamischen Machtbereich der Gewalt weichen und jene Siedlungsgebiete aufgeben, in denen einst das Urchristentum entstanden war, wandern wachsende Zahlen von Muslimen aus diesen Ländern nach Europa aus und bilden dort – auch aufgrund ihres Geburtenreichtums – schnell wachsende Minderheiten, die örtlich bereits zu Mehrheiten werden. Im Westen verhalten sich die Muslime keineswegs so bescheiden, wie sie es von den Christen in ihren Heimatländern verlangen, sondern fordern für sich Standards ein, die sie den Christen und Juden in den eigenen Ländern nicht gewähren. Wir lassen sie weitgehend gewähren, weil wir ihre Religion und ihre Kultur nicht verstehen und sie deshalb so behandeln, als seien sie Abendländer. Durch die Duldung von Import-Bräuten, Import-Imamen etc. importieren wir unmittelbar stets erneut den dem Abendland feindlich und verschlossen gegenüberstehenden Teil der islamischen Kultur. Stattdessen müssten wir die kulturelle Führung übernehmen und alles unterbinden bzw. ihm das Wasser abgraben, was unserer Kultur feindlich gegenübersteht. Das ist vor allem eine Aufgabe von Politik und Medien, aber sie tun mehrheitlich eher das Gegenteil, dazu mehr in Kapitel 5.

Antisemitismus

Der Koran zählt Juden und Christen zu den »Leuten der Schrift« und verbietet ihre gewaltsame Bekehrung, sofern sie sich unterwerfen. Aber er steht den Juden kritischer gegenüber als den Christen. Einige Suren lassen sich als antisemitisch interpretieren:

–   *»... weil von seiten derer, die dem Judentum angehören, gefrevelt wurde, haben wir ihnen gute Dinge verboten«. (4/160)*
–   *»(Leute) die Gott verflucht hat, und auf die er zornig ist, und aus denen er Affen und Schweine und Götzendiener gemacht hat«. (5/60)*
–   *»Und sie sind (überall) im Land auf Unheil bedacht.« (5/64)*
–   *»Du wirst sicher finden, daß diejenigen Menschen, die sich den Gläubigen gegenüber am meisten feindlich zeigen, die Juden und die Heiden sind.« (5/82)*

Die heutige Intensität des Antisemitismus in der muslimischen Welt ist aber weitgehend ein Ausfluss des Palästinakonflikts. Die mehrfache militärische Niederlage der Araber gegenüber Israel und die Ausbreitung eines jüdischen Staates im Zentrum der arabisch-islamischen Welt wurden der Ausgangspunkt eines ausufernden Opfermythos. Bei der Staatsgründung Israels am 14. Mai 1948 war der Bevölkerungsaustausch zwischen Israel und den arabischen Ländern in etwa ausgeglichen: Etwa 700 000 Palästinenser verließen das ehemalige Mandatsgebiet Palästina, und etwa 850 000 Juden wanderten aus den arabischen Ländern in den neu gegründeten Staat Israel zu. Für die Palästinenser wurde aber ein Flüchtlingsstatus verewigt, und aufgrund ihres Kinderreichtums ist die Zahl dieser »Flüchtlinge« seit 1948 auf das Achtfache gestiegen.

Die Muslime sind stolz auf die Geschichte der islamischen Ausbreitung, als die Araber vor 1400 Jahren in kurzer Zeit große Teile der damals bekannten Welt eroberten und gewaltsam der Herrschaft des Islam unterwarfen. Sie sind stolz darauf, dass die Osmanen in Europa und die Moguln in Indien die Eroberungen fortsetzten und die Herrschaft des Islam an den Golf von Bengalen und bis vor die Tore von Wien brachten. Über das dabei begangene Unrecht, den Raub als solchen, die Morde und Massaker machen sie sich keine Gedanken.

Aber sie können mehrheitlich nicht mit der narzisstischen Kränkung umgehen, dass sie im 20. Jahrhundert ein winziges Teilgebiet des vor 1400 Jahren für den Islam eroberten Raumes verloren, als sich jüdische Einwanderer mithilfe der Briten in Palästina festsetzten und dort schließlich einen jüdischen Staat gründeten. Das vollzog sich gewaltsam und war insofern unrecht. Aber am Ursprung jeder Staatengründung in der Welt stand stets das Unrecht in Form der Gewalt eines überlegenen Siegers. Dieses Unrecht hatte zur Folge, dass 700 000 Palästinenser ihre Heimat verloren.

Das ist nun 70 Jahre her. Eine pragmatische, solidarische und erwachsene Politik der arabischen Welt hätte bedeutet, dass die arabischen Staaten die damals geringe Zahl der Palästinenser bei sich aufgenommen und integriert und sich mit der Existenz eines jüdischen Staates in Palästina abgefunden hätten. Dann gäbe es heute keinen Palästinakonflikt und keinen ausufernden Antisemitismus in der islamischen Welt.

Solch eine Haltung des Erwachsenseins brachten die Araber nicht auf. So entstand die Absurdität, dass sich in den von der UNO verwalteten Flüchtlingslagern der Flüchtlingsstatus über die Generationen vererbt und die Zahl der Flüchtlinge aufgrund des palästinensischen Kinderreichtums von Jahr zu Jahr ins Uferlose steigt. Finanziell kommt dafür die Weltgemeinschaft auf. Die reichen arabischen Ölstaaten leisten keinen Beitrag dazu. Die Millionenzahl der bei ihnen beschäftigten Gastarbeiter zeigt, dass sie ohne Weiteres die Möglichkeit gehabt hätten, allen geflohenen oder vertriebenen Palästinensern und ihren zahlreichen Nachkommen eine berufliche und private Zukunft in einer neuen Heimat anzubieten.

Materiell geht es heute den Palästinensern im Gaza-Streifen und im besetzten Westjordanland deutlich besser als den Arabern in jenen Ländern, die nicht mit Ölreichtum gesegnet sind. Das verdanken sie im Gaza-Streifen den internationalen Hilfszahlungen und im besetzten Westjordanland der Verbindung mit der Wirtschaft des Staates Israel. Dieser hat die einzige florierende und nicht vom Öl abhängige Volkswirtschaft zwischen der Meerenge von Gibraltar und dem indischen Subkontinent aufgebaut und besitzt zudem als einziger Staat in diesem Raum eine stabile und funktionierende Demokratie.

Insofern könnte die arabische Welt von Israel eine Menge lernen. Denn dieses Land zeigt, wie man unter den klimatischen und sonstigen Bedingungen des Nahen Ostens ein Land entwickeln und auch ohne natürliche Bodenschätze Wohlstand schaffen kann. Die islamische Welt will aber nicht von Israel lernen. Zwar haben sich die Nachbarstaaten mit seiner Existenz abgefunden und sie letzlich auch anerkannt. Ansonsten aber sind nationalistische und religiöse Motive, Antizionismus und Antisemitismus eine unauflösliche Verbindung eingegangen und haben sich zu einem Opfermythos verdichtet, der rund um Israel und den Hass auf die Juden kreist.[204]

Der Unwille und die Unfähigkeit, mit der in Palästina entstandenen historischen Wirklichkeit umzugehen, die Kultivierung der eigenen Opferrolle und die Vermischung des Kampfes gegen den jüdischen Staat mit religiösen Motiven zur Herrschaft und Ausbreitung des Islam wirken in der Summe seltsam unerwachsen, wie ein unreifer Zorn gegen eine Wirklichkeit, die sich den eigenen Wünschen nicht fügen will. Aber unreif ist ja auch die Haltung, Gottes Gebot verlange, dass der Islam überlegen sei und letztlich die ganze Welt beherrsche.

Die palästinensische Opfergeschichte fügt sich gut ein in einen universalen muslimischen Mythos vom Kampf der Gläubigen gegen ihre Feinde. Für die Zwecke der Propaganda im Westen kommt der Antisemitismus im Gewand des Antizionismus daher. Er verbindet sich dann trefflich mit

- Antiamerikanismus, weil die USA der wichtigste Verbündete Israels sind,
- Antikapitalismus, weil es in den USA, und nicht nur dort, viele erfolgreiche jüdische Geschäftsleute gibt, und
- Antikolonialismus, weil die Israelis als Erben der Kolonialherren und die Palästinenser als Erben ihrer Opfer angesehen werden.

So erklärt es sich, dass der Antizionismus, der tatsächlich ein Antisemitismus ist, in Europa weit über den Kreis der Muslime hinaus eine so große Anhängerschaft bei der politischen Linken und in den christlichen Kirchen genießt.[205]

Umfragen zeigen, dass es in allen Ländern der westlichen Welt antisemitische Einstellungen gibt. So glauben im westlichen Europa 9 Prozent aller befragten Christen, dass man den Juden nicht trauen könne, aber 45 Prozent der in Westeuropa lebenden Muslime sind dieser Ansicht.[206] In Frankreich haben rund 20 bis 25 Prozent der Bevölkerung antisemitische Einstellungen, bei den praktizierenden Muslimen sind es aber rund 75 Prozent.[207] Seine Virulenz erhält also der Antisemitismus im heutigen Europa von den Muslimen. Er verbindet sich aber auch mit dem muslimischen Empfinden, in einer Opferrolle zu sein.[208] Das Kondensat sind häufig Auseinandersetzungen mit dem Zionismus.[209] Soweit der Antisemitismus in Europa gewalttätige Formen annimmt, handelt es sich überwiegend um Täter muslimischen Glaubens.[210] Das wollte die Politik lange Zeit nicht wahrhaben. Abraham Cooper, der stellvertretende Direktor des Simon-Wiesenthal-Zentrums, schreibt dazu:

»Frankreich tat so gut wie nichts bis der Antisemitismus junger Muslime außer Kontrolle geriet. (...) In England biederte sich der Antisemitismus von Politikern den muslimischen Wählern der Labour Party an. In Schweden wurden Hunderte antisemitischer Vorfälle aus der muslimischen Gemeinde Malmös nicht geahndet. In Amsterdam scheinen die Lehren des Anne-Frank-Hauses vergessen. Online-Hass, extremistische Imame und soziale Kälte sind der Nährboden einer fanatisierten Jugend. In Frankreich, Belgien und Dänemark gab es terroristische Morde an unschuldigen Juden. Die Gefahr einer Wiederholung hängt über ganz Europa.«[211]

In Deutschland greift unter dem Deckmantel der Israelkritik ein »Antisemitismus ohne Antisemiten« um sich, der besonders bei den Muslimen und vielen Linken verbreitet ist.[212] Mittlerweile werden immer häufiger jüdische Schüler von muslimischen Mitschülern gemobbt und attackiert, wenn ihre jüdische Herkunft bekannt wird.[213]

Instabile Herrschaftsformen

Stabilität ist in Politik und Gesellschaft ein unscharfer und zudem relativer Begriff. Stabilität ist zudem kein Eigenwert. Ist eine Herrschaftsform oder eine gesellschaftliche Ordnung zu stabil, so kann sie auch versteinern, damit den Anforderungen sich wandelnder Verhältnisse nicht mehr gerecht werden und sich so selbst zerstören oder Verhältnisse schaffen, die den Anforderungen der Menschen nicht genügen und für Instabilität sorgen.

Ein Grundproblem der islamischen Welt besteht darin, dass sich aus dem Koran, der Sunna und den Hadithen allenfalls weltliche Regeln für ein mittelalterlich anmutendes Erb-, Ehe-, Familien- und Strafrecht sowie einige unscharfe Leitsätze für den wirtschaftlichen Verkehr ableiten lassen. Ansonsten gibt es aber nichts konkret Verwertbares oder gar in die Moderne Passendes über Formen der sozialen Organisation, die gesellschaftliche Ordnung, die Zuteilung politischer Macht oder gar über deren Beschränkung und Kontrolle. Das ist auch nicht die Aufgabe einer Religion, schon gar nicht, wenn sie 1400 Jahre alt ist.

Im Verlauf der islamischen Herrschaft überall auf der Welt wurde dazu auch nichts entwickelt. Die übliche Herrschaftsform im Islam war bis ins 20. Jahrhundert die Despotie und ist es teilweise noch heute. Wenn der Despot sich als gläubiger Muslim gab, die Glaubensäußerungen der Muslime schützte und sich streng gegen die Ungläubigen wandte, so konnte er, vom Islam unbehindert, tun und lassen, was er wollte. Krieg, Raub, Ausbeutung und Sklaverei wurden seit Mohammeds Zeiten allemal von der Religion des Islam gedeckt. So gab es nicht nur keine ausreichende Entwicklung des Wissens, sondern auch keine ausreichende Entwicklung der staatlichen Organisation und des rechtlichen Rahmens. Auf diese Art geriet die islamische Welt in den beschriebenen schrecklichen Rückstand.

Eine Lösung wäre es gewesen, Institutionen und legale Strukturen, die sich im westlichen Abendland entwickelt hatten und die Moderne prägen, auch in der islamischen Welt zu übernehmen. Das geschah teilweise über das Recht und die Institutionen, die von den Kolonialmächten eingeführt wurden, teilweise – so in der Türkei und im Iran – durch Reformen aus eigenem Antrieb.

Das wurde alles gefährdet und teilweise bereits zerstört – und dies setzt sich fort – durch den Rückgriff auf traditionelles islamisches Recht. Es ist heute in nahezu allen islamischen Ländern dem weltlichen Recht übergeordnet. Ihm wird eine besondere Heiligung zugesprochen, weil es von Allah über seinen Propheten Mohammed gestiftet und so als ewig gültig verkündet wurde.

Damit aber wird in einer modernen Gesellschaft Chaos gestiftet, bzw. ihre Modernisierung wird von Anfang an verhindert. Die Scharia regelt nämlich Dinge, die in der modernen Welt der Regelung entweder gar nicht bedürfen oder ihren Notwendigkeiten krass widersprechen: die Unterordnung der Frau unter den Mann, ungleiches Erbrecht, die Polygamie, die Sklaverei, drakonische Körperstrafen, das Prinzip der Rache, Bestrafung von Apostasie, Konversionsverbot für Muslime, Zinsverbot etc.

Universale Menschenrechte sind dagegen in der Scharia nicht festgelegt. Meinungsfreiheit und Glaubensfreiheit stehen sogar im Widerspruch zu ihr. In der Scharia gibt es fast nichts, was den Regelungsbedürfnissen einer modernen Gesellschaft nicht entweder krass widerspricht oder für sie gänzlich ohne Belang ist. Vor allem aber lässt sich die Scharia überhaupt nicht darüber aus, wie und nach welchen Regeln politische Macht erworben, kontrolliert, begrenzt und auch wieder abgegeben wird.

Der Rückgriff auf islamisches Recht ist in allen islamischen Ländern sowohl schädlich für die Effizienz und die künftige Entwicklungsmöglichkeit des Staatswesens als auch negativ für die bürgerlichen Freiheiten der Menschen, insbesondere der Frauen.

Der geradezu tragische Irrtum des konservativen Islam besteht in der Erwartung, dass die Rückbesinnung auf traditionelles islamisches Recht als »Rückkehr zu den Quellen des Islam« geeignet sein könnte, den Rückstand der islamischen Welt gegenüber der westlichen Welt aufzuholen. Das Gegenteil wird dadurch bewirkt. Ein Ergebnis ist der Vorrang staatlicher Willkür und die Einschränkung demokratischer Elemente.

Die Demokratie im Islam wird aber nicht einfacher dadurch, dass dort, wo Wahlen stattfinden, islamistische Parteien regelmäßig große Stimmanteile gewinnen. Diese aber würden, wenn sie an die Macht kämen, die islamistische Umgestaltung der Gesellschaft noch weiter vorantreiben, die Zivilgesellschaft also noch weiter einschränken und ihr Land weiter in die falsche Richtung bewegen.

So wird das drakonische Blasphemiegesetz in Pakistan zwar von einer kleinen liberalen Minderheit im Land bekämpft. Es wird aber unterstützt von zahlreichen gewaltbereiten islamistischen Gruppen. Diese hatten 2011 das Attentat auf den liberalen Gouverneur von Lahore, Salman Taseer, bejubelt. Dessen Forderung, das Blasphemiegesetz zu reformieren, war für die Fanatiker bereits Gotteslästerung. Im Februar 2016 nahmen 100 000 Menschen am Begräbnis des Attentäters Mumtaz Qadri teil.[214]

Die islamische Welt braucht als Machthaber furchtlose, machtbewusste, intelligente, aufgeklärte Technokraten mit Sendungsbewusstsein. Die aber sind knapp. Ein Kemal Atatürk oder ein Friedrich II. werden nicht oft geboren, und noch seltener erlangen sie zum richtigen Zeitpunkt die Macht an der richtigen Stelle.

Deshalb werden die staatlichen Strukturen der islamischen Welt noch auf lange Zeit überwiegend von Unordnung und Chaos bestimmt sein. Das garantiert anhaltende Rückständigkeit und den Verzicht auf die Lösung der meisten wesentlichen Probleme. Nur unter diesem Aspekt wahrt die Geschichte der islamischen Welt auch weiterhin historische Kontinuität.

Religiöser Fundamentalismus und Terror

Das amerikanische Institute for Economics & Peace (IEP) veröffentlicht jährlich einen Terrorismusindex.[215] Dabei fließen die Zahlen der Anschläge, der Toten und der Verwundeten ein. Im Jahr 2016 stand der Irak an der Spitze, gefolgt von Afghanistan, Nigeria, Pakistan und Syrien. Auf diese fünf Länder entfielen 72 Prozent aller bei terroristischen Anschlägen Getöteten. Die Türkei hat auf dem Index Platz 14, Frankreich Platz 29, Israel Platz 33, Deutschland Platz 41 inne.

Weltweit starben 2015 knapp 30 000 Menschen bei terroristischen Anschlägen. Die Attentate von vier Gruppen waren für 75 Prozent aller Toten verantwortlich, nämlich der IS, Boko Haram, die Taliban und Al Kaida. Über 90 Prozent aller terroristischen Angriffe fanden in Ländern mit gewalttätigen Konflikten statt, nur 0,5 Prozent geschahen in Ländern ohne Konflikt oder politischen Terror.

Der Terrorismus in der Welt trägt weit überwiegend ein islamistisches Gesicht. Hintermänner und Attentäter vertreten unterschiedliche Spielarten eines radikalen Islam. Sie greifen auf mittelalterliche Traditionen zurück und sind letztlich die Speerspitze einer Tendenz, die in der gesamten islamischen Welt herrscht und in der wachsenden Ausrichtung des Rechtswesens in der Scharia zum Ausdruck kommt. Der niederländische Orientalist Rudolph F. Peters hat das Rechtsverständnis des IS untersucht. Es gründe auf einer »versteinerten Scharia«, dabei würden ganze Passagen aus mittelalterlichen Traktaten unkommentiert übernommen und das darin vorgesehene Strafmaß kompromisslos zur Anwendung gebracht.[216] Wie Gilles Kepel treffend bemerkt, leitet ein »vollständiges Weltbild (...) zu Aktionen an, die durch maximale Gewalt erschüttern sollen, damit das Gute und Wahre daraus hervorgehe«.[217]

Das Hauptziel der Terroristen sind nicht die westlichen Länder. Das kommt schon in der regionalen Verteilung der Anschläge zum Ausdruck. Das Hauptziel ist es, in der eigenen Region und im eigenen Land jene zu bekämpfen, die für einen liberalen Islam eintreten und der Rückkehr zu einer sehr engen Interpretation der Religion entgegenstehen. Bernard Lewis zitiert zur Illustration dieser These aus einer Schrift von Muhammad Abd as-Salam Faradsch, dem ideologischen Leitfaden jener Gruppe, die 1981 den ägyptischen Präsidenten Sadat ermordete: »It is our duty to concentrate on our Islamic cause, which means first and foremost etabablishing God´s law in our own country, and causing the word of God to prevail. There can be no doubt that the first battlefield of the *jihad* is the extirpation of these infidel leaderships and their replacement by a perfect Islamic order. From this will come release.«[218]

Auf dem Berliner Kirchentag im Mai 2017 warnte der Großimam der Azhar-Universität in Kairo, »dem Islam drohe wegen des fundamentalistischen Terrorismus ein Rückfall ins Mittelalter. (...) Stärker wird der Chor bedeutender arabischer Religionsgelehrter, die eingestehen, dass der Islam in einer Sackgasse steckt und ein ›Problem‹ mit der Gewalt hat.« Wie Rainer Hermann weiter schreibt, ist »eine theologische Erneuerung des Islam, die aus der arabischen Welt angestoßen wird, ist unter den heutigen dortigen Bedingungen indes kaum vorstellbar. Auch Gelehrte wie al-Tayyeb besitzen bei vielen Muslimen nur noch geringe moralische Autorität. Denn sie sind Beamte ihrer Staaten, und als solche können sie in ihren Ländern die politische Klasse und korrupten Eliten, die nur an Macht und Reichtum interessiert sind, nicht kritisieren.«[219]

Das bedeutet, dass viele islamische Staaten in einer Falle sitzen und – korrupt und schlecht regiert – mehr oder weniger wehrlose Opfer einer immer radikaleren Interpretation des Islam werden, die von den Islamisten gefordert und von radikalisierten Massen unterstützt wird. Man wird nie ganz klar unterscheiden können, inwieweit der Zorn der radikalisierten Massen religiöse Gründe hat und inwieweit er in der Wut über Armut und Misswirtschaft gründet. Das kann aber auch dahingestellt bleiben, der religiöse Impuls ist echt und stark genug.

Nach dem Attentat am 3. Mai 2017 in London fuhr mir spontan durch den Kopf: »Religion sollte ein Heilmittel sein, stattdessen ist sie eine Krankheit.« Die Religion des Islam ist fraglos der Nährboden, auf dem auch der Islamismus gedeiht. Ohne Islam gäbe es keinen Islamismus. Gegen diesen Zusammenhang wehren sich alle etablierten Kräfte:

- die christlichen Kirchen, weil sie den Islam als Verbündeten sehen, um den religiösen Glauben wieder stark zu machen,
- die Grünen, Linken und Universalisten, weil es bei ihnen keine Rolle spielen darf, dass Menschen je nach Religion und Herkunft unterschiedlich sein können, und
- die etablierte Politik, weil das Eingeständnis, dass der Islam und die Muslime als solche gefährlich sein könnten, sie mit Problemen konfrontiert, denen sie sich nicht gewachsen fühlen und die sie deshalb lieber prinzipiell verneinen.

Dabei ist es ganz vergeblich, den Islamismus und seine radikalste Spielart, den islamistischen Terrorismus, vom Mainstream-Islam als unislamisch abzuspalten. Der französische muslimische Intellektuelle Tahar Ben Jelloun sagt zur Interpretation des Korans und zu den Folgen einer engen Interpretation:

»Doch sobald man die Brille des Buchstäblichen aufsetzt, wenn man den Text auf zerfleddernde Weise interpretiert, kann man herauslesen, was man will.«[220] »Alles ist relativ und hängt von der Interpretation dieses oder jenes Verses ab. (...) So viele Verbrechen werden im Namen des Islam begangen. Die Muslime müssen aufstehen, um diese Barbaren zu entlarven, doch sie haben es nicht getan, weil sie zweifeln oder Angst haben oder, schlimmer noch, das Geschehene stillschweigend gutheißen.«[221]

Jelloun in Frankreich wünscht sich wie Khorchide in Deutschland einen liberalen Islam der Liebe. Wir Nichtmuslime können nicht sagen, was der richtige Islam ist. Das müssen die Muslime selbst entscheiden, und dabei bilden Jelloun und Khorchide selbst unter den Muslimen in Europa offenbar eine winzige Minderheit. »Basis für die Beurteilung einer jeden Religion ist das in ihren Quelltexten grundgelegte Selbstverständnis und damit verbunden die Frage, ob die grundlegenden Worte und die historischen Taten kongruent sind. Auf dieser Ebene entscheidet sich auch die Frage, ob der Islam eine Religion des Friedens ist.«[222] Im Sinne dieser Frage ist der Islam zweifelsohne keine Religion des Friedens.

Die Sache wird nicht leichter dadurch, dass die religiöse Ausrichtung der reichen Golfstaaten, von Saudi-Arabien über Katar bis zum Iran, durchweg islamistisch ist, wenn auch in unterschiedlichen Spielarten. Diese Länder finanzieren auf mannigfachen Wegen die Ausbreitung fundamentalistischen Gedankenguts nicht nur in der islamischen Welt, sondern auch im Westen. Indirekt, wenn auch teilweise unbeabsichtigt, unterstützen sie auch die Finanzierung des Terrors.[223]

Woher kommt also die Radikalisierung des Islam, die in Unterdrückung und Terror mündet?

– Häufig werden die schlechten sozialen und wirtschaftlichen Verhältnisse in jenen islamischen Ländern aufgeführt, die besonders vom Terror betroffen sind. Für Radikalisierung und Terror unter den Muslimen in Europa wird analog dazu auf deren schlechte Integration verwiesen. Dem steht entgegen, dass Nichtmuslime in ähnlicher Lage sich nicht in vergleichbarer Weise in religiösen Fanatismus und Terror flüchten. Dieses »Angebot« macht eben nur die Religion des Islam ihren Gläubigen. Auch wird außer Acht gelassen, dass offenbar gerade die islamische Prägung von Mensch und Gesellschaft zu den Verhältnissen beiträgt, die als unerträglich gelten.

– Ein weiterer Grund könnte der hohe Anteil junger Männer in islamischen Gesellschaften sein. Diese suchen in allen Kulturen nach Kampf und Bewährung. Der junge Winston Churchill war 1885 als britischer Leutnant in Kuba und begleitete die spanische Armee bei Kämpfen gegen Aufständische. Er hoffte auf das Kampferlebnis: »Und dann der nächste Morgen: ein unvergesslicher Eindruck im Leben eines jungen Offiziers! (...) Wir sind zu Pferde, in Uniform, die Revolver geladen. In dem ungewissen Halbdunkel schieben sich lange Reihen bewaffneter und bepackter Männer dem Feind entgegen.« So »fühlen wir, daß es ein großer Augenblick in unserem Dasein ist – ja, einer der schönsten, die wir je erlebt haben. Wir erwarten, daß sich etwas ereignen wird, und hoffen inbrünstig darauf; zugleich aber wünschen wir, nicht verwundet oder getötet zu werden. Was also wollen wir hier eigentlich?

Es ist der Lockruf der Jugend – das Abenteuer, und das Abenteuer um seiner selbst willen. Man mag es Narrheit nennen (...) Aber dennoch waren wir sicher, daß es nur sehr wenige Leutnants in der britischen Armee gab, die nicht eine Monatsgage drangegeben hätten, um in unseren Sätteln zu sitzen.«[224] So war die männliche Jugend zu allen Zeiten. Kontrast: Aber nur muslimische junge Männer suchen Kampf und Bewährung im religiös motivierten Terror.

– So bleibt als letzter Grund für Fundamentalismus und Terror nur die islamische Religion selbst. Sie lässt eben Interpretationen zu, die den Hass auf die Ungläubigen, ein mittelalterliches Gesellschaftsbild und den Terror legitimieren. Ja, mehr noch: Je wörtlicher man den Koran interpretiert, desto arroganter und menschenfeindlicher wird die Religion des Islam. Volker Zastrow nennt den islamistischen Terrorismus »die ultimative Rechthaberei«,[225] und Michael Martens stellte anlässlich des Anschlags auf die Zeitschrift *Charlie Hebdo* fest: »Solange sich all die Imame und Scheichs nicht fragen, warum ihre Religion so viele Perverse hervorbringt und warum die Lehren ihres Propheten so viele Menschen gebären, die sich mordend auf ihn berufen, solange werden sich Verbrechen wie das von Paris wiederholen – einmal auch in unserer Nähe.«[226] Bei einer Umfrage Anfang 2017 wollten unter den jungen Muslimen Frankreichs 24 Prozent das Attentat auf *Charlie Hebdo* und 21 Prozent das Massaker im Bataclan nicht uneingeschränkt verurteilen, und 20 Prozent fanden es richtig, für den Islam mit der Waffe in der Hand zu kämpfen. Die Neigung der jungen französischen Muslime zum Radikalismus gilt unabhängig vom soziologischen Hintergrund.[227]

Offenbar ist der Islam eine Religion, die für kranke Interpretationen sehr offen und für konstruktive Interpretationen sehr verschlossen ist. Aus der Sicht eines modernen humanistischen Weltbildes sind die Interpretationen, die sich gegenwärtig durchgesetzt haben, überwiegend krank. Wie Ruud Koopmans schreibt, gibt es »keine andere Weltregion (...), wo der Hass auf Andersdenkende und religiöse Minderheiten und ihre Entrechtung so tief verwurzelt sind wie in der muslimischen Welt«. Er fordert eine »Revolution des Denkens innerhalb der islamischen Welt (...) eine islamische Reformation, wenn man so will. (...) Nur wenn sich ein Bewusstsein dafür herausbildet, dass die Wurzeln des Problems im Mainstream des gegenwärtigen Islam liegen, ist eine Besserung möglich.«[228] Der ägyptische Staatspräsident al-Sisi drückte diesen Gedanken in einer Ansprache an die obersten Gelehrten des sunnitischen Islam wie folgt aus: »Wie kann es sein, dass 1,6 Milliarden Menschen denken sollen, dass sie, um zu überleben, verpflichtet seien, die restlichen sieben Milliarden Erdbewohner umzubringen?«[229] Auch relative stabile arabische Länder wie Marokko bleiben von der Radikalisierung nicht verschont: Ende 2016 saßen rund 900 IS-Mitglieder und Sympathisanten in marokkanischen Gefängnissen.[230]

Die jordanischen Islamismusfachleute Mohammad Abu Rumman und Hassan Abu Hanish sind der Meinung, dass der Terror auch nach dem Ende des IS weitergehen und sich auf Ägypten konzentrieren wird: »Die dschihadistische Bewegung hatte ihren Ursprung in Ägypten, und sie wird dort ihren Abschluss finden. (...) Nach 1950 war der offizielle Islam nahe am Islam der Bevölkerung. Heute ist die einzige Aufgabe des offiziellen Islams, dem Regime zur Legitimität zu verhelfen, was immer es tut. (...) Die meisten Jugendlichen glauben nur noch an Gewalt. Die Diskussion in der Jugend der Muslimbruderschaft dreht sich nur (...) noch um die Art der Gewalt – ob sie Gewalt wie der IS anwenden oder eine neue Form praktizieren sollen, die legitim sein und niemanden verletzen soll.«[231]

Nur mäßigen Trost spendet die Erkenntnis von Abdelwahab Meddeb, dass Terrorismus am Ende niemals Erfolg hat: »Die Chronik der Geschichte hielt für diese Art unerbittlichen Handelns, das vom Wahn der Hybris geleitet ist, immer nur das Scheitern bereit. Denn in der Politik ist Dauer einzig mit Umsicht und der Kunst des Kompromisses erreichbar. Offen bleibt nur, wie hoch der Preis sein wird, den die Welt für dieses Scheitern bezahlen muß.«[232]

Aus der Sicht des pakistanischen Atomphysikers Pervez Hoodbhoy ist die islamische »Identität (...) eng verknüpft mit dem Gefühl, ein Opfer der Geschichte zu sein. Tief versteckt empfinden Muslime, dass sie gescheitert sind. Diese Mischung von Befindlichkeiten flößt mir Angst ein, denn sie führt zu einem Verhalten, das sehr ungesund ist. (…) Für viele Muslime steht die Frage im Raum: Warum ist es vorbei mit unserer Großartigkeit? Und die Antwort, die ihnen die Mullahs geben, lautet: Weil ihr keine guten Muslime seid! Betet! Fastet! Verhüllt eure Frauen! Denkt über eure Interpretation des Islam nach. Nur: So wird es keinen Fortschritt geben. Wir erleben ja die Konsequenzen. In Pakistan töten radikale Sunniten inzwischen täglich Schiiten, nur weil die für Ungläubige gehalten werden.«[233]

Kapitel 4
Die Muslime in den Gesellschaften des Abendlandes

Der seit 50 Jahren zu beobachtende Drang der Muslime in die Länder der Ungläubigen erklärt sich aus der Rückständigkeit und den ungelösten Problemen ihres eigenen Kulturkreises. Denn der islamischen Welt ist es bislang nur unzureichend gelungen, für ihre Völker und Menschen Stabilität und Wohlstand zu entwickeln, von Demokratie und Freiheit ganz zu schweigen – schon gar nicht Religionsfreiheit. »Erfolgreich« waren die islamischen Länder vor allem bei der ungebremsten Zunahme ihrer Bevölkerung. Die Perspektiven für eine bessere Zukunft wechseln von Land zu Land, aber in der Summe sind sie ungünstig. Die meisten Regime sind instabil und haben wenig Legitimität. Die religiöse Radikalisierung nimmt zu. Seit Jahrzehnten konzentrieren sich Kriege und Gewalt vor allem auf den islamischen Kulturkreis. Wirtschaftlich erscheint der Abstand zum Westen und zu den Industriestaaten Ostasiens fast unüberwindlich.

Die Gründe dafür habe ich in den Kapiteln 2 und 3 beschrieben. *Sie wurzeln vor allem in der kulturellen Prägung durch den Islam* und der dadurch bedingten Reformfeindlichkeit. Wegen dieser Prägung bleibt die islamische Welt strukturell unterlegen und ist nicht in der Lage, ausreichend Stabilität, Wissen und Innovationskraft zu entwickeln, um zum Westen und zu den ostasiatischen Industriestaaten aufzuschließen oder gar mit ihnen mitzuhalten.

Da aber Muslime wie alle Menschen versuchen, das eigene Los und die Perspektive für ihre Familien zu verbessern, wurde es attraktiv, in den Westen auszuwandern, auch wenn man die westliche Kultur ablehnt und gläubiger Muslim ist. So ergab es sich, dass heute in Europa (ohne Russland) mehr als 26 Millionen Muslime leben, obwohl es bis vor wenigen Jahrzehnten nur auf dem Balkan muslimische Minderheiten gab, die quasi eine Hinterlassenschaft des Osmanischen Reiches waren.

Für die Bedeutung und Wirkung der muslimischen Einwanderung nach Europa fehlen dem Westen Beispiele und Parallelen. Ersatzweise wird die Debatte durch eine Reihe von historischen Analogien bestimmt, die jede für sich irreführend bzw. rundweg falsch ist. Dies lässt sich leicht belegen, wenn man sich näher mit ihnen befasst. Wie gefährlich falsche historische Analogien sind, wenn sie politische Entscheidungen beeinflussen, zeigt die deutsche Geschichte des 20. Jahrhunderts:

Lage ist Schicksal. Deutschland wird sich nie aus der Situation befreien können, dass es in der Mitte Europas an der Schnittstelle von Osten und Westen, Norden und Süden liegt und alle wesentlichen Verkehrsachsen sein Staatsgebiet durchziehen. Eine Tragik bestand darin, dass die deutsche Politik die Implikationen der Geografie lange Zeit nicht erkannte bzw. falsche Schlussfolgerungen daraus zog. So kam es zu zwei Weltkriegen, zu einem kommunistischen Osteuropa und zur deutschen Teilung. Eine späte Laune der Geschichte hat dann vieles noch zum Guten gewendet. Heute ist das wiedervereinigte Deutschland friedlich verflochten mit seinen Nachbarn. Niemand braucht deutsche Dominanz zu fürchten, und niemand bedroht unsere staatliche Integrität. Ziemlich klar scheint mir, dass die deutsche Politik nach Bismarck die Implikationen der Geografie falsch einschätzte und letztlich ungewollt die Katastrophen des 20. Jahrhunderts über uns brachte. Man bemühte sich schon, aus der Geschichte zu lernen. Aber man lernte eben das Falsche, denn Geschichte wiederholt sich nicht. Zwar hatten militärische Tüchtigkeit und Fortune

– zunächst den Aufstieg des unbedeutenden Kurfürstentums Brandenburg zur europäischen Großmacht
– und 100 Jahre später die Gründung des Deutschen Reiches
– ermöglicht. Aber es war eben ein schwerer gedanklicher Fehler, diese Erfahrungen ins 20. Jahrhundert hinein zu verlängern. Die Dominanz militärischen Denkens führte zur europäischen Katastrophe.

Jetzt muss Deutschland mit Europa – bzw. Europa einschließlich Deutschland – eine ganz andere Herausforderung bewältigen, für die es keine historische Analogie gibt. Das wohlhabende, geburtenarme, großenteils demokratisch verfasste und bis auf den Konflikt in der Ukraine friedliche Europa ist von Gibraltar bis Zentralasien umgeben von der islamischen Welt. Wie im Fall Deutschlands ist die geografische Lage Europas hier sein Schicksal. Die islamische Welt umfasst überwiegend Länder,

- die von europäischen Standards bei Demokratie, Wohlstand und Freiheit weit entfernt sind,
- in denen die überwältigende Mehrheit der Menschen aus gläubigen konservativen Muslimen besteht,
- in denen Christen und »Ungläubige« aller Art marginalisiert oder unterdrückt werden und
- die von Geburtenreichtum, Armut, Instabilität und vielfältiger Gewalt gekennzeichnet sind.

Die Anziehungskraft des westlichen Reichtums und des westlichen Sozialstaats hat die Einwanderung aus der islamischen Welt beflügelt und für die wachsende Zahl der Muslime in Europa gesorgt. Dieser Prozess setzt sich fort. Möglicherweise hat er überhaupt erst begonnen.

Auch bei diesem historisch präzedenzlosen Prozess verleiten historisch falsche Analogien zu Gedankenfehlern, die schwerwiegend sein können: *Für die muslimische Zuwanderung nach Europa liefert keines der üblicherweise angeführten historischen Beispiele eine tragfähige Analogie:*

- *Die ursprüngliche Besiedlung Europas* erfolgte vor etwa 30 000 Jahren durch Menschen aus Zentralasien in einen menschenleeren Raum. Vor etwa 7 500 Jahren brachten Zuwanderer aus dem Nahen Osten eine sesshafte Lebensweise mit Ackerbau und Viehzucht mit und verdrängten die Jäger und Sammler, die offenbar ausstarben, ohne sich mit den Zuwanderern in größerem Umfang zu vermischen.[1] Eine höher stehende verdrängte eine niedriger stehende Kultur und deren Menschen.
- *Die Völkerwanderung,* die zum Untergang des Weströmischen Reiches führte, war eine gewaltsame Eroberung durch germanische

Stämme, die zwar kulturell unterlegen, aber militärisch überlegen waren.

- Die *Ausbreitung der Araber und des Islam* in den Jahrhunderten nach Mohammed von Spanien bis Zentralasien war ein glaubensgestützter militärischer Feldzug, der überlegene Zivilisationen stürzte und vereinnahmte.

- Die *deutsche Ostsiedlung* vollzog sich über viele Jahrhunderte weitgehend friedlich in dünn besiedelte oder leere Räume und war verbunden mit der Ausbreitung technischen und zivilisatorischen Fortschritts.

- Die *Besiedlung Nordamerikas* ging einher mit der weitgehenden Verdrängung und Vernichtung der Ureinwohner. Sie wurde möglich durch die größere Bevölkerungszahl und zivilisatorische Überlegenheit der europäischen Einwanderer.

- Bei der *Einwanderung von Hugenotten nach Brandenburg-Preußen* handelte es sich um eine kleine Zahl von 20 000, die im Verlauf einiger Jahrzehnte in ein Land mit etwa 1,2 Millionen Einwohnern einwanderten. Die Einwanderer brachten überlegene Bildung und neue Kulturtechniken mit.

- Die *Zuwanderung osteuropäischer Juden* nach Mittel- und Westeuropa und nach Amerika im 19. und frühen 20. Jahrhundert vollzog sich über viele Jahrzehnte. Im Verhältnis zu den aufnehmenden Völkern waren die Zahlen der Einwanderer sehr gering. So betrug der Anteil der Juden in Deutschland oder den USA zu jeder Zeit weniger als 2 Prozent der Bevölkerung. Der Einfluss dieser Einwanderer ergab sich aus ihrer überaus starken Stellung in Wirtschaft, Wissenschaft und Kultur, der in keinem Verhältnis zu ihrem geringen Bevölkerungsanteil stand und in den USA immer noch steht.

- Am ehesten vergleichbar ist die muslimische Zuwanderung nach Europa mit der *Einwanderung von Lateinamerikanern nach Nordamerika*. In beiden Fällen ist die Migration durch das wirtschaftliche Gefälle getrieben und betrifft überwiegend bildungsferne Gruppen. Der zentrale Unterschied besteht jedoch im kulturellen und religiösen Hintergrund: Die lateinamerikanischen Einwanderer nach Nordamerika sind durchweg christlich, und sie sprechen mit Spanisch eine europäische Sprache. Im weiteren Sinne gehören sie also zum abendländischen Kulturkreis.

Diese Beispiele zeigen, dass bei der muslimischen Einwanderung nach Europa alle historischen Analogien in die Irre führen. Das präzedenzlos Einmalige an der muslimischen Zuwanderung ist:

- Sie erfolgt nicht, um religiöser Unterdrückung zu entfliehen.
- Sie erfolgt, obwohl Religion und Kultur der Aufnahmeländer abgelehnt werden.
- Sie führt nicht zu einer Vermischung mit den Menschen des Aufnahmelandes durch Heirat, dem steht der muslimische Glaube entgegen.
- Sie führt nur sehr langsam und großenteils gar nicht zu einer allmählichen Anpassung an Kultur und Lebensstil des Aufnahmelandes.
- Sie geht oft einher mit dem Versuch, die eigenen kulturellen und religiösen Maßstäbe und Lebensweisen dem Aufnahmeland aufzuzwingen.
- Sie führt vielerorts zu Parallelgesellschaften.
- Sie führt die Einwanderer und ihre Nachfahren kaum je in die höheren Etagen der Bildungsleistung, des wirtschaftlichen und wissenschaftlichen Erfolgs.
- Sie führt zu einer anhaltenden und erheblichen Verschiebung in der Demografie der aufnehmenden Länder, weil die Muslime aufgrund ihres zwanghaften Frauen- und Familienbildes früher heiraten und mehr Kinder bekommen als die Bevölkerung der aufnehmenden Länder.
- Das wachsende muslimische Gewicht in der Demografie verändert die Verteilung von Einstellungen und Werten in den europäischen Gesellschaften.

Die Feststellungen in dieser thesenartigen Zusammenfassung kann man empirisch überprüfen. Soweit das im Verlauf dieses Buches nicht bereits geschehen ist, werde ich das im Folgenden tun. Jede Betrachtung gruppenbezogener Unterschiede, die solche Unterschiede tatsächlich identifiziert, wird gern mit unsachlichen Vorwürfen konfrontiert. Soziologische Tatsachen, die man beschreibt, ohne dabei jemanden zu beleidigen, können jedoch niemals anstößig sein. Die Anstößigkeit ergibt sich allenfalls aus der Konfrontation mit einem Weltbild, zu dem diese Tatsachen nicht passen. Hier gilt das Wort von Hannah Arendt: »Die größte Gefahr in der Moderne geht nicht von der Anziehungskraft nationalistischer und rassistischer Ideologien aus, sondern von dem Verlust an Wirklichkeit. Wenn der Widerstand durch Wirklichkeit fehlt, dann wird prinzipiell alles möglich.«[2]

René Cuperus kritisiert in einer Analyse der unkritischen Position der UNO zum Migrationsproblem »die gefährliche Naivität kritikloser Migrationsbejaher«, welche verdrängen, dass Migration oft destabilisierend wirkt und mit großen Spannungen und gesellschaftlichen Konflikten verbunden ist.[3]

Demografische Fakten und Perspektiven

Die Zahl der Muslime in Deutschland und Europa

Zahlen sind immer dort interessant, wo sie Proportionen und Größenverhältnisse erhellen, denn diese bestimmen sowohl die Ausprägungen der Wirklichkeit als auch ihre subjektive Wahrnehmung. Anschaulich wird dies am Beispiel der Prise Salz in der Suppe: Ohne Salz ist die Suppe fade, mit zu viel Salz ungenießbar. Es ist also gut, wenn die Köchin das Mengenverhältnis zwischen der Größe des Suppentopfs und der Größe der beizugebenden Prise Salz gut abschätzen kann.

Auch in der Demografie geht es um Proportionen. Gesellschaften sind elastisch, aber Größenverhältnisse bleiben wichtig: Bestünde eine Gesellschaft aus lauter Künstlern, wäre sie in Gefahr, zu erfrieren und zu verhungern. Bestünde sie nur aus Bauern und Handwerkern, könnte sie leicht ins Banausentum abgleiten. Kinderlos wäre sie vom Aussterben bedroht, ohne Alte würden ihr Gedächtnis und Erfahrung fehlen. Nachhaltige Überschüsse an Männern oder Frauen können die Harmonie stören. Das Gleiche gilt für ethnische, kulturelle und religiöse Unverträglichkeiten. Hohe Produktivität, Wohlstand und wissenschaftliche Leistung erfordern, dass ein nennenswerter Teil der Menschen in der Gesellschaft über ein hohes Maß an Geist und Wissen verfügt und diese auch einsetzt. *Darum ist es nicht gleichgültig, aus welchen Menschen sich eine Gesellschaft zusammensetzt und was diese an Ressourcen und Prägungen mitbringen.*

Deutschland und die meisten europäischen Länder sind recht geburtenarm. Seit etwa 50 Jahren liegt bei der einheimischen Bevölkerung die Zahl der Kinder pro Frau um rund ein Drittel unter dem Niveau der Bestandserhaltung. Das machte die wohlhabenden Staaten unter ihnen attraktiv und aufnahmefähig für Einwanderung. Auch ihre ausgebaute Sozialstaatlichkeit entfaltete Anziehungskraft. Gleichzeitig wurden sie zum Fluchtpunkt einer Armutswanderung. Das hat die Zusammensetzung der Bevölkerung tief greifend verändert, und der Prozess geht weiter.

Erkenntnisse für Deutschland aus der amtlichen Statistik

Die deutsche Statistik verwendet zur Abbildung der demografischen Auswirkungen dieser Entwicklung den Begriff des Migrationshintergrunds, den das Statistische Bundesamt wie folgt definiert: *»Eine Person hat einen Migrationshintergrund, wenn sie selbst oder mindestens ein Elternteil die deutsche Staatsangehörigkeit nicht durch Geburt besitzt.«*[4] Nach dieser Legaldefinition wird der Migrationshintergrund bei Personen, die in der dritten oder vierten Generation in Deutschland leben, gar nicht mehr erfasst, wenn z. B. bereits die Großeltern die deutsche Staatsangehörigkeit erwarben. Der tatsächliche Einfluss von Einwanderung auf Zahl und Zusammensetzung der Bevölkerung ist also größer als statistisch erfasst. Diese Diskrepanz nimmt im Zeitablauf zu.

Nach dem Mikrozensus 2016[5] betrug die Zahl der Personen mit Migrationshintergrund in Deutschland 18,6 Millionen, das sind 22,5 Prozent der Bevölkerung (vgl. Tabelle 4.1). Rund 6,8 Millionen Personen stammen aus vorwiegend islamischen Ländern, das sind 8,2 Prozent der Bevölkerung.[6]

Die Dynamik des Prozesses zeigt sich bei den altersbezogenen Zahlen: Je jünger die Menschen sind, desto höher ist der Anteil mit Migrationshintergrund: Bei den Kindern unter fünf Jahren betrug er 38,5 Prozent, davon aus vorwiegend islamischen Ländern ein Anteil von 14,9 Prozent an der gleichaltrigen Bevölkerung. Die Bevölkerung mit Migrationshintergrund ist im Durchschnitt jünger (35,4 gegenüber 46,9 Jahre), und sie hat mehr Kinder. Das zeigt auch die im Mikrozensus ausgewiesene durchschnittliche Haushaltsgröße (2,3 gegenüber 1,9).[7] Schon wegen des jüngeren Lebensalters und der höheren Kinderzahl der Personen mit Migrationshintergrund wird sich die Zusammensetzung der Bevölkerung weiter verändern. Die Wirkungen eines anhaltenden Zuzugs treten hinzu.

Tabelle 4.1: Migrationshintergrund in Deutschland nach Altersgruppen 2015

Altersgruppe von ... bis unter ... Jahren in 1000	insgesamt	0 bis 15	15 bis 25	25 bis 65	65 und älter
insgesamt	82 425	10 947	8578	45 523	17 376
ohne Migrationshintergrund	63 488	6959	6086	35 288	15 515
Migrationshintergrund	18 576	3988	2529	10 235	1861
Anteil mit Migrations-hintergrund in %	22,5	36,4	29,5	22,5	10,7

Quelle: Statistisches Bundesamt, Bevölkerung mit Migrationshintergrund, Ergebnisse des Mikrozensus 2016, Wiesbaden, September 2017, Tabelle 1.1, S. 37, und eigene Berechnungen.

Großstädte sind Vorreiter dieser Entwicklung. So haben in Berlin bereits 31,3 Prozent der Einwohner einen Migrationshintergrund, bei den Kindern unter sechs Jahren sind es 47,4 Prozent. Das verteilt sich sehr unterschiedlich auf die Stadtbezirke: Im Bezirk Neukölln – mit 328 000 Einwohnern für sich genommen eine sehr große Stadt – haben 43,9 Prozent der Menschen einen Migrationshintergrund, bei den Kindern unter sechs Jahren sind es 65 Prozent.[8]

In Berlin kommen unter den Menschen mit Migrationshintergrund 391 000 aus islamischen Ländern, das sind 34,0 Prozent der Berliner mit Migrationshintergrund und 10,7 Prozent der Berliner Gesamtbevölkerung. 62 000 der Migranten aus islamischen Ländern leben in Neukölln.[9] Sie sind durchweg besonders kinderreich und stellen in Neukölln 40 bis 50 Prozent der Schulkinder.[10]

Erkenntnisse für Deutschland aus Studien des BAMF

In einer Studie des Bundesamts für Migration und Flüchtlinge (BAMF), die Ende 2016 erschien, wurde die Zahl der Muslime, die zum 31. Dezember 2015 in Deutschland lebten, auf 4,4 bis 4,7 Millionen geschätzt.[11] Das waren 400 000 bis 600 000 mehr, als in der vorhergehenden Hochrechnung des BAMF aus dem Jahr 2008 geschätzt wurde.[12] In diesen »Zuwachs« flossen eine statistische Fehlerkorrektur von erheblicher Größenordnung und die Zuwanderung bis Ende 2015 ein.[13] Zur statistischen Problematik stellt die Autorin der Studie, Dr. Anja Stichs, fest: »Die Frage nach der genauen Zahl der Muslime in Deutschland ist auf Basis vorliegender Datenquellen (...) nicht leicht zu beantworten. In amtlichen Registern wird die Religionszugehörigkeit nicht systematisch erfasst. (...) Im Zensus 2011« wurde »die Zugehörigkeit zu einer anderen Religionsgemeinschaft, so etwa dem Islam (...) nur auf freiwilliger Basis abgefragt. Gut die Hälfte der Betroffenen verzichtete auf die Möglichkeit einer Angabe.« Deshalb »geht die Zahl der Muslime, aus dem Zensus nicht hervor (...) Im Mikrozensus – einer vom statistischen Bundesamt jährlich durchgeführten Befragung von einem Prozent aller Haushalte in Deutschland – wird die Religionszugehörigkeit nicht erfasst.«[14]

Zur Überbrückung dieses Mangels rechnet die BAMF-Studie die Zahl der Muslime aus dem Zensus 2011 mithilfe von Anteilswerten hoch, die man aus der telefonischen Befragung von 6004 Personen aus muslimisch geprägten Herkunftsländern im Jahr 2008 gewonnen hatte.[15] Bei dieser Befragung ergab sich das bemerkenswerte Ergebnis, dass »Nur rund die Hälfte der in Deutschland lebenden Personen mit Migrationshintergrund aus Ländern mit einer relevanten muslimischen Bevölkerung (...) Muslime« sind. »Bezüglich der Religionszugehörigkeit bestehen zwischen den in Deutschland lebenden Zuwanderern und der Bevölkerung in den jeweiligen Herkunftsländern zumeist erhebliche Diskrepanzen.«[16]

Aus der BAMF-Umfrage von 2008 ergibt sich, dass z.B. unter den Migranten aus

- Albanien   54,5 Prozent
- der Türkei   81,9 Prozent
- Ägypten   59,8 Prozent
- Syrien   38,0 Prozent
- dem Iran   45,8 Prozent
- Afghanistan   70,6 Prozent

Muslime sind.[17]

Für die Zuwanderer von Mai 2011 bis Dezember 2015, zum allergrößten Teil Asylbewerber, gibt die Studie an, dass unter Migranten aus

- Albanien   74,8 Prozent
- der Türkei   87,5 Prozent
- Ägypten   73,1 Prozent
- Syrien   87,5 Prozent
- dem Iran   32,2 Prozent
- Afghanistan   88,9 Prozent

Muslime sind.

Insgesamt geben bei der Gruppe der seit Mai 2011 aus islamischen Ländern Zugewanderten 65 Prozent an, Muslime zu sein.[18]

Die vom BAMF ermittelten Anteilsquoten der Muslime an der Einwanderung aus islamischen Ländern werfen Schlüssigkeitsfragen auf. *Treffen die Ergebnisse aber zu, dann bedeutet dies, dass religiöse Minderheiten schon seit Jahrzehnten massiv aus dem islamischen Kulturraum fliehen.* Das BAMF erläutert dazu, »dass sozial selektive Wanderungsprozesse erfolgten, oder mit anderen Worten, dass sich die nach Deutschland Zugewanderten im Hinblick auf ihre religiöse Struktur von der Bevölkerungsmehrheit unterscheiden. (...) Jüngeres bekanntes Beispiel ist etwa die Vertreibung der Jesiden sowie christlicher Minderheiten aus dem Irak und Syrien.«[19]

Tabelle 4.2: Migrationshintergrund bestimmter Herkunftsländer nach Religionszugehörigkeit

Migrationshintergrund (alle Haushaltsmitglieder)	Religionszugehörigkeit				
	Muslim/ Alevit	Christ	Sonstiges	keine Religion	Gesamt
Ägypten	59,8 %	21,3 %	0,3 %	18,5 %	100 %
Marokko	77,5 %	2,1 %	0,0 %	20,4 %	100 %
Syrien	38,0 %	37,0 %	6,7 %	18,3 %	100 %

Quelle: BAMF: Muslimisches Leben in Deutschland 2008, Datensatz über alle Haushaltsmitglieder.

Offenbar scheinen sehr viele Muslime, wenn sie in Deutschland angekommen sind, das Bekenntnis zum islamischen Glauben zu verschweigen oder aufzugeben. Bei ihnen ist zu vermuten, dass sie wohl auch in der Heimat eher glaubensfern waren, sich dort aber nicht dazu bekennen wollten. Sowohl die Flucht der Christen als auch der Säkularen stellt der Religionsfreiheit in den islamischen Herkunftsländern ein sehr schlechtes Zeugnis aus und passt zu den Erkenntnissen über Religionsfreiheit unter dem Islam, die ich in Kapitel 3 im Abschnitt »Religion vor Demokratie und Menschenrechten« niedergelegt habe.

Tabelle 4.3: Altersstruktur in Deutschland nach Migrationshintergrund und muslimischer Religion

Altersgruppe von ... bis unter ... Jahren	0 bis 15	15 bis 25	25 bis 65	65 und älter	ingesamt
Datenquelle Mikrozensus 2016					
Bevölkerung ohne Migrationshintergrund	10,9 %	9,5 %	55,2 %	24,4 %	100 %
Bevölkerung mit Migrationshintergrund	21,6 %	13,4 %	55,3 %	9,7 %	100 %
Datenquelle MLD 2008					
Personen aus islamischen Ländern	26,2 %	16,0 %	53,6 %	4,2 %	100 %
Muslime aus islamischen Ländern	24,8 %	16,9 %	54,8 %	3,5 %	100 %

Quelle: Statistisches Bundesamt. Bevölkerung mit Migrationshintergrund – Ergebnisse des Mikrozensus 2016, Fachserie 1, Reihe 2, Tabelle 2, S. 63 ff.; BAMF: Muslimisches Leben in Deutschland 2008, S. 104.

Die Muslime in Deutschland sind durchweg sehr jung: Im Jahr 2008 waren rund 42 Prozent in der Altersgruppe bis 25 Jahren. Damit sind sie noch jünger als die Bevölkerung mit Migrationshintergrund insgesamt, dort betrug der Anteil der Personen unter 25 Jahre 2015 knapp 35 Prozent. Neuere amtliche Zahlen über den Altersaufbau der Muslime in Deutschland liegen nicht vor.[20] Interessant ist eine Untersuchung der Stadt Wiesbaden über die Religionszugehörigkeit ihrer Bürger aus dem Jahr 2012: Im Durchschnitt betrug der Bevölkerungsanteil der Muslime 11 Prozent, in der Gruppe 65 Jahre und älter lag er bei 4 Prozent, und bei den Personen unter 18 Jahren war er 20 Prozent.[21]

Erkenntnisse für Europa

Die statistische Datenlage über die Zahl, den Altersaufbau, die Kinderzahl und die Zuwanderung von Muslimen ist in allen europäischen Ländern mängelbehaftet. Zuverlässige amtliche Daten, die noch dazu einheitlichen Abgrenzungskriterien folgen, sind durchweg kaum vorhanden. Das Pew Research Center untersucht im Rahmen seines globalen religiösen Projekts weltweit auch regionale demografische Daten über die muslimische Bevölkerung, deren Altersaufbau, Geburtenraten, Wanderungsbewegungen etc.[22] Hinsichtlich der Datenlage kritisiert es insbesondere Frankreich und Deutschland: In Frankreich ist den staatlichen Behörden das Sammeln von Daten über die Religionszugehörigkeit weitgehend untersagt bzw. nur unter erschwerten Umständen möglich. In Deutschland ist das Design des Mikrozensus problematisch, sodass die Zahl der Nichtchristen systematisch unterschätzt wird.[23]

Die Zahl der Muslime in der Europäischen Union schätzt Pew Research für 2016 auf rund 26 Millionen, das sind 4,9 Prozent der Bevölkerung. 2010 war der Anteil noch 3,8 Prozent. Eine aktuelle Projektion bis zum Jahr 2050 zeigt einen weiteren erheblichen Anstieg. Da die Muslime im Durchschnitt jünger sind und auch mehr Kinder haben, wird ihre Zahl in Europa bis 2050 nach der Schätzung von Pew Research selbst dann auf rund 36 Millionen zunehmen, wenn es ab sofort keine weitere Einwanderung mehr gibt. Bei mittlerer Einwanderung steigt ihre Zahl auf 56 Millionen, bei hoher Einwanderung auf 76 Millionen (vgl. Tabelle 4.4) Im Durchschnitt werden 2050 14 Prozent aller Europäer Muslime sein, in Deutschland wird der Anteil bei knapp 20 Prozent liegen, in Schweden bei 30 Prozent (vgl. Tabelle 4.5). Recht unwahrscheinlich ist das Szenario 1, das für die Zukunft eine weitere Einwanderung von Muslimen ausschließt und zudem die Rückkehr all jener unterstellt, deren Asylantrag abgelehnt wird. Im Szenario 2 gibt es zwar arbeitsmarktbedingte Einwanderung, aber keine weiteren Fluchtbewegungen und ebenfalls die vollständige Rückkehr der Asylsuchenden mit abgelehnten Anträgen. Auch das ist unwahrscheinlich. Die wahrscheinlichste Entwicklung liegt aus gegenwärtiger Sicht irgendwo zwischen Szenario 2 und 3.[24] Knapp die Hälfte des muslimischen Bevölkerungszuwachses in Europa von 6,2 Millionen zwischen 2010 bis 2016 entfiel auf den Geburtenüberschuss der in Europa lebenden Muslime, gut die Hälfte entfiel auf Einwanderung.[25] Von den Einwanderern waren rund ein Drittel Flüchtlinge, der Rest reguläre Einwanderer.[26]

Tabelle 4.4: Zahl der Muslime in der Europäischen Union 2010 bis 2050

	2010	2016	Szenarien 2050		
				Einwanderung	
			null	mittel	hoch
Europa insgesamt	**19520**	**25770**	**35770**	**57880**	**75550**
Deutschland	**3300**	**4950**	**5990**	**8480**	**17490**
Frankreich	4720	5720	8600	12630	13230
Großbritannien	2970	4130	6560	13060	13480
Italien	2150	2870	4350	7050	8250
Niederlande	990	1210	1510	2200	2790
Spanien	980	1180	1880	2680	2810
Bulgarien	820	790	700	500	650
Belgien	650	870	1250	2050	2580
Griechenland	590	620	590	700	860
Österreich	450	600	750	960	2120
Schweden	430	810	1130	2470	4450
Zypern	280	300	300	390	430
Dänemark	220	310	430	770	1100
Rumänien	70	80	70	110	120
Slowenien	70	80	80	100	100
Kroatien	70	70	60	70	70
Irland	50	70	80	190	200
Finnland	60	150	220	720	990
Portugal	30	40	50	210	220
Luxemburg	10	20	20	60	90

Quelle: http://assets.pewresearch.org/wp-content/uploads/sites/11/2017/11/06105637/FULL-REPORT-FOR-WEB-POSTING.pdf, S. 29. (Alle Zahlen in 1000)

Tabelle 4.5: Anteil der Muslime in der Europäischen Union 2010 bis 2050

	2010	2016	Szenarien 2050		
				Einwanderung	
			null	mittel	hoch
Europa insgesamt	**3,8**	**4,9**	**7,4**	**11,2**	**14**
Deutschland	**4,1**	**6,1**	**8,7**	**10,8**	**19,7**
Frankreich	7,5	8,8	12,7	17,4	18,0
Großbritannien	4,7	6,3	9,7	16,7	17,2
Italien	3,6	4,8	8,3	12,4	14,1
Bulgarien	11,1	11,1	12,5	9,2	11,6
Niederlande	6,0	7,1	9,1	12,5	15,2
Spanien	2,1	2,6	4,6	6,8	7,2
Belgien	6,0	7,6	11,1	15,1	18,2
Griechenland	5,3	5,7	6,3	8,1	9,7
Österreich	5,4	6,9	9,3	10,6	19,9
Schweden	4,6	8,1	11,1	20,5	30,6
Zypern	25,3	25,4	25,5	26,6	28,3
Dänemark	4,0	5,4	7,6	11,9	16,0
Rumänien	0,3	0,4	0,4	0,8	0,9
Slowenien	3,6	3,8	4,3	5,0	5,2
Kroatien	1,5	1,6	108	2,0	2,1
Irland	1,1	1,4	1,6	4,3	4,4
Finnland	1,2	2,7	4,2	11,4	15,0
Portugal	0,3	0,4	0,5	2,5	2,5
Luxemburg	2,3	3,2	3,4	6,7	9,9

Quelle: http://assets.pewresearch.org/wp-content/uploads/sites/11/2017/11/06105637/FULL-REPORT-FOR-WEB-POSTING.pdf, S. 30. (Alle Zahlen in %)

Tabelle 4.6: Durchschnittliche Kinderzahl pro Frau 2015–2020

	Muslime	Nichtmuslime	Differenz
Europa insgesamt	**2,6**	**1,6**	**+1,0**
Finnland	3,1	1,7	+1,4
Großbritannien	2,9	1,8	+1,0
Frankreich	2,9	1,9	+1,0
Schweden	2,8	1,8	+0,9
Belgien	2,6	1,7	+0,9
Dänemark	2,5	1,7	+0,8
Niederlande	2,3	1,7	+0,5
Österreich	2,2	1,5	+0,7
Norwegen	2,1	1,8	+0,3
Schweiz	2,1	1,5	+0,6
Deutschland	**1,9**	**1,4**	**+0,5**
Irland	1,8	2,0	-0,2
Slowenien	1,7	1,6	+0,1
Bulgarien	1,6	1,6	+0,1
Rumänien	1,6	1,5	+0,1
Griechenland	1,5	1,3	+0,2

Quelle: http://assets.pewresearch.org/wp-content/uploads/sites/11/2017/11/06105637/FULL-REPORT-FOR-WEB-POSTING.pdf, S. 34.

Die Muslime in Europa sind deutlich jünger als der Rest der Bevölkerung. Ihr mittleres Alter betrug 2016 30 Jahre gegenüber 44 Jahren für den europäischen Durchschnitt (vgl. Tabelle 4.7), und sie bekommen mehr Kinder: Für den Zeitraum 2015 bis 2020 schätzt Pew Research die durchschnittliche Fruchtbarkeitsrate der Muslime in Europa (Zahl der Kinder pro Frau) auf 2,6, die der Nichtmuslime dagegen auf 1,6 (vgl. Tabelle 4.6). In seinen Projektionen unterstellt Pew Research eine allmähliche Angleichung der Fruchtbarkeit von Muslimen und Nichtmuslimen im Verlauf mehrerer Generationen.[27]

Nach Einschätzung von Pew Research hat sich der Geburtenvorsprung der Muslime in Europa in den letzten Jahren vergrößert, denn für den Zeitraum 2010 bis 2015 wurden noch folgende Fruchtbarkeitsraten, differenziert nach Religionszugehörigkeit, ermittelt:[28]

- Muslime   2,1
- Juden   1,8
- Christen   1,6
- keine Religion   1,4

Tabelle 4.7: Mittleres Alter von Muslimen und Nichtmuslimen im Jahr 2016

	Muslime	Nichtmuslime	Altersunterschied
Europa insgesamt	**30**	**44**	**-13**
Frankreich	27	43	-16
Deutschland	**31**	**47**	**-16**
Belgien	29	43	-14
Italien	33	47	-14
Großbritannien	28	41	-13
Dänemark	30	43	-13
Finnland	30	43	-13
Schweiz	30	44	-13
Österreich	30	45	-15
Schweden	31	42	-12
Niederlande	33	44	-11
Spanien	33	44	-11
Portugal	34	44	-10

Quelle: http://assets.pewresearch.org/wp-content/uploads/sites/11/2017/11/06105637/FULL-REPORT-FOR-WEB-POSTING.pdf, S. 37.

Der Anstieg der muslimischen Bevölkerung in Europa ist im Jahr 2050 nicht abgeschlossen, es handelt sich um eine Momentaufnahme. Wegen des hohen Anteils junger Muslime und ihrer durchschnittlich höheren Kinderzahl ist der Anteil der Muslime an den Geburten etwa doppelt so hoch wie ihr Bevölkerungsanteil.[29] Daraus speist sich neben der Einwanderung ihr künftiges Bevölkerungswachstum. Demnach wurden 2016 in Europa rund 10 Prozent und in Deutschland rund 12 Prozent aller Kinder von Muslimen geboren. Der Geburtenanteil der Muslime wird weiter deutlich steigen. In Europas Hauptstadt Brüssel sind bereits ein Viertel der Bevölkerung Muslime, auf sie entfällt die Hälfte aller Geburten.[30] *Im Jahr 2050 entfallen in Europa beim*

Szenario hohe Einwanderung rund 30 Prozent und in Deutschland sogar rund 40 Prozent aller Geburten auf Muslime.[31]

Natürlich muss man stets betonen, dass es sich hierbei nicht um Prognosen, sondern um Projektionen und Szenarien handelt. Das mindert aber nicht ihren Erkenntniswert. Die aktuellen Projektionen von Pew Research zeigen für die Zukunft eine weitaus schnellere und ausgeprägtere Verschiebung der Bevölkerungsstruktur, als ich sie 2010 in den damals von mir publizierten Szenarien unterstellt hatte.[32]

Das Zusammenwirken von Einwanderung, Altersaufbau, Familiennachzug und Kinderzahl

Als 2010 *Deutschland schafft sich ab* erschien, stießen die langfristigen Modellrechnungen in Kapitel 8 auf besondere Ablehnung. Sie zeigten nämlich, dass im Verlauf einiger Generationen demografische Mehrheiten zwingend zu Minderheiten werden, wenn die eine Gruppe kontinuierlich schrumpft und die andere kontinuierlich wächst. Das unwillkommene Ergebnis wurde dem Autor, der doch nur Bote war, als besondere Bosheit zur Last gelegt. Der Modellrechnung legte ich damals einen Zeitraum von vier Generationen zugrunde, das sind rund 120 Jahre. Davon sind jetzt acht Jahre vergangen, und keine meiner damaligen Annahmen wurde bis heute falsifiziert bis auf eine: Ich hatte meinen Berechnungen zugrunde gelegt, dass es der Politik gelingen würde und sie auch willens sei, die jährliche Zuwanderung aus Afrika und dem Nahen und Mittleren Osten auf 100 000 zu begrenzen. Das Gegenteil war der Fall: Tatsächlich sind seit 2010 aus Afrika und dem Nahen und Mittleren Osten etwa 1,5 Millionen Menschen nach Deutschland zugewandert, und ein Ende ist nicht abzusehen. Die meisten davon sind männlich und extrem jung. Soweit sie bleiben, werden sie Familiennachzug in Anspruch nehmen und große Familien gründen. Der deutsche Sozialstaat macht bekanntlich die Familiengründung materiell auch dann attraktiv, wenn man sich wegen mangelhafter Qualifikationen und unzureichender Sprachkenntnisse nicht am ersten Arbeitsmarkt etablieren kann. Der Wohlstand von Transferempfängern in Deutschland wächst mit der Zahl ihrer Kinder.

Ein deutlich höheres Einwanderungsniveau aus Afrika und dem Nahen und Mittleren Osten, als damals von mir unterstellt, wirkt sich auf alle wesentlichen Faktoren der kulturellen Integration und der demografischen Balance negativ aus:

— Der Rückgang der Kinderzahlen der Einwanderer auf ein mit den europäischen Verhältnissen verträgliches Niveau dauert wesentlich länger, falls er überhaupt zustande kommt.

— Der ohnehin ziemlich langsame Prozess der Emanzipation muslimischer Frauen dauert wesentlich länger und wird für viele unmöglich, wenn die Neuankömmlinge ihre überkommenen Sitten mitbringen und im Familiennachzug junge Frauen nachholen, die durch die Herkunftskultur geprägt sind.

— Der Rückstand der Muslime im Bildungsbereich und am Arbeitsmarkt wird nicht allmählich abgebaut, wie dringend zu erhoffen ist, sondern erhält durch den Zuzug stetig neue Nahrung.

Walter Laqueur hatte das Problem auf dem Höhepunkt der Flüchtlingswelle so beschrieben: »Wenn man nun diese Menschen aufnimmt, ohne Rücksicht auf die Konsequenzen, kann das im Grunde nur zu Unheil führen. Diese Menschen, die kommen, erwarten, Arbeit zu finden, erwarten, genauso zu leben wie die Einheimischen. Wenn dies nicht der Fall ist, werden sie in ziemlich kurzer Zeit erbittert sein, sie werden sich beschweren und über Rassismus beklagen. (...) Die Annahme von Frau Merkel, das Problem sei gelöst, wenn man eine Million aufnehme, ist natürlich Unsinn. Die Zahl der Leute, die nach Europa wollen, ist viel, viel größer. (...) Der grosse Bevölkerungsstrom, nämlich der aus Afrika, hat noch kaum begonnen. Darüber ist sich Europa nicht im Klaren.«[33]

Die andere Gesellschaft

Wie die vorhergehenden Abschnitte zeigen, steigt der Anteil der Muslime in den europäischen Gesellschaften, wie immer man ihn ermittelt und aufbereitet, anhaltend schnell und dynamisch. Besonders deutlich wird das, wenn man die jungen Altersklassen und die Geburten betrachtet.

Die Ballung der Muslime (und etwas abgemildert der gesamten migrantischen Bevölkerung) in den jugendlichen Altersklassen kann in einer alternden geburtenarmen Bevölkerung schon für sich genommen Unbehagen wecken. Dieses Unbehagen steigt mit dem Gefühl der kulturellen Fremdheit. Es wird weiter verstärkt, soweit Muslime durch Sprachbarrieren oder die Kleidung ihrer Frauen die Abgrenzung von der Kultur des aufnehmenden Landes noch betonen. Das macht den Unterschied zur Einwanderung von Osteuropäern, Indern oder Vietnamesen aus.

Zu diesen Elementen, die je für sich schon bedrohlich wirken können, tritt die regionale Ballung hinzu. Sie schafft überall in Deutschland und Europa Inseln des Fremden, deren Wirkung dadurch verstärkt wird, dass viele Muslime, und gerade die besonders Gläubigen, an der Kultur und den Sitten des Aufnahmelandes wenig Interesse zeigen. Im Gegenteil, dort, wo sie lokal starke Minderheiten oder auch die Mehrheit bilden, versuchen sie eher, ihre Sitten und Gebräuche durchzusetzen, als sich anzupassen. Das ist eine europaweite Erfahrung, die von den französischen Banlieues über Belgien, die Niederlande, England, Deutschland und Dänemark bis nach Schweden reicht. Akzentuiert wird dies durch eine weitgehende Trennung des sozialen Lebens der Muslime von den Gesellschaften des Aufnahmelandes. Auch Werthaltungen passen sich nur langsam an westliche Standards an, wenn überhaupt. Auf bestürzende Weise wurde dies deutlich, als die oft schon seit vielen Jahrzehnten in Deutschland lebenden oder gar hier geborenen türkischen Staatsbürger zu zwei Dritteln beim türkischen Referendum über die Verfassungsänderung mit Ja stimmten und sich damit implizit gegen eine westliche Demokratie aussprachen. Ein Jahr später bekräftigten sie im Juni 2018 diese Haltung bei der Präsidentenwahl und wählten zu zwei Dritteln Erdoğan.[34]

Noch schwieriger wird es, wenn Muslime in besonderem Maß mit Kriminalität, Gewalt oder Terror assoziiert werden. Aufgrund der Nachrichtenlage geschieht dies häufig ganz unwillkürlich, auch die betonte politische Korrektheit von Politik und Medien kann daran wenig ändern. Dies illustriert die nachfolgende kurze Meldung aus der *FAZ* vom 17. Juli 2017:

»**Krawalle und Übergriffe bei Straßenfest:** In der baden-württembergischen Stadt Schorndorf (Rems-Murr-Kreis) ist es am Wochenende zu gewaltsamen Ausschreitungen zwischen einer Gruppe von Jugendlichen mit Migrationshintergrund und der Polizei gekommen. Polizisten seien mit Flaschen beworfen worden, ein Teil der Jugendlichen habe sich mit einem Tatverdächtigen solidarisiert, den die Polizei festnehmen wollte. Dem Mann wird eine gefährliche Körperverletzung zur Last gelegt. In der Nacht zum Sonntag zogen nach Darstellung der Polizei zudem ›Gruppierungen mit dreißig und fünfzig Personen‹ durch die Innenstadt gezogen, einige sollen mit Messern bewaffnet gewesen sein. Außerdem wurden mehrere Fahrzeuge der Polizei durch Flaschenwürfe beschädigt. In Schorndorf, einer Stadt mit knapp 40 000 Einwohnern, fand am Wochenende ein Stadtfest statt. Schon am Freitagabend meldeten drei Frauen der Polizei eine sexuelle Belästigung, in einem Fall werde nun gegen einen irakischen Mann ermittelt, teilte ein Sprecher der Polizei mit. Am Samstag soll dann eine 17 Jahre alte Frau auf dem Bahnhofsvorplatz von drei Männern festgehalten und begrapscht worden sein. Die Polizei ermittelt in diesem Fall gegen drei Männer aus Afghanistan.«[35]

Diese Meldung fasst relevante Elemente der überall mit muslimischen Migranten bestehenden Problemlage wie unter einem Brennglas zusammen:

- Ubiquität der Probleme – dieser Fall handelt nicht vom Berliner Wedding, sondern von einer kleinen Mittelstadt in Süddeutschland,
- aggressiv geballte Massenhaftigkeit,
- jugendliche Altersklassen,
- Gewalttätigkeit,

- fehlender Respekt vor der Staatsmacht in Gestalt der Polizei,
- Übergriffe auf Frauen und
- Parallelität des Fehlverhaltens von muslimischen Migranten, die hier geboren und aufgewachsen sind, zum Fehlverhalten von neu hinzugekommenen muslimischen Flüchtlingen.

Die Meldung veranlasste offenbar den Schorndorfer Oberbürgermeister Matthias Klopfer (SPD) zu einer Intervention bei der *FAZ*. In einer späteren Ausgabe der Zeitung fehlt die Angabe zur Zahl der gewalttätigen Jugendlichen, auch fiel die Erwähnung der Übergriffe auf Frauen kürzer aus. Dafür wurde der Oberbürgermeister zitiert mit dem Hinweis, es habe sich bei den Gewalttätern »nicht nur um Flüchtlinge aus Schorndorf, sondern auch um Deutsche mit Migrationshintergrund sowie ortsfremde Flüchtlinge gehandelt«. Vermutlich ohne es zu wollen, machte der Oberbürgermeister damit klar, dass das Problem über seine Stadt und die aktuelle Einwanderungswelle weit hinausgeht. Er machte es damit größer und nicht kleiner. In der ARD-Tagesschau vom 17. Juli fiel der Migrationshintergrund der Gewalttäter dem Silberblick des öffentlich-rechtlichen Rundfunks zum Opfer, es war nur noch von 1000 »jungen Menschen« die Rede. Nur der vorwitzige grüne Tübinger Oberbürgermeister Boris Palmer äußerte sich klar: »Mir völlig unbekannte Gewalt und Übergriffe bei einem an sich friedlichen Fest. Und wieder sehr junge Asylbewerber mitten drin.«[36]

Der ehemalige Bezirksbürgermeister von Berlin-Neukölln, Heinz Buschkowsky, gab seinem ersten Buch den Titel *Neukölln ist überall*. Seine Beobachtungen und Beschreibungen wiederholen sich im westfälischen Ahlen, im rheinischen Frechen, in Düsseldorf-Oberbilk, in Duisburg-Marxloh, in Essen-Altenessen,[37] im englischen Bradford, im schwedischen Malmö, im belgischen Molenbeek. Allein in Deutschland gibt es Hunderte solcher regionalen muslimischen Ballungen, die die Kultur und den Charakter der betroffenen Viertel und Städte verändern. Wer sich lediglich darüber freut, dass er eine Auswahl unter türkischen und marokkanischen Restaurants hat, wird sich daran nicht weiter stören. Wer dagegen eine gute Schulbildung für seine Kinder sucht und nicht möchte, dass die eigene Tochter unter Mitschülerinnen aufwächst, die mehrheitlich das Kopftuch tragen und eine aus westlicher Sicht rückständige und frauenfeindliche Sozialisation erfahren, der wird solche Viertel verlassen. Die Wanderung der einheimischen Bevölkerung und auch des liberalen und erfolgreicheren Teils der Muslime aus solchen Vierteln verstärkt die religiöse, ethnische und kulturelle Segregation.

An Buschkowskys Schilderungen wird deutlich, dass das meiste, was in Neukölln und woanders besonders problematisch ist, nicht die Migranten generell betrifft, sondern sich bei den muslimischen Migranten konzentriert: patriarchalisches Familienbild, Gewalttätigkeit, Paralleljustiz, Unterdrückung von Frauen und Mädchen, Kriminalität, Bildungsferne, Familiengründung in jungen Jahren und überdurchschnittliche Kinderzahl. Buschkowsky nimmt wahr, dass unter vielen muslimischen Migranten die Distanz zu Deutschland eher wächst, auch wenn sie schon seit Generationen hier sind, ebenso die Anfälligkeit für religiösen Fundamentalismus und Radikalisierung. Er zitiert die Schätzung einer erfahrenen Sozialarbeiterin und Psychotherapeutin, dass nur 20 Prozent der Türken und Araber die liberalen Einstellungen der westlichen Gesellschaft annehmen. Diese Gruppe zieht aus den migrantischen Vierteln weg, weil sie sich und ihre Familien dem Druck dieses Umfelds nicht aussetzen wollen. 30 Prozent sind unentschlossen, sie passen ihren Lebensstil und ihre Einstellungen taktisch an. 50 Prozent der muslimischen Migranten verharren über Generationen in den überkommenen Strukturen, gründen früh Familien und bekommen besonders viele Kinder.[38]

Der Titel von Buschkowskys zweitem Buch *Die andere Gesellschaft* meint diese Welt der muslimischen Migranten. Im Vorwort beschreibt er den Straßenblick aus seinem Amtszimmer: je verhüllter die Frauen, desto mehr Kinderwagen und kleine Kinder.[39] Dazu passen die Berichte von Berliner Lehrern über den wachsenden Druck auf muslimische Mädchen, dass sie einem bestimmten Religionsbild entsprechen sollen.[40] Für seinen Heimatbezirk Neukölln fürchtet Buschkowsky, dass die *andere Gesellschaft* in wenigen Jahren in der Mehrheit sein wird. Der Bevölkerungsanteil der Muslime liegt in Berlin-Neukölln gegenwärtig bei rund 20 Prozent. Die demografischen Verhältnisse dieses Berliner Bezirks nehmen vorweg, was laut Pew Research 2050 für den Durchschnitt Deutschlands, also von Usedom bis zum Allgäu, gelten wird.

Zur sozioökonomischen Situation der Muslime in Deutschland und Europa

In Deutschland sind rund ein Drittel der Personen mit Migrationshintergrund Muslime. Diese Gruppe ist besonders jung, hat besonders viele Kinder und wächst somit überdurchschnittlich. Auf sie entfällt aktuell der größte Teil der Zuwanderung, und die meisten Flüchtlinge sind ihr zuzurechnen. In diesem Abschnitt untersuche ich den Grad ihrer Integration anhand der vorhandenen Datenlage auf den Feldern der Bildungsleistung, der Arbeitsmarktintegration und der Transferabhängigkeit sowie der Kriminalitätsbeteiligung.

Kognitive Kompetenzen

Kognitive Kompetenz wird am zuverlässigsten gemessen durch standardisierte Tests der Bildungsleistung der Schüler für vergleichbare Altersgruppen oder Jahrgangsstufen. International etabliert sind die TIMMS- oder PISA-Studien. Sie ermöglichen Vergleiche zwischen Ländern, aber auch Vergleiche von Untergruppen in den einzelnen Ländern, wenn entsprechende Sonderauswertungen vorliegen. Wie bereits im 3. Kapitel im Abschnitt »Kognitive Kompetenzen« beschrieben, haben dabei vergleichende Tests der Bildungsleistung und Intelligenztests gleichgerichtete Ergebnisse.[41] Auch wandert die kognitive Kompetenz der Einwanderer aus den Herkunftsländern grundsätzlich gleichsam mit und beeinflusst das durchschnittliche Kompetenzniveau in den Zielländern.[42]

Die bereits im letzten Kapitel besprochenen Tabellen 3.2 und 3.3 enthalten ausgewählte Ergebnisse der aktuellen TIMMS- und PISA-

Studien für islamische, westliche und ostasiatische Länder. Sie zeigen den erheblichen Rückstand der islamischen Welt bei der Bildungsleistung. Islamische Länder schneiden bei solchen Tests generell weltweit unterdurchschnittlich ab, soweit sie einbezogen wurden. Zahlreiche Länder des islamischen Kulturkreises beteiligen sich aber nicht an solchen internationalen Vergleichen, sonst würde der Vergleich noch ungünstiger ausfallen.

Tabelle 4.8: Schülerleistungen in Naturwissenschaften bei Schülern mit und ohne Migrationshintergrund in PISA 2015[43]

	ohne Migrationshintergrund	mit Migrationshintergrund		
		insgesamt	zweite Zuwanderungsgeneration	erste Zuwanderungsgeneration
		Punktwert PISA 2015		
Singapur	550	**579**	589	572
Kanada	530	**531**	533	530
Australien	512	**514**	523	505
Neuseeland	519	**513**	507	517
Irland	505	**500**	501	500
Großbritannien	516	**493**	503	485
Ver. Arab. Emirate	394	**474**	461	482
Schweiz	527	**464**	462	467
Spanien	499	**457**	471	454
Niederlande	517	**457**	462	438
Deutschland	**527**	**455**	**461**	**434**
Norwegen	507	**455**	464	446
Italien	485	**452**	463	444
Belgien	516	**450**	454	447
Frankreich	506	**444**	456	419
Dänemark	510	**441**	441	441
Österreich	510	**440**	447	428
Schweden	508	**438**	454	417

PISA 2015 befasst sich schwerpunktmäßig mit der Bildungsleistung in den Naturwissenschaften. Es enthält auch eine Sonderauswertung nach dem Migrationshintergrund, allerdings nicht getrennt nach der Herkunft der Migranten. Die Ergebnisse sind gleichwohl äußerst aufschlussreich. *Die durchschnittlichen Leistungen der Schüler mit Migrationshintergrund sind nämlich umso höher, je selektiver die Einwanderungspolitik eines Landes und je niedriger der Anteil der muslimischen Migranten ist* (vgl. Tabelle 4.5):

- Singapur, Kanada, Australien und Neuseeland sind Staaten mit einer sehr selektiven Einwanderungspolitik. Sie nehmen zudem kaum Einwanderer aus islamischen Ländern auf. Die Leistungen ihrer Schüler mit Migrationshintergrund entsprechen dem Niveau der einheimischen Schüler oder liegen sogar darüber.
- In Großbritannien und Irland ist der Anteil von Einwanderern aus islamischen Ländern nicht sehr hoch. Sie haben viele Zuwanderer aus Osteuropa und Ostasien. Vor illegaler Einwanderung aus der islamischen Welt sind sie weitgehend geschützt, da sie nicht zum Schengen-Raum gehören. Die durchschnittlichen Schülerleistungen ihrer Einwanderer sind wesentlich dichter am Niveau der einheimischen Schüler als im übrigen Europa.
- In den Vereinigten Arabischen Emiraten liegen die Schülerleistungen der Einwanderer deutlich über dem schlechten Niveau der Einheimischen. In den ölreichen Emiraten arbeiten extrem viele Zuwanderer, die deutlich besser qualifiziert sind als die Einheimischen und alle wesentlichen Arbeiten verrichten.
- In der Schweiz kommen viele Migranten aus dem benachbarten Deutschland, das hebt das Durchschnittsniveau der Einwanderer. In Spanien macht sich der hohe Zuwanderungsanteil aus Südamerika bemerkbar. Deshalb wird der statistische Einfluss der muslimischen Migranten auf die Schülerleistung in beiden Ländern gedämpft.
- In den übrigen Ländern Europas ist der Anteil der Migranten aus islamischen Ländern deutlich höher, und die Leistungen der Schüler mit Migrationshintergrund sind entsprechend deutlich

schlechter. Ihr Leistungsrückstand entspricht einem Unterschied von drei Schuljahren. Der Anteil besonders leistungsschwacher Schüler liegt in dieser Gruppe über ganz Europa hinweg bei 30 bis 40 Prozent, der Anteil besonders leistungsstarker Schüler lediglich bei 2 bis 4 Prozent.[44] Es liegt auf der Hand, dass dies für die Arbeitsmarktperspektiven dieser Gruppe nicht günstig ist.

Die Definition des Migrationshintergrunds stellt bei PISA darauf ab, ob die Eltern oder Großeltern im Ausland geboren sind. Schüler der dritten oder vierten Generation gelten demnach bereits als Schüler ohne Migrationshintergrund. Hinter dieser Abgrenzung steht offenbar die Einschätzung, dass migrationsbedingte Bildungsdefizite ab der dritten Generation keine wesentliche Rolle mehr spielen, weil Sprachdefizite nicht mehr bestehen und eine kulturelle Angleichung an die aufnehmende Gesellschaft stattgefunden hat. Soweit diese Einschätzung nicht zutrifft, drückt der Einwanderungseffekt das allgemeine PISA-Ergebnis nach unten, ohne dass man ihn aus den Daten isolieren kann.

Zudem befinden sich unter den Migranten Gruppen unterschiedlicher Herkunft. Soweit sich Migranten je nach Herkunft in ihrer Bildungsleistung unterscheiden, wird das im allgemeinen Migrationshintergrund nicht gespiegelt. Nur indirekt kann man aus den PISA-Daten erschließen, dass der durchschnittliche Kompetenzrückstand der Schüler mit Migrationshintergrund in einem Land umso höher ist, je höher der Anteil der Muslime unter ihnen ist.

Einige Länder sammeln bei den PISA-Untersuchungen auch Informationen zur regionalen Herkunft der Schüler mit Migrationshintergrund. Bei PISA 2006 waren dies 15 westliche Länder unter den 54 teilnehmenden Ländern. Die Auswertung dieser Daten durch den niederländischen Bildungsforscher Jaap Dronkers ergab, dass Schüler aus dem nicht islamischen Asien besser abschneiden als andere Gruppen von Migranten. Dagegen haben Schüler aus islamischen Ländern deutliche Nachteile bei der Bildungsleistung im Vergleich mit anderen Migranten.[45] Der erhebliche Nachteil für Migranten aus islamischen Ländern bleibt auch dann bestehen, wenn man die Untersuchungen weiter ausdifferenziert und die Art des Schulsystems sowie den sozioökonomischen Hintergrund der Eltern einbezieht. Migranten der zweiten Generation schneiden etwas besser ab, aber der Unterschied bleibt beträchtlich. Eine Ursache liegt offenbar darin, dass islamische Migranten auch in der zweiten Generation zu Hause vorwiegend die Sprache des Herkunftslandes sprechen.[46] Eine besondere Diskriminierung von muslimischen Gläubigen im Vergleich etwa zu griechisch-orthodoxen oder jüdischen Gläubigen kann als Erklärung für niedrigere Leistungen der Muslime ausgeschlossen werden. Offenbar ist es die islamische Glaubenspraxis, die zu einer niedrigeren Bildungsleistung führt, nicht die Herkunft aus einem Land mit islamischer Bevölkerungsmehrheit.[47]

Jan te Nijenhuis und Henk van der Flier kommen zum Ergebnis, dass sich die bei verschiedenen Migrantengruppen gemessenen Unterschiede in den kognitiven Fähigkeiten nicht auf kulturelle Einstellungen (»cultural bias«) zurückführen lassen.[48] Die Bildungsleistung ist ein guter Prädiktor für das berufliche Pflichtbewusstsein (»professional attitude«).[49]

Emil Kirkegaard belegt für Dänemark und Finnland einen Zusammenhang zwischen dem Niveau der kognitiven Fähigkeiten in den Herkunftsländern, dem dortigen Anteil der muslimischen Bevölkerung und dem fiskalischen Nettobeitrag dieser Einwanderer in den Zielländern. Dieser ist umso negativer, je niedriger das in den Herkunftsländern gemessene Niveau der kognitiven Fähigkeiten ist. Der Zusammenhang ist stabil und für Dänemark und Finnland parallel.[50] In Dänemark zeigen die Durchschnittsnoten beim Abschluss der Schulpflicht einen engen Zusammenhang zur im Herkunftsland gemessenen durchschnittlichen kognitiven Kompetenz und zum Anteil der muslimischen Bevölkerung im Herkunftsland.[51]

Für Dänemark belegen Kirkegaard und Fuerst anhand von Daten über die 71 größten Einwanderungsgruppen einen stabilen negativen Zusammenhang zwischen der Bildungsleistung der Migranten und der Herkunft aus einem islamischen Land. Für den Zusammenhang von islamischer Herkunft und Einkommen errechnet die Untersuchung eine negative Korrelation. Für die Abhängigkeit von Sozialtransfers und für das Niveau der Kriminalitätsbelastung wird eine positive Korrelation zur islamischen Herkunft ermittelt.[52]

Elina Kilpi-Jakonen vergleicht für Finnland den Leistungsstand von Schülern am Ende der Schulpflicht: Migranten aus dem nicht islamischen Asien schneiden ähnlich wie die Finnen ab, Russen, Esten und andere Europäer nur wenig schlechter. Deutlich schlechtere Ergebnisse erzielen dagegen Migranten aus dem westlichen Asien, aus Nordafrika und aus Subsahara-Afrika.[53] Ein vergleichbares Ergebnis zeigt sich bei der Auswertung der finnischen Daten für PISA 2012. Dabei schnitten Schüler aus Ostasien besonders günstig, Schüler aus den Nachfolgestaaten des ehemaligen Jugoslawien (Slowenien, Kroatien, Bosnien und Herzegowina, Serbien, Montenegro, Kosovo, Mazedonien), der Türkei, dem Irak oder Somalia dagegen besonders ungünstig ab. Allerdings verschwinden die Effekte teilweise, wenn man sozioökonomische Faktoren einbezieht.[54]

Yael Brinbaum und Annick Kieffer untersuchen für Frankreich anhand einer Stichprobe von 12000 Studenten die gesamte Schullaufbahn ab der 6. Klasse und vergleichen dabei französische Kinder mit solchen, deren Eltern portugiesischen oder nordafrikanischen Ursprungs sind. Dabei sind die Leistungslücken in Französisch oder Mathematik für die Kinder nordafrikanischer Herkunft deutlich größer als für die portugiesischen Kinder, und sie verschwinden auch nicht, wenn man die Daten statistisch um Unterschiede in der sozialen Herkunft bereinigt.[55] Öfter als Portugiesen wenden sich Nordafrikaner einem berufsvorbereitenden Schulabschluss zu, aber dort scheitern sie doppelt so oft wie die Portugiesen.[56] Im französischen Schulsystem schneiden Schüler aus Ostasien besonders gut ab, während Schüler aus der Türkei oder der Sahelzone schlechter sind als Südeuropäer.[57] Die französische Bildungspolitik hat in den letzten Jahren versucht, die schlechten Leistungen muslimischer Migranten durch eine allgemeine Absenkung des Anforderungsniveaus aufzufangen.[58] Dies hatte zur Folge, dass Frankreich bei dem TIMMS-Vergleich 2015 der Leistungen von Grundschulkindern in Mathematik und Naturwissenschaften von 2015 nur knapp vor der Türkei landete.[59]

In Bezug auf marokkanische Migranten, aber auch generell für Einwanderer aus Nordafrika und dem Nahen und Mittleren Osten nach Europa zeigt eine OECD-Studie aus dem Jahr 2017 einen deutlichen

Rückstand der Bildungsleistung und der Bildungsabschlüsse gegenüber Einheimischen, aber auch gegenüber Migranten aus anderen Herkunftsgebieten, der sich allerdings in der zweiten Generation reduziert.[60]

Der im Oktober 2017 veröffentlichte IQB-Bildungstrend 2016 zum Kompetenzniveau Deutschlands und der Bundesländer in Deutsch und Mathematik am Ende der vierten Jahrgangsstufe zeigt eine breit angelegte Tendenz zur Verschlechterung der Bildungsleistung der Grundschüler.[61] Zwar ergab sich gegenüber der vorhergehenden Untersuchung im Jahr 2011 eine »weitgehende Stabilität« bei der Lesefähigkeit. Schlechtere Ergebnisse gab es aber in den Bereichen Zuhören und Orthografie und im Fach Mathematik. Wie bei allen Tests zur Bildungsleistung in Deutschland liegen Bayern und Sachsen an der Spitze und Berlin und Bremen am Ende der Leistungsskala.

Der durchschnittliche Anteil der Viertklässler mit Migrationshintergrund hat sich bundesweit von 2011 bis 2016 um fast 9 Prozentpunkte auf 34 Prozent erhöht. Besonders hoch ist er mit 40 bis 50 Prozent in den Stadtstaaten, in Nordrhein-Westfalen, Hessen und Baden-Württemberg.[62] Der Duktus der Studie legt die Schlussfolgerung nahe, dass der negative Trend der gemessenen Bildungsleistung mit dem wachsenden Anteil der Kinder mit Migrationshintergrund zusammenhängt. So äußerte sich auch die Präsidentin der Kultusministerkonferenz, Susanne Eisenmann (CDU), bei der Vorstellung der Studie.[63] Die »Inseln« mit einer relativ homogenen Schülerschaft werden immer kleiner: Deutschlandweit waren 2011 noch 61 Prozent der Grundschüler in Schulen mit einem Zuwanderungsanteil von unter 20 Prozent, 2016 war dieser Anteil auf 46 Prozent gesunken, in Berlin betrug er nur 28 Prozent.[64] Diese Verschiebung kann die negative Gesamttendenz erklären, denn Schüler mit Migrationshintergrund erbringen im Durchschnitt schlechtere Leistungen, wobei die Disparität bei der zweiten Generation sinkt.

Soweit die Datenqualität dazu ausreicht, differenziert die Studie unter den Schülern mit Migrationshintergrund nach den Herkunftsregionen Türkei, ehemalige Sowjetunion, Polen, Nachfolgestaaten des ehemaligen Jugoslawien, arabische Länder und anderes Land.[65] Dabei zeigen sich die größten negativen Abweichungen bei Schülern mit Migrationshintergrund Türkei, arabische Länder und ehemaliges Jugoslawien. Sie bleiben auch dann bestehen, wenn nur ein Elternteil im Ausland geboren ist. Das gilt für Deutsch und Mathematik gleichermaßen. Im Vergleich dazu sind die Leistungsminderungen der Schüler mit Migrationshintergrund Russische Föderation und Polen im Fach Deutsch deutlich kleiner. Sie verschwinden zudem praktisch vollständig, wenn nur ein Elternteil in der Herkunftsregion geboren ist. In Mathematik haben Schüler mit Migrationshintergrund Polen oder Russische Föderation überhaupt keine Minderleistungen gegenüber dem Bundesdurchschnitt.

Damit zeigt sich: In der Grundschule in Deutschland gibt es keine generelle Minderleistung von Kindern mit Migrationshintergrund. *Auch in Deutschland konzentriert sich vielmehr der Leistungsnachteil von Schülern mit Migrationshintergrund überwiegend auf die Herkunft aus islamischen Ländern.* Die Studie zitiert Befürchtungen, »die zuwanderungsbezogenen Kategorisierungen könnten einen ausgrenzenden Effekt haben und somit der Entwicklung einer Gesellschaft zuwider laufen, in der Pluralität Normalität ist«.[66] Offenbar war die Veröffentlichung der herkunftsbezogenen Leistungsdaten nicht unumstritten. Die Berliner Bildungsforscherin Naika Foroutan äußert die Befürchtung, die Information über Leistungsunterschiede erwecke bei den Lehrkräften Vorurteile gegen türkische Schüler, aber sie kann auch nicht beantworten, wo die Grenze zwischen Vorurteil und Erfahrungswerten liegt.[67]

Nationale und internationale Untersuchungen in Europa führen zu einem recht einheitlichen Bild: Migranten aus Ostasien stehen an der Spitze[68] und Migranten aus islamischen Ländern am Ende der an den Schulen Europas gemessenen Bildungsleistung.[69] Das spiegelt auch ihre unterdurchschnittliche Qualifikation zum Zeitpunkt der Einwanderung.[70]

Ein Blick auf Berlin und Neukölln
Im Land Berlin gibt es jährliche Schuleingangsuntersuchungen für alle Kinder zu Beginn ihrer Schulpflicht. Die Untersuchungsergebnisse werden teilweise differenziert nach der Herkunft der Kinder ausgewiesen.[71] In Berlin stammten bei der Schuleingangsuntersuchung

2015 23,1 Prozent der Kinder nicht aus Europa oder den westlichen Industriestaaten; im Bezirk Neukölln waren es 43,1 Prozent, überwiegend türkische und arabische Kinder.

In Berlin zeigten sich 2015 bei 19,9 Prozent aller Schuleingangsuntersuchungen unzureichende Sprachkenntnisse entweder beim Kind oder beim begleitenden Elternteil oder bei beiden. In Neukölln war dies bei 37,4 Prozent aller Schuleingangsuntersuchungen der Fall. Die Parallele zum dort deutlich höheren Anteil türkischer und arabischer Kinder sticht ins Auge.

Tabelle 4.9: Herkunft der Kinder bei Einschulungsuntersuchung 2015

Herkunft	Berlin	Neukölln
	Anteil in %	
deutsch	54,9	31,5
osteuropäisch	16,1	21,1
aus westl. Industriestaaten	5,6	4,2
andere, darunter	23,4	43,2
türkisch	*8,7*	*19,6*
arabisch	*6,6*	*17,7*
aus sonstigen Staaten	*8,1*	*5,9*

Quelle: Senatsverwaltung für Gesundheit und Soziales: »Grundauswertung der Einschulungs-daten in Berlin 2015«, https://www.berlin-suchtpraevention.de/wp-content/uploads/2017/02/ga2015_netz.pdf, Tabelle 2.8, S. 19

Tabelle 4.10: Migrationshintergrund und Deutschkenntnisse der Kinder und der begleitenden Elternteile bei der Einschulungsuntersuchung 2015

	Berlin	Neukölln
	Anteil in %	
Kind deutscher Herkunft	55,5	32,2
Kind nichtdeutscher Herkunft, darunter	44,4	67,8
(sehr) gute Deutschkenntnisse Kind und Elternteil	*24,5*	*30,4*
unzureichende Deutschkenntnisse Kind oder Elternteil	*9,7*	*16,8*
unzureichende Deutschkenntnisse Kind und Elternteil	*10,2*	*20,6*

Quelle: Senatsverwaltung für Gesundheit und Soziales: Grundauswertung der Einschulungs-daten in Berlin 2015, https://www.berlin-suchtpraevention.de/wp-content/uploads/2017/02/ga2015_netz.pdf, Tabelle 2.9, S. 19.

Die flächendeckenden Schuleingangsuntersuchungen in Berlin haben eine lange Tradition. Bei ihnen zeigt sich seit vielen Jahren regelmäßig, dass der Anteil von Defiziten und Entwicklungsstörungen bei Kindern mit türkischem und arabischem Migrationshintergrund besonders groß ist. Die dabei gemessenen Faktoren haben allesamt nichts mit materieller Versorgung zu tun. Die Verhaltensparameter der türkischen und arabischen Familien entsprechen großenteils denen der bildungsfernen Unterschicht.[72] In Neukölln weisen 60 Prozent und mehr der Kinder bei den Schuleingangsuntersuchungen Entwicklungsrückstände auf.[73] Im April 2017 offenbarte eine Untersuchung in den Berliner Kitas, dass jedes sechste Kind knapp anderthalb Jahre vor dem Schulbeginn nicht ausreichend Deutsch kann und nicht in der Lage ist, in der Schule einfachen Aufforderungen zu folgen.[74] Eine Rektorin in Neukölln beschreibt die Situation ihrer Schule und ihrer Schüler wie folgt: »Der Migrationsanteil in meiner Schule liegt zwischen 80 und 90 Prozent. 30 bis 50 Prozent meiner Schüler erhalten staatliche Transferleistungen. Ein überdurchschnittlicher Anteil der Schülerinnen und Schüler kommt aus bildungsfernen Elternhäusern. Damit verbunden ist ein überdurchschnittlich hoher Anteil, der weder die eigene Muttersprache noch die Verkehrssprache Deutsch in Schrift und Sprache ausreichend beherrscht. (...) Ein Anteil von circa 40 Prozent der Schülerinnen und Schüler, die sich durchgehend im unteren Leistungsdrittel befinden, hat kaum eine Chance, in den normalen Arbeitsmarkt zu kommen.«[75]

Trotz der in den letzten Jahren gesunkenen Anforderungen machen 16 Prozent der türkischen und arabischen Schüler in Neukölln keinen Schulabschluss, ihre Abiturquote ist mit 26 Prozent nur halb so hoch wie bei den Deutschen.[76] Diese Zahlen aus Neukölln passen zu entsprechenden Zahlen aus Wiesbaden: Von den Schülern mit Migrationshintergrund machten in Wiesbaden 2017 29 Prozent das Abitur, bei den Schülern ohne Migrationshintergrund 55 Prozent. 9 Prozent der Schüler mit Migrationshintergrund verließen die Schule ohne Schulabschluss gegenüber 3 Prozent der Schüler ohne Migrationshintergrund.[77]

Dabei zeigt die Bildungsforschung, dass Kinder mit Zuwanderungshintergrund bei gleicher Leistung und gleichem sozialen Hintergrund eher eine Gymnasialempfehlung erhalten als Schüler ohne

Migrationshintergrund.[78] Sie werden also nicht diskriminiert, eher das Gegenteil ist der Fall. Trotz der niedrigen Abiturquote bricht fast die Hälfte der Studenten mit Migrationshintergrund an deutschen Universitäten ihr Studium ab. Der Integrationsexperte Caner Aver am Essener Zentrum für Türkeistudien nennt den Grund: »Es mangelt an Projekten, die bewusst und strukturell auf die Sprach- und Schreibschwierigkeiten zielen, etwa wenn es darum geht, eine gute Hausarbeit zu verfassen.«[79] Damit sagt der türkischstämmige Bildungsforscher indirekt, dass die überforderten Studenten ihr Abiturzeugnis zu Unrecht bekamen, ohne die deutsche Sprache auf ausreichendem Niveau in Wort und Schrift zu beherrschen.

Immer wieder ist in Politik und Medien die Forderung zu hören, man müsse die Chancengleichheit in der Bildung verbessern, indem man die Kinder besser durchmischt. Das ist eine Luxusforderung, die nur erhoben werden kann, solange die übergroße Mehrheit der Kinder deutscher Herkunft ist.[80] Die politische Debatte legt krasse Widersprüche offen: Damit die adäquate Förderung deutschsprachiger Kinder nicht zu kurz kommt, soll der Migrantenanteil in den Schulklassen begrenzt werden, so fordern es der Philologenverband und mittlerweile auch die Bundesbildungsministerin.[81] Diese Forderung ist aber in weiten Teilen Deutschlands durch die Wirklichkeit überholt. In Städten wie Berlin ist sie einfach nur noch absurd, wenn diejenigen, die es zu fördern gilt, die demografische Mehrheit erreichen, wie das heute schon in Neukölln der Fall ist. Mittlerweile äußern Bildungsforscher die Besorgnis, dass über der Förderung der Migrantenkinder die Förderung der leistungsstarken Schüler untergeht.[82]

Im September 2016 hatten an den staatlichen 39 Grundschulen Neuköllns durchschnittlich 71,1 Prozent der Schüler eine nicht deutsche Herkunftssprache. Aber an 11 Schulen lag dieser Anteil bei über 90 Prozent, an 20 Schulen bei über 80 Prozent und an nur 4 Schulen bei unter 40 Prozent.[83] So wird es verständlich, dass bildungsbewusste Eltern versuchen, ihre Kinder woanders einzuschulen, und die Privatschulen boomen. Aber wenn sich ganz Deutschland in die demografische Richtung Neuköllns entwickelt, werden solche Fluchtwege in einigen Jahrzehnten für die Mehrheit der Menschen verschlossen sein.

Heike Schmoll resümierte im März 2017 zur Berliner Bildungsmisere: »Am dramatischsten ist, dass die leistungsschwächsten Schüler aus eingewanderten bildungsfernen Familien sich nicht verbessert haben. Die sogenannten Risikoschüler, die häufig an jedem Schulabschluss scheitern, sind also schon mit erheblichen Defiziten an die weiterführende Schule gekommen.«[84] Der Bildungsforscher Heinz-Elmar Tenorth spannt den Bogen noch etwas weiter. Aus seiner Sicht bejubelt die Politik zu Unrecht, dass in Deutschland »nur noch sechs bis sieben Prozent kein Abschlusszeugnis haben, und ignoriert – gegen die eigenen Kompetenzmessungen –, dass mehr als 20 Prozent in der Schule nicht die Kompetenz erwerben, am gesellschaftlichen Leben selbstbestimmt teilzunehmen, und dass etwa 25 Prozent der Ausbildungsverträge nach kurzer Zeit wieder aufgelöst werden, weil elementare Fähigkeiten fehlen«.[85]

Eine im Dezember 2017 erschienene Studie des Bundesamts für Migration und Flüchtlinge – erstellt im Auftrag der Deutschen Islamkonferenz – über »Vorschulische Kinderbetreuung aus der Sicht muslimischer Familien« zeigt die Schräglage in der deutschen Debatte an: In der Studie geht es nicht etwa darum, wie man Bildungsdefiziten von Muslimen möglichst frühzeitig zu Leibe rücken kann. Solche Defizite werden in der ganzen Studie nicht thematisiert. Die Studie führt vielmehr zu folgenden »zentralen Ergebnissen«: »Zentrales Anliegen muslimischer Eltern ist, durch den Kita-Besuch das gesellschaftliche Miteinander ihrer Kinder zu fördern und ihre Teilhabechancen zu verbessern. (...) Kultur- und religionssensible Angebote werden nur in wenigen Kitas unterbreitet, sie werden von den Eltern aber gewünscht.«[86] So mogelt sich die amtliche Islampolitik an den wirklichen Problemen vorbei.

Perspektiven

Als 2015/16 die große Welle von Flüchtlingen und illegalen Einwanderern nach Deutschland strömte, war zunächst häufig die Rede von der Bereicherung für den deutschen Arbeitsmarkt und dem möglichen Beitrag zur Entlastung des Fachkräftemangels. Diese Stimmen sind verstummt, denn nähere Untersuchungen der Bildungsleistung der Zugewanderten zeigen ein sehr ernüchterndes Bild. Nach Einschätzung der Bundesagentur für Arbeit verfügen 70 bis 80 Prozent über keine geeignete Qualifikation.[87]

- Soweit die Zugewanderten formale Abschlüsse mitbringen, entsprechen diese durchweg nicht deutschen Standards. Ein Schulabschluss in den Herkunftsländern bedeutet ein Leistungsniveau, das in der Regel allenfalls dem dritten oder vierten Schuljahr entspricht.
- Studienberechtigte haben im Durchschnitt allenfalls ein Kompetenzniveau, das in Deutschland mit dem Realschulabschluss erworben wird. Sie sind nach deutschen Maßstäben zum größten Teil nicht studierfähig.[88]
- Ein erheblicher Teil der Zugewanderten von 60 bis 70 Prozent besteht aus funktionalen Analphabeten.[89]
- Selbst die angebotenen Deutschkurse werden von 70 Prozent der neuen Zuwanderer vorzeitig abgebrochen. Die Leistungsmotivation und Anstrengungsbereitschaft sind durchweg sehr gering, die Vermeidungshaltung dagegen ausgeprägt. Entsprechend gering sind die Erfolge.[90]

Für denjenigen Teil der Flüchtlinge, denen ein Aufenthaltsrecht zugesprochen wird, ist der Familiennachzug möglich. 2016/17 kamen rund 200000 Menschen im Rahmen des Familiennachzugs, die Zahlen werden in Zukunft weiter steigen. Der weitaus größte Teil des Familiennachzugs entfällt auf Ehepartner. Im Kreis der seit 2015 Zugewanderten wird die Zahl der jungen Familien mit wachsender Kinderschar schnell zunehmen. Die weitaus meisten dieser jungen muslimischen Familien werden ganz oder überwiegend von staatlichen Transfers leben. Deutschland wiederholt in großem Stil den Fehler, den es bereits in den Siebziger- und Achtzigerjahren des vergangenen Jahrhunderts mit dem Familiennachzug für die türkischen und marokkanischen Gastarbeiter machte.

Die jetzige neue Welle kommt aber in ein Land, in dem sich die demografischen Gewichte bereits erheblich verschoben haben. Die Integration in eine deutsche Umgebung und in Schulklassen mit deutschen Schülern wird für die meisten der neuen Welle muslimischer Zuwanderer und Familiengründer gar nicht mehr möglich sein, weil es für sie an quantitativ und qualitativ ausreichender deutscher Umgebung fehlt. Die Integrationsergebnisse werden deshalb für die neuen Zuwanderer noch weitaus schlechter sein als für jene Türken und Araber und ihre Kinder, die in den Sechziger- bis Neunzigerjahren nach Deutschland kamen. Wie der Bildungsforscher Hans Anand Pant schreibt, rächen sich jetzt die bildungspolitischen Versäumnisse der Vergangenheit bei der Flüchtlingsfrage.[91]

Man muss die Hoffnung darauf setzen und im Bildungssystem das Mögliche tun, damit jeder Einzelne sein Bildungspotenzial ausschöpfen kann, soweit er dies will. Man darf die dazu nötige Anstrengung und die damit verbundenen Wünsche aber nicht mit einer Erfolgsprognose verwechseln, schon gar nicht mit einer Erfolgsprognose für ganze Gruppen. Es ist nicht erkennbar, dass sich der sehr langsame Trend bei der Angleichung der Bildungsleistung muslimischer Schüler in Zukunft beschleunigen wird. Gesamthaft wird sich das Problem eher verschärfen, weil die Zahl der muslimischen Einwanderer mit kulturfremdem Hintergrund und entsprechend auch die Zahl ihrer Kinder stärker steigt als jemals zuvor.

In ganz Europa ist der relative Rückstand bei der Bildungsleistung muslimischer Migranten recht uniform. Dies spricht für kulturelle Ursachen dieses Rückstands. Häufig sucht man die Erklärung in der Diskriminierung oder Unterprivilegierung muslimischer Migranten. Solche speziell für Muslime geltenden Faktoren lassen sich aber im Vergleich zu anderen Migrantengruppen in Europa nicht erkennen. Zudem zeigt die Bildungsleistung der Muslime in Europa eine recht gute Übereinstimmung mit der Bildungsleistung in den Herkunftsländern. Zumindest gibt es keine Rückstände. Solange man Unterschiede in der angeborenen Intelligenz ausschließt, spricht also alles dafür, dass die signifikant unterdurchschnittliche Bildungsleistung der Muslime in Europa kulturell bedingt ist und letztlich in der Religion und dem durch sie geprägten kulturellen Umfeld wurzelt.[92] *Die Tatsache dieses Rückstands ist leider unumstößlich.* Steht man der Erklärung vorwiegend aus dem religiösen Hintergrund skeptisch gegenüber, so kann man den Ansatz ausweiten und mit dem Soziologen Georg W. Oesterdiekhoff unterstellen, dass die Gesellschaften der islamischen Länder und ihre Menschen in der Summe der Kindheitsphase der Menschheit noch näher stehen als die Länder des Westens und Ostasiens.[93] Die Frage nach den Gründen dafür führt mich persönlich allerdings wieder zur Religion zurück. Der türkischstämmige Schriftsteller Feridun Zaimoglu sagt dazu: »Unreife Persönlichkeiten suchen die Schuld bei anderen: Was ich meinen Glaubensschwestern und Glaubensbrüdern zurufe: rausgehen, klüger werden, vielleicht zu einer schonen, deutschen Nüchternheit zurückfinden.«[94]

Arbeitsmarktbeteiligung und Transferabhängigkeit

In den letzten Jahrzehnten war in Deutschland auf breiter Front eine Aufweichung bei den Standards für Bildungsabschlüsse zu beobachten. Das reicht vom Hauptschulabschluss bis zum Abitur. Ein Abbau von Leistungsunterschieden konnte damit zwar nicht erreicht werden, und für die Zukunft stellt sich folglich die Frage nach der Bedeutung formaler Abschlüsse. Für die Vergangenheit und Gegenwart aber gilt, dass Bildungsabschlüsse ein recht guter Prädiktor für den Erfolg im Erwerbsleben und am Arbeitsmarkt sind.

Personen mit Migrationshintergrund haben durchschnittlich eine niedrigere Arbeitsmarktbeteiligung, eine höhere Arbeitslosigkeit und einen höheren Transferbezug. Je nach Herkunft und Religion gibt es aber deutliche Unterschiede. Muslimische Migranten liegen im Verhältnis zu anderen Personen mit Migrationshintergrund ungünstiger, auch bauen sich die Unterschiede zur aufnehmenden Gesellschaft langsamer ab. Große Unterschiede gibt es aber auch innerhalb der muslimischen Migranten. Araber und Afrikaner schneiden durchweg deutlich ungünstiger als Türken ab, diese ungünstiger als Muslime aus dem Südbalkan.

Erkenntnisse aus dem Mikrozensus 2016
Für Deutschland liefert der Mikrozensus 2016 des Statistischen Bundesamtes aktuelle nach Herkunftsgruppen differenzierte Erkenntnisse (vgl. Tabelle 4.11): Von der Bevölkerung ohne Migrationshintergrund

hatten 2016 1,8 Prozent keinen Schulabschluss. Von der Bevölkerung mit Migrationshintergrund sind es 13,5 Prozent. Bei der Herkunft Türkei und Marokko steigt der Anteil ohne Abschluss auf rund 27 Prozent, bei der Herkunft Syrien haben rund 30 Prozent, bei der Herkunft Irak oder Afghanistan haben knapp 40 Prozent keinen Schulabschluss. Etwas besser, aber ebenfalls ungünstig sind die Werte für die Herkunft aus europäischen Ländern mit vorwiegend islamischer Bevölkerung. Günstiger sehen die Verhältnisse bei der Abiturientenquote aus. Allerdings fließen hier bei jenen Zugewanderten, die das Abitur in den Herkunftsländern erworben hatten, die Standards aus den Herkunftsländern ein, die deutlich unter dem deutschen oder europäischen Niveau liegen.

Tabelle 4.11: Schulbildung in Deutschland nach Migrationsstatus, Herkunft und Geschlecht

	ohne Schulabschluss			mit Abitur		
	männlich	weiblich	insg.	männlich	weiblich	insg.
	Anteile in %					
kein Migrationshintergrund	1,8	1,7	1,8	24,6	22,2	23,4
mit Migrationshintergrund	14,6	12,6	13,5	30,2	28,6	27,7
Bosnien und Herzegowina	15,0	16,8	15,8	12,9	14,7	13,8
Kosovo	17,7	24,0	20,5	18,5	14,0	16,5
Türkei	22,5	32,5	27,3	13,3	11,8	12,5
Marokko	21,2	34,0	27,1	34,8	24,5	29,7
Ägypten, Algerien, Libyen Tunesien	12,0	24,0	13,6	48,8	45,7	46,4
Irak	33,3	38,5	36,3	33,3	25,0	25,7
Iran	8,0	10,3	8,2	61,3	63,8	62,4
Syrien	26,5	39,0	30,4	36,4	30,0	34,7
Afghanistan	36,0	38,1	37,7	36,0	40,0	22,3
Pakistan	31,2	15.8	22,5	31,2	40,0	35,5

Quelle: Statistisches Bundesamt: Bevölkerung mit Migrationshintergrund. Ergebnisse des Mikrozensus 2016. Tabelle 8, S. 178 ff. und eigene Berechnungen.

Noch deutlicher zeigt sich der Rückstand der muslimischen Migranten bei den Berufsabschlüssen: In Deutschland haben unter den Menschen ohne Migrationshintergrund 14 Prozent keinen berufsqualifizierenden Abschluss, bei den Menschen mit Migrationshintergrund sind es etwa 39 Prozent. Bei einem Migrationshintergrund islamische Länder liegt der Anteil der Ungelernten noch deutlich höher, durchschnittlich bei etwa zwei Drittel.

Auch die türkischstämmigen Migranten, deren Aufenthaltstradition in Deutschland mittlerweile mehr als ein halbes Jahrhundert zurückreicht, haben zu über 60 Prozent keinen berufsqualifizierenden Abschluss (vgl. Tabelle 4.12). Unter den Deutschtürken haben 6,7 Prozent einen akademischen Abschluss, bei der Bevölkerung ohne Migrationshintergrund sind es durchschnittlich 18,6 Prozent. Aufgrund der durchschnittlich niedrigen Qualifikation haben türkische Migranten selbst in der zweiten Generation größere Schwierigkeiten als Deutsche und auch als der Durchschnitt der Migranten, in die Mittelklasse aufzusteigen.[95] Die Problematik der niedrigen Bildung gilt auch für die jüngeren Jahrgänge: »Unter den heute 17- bis 45-Jährigen mit türkischen Wurzeln haben 40 Prozent höchstens die Hauptschule abgeschlossen; 51 Prozent haben nach der Schulzeit keinen Berufsabschluss erreicht.«[96]

Tabelle 4.12: Berufsbildung in Deutschland nach Migrationsstatus und Herkunft

	ohne berufsqualifizierenden Abschluss	mit akademischem Abschluss
	Anteile in %	
kein Migrationshintergrund	14,0	18,6
mit Migrationshintergrund	38,8	18,4
Bosnien und Herzegowina	42,6	8,0
Kosovo	62,5	5,3
Türkei	61,5	6,7
Marokko	55,6	17,6
Ägypten, Algerien, Libyen, Tunesien	38,4	32,3
Irak	64,7	14,8
Iran	33,8	39,5
Syrien	70,3	14,6
Afghanistan	63,0	13,4
Pakistan	33,7	13,9

Quelle: Statistisches Bundesamt: Bevölkerung mit Migrationshintergrund. Ergebnisse des Mikrozensus 2016. Tabelle 9, S. 202 ff. und eigene Berechnungen.

Viele der Migranten aus islamischen Ländern, die in den letzten Jahren nach Deutschland kamen, haben akademische Abschlüsse oder geben diese bei Befragungen an. Eine Verwertbarkeit in Deutschland ergibt sich aber nur bei MINT-Fächern oder z. B. Medizin, wenn die entsprechenden Kenntnisse nachgewiesen werden können.

In Deutschland sind von den Menschen ohne Migrationshintergrund etwa 56 Prozent der Männer und etwa 48 Prozent der Frauen erwerbstätig. Der Anteilswert bezieht sich auf die Gesamtbevölkerung vom Kind bis zum Greis. Von den Menschen mit Migrationshintergrund sind bei den Männern rund 50 Prozent erwerbstätig und bei den Frauen rund 40 Prozent. Deutlich niedriger ist die Erwerbstätigenquote bei den Migranten aus islamischen Ländern (vgl. Tabelle 4.13). So gehen 49 Prozent der türkischen Männer, aber nur 32 Prozent der türkischen Frauen einer Erwerbstätigkeit nach. »Nur 17 Prozent der Frauen und 56 Prozent der Männer türkischer Herkunft arbeiten Vollzeit.«[97] Bei den Marokkanern sind sogar nur 20 Prozent der Frauen erwerbstätig und bei anderen Einwanderern aus Nordafrika nur 23 Prozent.

Ausgeprägt sind auch die Unterschiede bei der Arbeitslosigkeit: Von den Menschen ohne Migrationshintergrund waren laut Mikrozensus 2016 3,4 Prozent arbeitslos. Bei den Menschen mit Migrationshintergrund betrug die Arbeitslosigkeit durchschnittlich 7,0 Prozent, dabei waren Türken zu 8,9 Prozent und Marokkaner zu 11,8 Prozent arbeitslos, unter den übrigen Nordafrikanern waren es 12,1 Prozent. Sehr niedrige Erwerbstätigen- und sehr hohe Arbeitslosenzahlen gibt es bei den Migranten aus den Ländern des Nahen und Mittleren Ostens. Hier zeigen sich die Folgen der Fluchtmigration seit 2015.

Die internationale Armutsforschung hat den Begriff der Armutsgefährdung entwickelt: Als armutsgefährdet gilt, wer 60 Prozent oder weniger des mittleren (um die Haushaltsgröße bereinigten) Haushaltsnettoeinkommens zur Verfügung hat. Unabhängig von den implizierten problematischen Wertungen liefert diese normative Setzung ein brauchbares Vergleichsmaß für materielle Lebenslagen.

Tabelle 4.13: Erwerbsquote und Arbeitslosenquote nach Migrationsstatus, Herkunft und Geschlecht

	Erwerbstätige in % der Bevölkerung			Erwerbslose in % der Erwerbspersonen		
	insg.	männl.	weibl.	insg.	männl.	weibl.
kein Migrationshintergrund	51,7	55,8	47,7	3,4	3,6	3,1
mit Migrationshintergrund	44,9	49,5	40,1	7,0	7,5	6,3
Bosnien und Herzegowina	47,6	50,4	44,6	5,6	.	.
Kosovo	37,9	45,5	26,8	8,7	8,9	.
Türkei	40,8	49,3	31,6	8,9	9,1	8,6
Marokko	31,4	41,3	19,5	11,8	10,7	.
Ägypten, Algerien, Libyen, Tunesien	36,7	45,5	22,8	12,1	11,8	.
Irak	20,9	27,5	10,3	27,6	26,7	.
Iran	40,2	42,8	37,0	12,0	13,3	.
Syrien	9,6	12,2	5,4	41,4	41,4	.
Afghanistan	23,3	27,3	17,6	14,5	13,6	.
Pakistan	30,9	40,6	.	14,7	.	.

Quelle: Statistisches Bundesamt: Bevölkerung mit Migrationshintergrund. Ergebnisse des Mikrozensus 2016. Tabelle 16, S. 406 ff. und eigene Berechnungen.

In Deutschland galten nach dieser Definition 2016 von den Haushalten ohne Migrationshintergrund 12,1 Prozent und von den Haushalten mit Migrationshintergrund 28,0 Prozent als armutsgefährdet. Einen entscheidenden Einfluss auf die Armutsgefährdung hat die Qualifikation. Ohne Schulabschluss steigt die Armutsgefährdung auf 39,5 Prozent, wenn kein Migrationshintergrund vorliegt, bzw. auf 49,2 Prozent, wenn der Haushalt einen Migrationshintergrund hat.

Von den türkischen Haushalten in Deutschland sind 32,4 Prozent und von den marokkanischen Haushalten 43,1 Prozent armutsgefährdet. Das ist bestürzend, wenn man bedenkt, dass die große Welle der Gastarbeiterzuwanderung jetzt ein halbes Jahrhundert zurückliegt. Bei Haushalten von Migranten aus dem Nahen und Mittleren Osten liegt die Armutsgefährdungsquote bei 60 bis 80 Prozent.

Tabelle 4.14: Armutsgefährdungsquote nach Migrationsstatus, Herkunft und Schulabschluss

	insgesamt	mit Schulabschluss	ohne Schulabschluss
	in %		
kein Migrationshintergrund	12,1	11,5	39,5
mit Migrationshintergrund	28,0	22,5	49,2
Bosnien und Herzegowina	28,2	22,3	51,3
Kosovo	40,0	32,6	56,4
Türkei	32,4	25,4	44,8
Marokko	43,1	35,8	56,8
Ägypten, Algerien, Libyen, Tunesien	39,3	35,3	48,2
Irak	69,1	61,5	74,4
Iran	41,5	39,8	65,4
Syrien	79,4	78,2	83,3
Afghanistan	65,6	51,1	73,7
Pakistan	56,9	51,5	72,3

Quelle: Statistisches Bundesamt: Bevölkerung mit Migrationshintergrund. Ergebnisse des Mikrozensus 2016 und eigene Berechnungen. Tabelle 14, S. 328 ff.

Der Mikrozensus erfragt auch, aus welcher Quelle ein Mensch seinen überwiegenden Lebensunterhalt bezieht: Das können Mieteinnahmen, Vermögenseinkünfte, Unterstützung durch Angehörige, Pensionen und Altersrenten, Einkommen aus Berufstätigkeit oder soziale Unterstützungsleistungen des Staates sein. Dazu zählen insbesondere das Arbeitslosengeld und die Sozialhilfe.

Von den Haushalten ohne Migrationshintergrund bestreiten 46,7 Prozent ihren überwiegenden Lebensunterhalt aus ihrer Berufstätigkeit, 5,4 Prozent leben überwiegend von staatlicher Unterstützung. Von den Haushalten mit Migrationshintergrund leben 40,2 Prozent überwiegend von ihrer Berufstätigkeit, 21,4 Prozent leben überwiegend von staatlicher Unterstützung.

Von den türkischstämmigen Migranten leben 36 Prozent überwiegend von ihrer Berufstätigkeit, 12,9 Prozent überwiegend von staatlicher Unterstützung. Unter den marokkanischen Migranten leben 17,7 Prozent überwiegend von staatlicher Unterstützung, Bei Migranten aus dem Nahen und Mittleren Osten liegt der Anteil mit überwiegender staatlicher Unterstützung durchweg bei 50 bis 70 Prozent.

Tabelle 4.15: Überwiegender Lebensunterhalt nach Migrationsstatus und Herkunft

	überwiegender Lebensunterhalt durch		
	Berufstätigkeit	Arbeitslosengeld	sonstige staatliche Unterstützung
	in %		
kein Migrationshintergrund	46,7	3,2	2,2
mit Migrationshintergrund	40,2	7,8	13,6
Bosnien und Herzegowina	42,3	7,2	6,0
Kosovo	33,4	9,6	8,8
Türkei	36,0	9,7	3,2
Marokko	28,3	14,6	3,1
Ägypten, Algerien, Libyen, Tunesien	33,5	10,1	7,6
Irak	16,5	25,7	24,3
Iran	36,0	13,4	15,9
Syrien	7,5	25,0	45,3
Afghanistan	19,0	14,2	35,9
Pakistan	25,5	17,0	16,0

Quelle: Statistisches Bundesamt: Bevölkerung mit Migrationshintergrund. Ergebnisse des Mikrozensus 2016. Tabelle 15, S. 376 ff. und eigene Berechnungen.

Erkenntnisse für Europa

Das im Vergleich zu anderen Migranten ungünstige Abschneiden von Muslimen am Arbeitsmarkt und beim Transferbezug zeigt sich in ganz Europa.

In Österreich zeigt die amtliche Statistik für Migranten aus der Türkei und aus »sonstigen Staaten« (vornehmlich Afrika und dem Nahen und Mittleren Osten) ähnliche Werte für Beschäftigung, Arbeitslosigkeit, Armutsgefährdung und Transferbezug wie in Deutschland.[98]

Eine OECD-Studie aus dem Jahr 2017 weist für marokkanische Migranten in ganz Europa mit 30 Prozent die höchste Arbeitslosenrate aus, gefolgt von Migranten aus den sogenannten MENA-Staaten (Länder Nordafrikas sowie des Nahen und Mittleren Ostens).[99]

Der amtliche Zensus in Großbritannien umfasst im Unterschied zu Deutschland auch Fragen nach der Religionszugehörigkeit und der ethnischen Herkunft. Die Daten können darum in Kategorien abgebildet werden, die der deutschen amtlichen Statistik unzugänglich sind. So können z. B. Bildungsabschlüsse, Beschäftigung und berufliche Einstufung nach der Religion abgebildet werden. Äußerst aufschlussreich ist die berufliche Einstufung nach der Religion (vgl. Tabelle 4.16): Danach stehen in Großbritannien Juden und Hindus an der Spitze der Berufshierarchie, und sie haben die niedrigste Arbeitslosigkeit. Die Arbeitslosigkeit der Muslime ist dreimal so hoch wie im britischen Durchschnitt. 35 Prozent der Muslime üben ungelernte oder angelernte Tätigkeiten aus gegenüber 21 Prozent im Landesdurchschnitt oder bei den Hindus. In der höchsten beruflichen Kategorie finden sich nur 15 Prozent der britischen Muslime, dagegen sind 45,6 Prozent der Juden, 33,5 Prozent der Hindus, 25,4 Prozent der Buddhisten und 22,2 Prozent der Christen in der beruflich höchsten Kategorie. Das ist umso bemerkenswerter, als die Muslime in Großbritannien zum allergrößten Teil aus der ehemaligen Kronkolonie Indien kommen, ebenso wie die Hindus. Ethnische Ursachen können deshalb beim Vergleich der britischen Muslime mit den Hindus weitgehend ausgeklammert werden. *Die Ursachen der frappanten Unterschiede können also nur im Religiös-Kulturellen liegen.*

Aufschlussreich sind auch die Unterschiede in der wirtschaftlichen Aktivität nach ethnischen Gruppen (vgl. Tabelle 4.17): Bei Bangladeschern, Pakistani oder Arabern handelt es sich bekanntlich durchweg um Muslime. In diesen Gruppen sind nur 40 bis 47 Prozent wirtschaftlich aktiv. Bei den Weißen und Chinesen sind es 57 Prozent, bei den Indern sogar 60 Prozent. Chinesen und Inder haben auch die niedrigste Arbeitslosigkeit mit Raten von 1,2 Prozent bzw. 2 Prozent. Bei Pakistani, Bangladeschern und Arabern ist die Arbeitslosigkeit zwei- bis dreimal so hoch. Auch sind bei diesen Gruppen besonders viele wirtschaftlich inaktiv, nämlich 33 bis 40 Prozent. Bei den Indern und Chinesen sind dagegen nur 20 bis 22 Prozent wirtschaftlich inaktiv.

Tabelle 4.16: Erwerbstätige in Großbritannien nach Religionszugehörigkeit und Qualifikation der Beschäftigung[100]

Beschäftigung nach Qualifikation 16–64 Jahre	AB	C1	C2	D	E
	Verteilung in %				
insgesamt	22,7	30,3	22,1	21,4	3,6
Christen	22,2	30,2	23,7	21,2	2,8
Buddhisten	25,4	32,0	20,0	18,6	4,0
Hindus	33,5	29,3	13,9	21,3	2,1
Muslime	15,2	24,3	13,7	35,2	11,7
Sikh	20,2	27,8	20,5	28,6	2,8
Juden	45,6	36,0	7,8	9,0	1,6

Quelle: Office for National Statistics: CTO172 – Religion (detailed) by approximated social grade, 2011 Census, Created on 27 February 2014, http://www.nationalarchives.gov.uk/doc/open-government-licence/

Solche Befunde werden empirisch über die Breite der europäischen Länder gestützt: Ignace Glorieux und Ilse Laurijssen haben 2009 für Flandern die Arbeitsmarktintegration ethnischer Minderheiten untersucht. Die Mitglieder der Stichprobe gehörten überwiegend zur zweiten oder sogar zur dritten Generation. Dabei zeigte sich, dass 85 Prozent der Türken und 57 Prozent der Nordafrikaner zu Hause meist ihre Herkunftssprache sprechen. Zu 50 Prozent hatten sie keinen Sekundarschulabschluss, und knapp die Hälfte von ihnen hatte, ein Jahr nachdem sie die Schule verlassen hatten, noch keine Arbeit. Damit schnitten sie doppelt so ungünstig wie andere Migranten ab. Aus ihrem sozialen Hintergrund konnte die lange Zeitdauer bis zum ersten Job nicht erklärt werden. Auch niedrig Qualifizierte finden in Belgien recht leicht einen ersten Job. Deutlich öfter als die Vergleichsgruppen hatten die jungen Leute mit Migrationshintergrund Türkei oder Nordafrika erste Jobs mit niedrigem Prestige. Dies kann, so das Ergebnis der Untersuchung, nicht mit sozialen Faktoren, sondern nur mit dem niedrigen Bildungsniveau erklärt werden.[101]

Tabelle 4.17: Wirtschaftliche Aktivität in Großbritannien nach ethnischen Gruppen

ethnische Gruppe	wirtschaftlich aktiv	Vollzeit Studenten	arbeitslos	wirtschaftlich inaktiv
	in % der Gruppe im Alter von 16–64 Jahren			
insgesamt	56,3	2,4	2,3	31,4
Weiß	56,9	2,1	2,1	32,6
Gemischt	52,3	5,0	5,0	18,6
Indisch	60,3	3,7	2,0	21,8
Pakistani	43,4	3,4	5,1	33,3
Bangladeschi	40,6	5,4	4,5	32,8
Chinesisch oder andere Asiaten	57,0	4,3	1,3	19,5
Schwarz	51,2	4,8	7,0	20,4
Arabisch oder andere ethnische Gruppe	47,0	3,2	4,9	40,0

Quelle: Office for National Statistics: CTO 492 – Sex by Age by economic activity by provision of unpaid care by ethnic group, 2011 Census, Created on 18 August 2015, http://www.nationalarchives.gov.uk/doc/open-government-licence/

Emil Kirkegaard und John Fuerst haben für 71 Herkunftsgruppen von Migranten in Dänemark den Zusammenhang von Religion, Bildung, Transferabhängigkeit und Kriminalität untersucht. Dabei erwies sich das religiöse Bekenntnis zum Islam stabil als statistisch signifikanter Prädiktor.[102] Emil Kirkegaard hat für Dänemark und Finnland gezeigt, dass die fiskalischen Nettobeiträge (bzw. Nettokosten) von Migranten anhand der kognitiven Fähigkeiten im Herkunftsland und seines muslimischen Bevölkerungsanteils zuverlässig geschätzt werden können.[103]

Phillip Connor und Mathias Koenig haben anhand von Daten der European Social Survey nach Ursachen der Beschäftigungslücke zwischen Muslimen und Nichtmuslimen in europäischen Ländern geforscht und einen Einfluss von Bildung, Sprachfertigkeit und religiöser Orientierung nachgewiesen. Für gut die Hälfte der muslimischen Beschäftigungslücke haben sie keine Erklärung gefunden. Aus Mangel an alternativen Erklärungen vermuten sie den Einfluss religiöser Diskriminierung.[104] In Schweden hat die in Siebzigerjahren des vergangenen Jahrhunderts einsetzende ausgeprägte Einwanderung aus islamischen

Ländern dazu geführt, dass mittlerweile 58 Prozent aller Sozialleistungen an Migranten gehen. Auch nach 15 Jahren Aufenthalt in Schweden haben nur 60 Prozent der Migranten einen Arbeitsplatz.[105]

Der Arbeitsmarktforscher Ruud Koopmans hat anhand von Daten des europäischen »Eurislam«-Projekts aus dem Jahr 2010 die Arbeitsmarktbeteiligung von muslimischen Migranten und ihren Nachkommen untersucht und mit einer Kontrollgruppe von Einheimischen verglichen. Dabei wurden sechs europäische Länder einbezogen: Deutschland, Frankreich, Großbritannien, die Niederlande, Belgien und die Schweiz. Die Herkunftsländer der muslimischen Migranten waren die Türkei, Marokko, Pakistan und das ehemalige Jugoslawien.[106]

Die Erwerbsbeteiligung war bei den muslimischen Männern etwas niedriger als bei den Einheimischen, deutlich größere Unterschiede gab es bei den Frauen. In der zweiten Generation fielen die Unterschiede geringer aus, waren bei den Frauen aber weiterhin ausgeprägt. Erheblich waren die Unterschiede in der Arbeitslosigkeit: Bei den muslimischen Männern der ersten Generation war sie mehr als dreimal so hoch wie bei den Einheimischen, bei den Frauen mehr als doppelt so hoch. Große Unterschiede bleiben auch in der zweiten Generation bestehen.

Das Neue an Koopmans Untersuchung war aber nicht die Bestätigung bereits bekannter Ergebnisse zu Erwerbsbeteiligung und Arbeitslosigkeit. In die Umfrage flossen Daten zu Sprachkenntnissen, zu Kontakten mit der einheimischen Bevölkerung, zur Mediennutzung und zu gesellschaftlichen Einstellungen ein, mit denen der Grad der sozialen Assimilation an das Einwanderungsland abgebildet wurde. *Dabei zeigte sich, dass die Arbeitsmarktintegration entscheidend vom Grad der sozialen Assimilation abhängt.* Bei den gut assimilierten Muslimen war die Beschäftigungslücke zu den Einheimischen wesentlich geringer und auch weitgehend unabhängig von der Einwanderungsgeneration. Bei den schlecht assimilierten Muslimen war die Arbeitslosigkeit zwei- bis dreimal so hoch wie bei den gut assimilierten, und es gab nur eine geringe Verbesserung in der zweiten Generation.

Koopmans konnte zudem zeigen, dass das Ausmaß der Beschäftigungsunterschiede nicht durch Diskriminierung am Arbeitsmarkt bedingt ist. Solche Diskriminierung ist nicht zu bestreiten, aber sie kommt jedenfalls nicht in dem Beschäftigungsgrad und dem Umfang der Arbeitslosigkeit zum Ausdruck. Der Grad der sozialen Assimilation hängt vielmehr überwiegend von den Verhaltensweisen, Einstellungen, Interessen und der Eigeninitiative der Einwanderer ab. Arbeitslosigkeit und die aus ihr folgende Transferabhängigkeit der Einwanderer sind darum kein Schicksal, sondern können von den Betroffenen über ihre soziale Assimilation in hohem Maße selbst beeinflusst werden. *Die besonderen Integrationsprobleme von Muslimen am Arbeitsmarkt ergeben sich aus jenen kulturellen Einstellungen, die über den Grad ihrer sozialen Assimilation bestimmen.* Dort liegen auch die wesentlichen Unterschiede zu Einwanderern oder Ostasien, die bei der Integration am Arbeitsmarkt mehr Erfolg haben.

Koopmans zieht das Resümee, »dass die niedrige Arbeitsmarktpartizipation von muslimischen Frauen und die hohen Arbeitslosigkeitsraten von Muslimen nahezu vollständig auf defizitäre Sprachkenntnisse – vor allem in der ersten und anderthalben Generation – und fehlende innerethnische soziale Kontakte sowie traditionelle Geschlechterrollenverhältnisse zurückzuführen sind. Gerade in diesen Bereichen schneiden Muslime schlechter ab und sind traditioneller eingestellt als die meisten anderen Migrantengruppen.« Religiöse Überzeugungen beschränken ihren Kontakt mit Andersgläubigen, prägen das Heiratsverhalten und verfestigen sprachliche Defizite.[107]

Im Gegensatz zu Ruud Koopmans kam der Religionsmonitor der Bertelsmann Stiftung in einer im August 2017 veröffentlichten Untersuchung zum Ergebnis, dass in fünf untersuchten Ländern die Muslime keine besonderen Defizite in der Arbeitsmarktintegration haben, was Beschäftigungsgrad und Arbeitslosigkeit angeht. Das war überraschend, denn generell ist bekannt, dass die Arbeitslosigkeit von Migranten überdurchschnittlich und ihre Arbeitsmarktbeteiligung unterdurchschnittlich ist und dass unter den Migranten in Europa jene aus muslimischen Ländern besonders ungünstig abschneiden. Die entsprechende Umfrage war im Auftrag der Bertelsmann Stiftung von Infas in Zusammenarbeit mit Gallup International durchgeführt worden. Sie erfolgte telefonisch in 15 Sprachen.[108]

Die Ergebnisse des Religionsmonitors zeigten auch, dass die Integration am Arbeitsmarkt weder mit der Quote der Staatsbürgerschaft noch mit den Vorbehalten gegenüber Muslimen, noch mit der regionalen Herkunft der Muslime korreliert.[109] Zur sprachlichen Integration sind die Ergebnisse des Religionsmonitors wenig aussagefähig, denn bei der Erhebung der ersten Sprache werden all jene mit erfasst, die angeben, die Sprache des Herkunftslandes und des Einwanderungslandes gleichzeitig erlernt zu haben.[110] Als weiteres Integrationsmaß wurde die Dauer des Schulbesuchs erfasst, diese ist aber nicht aussagefähig ohne den Vergleich des Schulerfolgs, d. h. der Bildungsleistung in einem bestimmten Alter, zwischen Muslimen und Nichtmuslimen. Dazu fehlt im Religionsmonitor jedwede Aussage.[111]

Für die Arbeitsmarktbeteiligung der Muslime in fünf europäischen Ländern (Deutschland, Österreich, Schweiz, Großbritannien, Frankreich) kommt der Bertelsmann-Religionsmonitor 2017 zu sehr überraschenden Ergebnissen:

- In der Altersgruppe 16–65 Jahre ist die Arbeitslosigkeit der Muslime nur in Österreich und Frankreich deutlich höher als die der Nichtmuslime, in Deutschland sogar niedriger, in Großbritannien gleich hoch und in der Schweiz kaum höher.
- Nur in Frankreich ist der Beschäftigungsgrad der Muslime wesentlich niedriger als der der Nichtmuslime, in der Schweiz und Großbritannien ist er dagegen nur unwesentlich niedriger und in Großbritannien sogar höher.[112]

Diese Zahlen sind wirklichkeitsfern. Ihnen zufolge sollen nur 5 Prozent der Muslime in Deutschland arbeitslos sein, dagegen 7 Prozent der Nichtmuslime. Die Bertelsmann Stiftung setzte offenbar unkritisch auf die Selbstauskunft der Studienteilnehmer. Ruud Koopmans kam dagegen 2016 in seiner bereits zitierten Studie zu dem Befund, dass Muslime in ganz Europa weniger in den Arbeitsmarkt integriert sind als die sogenannte Mehrheitsgesellschaft. Dazu passt die Statistik der Bundesagentur für Arbeit, dass im Jahr 2016 43 Prozent aller

Arbeitslosen in Deutschland einen Migrationshintergrund hatten.[113] Ruud Koopmans kritisierte, dass die Bertelsmann Stiftung Zahlen publiziert, »denen jede andere Statistik widerspricht. Es sind Fantasiezahlen, die nicht repräsentativ sind.«[114]

Unstreitig ist jedenfalls, dass die islamische Religion einen Einfluss auf die Bildungsperspektiven und die Arbeitsmarktbeteiligung der Frauen hat. Für 2008 ergab sich aus den Daten der Studie *Muslimisches Leben in Deutschland*: »Musliminnen mit und ohne Kopftuch haben überproportional häufig die Schule ohne einen Abschluss verlassen. Gleichzeitig wird deutlich, dass Frauen, die ein Kopftuch tragen, eher über einen niedrigen oder mittleren Abschluss verfügen, während Musliminnen ohne Kopftuch häufiger das Abitur vorweisen können.«[115] 63 Prozent der weiblichen Muslime mit Kopftuch waren nicht erwerbstätig gegenüber 37 Prozent der weiblichen Muslime ohne Kopftuch.[116] Die durch das Kopftuch dokumentierte Religionsnähe ist also ein erhebliches Hindernis für die Arbeitsmarktintegration weiblicher Muslime. »Musliminnen, die sich in der Öffentlichkeit bedecken, sind bei sonst gleichen Voraussetzungen seltener erwerbstätig als Musliminnen, die kein Kopftuch tragen.«[117] Gleichwohl meinen die Autorinnen – beide angestellt beim Bundesamt für Migration und Flüchtlinge –, religiöse Faktoren nähmen für sich genommen »keinen Einfluss auf die berufliche Positionierung der Befragten. Ist eine Person erwerbstätig, hängt es von der Ausstattung mit Humankapital – und hierbei vor allem von den Deutschkenntnissen und der beruflichen Bildung – ab, ob sie eine (hoch) qualifizierte Tätigkeit übernimmt.«[118] Immerhin gestehen sie zu: »Damit bleibt offen, ob die Religionszugehörigkeit tatsächlich einen eigenständigen Einfluss auf die Erwerbseinbindung und berufliche Positionierung hat, oder ob die festgestellten Unterschiede durch andere Zusammensetzungen in Bezug auf dahinter liegende Variablen bedingt sind. Dies lässt sich erst durch multivariate Analysen klären.«[119] Die zitierte Studie von Ruud Koopmans liefert solch eine Analyse und beantwortet damit die Frage, die die BAMF-Autorinnen gerne offenlassen, mit einem eindeutigen »Ja«.

Arbeitsmarkt und Fluchtmigration

Die Fluchtmigration nach Deutschland hält seit Jahren an. Sie verstärkte sich im Sommer 2015 erheblich – damals war von Kontrollverlust die Rede – und ebbte ab Frühling 2016 wieder ab. Die Zahlen sind im Vergleich zu der Zeit vor 2015 aber immer noch hoch. Sie haben erhebliche Debatten ausgelöst und politische Verwerfungen bewirkt, die sich bei der Bundestagswahl 2017 in deutlichen Verlusten für Union und SPD und in dem erstmaligen Einzug der AfD in den Bundestag niederschlugen.

Die Fluchtmigranten sind weit überwiegend jung, weit überwiegend männlich und überwiegend Muslime. 2016 waren 76 Prozent der Erstantragsteller Muslime, 66 Prozent der Antragsteller waren männlich, und 83 Prozent waren jünger als 35 Jahre.

Die Flucht der religiösen Minderheiten aus der islamischen Welt hält an. So waren 2017 rund 56 Prozent der Asylbewerber aus dem Iran Christen und knapp 50 Prozent der Asylbewerber aus dem Irak Jesiden. Da der Anteil der religiösen Minderheiten in den islamischen Ländern fluchtbedingt immer weiter sinkt, ist damit zu rechnen, dass der Anteil der Muslime an den Fluchtmigranten in Zukunft weiter steigt.

Tabelle 4.18: Struktur der Asylbewerber 2015–2017 nach Religion, Alter und Geschlecht

Asylerstanträge	2015	in %	2016	in %	2017	in %
insgesamt	441899	100	722370	100	198317	100
Islam	322817	73,8	548456	75,9	130783	65,9
Christentum	61061	13,8	88427	12,2	40860	20,6
Jesiden	18685	4,2	42092	7,0	13283	6,7
sonstige	39336	8,9	31728	4,4	13391	6,8
männlich	305584	69,2	474566	65,7	119904	60,5
weiblich	136315	30,8	247804	34,3	78413	39,5
unter 35 Jahre	361107	81,7	602248	83,4	168804	83,9

Quelle: Bundesamt für Migration und Flüchtlinge: Jahresberichte 2015 und 2016, Das Bundesamt in Zahlen 2017, jeweils Tabellen 1–4 und 1–7.

Die Asylstatistiken und die Arbeitsmarktstatistiken in Deutschland sind nicht miteinander verzahnt. Soweit Asylbewerber Aufenthaltsberechtigung und Arbeitserlaubnis erhalten, können sie Empfänger von Arbeitslosengeld II (Hartz IV) werden. Dann werden sie auch in der Beschäftigungs- bzw. Arbeitslosenstatistik erfasst. Zuwanderer im Allgemeinen werden dort nicht erfasst.

Die Bundesagentur für Arbeit weist in der Arbeitsmarktstatistik die Beschäftigung und die gemeldete Arbeitslosigkeit differenziert nach Staatsangehörigkeit aus. In der Arbeitsmarktstatistik hat sie eine neue Kategorie »nicht europäische Asylherkunftsländer« angelegt, die auf der Grundlage des Ausländerzentralregisters die Staatsangehörigen von acht nicht europäischen Ländern erfasst. Auf diese acht Länder entfällt das Gros der Asylbewerber in Deutschland.[120]

Im Oktober 2017 gab es 202 000 sozialversicherungspflichtig Beschäftigte aus den sogenannten nicht europäischen Asylherkunftsländern, das ist eine Beschäftigungsquote von 24 Prozent, außerdem gingen 62 000 einer ausschließlich geringfügigen Beschäftigung nach. Die Bundesagentur für Arbeit kommentierte dazu in trockener Beamtensprache: »Die vergleichsweise geringen Beschäftigungsquoten zeigen, dass die Integration in den Arbeitsmarkt einen langen Atem braucht. Geringe bzw. mangelnde Sprachkenntnisse sowie fehlende formale Berufsabschlüsse erschweren oftmals die schnelle Integration von Schutzsuchenden in den Arbeitsmarkt.«[121] Eine Personalleiterbefragung bei 1000 Unternehmen ergab, dass jedes fünfte Unternehmen Anfang 2017 bereits Geflüchtete beschäftigt hatte. Unzureichende Deutschkenntnisse und fehlende Berufsabschlüsse stellten sich als das größte Hindernis heraus.[122]

Es wäre schon ein großer Erfolg, wenn die Fluchtmigranten im Verlauf einiger Jahrzehnte an das Ausbildungs- und Beschäftigungsniveau der bereits seit 50 Jahren bei uns lebenden muslimischen Migranten herangeführt werden könnten. Das ist aber unwahrscheinlich, denn die Voraussetzungen für die Integration Ungelernter in den Arbeitsmarkt sind mittlerweile weitaus schlechter als in den Sechziger- oder Siebzigerjahren des vergangenen Jahrhunderts. Wegen dieser Zuwanderung wird das durchweg ungünstige Abschneiden muslimischer Migranten am Arbeitsmarkt und bei der Transferabhängigkeit voraussichtlich massiv zunehmen, anstatt sich allmählich abzubauen.

Die wenigen Ausländer aus nicht europäischen Asylherkunftsländern, die Arbeit gefunden haben, üben fast ausschließlich ungelernte, einfache Tätigkeiten aus. Die Abgangschance der Unbeschäftigten in Arbeit (also die Wahrscheinlichkeit, innerhalb eines Jahres Arbeit zu finden) schätzt die Arbeitsverwaltung auf 2 Prozent.[123] Bei diesem Tempo würde es 40 Jahre dauern, bis alle Arbeit gefunden haben. Aber das ist natürlich ein theoretischer Wert. Erstens werden sie älter, zweitens bauen sich ihre Qualifikationsdefizite nicht automatisch ab. Und drittens merken sie beim Warten und Nichtstun, dass der deutsche Sozialstaat sie mit Wohnraum, Krankenversicherung und Geldleistungen gut versorgt. Auch ohne Arbeit ist ihr Lebensstandard weitaus höher als in ihrer Heimat.

Das Problem entstand nicht erst mit dem Flüchtlingszustrom seit 2015, auch davor waren die Ausländer aus den Asylherkunftsländern kaum in den Arbeitsmarkt integriert. Aber durch den plötzlichen Zuzug von weiteren anderthalb Millionen, vorwiegend jungen Männern, hat es sich dramatisch verschärft. Es handelt sich um eine tickende Zeitbombe. Die meisten sind Muslime. Gefühle von Erfolglosigkeit und Nutzlosigkeit können vorhandene Radikalisierungstendenzen verschärfen. Lässt man Familiennachzug zu, so beschleunigt das die Bildung neuer bzw. die Vergrößerung bestehender Parallelgesellschaften.

Das Beste wäre es, diese jungen Menschen möglichst schnell in Arbeit zu bringen oder sie zumindest auszubilden, ehe im Nichtstun Demotivierung und Radikalisierung einsetzen. Es ist ein Wettlauf gegen die Zeit. Nur, wer kümmert sich darum? Die Behörden – Arbeitsämter und Kommunen – tun es jedenfalls nicht. Sie sind mit der Erfassung, Verwaltung und Versorgung der Flüchtlinge und Asylbewerber voll ausgelastet. Bei den angebotenen Sprachkursen springen die meisten Teilnehmer ab, ehe der Lernerfolg einsetzt. Die Erfolge sind enttäuschend: Bei den vom BAMF angebotenen Sprachkursen für Analphabeten unter den Flüchtlingen konnten 2017 trotz kleinster Lerngruppen und bis 1300 Unterrichtsstunden immer noch vier von fünf Flüchtlingen so schlecht Deutsch sprechen, dass sie keine

Aussicht auf eine Arbeit als Helfer oder auf eine Ausbildung hatten. Auch bei den Integrationskursen der Bundesagentur für Arbeit erweist sich die Sprache als der größte Engpass. Selbst bei jenen, die den Kurs erfolgreich absolvieren, verzichtet die Hälfte auf den Prüfungsteil Schriftsprache. Damit ist der Zugang zur Berufsschule faktisch versperrt, wie Detlef Scheele, der Vorstandsvorsitzende der Bundesagentur für Arbeit, feststellt.[124] Eine Vermittlung in Lehrstellen gelang nur in seltenen Fällen. Unternehmen zeigen sich frustriert über einen Mangel an Sekundärtugenden.

In der »Jungen Arbeit«, einem Integrationsprojekt in Rosenheim, werden rund 30 jugendliche Flüchtlinge betreut. Es ist ein »Vorzeigeprojekt in einer Vorzeigeumgebung«. Bei rund 80 Prozent fehlt fast komplett die Schulbildung. Die Ausbilder stellen 2016 »große Unterschiede in der Arbeitskultur« fest. »Die wissen gar nicht, wie Arbeit läuft.« Die Jugendlichen »schmeißen den Bettel hin, sobald sie sehen, dass sie keine Perspektive haben, schnell Geld zu verdienen«. Ein Sprachkursniveau, das zur Berufsschule befähigt, ist nach Meinung der Ausbilder für viele »intellektuell nicht erreichbar. (...) Denen fehlt das Koordinatensystem.« »Selbst die Fittesten schaffen es nicht«, sagte Johannes Fischer, der Leiter des Kreisjugendamts Rosenheim.[125]

Ich schließe diesen Abschnitt mit einer Einschätzung aus der aktiven Integrationsarbeit in Berlin-Neukölln. Dort bringt eine kulturwissenschaftlich gestählte und in Sozialarbeit erfahrene Integrationsexpertin junge Männer unter den Flüchtlingen in Ausbildung und Arbeit. Dazu geht sie in Flüchtlingsunterkünfte und sucht Kandidaten aus, die wirklich wollen und bereit sind, sich anzustrengen. Diese werden von ihr sehr eng und zeitaufwendig über Jahre begleitet. Zwei Erwachsene hat sie bislang in sozialversicherungspflichtige Arbeit gebracht, drei hat sie in Ausbildung gebracht. Ihre »Schützlinge« begleitet sie über die ganze Lehrzeit hinweg. Für die kommenden Jahre hat sie sich zum Ziel gesetzt, fünf bis zehn junge Asylbewerber in Arbeit zu bringen.

Von Projekten aller Art hält sie überhaupt nichts, es zähle nur die Arbeit am Einzelfall, und diese erstrecke sich regelmäßig über Jahre, wenn sie erfolgreich sein solle. Bei vollem zeitlichen Engagement ergebe sich eine Betreuungsquote von maximal eins zu zehn. Nach diesem Maßstab braucht man allein für Berlin 5000 Vollzeitbetreuer, denn in der Stadt leben 50 000 Asylbewerber, die seit Herbst 2015 kamen. Für die anderthalb Millionen im ganzen Bundesgebiet wären entsprechend 150 000 Betreuer notwendig. Nicht jeder eignet sich zum Betreuer. Es müssen robuste Menschen mit sozialer Kompetenz, großer Motivation und hoher Frustrationstoleranz sein, die Zugang zu Behörden, Firmen und Arbeitsplätzen haben und ihre »Schützlinge« sowohl straff anleiten als auch motivieren können. Mit voller Berufstätigkeit ist solch ein Engagement nicht vereinbar, man ist dazu auf die »rüstigen Rentner« angewiesen. In Berlin wird man keine 500 Betreuer mit dem nötigen Engagement und Profil finden, bundesweit ist es nicht anders. Die weitaus meisten Asylbewerber bleiben sich selbst überlassen. Meine Bekannte sagte voller Erbitterung, 15 000 hätte Angela Merkel aus humanitären Gründen ins Land lassen können, der Rest sei unverantwortlich gewesen.

Unser Gespräch fand in Berlin-Neukölln statt, so kamen wir auf die dort lebenden Migranten zu sprechen. Meine Gesprächspartnerin zeigte sich fassungslos, dass exakt die alten Fehler wiederholt werden:

- Der Marsch in die Parallelgesellschaften begann nicht in den Sechzigerjahren mit dem Gastarbeiterzuzug, sondern seit 1973 mit dem Familiennachzug. Dieser führte zur kulturellen Abschottung und zum Transfer traditioneller Clanstrukturen aus dem Maghreb und dem Nahen Osten nach Deutschland.
- Die sogenannten Libanon-Flüchtlinge, die Ende der Siebziger-, Anfang der Achtzigerjahre nach Deutschland kamen, waren die Keimzelle der arabischen Großclans, deren organisierte Kriminalität heute in Deutschland so hochaktuell ist.
- Ein Integrationsinteresse gibt es in diesen Gruppen nicht. An die Stelle der von uns erhofften Loyalität zu Deutschland tritt für die meisten die Loyalität zu ihren Großfamilien und die Loyalität zur islamischen Religion, zumeist in ihren wenig aufgeklärten Versionen.

Für die Integration, so die Integrationsexpertin aus Berlin-Neukölln abschließend, sei der größte Teil der in Neukölln lebenden Muslime verloren. Mit der unbedachten Masseneinwanderung seit 2015 haben wir uns ein vergleichbares, nur noch viel größeres Problem eingehandelt.

Die Unterschiede in der Bildungsleistung, den Berufsabschlüssen, der Arbeitsmarktbeteiligung und der Transferabhängigkeit zwischen Muslimen und der übrigen Bevölkerung, auch zu den übrigen Migranten (außer den Roma), sind keine voneinander losgelösten Sachverhalte. Sie hängen vielmehr inhaltlich miteinander zusammen und stellen bis zu einem gewissen Grad eine Kausalkette dar. Gemeinsam bereiten sie den Boden für die weit überdurchschnittliche Kriminalitätsbelastung der muslimischen Bevölkerung in Europa.

Kriminalität

Personen, die kriminelle Taten begehen – ob in Form von Diebstahl, Gewalt gegen Sachen oder Personen bis hin zu Totschlag und Mord –, verteilen sich nicht gleichmäßig über eine Gesellschaft: Männer sind häufiger kriminell als Frauen, Jugendliche und junge Männer häufiger als ältere. Auch sind kriminell Auffällige überdurchschnittlich oft nicht so intelligent, nicht so gebildet und beruflich nicht so qualifiziert. Darum ist die durchschnittliche Kriminalität einer Gruppe auch ein Indikator ihres sozioökonomischen Erfolgs und ihrer gesellschaftlichen Integration.

Sind bestimmte Gruppen, bereinigt um Alter und Geschlecht, krimineller als andere, so zeigt dies eine gruppenbezogene Problemlage an. Sind ganze Gesellschaften krimineller als andere, ist das ein Indikator für ungelöste gesellschaftliche Probleme. Einwanderer bringen oft kriminelle Muster aus ihrem Herkunftsland mit. So handelt es sich bei der Eigentumskriminalität sogenannter osteuropäischer Diebesbanden überdurchschnittlich häufig um Roma. Tschetschenen[126] und Albaner sind für besondere Gewalttätigkeit bekannt, und Italien hat seit den Zwanzigerjahren des vergangenen Jahrhunderts bestimmte Formen organisierter Kriminalität in Gestalt der Mafia exportiert.

Die seit Jahrzehnten niedrige Geburtenzahl und die Alterung der deutschen Bevölkerung haben in der Summe zu einem langfristigen

Trend sinkender Kriminalitätsbelastung der Gesellschaft geführt. Innerhalb der Kriminalität hat aber der Anteil der Ausländer stetig zugenommen. Soweit Zuwanderung in erster Linie junge Männer betrifft, ist eine überdurchschnittliche »Ausländerkriminalität« nicht verwunderlich. Die Klage darüber ist aber oft auch Projektionsfläche und Kristallisationspunkt fremdenfeindlicher Einstellungen in einer Gesellschaft. Von daher hat sich eine gewisse Tabubelastung dieses Themas eingebürgert. Weitgehend wurde es in den vergangenen Jahrzehnten üblich, bei der Berichterstattung über kriminelle Delikte die Herkunft der Täter auszusparen.

Diese Tabuisierungstendenz verstärkte sich zunächst mit der Zuwanderungswelle seit Herbst 2015. Die Ereignisse in der Kölner Silvesternacht 2015, die sich an vielen Orten in kleinerem Maßstab wiederholten, wirkten dann wie ein Schock. Sie führten zu erhöhter öffentlicher Aufmerksamkeit für die Kriminalität von Zuwanderern und beeinflussten auch die Informationspolitik der staatlichen Stellen und der Medien.

Amtliche statistische Quellen differenzieren bei der Erfassung von Kriminalität zwar nach Alter, Geschlecht und Staatsangehörigkeit, aber nicht nach dem Migrationshintergrund, der ethnischen Herkunft und der Religion. Bei der Fragestellung dieses Buches steht hinsichtlich der Kriminalitätsbelastung der religiöse Hintergrund der Täter bzw. der Tatverdächtigen im Vordergrund, also genau jenes Merkmal, für das es keine amtlichen Statistiken gibt. Es gibt allerdings Indikatoren, die sehr belastbare indirekte Rückschlüsse zulassen:

– Im Berliner Jugendarrest dürfen nach Aussagen der Justizverwaltung 70 Prozent der Insassen aus religiösen Gründen kein Schweinefleisch essen. Dort wurde deshalb der Speiseplan vollständig auf »halal« umgestellt.[127] Kirsten Heisig, Richterin für Jugendstrafsachen in Berlin, arbeitete in ihrem 2010 erschienenen Buch sehr klar heraus, dass die überdurchschnittliche Gewaltkriminalität in bestimmten Berliner Bezirken vornehmlich auf jugendliche Täter mit türkischem und arabischem Migrationshintergrund zurückgeht.[128]

- In Deutschland gab es im März 2017 rund 51 600 Strafgefangene, davon 30,1 Prozent Ausländer.[129] Der Ausländeranteil an den Strafgefangenen ist damit rund dreimal so hoch wie der Ausländeranteil an der Bevölkerung, der Ende 2015 10,5 Prozent betrug.[130] Amtliche Statistiken zur Zahl der Muslime in den deutschen Gefängnissen gibt es nicht. Für Nordrhein-Westfalen wird ein Anteil der Muslime von 22 Prozent an den Strafgefangenen angegeben.[131] In Berlin wird der Anteil der Muslime an den Gefängnisinsassen auf rund ein Drittel geschätzt.[132] In Frankreich sind etwa 60 Prozent aller Gefangenen Muslime.[133] In den Niederlanden sind es 20 Prozent der erwachsenen und 26 Prozent der jugendlichen Strafgefangenen. In Belgien liegt der Anteil der Muslime in den Gefängnissen bei mindestens 16 Prozent. In Großbritannien liegt er bei 11 Prozent. In allen Fällen übersteigt der Anteil muslimischer Strafgefangener den sonstigen Bevölkerungsanteil bei Weitem.[134]
- In Berlin veröffentlicht die Pressestelle des Kriminalgerichts Moabit regelmäßig einen Wochenplan mit dem Hinweis auf wichtige anstehende Termine in Strafsachen beim Kammergericht und beim Landgericht Berlin. Strafverfahren gegen Jugendliche oder wegen Steuerstraftaten sind in der Auflistung nicht enthalten. In rund der Hälfte der Fälle weisen die aufgeführten Vornamen der Angeklagten auf eine islamische Herkunft hin.[135]

Diese Indikatoren lassen den sicheren Schluss zu, dass Menschen mit muslimischem Glaubenshintergrund in Deutschland und Europa weit überdurchschnittlich an Straftaten beteiligt sind. Das gilt auch dann, wenn man die unterschiedliche Verteilung auf die Altersgruppen einbezieht.

Erkenntnisse für Deutschland aus der amtlichen Statistik
In Deutschland gibt die polizeiliche Kriminalstatistik (PKS) regelmäßig Auskunft über den Umfang, die Art und die Entwicklung der Straftaten sowie über die Tatverdächtigen und die Opfer. Ihre Aussagekraft wird insbesondere durch die folgenden Punkte begrenzt:

- Nur die der Polizei bekannt gewordene Kriminalität kann erfasst werden. Einflüsse wie Änderungen beim Anzeigeverhalten der Bevölkerung oder beim Verfolgungsdruck durch die Polizei können nicht abgebildet werden.
- Zu einem Viertel umfasst die jährliche Statistik auch ältere Fälle, da die Straftaten immer erst nach Abschluss der Ermittlungen statistisch erfasst werden.
- Die PKS differenziert nur zwischen deutschen und nicht deutschen Tatverdächtigen. Merkmale wie Migrationshintergrund oder Religion werden nicht erfasst. Alle Tatverdächtigen, die eine doppelte Staatsbürgerschaft haben, werden nur als deutsche Tatverdächtige erfasst. Das gilt z. B. für alle ausländischen Jugendlichen, die seit 2000 in Deutschland geboren wurden.[136] Aufgrund der gewählten Abgrenzungen wird deshalb im statistischen Bild der PKS der Anteil der Straftäter nicht deutscher Herkunft systematisch zu niedrig ausgewiesen. Das ist bei der Interpretation der Zahlen zu berücksichtigen.

Bei der Kriminalitätsentwicklung in Deutschland brach 2016 ein seit Jahren sinkender Trend ab (vgl. Tabelle 4.19). Die Gewaltkriminalität insgesamt stieg um 6,7 Prozent, Mord und Totschlag stiegen um 14 Prozent und Vergewaltigung und sexuelle Nötigung um 13 Prozent. Das war eine Folge der großen Zuwanderungswelle seit September 2015.

Erstmals 2016 wurde in der Kategorie der nicht deutschen Tatverdächtigen eine Untergruppe »Zuwanderer« eingeführt.[137] Im Jahr 2016 ging die Zahl der deutschen Tatverdächtigen um 3,4 Prozent zurück, dagegen nahm die Zahl der nicht deutschen Tatverdächtigen um rund 11 Prozent zu. Maßgeblich dafür waren die Fluchtmigranten. Die Zahl der Tatverdächtigen in dieser Gruppe explodierte 2016 geradezu und stieg um rund 53 Prozent (vgl. Tabelle 4.20).

2017 ging die Gesamtzahl der Tatverdächtigen in Deutschland leicht zurück (−2,4 Prozent). Der Anteil der nicht deutschen Tatverdächtigen und darunter der Zuwanderer blieb unverändert.[138]

Tabelle 4.19: Entwicklung ausgewählter Straftaten 2016

	Anzahl	Veränderung in % gegenüber 2015
Straftaten insgesamt	6 372 526	0,7
Gewaltkriminalität insgesamt	193 542	6,7
Mord, Totschlag und Tötung auf Verlangen	2418	14,3
Vergewaltigung und sexuelle Nötigung	7919	12,8
Raubdelikte	43 009	-3,7
gefährliche und schwere Körperverletzung	140 033	9,9
vorsätzliche einfache Körperverletzung	406 038	8,1
Beleidigung auf sexueller Grundlage	36 963	22,0
Widerstand gegen die Staatsgewalt	24 362	11,0

Quelle: PKS 2016.

Tabelle 4.20: Entwicklung der Tatverdächtigen 2016

	Anzahl	Veränderung in % gegenüber Vorjahr	Anteil in % an den Tatverdächtigen
Tatverdächtige insgesamt	2 022 414	-0,3	100
deutsche Tatverdächtige insgesamt	1 406 184	-3,4	69,5
nicht deutsche Tatverdächtige insgesamt	616 230	10,9	30,5
darunter Zuwanderer	174 438	52,7	8,6

Quelle: PKS 2016.

2015 lag der Anteil der nicht deutschen Tatverdächtigen an der Gewaltkriminalität bei 38 Prozent (vgl. Tabelle 4.21). Bedenkt man, dass der überwiegende Teil der Täter mit Migrationshintergrund in der Abgrenzung der PKS als deutsch eingestuft wird, so ist der Anteil der Bevölkerung mit Migrationshintergrund an der Gewaltkriminalität noch deutlich höher und wohl bei mehr als 50 Prozent anzusiedeln.

Von den Erstanträgen auf Asyl entfielen in den Jahren 2015 und 2016 478 000 auf junge Männer von 16 bis unter 34 Jahren.[139] Die vergleichbare Altersgruppe in Deutschland hatte 2015 eine Stärke von

10,3 Millionen.[140] Diese Altersgruppe wurde also durch die Flucht-migration der Jahre 2015 und 2016 um 4,6 Prozent vergrößert. Be-kanntlich ist Kriminalität im Allgemeinen, insbesondere aber Gewalt-kriminalität, vor allem eine Domäne junger Männer. Von daher würde man erwarten, dass die Gewaltkriminalität durch den Zuzug in dem Umfang zunahm, in dem die Zahl der jungen Männer anstieg. Der An-teil der Fluchtmigranten an der Gewaltkriminalität 2016 war aber mit 14,8 Prozent mehr als dreimal so hoch wie ihr Anteil an der jungen männlichen Bevölkerung. *Die Fluchtmigranten waren also bei Gewalt-taten dreimal so kriminell wie die ansässige gleichaltrige Bevölkerung.* Das bildet sich ähnlich ab bei den Untergruppen Mord und Totschlag, Ver-gewaltigung, Raub und schwere Körperverletzung.

Beim Ladendiebstahl waren die Fluchtmigranten nahezu viermal so kriminell wie die ansässige Bevölkerung, beim Taschendiebstahl fast achtmal so kriminell und bei Beleidigung auf sexueller Grundlage mehr als doppelt so kriminell. Über 75 Prozent der Erstantragsteller auf Asyl gaben als Religion den Islam an.

Bei der aufgeklärten Gewaltkriminalität zeigt die PKS 2017 einen deutlichen Anstieg des Anteils der Zuwanderer: 11,9 Prozent der Straftaten gegen die sexuelle Selbstbestimmung und 15,0 Prozent der Straftaten gegen das Leben entfielen 2017 auf Zuwanderer. Bei beiden Deliktgruppen steigt entgegen dem sonstigen Trend in Deutschland die Kriminalität.[141]

Eine im Januar 2018 veröffentlichte Studie des Zürcher Instituts für Delinquenz- und Kriminalprävention hat für Niedersachsen den Zusammenhang zwischen der Herkunft der Fluchtmigranten und der Delikthäufigkeit untersucht. Dabei wird für die Gewaltkriminalität das Jahr 2016 mit dem Jahr 2014 anhand der aufgeklärten Fälle verglichen: Insgesamt stieg die aufgeklärte Gewaltkriminalität um 10,4 Prozent. Darunter nahmen die Fälle mit Fluchtmigranten als Tatverdächtige um 242 Prozent zu. Die Fälle mit sonstigen nicht deutschen Tatver-dächtigen stiegen um 10 Prozent. Die Fälle mit deutschen Tatverdäch-tigen sanken um 0,9 Prozent.[142]

Tabelle 4.21: Anteil der Zuwanderer an den Tatverdächtigen bei ausgewählten Straftaten

	Tatverdächtige				
	insgesamt	nicht deutsche			
		Anzahl	%	Zuwanderer	
				Anzahl	%
Straftaten insgesamt ohne ausländerrechtliche Verstöße	2022414	616230	30,5	174438	8,6
Straftaten gegen das Leben	3765	1276	33,9	453	12,0
Vergewaltigung und sexuelle Nötigung	6476	2512	38,8	963	14,9
Raubdelikte	28120	11525	41,0	4023	14,3
gefährliche und schwere Körperverletzung	149567	56253	37,6	22341	14,9
vorsätzliche einfache Körperverletzung	340100	103528	30,4	33254	9,8
Nötigung	59752	10849	18,2	1913	3,2
Bedrohung	90952	28972	31,9	8336	9,2
Ladendiebstahl	261922	118945	45,4	44036	16.8
Taschendiebstahl	8992	6834	75,8	3153	35,1
Urkundenfälschung	58300	26361	49,5	11464	21,5
Beleidigung auf sexueller Grundlage	28619	8427	29,4	3201	11,1
Rauschgiftdelikte	245731	60587	24,7	14965	6,1
Gewaltkriminalität	181509	69163	38,1	26810	14,8
Straßenkriminalität	192775	59423	30,8	17844	9,3

Quelle: PKS 2016.

Die überdurchschnittliche Gewaltbereitschaft erklären die Autoren damit, »dass ein beachtlicher Teil der als Flüchtlinge zugewanderten männlichen 14- bis unter 30-Jährigen sogenannte gewaltlegitimierende Männlichkeitsnormen verinnerlicht hat, die sich in vielen Untersuchungen als die Gewalt fördernder Belastungsfaktor erwiesen haben«. In die gleiche Richtung deutete eine 2015 in Niedersachsen durchgeführte repräsentative Schülerbefragung, die für Schüler aus den Nachfolgestaaten des ehemaligen Jugoslawien, aus der Türkei und aus anderen muslimischen Ländern einen überdurchschnittlichen Anteil von gewaltlegitimierenden Männlichkeitsnormen fand. Bei den Jugendlichen, die noch im Herkunftsland geboren wurden, betrug er 28,7 Prozent, bei denen, die in Deutschland geboren wurden, 20 Prozent. Diese Prägung, so die Autoren, »dürfte erst recht für diejenigen gelten, die im Verlauf der letzten beiden Jahre als männliche 14- bis unter 30-jährige Asylbewerber nach Deutschland gekommen sind«.[143] Damit liefern die Autoren gleichzeitig einen generellen Erklärungsansatz für die überdurchschnittliche Kriminalität von Herkunftsgruppen aus muslimischen Ländern.

Für Niedersachsen fand die Studie heraus, dass sich die dramatisch höhere Gewaltkriminalität der Fluchtmigranten sehr ungleichmäßig auf die Herkunftsgruppen verteilt:

– Die Flüchtlinge aus Nordafrika haben einen Anteil von 0,9 Prozent an den Fluchtmigranten, aber auf sie entfielen in Niedersachsen 17,1 Prozent der Gewaltkriminalität von Flüchtlingen.
– Dagegen beträgt der Anteil der Flüchtlinge aus Afghanistan, dem Irak und Syrien 54,7 Prozent, aber auf sie entfielen nur 34,9 Prozent der Gewaltkriminalität.[144]

Die Autoren der Studie führen die unterschiedliche Kriminalitätsbelastung auf Unterschiede in der Bleibeperspektive zurück.[145] Damit stellen sie allerdings der intrinsischen Moral der Betroffenen ein schlechtes Zeugnis aus.[146]

Vertrauensfragen

In der Berichterstattung über die Flüchtlingskriminalität, aber auch generell über die Kriminalität von Muslimen, Migranten oder Ausländern, ist immer wieder ein Schwanken zu spüren. Man hat Angst davor, Vorurteile zu wecken oder zu schüren. Man möchte nicht den »falschen Leuten« Argumente an die Hand geben, man möchte nicht diskriminieren. Vielleicht will man aber auch ganz einfach eine ungeliebte Diskussion vermeiden und ihr die Faktenbasis entziehen.

Damit läuft man in eine gefährliche Falle, denn indem man der Bevölkerung die Faktenbasis vorenthält, wandelt man begründete Urteile, die möglich wären, in unbegründete »Vorurteile« um, die man als solche denunzieren kann, weil ihnen die Faktenbasis fehlt. Dieses Spiel wurde in Deutschland, aber nicht nur da, viele Jahre lang gespielt, und die Versuchung dazu bleibt weiterhin für viele übermächtig, dazu einige aktuelle Beispiele:

- In Zürich entschied der zuständige Dezernent im November 2017, die Nationalität von Tätern nicht mehr bekannt zu geben, weil die Herkunftsnennung die wahren Ursachen von Kriminalität verdecke und einer Vorverurteilung gleichkomme. Natürlich werden so Ressentiments erst recht geweckt, weil der Eindruck entsteht, es müsse etwas verschwiegen werden.[147]
- In einem Bericht der *FAZ* über die Kriminalität von Flüchtlingen wurde die Aussage des Bundeskriminalamts »Die überwiegende Mehrheit der Zuwanderer wurde als nicht tatverdächtig erfasst« positiv herausgestellt. Dabei ist allgemein bekannt, dass auch bei sehr hoher Kriminalität von Gruppen die Gruppenmehrheit meist gesetzestreu bleibt. Die Meldung streifte also die Grenze des Lächerlichen.[148]
- Der Berliner *Tagesspiegel* berichtete am 4. September 2017: »Doppelvergewaltigung in Rimini: Polizei nimmt vier Tatverdächtige fest.« Über deren Identität wurde nichts berichtet. Dagegen war in der *FAZ* vom gleichen Tage zu lesen, dass es sich bei den Tatverdächtigen um zwei polizeibekannte marokkanische Brüder im Alter von 15 und 16 Jahren, um einen 17 Jahre alten Nigerianer und einen 20 Jahre alten Kongolesen gehandelt hatte. Es war sozusagen das volle Programm der Zuwanderungsprobleme, was den eigentlichen Nachrichtenreiz ausmachte. Beim *Tagesspiegel* zeigte sich die Tendenz, Zustände nicht zu benennen, wenn sie nicht ins eigene Weltbild passen. Indirekt setzt sich hier die Berichterstattung aus der hohen Zeit der Willkommenskultur vom Herbst 2015 fort.[149]
- Es brauchte einige Morde an jungen Frauen durch angeblich minderjährige Flüchtlinge, bis in Deutschland um die Jahreswende

2017/-18 – zwei Jahre nach dem großen Zuzug – die Debatte an Fahrt gewann, ob es nicht doch anzustreben sei, sich nicht auf die Altersangaben der Betroffenen zu verlassen und stattdessen im Zweifelsfall den Handknochen zu röntgen. Und selbst dann wurden noch die unsinnigsten medizinischen Argumente vorgebracht, um eine genaue Nachprüfung zu unterbinden.[150]

– In Schweden ist es der Polizei amtlich verboten, Kriminalfälle zu nennen, bei denen Flüchtlinge beteiligt sind. Aber sie hat einen »Code 291« eingeführt, unter dem seit Ende 2015 Berichte über Straftaten gesammelt werden, bei denen die Tatverdächtigen Flüchtlinge sind. Die Presse hat dazu keinen Zugang. Das widerspricht dem in der schwedischen Verfassung sonst sehr hochgehaltenen Öffentlichkeitsprinzip. Dieser kaum verhohlene Rechtsbruch konnte allerdings den Höhenflug der »Schwedendemokraten« nicht stoppen, die in den Umfragen im Sommer 2017 sogar die regierenden Sozialdemokraten überholten.[151]

Erkenntnisse für europäische Länder
Eine Reihe von Untersuchungen unternimmt es, Beziehungen zwischen der Kriminalität von Gruppen und der Herkunft, der Ethnie, der Religion oder sozioökonomischen Parametern zu erforschen. Dabei ergibt sich durchweg, dass die Kriminalität von Gruppen mit der Herkunft aus einem islamischen Land bzw. der islamischen Religion statistisch signifikant positiv korreliert. Je nach den zusätzlich einbezogenen Variablen, etwa den kognitiven Fähigkeiten, ist der nachgewiesene Einfluss mal stärker und mal schwächer:

– Für Deutschland stellen Emil Kirkegaard und David Becker eine Korrelation der Ausländerkriminalität mit der vorherrschenden Religion des Herkunftslandes und dem dort gemessenen nationalen IQ fest.[152]
– Für Dänemark zeigt Emil Kirkegaard, dass Kriminalität stark durch die Bedeutung des Islam im Herkunftsland geprägt wird.[153] Für Norwegen und Finnland ergibt sich ein ähnliches Ergebnis.[154]

- In den Niederlanden korreliert das Kriminalitätsniveau der Männer mit der Bedeutung des Islam im Herkunftsland. Der Zusammenhang ist in der zweiten Generation sogar noch ausgeprägter als in der ersten.[155]
- Für Großbritannien zeigt Noah Carl, dass die Wahrscheinlichkeit von Wahlbetrug in einem Stimmbezirk mit dem Anteil von Einwohnern aus Pakistan und Bangladesch steigt. Er erklärt das mit der großen Bedeutung des Instituts der Verwandtenheirat. Das führt dazu, dass der Clan und die Großfamilien der Fokus der Loyalität sind, nicht dagegen die staatlichen Institutionen. Diese zu betrügen erscheint als nicht so verwerflich.[156]
- In einer Studie über ethnisch heterogene Wohnbezirke in Tel Aviv zeigte sich, dass nicht der Migrationshintergrund, sondern ethnische Herkunft und räumliche Segregation das Niveau der Kriminalität bestimmten: Die Kriminalität autochthoner israelischer Araber war in den untersuchten Vierteln deutlich höher als die der Einwanderer aus der Russischen Föderation.[157]
- In Schweden gibt es, wie bereits erwähnt, keine öffentliche Berichterstattung über die Kriminalität von Ausländern oder Migranten, schon gar nicht differenziert nach Herkunft und Religion. So bleibt es auch unerklärt, weshalb die Zahl der bei der Polizei angezeigten Vergewaltigungen seit 1975 auf das Fünfzehnfache gestiegen ist. Das war das Jahr, in dem das Land für außereuropäische Einwanderung geöffnet wurde. Im Verhältnis zur Einwohnerzahl ist die Zahl der angezeigten Vergewaltigungen in Schweden mittlerweile sechsmal so hoch wie in Deutschland.[158] Dafür mögen auch Unterschiede im Anzeigeverhalten oder in juristischen Begrifflichkeiten verantwortlich sein. Solange aber Herkunftsangaben verschwiegen werden, bleibt der Zusammenhang mit der außereuropäischen Einwanderung unwiderlegbar.
- In Spanien ist die Zahl der Muslime seit Anfang der Neunzigerjahre von knapp 200 000 auf rund 2 Millionen gestiegen, die Mehrzahl aus Nordafrika. Viele von ihnen projizierten Integrationsprobleme in besonderen Glaubensfanatismus. So kamen Ra-

dikalisierung und Terror ins Land. Scheinbar gut integrierte Muslime entpuppten sich als Dschihadisten.[159]

– In Frankreich gibt es wachsende Verflechtungen von muslimischer Bandenkriminalität mit dem radikalen Islam. »Das Verschwinden der Frauen aus dem Stadtbild sowie ein von der Moschee diktierter Tagesrhythmus sind die sichtbaren Zeichen, wenn muslimische Banden in einem bestimmten Viertel die Macht übernommen haben.« Die Stadt Saint-Denis lädt seit Kurzem Bistrobesitzer dazu ein, am Fenster einen Aufkleber anzubringen, auf dem Frauen ausdrücklich willkommen geheißen werden. In Polizei und Armee gibt es Tendenzen zu muslimischer Unterwanderung, Ende 2017 wurde gegen 30 radikalisierte Polizisten ermittelt, die immer noch Dienst tun. Das liegt auch daran, dass im Sinne »positiver Diskriminierung« die Sicherheitsüberprüfung der Kandidaten deutlich gelockert wurde.[160]

Aspekte der Gewaltkriminalität

Wie die unterschiedlichen Quellen zeigen, ist Gewaltkriminalität in Deutschland und Europa weit überdurchschnittlich mit der Herkunft aus islamischen Ländern verbunden. Sie trägt, was die Religion der Täter angeht, überwiegend ein muslimisches Gesicht.

Bei Untersuchungen an niedersächsischen Schulen zeigte sich, dass das Gewaltverhalten asiatischer Schüler unter dem Niveau deutscher Schüler liegt, während dasjenige anderer Einwanderungsgruppen generell über dem der deutschen Schüler liegt. Besonders hoch ist es – vor allem bei mehrfachen Gewalttaten – bei Schülern mit Migrationshintergrund aus den Nachfolgestaaten des ehemaligen Jugoslawien, der Türkei und Arabien/Nordafrika.[161] Dies kann teilweise sozioökonomische Gründe haben: Schüler aus der Türkei und den Nachfolgestaaten des ehemaligen Jugoslawien besuchten doppelt so oft wie die Deutschen eine Förder- oder Hauptschule. Auch waren die türkischen Schüler dreimal häufiger vom Bezug sozialer Transferleistungen betroffen. Zudem war die Identifikation mit Deutschland bei türkischen Schülern besonders niedrig, und sie hatten auch seltener deutsche Freunde als andere Migranten. In der Summe aber kommt die niedersächsische Studie zu der Schlussfolgerung, »dass es nicht allein die schlechtere sozioökonomische Situation und die Bildungsbenachteiligung ist, die Migrantinnen und Migranten häufiger zu Gewaltbereitschaft motiviert. Zu beachten sind vielmehr die kulturellen, auch religiös bedingten Unterschiede, die sich in der Kindererziehung ebenso zeigen wie in der Wertschätzung gewaltaffiner Orientierungen.«[162]

Menschen denken nicht in Statistiken. Sie denken in Bildern und emotional bewegenden Ereignissen. Das gilt aber nicht nur für spektakuläre Gewalttaten wie Terroranschläge oder sexuell motivierte Morde. Es gilt auch für die Wahrnehmung und täterbezogene Zuordnung massenhafter Ereignisse wie sexuelle Anmache, Körperverletzung, Raub oder Taschendiebstähle. Immer wieder ist hier eine Mischung aus Angst und Sensationslust im Spiel, die auch zu Übertreibungen neigt. Die Problematik verschwindet aber nicht, indem man sie psychologisiert und ihres realen Kerns entkleidet. Diese Methode wurde nach der Kölner Silvesternacht 2015 ad absurdum geführt. Nicht nur die kriminellen Ereignisse selbst, sondern auch der Versuch, sie zu relativieren und zu beschweigen,[163] haben in Deutschland Vertrauen erschüttert und das öffentliche Sicherheitsgefühl nachhaltig beeinträchtigt.[164]

Der öffentliche Raum verändert in Städten mit hohem Migrantenanteil seinen Charakter. Parks in den Innenstädten werden gemieden. Innenstädte veröden, wo wegen der hohen Zahl von jungen fremdländisch aussehenden Männern im öffentlichen Raum Besucher und Käufer ausbleiben.[165] Immer geringer wird der Widerstand gegen flächendeckende Videoüberwachung an öffentlichen Plätzen und Kriminalitätsschwerpunkten.[166] Gleichzeitig ändern die Menschen ihr Verhalten. Nachdem ein störungsfreier Ablauf an Silvester in vielen Städten nur noch unter massivem Polizeischutz möglich ist, haben viele junge Frauen ihr Ausgehverhalten geändert und zuletzt an Silvester 2017 öffentliche Räume nicht mehr aufgesucht. Das kann man, polemisch gewendet, als einen Beginn der Islamisierung des öffentlichen Raumes betrachten.

In Berlin werden immer wieder Freibäder von Jugendlichen und jungen Männern türkischer und arabischer Herkunft terrorisiert, die dort in großer Zahl auftreten, Frauen belästigen und sich in Massenschlägereien verwickeln. Das ist ebenfalls eine Besetzung des öffentlichen Raumes. Auch durch private Sicherheitsdienste bekommt man das Problem kaum in den Griff, die Schläger gehen häufig straffrei aus.[167]

Generell verschärft sich das Problem, wenn Täter anscheinend nicht zur Rechenschaft gezogen werden oder der Staat die Kontrolle über ganze Gruppen verliert. So lebten in Berlin im Herbst 2017 10 400 Zuwanderer mit abgelehntem Asylantrag, die alle Rechtsmittel ausgeschöpft hatten. Eine wirksame Kontrolle dieser Gruppe gibt es nicht. Zu ihr gehörte im Dezember 2016 Anis Amri, der Attentäter vom Weihnachtsmarkt am Breitscheidplatz, aber auch im Sommer 2017 der Frauenmörder im Tiergarten.[168] In den Augen vieler Bürger entsteht hier zweierlei Recht: Wer als deutscher Staatsbürger falsch parkt oder bei Rot über die Ampel geht, wird bestraft. Wer schwere Straftaten begeht und kein Aufenthaltsrecht hat, bleibt oft in Freiheit und kann zumeist nicht einmal abgeschoben werden.[169]

Organisierte Kriminalität

Ende der Siebziger- und Anfang der Achtzigerjahre mischten sich unter angebliche Kriegsflüchtlinge aus dem Libanon auch libanesische Araber und Kurden aus der südlichen Türkei, die einen arabischen Dialekt sprechen und bei den deutschen Behörden als arabische Kriegsflüchtlinge durchgingen. Diese Gruppen sind in Großfamilien organisiert, die Verwandtenheirat ist sehr verbreitet. Die Loyalität gehört vornehmlich der eigenen Familie und dem Clan, nicht dem Staat und auch nicht den Institutionen der aufnehmenden Gesellschaft. Diese Clans haben in Deutschland eine organisierte Kriminalität aufgebaut. Sie sind besonders stark in ihren bevorzugten Siedlungsgebieten, etwa in Bremen, Berlin, Duisburg, Gelsenkirchen, Dortmund. Es gibt Überschneidungen zu osteuropäischen, türkischen und kurdischen Banden.[170]

In Berlin gibt es zwölf arabische Großclans, von ihnen leben acht in Neukölln. Mittlerweile schichten diese Clans Erträge und Kapital von ihren traditionellen Geschäften – Drogen, Glücksspiel, Prostitution, Raub – gerne um in Immobilien. Dies wird durch die gegenwärtige

Marktentwicklung in Neukölln begünstigt. Mittlerweile bewegen sie sich, so die ehemalige Neuköllner Bezirksbürgermeisterin Franziska Giffey, mit ihren Aktivitäten professionell vom Dunkelfeld ins Hellfeld. So wird gleichzeitig illegal erworbenes Geld gewaschen. Aufgekaufte heruntergekommene Häuser werden für 200 Euro pro Monat und Matratze an Roma, Flüchtlinge und illegale Einwanderer vermietet. Hat man damit genug verdient, werden die Häuser zu Edelwohnungen saniert. [171] Wer diese Kreise stört, etwa weil er selbst Kaufinteressent einer Immobilie ist, wird eingeschüchtert, bis hin zu Morddrohungen, denen nicht selten auch die Tat folgt. [172]

Ein großer Teil der Mitglieder von libanesisch-kurdischen Clans ist offiziell arbeitslos. Wenn sie erwischt werden, zeigen sie keine Reue, sondern prahlen gegenüber den Beamten mit ihren Häusern, dicken Autos und Puffbesuchen, so der ehemalige Neuköllner Polizeihauptkommissar Karlheinz Gaertner. Sie können sich teure Anwälte leisten und bekommen oft nur niedrige Strafen, die ihnen mitunter als Ehre gelten.[173]

Nach Meinung von Ermittlern der Polizei gab es in den letzten Jahren in Berlin keinen spektakulären Raub oder Überfall, an dem nicht ein arabischer Großclan beteiligt war. Das hat Berlin mittlerweile in Deutschland, gemessen an den Straftaten je Einwohner, zur Hauptstadt des Verbrechens gemacht;[174] Politik, Polizei und Justiz wirken überfordert, aber das Wort »Clankriminalität« ist verpönt. In Berlin erzielt die Polizei gegen die Araber-Clans allenfalls Einzelerfolge. In der Summe ist es ein ungleicher Kampf. So sickert eine Ängstlichkeit in den Alltag Berlins, die früher nicht da war.[175]

Die Clans sind rund um Großfamilien organisiert mit einer eindeutigen Hierarchie, bei der meist der älteste Mann das Sagen hat. Brüder, Söhne, Cousins und Neffen gehen zur Hand. Die Frauen der Clans sind zum Kinderkriegen da, die Kinderzahlen sind sehr hoch. Mädchen werden früh zwangsverheiratet, häufig an Cousins. Neun bis zehn Kinder sind die Regel. So wachsen die Clans schnell und nutzen ihre überlegene Demografie gezielt auch als Machtargument gegen die Polizei. Kindergeld und staatliche Sozialleistungen werden umfassend in Anspruch genommen. 90 Prozent der Clanmitglieder beziehen

Hartz IV, das in den Clans als staatliches Grundeinkommen betrachtet wird.[176] Die Familien sind riesig, sodass bei Beerdigungen durchaus 3000 Menschen zusammenkommen.[177]

Der aus dem Libanon stammende Islamwissenschaftler und Migrationsforscher Ralph Ghadban hat als Sozialarbeiter viele Jahre lang arabische Berliner betreut. Immer wieder hörte er von Kriminellen die Beteuerung: »Ich bin ein frommer Muslim« und sah gleichzeitig das lange Vorstrafenregister.[178] Er hat die Einschätzung, dass »die Clans (...) den Rechtsstaat regelrecht kastriert« haben, während Politik, Justiz und die Polizei aufgegeben hätten.[179] Immer wieder kommt es vor, dass Großfamilien regelrecht Jagd auf die Polizei machen oder eine gewaltsame Gefangenenbefreiung versuchen. Gegen das Tempo, mit dem die Clans bei Bedarf Familienmitglieder zusammentrommeln, kommt die Polizei nicht an. Selbst aus einer Diskussion um falsches Parken oder aus einer Ermahnung können sich für die Polizei bedrohliche Situationen entwickeln. Das geschieht in Regionen mit arabischen Clans wiederholt und beschränkt sich keineswegs nur auf die Ballungszentren.[180]

Aus Ralph Ghadbans Sicht fühlen sich die Clans »inzwischen so stark, dass sie zum Angriff auf die Polizei übergehen. Sie haben nichts als Verachtung für die Justiz.« Deren Milde wird von Ghadban getadelt, z. B. wenn Richter Rücksicht auf die Gefühlslage von Mutter und Geschwistern zeigen und deshalb eine Bewährungsstrafe verhängen. »Das zeigt das Hauptproblem im Umgang mit Clans: Staatliche Institutionen geben keinen Widerstand. Das macht die Familien immer aggressiver – sie haben schlicht keinen Respekt vor den Behörden.«[181]

In Berlin haben Überfälle auf Läden in den besten Innenstadtlagen in den letzten Jahren stark zugenommen. Am spektakulärsten war der bewaffnete Überfall auf die Schmuckvitrinen im KaDeWe im Dezember 2014 während der Geschäftszeit. Wie sich später durch Kronzeugen zeigte, war dies das Werk eines arabischen Clans.[182] Das Muster wiederholte sich in den folgenden Jahren: Allein am 20. Dezember 2017, mitten im Weihnachtstrubel, wurden in Berlin vier Geschäfte mit Schusswaffen überfallen.[183] Auch der spektakuläre Goldmünzendiebstahl im Berliner Bode-Museum im Sommer 2017 wurde von einem arabischen Clan durchgeführt. Die Täter, allesamt miteinander verwandte junge Männer im Alter von 18 bis 20 Jahren, unterliegen dem Jugendstrafrecht. Den Tipp für die Beute gab es von einem arabischen Wachmann im Museum, der ebenfalls zur Familie gehört.[184]

Mittlerweile verdienen die arabischen Clans der organisierten Kriminalität nicht nur in großem Stil am Flüchtlingszuzug, z. B. durch überteuerte Unterkünfte.[185] Vielmehr zeichnet sich mehr und mehr ab, dass sie Fluchtmigranten als Helfer z. B. in der Drogenkriminalität einsetzen[186] und die jungen Migranten durch ältere Kräfte regelrecht »angelernt« werden.[187] Das fällt auch deshalb leicht, weil der überwiegende Teil der Fluchtmigranten auf Jahrzehnte hinaus keine realistische Perspektive auf Eingliederung in den Arbeitsmarkt hat. Der Sicherheitsexperte Michael Kuhr, die Beamten des Berliner Landeskriminalamts und Ralph Ghadban teilen die Sorge, dass sich bei den Fluchtmigranten, die seit 2015 nach Deutschland kamen, die Geschichte wiederholt. Die Einwanderer, die vor 40 Jahren aus dem Libanon kamen, brauchten 12 Jahre, bis ihre Clans sich etabliert hatten. Nach der Befürchtung von Michael Kuhr könnte es bei den Neuankömmlingen deutlich schneller gehen.[188] Reiner Burger kritisiert, dass die Ideologie des Multikulturalismus der Politik den Blick auf die Wirklichkeit der Clans vernebelte. Für ihn ist es »längst (...) nicht ausgemacht, ob der Rechtsstaat den Kampf gegen kriminelle Clans noch gewinnen kann«.[189]

Wie die Lebensläufe terroristischer Attentäter in den letzten Jahren zeigen, haben Terroristen häufig eine Tätigkeit im kriminellen Milieu bzw. als gelegentliche Kleinkriminelle hinter sich. Die Übergänge sind insofern gleitend. Der große Zustrom schlecht ausgebildeter junger Männer seit Herbst 2015 bedeutete nicht nur Nachschub für die organisierte Kriminalität, sondern hat zudem die Zahl der Muslime in den Altersklassen, die für Radikalisierung besonders empfänglich sind, erheblich erhöht.

Ein besonderes Thema ist die schleichende Umwandlung ganzer Stadtviertel aus einer westlichen in eine vorwiegende islamische Gesellschaft. Dies ist nicht immer, aber oft, auch mit bestimmten Arten von Kriminalität bzw. mit einem ins Kriminelle übergehenden Revierverhalten verbunden:

– Im Sommer 2011 wurde ich aus einem Stadtviertel in Kreuzberg von einem aufgebrachten Mob regelrecht vertrieben, nachdem ich durch das Fenster in einem türkischen Lokal entdeckt worden war. Das Landeskriminalamt riet mir, solche Viertel nicht unbegleitet aufzusuchen und dort auch öffentliche Verkehrsmittel zu meiden. Ich habe mich seitdem daran gehalten.

– Das Gebiet um das Kottbusser Tor in Berlin-Kreuzberg war traditionell ein Problemkiez mit hoher Kriminalität. Diese Kriminalität ist seit 2015 nochmals explodiert. Eine Ex-Hausbesetzerin, Anfang 40, äußerte dazu gegenüber dem *Berliner Tagesspiegel*, Männer aus den halb feudalen Regimen der arabischen Welt sähen im Recht des Stärkeren – gerade Frauen gegenüber – ein Handlungsgebot. »Es gab immer Gewalt. Aber 'ne Treibjagd auf Schwule, das ganze Angrapschen, das ist neu.«[190]

– In nordrhein-westfälischen Städten wie Düren oder Duisburg beanspruchen mittlerweile kriminelle Clans ganze Straßen als Hoheitsgebiet und wollen dort das Eingreifen der Polizei nicht mehr dulden. Dies löste eine politische Debatte über rechtsfreie Räume aus. Ein Dürener Polizeibeamter sagte: »Es ist ein Gefühl der Hilflosigkeit. Es heißt nun: Wir können uns noch nicht mal selbst schützen, wie sollen wir jetzt andere schützen?«[191]

– In Frankreich gibt es eine Diskussion über die Zahl und die Bedeutung von No-go-Zonen. In den Medien werden zahlreiche konkrete Beispiele beschrieben, die zeigen, wie sich Gesetzesferne und islamischer Fundamentalismus mischen.[192] Bei den Silvesterfeiern 2017 gingen in Frankreich über 1000 Autos in Flammen auf, fast 100 000 Polizisten und Soldaten waren im Einsatz.[193] In Großbritannien wächst die Zahl muslimischer Enklaven, in denen die Menschen ein in jeder Hinsicht segregiertes Leben führen.[194]

– In Schweden ist der Begriff No-go-Zonen verpönt. Hinsichtlich der Sicherheitslage spricht man lieber von »besonders empfindlichen Gebieten«. Davon gibt es mittlerweile 61. In diesen Gebieten sind bis zu 5000 Kriminelle in 200 Netzwerken tätig. Im Sommer 2017 erklärte der schwedische Polizeichef Dan Tore Eliasson, dass die Polizei die Einhaltung der Gesetze nicht mehr sicherstellen könne und das schwedische Modell der Integration gescheitert sei.[195]

Das psychologische Profil muslimischer Täter

Die aus Bochum stammende Polizistin Tania Kambouri, Tochter griechischer Einwanderer, schrieb nach zehn Jahren im Streifendienst ihre Erfahrungen nieder und kritisierte massiv die Respektlosigkeit junger muslimischer Männer. Schon deren Kinder würden Polizisten beschimpfen. Die Polizei werde hilfloser und müsse sich »immer weiter zurückziehen«. So gehe die Hoheit auf den Straßen verloren.[196] Zana Ramadani, in Deutschland als Tochter einer muslimischen bosnischen Familie aufgewachsen, meint, dass »die Mehrheit der muslimischen Männer (...) ein Gewaltproblem« hat. »Woher kommt das? Jeder Junge lernt bald, dass es eine Art Prügelhierarchie gibt: Die Mutter züchtigt die Tochter, der Vater züchtigt die Mutter. Das Lernergebnis lautet: Ein lautes Wort, ein Schlag reicht, um die Hierarchie zu erhalten und eine Diskussion, die seine Stellung gefährden könnte, gar nicht erst entstehen zu lassen. Bald wird er als Familienältester diese Methode einsetzen. Er wird tun, was seine Vorbilder getan haben.«[197] Die bei der muslimischen Bevölkerung in Europa immer wieder zu beobachtende Gleichzeitigkeit von Bildungsmängeln, hoher Arbeitslosigkeit, Kriminalität und Neigung zum Terrorismus zeigt sich besonders massiv und anschaulich an den spanischen Exklaven in Afrika, deren muslimische Bevölkerung zu einer besonderen Quelle des spanischen Dschihadismus wurde.[198]

Der dänische Gefängnispsychologe Nicolai Sennels, der viel mit muslimischen Straftätern gearbeitet hat, nennt Aspekte, in denen sich die Psychologie der muslimischen Männer von der westlichen Psychologie unterscheidet:[199]

– Im Westen gelten Wut und daraus folgende Aggression im Allgemeinen als Zeichen von Schwäche und Kontrollverlust. Bei vielen Muslimen ist sie dagegen ein Ausweis männlicher Stärke. Dagegen gilt der Abwägende und Besonnene eher als schwach.

315

- In der islamischen Welt dominieren zur Verhaltensleitung religiöse Regeln, klare Hierarchien und überlieferte familiäre Traditionen. Selbstkritik steht dagegen nicht hoch im Kurs.
- Gründe für Misserfolge und Versagen werden gern außerhalb der eigenen Verantwortung gesucht, z. B. weil man sich als Opfer fremder Mächte oder von Diskriminierung fühlt.
- Ganz zentral ist das Konzept der Ehre. Diese hängt wesentlich an der »Ehre« der Frauen, die von starken und potenten Männern geschützt werden muss. Wer die Ehre nicht sichern kann, verfällt der Schande.
- Die Angst, als unmännlich zu gelten, übt einen großen Verhaltenseinfluss aus. Deshalb muss man sich und anderen seine Ehre durch Dominanz immer wieder beweisen. Das kann Frauen, Ungläubige oder zufällige Opfer treffen. Zur Sicherung der Ehre gehört im Extremfall auch der Ehrenmord.
- Bei diesem Typus versagen die grundlegenden Prinzipien der modernen Rechtsprechung, die auf Reue oder Einsicht setzen. Viele muslimische Täter empfinden die Abwägung und Milde der Rechtsprechung als Schwäche, die ihre Verachtung des Westens steigert und sie in ihrem Denken bestärkt.

Zu diesem Profil passen die Autorennen von muslimischen jungen Männern mitten in der Stadt, die sich in den letzten Jahren in Berlin immer weiter verbreitet haben, sowie das häufige Fahren mit extrem überhöhter Geschwindigkeit.[200] Dazu passen die immer häufiger auftretenden Massenschlägereien zwischen verfeindeten Gruppen[201] sowie Steinwürfe auf Streifenwagen, wenn die Polizei bei Schlägereien schlichtend eingreift oder überhaupt nur Präsenz zeigt.[202] Dazu gehört die Bekämpfung »äußerster Aggressivität gewalttätiger Gruppen« in der Provinz in Bad Kreuznach durch ein nächtliches Aufenthaltsverbot in öffentlichen Anlagen.[203] Damit gepaart ist oft eine unglaubliche Brutalität bei Einzeltaten ohne innere Reue der Täter.[204]

Solche Einzelfälle habe ich am Ende dieses Abschnitts aufgeführt. Einzelfälle dienen der Anschauung, aber sie beweisen nichts. Ihr Gewicht gewinnen sie aus der zweifelsfreien Erkenntnis, dass Gewaltkriminalität unter den Muslimen in Deutschland und Europa weitaus stärker verbreitet ist als bei allen anderen Religionen und Bevölkerungsgruppen.

Die Berliner Rechtsanwältin Karla Vogt-Röller registriert mit ohnmächtiger Wut, dass viele Verfahren aus Personalnot eingestellt werden. Ihre Tochter wurde in Neukölln in der U-Bahn von jungen arabischen Männern angegrapscht. Als sie sich wehrte, bekam sie zu hören: »Wenn du das nicht willst, musst du ein Kopftuch tragen.« Der Integrationsbeauftragte von Berlin-Neukölln, Arnold Mengelkoch, meint: »Wir müssen uns darauf vorbereiten, dass eine neue Welle der Gewalt auf uns zukommt.«[205]

Die ganze Widersprüchlichkeit und das Zusammenfließen unterschiedlicher Problembereiche zeigen sich im Porträt einer jungen Salafistin, aufgewachsen in einem arabischen Clan in Berlin: Als Heranwachsende begleitete sie ihre Cousins, wenn diese Läden überfielen. In der Schule fiel sie durch Gewalttätigkeit auf, ihr Vater lernte nie Deutsch. Sie entdeckte den »richtigen« Islam und wurde zur Salafistin. Sie hasst die Juden: »Zionisten verdienen nichts als den Tod.« Der IS allerdings sei eine kranke Bewegung. Mit Deutschland fühlt sie sich nicht verbunden. Gut findet sie die Sicherheit, jederzeit Sozialhilfe beziehen zu können: »Das geht ja nicht in vielen Ländern, dass du einfach mal ein Jahr gar nichts machen kannst und trotzdem Geld kriegst.« Trotzdem verachtet sie die Deutschen als »Nichtsgönner«, dagegen seien die Muslime »großzügig, barmherzig, offen«. Auf »den Westen« ist sie wütend, weil »er das Blut von Millionen Menschen an den Händen hat«. Wütend wird sie auch, wenn sie wegen ihrer bis auf den Boden reichenden schwarzen Verschleierung auf den Straßen kritisch gemustert wird. Wenn sie sich beleidigt fühlt, bekommt der »Übeltäter« Besuch von einem Cousin, und sie genießt die ausgeübte Gewalt: »Ich will halt sehen, wie der geschlagen wird. Mit meinen eigenen Augen.« Die Gesetze des Clans sind eben wichtiger als die Gesetze des Staates.[206]

Die Äußerungen der jungen arabischen Salafistin aus Berlin passen zu den Erkenntnissen des französischen Islamwissenschaftlers Gilles Kepel. Er beobachtet in den islamischen Ballungszentren Frankreichs eine zunehmende Radikalisierung der Frauen, die »extrem antiweiß und antichristlich« eingestellt sind und die Verschleierung als Zeichen ihrer Antihaltung tragen.[207]

Mentale Aspekte und ihre Folgen

Aus der Sicht des dänischen Psychologen Nicolai Sennels liegt der Unterschied zwischen westlicher und muslimischer Kultur und Sozialisation in der Art der psychologischen Steuerung:

– Die westlichen Menschen fühlen, dass ihr Leben im Wesentlichen durch ihre inneren Antriebe gesteuert wird, also durch uns selbst. Das reflektiert sich in unseren Sichtweisen, in der Art, wie wir mit unseren Emotionen umgehen, wie wir die Beziehungen zu den Menschen um uns herum gestalten und wie wir kommunizieren. Die islamische Welt funktioniert anders. Das wenige an Psychiatrie und Psychologie, was dort an nur wenigen Universitäten gelehrt wird, stammt aus dem Westen, vermittelt von im Westen ausgebildeten Professoren und ohne Wurzeln in der islamischen Kultur.

– Aber die Muslime haben etwas anderes. Sie haben strikte äußere Regeln, Traditionen und Gesetze für das menschliche Verhalten. Sie haben einen Gott, der ihren Lebenskurs bestimmt. »Inschallah« heißt es zu Zukunftsplänen – so Gott will. Sie haben mächtige Religionsvorsteher, die ihren Gemeinschaften bei jedem Freitagsgebet die Richtung zeigen. Sie diktieren politische Ansichten, Erziehung der Kinder, das Verhalten und wie und ob man sich in westliche Gesellschaften integrieren soll.

Im westlichen Bewusstsein dominiert die mentale Innenkontrolle. Im muslimischen Bewusstsein sind die entscheidenden Instanzen von Kontrolle und Verantwortung dagegen außerhalb der eigenen Person zu suchen. Der mentale Ort der Verhaltenskontrolle ist aber entscheidend für unser Verständnis von Problemen und für die Art, wie wir sie lösen:

–   Zwar hat man im Westen entsprechend der christlichen Tradition ständig mit Schuldgefühlen zu kämpfen. Aber man übernimmt auch individuelle Verantwortung für das eigene Leben und versucht, seine Richtung zu bestimmen.

–   In der muslimischen Perspektive gibt es weniger Anpassungsbereitschaft, weniger individuelle Schuldgefühle und dementsprechend eine größere Tendenz, dem gesellschaftlichen Umfeld die Anpassung an die eigenen Wünsche und Begehrlichkeiten abzufordern.[208]

Diese Einstellung ist dem Lebenserfolg und der Integration der Muslime im Westen nicht dienlich. Das zeigen die eindeutigen empirischen Ergebnisse des vorhergehenden Abschnitts: Bildungsleistung, Arbeitsmarkterfolg, Transferabhängigkeit und Kriminalitätsbelastung der muslimischen Bevölkerung in Europa sind auch nach vielen Jahrzehnten in Europa weitaus ungünstiger als bei der aufnehmenden Bevölkerung oder bei Einwanderern aus Osteuropa und Ostasien. Dieser Befund gilt sehr ähnlich für alle europäischen Länder mit muslimischer Bevölkerung. Er ist weitgehend unabhängig von der regionalen Herkunft der Muslime. Diese Erkenntnisse gelten auch für die Kinder, Enkel und Urenkel der ursprünglich Eingewanderten. Anpassungen erfolgen nur langsam, wenn überhaupt. Die Muslime unterscheiden sich insoweit nicht nur von der autochthonen Bevölkerung, sondern auch von nicht muslimischen Einwanderern. Wie der britische Wirtschaftshistoriker Niall Ferguson feststellt, werden »muslimische Zuwanderer (...) nicht nur nicht in die Wirtschaft integriert. Noch viel schlechter steht es um die kulturelle Integration. Die Folge sind muslimische Enklaven, in denen islamistische Gruppen offen rekrutieren können.«[209]

Die empirischen Fakten sind eindeutig. Interpretationsfähig sind nicht die dargelegten sehr belastbaren Fakten, sondern allenfalls ihre Ursachen. Viele hören nicht gern, dass die Religion Bildungsleistung beeinträchtigen, berufliche Qualifikation und Arbeitsmarktintegration behindern und Kriminalität fördern kann. Man weicht dann gerne in die Behauptung aus, »Diskriminierung« sei schuld. Kann eine »Diskriminierung« von Muslimen die beobachteten Integrationsprobleme erklären? Der Sachverständigenrat Integration kommt in seinem Jahresgutachten 2016 zu folgendem Ergebnis: »Trotz der geschilderten Unterschiede hinsichtlich der verwendeten Begrifflichkeiten, Messkonstrukte und Erfassungsmethoden bleibt festzuhalten, dass bei einem nicht zu vernachlässigenden Teil der Gesellschaft abwertende Haltungen gegenüber bestimmten Menschen aufgrund ihrer (vermeintlichen) Religionszugehörigkeit vorherrschen. Unklar und schon länger umstritten ist jedoch, in welchem Ausmaß sich abwertende Haltungen gegenüber bestimmten (religiösen oder nicht religiösen) Gruppen in diskriminierendes Handeln umsetzen. Darüber hinaus ist bislang ungeklärt, inwieweit abwertende Haltungen und diskriminierende Handlungen die Integration von Individuen oder ganzen Gruppen beeinträchtigen.«[210]

Wenn man diese auf den ersten Blick kaum verständliche Aussage auf ihren Informationskern bringt, so bedeutet sie: *Weder kann in Deutschland Diskriminierung wegen Religion nachgewiesen werden, noch gibt es einen Beleg dafür, dass Diskriminierung, soweit sie überhaupt existiert, für den Integrationserfolg schädlich ist.* Als Aussage des Sachverständigenrats Integration ist das ein Wort von Gewicht. Es passt zur historischen Erfahrung, dass auch erhebliche Diskriminierung den Erfolg leistungsstarker Minderheiten nicht aufhalten kann: Dies zeigte sich an den Juden in Europa und Nordamerika und den Chinesen in Südasien.

Die Ursachen für die Unterschiede müssen also im Mentalen angesiedelt sein, in der Kultur, der Religion, den individuellen Charaktereigenschaften oder den kognitiven Fähigkeiten. Viele Muslime in Europa zeigen Mentalitäten und Verhaltensweisen, die im Islam selbst angelegt sind und die gesamte islamische Welt seit 1000 Jahren prägen. Wie ich in den Kapiteln 1 bis 3 zeigte, lassen sich die Rückständigkeit, Gewalt und Unordnung der islamischen Welt sehr gut aus der mentalen Prägung durch den Islam erklären. Diese Prägung bestimmt offenbar auch das Verhalten von Muslimen in Europa und ihren Rückstand bei kognitiver Kompetenz, Qualifikation und wirtschaftlichem Erfolg.

Wie das Ausmaß des Rückstands und seine nur langsame Veränderung in der Generationenfolge zeigt, ist die Prägung durch den Islam offenbar sehr tief greifend und stabil. Wer ein guter Muslim ist, zeigt sich oft wenig wissbegierig und ist durchdrungen von der Überlegenheit der eigenen Religion. Entsprechend gering ist das Interesse für das Fremde. Entsprechend groß ist aber auch das Gefühl der Zurücksetzung und des Beleidigtseins, wenn die durch den Glauben geprägte Mentalität den eigenen Erfolg behindert. Das endet dann leicht im Ressentiment gegenüber der Welt der »Ungläubigen« und im vermehrten Rückzug auf die muslimische Identität.

Eine Studie aus dem Jahr 2005 vergleicht die Integrationspolitik in den Niederlanden, Großbritannien und Frankreich.[211] Diese war traditionell in den Niederlanden besonders multikulturalistisch ausgerichtet, mit weitgehenden Sonderrechten für ethnische und religiöse Gruppen. In der britischen Politik ging man auf ethnische Minderheiten ein, aber nicht auf deren religiöse Besonderheiten. Die französische Politik dagegen zielte auf den französischen Bürger und klammerte die Aspekte von Minderheiten, Religion und Ethnie weitgehend aus. Die Studie untersucht anhand der Auswertung von Medienberichten in drei Tageszeitungen mit nationaler Reichweite, inwieweit religiöse oder ethnische Gruppen mit gruppenbezogenen Forderungen an die Öffentlichkeit treten. In den drei Ländern machten Forderungen von Religionsgruppen den Löwenanteil (53 Prozent bis 66 Prozent) unter allen gruppenbezogenen Forderungen aus. Dabei stachen die Muslime weit heraus. Auf sie entfielen in den Niederlanden 78 Prozent, in Großbritannien 93 Prozent und in Frankreich 96 Prozent aller religionsbezogenen Gruppenforderungen.[212] *Bei Umfang und Intensität gruppenbezogener Forderungen haben die Muslime fraglos ein Alleinstellungsmerkmal.* Die große Ähnlichkeit des Ergebnisses für alle drei untersuchten Länder ist auch deshalb bemerkenswert, weil die Integrationspolitik der drei Länder in dem untersuchten Zeitraum (1992– 1998) sehr unterschiedlich war. Von den drei untersuchten Ländern hatten sich in den Neunzigerjahren die Niederlande am weitesten einem multikulturellen Ansatz geöffnet. Gleichzeitig hatten die Muslime in den Niederlanden, soziökonomisch gesehen, das schlechteste Integrationsergebnis.[213]

Während meiner Zeit als Berliner Finanzsenator lernte ich einen Psychologen aus Neukölln kennen. Kazim Erdoğan war in der Türkei aufgewachsen, hatte in Berlin studiert und arbeitet in vielen Integrationsprojekten. Stets erlebte ich ihn als freundlich, sachlich und sozial engagiert. Auf dem Höhepunkt der Aufregung über *Deutschland schafft sich ab* lud er mich 2010 in seine türkische Männergruppe zur Diskussion über Integrationsfragen ein. 2017 wiederholten wir das Treffen und hatten erneut eine Aussprache, die offen und freundlich, aber auch kontrovers ablief, diesmal protokolliert von der Journalistin Sonja Hartwig, die ein Buch über Kazim Erdoğan und seine türkische Männergruppe schrieb.[214] Als ich dieses Buch las, darin auch das Protokoll meines Treffens mit der Männergruppe, wurde mir psychologisch etwas klar: Bildungsmängel, Kriminalitätsbelastung und andere Integrationsdefizite wurden gar nicht geleugnet. Entscheidend war ein anderer Aspekt: *Schon die Benennung ihrer Existenz wurde tendenziell als Angriff auf die eigene Ehre und als feindseliger Akt empfunden.* Die Erwartung war, dass Deutsche über diese Probleme möglichst wenig reden sollen, um die Zuwanderer, seien sie auch in der dritten Generation in Deutschland, nicht zu kränken. Und die weitere Erwartung war, dass die Verantwortung für diese Probleme keineswegs nur bei den Zuwanderern liegen durfte, sondern ebenso auch bei der aufnehmenden Gesellschaft. Es zeigte sich ein Unwille, die Verantwortung für die eigenen Mängel zu übernehmen, auch dort, wo man sie gar nicht in Abrede stellte, verbunden mit der ständigen Bereitschaft zum Rückzug in gekränkten Stolz und Abgrenzung von Deutschland.

Bei dieser mentalen Einstellung wird die Benennung von Defiziten schnell als Abwertung oder gar Beleidigung verstanden. Die Mängel, die man an sich selbst verspürt, werden dann nicht zum Ansporn für mehr individuelle Anstrengung, sondern können den Anstoß zum Rückzug auf Positionen leeren Stolzes geben, z.B. auf

- die eigene Männlichkeit,
- die Ehre, die zwischen den Beinen der Schwestern und Ehefrauen angesiedelt wird und mit der Unterdrückung der Frau eng verbunden ist,

- die Überlegenheit der Religion des Islam und
- die Stärke der Muslime in der Welt.

Rückzug und Abgrenzung behindern künftige Integrationsfortschritte und liefern gleichzeitig den Nährboden für fundamentalistisches Gedankengut bis hin zu Sympathie für islamistischen Terror.

Überall dort, wo es um Muslime in Europa geht, ist das magische Wort »Anerkennung« – und vor allem die Klage über ihr Fehlen – nicht fern. Das unterscheidet Muslime fundamental von Einwanderern aus Polen, Vietnam oder China. Diese bemühen sich um Erfolg durch Leistung, statt aus einem Zustand des Beleidigtseins fehlende Anerkennung zu beklagen.

Kazim Erdoğan sieht den einzelnen Menschen, der von seiner Kultur geprägt ist und mit Takt und ohne Überheblichkeit in die europäische Gegenwart geführt werden muss. Ich dagegen sehe, dass es nur wenige Kazim Erdoğans und Millionen von Muslimen in Europa gibt. Sein Engagement ist selbst im vergleichsweise überschaubaren Neukölln einerseits unverzichtbar, andererseits, da nur auf der individuellen Ebene anwendbar, ein Kampf gegen Windmühlenflügel. Er bietet ein moralisches Vorbild. Das systemische Problem mit der muslimischen Mentalität tritt damit umso schärfer hervor.

Die große Wirkung des Mentalen sieht man beim Vergleich der beiden größten Einwanderungsgruppen in Deutschland. Nach den Türken sind dies die Spätaussiedler aus der ehemaligen Sowjetunion. Zum größten Teil kamen sie erst in den Neunzigerjahren, also 30 Jahre später als die türkischen Gastarbeiter. Ihre Erwerbs- und Beschäftigungsquote unterscheidet sich aber nach nur zwei Jahrzehnten nicht mehr von den Deutschen ohne Migrationshintergrund und ist weitaus höher als bei den Türken und ihren Nachkommen, die bereits eine Generation länger im Land sind.[215]

Der Migrationsforscher Ruud Koopmans kam in seiner bereits zitierten Studie über die Arbeitsmarktbeteiligung von Muslimen zum Ergebnis, dass Diskriminierung als Grund für die geringe Arbeitsmarktbeteiligung von Muslimen fast keine Rolle spielt. Als integrationshemmend erweisen sich dagegen religiöse Unterschiede. Das zeigt sich in religiös motivierten Geschlechterrollen, bei beschränkenden Verhaltensregeln für den Kontakt mit Andersgläubigen und am deutlichsten im Heiratsverhalten. Außerdem hemmt der geringe oder fehlende Kontakt zur Mehrheitsgesellschaft den Abbau von Sprachdefiziten.[216]

Während sich Fakten zu Bildungsleistung, Berufserfolg oder Kriminalität objektivieren lassen, sind die mentalen Gründe, die sie bewirken, einschließlich der religiösen Ursachen, nie ganz frei von Spekulation. Hier geht es um Schlüssigkeiten, denen bei aller Stringenz immer ein Rest von Unschärfe anhaftet. Soziologische und sozialpsychologische Zusammenhänge können für Gruppen sehr stringent sein. Sie lassen aber selbstverständlich keine Aussage für den Einzelfall zu. Konservative tiefgläubige Muslime können sehr gut in der Schule, sehr wissbegierig und sehr erfolgreich in einer professionellen Laufbahn sein, denn jeder kollektive soziologische Zusammenhang deckt eine große Streuung ab.

Im Jahr 2007 hatte die von der Deutschen Islamkonferenz in Auftrag gegebene Studie »Muslime in Deutschland« ergeben, dass 56 Prozent der Muslime in Deutschland als religiös oder sehr religiös einzustufen sind. Rund 35 Prozent bezeichneten sich als »etwas religiös« und 9 Prozent als »nicht religiös«.[217] Religiös-fundamentale Auffassungen hatten rund 40 Prozent.[218]

Der Religionsmonitor der Bertelsmann Stiftung aus dem Jahr 2013 kommt zu einem vergleichbaren Ergebnis: Für 89 Prozent der befragten Muslime ist die Religion wichtig oder sehr wichtig, und 39 Prozent haben eine dogmatische Auffassung von der Wahrheit der religiösen Lehrsätze. Sie glauben, »dass in religiösen Fragen vor allem meine eigene Religion recht hat und andere Religionen eher unrecht haben«.[219] 19 Prozent der Muslime meinen, dass »nur Politiker, die an Gott glauben, (...) für ein öffentliches Amt« geeignet sind. 33 Prozent äußern, dass »führende Vertreter der Religionen« Einfluss »auf die Entscheidungen der Regierung« nehmen sollten.[220]

Koopmans definiert »religiösen Fundamentalismus anhand von drei in Wechselbeziehung stehenden Einstellungen:

– dass Gläubige zu den ewigen und unveränderlichen Regeln, die in der Vergangenheit festgelegt wurden, zurückkehren sollten,

– dass diese Regeln nur eine Interpretation erlauben, die bindend für alle Gläubigen ist,
– dass religiöse Regeln Vorrang vor weltlichen Gesetzen haben sollten.«[221]

Eine Umfrage dazu unter türkischen und marokkanischen Migranten aus sechs europäischen Ländern ergab für die Muslime der zweiten Generation folgende Ergebnisse:

– 50 Prozent glauben, dass der Islam zu den Wurzeln zurückkehren muss,
– 70 Prozent meinen, es gebe nur eine wahre und bindende Interpretation der Religion,
– 65 Prozent halten religiöse Regeln für wichtiger als weltliche Gesetze, und
– knapp 40 Prozent halten alle drei Meinungen für richtig.

Diese Einstellungen sind stabil und kaum niedriger als in der ersten Generation. Damit ist der Fundamentalismus unter den Muslimen Europas um ein Vielfaches ausgeprägter als unter den Christen.[222] Auch ist der Zusammenhang zwischen Religiosität und Fundamentalismus bei den sunnitischen Muslimen wesentlich stärker als bei den Christen oder den Aleviten. Nur sehr schwach ist der Zusammenhang zwischen Fundamentalismus und wahrgenommener Diskriminierung.

Die Muslime in Europa zeigen zudem auch in der zweiten Generation eine ausgeprägte Fremdgruppenfeindlichkeit, die jene der Christen weit übersteigt:

– 53 Prozent glauben, der Westen wolle die muslimische Kultur zerstören (umgekehrt glauben das nur 23 Prozent der Christen von den Muslimen),
– 48 Prozent möchten keine homosexuellen Freunde (Christen 11 Prozent),

- 39 Prozent meinen, Juden könne man nicht trauen (Christen 8 Prozent),
- 22 Prozent stimmen allen drei Meinungen zu (Christen 2 Prozent).[223]

Der bei den europäischen Muslimen beobachtete religiöse Fundamentalismus und ihre Fremdgruppenfeindlichkeit reflektieren die Einstellungen der Muslime in den Herkunftsländern (vgl. Kapitel 3, Abschnitt »Die Spiegelung der islamischen Lehre in den Einstellungen der Muslime« auf Seite 209 ff.).

Fundamentalismus ist noch kein Extremismus, aber er bereitet den Boden dafür. Offenbar wirken Islam und Herkunft auch für die Kinder und Enkel der Eingewanderten weitaus prägender als die westliche Kultur der Aufnahmeländer. Diese Tendenz zeigt sich auch in den Ergebnissen einer landesweiten Umfrage unter muslimischen Schülern in Niedersachsen aus dem Jahr 2015. Sie bestätigt das Ergebnis früherer Studien zu den Einstellungen muslimischer Jugendlicher[224] und belegt die von Ahmad Mansour beschriebene Entwicklung,[225] dass eine fundamentalistische Interpretation des Islam unter jungen Muslimen offenbar an Boden gewinnt.[226]

Die Ergebnisse erschrecken: Knapp 70 Prozent der befragten Schüler hängen einer wörtlichen Interpretation des Korans an. Rund 37 Prozent verbinden ihren Glauben mit einem negativen Werturteil über andere Religionen. Knapp 30 Prozent sind bereit, für ihre Religion Gewalt auszuüben. 27 Prozent sind für die Bestrafung von Ehebruch oder Homosexualität nach den Gesetzen der Scharia. Knapp 19 Prozent glauben an einen gewaltsamen Dschihad zur Ausbreitung des Islam. 8,9 Prozent rechtfertigen den IS und 3,8 Prozent die Terroranschläge.

Die gleitende Skala der Zustimmungswerte je nach Radikalität der Fragestellung zeigt, dass die terroristisch eingestellte kleine Minderheit von einem weitaus größeren fundamentalistischen Umfeld umgeben ist. Dieses wiederum ist von der Einstellung ummantelt, dass andere Religionen weniger wert sind. Jene 70 Prozent, die eine wörtliche

Interpretation des Islam für geboten halten, stellen quasi die äußere Umhüllung dar.

Aussage	Zustimmung in %
Der Koran ist das einzig wahre Glaubensbuch; die darin festgehaltenen Regeln müssen genau befolgt werden.	69,6
Der Islam ist die einzige wahre Religion; alle anderen Religionen sind weniger wert.	36,6
Ich kann mir gut vorstellen, selbst für den Islam zu kämpfen und mein Leben zu riskieren.	29,6
Die islamischen Gesetze der Scharia, nach denen zum Beispiel Ehebruch oder Homosexualität hart bestraft werden, sind viel besser als die deutschen Gesetze.	27,4
Muslime werden auf der ganzen Welt unterdrückt; dagegen müssen sie sich mit Gewalt zur Wehr setzen.	19,8
Es ist die Pflicht jedes Muslims, Ungläubige zu bekämpfen und den Islam auf der ganzen Welt zu verbreiten.	18,6
Gegen die Feinde des Islams muss mit aller Härte vorgegangen werden.	16,7
Es ist richtig, dass die Muslime im Nahen Osten versuchen, durch Krieg einen Islamischen Staat (IS) zu gründen.	8,9
Muslimen ist es erlaubt, ihre Ziele notfalls auch mit terroristischen Anschlägen zu erreichen.	3,8
Predigten und Videos, in denen Muslime zu Gewalt gegen Ungläubige aufgerufen werden, finde ich gut.	2,4

Vor diesem Hintergrund ist es nicht erstaunlich, dass nur 31 Prozent der Westdeutschen und 21 Prozent der Ostdeutschen den Islam als Bereicherung wahrnehmen, 49 Prozent der Westdeutschen und 57 Prozent der Ostdeutschen ihn dagegen als Bedrohung ansehen. Mit dieser negativen Einschätzung hat der Islam ein Alleinstellungsmerkmal unter den Religionen.[227] In Westdeutschland meinen 59 Prozent und in Ostdeutschland 66 Prozent, dass der Islam nicht in die westliche Welt passt.[228]

Eine ähnliche Verteilung von Einstellungsmustern wie bei Muslimen in Deutschland findet sich auch in anderen europäischen Ländern:

- In Frankreich wollen 32 Prozent der befragten muslimischen Jugendlichen die dort begangenen Terrorattentate nicht vorbehaltlos verurteilen. Zwei Drittel glauben, dass der Anschlag am 11. September 2001 von der CIA begangen wurde.[229] Nach einer anderen Befragung befürworten 65 Prozent der französischen Muslime das Tragen von Kopftüchern. Für ein Drittel steht die Scharia über den Gesetzen der Republik. 25 Prozent der männlichen und 44 Prozent der weiblichen Muslime lehnen den Besuch gemischter Badeanstalten ab. 23 Prozent der Männer und 44 Prozent der Frauen weigern sich, einen andersgeschlechtlichen Partner mit dem in Frankreich üblichen Wangenkuss zu begrüßen.[230]
- In Großbritannien sind nach einer Umfrage von 2016 52 Prozent der Muslime für die Bestrafung von Homosexualität. 35 Prozent denken, dass die Juden zu viel Macht haben. 39 Prozent meinen, dass die Ehefrau immer dem Mann zu gehorchen habe. 31 Prozent halten Polygamie für akzeptabel. 4 Prozent sympathisieren mit Fanatikern, die Selbstmordanschläge ausüben.[231]

Die Tendenz zur Fundamentalisierung und, darauf aufbauend, Radikalisierung hat sich in der gesamten islamischen Welt verbreitet. Die Entwicklung in Deutschland und Europa ist ein Reflex davon.

Kyai Haji Yahya Cholil Staquf, der Generalsekretär der größten Muslim-Vereinigung in Indonesien, beklagt: »Zu viele Muslime sehen die Zivilisation, das friedliche Zusammenleben von Menschen verschiedenen Glaubens, als etwas an, das bekämpft werden muss. Und ich glaube, dass viele Europäer das spüren. Es gibt doch eine immer größere Unzufriedenheit im Westen, was die dortigen muslimischen Minderheiten angeht, eine steigende Furcht vor dem Islam. In diesem Sinne sind auch einige westliche Freunde von mir islamophob. Sie haben Angst vor dem Islam. Wenn ich ehrlich bin, dann kann ich das verstehen.«[232]

Zwar steigt in allen Religionen mit wachsender Religiosität die Zustimmung zu fundamentalistischen Haltungen. Bei Muslimen ist dieser Effekt aber deutlich ausgeprägter als bei Christen. Bei Christen geht zudem Religiosität mit geringerer Straffälligkeit einher; dies lässt sich bei Muslimen nicht feststellen.[233]

Einstellungen wie die Bereitschaft zum gesellschaftlichen Engagement oder ein Grundvertrauen in andere Menschen bezeichnet man als »soziales Kapital«. Das soziale Kapital von Christen liegt in Deutschland über dem Durchschnitt der Bevölkerung. *Das soziale Kapital von Muslimen liegt dagegen unter dem Durchschnitt der Bevölkerung und sogar unter dem Niveau der Gruppe der Konfessionslosen.* Auch der gegenüber den Muslimen stets wohlwollende Religionsmonitor der Bertelsmann Stiftung ist an dieser Stelle ein wenig ratlos. Die Autoren vermuten: »Wahrscheinlich spielt der starke kollektivistische Familialismus eine Rolle, der verwandtschaftlichen Beziehungen eine Priorität gegenüber zivilgesellschaftlichen Aktivitäten einräumt. (...) Neben der familialen Orientierung dürfte für die geringe Ausstattung der Muslime mit sozialem Kapital aber auch eine Rolle spielen, dass die muslimischen Minderheiten ihre Identität teilweise durch Abgrenzung gegenüber der nicht muslimischen Mehrheit gewinnen und sie starke Beziehungen innerhalb der eigenen Gruppe aufbauen, die einschränkend auf Außenkontakte wirken und die Entwicklung von Vertrauen in die Gesamtgesellschaft behindern können.«[234]

Die Autoren vermeiden es, zwischen dem geringen sozialen Kapital der Muslime und ihrer Religion einen Zusammenhang herzustellen. Genau hier liegt aber eine schlüssige Erklärung.

Der Religionsmonitor 2017 kommt zum Ergebnis, dass in

– Großbritannien	64 Prozent
– Österreich	42 Prozent
– Deutschland	40 Prozent
– Frankreich	33 Prozent
– der Schweiz	26 Prozent

aller Muslime hochreligiös sind. Dabei ist die Religiosität bei den Nachfolgegenerationen noch etwas ausgeprägter. Die Autoren vermuten, »dass sich religiöse Identität und Modernisierung in der Migration entkoppeln. Der erwartbare Zusammenhang, dass sich mit fortschreitender Bildung und Individualisierung die religiöse Orientierung abschwächt, zeigt sich dadurch gerade nicht. Als Ursache hierfür sind sowohl gruppenbezogene Konformität als auch die Abgrenzung zum areligiösen Mainstream im Aufnahmeland anzunehmen.«[235]

Der Integrationsforscher Ruud Koopmans kritisierte die Fragen des Religionsmonitors zur religiösen Einstellung als zu unspezifisch, sodass die Antworten am Problem des islamischen Fundamentalismus gezielt vorbeigelenkt wurden: »›Wie häufig meditieren Sie?‹, wurde etwa gefragt, oder ›Wie oft haben Sie das Gefühl, mit allem eins zu sein?‹. Es klingt eher nach einem Einstiegsfragebogen für ein esoterisches Seminar.« Koopmans sagt: »Daran, wie oft ein Muslim in die Moschee geht oder betet, lässt sich Fundamentalismus nicht erkennen. Um das herauszufinden, hätte man Fragen zum Glaubensbekenntnis stellen müssen. (...) Das macht die Studie nicht, und sie schafft es damit eben auch nicht, das Unbehagen mancher Deutscher gegenüber Muslimen genauer zu ergründen. In dieser Einseitigkeit der Studie entsteht das Bild von grummelnden deutschen Nachbarn und durchwegs integrationswilligen Muslimen. Das konsequente Fazit müsste lauten, nicht Einwanderer in Integrationskurse zu schicken, sondern Deutsche.«[236]

Gleitend sind die Übergänge zwischen Fundamentalismus und Radikalisierung. Der Sachverständigenrat Integration beklagt, dass »nicht zuletzt durch die Barbareien der IS-Milizen, die im Nahen Osten wüten, und die in jüngerer Zeit in Europa verübten terroristischen Anschläge (...) eine besonders dunkle Seite von Religion (wieder) in den Fokus der Öffentlichkeit gerückt [sei], nämlich ihr Potenzial, Fundamentalismus, Radikalisierung, Extremismus und Terrorismus auszulösen bzw. zu begünstigen. (...) Bei den Phänomenen, die hier unter dem gemeinsamen Nenner ›dunkle Seite‹ zusammengefasst sind, muss allerdings klar unterschieden werden zwischen Fundamentalismus auf der einen Seite und Radikalisierung und Extremismus auf der anderen.«[237]

Der Sachverständigenrat übergeht dabei, dass diese »dunklen Tendenzen« gegenwärtig nicht generell »die Religion«, sondern unter den Religionen ausschließlich den Islam betreffen, und er blendet aus, dass die Übergänge zwischen Fundamentalismus und Radikalisierung gleitend sind und eine klare Abgrenzung unmöglich ist. Das »Ziel des islamistischen Fundamentalismus (auch als islamistischer, salafistischer oder dschihadistischer Extremismus bezeichnet) ist« nämlich »die Umgestaltung von Staat, Rechtsordnung und Gesellschaft, und zwar nach einem islamischen Regelwerk. In diesem Extremismus geht es um die Errichtung eines islamischen Gottesstaats, in dem die Grundrechte keine Geltung mehr besitzen.«[238] Aus meiner Sicht legt der Fundamentalismus die Grundlage für die Radikalisierung und ist nicht klar von ihr zu trennen. Die »Generation Allah« zeigt gegenwärtig, dass sich Jugendliche und Heranwachsende von Fundamentalismus und Radikalisierung besonders angezogen fühlen.

Radikalisierung hat eine religiöse und eine politische Dimension. Zur religiösen Dimension gehören »eine selektive Auslegung des Koran und im Zusammenhang damit eine strenge Befolgung religiöser Riten sowie die Ausgrenzung von Andersdenkenden«. Sie betrifft besonders häufig »junge Muslime mit geringer Bildung und einer geringen politischen Allgemeinbildung«. Die politische Dimension der Radikalisierung betrifft häufig höher Gebildete. Sie projizieren das Gefühl der ungerechten Behandlung auf die gesamte islamische Welt. Die religiöse und die politische Dimension der Radikalisierung teilen eine dichotome Weltsicht, die nur zwischen Gut und Böse unterscheidet. Radikalisierung entsteht, wenn beide Dimensionen zusammenwirken: »Einerseits bietet die Zugehörigkeit zum Islam eine Plattform für eine stärkere Identifikation mit der internationalen islamischen Gemeinschaft. Andererseits wird Radikalisierung durch einen reduktiven religiösen Dualismus begünstigt, wie er mit fundamentalistischen Orientierungen oft einhergeht.«[239]

Die Kausalitäten der Radikalisierung sind also komplex. Religion ist nicht unbedingt eine hinreichende, wohl aber eine notwendige Bedingung für islamistische Radikalisierung.

Die Studie »Muslimisches Leben in Deutschland« sah 2007 in der muslimischen Bevölkerung Deutschlands ein Radikalisierungspotenzial von 12 bis 16 Prozent. Das Potenzial für religiös motivierte Gewalt sah die Studie bei 4,5 bis 7,5 Prozent.[240]

Parallelgesellschaften

Die ausgeprägte, zum Fundamentalismus tendierende Religiosität vieler Muslime und ihre starke Prägung durch Fremdgruppenfeindlichkeit begünstigen jene muslimischen Parallelgesellschaften, die in ganz Europa entstanden sind und weiter zunehmen. Ihr bedrohliches Anwachsen hat Heinz Buschkowsky für sein Neuköllner Umfeld in *Die andere Gesellschaft* anschaulich beschrieben. Ihre weitgehend ähnliche Verbreitung in Europa zeigt, dass sie kein historischer Zufall sind und auch nicht als Ausdruck des Integrationsversagens der aufnehmenden Gesellschaft angesehen werden können. Parallelgesellschaften ergeben sich aus der Religion und Kultur der islamischen Zuwanderer. Sie haben sich in den vergangenen Jahrzehnten umso leichter ausgebreitet, je eher das aufnehmende Land einer Multikulti-Ideologie huldigte.

Der im Libanon geborene und aufgewachsene deutsche Islamwissenschaftler Ralph Ghadban stellt die Ausbreitung muslimischer Parallelgesellschaften in einen größeren Zusammenhang: *Aus seiner Sicht setzen die dominierenden konservativen Kräfte unter den Muslimen in Deutschland und Europa zunächst auf ungestörtes Wachstum der muslimischen Minderheit in der Abschottung. In der zweiten Stufe setzen sie auf Übernahme der Mehrheitsgesellschaft, sobald der Minderheitenstatus überwunden ist. Ihr bester Helfer ist dabei die nach wie vor dominierende Multikulti-Ideologie im Westen.*[241] Er kritisiert: »Mit Multikulti verbreitete sich die Mär Integration ja, Assimilation nein. (...) Die Sozialwissenschaften lehren uns allerdings, dass jede gelungene Integration langfristig zur Assimilation tendiert. (...) Ein Hauptgrund der Desin-

tegrationsmisere ist deshalb kulturell. Heute gehören viele Funktionäre der islamischen Verbände der zweiten und dritten Migrantengene-
ration an, sprechen perfekt Deutsch und haben gute Jobs, sie erfüllen
die Kriterien der materiellen Integration, sie sind trotzdem gegenüber
unserer Gesellschaft ideologisch feindlich eingestellt.«[242]

Eine solche Hypothese vertritt nicht nur Ralph Ghadban. Sie wird
von vielen Intellektuellen in Europa geteilt, die aus dem islamischen
Kulturkreis stammen und über die in den aufnehmenden Gesellschaften aus ihrer Sicht vorherrschende Blindheit und Naivität ent-
setzt sind. Anlässlich der vom Bundesinnenminister Horst Seehofer
im März 2018 erneut ausgelösten Debatte, ob der Islam zu Deutschland gehöre, äußerte der aus Syrien stammende Politologe Bassam
Tibi: »Zehn Prozent der Muslime in Deutschland sind beruflich und
gesellschaftlich eingegliedert. Neunzig Prozent leben in Parallelgesellschaften. Die meisten möchten auch gar nicht dazugehören. In Berlin
gibt es libanesische, türkische und kurdische Parallelgesellschaften. In
Cottbus gibt es schon eine syrische Parallelgesellschaft.«[243]

Die Autorin Nuray Çeşme ist in der Türkei geboren und in
Deutschland in einer Parallelgesellschaft aufgewachsen. Persönlich
fühlt sie sich völlig angekommen. Jedoch glaubt sie, dass die Integration an sich gescheitert ist. Aus ihrer Sicht sind allenfalls 40 Prozent
integriert, die übrigen 60 Prozent nicht. Ihre Integration funktionierte,
weil ihre Eltern das so wollten und weil sie sich anstrengte. »Das ist
aber nur bei einigen so, nur einige haben solche Eltern, und nur einige
strengen sich dann auch selber an.« In den Parallelgesellschaften ver-
laufe das Leben auch ohne deutsche Kontakte sehr bequem. Die wachsende Zahl der Migranten mache zudem Integration immer schwieriger. Das werde durch die große Zahl der Flüchtlinge noch verstärkt.[244]

Trevor Howard, ehemaliger Chef der britischen Kommission gegen
ethnische Diskriminierung, zeigt die Problematik der Parallelgesellschaft anhand der Pakistani in Großbritannien: Sie sind nonstop per
Internet mit dem Herkunftsland verbunden, 10 Prozent fliegen jedes
Jahr nach Pakistan, und sie leben »mitten in Großbritannien wie in
ihrem Heimatdorf (...), einschließlich der mitgebrachten Ehefrauen«.[245]

In Deutschland zeigt sich in einer Umfrage aus dem Jahr 2016 neben einer Auseinanderentwicklung der Migrantenmilieus eine wachsende Tendenz zur Abkapselung, so Bernd Hallenberg vom Bundesverband Wohnen und Stadtentwicklung: »Bürgerliche Segmente begreifen sich als Bestandteil Deutschlands, während sich andere in Clans zurückziehen. Dabei sondern sich nicht nur sozial abgehängte Migranten ab, sondern ebenfalls Teile der sozialen Mitte«, und die Abgrenzung greift zunehmend »auch in Schichten mit höherer Bildung um sich«.[246]

Ein besonderer Ausdruck der Parallelgesellschaft ist eine Tendenz zur Paralleljustiz, für die sich Beispiele auch in Deutschland mehren. Das verdienstvolle Buch von Joachim Wagner *Richter ohne Gesetz* hat hier Strukturen offengelegt.[247] Grundsätzlich ist freiwillige Streitbeilegung ohne Befassung der Gerichte in einer freiheitlichen Gesellschaft positiv zu bewerten. Die Problematik beginnt aber, wenn für die Betroffenen das Nebenrecht einen Zwangscharakter bekommt und andere Ordnungsvorstellungen zur Geltung bringt – z.B. im Ehe-, Familien- und Erbrecht –, als sie dem westlichen Rechtsverständnis entsprechen. In Deutschland werden Scharia-Gerichte nicht selten von kriminellen Großclans betrieben. Nach Einschätzung der im Jemen geborenen Politikwissenschaftlerin Elham Manea bewirkt der Rechtspluralismus eine gesellschaftliche Spaltung und die Entrechtung der Frau. Das kann man gut beobachten an den Scharia-Gerichten in Großbritannien, wo es häufig die Vertreter eines fundamentalen Islam sind, die den Vorsitz führen. Manea beklagt »die Diskurshoheit eines wohlgesinnten, postmodern gefärbten Liberalismus, der unter dem Banner des Minderheitenschutzes ausgerechnet ein archaisches islamisches Recht in Europa einführen wolle und die massive Diskriminierung besonders von weiblichen Muslimen in Kauf nehme«.[248]

Ein »Klassiker« der Parallelgesellschaft ist der Betrieb gemischtgeschlechtlicher Badeanstalten und der Schwimmunterricht: In Basel ist Voraussetzung für den Schweizer Pass bei muslimischen Mädchen auch die nachgewiesene Teilnahme am Schwimmunterricht. In der ehemaligen Bundeshauptstadt Bonn ist man dagegen stolz darauf, in einem neuen Bad einen abgetrennten Bereich mit Vorhang für das muslimische Frauenschwimmen zu schaffen.[249]

Der Ausdruck »Parallelgesellschaft« ist sehr unscharf, in der Unschärfe liegt aber auch seine Stärke. Er bringt ganz unterschiedliche Erscheinungen auf einen Nenner:

- Mängel bei Bildungsleistung und Sprachkenntnissen,
- geringe soziale Kontakte in die Mehrheitsgesellschaft,
- kulturelle Segregation bei Unterhaltungsangeboten und Medienkonsum,
- unterdurchschnittliche Beschäftigung,
- überdurchschnittlicher Bezug von Sozialtransfers,
- überdurchschnittliche Kriminalitätsbelastung,
- Rolle von Clan und Großfamilie,
- hohe Religiosität und Fundamentalismus,
- hohe Fremdgruppenfeindlichkeit,
- Radikalisierung und Terrorismus,
- Distanz zu westlicher Demokratie und Liberalität,
- Einfluss von Paralleljustiz,
- Distanz durch die Bekleidung der Frauen (Kopftücher, lange Gewänder und Verschleierung),
- Verwandtenheirat und importierte Ehepartner,
- Heiratsverhalten,
- Rolle der Frau und Kinderreichtum und
- Segregation der Wohngebiete.

All diese Elemente haben im bisherigen Verlauf des Buches wiederholt eine Rolle gespielt und wurden empirisch belegt. Sie laufen oft, aber nicht immer parallel. Auch treten sie in unterschiedlicher Häufigkeit und unterschiedlicher Intensität auf. Häufig fehlen Elemente ganz, oder sie sind nur gering ausgeprägt. *Wo sich die Merkmale bei bestimmten Gruppen häufen bzw. gleichzeitig auftreten, haben wir die Tendenz zu einer Parallelgesellschaft.* Sie gründet zunächst in den Köpfen und den gesellschaftlichen Verhaltensweisen und muss nicht unbedingt äußerlich sichtbar sein. Äußerlich sichtbar wird sie vor allem durch die religiös bestimmte Kleidung vieler muslimischer Frauen und durch die beträchtliche Häufung von kleinen Kindern in ihrer Begleitung. Eine auffallende Konzentration in bestimmten Wohngebieten tritt häufig hinzu.[250] Regionale Konzentration in relativer Abschottung bietet gleichzeitig einen guten Nährboden für die Verbreitung von Radikalisierung.[251]

Der Religionsmonitor 2017 der Bertelsmann Stiftung kommt zu dem Ergebnis, dass in den untersuchten fünf europäischen Ländern 40 bis 50 Prozent der Muslime in Wohngegenden leben, die zur Hälfte oder überwiegend von Einwanderern bewohnt werden.[252]

Neben der Wahrheit fühlt sich der Religionsmonitor 2017 offenbar auch einer politischen Mission verpflichtet. Er beklagt, dass »diese Entwicklungen [gemeint sind politische Islam-Debatten und die Zuwanderungskrise seit 2015] (...) die europäischen Muslime zur Zielscheibe rechtspopulistischer Bewegungen gemacht« haben, »die in Zweifel ziehen, dass muslimische Religiosität mit dem Leben in einer westlichen Demokratie und Leistungsgesellschaft vereinbar ist, und die dabei mitunter auch rassistisch argumentieren. In diesen Debatten werden Sozialintegration – die schrittweise Erhöhung der gesellschaftlichen Teilhabe durch Bildung und Kontakt – und Fragen sozialer Konflikte und Kohäsion in faktisch superdiversen Gesellschaften zumeist vermischt.«[253]

Wie bereits in Kapitel 4, Abschnitt »Arbeitsmarktbeteiligung und Transferabhängigkeit« auf Seite 278 ff. gezeigt, erbrachte die Umfrage des Religionsmonitors 2017 für die Arbeitsmarktbeteiligung und Arbeitslosigkeit der Muslime in Europa Zahlen, die jeder anderen Statistik widersprechen, auch den amtlichen Erkenntnissen aus Zensus oder Mikrozensus. Der Migrationsforscher Ruud Koopmans sprach von »Fantasiezahlen«.

Folgt man dem Religionsmonitor 2017, so sind muslimische Parallelgesellschaften eine reine Schimäre: In der schon zitierten Umfrage in fünf europäischen Ländern stellt er fest, dass 70 bis 80 Prozent der Muslime »regelmäßig«, »sehr häufig« oder »eher häufig« Freizeitkontakte mit Nichtmuslimen haben und dass dies besonders für die Frauen gilt. »Übrigens pflegen – sowohl insgesamt als auch innerhalb der Länder – mindestens ebenso viele muslimische Frauen wie Männer häufige interreligiöse Freizeitkontakte. Das widerspricht der regelmäßig anzutreffenden Behauptung einer besonderen Abschottung muslimischer Frauen von den Mehrheitsgesellschaften. Die häufig zitierte muslimische ›Parallelgesellschaft‹ ist damit aus der Sicht des Religionsmonitors die Ausnahme und nicht die Regel.«[254] 50 bis 70 Prozent der befragten Muslime geben laut Religionsmonitor 2017 an, dass mindestens die Hälfte ihres engeren Freundeskreises aus Nichtmuslimen besteht.[255]

Diese Umfrageergebnisse lassen sich zwar nicht so leicht gegenchecken wie die Daten des Religionsmonitors zur Arbeitsmarktintegration. Sie widersprechen aber belastbaren anderen Erkenntnissen:

- Den traditionell erzogenen muslimischen Mädchen und unverheirateten jungen Frauen sind die Vergnügungen gleichaltriger Europäerinnen – Discobesuche, gemischtgeschlechtliche soziale Kontakte außerhalb der Familie, Freundschaften und Liebesverhältnisse mit dem anderen Geschlecht – weitgehend untersagt. Bei Kontakten außerhalb von Familie und Schule werden sie vor allem auf den Umgang mit anderen muslimischen Mädchen in gleicher Lage zurückgeworfen.
- Freundschaften muslimischer Schüler mit nicht muslimischen Schulkameraden sind von muslimischen Eltern regelmäßig nicht gern gesehen und werden ›nicht ermutigt. Entsprechend selten kommen sie vor.[256]
- Auch verheiratete muslimische Frauen unterliegen in konservativen Kreisen einer großen sozialen Kontrolle. Muslimische Frauen betreiben kaum Sport oder sind in Vereinigungen außerhalb des religiösen Umfelds tätig.
- Das Ausmaß der sozialen Segregation zeigt sich insbesondere im Bereich von Kultur und Freizeit: Seit 20 Jahren besuche ich regelmäßig mehrmals im Jahr Konzerte der Berliner Philharmonie. Unter den durchschnittlich 2000 Besuchern dort habe ich noch nie ein muslimisches Kopftuch gesehen. Ebenso wenig in den großen Berliner Museen, bei Kunstausstellungen, Theater- oder Opernaufführungen.

Unklar bleibt auch, worin die vom Religionsmonitor 2017 festgestellte »Verbundenheit der Muslime mit dem Land, in dem sie leben«, genau bestehen soll: 98 Prozent der Muslime in der Schweiz, 96 Prozent in Deutschland und Frankreich, 89 Prozent in Großbritannien und 88 Prozent in Österreich fühlen sich mit dem Land »sehr verbunden« oder »eher verbunden«.[257] Bei den materiellen Chancen ist diese Verbundenheit sicherlich gegeben, sonst wäre Europa nicht so attraktiv als Lebensstandort und Einwanderungsziel. Wie die bereits zitierten Zahlen zur hohen Fremdgruppenfeindlichkeit zeigen, bezieht sich die »Verbundenheit« allerdings nicht auf jene Menschen, die keine Muslime sind.

Die Rolle der Verbände und Moscheegemeinden in Deutschland

Wie schon in Kapitel 4 im Abschnitt »Demografische Fakten und Perspektiven« ausgeführt, ist die religiöse Zugehörigkeit zum Islam nicht an die Mitgliedschaft in einer Kirche, Körperschaft oder Vereinigung gebunden. Muslim ist man durch Geburt, oder man wird es durch Konversion. Es gibt keine Erkenntnisse darüber, wie viele der Menschen, die nach Europa bzw. Deutschland als Muslime eingewandert sind, sich mittlerweile durch »stillen Rückzug«[258] aus dem Islam verabschiedet haben. Sie sagen es im Regelfall auch ungern, denn Apostasie gilt als Todsünde, und viele möchten sich als Apostaten nicht dem sozialen Gruppendruck ihres muslimischen Umfelds aussetzen. Außerdem möchten sie nicht, dass die Familien in ihren Heimatländern in Schwierigkeiten geraten, wenn ihre Apostasie bekannt wird.

Zur individuellen und kollektiven Religionspraxis hatte die Studie *Muslime in Deutschland* 2007 ermittelt, dass 28 Prozent der Muslime nie beten und 32 Prozent nie eine Moschee oder einen Gebetsraum aufsuchen. Rund 50 Prozent beten einmal in der Woche oder öfter, rund 29 Prozent besuchen mindestens einmal in der Woche eine Moschee oder einen Gebetsraum.[259]

74 Prozent der Muslime in Deutschland sind sunnitisch, 13 Prozent sind Aleviten und 4 Prozent Schiiten. 2 Prozent gehören zur Gemeinschaft der Ahmadiyya.[260]

In Deutschland gibt es rund 2350 islamische Gemeinden (einschließlich Aleviten). Zum großen Teil werden sie von Türkischstämmigen geprägt, aber die Besucher der Gemeinden sind gemischter Herkunft. Die meisten Gemeinden haben auch Angebote, die über religiöse Dienstleistungen hinausgehen. Ein knappes Drittel bietet Deutschkurse für Jugendliche an. Frauen sind bei der Teilnahme an den Angeboten der Gemeinden unterrepräsentiert. Eine Ausnahme bei der Frauenbeteiligung bilden die Aleviten.[261]

Rund 1700 bis 2500 Religionsbedienstete (Imame) sind regelmäßig in einer Moschee oder einer alevitischen Gemeinde tätig. Die meisten kommen aus dem Ausland und sind nur für begrenzte Zeit in Deutschland. Knapp zwei Drittel der Imame sind in einer Gemeinde der drei großen türkisch geprägten Verbände tätig, nämlich der Türkisch-islamischen Union der Anstalt für Religion (DITIB), der islamischen Gemeinschaft Millî Görüş (IGMG) oder dem Verband der islamischen Kulturzentren (VIKZ). Rund 4 Prozent der islamischen Religionsbediensteten sind alevitische Dedes.[262] Deutsche Sprachkenntnisse sind unter den Imamen nur wenig verbreitet, ein großer Teil bleibt nur für kurze Zeit in Deutschland.[263] Überwiegend ist die Sprache der Gottesdienste die Herkunftssprache des Imams bzw. Arabisch und nur in Ausnahmefällen Deutsch.

Die Ethnologin Susanne Schröter hat drei Jahre lang in Wiesbadener Moscheegemeinschaften die Gedankenwelt streng gläubiger Muslime erforscht. Wie ihre Studie zeigt, ist die Identifikation frommer Muslime mit ihrer Religion »zurzeit sehr viel stärker als noch vor einigen Jahren und verdrängt teilweise bereits nationale oder ethnische Identitäten. (...) Interessant ist dabei, dass das Muslimsein als zentrale Kategorie kollektiver Identität definiert und auf dieser Grundlage gesellschaftliche Partizipation eingefordert wird. Dabei geht es nicht nur um gleichberechtigte Teilhabe als Bürger oder Bürgerin, sondern um eine Anerkennung spezifisch muslimischer Rechte wie dem Tragen des Kopftuchs, der Geschlechtertrennung in bestimmten Unterrichtsfächern, der Durchsetzung muslimisch akzeptabler Kantinenkost, um das Recht auf Schächtung, die Einführung bekenntnisorientierten Islamunterrichts, muslimische Bestattung und Seelsorge, den Bau von Moscheen sowie die Etablierung muslimischer Kindergärten und Bildungseinrichtungen.«[264]

Der Psychologe Ahmad Mansour weist auf das Radikalisierungspotenzial dieses streng religiösen Islam hin: »Aber wenn man diese ›traditionellen‹ Einstellungen auf die Spitze treibt, wenn man sie festschraubt in ein geschlossenes Weltbild, dann bleiben nur noch Gut und Böse, Halal und Haram, Weiß und Schwarz übrig. Da es von vornherein um ein dichotomisches Weltbild geht, lässt sich aus einem Islam ohne große Mühe der Islamismus machen. Opferrolle, Buchstabenglaube, Angstpädagogik, Sexualfeindlichkeit, Lebensfeindlichkeit. Das alles sind Aspekte, die zu einem Denken führen, das einerseits Autorität blind akzeptiert und auf der anderen Seite eigene Verantwortung, Individualität scheut, sogar verabscheut, und damit die Jugend anfällig macht für Radikalisierung.«[265]

Nach dem Terroranschlag am 11. September 2001 in New York drang die mentale Problematik der in den westlichen Ländern lebenden Muslime verstärkt in das öffentliche Bewusstsein. 2006 richtete Bundesinnenminister Wolfgang Schäuble die Deutsche Islam Konferenz (DIK) ein. Deren Plenum sollte unter Leitung des Bundesinnenministers einmal im Jahr tagen. Arbeitsgruppen sollten unterschiedliche Themen bearbeiten und dem Plenum zur Diskussion und Beschlussfassung vorlegen. Mit der Islamkonferenz sollten »eine bessere religions- und gesellschaftspolitische Integration der muslimischen Bevölkerung und ein gutes Miteinander aller Menschen in Deutschland, gleich welchen Glaubens« erreicht werden.[266] Markus Söder, damals Generalsekretär der CSU, fasste die Sicht der Kritiker zusammen: »Ich bin dagegen, dass wir einen falsch verstandenen Dialog in Deutschland führen. Wer auf Dauer hier leben will, der muss sich zu unseren Werten bekennen. Wer sich nicht dazu bekennt, hat hier keine Zukunft.«[267]

Der damit deutlich gewordene Widerspruch konnte in der Arbeit der Islamkonferenz bis heute nicht aufgelöst werden. Die deutsche Seite scheiterte mit dem Versuch, Problemkreise wie Radikalisierung, innere Sicherheit oder das verbindliche Bekenntnis zur Werteordnung des Grundgesetzes substanziell-inhaltlich zu behandeln. Die beteiligten Verbände sahen in der Islamkonferenz vor allem einen Hebel, ihre öffentliche Rolle als Vertreter der Muslime in Deutschland zu festigen und Interessenpolitik zu machen. Die Berufung unabhängiger Einzelpersönlichkeiten in die DIK (darunter auch öffentlich bekannte Islamkritiker wie Necla Kelek, Bassam Tibi oder Hamed Abdel-Samad) wurde auf Betreiben der Verbände 2013 aufgegeben. Seitdem sind dort auf der muslimischen Seite nur noch Verbände vertreten. Die Verschiebung im Fokus der Islamkonferenz spiegelt sich in den von ihr veröffentlichten Studien. Zuletzt ging es um Projekte der muslimischen Wohlfahrt, um Altenpflege und Kinderbetreuung, also weg von politisch kontroversen Fragen hin zu Randthemen ohne allgemeinpolitisches Interesse.[268] Für Bassam Tibi ist die Islamkonferenz »eine Veranstaltung der Unehrlichkeit (...), deutsche Unterwerfung. Der Staat kapituliert vor dem Islam.«[269]

Muslimische Gemeinden sind in Deutschland in zahlreichen Verbänden organisiert:[270]

- Der größte Verband ist die DITIB. Sie wurde von der staatlichen türkischen Religionsbehörde zum Zweck der Betreuung der türkischen Muslime in Deutschland gegründet. Die türkische Religionsbehörde entsendet und bezahlt die Imame, stellt Musterpredigten zur Verfügung und nimmt generell Einfluss auf das religiöse Leben der DITIB-Gemeinden. Seitdem sich die Türkei unter Erdoğan in eine mehr islamistische Richtung bewegt, wird auch dieser gleichzeitig religiöse und politische Einfluss in der DITIB spürbar. Über den DITIB-Verband regiert die Türkei traditionell in deutsche Moscheen hinein,[271] und dieses Hineinregieren nimmt in jüngster Zeit immer massivere Formen an.[272] Dazu gehört die vom türkischen Staat über die DITIB gesteuerte Bespitzelung von Gülen-Anhängern. Dazu gehört aber auch Kriegspropaganda in den DITIB-Moscheen anlässlich des Einmarschs der Türkei in die syrischen Kurdengebiete. Im Auftrag des türkischen Staates werben dort die Imame für die Unterstützung des »Heiligen Krieges«.[273]

- Die IGMG (Islamische Gemeinschaft Millî Görüş) ist der größte sunnitische staatsunabhängige Verband. Wegen seiner Verbindung zur islamistischen Millî-Görüş-Bewegung in der Türkei steht er unter Beobachtung des Verfassungsschutzes.
- Der VIKZ (Verband der Islamischen Kulturzentren) vertritt einen mystisch orientierten sunnitischen Islam. Er ist stark auf Deutschland orientiert.

Daneben gibt es drei größere Dachverbände:

- den Islamrat, der unter anderem die IGMG als Mitglied hat,
- den Zentralrat der Muslime in Deutschland (ZMD),
- den Koordinierungsrat der Muslime (KRM).

Der Koordinierungsrat wurde 2007 in Zusammenhang mit der Islamkonferenz auf Drängen der deutschen staatlichen Stellen gegründet. Diese wollten einen einheitlichen Ansprechpartner für den deutschen Staat. Dem KRM gehören die DITIB, der Islamrat, der VIKZ und der ZMD an.

Der organisierte Islam ist in Deutschland beträchtlich fragmentiert. Ein großer Teil der Muslime wird von den Verbänden gar nicht erreicht. Für das Jahr 2006 ergab eine Studie, dass rund die Hälfte der Berliner Moscheegemeinden von den Verbänden unabhängig ist. Ein ähnliches Ergebnis gab es 2008 für Nordrhein-Westfalen. Nach einer Befragung des Bundesamts für Migration und Flüchtlinge aus dem Jahr 2010 fühlen sich nur 23 Prozent der Muslime von den in der ersten Islamkonferenz berücksichtigten Verbänden vertreten, 19 Prozent fühlen sich von einem dieser Verbände »teilweise« vertreten.[274]

Bei ihrer öffentlichen Kommunikation achten die muslimischen Verbände in Deutschland im Allgemeinen strikt darauf, der Religionsfreiheit Respekt zu zollen und nicht mit der freiheitlich-demokratischen Grundordnung des Grundgesetzes in Konflikt zu geraten.[275] Was hiervon angesichts der problematischen Inhalte einer wörtlich genommenen islamischen Lehre taktische Anpassung an eine Gesellschaft ist, in der Muslime noch eine Minderheit bilden, wird nicht deutlich. Es wird auch nicht klar dazu Stellung genommen, dass Religionsfreiheit in allen islamischen Ländern mit muslimischer Mehrheit nicht existiert oder höchst gefährdet ist und dass die Ausgrenzung und Verfolgung von Christen in den mehrheitlich islamischen Ländern in den letzten Jahren dramatisch zugenommen haben.

Der Zentralrat der Muslime in Deutschland formuliert in der 2002 verabschiedeten Islamischen Charta, dass der »Islam Glaube, Ethik, soziale Ordnung und Lebensweise zugleich« ist.[276] Sein Geltungsanspruch geht also über die Religion hinaus und schließt die gesellschaftliche Ordnung mit ein. Aus der Sicht des Zentralrats bleibt das islamische Recht der lokalen Rechtsordnung übergeordnet, denn er formuliert: »Das islamische Recht verpflichtet Muslime in der Diaspora, sich grundsätzlich an die lokale Rechtsordnung zu halten. In diesem Sinne gelten Visumserteilung, Aufenthaltsgenehmigung und Einbürgerung als Verträge, die von der muslimischen Minderheit einzuhalten sind.«[277] Aufschlussreich ist der Begriff des Vertrags, denn Verträge sind grundsätzlich kündbar und obsolet, wenn ihre Grundlagen entfallen. Offen bleibt die Frage, was denn geschieht, wenn Muslime in westlichen Gesellschaften zur Mehrheit werden. Offenkundig und in geradezu absurder Weise unwahrhaftig wird die Islamische Charta durch ihre Behauptung: »Der Koran untersagt jede Gewaltausübung und jeden Zwang in Sachen des Glaubens.«[278] Unscharf bleibt die Islamische Charta zu den Menschenrechten, indem sie postuliert: »Zwischen den im Koran verankerten, von Gott gewährten Individualrechten und dem Kernbestand der westlichen Menschenrechtserklärung besteht kein Widerspruch.«[279] So wird überspielt, dass auch die Islamische Charta der Scharia den Vorrang vor der UN-Menschenrechtserklärung gibt.

Durchweg sehen die Verbände in den Bekleidungsvorschriften für die Frau einschließlich der Bedeckung des Kopfes eine religiöse Pflicht:

– Der Koordinationsrat meint: »Die Kopfbedeckung der Frau gehört, wie überhaupt dezente Kleidung, zur Religionsausübung.«[280]
– Der Zentralrat der Muslime postuliert: »Für die meisten muslimischen Frauen in Deutschland ist das Tragen des Kopftuches

eine aus eigener Entscheidung ausgeübte religiöse Pflicht und ist auch ein Zeichen des Selbstbewusstseins und der Emanzipation. (...) Frauen zu zwingen, das Kopftuch abzulegen, ist für uns allerdings nicht minder verwerflich, als sie zum Kopftuchtragen zu zwingen.«[281]

- Die IGMG drückt das so aus: »Frauen ist es geboten, sich bis auf Hände, Füße und Gesicht zu bekleiden sowie das Haupthaar zu bedecken. Sinn dieses Gebotes ist es nicht, die Frau in irgendeiner Form zu unterdrücken, sondern sie dem Diktat des Körperlichen zu entziehen; also von den Zwängen eines Verständnisses, das Frauen allzu leicht nach ihrem Äußeren einen Wert beimisst, zu befreien. Das Tragen des Kopftuches ist ein Teil dieses Gebotes des Islams, dem es zu folgen gilt. Es ist jedoch nicht Teil des islamischen Glaubensbekenntnisses. Demnach kann das Tragen oder Nicht-Tragen eines Kopftuches nicht über die Zugehörigkeit eines Menschen zum Islam entscheiden. In jedem Falle sollten Frauen ein Kopftuch nur aus eigener Überzeugung und aus ihrem freien Willen heraus tragen.«[282]

Mit anderen Worten, in der Islamkonferenz hat es der deutsche Staat ausschließlich mit Befürwortern des Kopftuchs, also mit konservativen Ausprägungen des Islam, zu tun. Die im Koordinationsrat vertretenen Verbände streben an, für alle Muslime in Deutschland zu sprechen, und das wird ihnen durch die Einrichtung der Islamkonferenz erleichtert. Diese Ausrichtung der Islamkonferenz tut dem Anliegen, in Deutschland einen liberalen Islam zu fördern, einen Tort an.

Überall in der islamischen Welt können Frauen ihr Kopftuch nicht ablegen, ohne in höchste Gefahr zu geraten, ganz abgesehen von dem unerträglichen sozialen Druck in den Familien. Auch eine 13-jährige Schülerin in Berlin-Neukölln hat keine Wahlfreiheit zum Kopftuch, wenn ihre Familie und ihre Mitschülerinnen das Kopftuch tragen. Von daher ist es geradezu ein zynischer Spott, wenn der Zentralrat der Muslime das Tragen des Kopftuchs als Ausdruck von Emanzipation sieht. Wer so argumentiert, dessen Ehrlichkeit und dessen guten Absichten ist nicht zu trauen.

Der in Algerien geborene Freiburger Islamwissenschaftler Abdel-Hakim Ourghi übt an den islamischen Dachverbänden grundsätzliche Kritik. Er hält sie »für Meister der Rhetorik und der Verschleierung«. Sie vermieden es, heikle Themen wie die Frage der »religiös legitimierten Gewalt« in den Gemeinden anzusprechen: »Wir dürfen einfach nicht mehr länger behaupten, der Islam sei eine friedliche Religion. Die Realität spricht eine andere Sprache: Im Namen dieser Religion werden weltweit Gewalttaten verübt. Das erstaunt nicht, finden wir doch sowohl im Koran wie auch in der Sunna und in der klassischen islamischen Theologie eigentliche Handlungsanleitungen zur Anwendung von Gewalt. Die Dachverbände hingegen behaupten unbeirrt das Gegenteil.«[283]

Für die Doppelzüngigkeit hat Ourghi ein anschauliches Beispiel: Er hatte am 7. Oktober 2017 seine Thesen für einen reformierten Islam an die Tür der Moschee Dar-as-Salam in Berlin geschlagen. Deren aus Tunesien stammender Imam Mohamed Taha Sabrie bekam für seine angeblichen Bemühungen um religiöse Verständigung sogar den Verdienstorden des Landes Berlin verliehen. Aber nach innen fordert er eine »gottesrechtliche Gesellschaftsordnung« und predigt, dass alles, was mit dem Islam nichts zu tun habe, als eine unerlaubte Innovation gelte, deren Anhänger in der Hölle landen würden.[284] Das ist ein Steinzeit-Islam jenseits aller Verständigungsrhetorik.

Die islamischen Verbände in Deutschland vertreten durchweg einen konservativen Kopftuch-Islam. Sehr konservativ, häufig offen islamistisch und radikal ist auch der Islam, der von vielen Imamen in den Moscheen gepredigt wird.[285] Gleitend sind hier die Übergänge zum politischen Islam, zum Salafismus und zur Rechtfertigung von Gewalt und Terror. Gleichwohl meint der Sachverständigenrat für Integration, dass die »Rolle der Moscheegemeinden als ›Brutstätten‹ für islamistischen Terrorismus (...) vermutlich eher überschätzt« werde. Nach seiner Einschätzung findet die Radikalisierung einzelner Muslime meist abseits der großen Moscheen statt. »Mit ihren teils dogmatisch und an den Lebenswirklichkeiten vieler Muslime vorbei argumentierenden Imamen leisten die Moscheen einer Radikalisierung nur indirekt Vorschub: Indem sie die Bedürfnisse besonders der Jugendlichen nicht aufgreifen, die in dritter Generation in Deutschland leben, lassen sie radikalisierte Prediger wie Pierre Vogel attraktiver erscheinen.« Der IS und viele radikalisierte Prediger verbreiten ihre Botschaften häufig auf Deutsch. Damit können sie sowohl Konvertiten als auch in Deutschland geborene muslimische Jugendliche leichter erreichen. [286]

Radikalisierung und Terrorismus

Am 13. September 2017 meldete die *Berliner Morgenpost*, dass zwei Männer am S-Bahnhof in Neukölln einen Mann aus Afghanistan angegriffen und schwer verletzt hatten, weil er eine Kette mit Kreuz trug.[287] Zu solchen christen- oder judenfeindlichen Attacken mit religiösem Hintergrund kommt es in den letzten Jahren in Berlin und ganz Deutschland immer öfter.[288] Eine Umfrage unter in Deutschland lebenden Juden ergab, dass 81 Prozent der Angriffe und 62 Prozent der Beleidigungen, die sie erfuhren, von Muslimen kamen.[289] Immer häufiger werden in Berlin die antisemitischen Vorfälle an Schulen mit einem hohen Anteil muslimischer Schüler.[290] Besonders bedenklich ist, dass diese von den betroffenen Schulen oft beschwiegen oder verschleiert werden.[291] Ein besonderer Höhepunkt des muslimischen Antisemitismus wurde erreicht, als im März 2018 auf der Berliner ITB arabischstämmige Wachleute am Messestand von Israel pöbelten.[292] Als der in Ägypten geborene Islamkritiker Hamed Abdel-Samad unangemeldet eine Berliner Moschee besuchen wollte, kam es zum Tumult. »Bald ist auch hier Frankreich«, schrie ein Mann aus einem Pulk und drohte so mit Terror.[293]

Der Chef des französischen Inlandsgeheimdienstes Patrick Calvar hält Radikalisierung »für 100-mal gefährlicher als den Terrorismus. Terrorismus bedeutet, dass wir getroffen werden, doch wir können standhalten. Aber diese schleichende Radikalisierung wird das profunde Gleichgewicht unserer Gesellschaft ins Wanken bringen, und das ist viel schwerwiegender.«[294] Die immer neuen antisemitischen Gewalttaten französischer Muslime gegen Juden veranlassen immer mehr französische Juden, über Auswanderung nachzudenken.[295] Der französische Islamismus-Experte Gilles Kepel sieht im sich gegenseitigen Aufschaukeln des islamistischen Terrorismus und im wachsenden Hass von Teilen der Bevölkerung auf den Islam eine tödliche Bedrohung für Frankreich mit der Gefahr eines Auseinanderbrechens der Gesellschaft.[296] Der Historiker Michael Wolffsohn stellt mit Sorge fest, dass sich in ganz Europa ein immer größerer Anteil der muslimischen Minderheit radikalisiert.[297]

Der französische Islamismus-Forscher Olivier Roy hält die Attraktivität des radikalen Islam für den Ausdruck einer Modernisierungskrise unter den französischen Muslimen. Deshalb sind Dschihad und Terror aus seiner Sicht eher soziologisch als theologisch zu erklären.[298] Das mag so sein, aber das ändert nichts daran, dass keine andere Religion ein vergleichbares Verführungspotenzial zur Radikalisierung hat. Der politische Islam gibt eine einfache Welterklärung und beantwortet zudem sämtliche Sinnfragen. Er lädt ein zur Identifikation durch die Tat und leistet eine zweifelsfreie Einteilung in Gut und Böse. Bei der Frage nach den Ursachen geht es insofern nicht um die Beziehung zwischen Religion und Terror, sondern zwischen Islam und Terror.

Unter den politischen Ideologien hatte der Kommunismus ein weit überlegenes Radikalisierungs- und Terrorpotenzial. Unter den Religionen kommt dem Islam diese Krone zu. Christentum, Judentum, Hinduismus oder gar der Buddhismus sind aufgrund ihrer Lehrinhalte für Radikalisierung und Terror weit weniger geeignet. Auch der Sachverständigenrat für Integration schließt einen Zusammenhang zwischen Islam und Terror nicht aus, »denn die Religion bzw. eine fundamentalistische Interpretation des Koran dient ihm als Referenzrahmen und Terroristen als Legitimationsbasis für ihre Taten. Es sind überwiegend junge Menschen, die Teil eines sektiererischen, hoch dynamischen Jihadi-Salafismus werden, der transnational und global operiert. Auch dies ist ein Hinweis darauf, dass sich der im Namen des Islam begangene Terror eher aus einer global-geopolitischen als aus einer intragesellschaftlichen Logik speist.«[299] Der Chef der islamischen Gefängnisseelsorge in Österreich, Ramazan Demir, zeigt in erschütternden Einzelporträts von Häftlingen, die teilweise zu Terroristen wurden, das tief sitzende Ausmaß, das die persönliche Radikalisierung annehmen kann.[300]

Walter Laqueur weist darauf hin, dass man nicht Millionen Menschen braucht, um eine Terrorkampagne zu starten, »da genügen ein paar hundert«, die »kann man immer in ein Land schleusen, ohne grosses Aufsehen zu erregen«. Allerdings kann der Terror »nur existieren und erfolgreich sein, wenn es eine ziemlich breite Masse von Menschen gibt, die zwar nicht bereit sind, selber Selbstmord zu begehen, die aber auch keineswegs bereit sind, den Regierungen zu helfen, dem Terror ein Ende zu bereiten. Als indirekte Terrorhelfer gelten auch Leute, die zwar nicht mit Terroristen sympathisieren, aber sagen: ›Das sind im Grunde unsere Leute, die darf man nicht verraten.‹ Durch Masseneinwanderung entsteht sukzessive ein solches Umfeld.«[301]

Das zeigt die Täteranalyse der terroristischen Anschläge in Deutschland und Europa seit 2015: Sie alle konnten auf das Umfeld islamistischer Sympathisanten bauen, das in den letzten Jahrzehnten durch Einwanderung von Muslimen aus Nordafrika und dem Nahen und Mittleren Osten entstanden ist. In Deutschland waren zudem in den meisten Fällen Zugewanderte die Täter. Die aus Pakistan stammende, zum Christentum konvertierte Sabatina James kritisiert: »Ich bin nach Deutschland geflohen, um hier meine Menschenrechte als Frau wahrzunehmen und stelle fest, dass das hier auch nicht mehr geht, weil unsere Regierung auch die Täter willkommen heißt.«[302]

Bedingt durch die militärischen Niederlagen des IS, sind zwar die Ausreisen gewaltbereiter Täter in den Nahen und Mittleren Osten zum Stillstand gekommen.[303] Die weitere Zunahme des politischen Salafismus in Deutschland wurde dadurch jedoch nicht beeinträchtigt. 2016 hatten salafistische Gruppierungen in Deutschland 9700 Anhänger. Der Verfassungsschutzbericht 2016 bezeichnet den Salafismus als »eine fundamentalistische, islamistische Ideologie und zugleich eine extremistische moderne Gegenkultur mit einem alternativen Lebensstil durch markante Alleinstellungsmerkmale. (Kleidung und Sprache)«. Der Salafismus ist »eine vom Wahhabismus, der ›Staatsdoktrin‹ Saudi-Arabiens, geprägte besonders strenge und radikale Strömung innerhalb des Islamismus. (...) Salafisten sehen sich als Verfechter eines ursprünglichen unverfälschten Islam. Sie geben vor, ihre religiöse Praxis und Lebensführung ausschließlich an den Prinzipien des Korans, dem

Vorbild des Propheten Muhammad und der ersten drei muslimischen Generationen, den sogenannten rechtschaffenen Altvorderen (Arabisch: al-Salaf al-Salih), auszurichten. In dieser Konsequenz versuchen Salafisten, einen ›Gottesstaat‹ nach ihrer Auslegung der Regeln der Scharia zu errichten, in dem die freiheitliche demokratische Grundordnung keine Geltung mehr haben soll.«[304]

Für mich ist der Salafismus der logische Endpunkt eines streng zu Ende gedachten konservativen Islam. Seine Herkunft aus dem Wahhabismus ist deshalb nicht verwunderlich. Gilles Kepel weist darauf hin, dass Saudi-Arabien mithilfe seiner Petrodollars überall dorthin salafistische Prediger schickte, »wo es unter den Muslimen antisaudische Bewegungen gab. Diese Prediger nahmen zuerst jene ins Blickfeld, die am äußersten Rand der Gesellschaft standen.«[305]

Das Bundesamt für Verfassungsschutz meint dazu: »Nach salafistischer Islamauslegung muss der universelle Geltungsanspruch des Islam aufgrund seiner Überlegenheit und nach göttlichem Heilsplan der gesamten Menschheit zuteil und notfalls mit Gewalt durchgesetzt werden. Damit ist die grundsätzliche Bejahung von Gewalt ein immanenter Bestandteil salafistischer Ideologie.«[306] Den Unterschied dieser Definition zum politischen Islamismus muss man mit der Lupe suchen. Historisch-genetisch ist der Salafismus kein Bankert des ursprünglichen Islam, sondern steht dem Wortlaut und dem Sinn des Korans viel näher als alle historisch-kritischen Versuche zu einem europäischen Islam.

Zwischenresümee

Aus dem bisherigen Verlauf des Kapitels 4 wurde deutlich, dass

- die muslimische Bevölkerung in Deutschland und Europa wegen überdurchschnittlicher Geburtenzahl und anhaltender Einwanderung stark und anhaltend wächst,
- Bildungsleistung und Arbeitsmarktbeteiligung unterdurchschnittlich sind und wenig Anzeichen zur Verbesserung zeigen,

- Abhängigkeit von Sozialtransfers und Kriminalität überdurchschnittlich sind und gleichfalls wenig Anzeichen zur Besserung zeigen und
- die Integration zu wünschen übrig lässt und eher abnimmt als zunimmt,
- während gleichzeitig der Rückzug in die Parallelgesellschaften sowie Fundamentalismus, Radikalismus und Terrorismus zunehmen.

Die Zahlen, Daten und Fakten, die ich dazu umfangreich analysiert habe, geben in der Summe ein recht klares Bild. Es sind jedoch gruppenbezogene Aussagen, die – wohlgemerkt – Rückschlüsse auf das einzelne Individuum nicht zulassen und viele individuelle Geschichten wirtschaftlichen Erfolgs und guter Integration überhaupt nicht infrage stellen. Meine Ergebnisse passen zum Befund Joachim Wagners, dass »die kulturelle Integration (...) bei der Mehrheit der Muslime gescheitert« ist.[307] Jochen Bittner stellt dazu in der New York Times die zweifelnde Frage, zu wem denn die muslimischen Einwanderer und Flüchtlinge am Ende loyal sind, zum Staat, der sie aufnahm, oder zu Allah.[308] Wie Rainer Hermann beklagt, leben sich »türkische Community« und deutsche Mehrheitsgesellschaft auseinander. »Das gilt vor allem für die dritte Generation der Deutschtürken. Bei ihr zeigt sich, dass Bildung und Arbeit für die Integration nicht ausreichen; und Sprachkompetenz führt nicht notwendigerweise zur kulturellen Integration.«[309]

Die Muslime im Abendland werden geformt und ausgerichtet durch die nachhaltig prägende Wirkung des Islam auf Mentalität und Verhalten. In den Kapiteln 2 und 3 hatte ich gezeigt, dass sich der Rückstand und die Strukturprobleme der gesamten islamischen Welt zum großen Teil aus der prägenden Wirkung dieser Religion für Mentalität und Strukturen erklären lassen.

Zum Ende von Kapitel 1 hatte ich in starker Verdichtung zusammengefasst, dass

- der in weiten Teilen des Korans vermittelte Hass auf die Ungläubigen und das Auserwähltsein der Gläubigen dem Islam die *expansive Eroberungskraft* verleihen,

- der Unterwerfungsgestus des Islam, die im Koran angelegte Feindseligkeit gegenüber selbstständigem Denken sowie die Geringschätzung des nicht religiösen Wissens zu niedriger Bildungsleistung
  und geringer geistiger Neugier führen und so den *technisch-zivilisatorischen Rückstand der islamischen Welt* erklären und
- das hierarchische Verhältnis der Geschlechter und die niedrige
  Stellung der in Unbildung und Abhängigkeit gehaltenen Frauen
  für die überdurchschnittliche Fruchtbarkeit der islamischen Welt
  und ihre *demografische Expansion* sorgen.

Das hat sich durch die Ergebnisse der Kapitel 2, 3 und 4 bislang voll
bestätigt.

Die Stellung der Frau und der muslimische Kinderreichtum

Neben dem Beten, Fasten und der Einhaltung der Speisevorschriften
stehen die Hierarchie der Geschlechter und die Stellung der Frau sowie die Vorschriften für ihr sexuelles Verhalten und ihre Bekleidung
im Mittelpunkt der islamischen Religionsausübung.

Die Stellung der Frau im Islam fördert Bildungsferne, Arbeits-
marktdistanz, frühe Heirat und hohe Kinderzahlen. Wo immer
Muslime sind, sind sie stets die kinderreichste Gruppe. Das Behar-
ren auf traditionellen Bekleidungsvorschriften und die umfassende
gesellschaftliche und familiäre Aufsicht über den Umgang und das sexuelle Verhalten der Frauen liefern einen entscheidenden Beitrag zur
anhaltenden demografischen Expansion der islamischen Welt, darunter auch der muslimischen Minderheiten in den Ländern des Westens.

Im islamischen Alltag bestimmt das Familienrecht die Beziehungen der Menschen untereinander und »hält die Gesellschaft wie in
einem Korsett zusammen, unabhängig davon, ob die Regierungsform
ein Kalifat, eine Demokratie, eine Diktatur oder eine Monarchie ist«.
Das Familienrecht »stellt die Frauen ganz unter die Kontrolle der

Männer«.[310] Deshalb gelten sexuelle Übergriffe und sexuelle Gewalt dort als normal, wo Männer die Frauen ihrer Familie nicht schützen können[311] oder die Frauen ohne diesen Schutz angetroffen werden.[312]

So gesehen, zählt der Kampf um das Kopftuch zum Kampf um die künftige Rolle und die demografische Vorherrschaft des Islam. Beim beharrlichen Kampf der islamischen Verbände in Europa um die Bedeckung der muslimischen Frauen geht es also nicht nur um eine traditionelle Religionsauffassung. Hier findet vielmehr ein gesellschaftlicher Machtkampf statt. Die muslimischen Frauen sollen früh heiraten und viele Kinder bekommen, um den künftigen Einfluss des Islam zu mehren. Und sie sollen natürlich nur Muslime heiraten.

Die Interpretation der Kopftuchfrage

Die Filmaufnahme einer Rede des ägyptischen Präsidenten Nasser vom Ende der Fünfzigerjahre zeigt, wie er den Zuhörern launig erzählt, der Chef der Muslimbrüder habe von ihm verlangt, alle Frauen sollten verpflichtet werden, ein Kopftuch zu tragen. Das rief bei den Zuhörern große Heiterkeit hervor.[313] Heute, 60 Jahre später, sind in Ägypten die Muslimbrüder verboten, aber nahezu alle Frauen tragen Kopftuch.

Der pakistanische Atomphysiker Pervez Hoodbhoy berichtet, dass es Anfang der Siebzigerjahre auf dem gesamten Campus seiner Universität in Islamabad nur eine einzige Studentin gab, die eine Burka trug, heute seien 70 Prozent der Frauen komplett verhüllt. Er interpretiert die in der islamischen Welt um sich greifende Verhüllung als Ausdruck einer kulturellen Revolution und Radikalisierung, die auch vor den Muslimen des Westens nicht haltmachen werde.[314]

Die Berliner Abgeordnete Ülker Radziwill (SPD) wuchs als Kind türkischer Eltern in Berlin auf. Ein Kopftuch trug sie nie, sie betrachtet es als Symbol der Unterdrückung. Es irritierte sie, als ihr Parteichef Michael Müller 2016 bei der Wahl zum Abgeordnetenhaus mit einem Plakat warb, auf dem eine Frau mit Kopftuch zu sehen war. Ihre Erfahrung ist: Diejenigen, die mit Kopftuch in ihre Sprechstunde kommen, tragen es, weil es einen gesellschaftlichen Druck auf sie gibt.[315] Als Ülker Radziwill in den Achtzigerjahren zur Schule ging, trug kaum eine muslimische Schülerin ein Kopftuch, heute tragen es oft schon achtjährige Grundschülerinnen. Wie Karen Krüger schreibt, hat »der politisierte Islam (...) das Tuch zu seinem Symbol gemacht«.[316] Aber man sieht von außen nicht, ob das Kopftuch als politische Demonstration, freiwillig aus Glaubensgründen oder auf Druck des sozialen Umfelds getragen wird. Man sieht nur, dass die Imame und die islamischen Verbände auf das Kopftuch generell einen sehr großen Wert legen.[317]

Seyran Ateş konstatiert: »An der Zunahme der Kopftücher kann man den Einfluss des politischen Islam festmachen.« Sie sieht Anzeichen dafür, dass Frauen dafür bezahlt werden, das Kopftuch zu tragen: »(...) wenn man in das Milieu hineingeht, dann erfährt man das. Reinigungsfrauen in Deutschland bekommen 100 Euro mehr, wenn sie Kopftuch tragen. Es gibt Beispiele, wo Frauen in der Türkei von AKP-Anhängern aufgesucht werden mit einer Tüte voller Kopftücher und sagen: ›Wenn du in deinem Kosmetiksalon Kopftuch trägst und deine Kundinnen anhältst, Kopftuch zu tragen, dann bezahlen wir dich dafür‹. Das ist nur die Spitze des Eisbergs. Studentinnen werden dafür bezahlt – auch vor Gericht zu ziehen, um das Recht auf Kopftuch einzuklagen. Noch können wir es nicht beweisen, aber irgendwann werden diese Frauen reden.«[318]

Zunehmend wird das Kopftuch für Zwecke politischer Militanz eingesetzt:

– In einem Seminar für angehende Erzieherinnen in Berlin tragen 80 Prozent der teilnehmenden Frauen ein Kopftuch. Als der Seminarleiter Erdoğan kritisiert, verlassen sie geschlossen den Raum.
– In Nordrhein-Westfalen bedrängen muslimische Eltern eine deutsche Lehrerin, doch bitte im Klassenzimmer ein Kopftuch anzulegen.
– Immer stärker greift unter den Muslimen in Europa die Gepflogenheit um sich, bereits junge Mädchen vor dem Eintritt der Pubertät unter das Kopftuch zu zwingen, sodass mittlerweile die nordrhein-westfälische Landesregierung ein Kopftuchverbot für Mädchen unter 14 Jahren erwägt.

In einem Bericht über die Klage einer Berliner Lehrerin gegen das Kopftuchverbot des Berliner Neutralitätsgesetzes schreibt Susanne Leinemann: »Der Druck steigt, genauso wie die Zahl der Muslime im Land. Die kopftuchtragende Frau, sie ist längst ein Politikum. Wird hier womöglich der Marsch durch die Institutionen geplant?« Das Kopftuch im Klassenzimmer »ist am Ende weniger eine rechtliche als eine durch und durch politische Frage«. [319]

Auch sonst dringen Fragen der Verhüllung der Frauen immer weiter vor. Der öffentlich-rechtliche Kinderfernsehkanal KiKa sendete im Herbst 2017 einen Dokumentarfilm, in dem die junge deutsche Freundin eines Syrers sich mit langärmeligen Textilien bedeckt, um ihm einen Gefallen zu tun, ohne dass das dahinterstehende Frauenbild kritisch hinterfragt wurde.[320] Den Gegnern des Kopftuchs wird unter den Betroffenen sowie in Politik und Medien der Kampfgeist auch dadurch geraubt, dass gleichzeitig eine Abwehrschlacht gegen die Vollverschleierung (Burka) läuft, bei der das Kopftuch als das kleinere Übel gilt.[321] Das geht dann gleitend weiter bis zur muslimischen Badekleidung Burkini, die der ehemalige französische Premierminister Manuel Valls als »die Übersetzung eines politischen Projektes, einer Gegengesellschaft« bezeichnete, »die vor allem auf der Unterwerfung der Frau basiert«.[322]

Diese treffende Kennzeichnung gilt meiner Meinung nach ebenso für das Kopftuch. Der ganze Druck in diese Richtung dient letztlich dem Zweck, die muslimischen Frauen gefügig zu machen und sie in jenes Rollenbild zu pressen, das zum traditionellen Islam am besten passt.

Heiratsverhalten und Geburtenhäufigkeit

Gemessen am Heiratsverhalten und an der Geburtenhäufigkeit der muslimischen Frauen, hat die Strategie der Unterwerfung, für die das Kopftuch und andere Verhaltensvorschriften speziell für die Frauen stehen, jedenfalls Erfolg: In ganz Europa heiraten Muslime früher und haben deutlich mehr Kinder als andere Bevölkerungsgruppen. Eine Anpassung an das demografische Verhalten der aufnehmenden Gesellschaft erfolgt nur teilweise. Zwar gehen die Geburtenraten in der zweiten und dritten Einwanderungsgeneration zurück, aber sie bleiben signifikant höher als der Durchschnitt der aufnehmenden Gesellschaften.

Dies bildet sich auch in den verfügbaren Statistiken deutlich ab. Für Deutschland enthalten diese keine Religionsangaben, sondern nur den Migrationshintergrund und die Herkunft der Mutter. Da die statistische Erfassung des Migrationshintergrunds, wie bereits dargestellt, nur für die ersten beiden Generationen vorgenommen wird, ist der demografische Gesamteffekt der Einwanderung und der Geburten von Müttern aus islamischen Ländern noch deutlich ausgeprägter, als in den Statistiken sichtbar wird.

Es ist bekannt, dass muslimische Frauen in Europa im Allgemeinen recht früh heiraten und dass ein nennenswerter Teil der Eheschließungen auf arrangierte Ehen entfällt, darunter viele Ehen mit Verwandten und Ehepartnern aus dem Herkunftsland. Oft hört man von Zwangsheiraten. Die bereits erwähnte hohe Selbstmordrate von türkischstämmigen Mädchen in Deutschland deutet auf die Existenz von Spannungen hin.

Entscheidend für große Teile der Lebenspraxis bleibt das islamische Familienrecht. Das bürgerliche Familien- und Eherecht in Deutschland und anderen Ländern wird akzeptiert, soweit es Vorteile bringt, indem es z.B. finanzielle Rechtsansprüche gegenüber dem Staat schafft. Die Berücksichtigung islamischen Privatrechts, etwa bei Scheidungsangelegenheiten, ist in den europäischen Ländern unterschiedlich.[323]

Nach islamischem Recht wird das leibliche Kind eines muslimischen Vaters immer als Muslim geboren, auch wenn die Mutter keine Muslima ist. Muslimische Frauen dürfen nur einen Muslim heiraten, ihre Kinder können deshalb nur Muslime sein.

Nur sehr selten heiraten muslimische Frauen in Europa Männer, die keine Muslime sind. Bei Männern kommt das etwas häufiger vor. *In der Summe gibt es aber wegen der religiösen Heiratsregeln keine nennenswerte Vermischung der Muslime in Europa mit der nicht muslimischen Bevölkerung.* Eine Umfrage unter aus der Türkei und Marokko stammenden Migranten in Deutschland ergab, dass sie intrareligiöse

Heiraten überwiegend ablehnen und diese auch kaum stattfinden.[324]
Genetisch bleiben die Muslime deshalb unter sich. Ausnahmen könnte es
dann geben, wenn sich Menschen der Gastvölker zum Islam bekehren. Ein quantitativ nennenswerter Trend kann hier nicht beobachtet
werden.

Damit fällt der natürlichste Weg von Integration und Assimilation
– die Vermischung von Menschen durch Heirat und gemeinsamen
Nachwuchs – für die Muslime in Europa aus religiösen Gründen weitestgehend aus.

Die Tabellen 4.22 bis 4.26 enthalten Auswertungen aus dem Mikrozensus 2016 zu Familiengröße und Kinderzahlen in Deutschland,
getrennt nach Migrationshintergrund und, soweit möglich, differenziert nach dem Herkunftsland der Mutter. Die Ergebnisse lassen sich
wie folgt zusammenfassen.

Tabelle 4.22: Familien und die Zahl der Kinder in den Familien 2016 nach Migrationsstatus und Herkunft

	Anteil der Familien an den Lebensformen in %	Anzahl der Kinder in Familien im Schnitt
kein Migrationshintergrund	24,3	1,56
mit Migrationshintergrund	37,3	1,84
Bosnien und Herzegowina	46,8	1,79
Kosovo	71,0	2,20
Türkei	58,2	1,97
Marokko	55,1	2,31
Ägypten, Algerien, Libyen, Tunesien	40,6	1,95
Irak	50,6	2,29
Iran	32,3	1,54
Syrien	37,0	2,45
Afghanistan	50,0	2,31
Pakistan	41,8	2,41

Quelle: Statistisches Bundesamt: Bevölkerung mit Migrationshintergrund. Ergebnisse des Mikrozensus 2016. Tabelle 13, S. 322 ff. und eigene Berechnungen.

- Menschen aus islamischen Herkunftsländern leben weit häufiger als Deutsche in Familien zusammen, und die Anzahl der Kinder in den Familien ist im Schnitt deutlich höher. (Tabelle 4.22)
- Frauen aus islamischen Ländern haben weitaus häufiger als Deutsche drei und mehr Kinder. (Tabelle 4.23)

Tabelle 4.23: Weibliche Bevölkerung 2016 nach Migrationsstatus, Herkunft und Anzahl der geborenen Kinder

	Frauen ohne Kinder	Frauen mit 3 und mehr Kindern	durchschnittliche Anzahl der Kinder
	alle Geburtsjahrgänge		
	Anteil in %		
kein Migrationshintergrund	36,4	11,8	1,22
mit Migrationshintergrund	34,7	18,1	1,41
Bosnien und Herzegowina	31,4	16,9	1,44
Kosovo	30,1	35,0	1,95
Türkei	35,5	28,5	1,67
Marokko	33,3	33,3	1,89
Ägypten, Algerien, Libyen, Tunesien	41,9	23,5	1,45
Irak	32,0	32,2	1,86
Iran	45,6	10,6	1,07
Syrien	31,8	36,3	2,05
Afghanistan	32,0	39,6	2,04
Pakistan	40,0	35,0	1,69

Quelle: Statistisches Bundesamt: Bevölkerung mit Migrationshintergrund. Ergebnisse des Mikrozensus 2016. Tabelle 18, S. 490 ff. und eigene Berechnungen.

- Bei Frauen mit abgeschlossener Kinderphase (55 Jahre und älter) hatten die deutschen Frauen im Durchschnitt 1,7 Kinder, die türkischen Frauen 3,3 Kinder und die marokkanischen Frauen 4,1 Kinder. Frauen aus Syrien kamen auf einen Spitzenwert von 4,8 Kindern. (Tabelle 4.24)

Tabelle 4.24: Weibliche Bevölkerung 2016 nach Migrationsstatus, Herkunft und Anzahl der geborenen Kinder

	Frauen ohne Kinder	Frauen mit 3 und mehr Kindern	durchschnittliche Anzahl der Kinder
	Geburtsjahrgänge 1940–1960		
	Anteil in %		
kein Migrationshintergrund	15,4	18,0	1,69
mit Migrationshintergrund	11,0	29	2,13
Bosnien und Herzegowina	.	.	1,88
Kosovo	.	.	4,23
Türkei	4,3	66,2	3,30
Marokko	.	.	4,05
Ägypten, Algerien, Libyen, Tunesien	.	.	.
Irak	.	.	.
Iran	.	.	1,96
Syrien	.	71,4	4,81
Afghanistan	.	.	3,90
Pakistan	.	.	.

Quelle: Statistisches Bundesamt: Bevölkerung mit Migrationshintergrund. Ergebnisse des Mikrozensus 2016. Tabelle 18, S. 490 ff. und eigene Berechnungen.

– Unter den Frauen zwischen 35 und 55 Jahren hatten die deutschen im Durchschnitt 1,4 Kinder, die türkischen und marokkanischen 2,3 Kinder, die irakischen 2,7 und die syrischen 3,1 Kinder. (Tabelle 4.25)

– Die Frauen zwischen 14 und 35 Jahren haben ihre Kinderphase nicht abgeschlossen oder zum großen Teil noch gar nicht begonnen. In dieser Gruppe kamen deutsche Frauen zum Zeitpunkt der Befragung auf durchschnittlich 0,35 Kinder, türkischstämmige hatten durchschnittlich 0,5, marokkanischstämmige 0,8 Kinder. Junge Frauen aus Syrien lagen bei 1,25 Kindern, junge Frauen aus Afghanistan und Pakistan bei 1,23 Kindern. (Tabelle 4.26)

Am Vergleich der Alterskohorten kann man sehen, dass zwar die Geburtenzahlen der jüngeren Jahrgänge aus der Türkei und Marokko zurückgegangen sind, dass sie aber deutlich höher bleiben als bei Deutschen. In der Summe kann keine Rede davon sein, dass sich das Geburtenverhalten bei den muslimischen Migranten mit der Zeit an das deutsche Niveau anpasst.

Wie die in Kapitel 4 im Abschnitt »Demografische Fakten und Perspektiven« zitierten Berechnungen von Pew Research zeigen, gelten diese Tendenzen recht einheitlich für ganz Europa.

Tabelle 4.25: Weibliche Bevölkerung 2016 nach Migrationsstatus, Herkunft und Anzahl der geborenen Kinder

	Frauen ohne Kinder	Frauen mit 3 und mehr Kindern	durchschnittliche Anzahl der Kinder
	Geburtsjahrgänge 1961–1981		
	Anteil in %		
kein Migrationshintergrund	24,6	13,3	1,43
mit Migrationshintergrund	15,6	24,4	1,85
Bosnien und Herzegowina	.	23,7	1,87
Kosovo	.	58,5	2,81
Türkei	9,9	38,8	2,26
Marokko	.	40,9	2,28
Ägypten, Algerien, Libyen, Tunesien	.	.	2,04
Irak	.	55,6	2,69
Iran	30,4	.	1,38
Syrien	.	65,0	3,13
Afghanistan		58,8	2,92
Pakistan		75,0	3,02

Quelle: Statistisches Bundesamt: Bevölkerung mit Migrationshintergrund. Ergebnisse des Mikrozensus 2016. Tabelle 18, S. 490 ff. und eigene Berechnungen.

Tabelle 4.26: Weibliche Bevölkerung 2016 nach Migrationsstatus, Herkunft und Anzahl der geborenen Kinder

	Frauen ohne Kinder	Frauen mit 3 und mehr Kindern	durchschnittliche Anzahl der Kinder
	Geburtsjahrgänge 1982–2001		
	Anteil in %		
kein Migrationshintergrund	77,0	1,9	0,35
mit Migrationshintergrund	68,0	5,1	0,56
Bosnien und Herzegowina	64,5	.	0,62
Kosovo	54,7	11,3	0,92
Türkei	72,3	4,3	0,50
Marokko	59,0	.	0,83
Ägypten, Algerien, Libyen, Tunesien	62,5	.	0,67
Irak	46,6	.	1,15
Iran	85,5	.	0,23
Syrien	44,9	.	1,25
Afghanistan	50,0	.	1,23
Pakistan	58,3	.	1,23

Quelle: Statistisches Bundesamt: Bevölkerung mit Migrationshintergrund. Ergebnisse des Mikrozensus 2016. Tabelle 18, S. 490 ff. und eigene Berechnungen.

Bei meinen Berechnungen in *Deutschland schafft sich ab* hatte ich – wie bereits erwähnt – gezeigt, dass eine im Durchschnitt etwas höhere Geburtenrate von Migranten die deutsche autochthone Bevölkerung in nur wenigen Generationen in die Minderheit führt. Dabei hatte ich nur eine recht geringe Einwanderung von 100 000 im Jahr und eine lediglich bestandserhaltende Geburtenrate bei den Migranten unterstellt. Die seitdem eingetretene Entwicklung hat meine damaligen Berechnungen gegenstandslos gemacht, es kam noch deutlich schlimmer. Der demografische Strukturwandel und die Verwandlung der Deutschen zur Minderheit im eigenen Land vollziehen sich weitaus schneller, als 2010 von mir unterstellt.

Als Nebenwirkung der demografischen Verschiebungen errechnet der Bildungsforscher Heiner Rindermann für die langfristige Zukunft eine fühlbare Abnahme der kognitiven Fähigkeiten in Europa.[325]

Schleichende Islamisierung durch Einwanderung und Geburtenzahl

Integrationsforscher weisen immer wieder darauf hin, dass die politisch-kulturellen Wirkungen von Einwanderung auf die aufnehmende Gesellschaft die kurzfristigen Probleme der sozioökonomischen Integration lange überdauern können. In etwa 50 Jahren sind Türken, Araber, Afrikaner oder Pakistani hoffentlich am Arbeitsmarkt und bei den Einkommen integriert. Aber die westlichen Gesellschaften haben dann auch sehr große Minderheiten muslimischer Religion, die vielfach auf dem Weg zur Mehrheit sind.[326] Samuel Huntington argumentierte 1996, dass es unklar sei, zu welchem Grad muslimische Einwanderer und ihre Kinder assimiliert werden wollen. Deshalb werde anhaltende Einwanderung Staaten produzieren, die in christliche und muslimische Gemeinschaften aufgeteilt seien.[327] Die bisherige Entwicklung gab ihm recht.

Die französische Philosophin Élisabeth Badinter beschreibt die schleichende Islamisierung in Frankreich: »Manche Eltern bestärken ihre Kinder in dem Glauben, dass der Imam wichtiger als der Lehrer sei. Für die Lehrer ergibt sich daraus eine unglaublich schwierige Situation. Wir haben innerhalb kürzester Zeit 2500 Moscheen in Frankreich gebaut, und langsam entwickelt sich genau das, was radikale Islamisten fordern: ein Separatismus der muslimischen Minderheit gegenüber dem Rest der Nation. Wir haben diese Entwicklung hingenommen und das mit der Pflicht zur Toleranz gerechtfertigt.« In den islamischen Vierteln werden mittlerweile die Frauen zunehmend aus der Öffentlichkeit verdrängt. »Noch vor fünf Jahren konnte ich mich in Aubervilliers oder La Courneuve als Frau unbesorgt in ein Straßencafé setzen. Das ist vorbei. In den Cafés sitzen einfach keine Frauen mehr. Die Verschleierung der Frauen hat rapide zugenommen. Sie tragen das, was ich die Uniform der Muslimbruderschaft nenne.«[328] Auch in Berlin gibt es mittlerweile mitten in der Stadt von Muslimen betriebene Lokale, in denen Frauen der Zutritt untersagt ist, weil die Männer das so wollen.[329]

Getrieben wird dieser Prozess durch die rapiden demografischen Veränderungen aufgrund der höheren Geburtenrate der Muslime und ihrer fortgesetzten Einwanderung. Michel Houellebecq hat dieser Entwicklung den Roman *Unterwerfung* gewidmet. In seiner Rede anlässlich der Verleihung des Frank-Schirrmacher-Preises 2016 beschreibt er seinen rabenschwarzen Ausblick: »Aber das Vordringen des Islam beginnt gerade erst, denn die Demografie ist auf seiner Seite, und Europa hat sich, indem es aufhört, Kinder zu bekommen, in einen Prozess des Selbstmordes begeben. Und das ist nicht wirklich ein langsamer Selbstmord. Wenn man erst einmal bei einer Geburtenrate von 1,3 oder 1,4 angekommen ist, dann geht die Sache in Wirklichkeit sehr schnell.« Er schildert auch, welchen Hass er wegen seiner Analyse erfährt: Die »Hexenjagd (...) nimmt immer noch zu, die Zahl der Beleidigungen steigt. Es gibt viele französische Journalisten, die sich über meinen Tod ganz ernsthaft freuen würden.«[330] In Deutschland möchten Medien und Politik Houellebecqs Analyse nicht wahrhaben, auf jeden Fall aber nicht einem Massenpublikum zumuten. Es könnte ja »Beifall von der falschen Seite« geben.[331]

Für den französischen Soziologen Alain Finkielkraut ist Integration eine Mengenfrage; »damit die Integration gelingen kann, müssen die Migrationsströme zweifellos begrenzt, kontrolliert, gestoppt werden. Es ist eine Frage der Menge, wie es ein heute vergessener Denker, der österreichische Nationalökonom Leopold Kohr ausdrückte: ›Die Größe – und nur die Größe! – ist das zentrale Problem der menschlichen Existenz, im sozialen und im physischen Sinn.‹ Ab einer bestimmten Größenordnung ist es zu spät. Eine Minderheit kann sich in eine Kultur, eine Mehrheitsgesellschaft integrieren, aber wenn in einem bestimmten Umfeld diese Minderheit selbst zur Mehrheit wird, dann ist eine Integration unmöglich.«[332]

Der religiös geprägte Geburtenreichtum der Muslime und ihre fortgesetzte Einwanderung nach Deutschland und Europa führen aber zwingend dazu, dass sie von der Minderheit zur Mehrheit werden, wenn dieser Trend sich noch einige Jahrzehnte fortsetzt.

Finkielkraut warnt: »Wir müssen darauf hinarbeiten, die Situation zu ändern, aber ohne das aufzugeben, was wir sind. Die Gefahr besteht darin zu glauben, dass wir die Probleme durch Multikulturalismus und Diversitätsideologie lösen könnten. Das ist meiner Meinung nach ein tödlicher Fehler.« Finkielkraut sieht »eine Zivilisationskrise, weil die französische Geschichte und Kultur den nachfolgenden Generationen immer schlechter überliefert wird«, und einen »Kulturschock«, weil der Lobpreis der Diversität und des bunten Zusammenlebens in Wahrheit nur ein Paravent ist, »hinter dem die französische Gesellschaft zerbricht«.[333] Analog gilt dies genauso für Deutschland.

Dazu passt der flammende Appell, den der Vorstandsvorsitzende des Axel-Springer-Konzerns, Mathias Döpfner, im September 2017 an die Öffentlichkeit richtete: »Die Demokratien der Mitte und des Maßes sind weltweit geschwächt. Radikale Minderheiten diktieren den Diskurs.« Er verwies auf die Erkenntnis des Mathematikers Nassim Taleb, dass immer der Intoleranteste gewinne, und führte einige Beispiele an:

- »Wir müssen aufpassen, dass wir uns nicht bald in einer Welt wiederfinden, die Michel Houellebecq in seinem Buch »Unterwerfung« beschreibt. (...) Die Franzosen passen sich an: Es beginnt schleichend, Frauen tragen keine Miniröcke mehr, immer mehr treten zum Islam über. Soweit ist es bei uns nicht, aber wir sehen die ersten Vorboten.«
- »Lidl bedruckt traditionell mehrere Produkte mit einem Bild aus Griechenland. Darauf sind auch Kirchen zu sehen. Um keine Kunden zu beleidigen, hat Lidl die Kreuze der Kirchen entfernt.«
- Im Freibad in Neuss wurde die Bockwurst abgeschafft, weil Schweinefleisch nicht halal ist.
- »Die Integrationsbeauftragte der Bundesregierung, Aydan Özoguz, warnte (...) vor einem generellen Verbot von Kinderehen.«
- »Um den iranischen Präsidenten Hassan Rohani nicht zu brüskieren, sind auf dem Kapitol in Rom nackte Statuen in sargähnlichen Holzkisten versteckt worden.«[334]

Ich teile Döpfners Empörung über Intoleranz und Opportunismus. Aber er hält an der Illusion fest, es ginge um Minderheiten. Döpfner verdrängt die Erkenntnis, dass die von ihm beschriebenen Probleme allesamt von der muslimischen Minderheit in den europäischen Ländern ausgehen und dass diese in den nächsten Jahrzehnten auf dem Weg zur Mehrheit ist – zunächst örtlich und regional und umso mehr, je jünger die Menschen sind, irgendwann aber auch national und in den Wahlkabinen der Staaten Europas.

Vier Faktoren wirken dabei zusammen:

- die auch im Westen deutlich höhere Geburtenrate der Muslime,
- der stabil hohe Anteil konservativer bzw. fundamentalistischer Überzeugungen,
- die Indoktrination über konservative Verbände, konservative Moscheen und Import-Imame und
- die fortgesetzte Einwanderung von Muslimen.

Für die zwingende Ausbreitung des Islam sorgt eine in die Lehrsätze der Religion eingebaute *Sperrklinkenautomatik*:

- Muslim ist man durch Geburt, und man hat keine Möglichkeit, das zu korrigieren.
- Apostasie, also Glaubensabfall oder Religionswechsel, gilt als religiöses Verbrechen. Wo die Scharia gilt, wird Apostasie bestraft, teilweise sogar mit dem Tod.
- In allen islamischen Ländern ist der Glaubenswechsel weg vom Islam nicht vorgesehen und standesrechtlich kaum möglich bzw. positiv untersagt.
- Muslimische Frauen dürfen nur Muslime heiraten, sie können also auch nur muslimische Kinder bekommen.
- Muslimische Männer dürfen zwar auch Christinnen und Jüdinnen heiraten, aber deren Kinder sind mit der Geburt automatisch und zwingend Muslime. Ihr Glaubenswechsel wäre Apostasie.
- Die Stellung der Frau im Islam sorgt dafür, dass die Muslime in allen Gesellschaften stets die jüngste und relativ am stärksten wachsende Bevölkerungsgruppe sind.

- Die wörtlichen und radikalen Interpretationen des Islam hatten zwar nicht immer die Alleinherrschaft. Aber sie machten in der gesamten 1400 Jahre währenden Religionsgeschichte einen nennenswerten Teil des Spektrums aus und gewannen zeitlich und örtlich immer wieder periodisch die Überhand. Dies waren dann Epochen, in denen sich der Islam besonders schnell ausbreitete.

Ob langsamer oder schneller und wo auch immer, es gab bei der Zunahme des islamischen Bevölkerungsanteils in der Welt insgesamt und in allen islamischen Ländern immer nur eine Richtung, nämlich nach oben. Zwei Ausnahmen gab es:

- Das war die Rückeroberung bereits islamisierter Gebiete, z. B. die Reconquista auf der Iberischen Halbinsel oder die Abschüttelung der Tatarenherrschaft durch die Russen im 15. und 16. Jahrhundert. Dies waren aber nur kleine Korrekturen in einem ansonsten gegenläufigen Universaltrend.
- Der Zivilisationsvorsprung des Westens bewirkte seit Ende des 18. Jahrhunderts einen erheblichen Anstieg der Lebenserwartung in Europa und Nordamerika und führte so für kurze Zeit zu einer Umkehrung der Wachstumsverhältnisse in der Bevölkerung. Die Segnungen der höheren Lebenserwartung breiteten sich aber seit Anfang des 20. Jahrhunderts schnell auch in der islamischen Welt aus und bewirkten durch die Kopplung mit einer vormodernen Geburtenrate die Bevölkerungsexplosion in der islamischen Welt, die bis heute anhält.

In der westlichen Welt entstehen durch die Muslime in mentaler, religiöser und ethnischer Hinsicht Inseln, die der Kultur, dem Lebensstil und den Werten des Abendlandes feindselig bis gleichgültig gegenüberstehen. Dabei wirken in wechselnder Gewichtung zusammen:

- der Glaube an die Überlegenheit des Islam,
- das Desinteresse an der westlichen Kultur,
- die sichtbare Abgrenzung durch Zeichen des Glaubens,

- die Bildungsferne,
- der Familienzusammenhalt,
- die Unterdrückung der Frau,
- der Kinderreichtum und
- die von der Kultur der Aufnahmeländer abgeschiedene Lebensweise.

Die muslimischen demografischen Inseln nehmen durch höhere Kinderzahl und muslimische Einwanderung fortlaufend überdurchschnittlich zu, wachsen mit der Zeit zusammen und bilden zunächst regionale Mehrheiten, die in einem längeren Prozess schließlich auch zu nationalen Mehrheiten werden können.

Die immer größer werdenden islamischen Communities beanspruchen in physischer und geistiger Hinsicht mehr und mehr vom öffentlichen Raum. Instrumente dazu sind die muslimische Kleidung, die Essensvorschriften, die Fastengebote, die Bestimmungen der Scharia, die Definition der Meinungsfreiheit.

So drängt die jüngere und wachsende Gruppe der konservativen Muslime zunächst die säkularen Muslime mehr und mehr zurück. Diese verlassen die muslimischen Viertel und ziehen sich in die Wohngebiete und sozialen Räume der Mehrheitsgesellschaft zurück. Mit ihnen teilen sie das Los der Alterung und Schrumpfung durch Kinderarmut.

In der Demokratie gibt es keinen Weg, um zu verhindern, dass aus demografischen Minderheiten demografische Mehrheiten werden und diese schließlich auch als politische Mehrheiten die Gesetze und Lebensregeln der Gesellschaft im islamischen Sinne ändern.

1991 schrieb Pierre Lellouche zur damaligen Debatte über muslimische Einwanderung: »Geschichte, geografische Nähe und Armut garantieren, daß es Frankreich und Europa bestimmt ist, von Menschen aus den gescheiterten Gesellschaften des Südens überschwemmt zu werden. Die Vergangenheit Europas war weiß und christlich. Die Zukunft wird es nicht sein.«[335] Bereits 1996 stellte Samuel Huntington fest: »Anfang der neunziger Jahre waren zwei Drittel der Migranten in Europa Muslime, und Sorge über die Einwanderung ist in Europa vor allem Sorge über muslimische Einwanderung. Die Herausforderung ist eine demographische – auf das Konto von Migranten gehen 10 Prozent der Geburten in Europa, auf das von Arabern gehen 50 Prozent der Geburten in Brüssel – und (...) Muslimische Gemeinden, seien es türkische in Deutschland oder algerische in Frankreich, sind in die Gastkulturen bisher nicht integriert und lassen zur Betroffenheit der Europäer auch weiterhin wenig Interesse hierzu erkennen.«[336]

2010 hatte ich in *Deutschland schafft sich ab* geschrieben: »Die letzten Jahrzehnte haben gezeigt, dass die finanziellen und sozialen Kosten der muslimischen Einwanderung weitaus höher waren als der daraus fließende wirtschaftliche Ertrag. Wenn wir den Zuzug nicht steuern, lassen wir letztlich eine Veränderung unserer Kultur, unserer Zivilisation und unseres Volkscharakters in eine Richtung zu, die wir gar nicht wünschen. Es würde nur wenige Generationen dauern, bis wir zur Minderheit im eigenen Land geworden sind. Das ist nicht nur ein Problem Deutschlands, sondern aller Völker Europas.«[337] Diese Analyse wurde in den Medien breit skandalisiert.

Sieben Jahre später äußerte Berthold Kohler in der *FAZ* anlässlich des Abstimmungsverhaltens der in Deutschland lebenden Türken ähnliche Befürchtungen: »Nationale und kulturelle Bindungen bestehen über Generationen hinweg und prägen politische Ansichten. Integrationsprozesse können, wie mitunter auch in Deutschland zu beobachten, rückwärts ablaufen. Schon die Zweidrittelmehrheit für Erdoğan ist schmerzlich genug. Doch könnte es, wenn auch vielleicht erst in Jahren oder Jahrzehnten, zu weit schlimmeren Erfahrungen kommen, wenn die deutsche Politik die Lektionen, die ihr nicht erst an diesem Ostersonntag erteilt wurden, in der Flüchtlingsfrage ignoriert.«[338] Was er meinte und etwas verschleiernd ausdrückte, war offenbar: *Wenn wir schon im Verlauf eines halben Jahrhunderts an der Integration der türkischen Minderheit in Deutschland scheitern und statt einer Annäherung an demokratische Werte wachsenden Fundamentalismus feststellen müssen, wie sollen wir da die Aufgabe bewältigen, Millionen muslimischer Flüchtlinge aus kulturfremden Regionen zu integrieren und zu unseren kulturellen Werten zu erziehen? Wir benötigen eine Wende in der Flüchtlingspolitik.*

Sehr passend zum gegenwärtigen und absehbaren Vordringen des Islam ist die Einsicht Jacob Burckhardts in seinen *Weltgeschichtlichen Betrachtungen*: »Der Stärkere ist als solcher noch lange nicht der Bessere. Auch in der Pflanzenwelt ist ein Vordringen des Gemeineren und Frecheren hie und da erweisbar. In der Geschichte aber bildet das Unterliegen des Edlen, weil es in der Minorität ist, besonders für solche Zeiten eine große Gefahr, (...) welche sich alle Rechte der Majorität beilegt. Und nun waren alle diese unterlegenen Kräfte vielleicht edler und besser; allein die Sieger, obwohl nur von Herrschsucht vorwärtsgetrieben, führen eine Zukunft herbei, von welcher sie selbst noch keine Ahnung haben. Nur in der Dispensation der Staaten vom allgemeinen Moralgesetz, bei fortwährender Geltung desselben für den einzelnen, blickt etwas wie eine Ahnung durch.«[339]

Der Islam mag eine Religion sein. Tatsächlich hat er die Wirkung einer politischen Ideologie. Der in der Türkei inhaftierte türkische Journalist Ahmet Şik äußerte am 18. April 2017 im Fernsehsender Arte: »Ich glaube, dass kein Politiker, der sich auf den Islam beruft, ein wirklicher Demokrat sein kann. Der Islam und die Demokratie stehen zueinander im Widerspruch.« Der algerische Schriftsteller Boualem Sansal – Träger des Friedenspreises des Deutschen Buchhandels 2011 – warnt vor einer muslimischen Glaubensdiktatur. Auch in Europa könne er schon heute nicht mehr sagen, was er denke: »Auf der einen Seite lädt man mich ein, weil man das Bedürfnis hat, auch andere Meinungen zu hören, die nicht politisch korrekt sind. Gleichzeitig hat man Angst, dass ich Ärger mache. (...) alles, was den Islam kritisiert, macht Probleme. Als ob man heute alles kritisieren darf, sogar Gott, aber nicht den Islam.«[340]

Kapitel 5
Was man tun muss

Ehrfurcht vor der Religion darf den Islam nicht vor Kritik schützen

Man kann auf dieselbe Sache mit gutem Recht ganz andere Sichtweisen pflegen. Unterschiedliche Aspekte müssen sich ja nicht ausschließen. Sichtweisen reflektieren Emotionen, sie prägen sie zudem. Emotionen wiederum haben großen, oft sogar den entscheidenden Einfluss auf das Handeln. Darum ist der Kampf um Sichtweisen, Blickpunkte und Perspektiven nicht beliebig und nur am Rande wahrheitsorientiert. Emotionen bereiten unser Handeln vor. Der Kampf um die Sichtweisen, die sie bestimmen, ist deshalb beinhart.

Wäre der Islam eine politische Ideologie wie der Faschismus oder Kommunismus, so wäre der argumentative Umgang mit ihm leichter. Weil er aber in erster Linie eine Religion ist und erst in zweiter Linie – in der Ausprägung des Islamismus – eine politische Ideologie, wird die westliche Auseinandersetzung mit ihm durch jene generelle Ehrfurcht gebremst, die nach unseren Gewohnheiten einer »Religion« zukommt.

Im Islam kann sich jeder Gläubige grundsätzlich seine eigene Religion (oder politische Ideologie) basteln, da es keine zentralen Lehrinstanzen gibt. So bleibt jedem Staat, dem es um Selbsterhaltung geht, nichts anderes übrig, als qua Staat festzulegen, welche Lehrinhalte des Islam im Rahmen seiner Gesetze erlaubt und welche verboten sind. Hier findet die »Religionsfreiheit« ihre Grenzen.

An der Ehrfurcht vor der Religion möchte ich ein wenig kratzen und formuliere das so: Der Kerngehalt eines jeden religiösen Glaubens besteht darin, dass man (1) etwas für wahr halten soll, obwohl man seine Wahrheit nicht überprüfen kann und es keinen Beleg dafür gibt, und dass (2) die Frage des Glaubens oder Nichtglaubens zu einer Frage von gut oder böse, von auserwählt oder nicht auserwählt etc. gemacht wird. *Wissenschaftlich gesehen, ist jede Religion nichts als ein Aberglaube, der von vielen geteilt wird, und eine Weltreligion ist ein Aberglaube, der von besonders vielen Menschen über besonders lange Zeit geteilt wird.*

Besonders unsinnig und gefährlich ist die Verbindung von Religion und Moral: Die moralischen Gefühle haben sich im Verlauf der menschlichen Evolution entwickelt, sie kamen nicht durch Religion in die Welt. In ihrer Widersprüchlichkeit zwischen Individualität und Gruppenbezug sowie zwischen Egoismus und Altruismus sind sie ein Ergebnis des Prozesses der natürlichen Selektion. Diese belohnt als *Individualselektion* individuelle Fitness, aber auch Egoismus, sofern er Überlebenswert hat,[1] und als *Gruppenselektion* belohnt sie altruistisches, gruppenbezogenes Verhalten, soweit dies relative Überlebensvorteile für die eigene Gruppe mit sich bringt.[2] Entsprechende Selektionsmechanismen können bei der Änderung von Rahmenbedingungen sehr schnell wirksam werden und sind deshalb auch schon für relativ kurze Zeiträume der menschlichen Geschichte relevant.[3] Charles Darwin fasste 1871 den evolutionären Ursprung der Moral wie folgt zusammen: »Schließlich entsteht unser moralisches Gefühl, oder unser Gewissen; ein äußerst kompliziertes Empfinden, entsprungen den sozialen Instinkten, geleitet von der Anerkennung unserer Mitmenschen, geregelt von Verstand, Eigennutz und, in späteren Zeiten, von tiefen religiösen Gefühlen, und befestigt durch Erziehung und Gewohnheit.«[4]

Diese seherische Einschätzung ist auch heute noch gültig.[5] Genetisch vorgegeben sind die Tatsache moralischer Gefühle und ihr Spektrum. Ihre Gewichtung wird auch durch Erziehung und Gewohnheit bestimmt. So werden Unterschiede zwischen Kulturen und Gesellschaften und Änderungen im Zeitablauf erklärlich. Die Existenz des moralischen Gefühls ist also keineswegs religiös bedingt und setzt auch keinen religiösen Glauben voraus.

Deshalb braucht die Gesellschaft auch keine Religion, um die Moral zu stützen, eher im Gegenteil: Die allergrößten Grausamkeiten wurden und werden immer wieder im Namen von Religion begangen. Das liegt auch daran, dass der religiöse Glaube jenseits der Vernunft steht. Seine Inhalte können mit den Mitteln des Geistes weder bewiesen noch widerlegt und so aus der Sicht des wahrhaft Gläubigen auch nicht kritisch hinterfragt werden. Der Evolutionsbiologe Richard Dawkins sagt dazu: »Glaube ist genau deshalb bösartig, weil er keine Rechtfertigung braucht und keine Diskussion duldet. Wenn man Kindern beibringt, dass unhinterfragter Glaube eine Tugend ist – und wenn dann noch einige andere Faktoren hinzukommen, die nicht schwer zu verwirklichen sind –, dann schafft man ihnen die Voraussetzung, um sie in künftigen Dschihads oder Kreuzzügen zu tödlichen Waffen zu machen. (...) Selbstmordattentäter begehen ihre Taten, weil sie wirklich das glauben, was ihnen in ihren Religionsschulen beigebracht wurde: dass die Pflichterfüllung für Gott gegenüber allem anderen Priorität hat und dass das Märtyrertum im Dienste Gottes im Paradiesgarten belohnt wird. Diese Lektion allerdings haben sie nicht unbedingt von extremistischen Fanatikern gelehrt, sondern von anständigen, sanftmütigen, zur Mehrheit gehörenden Religionslehrern, in deren Koranschulen sie in Reih und Glied gesessen haben, um mit rhythmischem Auf und Ab der arglosen kleinen Köpfe jedes Wort aus dem heiligen Buch auswendig zu lernen wie schwachsinnige Papageien.«[6]

Je nach ihrem Inhalt unterscheiden sich Religionen in ihren Wirkungen für die Gesellschaft und das menschliche Zusammenleben voneinander. Der Buddhismus z.B. ist vergleichsweise harmlos, der Islam in seinen quantitativ in der Gegenwart herrschenden Ausprägungen dagegen nicht. Angesichts der häufigen Messerattacken durch radikale Islamisten stellte Henryk M. Broder im März 2018 die polemische Frage: »Wann hat man zuletzt von einem Atheisten gehört, der mit einem Messer in der Hand und dem Ruf ›Es gibt keinen Gott‹ auf Menschen losgegangen ist?«[7] Das Radikalisierungspotenzial speziell des Islam muss man ohne Leisetreterei erkennen und auch diskutieren. Sonst kann man mit der Gefahr des Islam für unsere Gesellschaft nicht wirklich offen umgehen.

Diese Leisetreterei zeigt sich z.B. an der Art, wie der Religionsmonitor 2017 der Bertelsmann Stiftung Kritik am Islam in die integrationsfeindliche Ecke schieben möchte: »Entscheidend ist (...), wie man Integration definiert. Wir verstehen darunter nicht die Assimilation an eine wie auch immer geartete Leitkultur. Integration in einem pluralistischen Einwanderungsland misst sich vielmehr daran, inwieweit Teilhabechancen verwirklicht werden und Pluralität – auf Basis der Verfassung – lebbar wird. Religiöse Differenz ist in diesem Sinne kein Anzeichen für ein Integrationsdefizit, auch wenn manche öffentliche Debatten das wie selbstverständlich voraussetzen. Muslimische Religiosität kann wie jede andere Glaubensrichtung und Weltanschauung zunächst eine Bereicherung für die Diversität eines Landes sein, vor allem wenn sie, wie sich zeigen lässt, mit einer starken Bindung zu diesem Land einhergeht. Für eine gelingende Integration ist deswegen auch die Mehrheitsgesellschaft gefordert: Sie muss ihre selbst formulierten Pluralitätsansprüche ernst nehmen und darf ihre Anerkennungsbereitschaft nicht daran messen, wie fremd oder vertraut ihr eine Religionsausübung ist.«[8]

Im Klartext heißt dies: Nach Meinung des Bertelsmann-Religionsmonitors sollen wir unsere Liberalität auch dort bewahren, wo der religiöse Inhalt mit einer säkularen, demokratischen Gesellschaft nicht vereinbar sind. Kyai Haji Yahya Cholil Staquf, der Generalsekretär der größten Muslim-Vereinigung in Indonesien, meint zu solch einer weichgespülten Leisetreterei: »Westliche Politiker sollten aufhören, zu behaupten, Extremismus und Terrorismus hätten nichts mit dem Islam zu tun. Es gibt einen ganz klaren Zusammenhang zwischen Fundamentalismus, Terror und Grundannahmen der islamischen Orthodoxie. Solange wir darüber keinen Konsens erzielen, so lange werden wir keinen endgültigen Sieg über die fundamentalistische Gewalt im Islam erreichen. Radikalislamische Bewegungen sind doch nichts Neues. Auch in der indonesischen Geschichte gab es sie immer wieder. Ich bin selbst gläubiger Muslim. Der Westen muss aufhören, das Nachdenken über diese Fragen für islamophob zu erklären. Oder will man mich, einen islamischen Gelehrten, auch islamophob nennen?«[9]

Der Sachverständigenrat für Integration bemüht sich in seinem Jahresgutachten 2016 um eine »ausgewogene« Position und führt damit unwillkürlich die ganze Ohnmacht seiner liberalen religionsfreundlichen Haltung vor. Im Ergebnis kneift er immer dann, wenn es zur Sache geht. Im Gutachten heißt es: »Der säkular-neutrale Staat ist grundsätzlich als theologisch ›inkompetent‹ anzusehen, eine inhaltliche

Bewertung von Religionen steht ihm prinzipiell nicht zu. Dies heißt allerdings ausdrücklich nicht, dass der Staat auf dieser Ebene keine Erwartungen stellen kann: Religionsgemeinschaften, die die über das deutsche Religionsverfassungsrecht etablierten umfangreichen Wirkungs- und Mitwirkungsmöglichkeiten im öffentlichen und staatlichen Raum nutzen wollen, sollten sich z. B. um eine Interpretation der Glaubensinhalte bemühen, die den zeithistorischen Kontext berücksichtigt und die Übertragbarkeit auf die heutigen Verhältnisse eines religiös pluralen und demokratischen Gemeinwesens kritisch prüft.«[10]

Diese für das Islamverständnis in Deutschland exemplarische Einlassung des Sachverständigenrats für Integration enthält einen schwerwiegenden sachlichen Fehler, eine fehlerhafte Normensetzung und einen folgenlosen Appell, der sich selbst der Lächerlichkeit preisgibt, wenn er nicht beachtet wird:

- Der säkular-neutrale Staat ist nicht als theologisch inkompetent anzusehen, und er hat sich auch nie so verhalten. Spätestens seit dem 18. Jahrhundert gebietet der Staat in den Ländern des westlichen Abendlandes den Religionen überall dort Einhalt, wo ihr Treiben seinen Zielen und Werten widerspricht:

  • Darum verboten die europäischen Mächte Anfang des 19. Jahrhunderts Sklaverei und Sklavenhandel, obwohl beides nach der Religion des Islam erlaubt ist. Aus diesem Grund untersagte die britische Kolonialherrschaft in Indien Witwenverbrennungen, obwohl sie Ausdruck hinduistischer Religionsausübung waren.
  • Darum durfte die katholische Inquisition die Häretiker nicht mehr foltern und nicht mehr mit dem Feuertod bestrafen.
  • Darum wird der politische Islamismus vom Verfassungsschutz beobachtet, und religiöse Muslime, die aus Glaubensgründen gewalttätig werden, werden als Kriminelle verfolgt.

Entgegen der Aussage des Sachverständigenrats für Integration nimmt der säkular-neutrale Staat also sehr wohl eine inhaltliche

Bewertung von Religionen vor. Und sie ist auch ganz unvermeidlich, wenn er seine staatlichen Aufgaben erfüllen und die Gesellschaft schützen will. Seine Sanktionen gelten allerdings nicht einer jeden irrtümlichen Religionsauffassung, sondern jenen Lehren, die im Sinne seines Begriffs von Staat und Gesellschaft sozial schädlich sind.

- Im Gegensatz zur Meinung des Sachverständigenrates für Integration steht dem Staat eine Bewertung von Religionen prinzipiell auch zu, sonst könnte er seine Aufgaben nicht erfüllen. Deshalb ist in Deutschland Polygamie verboten, neunjährige Mädchen dürfen nicht verheiratet werden, und Männer und Frauen werden im Erbrecht gleich behandelt. All das widerspricht der Religion des Islam. Es ist eine Frage pragmatischer Funktionalität, nicht mehr und nicht weniger, wo und wie der Staat Religionen Grenzen setzt und wie er das tut. Würde er darauf prinzipiell verzichten, könnte er eine zentrale staatliche Aufgabe nicht erfüllen, nämlich die Spielregeln der Gesellschaft festzulegen und dem Verhalten des Einzelnen Grenzen aufzuzeigen.

- Folgenlos und in seiner Hilflosigkeit geradezu rührend ist der Appell: »Religionsgemeinschaften (...) sollten sich (...) um eine Interpretation der Glaubensinhalte bemühen, die den zeithistorischen Kontext berücksichtigt und die Übertragbarkeit auf die heutigen Verhältnisse eines religiös pluralen und demokratischen Gemeinwesens kritisch prüft.« Will der Sachverständigenrat für Integration den Muslimen empfehlen, den Koran historisch-kritisch zu lesen, die Verse, die in Mekka und Medina entstanden sind, säuberlich zu trennen und dem Dschihad zu entsagen? Das möchte der Sachverständigenrat schon, aber er traut sich nicht, das klar zu sagen, denn das wäre eine massive Einmischung in den Inhalt der islamischen Religion. Zudem würde man damit die Mehrheit der Muslime und ihre deutschen Dachverbände vor den Kopf stoßen, die eine Religionsinterpretation wie von Mouhanad Khorchide oder Hakim Ourghi entschieden ablehnen. Im Übrigen denken Muslime und islamische Dachverbände nicht daran, den Appellen des Sachverständigenrats für Integration zu folgen.

Wahrscheinlich lesen sie nicht einmal seine Gutachten. Hier machen sich deutsche Wissenschaftler lächerlich.

Im weiteren Verlauf des Textes verschwimmt die Positionierung des Sachverständigenrats für Integration immer mehr: »Das Platzmachen durch die aufnehmende Gesellschaft muss von aktivem Handeln derer begleitet sein, die Platz nehmen möchten. Entsprechend muss in den Religionsgemeinschaften, zwischen Verbänden und unter Einschluss der islamischen Theologen ein Diskurs über ein Verständnis des Islam geführt werden, das den Gläubigen die Teilhabe im multireligiösen und pluralen Deutschland ermöglicht. Hierzu würde etwa auch gehören, die Interpretation des Koran in den Kontext seiner Entstehung zu stellen.«

Völlig misslungen ist die Metapher vom »Platzmachen durch die aufnehmende Gesellschaft«. Einwanderer sind bei uns willkommen, sofern sie ihr Aufenthaltsrecht legal erworben haben, die Gesetze beachten, sich um Broterwerb und Integration bemühen. Eines kollektiven »Platzmachens« der aufnehmenden Gesellschaft bedarf es nicht: Italiener, Spanier, Russen, Polen oder Vietnamesen in Deutschland haben so etwas auch nicht beansprucht. Das kam in ganz Deutschland und Europa erst mit der Masseneinwanderung von Muslimen auf und bringt integrationspolitisch einen ganz falschen Zungenschlag. Ganz unangebracht ist in diesem Zusammenhang auch der Appell, »die Interpretation des Koran in den Kontext seiner Entstehung zu stellen«, um so »den Gläubigen die Teilhabe im multireligiösen und pluralen Deutschland« zu ermöglichen.

Diese Passage ist entlarvend: Sie zeigt nämlich klar, dass der Sachverständigenrat für Integration sehr wohl einen Widerspruch zwischen den Glaubensinhalten des konservativen Mainstream-Islam und den Werten einer liberalen pluralen Gesellschaft sieht. Gäben das die Autoren aber zu, wo bliebe dann der Unterschied zu den verfemten Islamkritikern? Deshalb fehlt dem teilweise recht verquasten Text ein klarer Fokus. *Der Sachverständigenrat für Integration drückt sich um die Antwort auf die Frage, wie man sich gegenüber verfassungsfeindlichen gegen unsere weltliche Ordnung gerichteten Varianten einer*

Religion verhält. Darin liegt natürlich eine ungeklärte gesellschaftliche Machtfrage.

Generell gilt: Menschen, die einer Religion nicht angehören – also an ihrem Offenbarungswissen nicht teilhaben oder dieses ablehnen –, haben überhaupt keine Kompetenz, eine Religion unter religiösen Aspekten zu bewerten und zu beurteilen. Es muss deshalb immer ausschließlich eine Angelegenheit gläubiger Muslime sein und bleiben, die Glaubensinhalte und den religiösen Sinngehalt ihrer Religion festzulegen. Anmaßend ist es, sich hier als Ungläubiger einzumischen oder sogar Empfehlungen über die künftige Ausrichtung der Religion zu geben, wie der Sachverständigenrat für Integration dies in Bezug auf den Islam tut. Die Frage also, was der Islam ist und wohin er sich entwickeln soll, können nur die Muslime selbst beantworten und nicht der Sachverständigenrat für Integration.

Hassan al-Banna (1906–1949), der Begründer der Muslimbruderschaft, fasste den totalitären Anspruch seines islamischen Glaubensbekenntnisses so zusammen: »Wir glauben fest daran, dass die Vorschriften des Islam umfassend sind und die Angelegenheiten der Menschen im Diesseits und im Jenseits regeln. Des Weiteren glauben wir, dass diejenigen sich irren, die annehmen, diese Lehren behandelten lediglich die Aspekte des Glaubens und der Spiritualität. Denn der Islam ist Gottesdienst und Glaubensgrundsatz, Heimatland und Staatsangehörigkeit, Religion und Staat, Idee und Wert sowie Koran und Schwert.«[11]

Der in Algerien geborene und in Freiburg lehrende Reformtheologe Abdel-Hakim Ourghi fordert hingegen: »Die Muslime müssen endlich die Quellen ihres Glaubens kritisch infrage stellen. Der nicht reformierte Islam ist keine Religion des Friedens. (...) Ein Islam ohne mutige Islamkritik ist zum Scheitern verurteilt. (...) Sowohl der in Medina offenbarte politisch-juristische Koran als auch der historische Prophet als Staatsmann sind im Westen dringender denn je kritisch zu betrachten und revisionsbedürftig, sonst bleibt ein Islam, der mit europäischen Werten vereinbar ist, ein Wunschtraum.«[12]

Die beiden Versionen des Islam können gegensätzlicher nicht sein. Die Version Hassan al-Bannas ergibt sich unmittelbar aus dem Text des Korans. Die Version Hakim Ourghis lässt sich aus einer historisch-kritischen Lektüre ableiten, die die überwiegenden Teile des Koran-Textes sowie die historischen Taten des Propheten aus der aktuellen religiösen Rezeption des Islam verbannen will. Gegenwärtig steht Hassan al-Banna dem Mainstream des europäischen und des weltweiten Islam recht nahe. Wer wie Hakim Ourghi denkt, ist dagegen in den Moscheen und islamischen Dachverbänden sehr isoliert. In den meisten islamischen Ländern könnte Letzterer seine Lehren gar nicht ohne Gefahr für Leib und Leben verbreiten.

Die damit aufgeworfenen Fragen müssen die Muslime theologisch unter sich ausfechten. Das geht uns Ungläubige nichts an. Sehr wohl aber geht uns an, welche Inhalte in einem islamischen Religionsunterricht an deutschen Schulen gelehrt werden. Solange ein Reform-Islam, wie er von Hakim Ourghi und anderen vertreten wird, nicht eindeutig zur herrschenden Lehre in den islamischen Dachverbänden und den Moscheen in Deutschland wird, muss deren direkter oder indirekter Zugriff auf den Islamunterricht in Schulen unterbunden werden – auch um den Preis, dass es in öffentlichen Schulen keinen islamischen Religionsunterricht gibt.

Wir dagegen müssen die Frage beantworten, welche Art von Islam wir unter dem Aspekt von Religionsfreiheit und Demokratie in Europa dulden wollen und wie wir mit jenem politischen Islam umgehen, der die so definierten Grenzen der Religionsfreiheit überschreitet. Weltweit sind die liberalen Muslime, wie immer ihre konkrete Position ist, in einer winzigen hoffnungslosen Minderheit. Und entsprechend ratlos sind sie, wie sie den gelebten Islam und die Mehrheit der Muslime in ihrem Sinne ändern können. Abdelwahab Meddeb forderte 2001 nach dem Attentat auf das World Trade Center: »Die Amerikaner müssen es wagen, sich mit ihren saudischen Freunden auszusprechen, sie müssen ihnen ins Gesicht sagen, dass man allein mit dem Wahhabismus zum mörderischsten Fanatismus gelangen kann. (...) Osama bin Laden ist kein Zufall, er führt den Wahhabismus, in dem er erzogen wurde, nur bis zu seinen letzten Konsequenzen.«[13]

Das hört sich ganz rührend an. Leider sind alle Versuche des Westens, aber auch Russlands, den politischen Islam mäßigend in ihrem

Sinne zu beeinflussen, mehr oder weniger missglückt. Wohl auch darum reden viele das Problem gerne klein und sind deshalb bisweilen politisch einäugig. Das zeigt sich seit Langem in der öffentlichen Resonanz auf unterschiedliche Radikalisierungsgefahren.

Das gesellschaftliche Sympathieumfeld für linksautonome, gewalttätige Bewegungen ist groß. Es reicht von den Grünen und der linken Sozialdemokratie zu NGOs wie Attac bis in Teile der christlichen Kirchen. Diese Toleranzbereitschaft nimmt teilweise absurde Züge an. Die ehemalige Familienministerin Manuela Schwesig brachte es sogar fertig, in den Programmen ihres Ministeriums zur Extremismusprävention den Begriff »Linksextremismus« zu tilgen und nur noch von »linker Militanz« zu sprechen. Selbst die beispiellosen Gewaltexzesse der Linksextremen auf dem G20-Gipfel in Hamburg 2017 haben an diesem gesellschaftlichen Schleierblick auf den Linksextremismus nichts geändert.

Bei der Berichterstattung zum jährlichen Extremismusbericht der Bundesregierung warnen die Aufmacher und Kommentierungen der Medien in erster Linie vor dem Rechtsextremismus, auch der jeweilige Bundesinnenminister legt darauf regelmäßig den Schwerpunkt seiner Pressekonferenz. Dabei zeigen die harten Fakten über die Zahl der Straftaten, der Gefährder und das Ausmaß der Gewalt Jahr für Jahr sehr klar, dass die Gefahren aus der linksextremen und islamistischen Ecke weitaus größer sind.

Soweit der extremistische Charakter des politischen Islamismus nicht geleugnet werden kann, versucht man vielfach, ihm die religiöse Färbung zu nehmen und seine Herkunft aus der Religion des Islam zu leugnen. Stattdessen wird gern die Verwandtschaft des Islamismus mit dem Rechtsextremismus betont. Dabei kann man sich dem Problem nur sachgerecht nähern, wenn man erkennt und nicht länger tabuisiert, dass die Gefahren des Islamismus im Islam selbst angesiedelt sind und quasi in die religiösen Kernbestände dieser Religion führen.

Die radikale und gewalttätige Grundanlage des Islam, wie er im Koran zum Ausdruck kommt, die radikalen Ausprägungen des Islam in der Gegenwart und die Radikalisierungstendenzen im islamischen Mainstream werden gerne durch einen politisch-moralischen Weichzeichner gesehen. Die klare Sicht auf die Probleme erfordert einen Grad der Entschiedenheit bei Ablehnung und Gegenwehr, der von den dominierenden Strömungen in den westlichen Gesellschaften, insbesondere den Medien, den Intellektuellen und der Politik, offenbar nicht aufgebracht wird. So fehlt es sowohl an den Mehrheiten für die richtigen Erkenntnisse und Schlussfolgerungen als auch an Mehrheiten für die richtige Politik.

Typisch ist das verharmlosende und verschleiernde Vorgehen des Islamwissenschaftlers Mathias Rohe in seinem Buch *Der Islam in Deutschland. Eine Bestandsaufnahme*:

– Der Islam außerhalb Deutschlands, insbesondere in den mehrheitlich muslimischen Ländern, wird vollständig ausgeblendet.

– Die großen Missstände dort werden zwar nicht geleugnet, ein Zusammenhang mit der Religion des Islam wird aber durchweg verneint und eine Rückwirkung auf den deutschen Islam mehr oder weniger abgestritten.

– Der Islam innerhalb Deutschlands wird weitgehend unter Ausklammerung grenzüberschreitender Bezüge behandelt, so als sei er ein Produkt *sui generis*.

– Missstände im deutschen Islam werden heruntergespielt. Er soll um jeden Preis als kultur- und demokratiekompatibel rüberkommen.

– Wo sich Missstände nicht leugnen lassen, haben sie für Rohe grundsätzlich nichts oder kaum etwas mit dem Islam zu tun.

– Jede grundsätzliche Kritik am Islam wird als essentialistisch, unwissenschaftlich, populistisch, opportunistisch o. Ä. zurückgewiesen.

– Kritiker des Islam in Deutschland werden eingeteilt in »seriöse« Kritiker, das sind nur wenige, und in »unseriöse« Kritiker, das sind ganz viele. Zu Letzteren zählen für Rohe alle, deren Kritik ihm zu scharf oder zu grundsätzlich ist, also Professoren wie Tilman Nagel, Bassam Tibi, Ruud Koopmans oder Publizisten wie Necla Kelek, Hamed Abdel-Samad, Henryk M. Broder oder Thilo Sarrazin.[14]

Die kritische Diskussion über den Islam ist in jenen emotional gefärbten Dichotomien des Denkens verortet, welche die westlichen Gesellschaften generell beherrschen. Das gibt in politisch korrekten Kreisen jedweder Islamkritik eine negative Konnotation, wie eine Gegenüberstellung typischer Begriffspaare zeigt:

Politische Dichotomien und ihr Image	
gut – fortschrittlich – großzügig	schlecht – reaktionär – kleinlich
Kapitalismuskritik	Islamkritik
politisch korrekt	politisch inkorrekt
links	rechts
weltoffen	nicht weltoffen
liberal	nicht liberal
barmherzig	unbarmherzig
sympathisch	unsympathisch
antirassistisch	rassistisch
universalistisch	national – fremdenfeindlich

Sobald Islamkritik eine gewisse Schärfe annimmt und das Prinzipielle nicht ausspart, werden die Kritiker und ihr Anliegen in die rechte bzw. ganz rechte Ecke verschoben mit dem Ziel, ihre Analysen und Warnungen zu delegitimieren. Ein Leser der *Berliner Morgenpost*, Siegfried Köppen, schrieb dazu: »Es ist offensichtlich, dass ein Riss durch Deutschland, durch die Bevölkerung geht. Im Kern geht es um zwei Fragen: Wollen wir eine weitere Zuwanderung und damit Islamisierung zulassen und wollen wir den Nationalstaat nach und nach aufgeben. Hier teilen sich die Lager. Bezeichnend ist, dass die, die keine Zuwanderung und keine Aufgabe des Nationalstaats wollen, ungefragt in ein rechtes Lager eingeordnet werden. Die aber, die die Augen vor Problemen verschließen und den Nationalstaat aufgeben wollen, sind die Guten. Was ist falsch daran, an seiner Heimat und seiner Identität festzuhalten, weil einem sonst die Sicherheit und Geborgenheit verloren gehen?«[15]

In der deutschen und europäischen Islamdebatte lassen sich mehrere Gruppen unterscheiden. Die Einteilung ist natürlich grob, und die Kriterien sind fließend. Die Eigendynamik des Schlagabtauschs zwischen diesen Gruppen prägt die Debatte und lenkt von der Hauptsache ab.

Gruppen in der Islamdebatte	
auf der Seite der Muslime	auf der Seite der Nichtmuslime
Warner vor der Radikalität des Islam (z. B. Ourghi, Abdel-Samad, Jelloun)	Islamkritiker ohne Scheu vor Benennungsverboten (z. B. Ayaan Hirsi Ali, Ruud Koopmans)
Verfechter eines liberalen Euro-Islam (z. B. Khorchide)	Opportunisten und Debattenverweigerer
Vertreter der Moscheen und islamischen Verbände	tumbe Toren, die von Gefahren nichts wissen wollen und sich auch nicht dafür interessieren
Islamisten, Salafisten	Freunde von Multikulti- und superdiversen Gesellschaften
Radikale, Terroristen	Ideologen, für die Islamkritiker gefährlicher sind als der politische Islam

In der Islamdebatte laufen zwei gegensätzliche Sichtweisen nebeneinanderher:

− Soll man Defizite und Gefahren klar benennen und den falschen Islam offensiv bekämpfen, oder
− soll man die Probleme wegdefinieren, indem man behauptet, dass Fundamentalismus, Gewalttendenz, Terrorismus etc. mit dem wahren Islam gar nichts zu tun haben?

Letzteres ist in Deutschland und den meisten Ländern immer noch die bevorzugte Ausrichtung der etablierten Politik.[16] Ein Tabu wird aber auch schon berührt, wenn man die Religion des Islam als solche in ihrer Enge und Fantasielosigkeit grundsätzlich unsympathisch findet und die Einstellungen ablehnt, die sie bei den Menschen fördert: Borniertheit, Mangel an Wissbegier, Abwertung und Unterdrückung der Frauen.

Geistige Engführungen dürfen nicht unser Denken behindern

Das zentrale Element der Bedrohung durch den Islam wurde in diesem Buch immer wieder angesprochen und am Ende des Kapitels 4 auf den Punkt gebracht: Es ist die nachhaltige religiös gefärbte kulturelle Andersartigkeit der Mehrheit der Muslime in Verbindung mit ihrer demografischen Dominanz. Diese wird sie in wenigen Jahrzehnten zur Mehrheitsbevölkerung in Deutschland und Europa machen, wenn die beschriebenen Trends sich so fortsetzen und nicht alsbald und radikal unterbrochen werden.

Natürlich kann man solchen Befürchtungen stets den Artikel 3 des rheinischen Grundgesetzes entgegensetzen: »Et hätt noch emmer joot jejange.« Das hinderte das Kölner Stadtarchiv jedoch nicht am Einsturz. Die Gesetze der Mathematik, der Statik und der Wahrscheinlichkeit gelten überall, auch im Rheinland und auch bei der künftigen Entwicklung des Islam und der Muslime in Deutschland und Europa.

Können wir darauf hoffen, dass der Islam sich ändert?

Im Folgenden diskutiere ich eine Reihe von Faktoren, die die künftige Entwicklung des Islam und der Zahl der Muslime in Deutschland und Europa günstig beeinflussen könnten:

Der weltweite Islam könnte in den nächsten Jahren seinen Charakter ändern.

Historische Trends der Vergangenheit dürfen sicherlich nicht unbedacht in die Zukunft fortgeschrieben werden. Das gilt für positive und negative Entwicklungen gleichermaßen. Auch die stabilste Phase kommt einmal an ihr Ende: Um das Jahr 400 hätte niemand im ganzen Mittelmeerraum den baldigen Untergang des Weströmischen Reiches vorausgesehen. Und um das Jahr 1750 ahnte niemand, dass die industrielle Revolution kommen und welche Umwälzungen sie bringen würde. Noch um das Jahr 1980 hätte jeder denkende Zeitgenosse den alsbaldigen Untergang der kommunistischen Herrschaft in Osteuropa und die deutsche Wiedervereinigung als irreale Utopie abgetan. Geschichte bleibt unvorhersehbar, das ist richtig. Diese richtige Erkenntnis darf aber nicht dazu führen, das Gewicht historisch stabiler Faktoren falsch einzuschätzen und für die Zukunft deshalb zu vernachlässigen, weil dies besser zu unseren Hoffnungen und Wünschen passt.

Beim Blick auf 1400 Jahre islamische Geschichte sehen wir sehr klar, dass wörtliche konservative Interpretationen des Korans zumeist dominierten und dies auch in der Gegenwart tun. In der jüngeren Geschichte sehen wir, dass der Islam sich mit Demokratie sehr schwertut und Religionsfreiheit dort durchweg nicht gelten lässt, wo Muslime in der Mehrheit sind. Wir sehen, dass Frauen durchweg nicht wirklich gleichberechtigt sind und in Rollen gedrängt werden, wo sie früh heiraten und deutlich mehr Kinder bekommen als in den modernen Gesellschaften des Westens. Wir sehen darüber hinaus, dass durchgreifende gesellschaftliche Reformen nur in wenigen islamischen Ländern stattfinden und sich dort nur sehr langsam vollziehen, zudem kaum je wirklich erfolgreich sind.

Wir sehen keine Gründe zu der Annahme, dass der weltweite Islam seinen Charakter in naher Zukunft wesentlich ändert. Es gibt keine begründeten Hoffnungen oder realistischen Erwartungen, dass aus der islamischen Welt plötzlich liberale und pluralistische Einflüsse nach Europa kommen oder dass der muslimische Einwanderungsdruck nach Europa nachlässt. Im Gegenteil, eine überwiegende Wahrscheinlichkeit spricht dafür, dass die islamische Welt außerhalb Europas auch noch in 50 Jahren von ähnlichen Problemen beherrscht wird wie in der Gegenwart und bei ihrer Lösung nicht wesentlich weitergekommen ist.

In Europa könnte sich ein liberaler und demokratiekompatibler Euro-Islam entwickeln.
Ja, es gibt die Vertreter eines liberalen und pluralistischen Islam in Europa. Ich habe einige von ihnen, wie Tahar Ben Jelloun, Bassam Tibi,

Mouhanad Khorchide oder Hakim Ourghi, verschiedentlich in diesem Buch zitiert und ihre Gedanken verarbeitet. In der muslimischen Gelehrsamkeit in der Welt zählen sie zu einer winzigen Minderheit. In den Moscheen und in den islamischen Dachverbänden Deutschlands spielen ihre Gedanken praktisch keine Rolle. Dort dominieren die Vertreter eines konservativen Kopftuchislam, und bei den jüngeren Generationen der Muslime in Europa sind konservative religiöse Einstellungen eher auf dem Vormarsch als auf dem Rückzug.

Eine künftig schnellere Verbreitung eines liberalen und demokratiekompatiblen Euro-Islam unter den Muslimen in Deutschland und Europa ist gegenwärtig nicht absehbar.

Die muslimischen Frauen im Westen könnten später heiraten und weniger Kinder bekommen.

Wie in Kapitel 4 im Abschnitt »Die Stellung der Frau und der muslimische Kinderreichtum« dargelegt, passt sich die durchschnittliche Kinderzahl muslimischer Frauen zwar teilweise an die Verhältnisse in den Aufnahmeländern an. Der Abstand bleibt aber erheblich. Wenn die einheimischen Frauen Kinderzahlen von 1,4 bis 1,5 haben und die muslimischen Frauen Kinderzahlen von 2,0 bis 2,5, dann bewirkt dies, dass in Deutschland in nur wenigen Jahrzehnten die Mehrheit aller Geburten auf muslimische Mütter entfällt. Die Wirkungen der fortgesetzten muslimischen Einwanderung kommen hinzu.

Nur wenn eine Emanzipationswelle über den europäischen Islam und die muslimischen Frauen hinwegfegte, die diese mehrheitlich in kurzer Zeit mental in Frauen des Abendlandes verwandelte, erscheint ein Absinken der Geburtenrate auf das Niveau der aufnehmenden Bevölkerung realistisch. Eine solche Entwicklung ist aber nirgendwo erkennbar.

Ein immer größerer Teil westlicher Muslime könnte sich vom konservativen Islam, seinen Verbänden und Moscheevereinen abwenden und Teil des säkularen westlichen Mainstreams werden.

Diese Hoffnung hat jeder, der sich mit dem Islam in Deutschland und Europa befasst. Ich habe sie auch. Ich bin aber nicht in der Lage, diese Hoffnung mit Wahrscheinlichkeiten zu belegen. Sie ist gleichzeitig die Ausrede der Schönredner und Weichzeichner, welche die deutsche und europäische Debatte beherrschen. Hoffen dürfen wir immer, wir müssen uns aber auch darauf einrichten, dass die Mehrheit der Muslime in Deutschland und Europa sich nicht säkularisiert. In was für eine Gesellschaft gehen wir dann, und wie gehen wir damit um?

Aus den in Kapitel 4 zitierten Daten und Umfragen lässt sich schließen, dass 20 bis 30 Prozent der Muslime Europas eher religionsfern sind, während 40 bis 50 Prozent fundamentalistische Einstellungen haben. In den jüngeren Jahrgängen nehmen konservative und fundamentalistische Einstellungen eher zu. Eine automatische Liberalisierung der Muslime mit der Dauer des Aufenthalts und dem Aufwachsen in Europa ist nicht zu beobachten. Solch ein Prozess, sofern er stattfindet, wird auch immer wieder unterbrochen durch den Import von Ehepartnern aus den Herkunftsländern und durch den fortgesetzten Zustrom muslimischer Einwanderer. Es kommt hinzu, dass die säkularisierten Muslime auch das generative Verhalten der aufnehmenden Gesellschaft annehmen, also wesentlich weniger Kinder haben. Religiosität und Fundamentalismus erzeugen so für die konservativen Muslime eine immer wieder neu entstehende demografische Prämie, die ihr Übergewicht sichert und verstärkt.

Der konservative Islam könnte eine Schichtung in der westlichen Gesellschaft verstärken, sodass gläubige Muslime in die oberen Schichten der Gesellschaft kaum oder gar nicht vordringen und auch entsprechend wenig Einfluss haben.
Wie in Kapitel 3 und Kapitel 4 im Abschnitt »Zur sozioökonomischen Situation der Muslime in Deutschland und Europa« gezeigt, hat die islamische Religion einen negativen Einfluss auf kognitive Leistungen, Arbeitsmarktbeteiligung und all jene Faktoren, an denen man üblicherweise den materiellen Erfolg und die Einordnung in die berufliche und soziale Hierarchie festmacht. Von daher erscheint es wahrscheinlich, dass religiöse Muslime, die an ihrer Herkunftskultur festhalten, auch in Zukunft weniger verdienen, weniger qualifizierte Tätigkeiten ausüben, öfter von Sozialtransfers leben und auch öfter kriminell sind. Aber sie

haben die meisten Kinder und stellen damit irgendwann die demografische und – in deren Folge – auch die politische Mehrheit.

Der wachsende Anteil der Muslime in der Bevölkerung und bei den Erwerbstätigen wird also voraussichtlich mit einer statistisch deutlich sichtbaren unterdurchschnittlichen Repräsentation in den mittleren und oberen Berufs- und Einkommensgruppen einhergehen. Das wird sich auch in der Reichtums- und Armutsstatistik und in den Vermögensverhältnissen abbilden.

Einerseits bedeutet dies, dass der wachsende Bevölkerungsanteil der Muslime sich nicht gleichermaßen in der Verschiebung der gesellschaftlichen Machtverhältnisse abbildet. Andererseits kann dies dem ohnehin immer virulenten Gefühl der Muslime, Ungerechtigkeit zu erfahren, zusätzliche Nahrung geben und eine eigenständige Quelle gesellschaftlicher Spannungen sein. Kritisch wird dies, wenn die Muslime in einigen Jahrzehnten die politische Mehrheit haben und also auch die Gesetze in ihrem Sinn gestalten können, während gleichzeitig die wirtschaftliche und gesellschaftliche Macht weiterhin weitgehend bei den insoweit erfolgreicheren Nichtmuslimen liegt.

Selbstvergewisserung der deutschen und europäischen Identität

Wer von kultureller, religiöser, ethnischer oder nationaler Identität spricht und dies nicht im Ton der intellektuellen Herablassung und Distanzierung tut, wird gern als naiv gescholten. Er setzt sich auch dem Verdacht aus, »rechts« zu sein, wenn nicht gar rechtsradikal, mindestens aber zu den Ewiggestrigen zu gehören. Sich dagegen zu wenden, ist zwecklos. Es gibt Debatten, die man sich sparen kann.

Natürlich spüre ich meine personale Identität. Sie hat viele Färbungen, darunter auch kulturelle, ethnische und nationale. Natürlich fühle ich mich Menschen dort verbunden, wo wir Identitäten teilen. Und natürlich formt sich Identität niemals zu einem konsistenten, schlüssigen und unveränderlich stabilen Gesamtbild.

Das gilt schon für die personale Identität. Der kalte Blick der Wissenschaft löst sie auf in ein Konglomerat aus ererbten persönlichen

Eigenschaften, aus Lernvorgängen und persönlichen Erlebnissen, aus teils ererbten und teils erlernten Algorithmen des Verhaltens und der Reaktion auf Umweltreize. All diese Widersprüche und Zufälligkeiten ändern aber nichts an der subjektiven Realität meiner personalen Identität und der objektiven Bedeutung dieses Bewusstseins für mein Verhalten.

Ebenso können kulturelle, ethnische, nationale und religiöse Identitäten in unterschiedliche, großenteils widersprüchliche Einzelelemente aufgelöst werden. Das nimmt ihnen aber weder ihre Kraft noch ihre Wirklichkeit oder ihre Legitimität, die sich schlicht aus ihrer Existenz und ihrem Sosein ableiten lässt.

So wie der Malstil von Albrecht Dürer und Claude Monet unterschieden werden kann, so lassen sich britischer und deutscher Humor, hanseatisches und bayerisches Lebensgefühl unterscheiden. Das meiste verträgt freundschaftliches Miteinander oder zumindest gleichgültige Koexistenz.

Vieles geht aber auch nicht zusammen, und das muss man klar benennen, wenn man die eigene Identität schützen und bewahren will. Die spezifische Identität, die vom Islam geprägt wird, widerspricht dem europäischen Bewusstsein und der europäischen Lebensart. Ja, sie ist sogar eine Bedrohung für beide.

Dieser Widerspruch kreist vor allem um das Miteinander der Geschlechter und die Rolle der Frau. Das ist aber quasi nur die Spitze des Eisbergs. Wie im Verlauf dieses Buches immer wieder deutlich wurde, lehnt die islamische Kultur überwiegend das Wichtigste von dem ab, was die europäische und abendländische Kultur ausmacht. Das gilt für die Literatur, die bildende Kunst und die Musik. Der freie und forschende Geist, der all dies möglich machte, ist ihr innerlich fremd. Nur die Resultate der europäischen Kultur, die technischen Errungenschaften, möchte sie übernehmen, nicht aber den Geist, aus dem sie entsprangen.

Die Bedrohung der europäischen oder westlichen Identität setzt dort ein, wo eine allmähliche demografische Überwältigung durch den Islam stattfindet. Deshalb haben wir in Deutschland und Europa das Recht, ja sogar die Pflicht, dieser Bedrohung durch demografische Überwäl-

tigung vorausschauend entgegenzutreten. Wir müssen wissen, wer wir sind, wer wir sein wollen und was auf dem Spiel steht, und wir müssen entsprechend handeln.

Das eigene Interesse definieren und dazu stehen

Wenn ein Unternehmen oder eine Behörde einem Stellenbewerber absagt, so kann dies für ihn eine Enttäuschung oder auch eine Härte sein. Möglicherweise hat der Arbeitgeber auch eine falsche Entscheidung getroffen. Gleichwohl spricht niemand dem Arbeitgeber das grundsätzliche Recht ab, seine Mitarbeiter nach eigenen Maßstäben auszuwählen. Dasselbe Recht zur Auswahl hat auch ein Staat, der über Einwanderung entscheidet. Die Einwanderer müssen schließlich zum aufnehmenden Land passen, und sie sollen dort einen nützlichen Beitrag leisten.

Vielfach wird in Deutschland ein Einwanderungsgesetz gefordert. Die Länder, die dabei regelmäßig als Vorbild genannt werden – zumeist Kanada, Australien, Neuseeland, Singapur –, wählen die Einwanderer nach Qualifikation aus. Niedrig Qualifizierte haben dabei keine Chance. *Indirekt unterbinden die klassischen Einwanderungsländer mit ihren Qualifikationskriterien weitgehend eine Masseneinwanderung aus der islamischen Welt.*

In Deutschland macht ein Einwanderungsgesetz nur Sinn, wenn gleichzeitig das Tor für unerwünschte Einwanderung wirksam geschlossen wird, denn Auswahl setzt die Möglichkeit zur Ablehnung voraus. Einmal unterstellt, dass dies gelingt und Deutschland seine Einwanderer nach Qualifikation auswählt, würde 95 Prozent der heutigen Einwanderer aus Afrika und dem Nahen und Mittleren Osten wegen fehlender oder falscher Qualifikation die Einwanderung nach Deutschland verwehrt werden. Da die meisten dieser Einwanderer Muslime sind, würde damit – genau wie in den klassischen Einwanderungsländern – auch die künftige muslimische Einwanderung nach Deutschland wirksam beschränkt werden.

Ich halte es aber für durchaus gerechtfertigt, dass ein Land, das seine Einwanderung bewusst steuert, dabei auch Fragen der kulturellen

Kompatibilität zwischen Einwanderern und aufnehmender Gesellschaft mit in seine Entscheidungen einbezieht: Die Tendenzen vieler Muslime zur kulturellen Segregation, ihre offenkundigen Vorbehalte gegen die westliche Kultur und Gesellschaft und das Überwiegen eines rückständigen Frauen- und Familienbildes lassen es durchaus gerechtfertigt erscheinen, die künftige Einwanderung religiöser Muslime nach Deutschland und Europa gezielt zu begrenzen und dies auch offen zu kommunizieren. Dazu sollte man auch stehen und sich nicht in allgemeine Beschwörungen oder Floskeln flüchten. Vor dieser gedanklichen Zuspitzung scheuen die etablierten Parteien und die Medien zumeist zurück. Die Quittung sind die gewaltigen Verluste von CDU/CSU und SPD in den Wahlen seit 2015.

Befreiung der Einwanderungspolitik von Ideologie und Wunschdenken

Die Lösung eines Problems beginnt bei der Klarheit im Denken und bei der Genauigkeit der Wortwahl: Nur ein kleiner Teil der Zuwanderung seit 2015 aus Afrika und dem Nahen und Mittleren Osten besteht aus Kriegsflüchtlingen, und auch diese kamen aus sicheren Erstankunftsländern wie der Türkei oder Italien nach Deutschland. Tatsächlich handelt es sich zum allergrößten Teil um illegale Zuwanderer, die sich mithilfe des Asylrechts eine Bleibeperspektive in Deutschland erkämpfen wollen. Nur 0,5 Prozent aller Antragsteller erhalten aber schließlich politisches Asyl. 99,5 Prozent erhalten kein Asyl, aber sie bleiben letztlich nahezu alle. Das Asylrecht wurde zum Tor für illegale Einwanderung.[17]

Die gute Nachricht: All diese Zuwanderer kommen aus Ländern, in denen die Lebenserwartung steigt und die Kindersterblichkeit sinkt. Die schlechte Nachricht: Es handelt sich bei den Krisenländern durchweg um Länder mit sehr hohen Geburtenraten und explosionsartiger Bevölkerungsvermehrung, wo sich die Bevölkerung alle 20 bis 30 Jahre verdoppelt. Jahr für Jahr steigt die Bevölkerung in Afrika und dem

Nahen und Mittleren Osten um über 40 Millionen, das ist mehr als die halbe Bundesrepublik. Die Menschen fliehen vor den jugendlichen Bevölkerungsmassen ihrer eigenen Staaten, vor einer Armut, die durch Unbildung, korrupte Strukturen und unfähige Regierungen geprägt ist. Der Schlüssel zur Änderung dieser Verhältnisse liegt in den Ländern selbst. Das ist eine Frage von Gesetzgebung, Erziehung und Bewusstsein, es ist keine Frage des Geldes. Die klassische Entwicklungshilfe ist weitgehend gescheitert, sie konnte die Probleme nicht lösen. Länder wie China, Singapur oder Vietnam zeigen, wie es geht, nämlich durch Bildung, Disziplin, Fleiß und eigene Anstrengung. Ländern wie Nigeria, Syrien oder Afghanistan sollten sich daran ein Beispiel nehmen.

Fluchtursachen bekämpfen heißt: die kulturellen Einstellungen in den Krisenländern ändern, Unwissenheit, Korruption und schlechte Regierungspraxis bekämpfen. Dabei kann und muss der Westen helfen. Aber er darf dabei nicht als Vormund auftreten und muss den Stolz der Völker in den Krisenländern respektieren. Der Erfolg ist ungewiss und wird viele Jahrzehnte in Anspruch nehmen.

Bis dahin muss Europa seine Grenzen vor illegaler Einwanderung schützen. Das ist möglich, wie die Beispiele Kanada, Australien, Israel oder auch Großbritannien zeigen. Man muss es nur wollen. Jeder illegale Einwanderer, der über das Mittelmeer oder die Balkanroute zu uns möchte, muss schon vor dem Aufbruch erfahren, dass sein Vorhaben chancenlos ist, weil jedes aufgegriffene Boot sofort wieder an den Ausgangspunkt der Reise gebracht wird. Die Energie der Menschen muss sich auf bessere Verhältnisse in den Heimatländern richten. Das ist die einzige kausale Lösung des Flüchtlingsproblems.

Oberst Redda, Offizier der libyischen Küstenwache, sagte im Januar 2018: »Die Europäer haben Grund, Angst zu haben. (...) Wenn das so weitergeht, dann siedelt ganz Afrika über.«[18]

Wo aber die Ankunft in Europa nicht möglich ist, wird auch der Aufbruch nicht stattfinden. Das zeigte sich im Sommer 2017 auf dem Mittelmeer zwischen Libyen und Sizilien. Als die Zusammenarbeit der italienischen und libyschen Küstenwache die Flucht über das Mittelmeer weitgehend erschwerte, sank nicht nur die Zahl der Neuankömmlinge auf dieser Route, sondern mehr noch die Zahl der im Mittelmeer Ertrunkenen dramatisch. Ein striktes Grenzregime bleibt so lange unverzichtbar, bis sich die wirtschaftlichen und sozialen Verhältnisse in den Herkunftsländern Afrikas und des Nahen und Mittleren Ostens ausreichend verbessert haben. Das wird noch viele Jahrzehnte dauern.

Wenn ein Thema auf große Widerstände stößt, dann empfiehlt es sich bisweilen zurückzutreten, um die Voraussetzungen und das Umfeld zu klären. Dies tue ich in Form einiger prinzipieller Fragen zur Einwanderung nach Deutschland:

Braucht Deutschland aus demografischen Gründen Einwanderung? Die Antwort ist Nein. Auch bei der gegenwärtigen Geburtenrate kann der Wohlstand ohne Einwanderung gesichert werden. Den präzisen Nachweis dazu habe ich bereits an anderer Stelle geführt.[19]

Kann Einwanderung helfen? Die Antwort ist, es kommt darauf an:

— Einwanderung hilft nur dann, wenn die Einwanderer in der Summe einen wirtschaftlichen Nettobeitrag leisten, der über ihre Kosten und ihren Selbstverbrauch hinausgeht. Das ist nur bei qualifizierten Einwanderern der Fall, die sich kulturell gut einfügen, eine hohe Erwerbsquote haben und den Sozialstaat wenig in Anspruch nehmen.
— Jede andere Art von Einwanderung fügt der bereits ansässigen Bevölkerung wirtschaftlichen Schaden zu. Sind die Einwanderer kulturell fremd und schwierig zu integrieren, treten gesellschaftliche Schäden hinzu.

Wenn wirtschaftliche Gründe entfallen, stellt sich die Frage: *Haben wir eine moralische Pflicht, Einwanderung aus armen Ländern zuzulassen?* Die Antwort ist Nein. Weder sind wir an den schlechten Zuständen in den Auswanderungsländern schuld, noch verdanken wir unseren Wohlstand ihrer Ausbeutung.

Die weitere Frage ist dann: *Haben wir eine Pflicht, den armen Ländern zu helfen?* Die Antwort ist Ja. Allerdings wissen wir, dass Nahrungsmittelhilfe langfristig schädlich ist, dass auch die Entwicklungshilfe in den meisten Ländern konzeptionell gescheitert ist und mehr geschadet als genutzt hat. Wir wissen, dass nur Bildung, gute Gesetze,

Fleiß und verantwortungsbewusste Eliten Wohlstand erzeugen können. Die Ursachen der Armut können also nur in den armen Ländern selbst bekämpft werden. *Dabei müssen wir ihnen mit gutem Rat zur Seite stehen. Das ist aber auch das Einzige, was wir tun können.*[20]

Wir wissen außerdem, dass ausnahmslos alle Krisenländer, von Afghanistan bis Subsahara-Afrika, deren wachsenden Einwanderungsdruck wir spüren, dem islamischen Kulturkreis angehören und seit vielen Jahrzehnten wegen anhaltend hoher Geburtenraten eine Bevölkerungsexplosion erfahren. Eine *Bekämpfung der Fluchtursachen* kann also nur darin bestehen, in diesen Ländern die kulturellen Einstellungen zu ändern und die Regierungen zu verbessern. Das kann nur in den Ländern selbst geleistet werden. (Die Änderung kultureller Einstellungen kann Deutschland nicht einmal in Griechenland leisten.)

In den islamischen Ländern Afrikas und Asiens werden jedes Jahr 46 Millionen Menschen neu geboren. Die Bevölkerung dieser Länder wächst jedes Jahr um 34 Millionen Menschen. Dagegen werden in ganz Europa bis zum Ural jährlich nur 8 Millionen Menschen geboren, davon in Deutschland 700 000. Das zeigt: Selbst Auswanderungszahlen, die der islamischen Welt kaum demografische Entlastung bringen, würden Europa und Deutschland hoffnungslos überfordern: Berlin-Neukölln, Duisburg-Marxloh, Bradford oder Marseille wären dann sehr schnell überall.

Speziell in Afrika verdoppelt sich die Bevölkerung gegenwärtig alle 30 Jahre, und die Zahl der Geborenen steigt Jahr für Jahr. Der Einwanderungsdruck wird also weiter steigen. Es ist für das europäische Modell zu einer Überlebensfrage geworden, diese Einwanderung nicht zuzulassen. Wer das nicht sehen will, ist ein Traumtänzer. Wer unterstellt, wir könnten von Europa aus die Fluchtursachen wirksam bekämpfen, verhält sich wie ein Rosstäuscher. Wer sich vor diesem Hintergrund darauf zurückzieht, man könne Grenzen nicht schützen, gibt die Interessen des eigenen Landes und der europäischen Völker mehr oder weniger kampflos auf.

Als 2015 die große Wanderung begann, zeigte sich die Bundesregierung völlig unvorbereitet und verstrickte sich in ein Netz von Ausflüchten, Unwahrheiten und leeren Behauptungen:

- Es hieß, die meisten Flüchtlinge kämen aus Syrien. Tatsächlich kam nur eine Minderheit aus Syrien, und bei der Feststellung der Identitäten gab es flächendeckend Chaos, massenweise Betrug und einen skandalösen Kontrollverlust.
- Es hieß, die Flüchtlinge bräuchten unseren Schutz. Dabei kamen sie ausschließlich aus sicheren Drittländern, und über 70 Prozent waren starke und gesunde junge Männer.
- Bundeskanzlerin Angela Merkel behauptete höchstpersönlich in zahlreichen öffentlichen Auftritten, Deutschland könne seine Grenzen nicht schützen. Die Bundespolizei war gegenteiliger Meinung, aber sie wurde von Kanzlerin und Innenminister am Handeln gehindert.[21]
- Es hieß, die Flüchtlinge seien zum großen Teil gut ausgebildet und eine Bereicherung für unseren Arbeitsmarkt. Das ist falsch. Die meisten werden auf dem ersten Arbeitsmarkt keinen Platz finden. Ihre künftigen Soziallasten entsprechen schon jetzt einer Staatsverschuldung von rund 700 Milliarden Euro. Dabei ist der Familiennachzug noch gar nicht eingerechnet. Nach einer aktuellen Untersuchung liegen die kognitiven Kompetenzen der seit 2015 nach Deutschland gekommenen Flüchtlinge durchschnittlich um 1,2 Standardabweichungen unter der deutschen Referenznorm.
- Es hieß, die Flüchtlinge seien nicht krimineller als die deutsche Bevölkerung. Seit Frühjahr 2017 ist aus der offiziellen Polizeistatistik das Gegenteil ersichtlich: Die Kriminalitätsbelastung der Asylbewerber war im Jahr 2016 doppelt so hoch wie bei den übrigen Ausländern und 7-mal so hoch wie bei den deutschen Staatsbürgern. Bei Mord war sie 10-mal so hoch, bei Gruppenvergewaltigung 34-mal so hoch.
- Es hieß, terroristische Gefahren gingen von den Flüchtlingen nicht aus. Auch das ist falsch, wie wir spätestens seit den Anschlägen in Würzburg, Ansbach, auf dem Berliner Weihnachtsmarkt und in Hamburg wissen. Das ist übrigens auch ganz logisch: Nahezu alle Flüchtlinge sind Muslime, sie spiegeln die Meinung ihrer Herkunftsländer. Dort aber glauben große Teile der Bevölkerung, dass Selbstmordattentate zur Verteidigung des Islam gerechtfer-

tigt seien. Im Irak meinen dies z. B. 15 Prozent, in Afghanistan sogar 58 Prozent der Bevölkerung. In den Herkunftsländern der Flüchtlinge hängen 90 Prozent der Bevölkerung einem sehr unduldsamen engen Islam an, weshalb sollte das bei den Flüchtlingen anders sein?

–   Es hieß, die Integration der Flüchtlinge werde für Deutschland leistbar sein, wenn man dies nur wolle. Dabei sind die Voraussetzungen wegen der anderen Mengenverhältnisse unvergleichlich viel schlechter als bei jenen Muslimen, die bereits seit 50 Jahren bei uns leben. Dort aber ist die Integration bei großen Teilen gescheitert. Dies zeigen die Statistiken für Arbeitsmarkt- und Sozialleistungen, die Kriminalitätsstatistik und die Ausbreitung islamistischer Strömungen. Das zeigten auch die 65 Prozent Deutschtürken, die beim Referendum in der Türkei mit »Ja« gestimmt haben.

–   Es heißt, die Flüchtlingswelle sei abgeebbt und jetzt habe man alles im Griff. Das ist richtig gegenüber den Zahlen von Mitte 2015 bis Mitte 2016. Aber auch 2017 lag die Fluchtmigration nach Deutschland, vorwiegend aus islamischen Ländern, bei rund 200 000.

Alle wesentlichen Fehler werden unverändert fortgesetzt:

–   Die Bundesmarine betreibt im Mittelmeer das Geschäft der Schleuser und beteiligt sich am Durchreichen der Flüchtlinge nach Europa. Alle aus Seenot Geretteten müssten unverzüglich wieder an den Ausgangspunkt ihrer Seereise gebracht werden, nicht aber nach Europa. Die Ankunft in Europa zu verhindern, ist die wichtigste Voraussetzung, um den Aufbruch nach Europa zu verhindern. Immerhin hat sich die italienische Regierung 2017 zu einem rigoroseren Vorgehen entschlossen. Seit ihrer Zusammenarbeit mit der libyschen Küstenwache ist die Zahl der Neuankömmlinge in Italien aus Afrika stark gesunken.

–   Die Verfahren dauern zu lange, Abschiebungen gibt es nur für eine winzige Minderheit.

- Der Missbrauch des Asylrechts wird fortgesetzt. Weniger als 1 Prozent der Asylbewerber erhalten nach Abschluss aller Verfahren Asyl. Aber über 95 Prozent der erfolglosen Asylbewerber dürfen bei uns bleiben. Wer die deutsche Grenze erreicht und das Wort »Asyl« ausspricht, hat aus der Sicht vieler Menschen in Senegal oder Afghanistan den Eintritt ins Paradies erreicht. Dafür sorgt der deutsche Sozialstaat. Selbst »in offenkundigen Fällen des Gebrauchs gefälschter Dokumente, der Identitätsverschleierung und des Missbrauchs abgelaufener oder mit falschen Angaben erschlichener Schengen-Visa« bleibt »die illegale Einreise ins Bundesgebiet praktisch folgenlos«.[22]
- Selbst ein Abschiebungsbeschluss kann in der Mehrzahl der Fälle nicht umgesetzt werden.
- Ein Konzept der Bundesregierung, wie man mit einer wieder anschwellenden Fluchtmigration umgehen will, war bei Redaktionsschluss für dieses Buch (Juni 2018) nicht erkennbar. Stattdessen gab es unfruchtbare Debatten über den relativen Vorrang von deutschem bzw. europäischem Recht.[23]
- Immerhin sorgte der im Juni 2018 zugespitzte Streit zwischen CSU und CDU über die künftige Migrations- und Asylpolitik, der fast zu einem Auseinanderbrechen der Bundesregierung geführt hätte, für eine gewisse Bewegung in der europäischen Migrations- und Asylpolitik. Bei der Sitzung des Europäischen Rats am 28. und 29. Juni wurde eine Änderung der Prioritäten deutlich: Es soll künftig vornehmlich darum gehen, weitere Masseneinwanderung aus Afrika und dem Nahen und Mittleren Osten zu verhindern. Über den Weg dahin besteht aber noch keine Klarheit.

Bei der Verbesserung der Welt gibt es natürliche Grenzen. Deshalb gehört es zu den vorrangigen Aufgaben einer Regierung, das Land vor schädlichen Einflüssen, z.B. durch falsche Einwanderung, zu schützen. Der Migrationsdruck aus Afrika und dem Nahen und Mittleren Osten auf die europäischen und deutschen Grenzen wird ebenfalls fortbestehen und tendenziell sogar noch zunehmen, wenn man die demografische Entwicklung in diesen Regionen bedenkt; und die

Schlepper werden weiterhin sehr gute Geschäfte machen. Es wird auf die Dauer auch nicht helfen, neben Erdoğans Türkei noch weitere Diktaturen oder autoritäre Regime von fragwürdiger Legitimation mit der Bewachung der europäischen Außengrenzen (und damit der deutschen Grenzen) zu betrauen. Der Drang nach Europa, insbesondere nach Deutschland, wird erst dann nachlassen, wenn im fernsten afrikanischen Dorf klar ist, dass eine erfolgreiche Ankunft in Deutschland nicht mehr zum Bleiberecht führt, wenn die Voraussetzungen für politisches Asyl nicht gegeben sind.

Reform der Flüchtlings- und Asylpolitik

Um dieses zu erreichen, sind zwei grundlegende rechtliche Änderungen notwendig. Europäische oder nationale Regelungen sind entsprechend anzupassen, sofern sie diesen Änderungen entgegenstehen. Zweifellos handelt es sich dabei um erhebliche Eingriffe in das geltende Recht. Aber rechtliche Regelungen stammen nicht aus himmlischen Sphären. Sie sind vielmehr Instrumente zur Gestaltung des menschlichen Zusammenlebens – gemacht von Menschen für Menschen. Entsprechend müssen sie sich bewähren aus ihrer Akzeptanz und ihren Wirkungen:

1. Die 1954 in Kraft getretene Genfer Flüchtlingskonvention galt ursprünglich nur für Europa. Erst 1967 wurde sie durch das ergänzende »Protokoll über die Rechtsstellung der Flüchtlinge« auf die ganze Welt ausgedehnt. (Interessanterweise ist die Türkei dem ergänzenden Protokoll nicht beigetreten.) Es erscheint unbedingt sinnvoll, dass für Flüchtlinge möglichst nah an ihren ursprünglichen Siedlungsgebieten gesorgt wird. Entsprechend sollte die Genfer Flüchtlingskonvention geändert werden. Es bestünde dann noch eine Pflicht für europäische Staaten, die Unterbringung und Versorgung der Flüchtlinge anderer Kontinente mitzufinanzieren, nicht aber, sie auf dem eigenen Gebiet aufzunehmen.
2. Ansprüche eines nach Deutschland Eingereisten auf Leistungen des deutschen Staates und die Möglichkeit, hinsichtlich des Auf-

enthaltsstatus vor deutschen Gerichten zu klagen, dürfen erst zu dem Zeitpunkt aufleben, zu dem der Betroffene einen legalen Aufenthaltsstatus erhält. Davor muss er, rechtlich gesehen, als nicht eingereist gelten, er hält sich also quasi in einer virtuellen Transitzone auf. Einen vorläufigen Aufenthaltsstatus erhält er erst dann, wenn eine innerhalb von 30 Tagen vorzunehmende Vorprüfung ergeben hat, dass die Aussichten auf die Gewährung politischen Asyls gemäß Art. 16a GG sehr gut sind. Bis zu einem positiven Ergebnis der Vorprüfung gibt es keinen Anspruch auf Bewegungsfreiheit, und das Ausländerrecht findet keine Anwendung.

Auf dieser Grundlage sollte der idealtypische Ablauf wie folgt aussehen:

Alle Zuständigkeiten zur Identitätsprüfung, Antragsprüfung und Entscheidung über das Aufenthaltsrecht werden bei einer Stelle konzentriert. Diese Stelle entscheidet grundsätzlich in maximal 30 Tagen. Ein weiterer Rechtsweg über die Verwaltungsgerichtsbarkeit ist ausgeschlossen.

Anwälte, die als Rechtsbeistand arbeiten, müssen bei der zentralen Stelle zugelassen sein. Ihre Vergütung erfolgt in Form einer Fallpauschale. Die Kosten werden von der zentralen Stelle übernommen.

Bis zur Entscheidung gilt der Antragsteller als nicht eingereist, der Aufenthalt in einer Transitzone ist Pflicht. Durch Verlassen der Transitzone oder illegale Einwanderung wird der Aufenthaltsanspruch verwirkt.

Während der Wartephase auf eine Entscheidung in der Transitzone wird der Unterhalt so bemessen und in solch einer Form gewährleistet, dass finanzielle Transfers in die Herkunftsländer ausgeschlossen sind. Außerhalb der Transitzone wird Unterhalt nicht gewährt.

Alle illegalen Einwanderer, Flüchtlinge und Asylbewerber werden in einer zentralen Datei erfasst. In dieser Datei werden neben den Angaben zur Person die DNA, die Fingerabdrücke und ein Abbild der Iris gespeichert. Auf diese Datei haben alle Polizei- und Meldebehörden des gesamten Schengen-Raums Zugriff. So können Doppel- und Fehlerfassungen vermieden und Betrugsversuche aufgespürt werden.

Insbesondere an der DNA können auch die Herkunftsangaben überprüft werden.

Abgelehnte Asylbewerber haben keinen legalen Aufenthaltsstatus und deshalb keine Möglichkeit zur Klage vor deutschen Verwaltungsgerichten. Abgelehnte Asylbewerber haben keinen Anspruch auf Sozialleistungen und müssen sich bis zu ihrer Rückführung in dazu vorgesehenen Einrichtungen aufhalten.

Alle illegal Eingewanderten sowie alle Flüchtlinge und Asylbewerber, deren Aufenthaltsbegehren abgelehnt wurde, werden unverzüglich und ausnahmslos abgeschoben. Die Abschiebung erfolgt in das Herkunftsland oder in das Land des letzten Aufenthalts vor dem Übertritt in die EU.

Soweit Boote mit Flüchtlingen und illegalen Einwanderern auf See aufgebracht bzw. aus Seenot gerettet werden, werden diese nach gegebenenfalls notwendiger medizinischer Versorgung und nach Registrierung in der zentralen Datei unverzüglich wieder an den Ausgangspunkt ihrer Seereise verbracht.

Verweigert ein Herkunftsland die Aufnahme, so werden die Betreffenden gleichwohl grundsätzlich dorthin verbracht, notfalls unter militärischem Schutz.

Die obigen Vorschläge haben keinen endgültigen Charakter. Sie sind für Modifikationen offen, soweit dabei das zugrunde liegende Prinzip gewahrt oder gestärkt wird: Alle betroffenen Rechtsmaterien (auch die Beachtung von Vorgaben des Völkerrechts) und die auf ihnen gründenden Verfahren müssen ein zentrales Kriterium erfüllen. Sie müssen geeignet sein, unerwünschte unkontrollierte Zuwanderung von außerhalb der Europäischen Union wirksam zu unterbinden. Erst so wird der Weg frei für eine auswählende gezielte Einwanderungspolitik, soweit sie aus wirtschaftlichen oder demografischen Gründen gewünscht wird.

Wünschenswert wäre es, die oben beschriebenen Prinzipien und Abläufe auch zu den Eckwerten einer europäischen Politik des wirksamen Grenzschutzes und der Kontrolle von Einwanderung zu machen. Gegenwärtig (Juni 2018) sind dazu auf europäischer Ebene noch keine Umrisse erkennbar. Überhaupt nicht hilfreich bei der Lösung der

Probleme ist der ideologische Standpunkt, dass Migration an und für sich bereits eine gute Sache sei. Aus der Sicht des niederländischen Migrationsforschers René Cuperus sind »maximale Migrationsbegrüßer (...) verantwortlich für gesellschaftliche Destabilisierung und Globalisierungsangst«.[24] Immerhin haben die Niederlande seit 2016 gezeigt, dass man Asylverfahren wirksam beschleunigen kann. Dort enden mittlerweile die meisten Asylverfahren samt Berufung innerhalb von zwei Monaten. Bei der Rückführung der abgelehnten Asylbewerber sind die Niederlande allerdings bislang auch nicht erfolgreicher als Deutschland. Erst die unverzügliche und vollständige Zurückführung der abgelehnten Asylbewerber nimmt den Anreiz, überhaupt erst aufzubrechen.[25]

Mit 220 000 jährlich weitaus zu hoch angesetzt ist die »Obergrenze« für Fluchtmigranten, auf die sich die Große Koalition in ihrer Koalitionsvereinbarung im Februar 2018 mühsam geeinigt hat. Jeder weitere Zuzug muslimischer Migranten erschwert die Integration der bereits Angekommenen. Integrationshemmend ist bei muslimischen Migranten auch jedweder Familiennachzug, weil er die Bildung von Parallelgesellschaften befördert, anstatt ihr entgegenzuwirken.[26]

Eine der islamischen Welt zugewandte und ernsthafte Außen- und Entwicklungspolitik

Alle Menschen teilen sich dieselbe Kugel im Weltraum. Wind, Wolken, Meeresströmungen, Klima und ökologische Entwicklungen kennen keine Landesgrenzen. Alle Staaten der Welt müssen mit ihren näheren und ferneren Nachbarn irgendwie zurechtkommen. Dazu gibt es Außenpolitik, Militärpolitik, Entwicklungspolitik, Handelspolitik und internationale Organisationen für bestimmte Aufgaben.

Aus dem mehr oder weniger konfliktreichen Zusammenleben von Menschen, Stämmen, Gesellschaften und Völkern hat sich die Aufteilung der Welt in Nationalstaaten entwickelt, denen völkerrechtliche Souveränität zugesprochen wird. In Verteidigungsbündnissen oder politischen Gemeinschaften bilden Nationalstaaten regionale Zusammenschlüsse, an die sie bestimmte Zuständigkeiten abtreten, in Europa z.B. die EU. Außenpolitik im weitesten Sinne besteht darin, Einflüsse von außen zu steuern, einzuhegen und gegebenenfalls auch zu unterbinden, und umgekehrt, auf andere Staaten und Regionen den Einfluss zu nehmen, den man politisch für geboten hält.

Die meisten Einflüsse über die Grenzen von Staaten und Gesellschaften hinweg entwickeln sich spontan. Politische oder religiöse Ideen, Wissen oder technische Erfindungen, die von außen kommen, können oft unerwartete destabilisierende Wirkungen haben. Ebenso größere Wanderungsbewegungen über die Grenzen.

Der Einwanderungsdruck, der auf den westlichen Industriegesellschaften lastet, beruht auf ihrem weit höheren Lebensstandard und ihren ausgebauten Sozialsystemen. Dieser Einwanderungsdruck ist umso höher, je vollständiger die in den Auswanderungsländern verfügbaren Informationen und je schlechter und instabiler dort die Lebensverhältnisse sind. Die insgesamt sehr schlechten Zustände in der islamischen Welt und die Möglichkeiten der modernen Informationstechnik fördern den Einwanderungsdruck. Die Einwanderungswelle in Deutschland seit 2015 zeigt, was passiert, wenn ein Land mit dem Einwanderungsdruck, der auf seinen Grenzen lastet, nicht angemessen umgeht.

Natürlich kann man nicht tatenlos abseitsstehen, wenn sich anderswo die Konflikte häufen. Es ist deshalb richtig, dass Regierungschefs, Außenminister und Außenpolitiker reisen, sich treffen und, wo immer es geht, nach Lösungen suchen. Es ist aber auch richtig, dass militärische Interventionen meist mehr Schaden als Nutzen stiften.

Der Untergang der Sowjetunion begann 1979 mit dem Scheitern ihrer Intervention in Afghanistan. Der Aufstieg der Taliban begann mit ihrer Förderung durch die USA. Für den Westen wäre es besser gewesen, hätte er sämtliche Interventionen im Nahen und Mittleren Osten und im islamischen Afrika seit 1990 unterlassen. Kuwait würde heute zum Irak gehören, und Letzterer wäre ein funktionsfähiger Staat, wenn auch mit einer grausamen Diktatur. Die drei Nachbarländer Saudi-Arabien, Iran und Irak würden unter sich regeln müssen, wie sie ihr Verhältnis gestalten wollen. Das wäre vielleicht nicht weniger blutig gewesen. Aber es hätte den Westen außen vor gelassen, und der Fundamentalismus der Terroristen, der mit den Taliban und Al Kaida begann, hätte weniger Chancen gehabt, sich in den Westen auszubreiten. In solchen Was-wäre-wenn-Betrachtungen liegt viel Spekulation. Aber ich halte die Vermutung für begründet, dass es ohne die Interventionen des Westens weniger Blutvergießen gegeben hätte und die staatliche Ordnung der Krisengebiete stabiler wäre.

Alle wesentlichen Probleme Afrikas und des Nahen und Mittleren Ostens ergeben sich aus dem schlechten inneren Zustand der dortigen Staaten und Gesellschaften. Von daher hat das Schlagwort »Fluchtursachen bekämpfen« eine innere Berechtigung. Es darf aber nicht zu der Illusion führen, dass es dem Westen möglich sein könnte, über die strikte Nichtintervention hinaus die internen Verhältnisse der betreffenden Staaten und Gesellschaften von außen zu steuern oder zum Besseren zu wenden. Antrieb, Entschlusskraft und Handlungswille dazu können nur aus den betreffenden Gesellschaften kommen. Das gilt für die Verbesserung der Bildung, die Bekämpfung der allgegenwärtigen Korruption, die Ausbildung verlässlicher Rechtsstaatlichkeit, die Schaffung starker Institutionen und Vorkehrungen für einen gewaltfreien politischen Wettbewerb um die Macht.

Der Westen kann beratend tätig sein und bei Bildung, Ausbildung und Infrastruktur unterstützend wirken. Das hat aber immer nur Ergänzungscharakter und sollte möglichst nicht mit dem Fließen großer Geldbeträge verbunden sein. Unter den Experten besteht Übereinstimmung, dass die materielle Entwicklungshilfe seit dem Zweiten Weltkrieg weitaus mehr geschadet als genutzt hat.

Die Außen- und Entwicklungspolitik gegenüber Afrika und der islamischen Welt sollte vor allem darauf gerichtet sein, die Wanderung der Menschen nach Deutschland und Europa vorbeugend zu verhindern. Jene Staaten, die ungeregelte Auswanderung konsequent unterbinden und illegale Einwanderer freiwillig zurücknehmen, sollten mit Zahlungen aus Europa an ihre Staatshaushalte belohnt werden. Jene Länder dagegen, die nicht kooperieren, sollten von allen Zahlungen abgeschnitten werden. Die aus jenen Staaten illegal Eingewanderten sollten gleichwohl in ihre Herkunftsländer zurückgeführt werden, notfalls unter Einsatz militärischer Mittel. Das sollte die einzige Art militärischer Intervention sein, die sich der Westen künftig noch in Afrika und im Nahen und Mittleren Osten gestattet.

Die wirksame und vollständige Verhinderung von illegaler Einwanderung aus Afrika und dem Nahen und Mittleren Osten ist die zentrale Zukunftsfrage für Kultur und Gesellschaft in Europa und sollte das wichtigste Ziel der Außen-, Verteidigungs- und Entwicklungspolitik für Deutschland und Europa sein.

Robuste und realistische nationale Islampolitik

Das Verhältnis des Staats zur Religion muss überprüft werden

Der Übergang zum modernen Rechtsstaat brachte in der abendländischen Welt auch die Freiheit der Religionsausübung mit sich. Dieser Prozess vollzog sich ungleichmäßig, teils stufenweise, teils abrupt und mit unterschiedlichen Konsequenzen. Institutionell gesehen, gingen nur wenige Länder den Weg so klar wie die USA oder Frankreich. In beiden Ländern sind die Sphären des Staates und der Religionsgemeinschaften eindeutig getrennt.

In anderen Ländern gab die ehemalige Staatsreligion nur allmählich Ansprüche auf oder wurde aus den staatlichen Institutionen oder Gesetzeswerken allmählich verdrängt. So verblieb häufig, insbesondere in Deutschland, ein Rest von Staatskirchentum. Dieser zeigt sich im rechtlichen Status der christlichen Kirchen als öffentlich-rechtliche Körperschaften. Als solche können sie teilweise staatliche Aufgaben wahrnehmen und haben als Arbeitgeber die Eigenschaft als öffentlich-rechtlicher Dienstherr. Umgekehrt nimmt der Staat kirchliche Verwaltungsaufgaben wahr, etwa bei der rechtlichen Gestaltung und beim Einzug der Kirchensteuer. An den staatlichen Universitäten werden theologische Fakultäten betrieben, deren Kosten vom Staat getragen werden und deren Professoren staatliche Beamte sind. In den Schulen der meisten Bundesländer gibt es einen konfessionsgebundenen christlichen Religionsunterricht, dessen Lehrkräfte ebenfalls beim Staat angestellt sind und von ihm bezahlt werden. Die Berechtigung dieses Systems war immer nur historisch erklärbar. Das Staatskirchentum hat sich in Deutschland aus dem Augsburger Religionsfrieden von 1555 (*cuius regio, eius religio*) entwickelt und wurde in vielfältigen Auseinandersetzungen geformt (z. B. Kulturkampf zwischen dem Deutschen Kaiserreich und der katholischen Kirche ab 1871). Der fortschreitende Bedeutungsverlust der christlichen Kirchen in Deutschland konnte durch ihre institutionelle Privilegierung nicht aufgehalten werden. Er hat sich in den letzten Jahren noch beschleunigt und hält weiter an.

Für eine Übergangszeit konnten die den christlichen Kirchen verbliebenen staatlichen Privilegien als Kompromisse im Sinne einer gesellschaftlichen Befriedung akzeptiert werden. Aus meiner Sicht ist jedoch diese Zeit abgelaufen, genauso wie es für eine anhaltende Privilegierung der christlichen Kirchen gegenüber anderen Religionsgemeinschaften keinen Raum mehr gibt.

Noch weniger akzeptabel wäre es aber, anderen Religionsgemeinschaften, die sich historisch nicht in Europa entwickelt haben, sondern erst in den letzten Jahrzehnten mit Einwanderern zu uns kamen, ähnliche Privilegien einzuräumen wie den christlichen Kirchen, um die »Gleichbehandlung« der Religionen zu sichern. Beim Zuzug neuer Religionen nach Deutschland und Europa, vom Sachverständigenrat für Integration etwas aufgeblasen »religiöse Pluralisierung« genannt, handelt es sich in erster Linie um den Islam. 1,5 Millionen orthodoxe Christen, 270 000 Buddhisten, 100 000 Hindus und 100 000 Jesiden[27] fallen in Deutschland kaum auf. Sie tun sich nicht mit Forderungen nach einer Sonderbehandlung hervor und bringen auch sonst keine religiös gefärbte Unruhe mit sich. *Solche Unruhe geht unter den eingewanderten Religionen in ganz Europa nur mit Muslimen einher.* Der Sachverständigenrat für Integration stellt die Kausalitäten auf den Kopf, wenn er zu der durch die Muslime in Europa erzeugten Unruhe schreibt: »Es erscheint plausibel, dass der Trend zur religiösen Pluralisierung gerade wegen der Selbstwahrnehmung als säkulare Gesellschaft auch auf Ablehnung oder Unbehagen stößt. So wird ›der Islam‹ nicht in erster Linie als nichtchristliche oder nichteuropäische Religion verstanden, sondern wegen seiner Religiosität an sich in Abgrenzung zur europäischen Säkularität abgelehnt. Anders gesprochen: Der Islam als neue, glaubensstarke und wachsende Religion irritiert das säkulare Europa.«[28]

Das ist grundfalsch. Die Religion des Islam irritiert, für sich genommen, genauso wenig wie der Buddhismus oder Hinduismus: Es irritiert vielmehr die in der Kleidung der Frauen zum Ausdruck kommende, bewusst gewählte Abgrenzung von der aufnehmenden Gesellschaft. Es irritieren die schlechten Sprachkenntnisse, das Desinteresse an der Kultur der aufnehmenden Gesellschaften, der auffallende Kinderreichtum, die schlechte ökonomische und soziale Integration, die überdurchschnittliche Kriminalität, die Neigung zu Radikalisierung und Terrorismus. Und es irritiert, dass sich dies alles nur bei einer einzigen religiösen Gruppe konzentriert, nämlich bei den Muslimen.

Das Problem ist nicht die Unfähigkeit oder der Unwille der aufnehmenden Gesellschaften, mit Religiosität umzugehen, sondern die Unfähigkeit und der Unwille vieler Muslime, sich in die Lebenswelt einer säkularen Gesellschaft einzufinden. Integration ist und bleibt insoweit eine Einbahnstraße und kann am Ende nur Assimilation bedeuten, auch wenn dies für den türkischen Präsidenten Erdoğan ein »Verbrechen gegen die Menschlichkeit« ist.

Auch der assimilierte Muslim kann seine Religion in der Moschee und zu Hause frei ausüben und darf, außerhalb der regulären Arbeitszeit als abhängig Beschäftigter, fasten und beten, wie er möchte. Wer allerdings auf die optische Abgrenzung der Frauen durch Kopftuch und Schleier nicht verzichten möchte, wer an Verwandtenheirat und am islamischen Familienrecht festhalten möchte, wer nicht zulässt, dass die Töchter am Schwimmunterricht teilnehmen oder unverheiratet Liebschaften haben, der ist in seinem Herkunftsland oder im Herkunftsland seiner Ahnen besser aufgehoben, und das sollte man auch unmissverständlich kommunizieren.

Organisation des Islam in Deutschland

Die überkommene Sonderstellung, die Staatsnähe und die damit verbundenen Privilegien der christlichen Kirchen in Deutschland sollten allmählich abgebaut werden. Ihre Zeit ist abgelaufen. Das deutsche Vereinsrecht bietet alle Möglichkeiten, um christliche Kirchen und andere Religionsgemeinschaften staatsfern zu organisieren und in diesem Rahmen freie Religionsausübung zu praktizieren. Es wäre ein Irrweg, wollte man den Islam und andere Religionen an den Status als öffentlich-rechtliche Körperschaft heranführen, den die christlichen Kirchen bei uns »noch« haben.

Moscheegemeinden oder islamische Dachverbände können ihren Aufgaben in Deutschland in Form eines eingetragenen Vereins nachgehen. Für wirtschaftliche Zwecke, etwa den Betrieb einer Einrichtung, können sie auch Kapitalgesellschaften gründen. Wenn ein Verein ausschließlich unmittelbar gemeinnützige, mildtätige oder kirchliche Zwecke verfolgt, kann er durch das Finanzamt als gemeinnützig und damit steuerbegünstigt anerkannt werden.

Die Gemeinnützigkeit und die damit zusammenhängende steuerliche Begünstigung werden durch das Finanzamt geprüft. Eine regelmäßige Rechnungslegung ist also erforderlich. Islamische Verbände und Moscheegemeinden werden gesetzlich verpflichtet, ihre Finanzierung offenzulegen. Das gilt für alle Spenden und Beiträge im Inland und für alle finanziellen Zuwendungen aus dem Ausland. Direkte und indirekte Zuwendungen an deutsche Verbände und Moscheegemeinden aus dem Ausland werden generell untersagt. Das gilt auch für die Finanzierung von Imamen. Es muss deutlich werden, aus welchen Quellen z.B. Moscheebauten und die in den Moscheegemeinden tätigen Imame finanziert werden. Nach einer Übergangszeit sollte die steuerliche Gemeinnützigkeit daran geknüpft sein, dass in den Moscheen ausschließlich auf Deutsch gepredigt wird.

Islamische Theologie an den Hochschulen
Forschung und Lehre an den Universitäten kann durchaus auch islamische Theologie umfassen. Allerdings sollte diese dann nach den anerkannten Maßstäben einer kritischen Wissenschaft betrieben werden. Professoren und anderes Lehrpersonal müssen wissenschaftlichen Maßstäben genügen. Islamische Theologie sollte in der philosophischen Fakultät angesiedelt sein. Die angemessene Verzahnung mit

Sprachwissenschaften, Geschichtswissenschaften und Philosophie muss sichergestellt sein. Über die Abschlüsse, die an Lehrstühlen für islamische Theologie möglich sind, müssen die Universitäten befinden. Beiräte, die allerdings nur beratende Rechte haben dürfen, können der Kommunikation mit den Moscheegemeinden und den islamischen Dachverbänden dienen.

Religionen definieren sich dadurch, dass ihre Glaubensinhalte sich gegenseitig ausschließen. Deshalb sind die theologischen Fakultäten überall in Deutschland nach Konfessionen getrennt. Zu einer theologischen Fakultät, die die Grenzen der Religionen überwölbt, würde ein philosophischer Agnostizismus gehören, der dem Kerngehalt des religiösen Denkens, das an die Wahrheit einer Offenbarung glaubt, prinzipiell fremd ist. Nachdem sich an deutschen Universitäten bislang nicht einmal evangelische und katholische Theologen auf eine Vereinigung ihrer Fakultäten einigen können, halte ich es für eine utopische Vorstellung, islamische Theologie mit christlicher Theologie unter einem universitären Fakultätsdach zu vereinigen.[29]

Religionsunterricht an den Schulen
In Deutschland gibt es in 13 von 16 Bundesländern an staatlichen Schulen konfessionsgebundenen Religionsunterricht. In Bremen, Berlin und Brandenburg gibt es ihn nicht. Der Religionsunterricht wird von beim Staat angestellten Lehrern, die die kirchliche Lehrerlaubnis haben, nach den inhaltlichen Vorgaben der zuständigen Kirche abgehalten.

Dieses Modell ist auf den islamischen Religionsunterricht nicht anwendbar, da es auf der Seite des Islam an einer der Kirche vergleichbaren religiösen Institution fehlt, die als Ansprechpartner dienen kann.[30] In verschiedenen Bundesländern werden unterschiedliche vorläufige Lösungen ausprobiert, um dieses Problem zu überbrücken.[31] Das Problem beginnt aber bereits eher, nämlich bei der Ausbildung islamischer Religionslehrer an den Hochschulen.[32] Professoren, die an staatlichen Hochschulen für die Ausbildung islamischer Religionslehrer zuständig sind, stoßen durchweg auf großen Widerstand der islamischen Dachverbände, weil der Islam, den sie lehren, aus deren

Sicht zu liberal ist.[33] So hängt das ganze Modell der Ausbildung von Religionslehrern nach dem Modell der christlichen Kirchen für den Islam weitgehend in der Luft.

Der Staat muss aber ein großes Interesse daran haben, dass islamischer Religionsunterricht, soweit er stattfindet, einen liberalen, mit dem säkularen Staat kompatiblen Islam verbreitet, nicht einen konservativen Kopftuch-Islam, der die wörtliche Interpretation des Korans, die Geltung der Scharia und ein rückständiges Frauenbild propagiert. Ebenso geht es nicht an, dass ausländische Stellen die Inhalte des staatlichen Religionsunterrichts in Deutschland beeinflussen. Das ist z.B. der Fall bei der DITIB, die über die türkische Religionsbehörde indirekt vom türkischen Staat eingesetzt wird, um die Türken in Deutschland zu überwachen und zu steuern.

Ferner ist schon der reine Umstand, dass islamischer Religionsunterricht in staatlichen Schulen angeboten wird, geeignet, die islamischen Schüler in eine Sonderstellung zu bringen und insofern eine Spaltung der Schülerschaft entlang religiöser Grenzen zu fördern, statt sie zu unterbinden. Dabei tritt noch hinzu, dass es bei Muslimen nicht jene Freiheit gibt, von der Religion Abstand zu halten, wie bei den Christen. In der Lebenswirklichkeit der deutschen Schulen gehört unter den Nichtmuslimen ein großer Teil der Schüler überhaupt keiner Religionsgemeinschaft an. Andere verzichten trotz formaler Kirchenmitgliedschaft auf die Teilnahme am Religionsunterricht. In der Sekundarstufe II nimmt deshalb regelmäßig nur eine Minderheit der Schüler am Religionsunterricht teil.

Bei den Muslimen ist eine sichtbare Distanzierung vom Glauben für den Einzelnen aber viel schwieriger, zumal Apostasie als Todsünde gilt. Der Gruppendruck ist für säkulare Muslime mit Religionsdistanz viel höher als bei Christen, das gilt auch für die Teilnahme am Religionsunterricht. *Eine liberale Einstellung der muslimischen Schüler, die das Religiöse im Ungefähren lässt, wird also schon durch den Umstand bedroht, dass überhaupt islamischer Religionsunterricht angeboten wird.*

Es gibt gegenwärtig keine zitierfähigen Berichte über Erfahrungen mit den praktischen Auswirkungen islamischen Religionsunterrichts. Informell hört man allerdings häufig die Einschätzung, dass dadurch die kulturelle Trennung zwischen muslimischen und nicht muslimischen Schülern eher verstärkt als überwunden wird.

Der beste Weg zur Gleichbehandlung der Religionen beim konfessionsgebundenen staatlichen Religionsunterricht besteht in dessen Abschaffung. Es handelt sich sowieso um einen überständigen Rest deutschen Staatskirchentums, der zudem das schnelle Schwinden der religiösen Präsenz christlicher Kirchen nicht einmal aufhalten konnte. Stattdessen sollten an den Schulen vermehrt Geschichte und Gemeinschaftskunde gelehrt werden. Dazu gehören auch die Grundlagen einer politischen und religiösen Ideenlehre. Schüler brauchen eine Kombination von historischem, politischem, philosophischem und religiösem Faktenwissen und eine Schulung im logischen und kritischen Denken. Das ist die Aufgabe einer staatlichen Schule. So werden die Schüler am besten befähigt, ihre religiösen Überzeugungen zu reflektieren, einzuordnen und kritisch zu hinterfragen. Konfessionsgebundener Religionsunterricht ist immer eine einseitige Indoktrinierung unter Umgehung des kritischen, fragenden Verstandes. Das sollte ein staatliches Schulcurriculum nicht fördern.

Die Rolle der Scharia

Wie bereits in Kapitel 1 im Abschnitt »Hadithe und Scharia« ausgeführt, umfasst das »weite Verständnis der Scharia (...) die Gesamtheit aller religiösen und rechtlichen Normen, Mechanismen zur Normfindung und Interpretationsvorschriften des Islam«.[34] Ihre religiösen Normen (z. B. Beten und Fasten) unterliegen zwar grundsätzlich der Religionsfreiheit. Einige Normen sind aber zumindest in ihrer traditionell-konservativen Auslegung evident verfassungswidrig. »Darunter fallen die verschiedenen Elemente der rechtlichen Unterscheidung zwischen Mann und Frau oder zwischen Muslimen und Nichtmuslimen im Erb- und Familienrecht wie auch die drakonischen Strafen des *Hadd*- oder *Hadud*-Strafrechts (z. B. Steinigung bei Ehebruch), die gegen Menschen- und Grundrechte verstoßen.« Der »von Muslimen erhobene Anspruch, in einigen kritischen Bereichen wie dem Familienrecht islamisches anstelle von säkularem Recht anzuwenden«, muss deshalb strikt abgelehnt werden.[35] Im Rahmen des internationalen Privatrechts kann man die Rechtsfolgen des Rechts ausländischer Staaten, z.B. im Eherecht, so weit akzeptieren, wie diese nicht in Widerspruch zu elementaren deutschen Normen stehen. Durch die Anwendung ausländischen Privatrechts darf es nicht zu einer Schlechterstellung von bei uns lebenden Personen gegenüber dem deutschen Recht kommen.

Formen rechtlicher Parallelstrukturen sind vor allem aus Großbritannien bekannt.[36] Sie rühren aus der britischen Kolonialgeschichte. So galt in der Kronkolonie Indien das islamische Familienrecht. Dieses wurde mit muslimischen Einwanderern aus den Nachfolgestaaten der Kronkolonie quasi nach Großbritannien importiert. Erleichtert wurde dies dadurch, dass die Bürger der ehemaligen Kolonien noch lange Zeit als »british subjects« galten.

Islamische Paralleljustiz, bei der die staatliche Rechtsordnung bewusst missachtet wird, gibt es auch in Deutschland. Dafür führt Joachim Wagner in *Richter ohne Gesetz* zahlreiche Beispiele an.[37] Jedwede direkte oder indirekte Paralleljustiz ist abzulehnen und muss bekämpft werden. Über ihren tatsächlichen Umfang ist wenig bekannt, systematisch erfasst wurde sie bisher nicht.[38]

Das Verhältnis der Muslime zu Staat und Gesellschaft bedarf einer klaren Erwartungshaltung

Ohne Wunschdenken müssen wir uns Klarheit darüber verschaffen, welche Anforderungen an einen mit Demokratie und Freiheit kompatiblen Islam zu stellen sind und wie sie durchgesetzt werden können. In den westlichen Ländern möchte man nur zu gerne an die grundsätzliche religiöse Toleranz des Islam glauben, denn diese ist ja die entscheidende Voraussetzung für ein dauerhaft friedliches Miteinander der Muslime mit den Menschen in den aufnehmenden säkularen Gesellschaften.

In Kapitel 1 hatte ich gezeigt, dass diese Toleranz des Islam im Koran jedenfalls nicht erkennbar ist. Der an der Universität Tallin lehrende Arabist Otto Jastrow hält sie für ein »Wunschbild des Westens«, er kritisiert: »Dass aber die Anhänger dieses Wunschbilds selbst nicht mehr daran glauben, zeigt sich immer häufiger in der vorauseilenden Unterwürfigkeit, mit der in Europa christliche Positionen geräumt werden. Vielerorts werden in der Öffentlichkeit keine Christbäume mehr aufgestellt, in der Schule werden keine Weihnachtslieder mehr gesungen, und als bisheriger Höhepunkt legten zwei deutsche Bischöfe auf dem Jerusalemer Tempelberg ihre Kreuze ab, um den muslimischen Hausherren ›ihren Respekt‹ zu bezeugen.«[39]

Immer wieder sind es liberale Muslime, die den Westen vor seiner Naivität warnen.

Kyai Haji Yahya Cholil Staquf, der bereits zitierte Generalsekretär der größten Muslim-Vereinigung in Indonesien, hält drei Problemkreise für besonders wichtig: »Erstens das Verhältnis von Muslimen zu Nichtmuslimen. Zweitens das Verhältnis von Muslimen zum Staat. Drittens das muslimische Verhältnis zum Recht.«[40]

Das Verhältnis von Muslimen zu Nichtmuslimen
Die islamische Einteilung in *wir* und *die*, in *Gläubige* und *Ungläubige*, belastet das Zusammenleben der Muslime mit Menschen fremder Religionen bzw. mit Menschen, die wie im Westen großenteils überhaupt nicht religiös, also in diesem Sinne »gottlos«, sind.

Für ein harmonisches Miteinander mit »Ungläubigen« müssen Muslime grundsätzlich dem Gedanken entsagen, dass ihr Glaube sie vor »Ungläubigen« auszeichnet, dass er sie zu besseren Menschen macht. Sie müssen den Anspruch aufgeben, dass der Islam überall dort herrschen soll, wo Muslime die Mehrheit haben. Sie müssen von der Vorstellung Abschied nehmen, dass sie dort besondere Rechte haben, wo sie (noch) in der Minderheit sind. Sie müssen akzeptieren, dass das Religiöse privat und keine öffentliche Angelegenheit ist. Dazu gehört auch der Verzicht darauf, sich kollektiv durch die Bedeckung und Verschleierung der Frauen optisch von der Mehrheitsgesellschaft abzuheben.

All das müssen sie verinnerlichen. Es muss deutlich werden, dass dies keine taktische Anpassung an die Situation einer Minderheit ist. Der empirische Test über das Verhältnis von Muslimen zu Nichtmuslimen findet überall dort statt, wo Muslime in der Mehrheit sind, und er geht bislang, wie in Kapitel 3 im Abschnitt »Religion vor Demokratie und Menschenrechten« umfassend dargelegt, durchgehend negativ aus. Nirgendwo, wo Muslime die Mehrheit haben, sind Nichtmuslime vollständig gleichberechtigt. Oft sind sie Verfolgungen ausgesetzt, und ihre Religionsfreiheit ist vielfältig eingeschränkt.

Da verwundert es nicht, dass die Einstellungen von Muslimen auch dort auf Misstrauen stoßen, wo sie (noch) in der Minderheit sind.

Das Verhältnis von Muslimen zum Staat
In der koranischen Tradition gibt es keine Trennung von göttlicher und weltlicher Herrschaft. Gott ist der Herrscher von allem, weltliche und religiöse Macht werden als Einheit gedacht. Darum tragen viele Staaten in ihrem Namen das Adjektiv »islamisch«, darum enthält ihr Recht Elemente der Scharia. Der säkulare Staat als reines Menschenwerk ist ihnen fremd. Was nicht von Gott kommt, hat keine Legitimität.

Im säkularen Staat darf man Mohammed verspotten, man darf Alkohol trinken, und ehrbare Frauen dürfen vor der Heirat Sex haben. Das göttliche Recht, das dem Einhalt gebieten könnte, gibt es nur im Himmel und nicht auf Erden. Solange Muslime dies nicht verinnerlichen, halten sie, bewusst oder unbewusst, an einer totalitären Staatsauffassung fest, die die Trennung von göttlicher und weltlicher Macht nicht akzeptiert.

In weltlichen Dingen steht der Staat über der Religion. Was er verbietet, hat Vorrang vor dem, was die Religion erlaubt. Was er erlaubt, ist auch dann erlaubt, wenn es durch das religiöse Gesetz verboten ist.

Das muslimische Verhältnis zum Recht
Der christliche Gouverneur von Jakarta, Basuki Tjahaja Purnama, verlor nicht nur eine Wahl, sondern musste im Mai 2017 auch für zwei Jahre wegen Gotteslästerung ins Gefängnis, weil er sich abfällig über den Koran geäußert haben soll. Dabei hatte er lediglich die missbräuchliche Verwendung von Koranversen durch seine politischen Gegner kritisiert.[41] Der dänische Zeichner Kurt Westergaard muss sich wegen seiner Mohammed-Karikaturen lebenslang vor Attentätern verstecken. Der britische Autor Salman Rushdie musste 1989 wegen seines

Buches *Satanische Verse* untertauchen, weil Ajatolla Khomeini ihn deshalb in einer Fatwa zum Tode verurteilte. Die Redakteure von *Charlie Hebdo* mussten im Januar 2015 sterben, weil sie von ihrem Recht Gebrauch gemacht hatten, den Islam zu verspotten.

Wo Muslime die Mehrheit haben, setzen sie der Meinungsfreiheit enge religiöse Grenzen. Und wo sie in der Minderheit sind, akzeptieren viele die Gesetze ihrer Gastvölker nicht, sondern möchten die eigenen Standards notfalls mit Gewalt durchsetzen. Was als das religiöse Gesetz gilt, soll Vorrang haben vor dem weltlichen Recht, und das wird notfalls mit Gewalt auch gegenüber Ungläubigen durchgesetzt.

Die Denkweise der Muslime können wir weder durch Verwaltungsmaßnahmen noch durch Umerziehungsprogramme unmittelbar ändern. Aber wir können unsere eigenen Standards immer wieder deutlich machen und mit Sanktionen gegen jene vorgehen, die nachweislich dagegen verstoßen. Auch können wir verhindern, dass die künftige Einwanderung nach Deutschland und Europa wie in den vergangenen Jahren vornehmlich aus Muslimen besteht.

Die Rolle der Islamkonferenz

Vor diesem Hintergrund muss auch die Rolle der Islamkonferenz neu durchdacht werden. Es ist nichts dagegen einzuwenden, dass der zuständige Bundesinnenminister mit islamischen Dachverbänden einen regelmäßigen offenen Austausch pflegt und dieses Format »Islamkonferenz« nennt. Allerdings sollte es für die Teilnahme von islamischen Verbänden ein Quorum über die nachgewiesene Mindestzahl der von ihnen vertretenen Mitglieder geben. Auch sollten nur solche Verbände teilnehmen dürfen, bei denen eine direkte oder indirekte Finanzierung aus ausländischen Quellen nachweislich ausgeschlossen ist.

Ziel muss es sein, durch den Austausch in der Islamkonferenz die kulturelle Integration und schnelle Assimilation der bei uns dauerhaft lebenden Muslime zu fördern. Dabei müssen vorhandene Integrationsmängel, wie sie sich bei Bildung, Arbeitsmarkt und Kriminalität zeigen, offen angesprochen werden. Gemeinsam mit den Verbänden sollte man überlegen, wie man Bildungsleistung steigern, Kriminalität senken und Radikalisierung verhindern kann.

Überhaupt keinen Raum gibt es dafür, den Muslimen bzw. den islamischen Verbänden irgendetwas als Gruppe zuzugestehen, was über die individuellen Bürgerrechte hinausgeht und Gruppen einen Sonderstatus verleiht. Das gilt auch für Speisevorschriften und Bekleidungsfragen. Deshalb gibt es auch keinen Raum für besondere Verträge mit den islamischen Dachverbänden über welchen Gegenstand auch immer. Muslime sind Bürger und haben als solche Anspruch auf Gleichbehandlung vor den für alle geltenden Gesetzen. Nicht mehr und nicht weniger. Wenn die islamischen Dachverbände vor diesem Hintergrund an der Fortsetzung der Islamkonferenz kein Interesse haben und diese folglich ausläuft, so ist damit auch kein Schaden eingetreten. Christen, Juden, Buddhisten oder Hindus unterhalten ja auch kein vergleichbares Format mit staatlichen Stellen.

Necla Kelek, Mitglied in der ersten Islamkonferenz, befürchtet bzw. hält es sogar für wahrscheinlich, dass Bundeskanzlerin Angela Merkel den Islamverbänden weit entgegenkommen möchte, um die Islamdebatte zu beruhigen, und deshalb zu weitgehenden Zugeständnissen hinsichtlich kollektiver Vertretungsrechte der Verbände bereit ist.[42] Bei Redaktionsschluss für dieses Buch war noch offen, ob der für die Islamkonferenz zuständige Bundesinnenminister Seehofer dies anders sieht und inwieweit er sich durchsetzen wird.

Die Integrationspolitik muss entmystifiziert werden, dazu gehört auch die Einsicht in ihr Scheitern

Hamed Abdel-Samad hält »es für eine Berufskrankheit vieler Migrationsforscher, dass sie dazu neigen, Migranten in Schutz zu nehmen und die Schuld bei Problemen allein dem Staat und der Mehrheitsgesellschaft in die Schuhe zu schieben«. Für ihn ist die Integration gescheitert. Gründe dafür sieht er

– in Mängeln bei Bildung, Erziehung und Wertevermittlung,
– in der Politisierung und Institutionalisierung des Islam in Deutschland,

- in der Naivität der Politiker und
- in der Passivität vieler friedlicher Muslime.

Aus Abdel-Samads Sicht sind wir »an einem Punkt angelangt, an dem wir sehr viel ändern müssen. Deutschland schafft sich mit Sicherheit nicht gleich ab, aber dem Land droht eine große Spaltung, die später vielleicht nicht mehr rückgängig zu machen ist. Der Staat und seine Organe, die Zivilgesellschaft die bisher weitgehend schweigende Masse aus Deutschen und liberalen Muslimen müssen endlich handeln!«[43]

Aufschlussreich ist ein geradezu euphorischer Artikel des Magazins der Bertelsmann Stiftung über die Erfolge des liberalen Bürgermeisters Bart Somers in der multiethnischen belgischen Stadt Mechelen: Er setzt auf Sauberkeit und umfassende Videoüberwachung und hat die Polizeipräsenz in der Stadt stark erhöht. So stieg das Sicherheitsgefühl der Bürger. In Sportvereinen werden die Kräfte der arabischen und türkischen Jugendlichen gebunden. Das Erfolgsgeheimnis sind klare Regeln des Zusammenlebens, die auch durchgesetzt werden, und nicht gruppenbezogene Zugeständnisse an konservative Muslime. Vom Islam oder den Muslimen ist im ganzen Artikel an keiner Stelle die Rede. Nur am Rande wird erwähnt, dass der Sportverein Salaam Arabischkurse anbietet, damit die jungen Muslime, die dort Sport treiben, den Koran auch auf Arabisch lesen können. Das soll angeblich der Radikalisierung vorbeugen.[44]

Die Bildungspolitik muss kulturelle Assimilation unterstützen und auf Integration durch Leistung setzen

Rolle der Lehrer

Lehrer und Erzieher sind für die Schüler die sichtbarsten Vertreter des religionsneutralen, säkularen Staates, die sie zudem in ihrer Kindheit und Jugend während eines Zeitraums von rund anderthalb Jahrzehnten am intensivsten erleben. Erfolgreiche Integration und Ertüchtigung für das Leben in den modernen Wissensgesellschaften des Westens findet in Kitas und Schulen statt, oder sie findet gar nicht statt.

Generell werden erfolgreiche Integration und individuelle Ertüchtigung durch das staatliche Bildungssystem immer schwieriger, weil sich einige negative Megatrends seit einiger Zeit kombinieren:

- Die unterschiedliche Verteilung der Geburtenhäufigkeit in den gesellschaftlichen Schichten bewirkt, dass der Anteil der Kinder aus bildungsnahen Elternhäusern sinkt und zugleich die durchschnittliche Bildungsfähigkeit abnimmt.
- Das Bildungssystem passt sich an diesen Trend durch tendenziell sinkende Anforderungen an. So steigt die Zahl formaler Bildungsabschlüsse, während gleichzeitig deren Niveau sinkt.
- Der Anteil von Kindern mit Migrationshintergrund steigt gerade in den jungen Jahren stürmisch. Die Flüchtlingswelle seit 2015 hat diesen Trend noch befeuert. Kinder mit nicht deutscher Herkunftssprache stellen in immer mehr Schulklassen die Mehrheit, während deutsche Kinder oft nur noch Minderheiten sind. Dieser Trend wird zunehmen. Die natürliche Sozialisation durch das Umfeld der Mitschüler wird so in unerwünschte Bahnen gelenkt. Islamischer Fanatismus und Radikalisierung unter den Schülern haben dann ein leichteres Spiel. Das Deutschlernen durch das natürliche »Sprachbad« der Mitschüler fällt immer häufiger aus. Der Einfluss der kulturellen Prägung durch die deutschen Schüler wird geringer.
- All das erhöht die Anforderungen an die Qualität des Unterrichts und die Motivation der Lehrkräfte erheblich. Die steigenden Anforderungen treffen jedoch auf einen zunehmend überalterten und demotivierten Lehrkörper. Die Nachwuchsgewinnung gestaltet sich immer schwieriger.[45]

Diese Lücken lassen sich nicht durch flotte Bildungsoffensiven schließen. Hier ist nachhaltige Arbeit, vor allem Einsicht in die großen Fehler der vergangenen Jahre und Jahrzehnte, nötig. Dazu habe ich mich in den vergangenen Jahren wiederholt und intensiv geäußert und konkrete Vorschläge gemacht.[46]

Für die bessere Integration und den langfristigen Bildungserfolg der muslimischen Migranten erscheinen mir vier Punkte zentral:

1. *Ständige Transparenz von Leistungsniveaus und -defiziten auf individueller und gruppenbezogener Ebene*
Berlin hat neben Bremen seit vielen Jahren trotz eines sehr günstigen Verhältnisses zwischen der Zahl von Lehrern und Schülern die schlechtesten Ergebnisse bei Vergleichstests über die Bildungsleistung.

Als Finanzsenator war ich von 2002 bis 2009 ohnmächtiger Zeitzeuge, wie eine Reihe hanebüchener illusionsgetriebener Reformen die Verhältnisse immer weiter verschlechterte und wie all jene, die in Berlin politischen Ehrgeiz hatten, einen möglichst weiten Abstand zwischen sich und das Schulressort legten. Einig waren sich alle Zuständigen immer darin, möglichst niedrige Anforderungen zu stellen und objektive Messungen der tatsächlichen Bildungsleistung möglichst zu vermeiden.

So geriet das System immer weiter in einen Abwärtsstrudel. Als türkischer oder arabischer Migrant schafft man es heute in Berlin ohne Weiteres in die Mittelstufe eines Gymnasiums oder gegebenenfalls auch noch weiter, ohne dass man einen etwas anspruchsvolleren Text aus einem Sachbuch fließend vorlesen kann, vom Textverständnis ganz zu schweigen. In ihrem Amt ungefährdet, regiert in Berlin seit 2012 eine Schulsenatorin, die zu den Problemen in den Schulen und zu ihrer Lösung große Distanz hält und generell so tut, als ob die Probleme mit muslimischen Schülern entweder nicht existieren oder nicht in ihre Zuständigkeit fallen.

Das Erste und Dringendste, was man bei den heutigen immer diverser werdenden Schülerschaften und dem sich immer weiter auseinanderziehenden Leistungsfeld braucht, ist ein objektives Diagnoseinstrument, das zu jeder Zeit, mindestens aber einmal im Jahr, klar zeigt, wo der einzelne Schüler in den Kernqualifikationen steht, wie groß sein Rückstand ist und welche Fortschritte er gemacht hat.

Durch ein nach einheitlichen Maßstäben bundesweit eingesetztes Testverfahren können solche Informationen regelmäßig und zuverlässig erbracht werden. So weiß jeder Schüler und wissen seine Eltern, wo er im Verhältnis zu seinen Klassenkameraden, zum Durchschnitt der Schule, zum Landes- und zum Bundesdurchschnitt leistungsmäßig steht und welche Fortschritte er gemacht hat. Lehrer und Schulleitungen werden nach den erzielten Ergebnissen beurteilt.

Die Ergebnisse werden bundesweit elektronisch ausgewertet, und die Resultate dieser Auswertung werden regelmäßig und vollständig veröffentlicht. Die einzige Grenze ist dabei der individuelle Datenschutz für den einzelnen Schüler.

Die Auswertungen umfassen auch den sozioökonomischen Hintergrund, den Migrationshintergrund und die Religion der Schüler. Wenn z. B. auf diese Art Defizite in der Bildungsleistung muslimischer Migranten identifiziert werden, so hat man eine sehr gute Grundlage für eine fruchtbare Debatte in der Islamkonferenz. Sollte sich zeigen, dass die Leistungen umso schlechter sind, je religiöser der Schüler ist, könnte die Debatte zielführend werden.

Da das Leistungsprofil ab dem ersten Schuljahr für jeden einzelnen Schüler differenziert und nach bundesweit einheitlichen Maßstäben erfasst wird, bleibt genügend Zeit, um individuell und differenziert gegenzusteuern. Wenn sich zeigt, dass Herkunftsgruppen in ihren Leistungen systematisch und anhaltend voneinander abweichen, stellt sich die politische Frage, ob die Schwerpunkte in der Einwanderungspolitik richtig gesetzt wurden.

2. *Klares Profil in der Staatsbürgerkunde*

Statt des Religionsunterrichts sollte es ein für alle verpflichtendes Schulfach geben, das Fragen der Ethik, der Staatsbürgerkunde und der Gemeinschaftskunde umfasst. Auch die Ideengebäude von politischen Theorien und Religionen zählen dazu. Ziel ist eine ausreichende Kenntnis der Institutionen und Regularien von Staat und Gesellschaft und der leitenden Prinzipien unserer politischen und gesellschaftlichen Ordnung.

Durch einen bundesweiten Lehrplan werden über die Unterrichtsinhalte verbindliche Vorgaben gemacht, die so gestaltet sind, dass die Lehrkräfte dem nicht durch subjektive Selektivität ausweichen können. Staatsbürgerkunde muss mit mindestens zwei Wochenstunden gelehrt werden So soll ein klares Gegengewicht gegen fundamentalistische und radikalisierende Einflüsse geschaffen werden.

3. *Kein Kopftuch in der Schule*

Der in Deutschland weitgehend bestehende politische Konsens, dass Lehrkräfte an staatlichen Schulen wegen des Gebots der weltanschaulichen und religiösen Neutralität kein Kopftuch tragen dürfen, beruhte auf einem Urteil des Bundesverfassungsgerichts aus dem Jahr 2003, wonach es im Sinne des staatlichen Neutralitätsgebots zulässig ist, »durch das äußere Erscheinungsbild einer Lehrkraft vermittelte religiöse Bezüge von den Schülern grundsätzlich fernzuhalten, um Konflikte mit Schülern, Eltern oder anderen Lehrkräften von vornherein zu vermeiden«. In einer Entscheidung vom Januar 2015 änderte das Bundesverfassungsgericht seine Linie und sprach der im Kopftuch zum Ausdruck kommenden Religionsfreiheit der Lehrerin grundsätzlich ein höheres Gewicht zu. Dieses dürfe nur untersagt werden, wenn dafür eine konkrete Gefahr für den Schulfrieden ausgehe. Das Urteil war im zweiten Senat des Bundesverfassungsgerichts kontrovers, es fiel mit zwei Gegenstimmen.[47]

Für die Senatsmehrheit war der freie Ausdruck der religiösen Überzeugung der Lehrerin durch das Tragen eines Kopftuchs in dienstlicher Funktion vorrangig. Nachrangig war die von der Senatsmehrheit nicht bestrittene Tatsache, dass das Kopftuch auch der Ausdruck eines politischen Islam ist, der auf eine Unterdrückung und mindere Stellung der Frau zielt. Als nachrangig galt auch die Gefahr, dass die Freiheit der muslimischen Schülerinnen, sich für oder gegen das Kopftuch und das mit diesem verbundene weibliche Rollenbild zu entscheiden, hierdurch weiter eingeschränkt werden könnte. Für die Senatsminderheit war dagegen vorrangig, die Freiheit der muslimischen Schülerinnen vor dem Konformitätsdruck eines konservativen Islam und des mit ihm verbundenen Frauenbildes zu schützen, das der Gleichberechtigung widerspricht.

Natürlich teile ich die Position der Senatsminderheit. Das Votum der Senatsmehrheit zeigt eine Tendenz zur Blindheit gegenüber den Gefahren eines konservativen Islam für die offene Gesellschaft. Es räumt der Freiheit des religiösen Ausdrucks für Amtsträger auch dann Vorrang ein, wenn hierdurch die tatsächliche Ausübung der religiösen und bürgerlichen Entscheidungsfreiheit für ganze Bevölkerungsgruppen behindert wird. Schreibt man den Geist dieses Urteils weiter fort, so ist es klar, welche Tendenz die deutsche Gesetzgebung und Rechtsprechung in Zukunft haben wird, wenn das Gewicht eines konservativen Islam in Deutschland weiter zunimmt, was aus demografischen Gründen ziemlich unvermeidlich ist und durch die aktuelle Einwanderungspolitik noch dramatisch verstärkt wird.[48] Der ansonsten stets geduldige Sachverständigenrat für Integration zeigt sich in seinem Jahresgutachten 2016 über das Urteil fassungslos und befürchtet, dass das Urteil im Schulalltag »eher neuen Streit und neue Probleme schafft, als alten Streit zu beenden und alte Probleme zu lösen«.[49]

Im Verlauf dieses Buches habe ich wiederholt dargestellt, dass die öffentliche Bedeckung der Frauen und die dadurch zum Ausdruck kommende Ordnung der Geschlechter für das Selbstverständnis und den Machtanspruch des konservativen Islam, insbesondere auch für jede Form des politischen Islam, konstitutiv ist. *Wo die Frauen sich nicht bedecken müssen und ihr Leben sowie ihre sexuellen Beziehungen frei nach eigenem Willen gestalten können, hat der konservative Islam seine wesentlichen Möglichkeiten, sich auszudrücken und seinen Machtanspruch zu formulieren, verloren.* Man kann dann in Ruhe abwarten, welche Kraft die rein privat gelebte Religion in der modernen Gesellschaft auf die Dauer entfaltet.

Diesen Machtkampf mit dem konservativen Islam muss die westliche Gesellschaft auch annehmen. Er beginnt in den Schulen und auf den Schulhöfen. Ich spreche mich deshalb dafür aus, dass das Tragen des Kopftuchs an öffentlichen Schulen für Lehrkräfte und Schülerinnen generell untersagt wird. Es ist kein Zufall, dass es in Deutschland dort besonders viele Kopftücher gibt, wo die Kinderzahl groß und die Abhängigkeit von sozialen Transfers hoch ist.

4. *Abbau falscher Anreize in der Sozialpolitik*
Das deutsche Sozialsystem ermöglicht durch das Kindergeld und die soziale Grundsicherung auch jenen Menschen den Unterhalt

von Kindern und Familien, die eine Familie aus eigener Kraft nicht ernähren könnten, weil ihr Erwerbseinkommen zu gering oder zu unregelmäßig ist oder ganz ausfällt. Gerade diese Gruppe hat häufig besonders viele Kinder und besonders große Familien. Das führt dazu, dass die durchschnittliche Kinderzahl in Deutschland mit dem sozioökonomischen Status der Eltern negativ korreliert. Dies betrifft auch die Migranten. Es setzt für die Familien und für die Gesellschaft insgesamt falsche Anreize. Es wäre richtiger, wenn man die Geldleistungen für Kinder generell stark reduzieren würde. Dieses Geld ist in Kitas und Ganztagsschulen besser angelegt. Je intensiver, besser und auch zeitlich länger die Betreuung der Kinder und Schüler in qualifizierten vom Staat betriebenen oder beaufsichtigten Einrichtungen ist, umso weniger Zeit bleibt zudem für den Aufenthalt in Moscheen und Koranschulen.

Besonders anschaulich wird die grundsätzliche Fehlanlage der deutschen Sozial- und Familienpolitik in Bezug auf das Integrationsziel, wenn man sich ein beliebtes Geschäftsmodell krimineller muslimischer Großclans vor Augen führt: Diese haben in vielen Großstädten – darunter Berlin, Bremen, Duisburg, Gelsenkirchen, Dortmund – zu niedrigen Preisen Mehrfamilienhäuser in äußerst schlechtem Zustand erworben. Dort leben oft Clanmitglieder, deren Miete vom Sozialamt oder Jobcenter bezahlt wird und unmittelbar in die Taschen des Clans fließt. So finanziert der Sozialstaat dessen Eigentumsbildung. Außerdem werden in den Schrottimmobilien gezielt Armutszuwanderer untergebracht, die sogar, soweit sie aus der EU kommen, von den Clans mit fingierten Arbeitsverträgen für geringfügige Beschäftigung ausgestattet werden. Die Clans zeigen den zumeist kinderreichen Neuankömmlingen auch, wie man Kindergeld beantragt. Alle staatlichen Leistungen werden dann großenteils von den kriminellen Vermietern einkassiert. Es ist zu begrüßen, dass Nordrhein-Westfalen künftig Staatsanwälte einsetzen will, die sich ausschließlich mit kriminellen Großfamilien befassen.[50]

Über den Islam und die Muslime in Deutschland und Europa muss transparent, offen und vollständig berichtet werden

Aus der amtlichen Statistik muss zu jeder Zeit vollständig, differenziert und transparent ablesbar sein, wo die Muslime in Deutschland stehen und wie es um ihre Integration bestellt ist:

- Für alle Religionen muss gelten, dass das religiöse Bekenntnis standesamtlich und in der Meldestatistik registriert wird, beginnend bei der amtlichen Geburtenstatistik. Wer die Angabe verweigert, wird in der Statistik unter »keine Religion« geführt. Wenn sich viele Muslime als religionslos registrieren lassen, ist das auch ein Beitrag zur gesellschaftlichen Klärung.
- Auch im jährlichen Mikrozensus wird die Religionszugehörigkeit jahrgangsscharf ausgewiesen.
- Alle Statistiken des Mikrozensus und der regelmäßigen Volkszählung erhalten eine vollständige Auswertung aller erfassten Merkmale auch nach der Religionszugehörigkeit.
- Das gilt auch für die Statistik über Bildungs-, Berufs- und Universitätsabschlüsse sowie für die regelmäßig durchzuführenden Tests der Bildungsleistung an den allgemeinbildenden Schulen.
- Ein analoges Verfahren wird auch für die polizeiliche Kriminalitätsstatistik eingeführt.

So wird klar, wo die verschiedenen Religionsgruppen einschließlich derer, die »keine Religion« angeben, sozioökonomisch stehen. Jedermann kann sehen, welche Religionen zur Gesellschaft in besonderem Maße beitragen und wo der Beitrag unterdurchschnittlich oder negativ ist.

Dadurch ändert sich die öffentliche Debatte, und das ist beabsichtigt. Muslime und andere Religionen auch sollen sich damit auseinandersetzen, wo ihre Gläubigen in der Gesellschaft stehen. Nur so gibt es eine zuverlässige Grundlage, um die Ursache für solche Unterschiede offen zu diskutieren. In einer säkularen offenen Gesellschaft werden solche Religionen an Prestige einbüßen, die ihre Mitglieder offenbar beim Lebenserfolg behindern, indem sie ihnen falsche Einstellungen mitgeben. Die sozioökonomische Wirklichkeit der Gläubigen kann so aus dem Dunstkreis ihrer Religion herausgelöst werden.

Wenn Jahr für Jahr amtlich gezeigt wird, wo die gläubigen Muslime soziökonomisch stehen, wird dies, positiv oder negativ, für das Prestige des Islam und damit für seinen gesellschaftlichen Einfluss nicht folgenlos sein.

Solche Transparenz ist die adäquate Antwort einer offenen Gesellschaft auf den Versuch der religiösen Einflussnahme. Diese Antwort ist diskriminierungsfrei, denn sie gilt gleichermaßen für alle Religionen.

Schlussbemerkung

Die Religion des Islam hat eine mental prägende Kraft, und diese Prägung ist in vielerlei Hinsicht negativ. Das zeigt sich in der politischen, ökonomischen und gesellschaftlichen Verfassung der islamischen Länder, in den Problembereichen islamischer Gesellschaften sowie in der schlechten sozioökonomischen Integration der Muslime in Deutschland und Europa. Zu den besonders problematischen Aspekten dieser Prägung gehören die Stellung der Frau, die große demografische Dynamik der Muslime, ihre überdurchschnittliche Kriminalität sowie die immer noch wachsende islamistische Bedrohung.

Bei unveränderter demografischer Dynamik und unveränderter Einwanderung ist der Islam in Deutschland und Europa langfristig auf dem Weg zur Mehrheitsreligion. Muslime werden in zwei bis drei Generationen die Bevölkerungsmehrheit stellen, wenn es keinen Kurswechsel in der Einwanderungs- und Integrationspolitik gibt. Vorsorgliche opportunistische Anpassungen sind in der deutschen Gesellschaft schon vielerorts spürbar.[1]

Die Muslime in Deutschland und Europa führen mehrheitlich im Vergleich zu anderen Migranten eine recht abgeschiedene Existenz. Das zeigen die unterschiedlichen Indikatoren der Integration einschließlich der Sprachkenntnisse.[2] Das zeigt auch das Heiratsverhalten. Gleichzeitig treten sie, weit mehr als andere Migranten, sichtbar in Erscheinung, indem sich viele unter ihnen von der aufnehmenden Gesellschaft durch die Kleidung der Frauen, ihre Speisevorschriften, ihre Fastengebote etc. sichtbar abgrenzen und weitaus mehr als alle anderen Religionen religiöse Sonderrechte beanspruchen. Bei der Einforderung ihrer Rechte beziehen sie sich auf eine sehr weite Definition von Religionsfreiheit, den der Mehrheitsislam ihrer Herkunftsländer anderen religiösen Gruppen dort nicht zugesteht.

Wir wissen nicht genau, wie viele der in Deutschland lebenden Muslime das religiöse Gesetz über das Grundgesetz stellen,[3] und wir müssen natürlich die bei uns lebenden Muslime in ihrer ganzen konkreten Vielfalt sehen. Aber wir wissen, dass liberale Muslime in Deutschland und anderen europäischen Ländern von den muslimischen Verbänden massiv ausgegrenzt und bekämpft werden. Sie äußern sich in der Öffentlichkeit nur wenig, spielen als Gesprächspartner des Staates praktisch keine Rolle und müssen auch in Europa um ihr Leben fürchten, wenn sie sich wiederholt kritisch zum konservativen Mainstream-Islam äußern.[4] Vor allem aber wissen wir, dass die gesamte historische Erfahrung ohne jede Ausnahme zeigt: Sobald der Islam durch Kinderreichtum, Einwanderung und Konversion in einer Gesellschaft zur Mehrheitsreligion geworden ist, versucht er, über die Institutionen des Staates die Lebensäußerungen der Nichtmuslime der Mehrheitsreligion unterzuordnen und die weltlichen Institutionen sowie das weltliche Recht zu islamisieren.

Das ist noch heute die universale Mechanik. Es gibt kein Land der Welt, in dem die Muslime in der Mehrheit sind und die Nichtmuslime volle Gleichberechtigung genießen. **Mehrheitsislam und eine freiheitliche Gesellschaft schließen sich offenbar aus.**

Was kann man tun?

- Man muss verhindern, dass sich das demografische Gewicht der Muslime in Deutschland und Europa weiterhin durch Einwanderung und Geburtenreichtum kontinuierlich verstärkt. Deshalb muss man die Einwanderung von Muslimen grundsätzlich unterbinden und falsche Anreize im Sozialsystem beseitigen.
- Man muss mit allen Richtungen des islamischen Glaubens im Dialog bleiben. Die Relevanz der Kernaussagen der traditionellen islamischen Lehre für die moderne Welt muss man dabei immer wieder hinterfragen und den Zusammenhang zur Rückständigkeit der islamischen Welt auch öffentlich herstellen.
- Man muss das Frauenbild und die Rolle der Frau im Islam immer wieder öffentlich kritisieren.
- Man muss in Schulen und öffentlichen Einrichtungen die fortschritts- und freiheitsfeindlichen Aspekte des Islam thematisieren.
- Die gesellschaftliche richtige Antwort auf die religiöse Herausforderung durch den Islam ist nicht mehr die christliche oder eine

andere Religion, sondern mehr säkulare Aufklärung. Wo Vertreter christlicher Religionen in falsch verstandener Solidarität problematische Aspekte des Islam verdrängen oder herunterspielen, gehört zur Islamkritik auch die Kritik an den Vertretern christlicher Kirchen.

- Man muss klar kommunizieren: In der gesamten islamischen Geschichte und Gegenwart gab und gibt es keinen Fall eines toleranten Mehrheitsislam, der Nichtmuslimen gleiche Rechte gewährte oder gewährt, darunter auch das Recht zur Missionierung der Muslime.
- Wenn es den toleranten Mehrheitsislam noch nie gab und auch gegenwärtig nirgendwo gibt, ist es nicht nur erlaubt, sondern auch geboten, ihn öffentlich immer wieder die Schimäre zu nennen, die er tatsächlich ist.
- Die geistige Reform des Islam ist eine Aufgabe der Muslime. Der tolerante, mit Demokratie und Pluralität kompatible Islam ist bislang in der islamischen Welt ein Projekt kleiner Minderheiten. Außer den Büchern einiger islamischer Intellektueller in Europa gibt es dazu bisher wenig. Die weitere Entwicklung zu einem liberalen, mit der Moderne und der Demokratie kompatiblen Islam hängt von den Muslimen selbst ab.
- Die Wahrscheinlichkeit, dass es in den nächsten Jahren und Jahrzehnten zu einer breit angelegten Reform des Islam in Richtung Demokratie und Pluralität kommt, ist eher niedrig. Gegenwärtig dringt überall in der islamischen Welt die islamistische Radikalisierung vor. Die Länder des Westens sollten sich in ihrer Einwanderungs- und Integrationspolitik entsprechend aufstellen, um daraus erwachsende Gefahren vorbeugend abzuwehren.

Dank

Georg Hodolitsch von der Münchner Verlagsgruppe danke ich für die gute und unkomplizierte Zusammenarbeit bei der Vorbereitung der Veröffentlichung.

Annalisa Viviani danke ich für ein gründliches und präzises Lektorat.

David Becker (TU Chemnitz, Institut für Psychologie, Professur für Pädagogische und Entwicklungspsychologie) danke ich für wertvolle Unterstützung bei der Literaturrecherche zu Bildungsleistung und kognitiver Kompetenz.

Meiner Frau Ursula Sarrazin danke ich für ihre Geduld mit einem Ehemann, der immer wieder an den Schreibtisch strebte. Sie las das gesamte Manuskript im Prozess der Entstehung, ihr Rat war mir wertvoll.

Thilo Sarrazin
Berlin im August 2018

Register

439

Anmerkungen

Einleitung

1   Vgl. Francis Fukuyama: *Das Ende der Geschichte.* München 1992.
2   Vgl. Samuel P. Huntington: *Kampf der Kulturen. Die Neugestaltung der Weltpolitik im 21. Jahrhundert.* Hamburg 2006.
3   Vgl. V. S. Naipaul: *Among the Believers. An Islamic Journey.* London 2003.
4   Vgl. Necla Kelek: *Die fremde Braut. Ein Bericht aus dem Inneren des türkischen Lebens in Deutschland.* Köln 2005.
5   Vgl. Patrick Bahners: *Die Panikmacher. Die deutsche Angst vor dem Islam. Eine Streitschrift.* München 2011.
6   Mathias Rohe: *Der Islam in Deutschland. Eine Bestandsaufnahme.* München 2016, S. 267.
7   Vgl. Hamed Abdel-Samad: *Mein Abschied vom Himmel. Aus dem Leben eines Muslims in Deutschland.* Köln 2009.
8   Zuletzt erschien: Hamed Abdel-Samad: *Integration. Ein Protokoll des Scheiterns.* München 2018.
9   »Das ist Rassismus«, Interview mit Hamed Abdel-Samad, in: *Junge Freiheit* Nr. 51 vom 16. Dezember 2016, S. 3.
10 »Diese Männer denken: Deutsche Frauen sind Schlampen«, Interview mit Bassam Tibi, in: *Basler Zeitung* vom 7. Juli 2016.
11 Michael Thumann: *Der Islam-Irrtum. Europas Angst vor der muslimischen Welt.* Frankfurt a. M. 2011, S. 314.
12 »Wir zerstören uns selbst im vollen Bewusstsein«, Interview mit Ahmad Nofal, in: *FAZ* vom 3. Januar 2017, S. 5.
13 »Rufer aus der Wüste«, Interview mit Yasmina Khadra, in: *Die Weltwoche* Nr. 51/52, 2016.
14 Sigmar Gabriel: »Sicherheit ist soziales Bürgerrecht«, in: *FAZ* vom 9. Januar 2017, S. 6.
15 Norbert Lammert: »Wir bekämpfen nicht den Islam, sondern Fanatismus«, in: *Zeit Online* vom 19. Januar 2017.
16 »... als würden Muslime für Aliens gehalten«, Interview mit Sawsan Chebli und Michael Müller, in: *FAZ* vom 3. August 2016.
17 Reinhard Müller: »Wie viel Anderssein vertragen wir?«, in: *FAZ* vom 14. Januar 2017, S. 10.
18 Mathias Rohe: *Das islamische Recht. Geschichte und Gegenwart.* München 2011, S. XVIII.

Kapitel 1
Die Religion des Islam

1   Der Koran, übersetzt von Rudi Paret. Stuttgart 1966. Ich zitiere aus der Ausgabe von 1979, 12. Auflage, Stuttgart 2014. Alle Koranzitate in diesem Buch, die nicht anders belegt sind, entstammen dieser Ausgabe.

2   Rudi Paret: Vorwort zur Ausgabe von 1966, ebenda S. 5.

3   Ebenda, S. 6.

4   So hat es sich Angelika Neuwirth zur Aufgabe gemacht, aus den Wurzeln des
    Korantextes diesen auch als »europäisches Erbe« erkennbar zu machen, »als
    eine Stimme in dem Konzert von Traditionen einer Zeit, die wir gewohnt sind
    als formative Epoche für das spätere Europa zu reklamieren«. Angelika Neu-
    wirth: *Der Koran als Text der Spätantike.* Berlin 2010, S. 15.
    Tilman Nagel äußert sich zu diesem Ansatz kritisch und legt seine ideologische
    Motivation offen: Angelika Neuwirth »zeichnet das Bild eines Verkündigungs-
    prozesses in einer ›spätantiken‹ Umwelt. Diese Betrachtungsweise der Autorin
    steht quer zu jeder muslimischen, und daher mag man von einem ›europäischen‹
    Zugang zum Islam‹ sprechen.« Aber »Europa entsteht nicht im spätantiken
    Arabien, und ein Text ist nicht schon deshalb ›europäisch‹, weil er auf Juden-
    tum und Christentum Bezug nimmt. Ein für Europa wesentlicher Teil des spät-
    antiken Erbes, die Institutionen und das Recht des Römischen Reiches, spielt
    im Koran nicht die geringste Rolle. Angelika Neuwirth möchte den Koran als
    ›ein bedeutsames Vermächtnis der Spätantike an Europa‹« sehen. Tilman Nagel
    kritisiert: »Nirgendwo in ihrer Studie gewinnen solche Forderungen auch nur
    den Schein der Plausibilität. Aber diese Aussagen passen geradezu wunderbar
    zu der Botschaft des deutschen Bundespräsidenten, dass der Islam zweifellos zu
    Deutschland gehöre.« Tilman Nagel: »Ewige Wahrheiten und historische Kon-
    texte. Zwei neue Übersetzungen und eine ›europäische‹ Deutung des Korans«,
    in: *Neue Zürcher Zeitung* vom 22. Januar 2011.

5   Der tunesische Islamwissenschaftler Abdelmajid Charfi legte Anfang 2018 eine
    historisch-kritische Ausgabe des Korans vor, die ein absolutes Novum in der
    muslimischen Welt ist. Für ihn gibt es »nicht die eine eindeutige heilige Schrift,
    sondern ein vielschichtiges Geflecht von Texten, die die Spuren ihrer eigenen
    Geschichte und des jeweiligen politischen, gesellschaftlichen und religiösen Um-
    felds der Autoren in sich tragen«. Annette Steinich: »Dieses Buch birgt Spreng-
    stoff: Historisch-kritische Ausgabe rückt den Koran in ein neues Licht«, in:
    Neue Zürcher Zeitung vom 19. März 2018.

6   Vgl. Karl-Heinz Ohlig: »Wieso dunkle Anfänge des Islam?«, in: Karl-Heinz
    Ohlig/Gerd R. Puin (Hrsg.): *Die dunklen Anfänge. Neue Forschungen zur Ent-
    stehung und frühen Geschichte des Islam.* Berlin 2005, S. 7 ff.

7   Vgl. Maximilian Perseke: »Die Kuh«, in: *FAZ* vom 6. August 2016.

8   Im Folgenden werden in der Klammer die Sure und die Verse angegeben.

9   Marx-Engels-Werke (MEW). Berlin 1961, Bd. 10, S. 170.

10 Marco Schöller (Hrsg.): *Abu Zakaria Yahya Ibn Sharaf al-Nawawi. Das Buch der
    vierzig Hadithe.* Frankfurt a. M./Leipzig 2007, S. 270.

11 Ebenda, S. 271.

12 Ebenda, S. 271 f.

13 Ebenda, S. 289.

14 Ebenda, S. 286.

15 Ebenda, S. 261.

16 Vgl. ebenda, S. 112 ff.

17 Ebenda, S. 167.

18 Ebenda, S. 179.

441

19 Zitiert bei Tilman Nagel: *Das islamische Recht. Eine Einführung.* Westhofen 2001, S. 3.

20 Mathias Rohe: *Der Islam in Deutschland. Eine Bestandsaufnahme.* München 2016, S. 9.

21 Vgl. ebenda, S. 169 f.

22 Ebenda. S. 174.

23 Ebenda, S. 254.

24 Vgl. ebenda S. 207 ff.

25 Vgl. Bernard Lewis: *The Political Language of Islam.* Chicago 1988, S. 117.

26 Abdelwahab Meddeb: *Die Krankheit des Islam.* Zürich 2007, S. 59.

27 Hassan al-Banna: *Der Islam der Muslimbrüder.* Zitiert bei Imad Mustafa: *Der politische Islam. Zwischen Muslimbrüdern, Hamas und Hisbollah.* Wien 2013, S. 34 f.

28 Abdelwahab Meddeb: *Die Krankheit des Islam,* a. a. O., S. 129.

29 Zitiert in ebenda, S. 129.

30 Ebenda, S. 46.

31 Ebenda, S. 53.

32 Vgl. Seyed Mostafa Azmayesh: *New Researches on the Quran. Why and how two versions of Islam entered the history of mankind.* London 2015.

33 Mouhanad Khorchide: *Islam ist Barmherzigkeit. Grundzüge einer modernen Religion.* Freiburg 2016, S. 237.

34 Hamed Abdel-Samad: *Der Koran. Botschaft der Liebe. Botschaft des Hasses.* München 2016, S. 229.

35 Die Türkisch-Islamische Union (DITIB), der zahlenmäßig größte Verband von Muslimen in Deutschland, warf Khorchide vor, von den Glaubensgrundlagen des Islam abzuweichen, und widerrief seine Zustimmung, dass er Religionslehrer ausbilden dürfe. Es sei »festzuhalten, dass Khorchides theologische Ausführungen nicht tragbar und seine Ansichten, die er in seinem Buch aufwirft, zweifelhaft sind«. Stellungnahme vom 16. Dezember 2013, http://ditib.de/detail1.php?id=371&lang=de.

36 Abduur-Rahman ibn Salih al-Mahmood: *Man-Made Laws vs. Sharia. Ruling by Laws other than what Allah Revealed.* Riad 2003, S. 353.

37 Abdelwahab Meddeb: *Die Krankheit des Islam,* a. a. O., S. 180.

38 Ebenda, S. 228.

39 Ebenda, S. 230.

40 Imad Mustafa: *Der politische Islam,* a. a. O., S. 37 f.

41 Zitiert in ebenda, S. 41.

42 Ebenda, S. 49.

43 Vgl. Johannes Kandel: *Islamismus in Deutschland. Zwischen Panikmache und Naivität.* Freiburg 2011, S. 7 ff.

44 Zu den schrecklichen Verwicklungen in Syrien und im Irak vgl. Peter Scholl-Latour: *Der Fluch der bösen Tat. Das Scheitern des Westens im Orient.* Berlin 2014. Christoph Reuter: *Die schwarze Macht. Der »Islamische Staat« und die Strategen des Terrors.* München 2015.

45 Der libysche Diktator Muammar al-Gaddafi hatte kurz vor seinem durch die Luftwaffen Frankreichs und Großbritanniens ermöglichten Untergang an den Westen appelliert: »Wenn Ihr mich bedrängt und destabilisiert, werdet Ihr Ver-

wirrung stiften, al Quaida in die Hände spielen und bewaffnete Rebellenhaufen begünstigen. (...) Ihr werdet von einer Immigrationswelle aus Afrika überschwemmt werden, die von Libyen aus nach Europa schwappt. (...) Der Heilige Krieg wird Eure unmittelbare Nachbarschaft am Mittelmeer übergreifen. (...) Die Anarchie wird sich von Pakistan und Afghanistan bis nach Nord-Afrika ausdehnen.« Zitiert in: Peter Scholl-Latour: *Der Fluch der bösen Tat*, a. a. O., S. 269.

46 Tahar Ben Jelloun: *Der Islam, der uns Angst macht*. Berlin 2015, S. 42.

47 Vgl. Bassam Tibi: *Euro-Islam. Die Lösung eines Zivilisationskonflikts*. Darmstadt 2009.

48 Bassam Tibi: »Warum ich kapituliere«, in: *Cicero* 6 (2016), S. 117.

49 Vgl. ebenda, S. 9.

50 Der renommierte Islamwissenschaftler Mathias Rohe veröffentlichte 2016 das umfangreiche Werk *Der Islam in Deutschland*, a. a. O. Dort taucht Bassam Tibi, der drei Jahrzehnte lang mit zahlreichen Büchern die deutsche Islamdebatte geprägt hatte, nicht im Namensregister auf.

51 Mathias Rohe: *Das islamische Recht*, a. a. O., S. 393 f.

52 Der ägyptische Schriftsteller Nasr Hamid Abu Zaid hatte in einem Buch den Koran historisch-kritisch ausgelegt. Er musste die Universität verlassen, wurde als Apostat gebrandmarkt. Seine Frau musste sich von ihm zwangsweise scheiden lassen. Das Paar floh nach Holland, wo er 2010 starb, wohl auch an Zorn und Kummer. Vgl. Nasr Hamid Abu Zaid: *Islam und Politik. Kritik des religiösen Diskurses*. Frankfurt a. M. 1996.

53 Vgl. exemplarisch dazu Rainer Hermann: »Hier schreiben echte Experten«, in: *FAZ* vom 16. September 2016, S. 10, Rezension von Rainer Brunner (Hrsg.): »*Islam*«. *Einheit und Vielfalt einer Weltreligion*. Stuttgart 2016.

54 Tahar Ben Jelloun: *Der Islam, der uns Angst macht*, a. a. O. S. 45 ff.

55 Ebenda, S. 24.

56 Tilman Nagel: *Das islamische Recht*, a. a. O., S. IX.

57 Eckehart Rotter: »Es steht im Koran geschrieben«, Leserbrief, in: *FAZ* vom 7. Dezember 2015.

58 Sure 7 Vers 199 des Korans lautet: »Übe Nachsicht, gebiete, was recht und billig ist, und wende dich von den Toren ab.« Rainer Hermann nimmt diesen Vers als Beleg dafür, dass der Islam mit dem Grundgesetz kompatibel ist, und zitiert dazu verschiedene Religionsgelehrte. Vgl. Rainer Hermann: »Sure 7, Vers 199. Weshalb der Islam mit dem Grundgesetz kompatibel ist«, in: *FAZ* vom 13. April 2018, S. 8. Diese zulässige Interpretation eines einzelnen Verses ändert aber nichts daran, dass der Koran in der Summe eine sehr kriegerische und intolerante Religion propagiert. So ist auch die gelebte Praxis des Islam seit 1400 Jahren. Nie gab es unter islamischer Herrschaft eine Gleichberechtigung der Religionen, und auch heute gibt es in keinem Land der Welt, in dem Muslime in der Mehrheit sind, Religionsfreiheit und politische Freiheit im Sinne einer westlichen Demokratie. Die Intoleranz im Islam ist also keineswegs nur eine Angelegenheit »religiöser Analphabeten«, wie Hermann am Ende seines Artikels unterstellt, sondern in den gelebten Wirklichkeit der Muslime die dominierende Einstellung. Sie greift auch in Deutschland und Europa umso mehr um sich, je höher der Bevölkerungsanteil der Muslime wird.

59 Jürg Altwegg: »Die Frau, die nein sagte«, in: *Frankfurter Allgemeine Sonntagszeitung* vom 3. Dezember 2017, S. 52.

60 Vgl. Rainer Hermann: »Garten mit Unkraut«, in: *FAZ* vom 2. Dezember 2017, S. 10.

Kapitel 2

Die islamische Staatenwelt von Arabien bis Indonesien

1 Vgl. zur Darstellung dieses Abschnitts Lutz Berger: *Die Entstehung des Islam. Die ersten hundert Jahre von Mohammed bis zum Weltreich der Kalifen.* München 2016.

2 Ebenda, S. 267.

3 Ebenda, S. 269.

4 Vgl. Bryan Ward-Perkins: *The Fall of Rome and the End of Civilization.* Oxford 2005.

5 Vgl. zur nachfolgenden Darstellung Claude Cahen: *Der Islam I. Vom Ursprung bis zu den Anfängen des Osmanenreiches.* Fischer Weltgeschichte Bd. 14, Frankfurt a. M. 1968; Gustave Edmund von Grunebaum: *Der Islam.* Propyläen Weltgeschichte, Bd. 5, Berlin/Frankfurt a. M./Wien 1963, S. 21 ff.

6 Egon Flaig: *Weltgeschichte der Sklaverei.* München 2011, S. 85.

7 Ebenda S. 214.

8 Gustave Edmund von Grunebaum: *Der Islam,* a. a. O., S. 173.

9 Ebenda, S. 176.

10 Ebenda, S. 177.

11 Ebenda, S. 179.

12 Zur Geschichte des Islam und der islamischen Eroberungen in Indien vgl. Gustave Edmund von Grunebaum (Hrsg.): *Der Islam II.* Fischer Weltgeschichte Bd. 15, Frankfurt a. M. 1971, S. 226 ff.

13 Tara Chand in: Maulana Abul Kalam Azad: *A memorial volume.* Hrsg. von Humayun Kabir. Bombay 1959, S. 238. Zitiert in: Gustave Edmund von Grunebaum: *Der Islam II,* a. a. O., S. 232 f.

14 Zur Geschichte des Osmanischen Reiches und der Türkei bis 1970 vgl. Gustave Edmund von Grunebaum: *Der Islam II,* a. a. O., S. 24 ff.

15 Ebenda, S. 278.

16 Vgl. ebenda, S. 43 ff.

17 Vgl. ebenda, S. 329.

18 Vgl. ebenda, S. 118 f.

19 Vgl. ebenda, S. 392 ff.

20 Vgl. ebenda, S. 325 ff.

21 Vgl. ebenda, S. 342 ff.

22 Bei den von mir genannten Zahlen habe ich alle Staaten einbezogen, deren demografische Mehrheit aus Muslimen besteht. Die große muslimische Minderheit in Indien von rund 180 Millionen wurde deshalb nicht addiert. Ebenso wenig wurden aber die nicht muslimischen Minderheiten in Ländern wie Nigeria oder Äthiopien in Abzug gebracht. Ich gehe davon aus, dass sich beide Elemente statistisch in etwa ausgleichen. Alle genannten Daten entstammen aus der Datenbank der UN Population Division oder sind, soweit es sich um Ver-

hältnisziffern handelt, daraus berechnet. https://esa.un.org/unpd/wpp/Download/Standard/Population/.

23   In der von mir gewählten Abgrenzung komme ich für 2015 auf 2,24 Milliarden Menschen in islamischen Ländern. Pew Research schätzt die Zahl der Muslime für 2015 auf 1,75 Milliarden. Für 2050 schätzt Pew die Zahl der Muslime auf 2,99 Milliarden, während ich die Zahl der Menschen in islamischen Ländern mit 2,89 Milliarden benenne. Vgl. Pew Research Center: »The Changing Global Religious Landscape«, Washington, D.C., April 2017, S. 10.

24   Vgl. zur ökologischen Katastrophe in Nordafrika und im Nahen Osten durch überhöhten Wasserverbrauch: Rainer Hermann: *Arabisches Beben. Die wahren Gründe der Krise im Nahen Osten.* Stuttgart 2018, S. 278 ff. Zum überhöhten Wasserverbrauch im Iran siehe auch Rainer Hermann: »Wodka ist der große Renner«, in: *FAZ* vom 3. Mai 2018, S. 5.

25   In den USA lässt sich so die höhere Geburtenzahl der Schwarzen und der Einwanderer aus Lateinamerika zumindest teilweise erklären. In den Ländern Osteuropas haben die Roma eine deutlich höhere Geburtenrate als der Rest der Bevölkerung.

26   Alle verwendeten Zahlen zur Volkswirtschaftlichen Gesamtrechnung entstammen der Datenbank des Internationalen Währungsfonds oder wurden daraus errechnet. Die Daten beziehen sich auf das Jahr 2016. http://www.imf.org/external/datamapper/PPPSH@WEO/OEMDC/ADVEC/WEOWORLD.

27   Die zitierten Zahlen stammen aus https://www.patent-pilot.com/de/branchenanalysen-patentanwalt/weltweite-branchenanalyse-zu-patentkanzleien-2016/patentanmeldungen-pro-mio-einwohner/.

28   https://www.timeshighereducation.com/world-university-rankings/2017/world-ranking#!/page/5/length/25/sort_by/rank/sort_order/asc/cols/stats.

29   Vgl. http://www.deutsch-tuerkische-nachrichten.de/2012/02/389018/tuerken-lesen-durchschnittlich-alle-zehn-jahre%C2%A0ein-buch%C2%A0/.

30   »Nichts ist hoffnungslos«, Interview mit Walter Laqueur, in: *Die Weltwoche* 52/53 (2015), S. 40.

31   Vgl. http://www.eiu.com/topic/democracy-index.

32   Vgl. https://www.reporter-ohne-grenzen.de/fileadmin/Redaktion/Presse/Downloads/Ranglisten/Rangliste_2016/Rangliste_der_Pressefreiheit_2016.pdf.

33   Vgl. http://www.transparency.org/news/feature/corruption_perceptions_index_2016.

34   Von drei Büchern habe ich bei der Einordnung und Beurteilung des Geschehens in Syrien und im Irak stark profitiert: Peter Scholl-Latour: *Der Fluch der bösen Tat. Das Scheitern des Westens im Orient.* München 2014; Christoph Reuter: *Die Schwarze Macht. Der »Islamische Staat« und die Strategen des Terrors.* München 2015; Rainer Hermann: *Endstation Islamischer Staat? Staatsversagen und Religionskrieg in der arabischen Welt.* München 2015.

35   Die vormodernen Verhältnisse des Orients werden sehr anschaulich in der wunderbaren Reisebeschreibung von Gertrude Bell aus dem Jahr 1905 beschrieben: *Das Raunen und Tuscheln der Wüste. Eine Reise durch das alte Syrien.* Wiesbaden 2015.

36 1958, im Alter von 13 Jahren, las ich mit größter Faszination das Buch von Tho-
    mas Edward Lawrence: *Aufstand in der Wüste.* Leipzig 1935. Es prägte für Jahr-
    zehnte mein Bild von den Arabern und vom Orient.

37 Ohne Unterstützung durch die konservative wahhabitische Geistlichkeit hätte
    das Saudische Königreich seine Herrschaft nicht auf die ganze Arabische Halb-
    insel ausdehnen können. Vgl. Rainer Hermann: »Die Macht und ihr Preis«,
    in: *FAZ* vom 19. August 2016, S. 5. Dieses Bündnis besteht seit der Gründung
    des ersten saudischen Staates durch Muhammad ibn Saud, der ein Bündnis mit
    dem puritanisch-islamischen Reformer Mahammad ibn Abd al-Wahhab ein-
    ging, das bis heute hält.

38 Ein großes Problem besteht darin, dass der bereits erreichte westliche Lebens-
    standard nur dem Öl und Gas geschuldet ist, nicht aber der Leistung der Bevöl-
    kerung entstammt. Jetzt versucht die Regierung, Gastarbeiter mehr und mehr
    durch eigene Kräfte zu ersetzen und mit ausländischer Hilfe auch die arbeits-
    marktorientierte Ausbildung der eigenen Bevölkerung voranzutreiben. Dabei
    geht es immer wieder auch um Defizite bei Lerntechniken, Disziplin und steti-
    ger Arbeitsleistung. Vgl. Rainer Hermann: »Wenn Saudis arbeiten müssen«, in:
    Frankfurter Allgemeine Sonntagszeitung vom 21. Mai 2017, S. 9.

39 Vgl. Rainer Hermann: »Menschen werden Bürger«, in: *FAZ* vom 5. Mai 2017
    S. 17.
    Der *FAZ*-Journalist Rainer Hermann feiert es als großen Fortschritt, dass an die
    Stelle des das Gesicht verhüllenden Vollschleiers immer öfter das Kopftuch tritt
    und dass dieses sogar bunte Farben haben darf. Er setzt große Hoffnungen auf
    die Reformen des Kronprinzen Muhammad bin Salman Al Saud, die das Land,
    so Hermann, »toleranter und weltoffen« machen sollen, während der Einfluss
    der Religionsgelehrten zurückgedrängt wird. Vgl. Rainer Hermann: »Ein neues
    Lied«, in: *FAZ* vom 6. Januar 2018, S. 3.

40 Der Kronprinz Mohammed, der unter König Salman de facto die Macht im
    Land ausübt, versucht offenbar, den Einfluss radikaler Prediger zurückzudrehen.
    Aber zum Vorsitzenden des kürzlich eingerichteten internationalen Rats von
    Hadith-Experten in Medina wurde der Rechtsgelehrte Mohammed bin Hassan
    als Scheich ernannt, der ein direkter Nachfahre von Abdel Wahhab, dem Be-
    gründer des Wahhabismus, ist. Vgl. Joseph Coitrou: »Offenbarungseide«, in:
    FAZ vom 11. Januar 2018, S. 12.

41 Auch die ehemaligen Machthaber unter dem ehemaligen General al-Sisi be-
    tonen ihre Frömmigkeit und Islamtreue. Offene Verstöße gegen das Fastenge-
    bot am Ramadan werden bestraft, Prozesse wegen Blasphemie durchgeführt.
    Vgl. Christian Meier: »Mit dezentem Gebetsfleck auf der Stirn«, in: *FAZ* vom
    10. August 2016, S. 5.

42 Vgl. »After the Arab spring. The ruining of Egypt«, in: *The Economist* vom
    6. August 2016.

43 Der ehemalige Korrespondent der ARD in Algerien, Samuel Schirmbeck, erleb-
    te die Steigerung des Terrors seit 1992 in Algier vor Ort. Er war schließlich der
    einzige ausländische Korrespondent, der dablieb. Viele seiner arabischen Ge-
    sprächspartner und Freunde wurden zu Terroropfern. Man lauerte den Miss-
    liebigen auf und schnitt ihnen die Kehle durch. Aber der islamistische Druck
    wuchs gleichzeitig auch in Marokko und führte zu vielen Opfern. Vgl. Samuel

Schirmbeck: *Der islamische Kreuzzug und der ratlose Westen. Warum wir eine selbstbewusste Islamkritik brauchen.* Zürich 2016, S. 53 ff.

44   Zitiert in Christoph Ehrhardt: »Europa lieben oder hassen«, in: *FAZ* vom 12. Januar 2017, S. 3.

45   Allen arabischen Ländern fehlt die wirtschaftlich und politisch angemessene Antwort auf die Frage, wie sie der Jugend Arbeitsplätze und Auskommen verschaffen wollen. Besonders paradox ist es, dass in arabischen Ländern die Arbeitslosigkeit der Jugend umso höher ist, je besser ihre Ausbildung ist. So liegt in Ägypten die Arbeitslosigkeit der Hochschulabsolventen bei knapp 40 Prozent. Vgl.   http://www.economist.com/news/briefing/21703362-treating-young-threat-arab-rulers-are-stoking-next-revolt-look-forward-anger.

46   Umfrage des Arabischen Zentrums für Forschung und Politikstudien in Katar, zitiert in »Es gibt in der islamischen Welt keine ›girl friends‹«. Interview mit Gunnar Heinsohn, in: *Die Welt* vom 15. Januar 2016.

47   Vgl. ebenda.

48   »Der IS wird in neuer Form zurückkommen«. Interview mit Abu Rumman und Abu Hanieh in: *FAZ* vom 7. November 2017, S. 17.

49   Vgl. David Pryce-Jones: *The Closed Circle. An Interpretation of the Arabs.* Chicago 2009.

50   Tim Marshall: *Die Macht der Geographie.* München 2017, S. 194 f.

51   Die Ursache ist nicht »Ausbeutung« durch den Westen, sondern eine falsche Politik in diesen Ländern. Die Experten machen sich Mut, aber sie wissen, dass nichts zu ändern ist, wenn die Afrikaner sich nicht ändern. Der englische Entwicklungsökonom Paul Collier sagt dazu: »Der Westen kann Afrika nicht leiten oder führen. Wir können den afrikanischen Regierungen nicht vorschreiben oder predigen, was sie zu tun haben. Davon haben sie die Nase voll, und zwar zu Recht.« Afrikas Tragödie ist die geringe Produktivität. Interview mit Paul Collier, in: *FAZ* vom 24. Januar 2017, S. 18.

52   Vgl. zu den Verhältnissen in der Sahara-Region Désirée von Trotha: »Terror, Drogen, Widerstand«, in: *Frankfurter Allgemeine Sonntagszeitung* vom 27. November 2016, S. 50.

53   Erdoğan: »Macht nicht drei, sondern fünf Kinder«, in: *FAZ* vom 18. März 2017, S. 1.

54   Vgl. Gerd Höhler: »Mit allen Mitteln«, in: *Berliner Morgenpost* vom 7. April 2017, S. 3.

55   http://www.augsburger-allgemeine.de/politik/Tuerkei-Deniz-Yuecel-ge-he-es-den-Umstaenden-entsprechend-gut-id40876406.html.

56   In Deutschland votierten knapp zwei Drittel der abstimmenden Türken für Erdoğan. Dazu sagte der frühere Grünen-Vorsitzende Cem Özdemir, damit hätten die deutschen Erdoğan-Anhänger die Ablehnung der liberalen Demokratie dokumentiert. Vgl. Michael Martens: »Atatürks Korrektor«, in: *FAZ* vom 26. Juni 2018, S. 2.

57   Wolfgang Krischke: »Der lange Arm des Islams«, in: *FAZ* vom 20. September 2016, S. 13.

58   Vgl. Rainer Hermann: »Jenseits der Niederungen des Privatvermögens«, in: *FAZ* vom 13. April 2017.

59   Vgl. Michael Martens: »Islam statt Evolution«, in: *FAZ* vom 22. Juli 2017, S. 2.

60 Bülent Mumay:»Alles wird zum Islam bekehrt«, in: *FAZ* vom 4. Januar 2018. S. 13.

61 Vgl.»Erdoğan vs. Darwin. The decline of Turkish Schools«, https://www.economist.com/news/europe/21729784-out-goes-evolution-comes-islamic-piety-and-loyalty-regime-decline-turkish?frsc=dg%7Ce.

62 Vgl. Joseph Croitrou:»Die umgedeuteten Osmanen. Türken oder Muslime?«, in: *FAZ* vom 8. März 2017, S. N3.

63 Vgl. Karen Krüger:»Erdoğans heiliger Krieg«, in: *Frankfurter Allgemeine Sonntagszeitung* vom 1. April 2018, S. 42.

64 »Man kann nicht zwei Herren dienen«, Interview mit der *Berliner Morgenpost*, 11. März 2017, S. 15.

65 https://www.nzz.ch/international/zahl-der-hinrichtungen-in-iran-auf-20-jahre-hoch-1.18710643.

66 Vgl.»Der Erfolg im Iran lässt auf sich warten«, in: *FAZ* vom 4. April 2017, S. 16.

67 Vgl. Charlotte Wiedemann:»Achtet uns!«, https://www.nzz.ch/feuilleton/das-selbstbild-der-iraner-achtet-uns-ld.152699.

68 Vgl. Joachim Müller-Jung:»Das Gegengift«, in: *FAZ* vom 8. März 2017, S. N1.

69 Vgl. die bewegende und plastische Schilderung der Friedensnobelpreisträgerin Shirin Ebadi, die schließlich durch die Bedrohung ihres Lebens und die Behinderung ihrer Arbeit ins Exil vertrieben wurde: *Bis wir frei sind. Mein Kampf für Menschenrechte im Iran.* München 2016.

70 Amir Hassan-Cheheltan:»Der aufgestaute Zorn«, in: *FAZ* vom 5. Januar 2018, S. 9.

71 Vgl. Ramita Navai: *Stadt der Lügen. Liebe, Sex und Tod in Teheran.* Zürich/ Berlin 2016.

72 Hermann Vámbéry: *Reise in Mittelasien von Teheran durch die turkmanische Wüste an der Ostküste des Kaspischen Meeres nach Chiwa, Buchara und Samarkand, ausgeführt im Jahr 1863.* Leipzig 1865, S. 51.

73 Winston S. Churchill: *Weltabenteuer im Dienst.* Hamburg 1951, S. 83 f.

74 https://deutsch.rt.com/asien/48689-afghanistan-taliban-beeinflussen-halfte/.

75 Vgl. Volker Stanzel:»Versuch und Irrtum«, in: *FAZ* vom 5. Dezember 2016, S. 6.

76 Vgl. Michael Martens:»Einer aus der Trümmerwelt«, in: *Frankfurter Allgemeine Sonntagszeitung* vom 8. Januar 2017, S. 6.

77 Zitiert in Dilip Hiro: *The longest August. The Unflinching Rivalry between India and Pakistan.* New York 2015, S. 6.

78 Ebenda, S. 68.

79 Ebenda, S. 82.

80 Vgl. Friederike Böge:»Zurück zum Militär. Pakistan: Hilflose Politik und selektiver Kampf gegen Extremisten«, in: *FAZ* vom 7. März 2017, S. 10.

81 Vgl. Friederike Böge:»Machtprobe. Glaubenskrieg um das Blasphemiegesetz in Pakistan«, in: *FAZ* vom 9. Januar 2017, S. 8.

82 Vgl. Tomaso Clavarino:»Zum Schweigen gebracht«, in: *FAZ* vom 6. August 2016; Till Fähnders:»Banges Warten auf den nächsten Mord«, in: *FAZ* vom 12. Oktober 2016, S. 3.

83 Zwischen den beiden Volkszählungen 2001 und 2011 wuchs die Zahl der Muslime um 24,6 Prozent und die Zahl der Hindus um16,8 Prozent. https://www.indienaktuell.de/magazin/politik/muslimische-bevoelkerung-in-indien-waechst-667027.

84 Vgl. Clemens Ludwig: »Indonesien – Ende eines islamischen Musterlandes«, in: *Die Welt* vom 21. März 2017. https://www.welt.de/debatte/kommentare/article163019792/Indonesien-Ende-eines-islamischen-Musterstaates.html.

85 So im Fall des Gouverneurs der Metropolregion Jakarta, der Chinese und Christ ist. Er wurde der Blasphemie angeklagt, weil er aus dem Koran einen Vers zitiert hatte, der seiner Meinung nach von den Islamisten missbraucht wurde. Dies legten ihm seine Kritiker als Beleidigung des Korans aus. Blasphemie wird in Indonesien mit fünf Jahren Gefängnis bestraft, die Gerichte geben der Anklage zumeist statt. Vgl. Till Fähnders: »Die Blasphemie-Kampagne. In Jakarta gerät das Bild eines demokratischen Islams ins Wanken«, in: *FAZ* vom 14. Dezember 2014, S. 6, sowie Gayatri Suroyo: »Indonesia Court to proceed with blasphemy trial of Jakarta's governor«, http://religionnews.com/2016/12/27/indonesia-court-to-proceed-with-blasphemy-trial-of-jakartas-governor/.

86 Marco Stahlhut: »Blasphemie taugt immer als Anklage«, in: *FAZ* vom 23. Dezember 2016; vgl. Till Fähnders: »Muslim gegen Christ«, in: *FAZ* vom 19. April 2017, S. 8.

87 Thomas Thiel: »Gerichtsbarkeit nach uralter Väter Sitte«, in: *FAZ* vom 10. Mai 2017, S. 12.

88 Die Tochter Sukarnos, eine bekannte Dichterin, musste sich nach Massendemonstrationen öffentlich entschuldigen, weil sie auf einer Veranstaltung ein längst veröffentlichtes eigenes Gedicht rezitiert hatte, das die Zeile enthielt »Ich kenne nicht die Scharia«. Vgl. Marco Stahlhut: »Beleidigung per Gedicht«, in: *FAZ* vom 9. April 2018, S. 11.

89 Marco Stahlhut: »Die Illusion eines moderaten Islam«, in: *FAZ* vom 17. Februar 2018, S. 9.

90 Vgl. Till Fähnders: »Grausiger Fund im Pazifik. Islamisten haben in philippinischen Gewässern eine Seglerin getötet und den Begleiter entführt. Geht es um Lösegeld oder die Treue zum ›Islamischen Staat‹?«, in: *FAZ* vom 8. November 2016, S. 7.

91 Vgl. Till Fähnders: »Wenn Buddhisten Hass predigen«, in: *FAZ* vom 2. Mai 2018, S. 3.

92 Marco Stahlhut: »Die Illusion eines moderaten Islam«, a. a. O.

Kapitel 3
Problemzonen islamischer Gesellschaften

1 Die Schriften der Antike »gerieten den Arabern als Kriegsbeute in die Hände, als sie die christlichen Städte des byzantinischen Imperiums überfielen. Die in Rede stehenden griechischen Schriften der Antike befanden sich oft als syrische oder hebräische Übersetzungen in den Bibliotheken der byzantinischen Städte. Sie wurden von den unterworfenen, nicht selten arabischen Christen (eben aber nicht von den muslimischen Arabern!) übersetzt, ehe sie in die Bibliotheken von Bagdad und Cordoba geschafft wurden.« Paul Nellen: »Hat der Islam uns die

antike Kultur und Wissenschaft gebracht?«, *Die Achse des Guten* vom 22. März 2018, https://www.achgut.com/artikel/hat_der_islam_uns_die_antike_kultur_und_wissenschaft_gebracht.

2   Vgl. zu den Faktoren der westlichen Modernisierung Samuel P. Huntington: *Kampf der Kulturen. Die Neugestaltung der Weltpolitik im 21. Jahrhundert.* Hamburg 2006, S. 97 ff.

3   Tahar Ben Jelloun: *Der Islam, der uns Angst macht.* Berlin 2015, S. 33 f.

4   Jacob Burckhardt (1818–1897) beschreibt in seinem 1868/69 entstandenen Werk *Weltgeschichtliche Betrachtungen* Grundsituationen alles Geschichtlichen, wie sie sich aus dem Zusammenwirken von Staat, Religion und Kultur als zentralen geistigen Triebkräften der Geschichte ergeben. Vgl. *Weltgeschichtliche Betrachtungen* (Veröffentlichung aus dem Nachlass 1905). Erläuterte Ausgabe, hrsg. von Rudolf Marx, Stuttgart 1978.

5   Ebenda, S. 86 f.

6   Ebenda, S. 49.

7   Ebenda, S. 53.

8   Ebenda, S. 98 f.

9   Ebenda, S. 99.

10 Ebenda, S. 100.

11 Ebenda, S. 100 f.

12 Ebenda, S. 101 f.

13 Ebenda, S. 102.

14 Vgl. Rainer Hermann: »Menschen werden Bürger«, in: *FAZ* vom 5. Mai 2017, S. 7.

15 Salman Ansari: »Was ist Integration?«, in: *Frankfurter Allgemeine Sonntagszeitung* vom 8. Mai 2016, S. 3.

16 Vgl. Bernard Lewis: *What Went Wrong? The Clash Between Islam and Modernity in the Middle East.* New York 2002, S. 139.

17 Hans-Joachim Aubert: *Rajasthan und Gujarat.* Ostfildern 2012, S. 112.

18 Im März 2018 zerstörte ein radikaler Islamist in der algerischen Stadt Sétif eine weibliche Brunnenfigur des französischen Künstlers Francis de Saint-Vidal aus dem Jahr 1898. Beat Staufer schrieb dazu:»Die Attacke mag als Tat eines gestörten Individuums gelesen werden, das in einer äußerst engen, binären Welt lebt, die nur halal oder haram, ›erlaubt‹ und ›verboten‹, kennt und die in einer solchen Statue nicht mehr sieht als eine Ausgeburt westlicher Schamlosigkeit und Dekadenz. Doch dahinter steht ein schleichendes Phänomen von ganz anderen Dimensionen, das alle Staaten des Maghreb gleichermaßen betrifft. Es handelt sich um die Ausbreitung einer Weltsicht, die der Schönheit und Harmonie von Kleidung und Körper, von Architektur und Städtebau, von Landschaft und Kunst keinerlei Bedeutung beimisst und die sich oft aktiv an der Zerstörung bedeutender Kulturgüter beteiligt.« – » Islamismus: ein Hurrikan der Hässlichkeit«, in: *Neue Zürcher Zeitung* vom 5. März 2018, https://www. nzz.ch/feuilleton/islamismus-ein-hurrikan-der-haesslichkeit-ld.1361123?mktcid=nled&mktcval=123&kid=_2018-3-9.

19 Nach der muslimischen Eroberung einer spätantiken Stadt endeten auch deren Kommunikationspraktiken und Konsensrituale.»Theater, Hippodrom und

Gymnasien verfielen; die kunstsinnig angelegten öffentlichen Plätze wurden zugebaut, die Kolonnaden entlang der Prachtstraßen wurden vollgestopft mit Boutiquen, die Prospekte samt ihren Blickfängen und Perspektiven auf öffentliche Anlagen verschwanden.« Der Althistoriker Egon Flaig nennt die Medina »die vollständige Negation der superben hellenistischen Urbanistik«. Egon Flaig: *Gegen den Strom*. Springe 2013, S. 97 f.

20 Der englische Arabist Edward William Lane verbrachte von 1833 bis 1835 eine längere Zeit in Ägypten und stellte fest, dass er nie zwei Gewichte von gleichem Maß gefunden hatte und der Unterschied oft ganz erheblich war. Zitiert in Bernard Lewis: *What Went Wrong?*, a. a. O., S. 118 f.

21 Vgl. ebenda, S. 120.

22 Vgl. ebenda, S. 127.

23 Vgl. ebenda, S. 117 f.

24 Vgl. ebenda, S. 125.

25 Vgl. exemplarisch die Missgriffe bei der russischen und der deutschen Nationalhymne: http://www.stern.de/panorama/video/ins-netz-gegangen/lachen/staatsbesuch-in-aegypten--militaerkapelle-quaelt-wladimir-putin-mit-schraeger-nationalhymne-3974054.html; https://www.youtube.com/watch?v=XuWhkvdrDKw.

26 Dieser Begriff wurde 2010 von Christian Geyer, Redakteur im Feuilleton der *FAZ*, geprägt. Er warf mir fälschlich vor, solch eine »Erbdummheit« in *Deutschland schafft sich ab* (München 2010) behauptet zu haben. Dieser unsinnige Vorwurf sollte der offenbar unerwünschten Diskussion um die schlechte Bildungsleistung der Muslime eine rassistische Wendung geben und dadurch die Debatte unterbinden.

27 Vgl. Bernard Lewis: *What Went Wrong?*, a. a. O., S. 18 ff.

28 »Today, for the time being, as Atatürk recognized and as Indian computer scientists and Japanese high-tech companies appreciate, the dominant civilization is Western, and Western standards therefore define modernity.« Ebenda, S. 150.

29 Hier spiegelt sich auch ein fortwährendes islamisches Beleidigtsein, denn Charles Darwin hatte am 3. Juli 1881 in einem Brief an William Graham den Untergang des Osmanischen Reiches als Beispiel dafür angeführt, dass die Lehre von der natürlichen Selektion auch auf die Entwicklung menschlicher Gesellschaften übertragen werden könne. Nebenbei gesehen, zeigt sich hier Darwin als der erste Sozialdarwinist, aber er beleidigte aus fundamentalistischer Sicht eben auch den Islam und die Türken, als er von »höher zivilisierten sogenannten kaukasischen Rassen« sprach, die die Türken im Kampf ums Überleben haushoch geschlagen hätten. Vgl. Joseph Croitoru: »Politische Auslese. Darwin in türkischer Sicht«, in: *FAZ* vom 3. Januar 2018, S. N3.

30 Vgl. Bernard Lewis: *What Went Wrong?*, a. a. O., S. 79.

31 Das Bestreben, der islamischen Kultur eine bedeutende Rolle für die Wissenschaft zuzuschreiben, nimmt selbst teilweise unwissenschaftliche Formen an. Vgl. Richard Friebe: »Historia obscura«, in: *Frankfurter Allgemeine Sonntagszeitung* vom 5. November 2017, S. 59.

32 Wolfgang Kania: »Unsere abendländischen Gene«, Leserbrief an die *FAZ*, 28. Januar 2017, S. 6.

33 Lutz Berger: *Die Entstehung des Islam. Die ersten hundert Jahre von Mohammed bis zum Weltreich der Kalifen*. München 2016, S. 252. Berger zitiert Michael

Decker: »Plants and Progress: Rethinking the Islamic Agricultural Revolution«, in: *Journal of World History*, Bd. 20 (2009), S. 187–206.

34 Vgl. Bernard Lewis: *What Went Wrong?*, a. a. O. S. 80 f.

35 Zafer Senocak: »Der unaufhaltsame Niedergang des Islam«, in: *Die Welt* vom 21. Juli 2015.

36 Pew Research Center: »Educational Attainment of Religious Groups«. Dezember 2016, http://www.pewforum.org/interactives/educational-attainment/.

37 Vgl. Eric A. Hanushek/Ludger Woessmann: *The Knowledge Capital of Nations*. Cambridge (Mass.)/London 2015.

38 Vgl. Heiner Rindermann/James Thompson: »Cognitive Capitalism: The Effect von Cognitive Ability on Wealth, as Meditated through Scientific Achievement and Economic Freedom«, in: *Psychological Science*, 22 (6) 2011, S. 754–763; Heiner Rindermann/Oasis Kodila-Tedika/Gregory Christainsen: »Cognitive capitalism, governance, and the wealth of nations«, in: *Intelligence* 51 (2015), S. 98–108.

39 Siehe dazu beispielhaft zu Indien: Richard Lynn, Prateek Yaclav: »Differences in cognitive ability, per capita income, infant mortality, fertility and latitude across the states of India«, in: *Intelligence* 49 (2015), S. 179–185.

40 Vgl. grundlegend zum g-Faktor: Arthur Jensen: *The g Factor. The Science of Mental Ability*. Westport/London 1998. Konkret zum g-Faktor beim Vergleich von Intelligenztests und Schulleistungstests siehe Heiner Rindermann: »The g-Factor of International Cognitive Ability: The Homogeneity of Results in PISA,TIMSS, PEARLS and IQ-Tests Across Nations«, in: *European Journal of Personality* 21 (2007), S. 667–706.

41 Vgl. Heiner Rindermann: »Was messen internationale Schulleistungsstudien? Schulleistungen, Schülerfähigkeiten, kognitive Fähigkeiten, Wissen oder allgemeine Intelligenz?«, in: *Psychologische Rundschau*, 57/2006, 69 ff.

42 Vgl. zur regionalen Aufteilung die Karten bei Heiner Rindermann/James Thompson: »Cognitive Capitalism«, a. a. O., S. 757 f.

43 Vgl. Eric A. Hanushek/Ludger Woessmann: *The Knowledge Capital of Nations*, a. a. O., S. 16 ff.

44 Vgl. Heike Wendt u. a.: *Mathematische und naturwissenschaftliche Kompetenzen von Grundschulkindern in Deutschland im internationalen Vergleich*. Münster 2016, S. 107 und 162.

45 So hat sich bei PISA 2105 die Lesekompetenz in der Türkei und in Tunesien gegenüber 2012 deutlich verschlechtert. In den Vereinigten Arabischen Emiraten geht die Verschlechterung über alle Kompetenzbereiche. Vgl. Überblickstabelle in OECD: PISA 2015. Ergebnisse im Fokus, Paris 2016, S. 5.

46 Vgl. ebenda.

47 Vgl. Heiner Rindermann/Oasis Kodila-Tedika/Gregory Christainsen: »Cognitive capitalism«, a. a. O.; Heiner Rindermann/Michael Sailer/James Thompson: »The impact of smart fractions, cognitive ability of politicians and average competence of peoples on social development«, in: *Talent Development & Excellence*, Bd. 1, Nr. 1, 2009, S. 3 ff.

48 Vgl. Heiner Rindermann/Antonia E. E. Baumeister/Anne Gröper: »Cognitive Abilities of Emirati and German Engineering University Students«, in: *Journal of Biosocial Science*, 46 (2014) S. 199 ff.

49   Heiner Rindermann: »Ingenieure auf Realschulniveau«, in: *Focus* 43 (2015), S. 42.

50   Vgl. Heiner Rindermann/Michael Seiler/James Thompson: *The impact of smart fractions, cognitive ability of politicians and average competence of peoples on social development*, a. a. O., S. 3–25.

51   A. Liebich/S. Kugelmass: »Patterns of Intellectual Ability of Arab School Children in Israel«, in: *Intelligence* 5 (1981), S. 311–320.

52   Vgl. Salaheldin Farah Attaliah Bakhiet/Edward Dutton u. a.: »Understanding the Simber Effect: Why is the age-dependent increase in childrens's cognitive ability in Arab Countries smaller than in Britain?«, in: *Personality and Individual differences* 122 (2018), S. 38–42.

53   Vgl. Salaheldin Farah Attaliah Bakhiet/Richard Lynn: »Gender difference on the Wechsler Intelligence Scale for Children-III in Bahrain«, in: *Psychological Reports* 117 (3) 2015, S. 795–797.

54   Vgl. Raufhon Salahodjaev/Sardor Azam: »Intelligence and gender (in)equality: empirical evidence from devoloping countries«, in: *Intelligence* 52 (2015), S. 97–193.

55   Vgl. Richard Lynn: »The Intelligence of the Chinese and Malays in Singapore«, in: *The Mankind Quarterly*, 18 (1977), S. 125–128.

56   Übersetzt in IQ-Werte, bedeutet dies, dass der gemessene IQ der getesteten Einwanderer und Flüchtlinge um 18 Punkte unter dem deutschen Durchschnitt liegt. Damit hat diese Gruppe den durchschnittlichen IQ ihrer Herkunftsländer. Dieser liegt für die Gesamtheit der islamischen Welt bei durchschnittlich 81, für die arabischen Länder bei durchschnittlich 84 IQ-Punkten (der Durchschnitt des Vereinigten Königreichs ist dabei die Referenznorm). Zum durchschnittlichen IQ in der islamischen Welt siehe Donald I. Templer: »The Comparison of Mean IQ in Muslim and Non-Muslim Countries«, in: *The Mankind Quarterly* 50/3 (2010), S. 188–209. Bei Menschen, die aus einem anderen Kulturkreis frisch eingewandert sind, ist naturgemäß keine Aussage darüber möglich, zu welchem Anteil diese Unterschiede kulturell und zu welchem Anteil sie genetisch bedingt sind.

57   Vgl. Andreas Frintrup/M. Spengler: »Berufliche Orientierung für Flüchtlinge und Migranten: psychologische Kompetenzanalyse und Berufsprofiling mit CAIDANCE-R«, in: Frintrup, A. (Hrsg.): *Berufliche Integration von Flüchtlingen und Migranten*. Heidelberg 2017, S. 15 ff.

58   Gregory Clark zeigt anhand seiner Studien zur Namensforschung, dass der soziale Status, aber auch der soziale Aufstieg und Abstieg überwiegend durch die genetische Fitness bestimmt werden. Die endogene Heirat von Gruppen und Schichten setzt das genetische Gesetz der Rückkehr zum Mittelwert außer Kraft bzw. bremst seine Wirkung. So können sich die genetische Fitness und damit der soziale Status durch endogenes Heiratsverhalten innerhalb der eigenen Gruppe verfestigen. Vgl. Gregory Clark: *The Son also Rises. Surnames and the History of Social Mobility*. Princeton 2015, S. 126 ff.

59   Vgl. ebenda, S. 238 ff.

60   Gregory Clark zeigt durch seine profunden Studien zur Namensforschung, dass sozialer Aufstieg oder Abstieg durchaus 20 Generationen in Anspruch nehmen kann. Vgl. ebenda, S. 216.

61 Heiner Rindermann/David Becker/Thomas R. Coyle:»Survey of expert opinion on intelligence: Causes of international differences in cognitive ability tests«, in: *Frontiers in Psychology* 7 (2016). https://www.frontiersin.org/articles/10.3389/fpsyg.2016.00399/full?&utm_source=Email_to_authors_&utm_medium=Email&utm_content=T1_11.5e1_author&utm_campaign=Email_publication&field&journalName=Frontiers_in_Psychology&id=181408#.

62 Der hier verwendete Pearson-Korrelations-Koeffizient (r) mit dem Wertebereich (-1 ≤ r ≤ 1) gibt an, welcher Anteil der Varianz in einem Faktor über die Varianz in einem anderen Faktor erklärt werden kann. Positive Koeffizienten weisen auf einen positiven statistischen Zusammenhang hin, negative Koeffizienten auf einen negativen statistischen Zusammenhang. Bis zu einem Wert von |.10| spricht man von einem schwachen statistischen Zusammenhang, bis zu einem Wert von |.30| von einem mittleren und ab einem Wert von |.30| von einem starken.

63 Vgl. Richard Lynn/Tatu Vanhanen: *Intelligence: A Unifying Construct for the Social Sciences.* London 2012.

64 Quelle für Religionsanteile: CIA (2017) *The World Fact Book* unter https://www.cia.gov/library/publications/the-world-factbook/ (religiöse Untergruppen zusammengefasst); Quelle für PISA-Resultate: OECD (2016), *PISA 2015 Results (Bd. I): Excellence and Equity in Education*, PISA, OECD Publishing, Paris, Abb. I.1.1 (für Berechnungen wird der ungewichtete Mittelwert aus den drei Rubriken Naturwissenschaftliche Kompetenz, Lesekompetenz und Mathematikkompetenz verwendet); Quelle für TIMSS-Resultate: Downloadbereich der IEA-Homepage unter http://timssandpirls.bc.edu/timss2015/international-results/download-center/ (für Berechnungen wird der ungewichtete Mittelwert aus den zwei Rubriken Naturwissenschaftliche Kompetenz und Mathematikkompetenz verwendet); Quelle für IQ-Werte: Richard Lynn/Tatu Vanhanen (2012). *Intelligence: A Unifying Construct for the Social Sciences*, a. a. O., Tabelle 2.1, Spalte »Final IQ«; Methode: nur Staaten in die einzelnen Korrelationsanalysen integriert (und damit gezählt), für die für beide beobachteten Variablen ein Wert vorhanden war. Signifikanzniveaus über eine einseitige Fragestellung ermittelt: beschreiben die Wahrscheinlichkeit (hier klein mit $p<0,05$), dass die Nullhypothese (»Kein statistischer linearer Zusammenhang zwischen den Anteilen von Religionsgruppen und kognitiven Fähigkeiten«) nicht abgelehnt wird.

65 Tatiene C. Souza/Francisco Cribari-Neto (2015): »Intelligence, religiosity and homosexuality non-acceptance: Empirical evidence«, in: *Intelligence* 52 (2015), S. 63–70; Raufhon Salahodjaev/Sardor Azam: »Intelligence and gender (in) equality: Empirical evidence from developing countries«, in: *Intelligence* 52 (2015), S. 97–103; vgl. Richard Lynn/Tatu Vanhanen: *Intelligence: A Unifying Construct for the Social Sciences*, a. a. O.

66 Vgl. Gijsbert Stoet/David C. Geary: »Students in countries with higher levels of religiosity perform lower in science and mathematics«, in: *Intelligence* 62 (2017), S. 71 ff.

67 Vgl. Charlie L. Reeve: »Expanding the g-nexus: Further evidence regarding the relations among national IQ, religiosity and national health outcomes«, in: *Intelligence* 37 (2009), S. 495 ff.

68　Vgl. Mohamed Latifi u.a.:»Comparaison des performances cognitives chez les adolescents consanguins et les non consanguins de la région nord Ouest marocain«, in: *Antropo* 19 (2009) S. 57–65, http://www.didac.ehu.es/antropo/19/19-7/Latifi.

69　Vgl. Heiner Rindermann:»Ein Hintergrundgespräch zum Migrations-Artikel im Focus«, in: *Hintergrund, Zeitschrift für kritische Gesellschaftstheorie und Politik* 28 (4) 2015, S. 45–66. Zu den Belegstellen siehe Anm. 25, S. 55.

70　Peter Wensierski:»Schlechtes Blut«, in: *Der Spiegel* 36 (2009), S. 52.

71　Vgl. Janine Flocke:»Verwandt, verlobt, verheiratet«, in: *Die Zeit* vom 16. März 2007, http://www.zeit.de/online/2007/12/verwandtenehe.

72　Vgl. Jan te Nijenhuis:»Mean intelligence of immigrants from developing countries living in developed countries. Presentation at the II. Latin American Congress of psychological Assessment, Belo Horizonte 22. September 2010«, zitiert in: Heiner Rindermann im Gespräch mit Sophie Hoff a. a. O., S. 55.

73　Vgl. Mohamed Latifi u.a.:»Comparaison des performances cognitives«, a. a. O. Resümee.

74　Vgl. Nirupama Agrawal/S. N. Sinha/Arthur R. Jensen:»Effects of Inbreeding on Raven Matrices«, in: *Behavior Genetics*, Bd. 14, Nr. 6, 1984, S. 579–585.

75　Heiner Rindermann im Gespräch mit Sophie Hoff a. a. O., S. 56.

76　Vgl. Steven Pinker:»Strangled by Roots«, in: *The New Republic* vom 6. August 2007, https://newrepublic.com/article/77729/strangled-roots.

77　Vgl. Jane Greve/Marie Louise Schultz-Nielsen/Erdal Tekin:»Fetal malnutrition and academic success: Evidence from Muslim immigrants in Denmark«, in: *Economics of Education Review* 60 (2017), S. 20–35.

78　Tareque Bin Atique:»Importance of Education in the Light of Islam. An Overview«, S. 4, http://www.academia.edu/7500137/Importance_of_Education_in_the_Light_of_Islam_An_Overview.

79　Syed Ali Ashraf: *New Horizons in Muslim Education*. Cambridge 1985, S. 4.

80　Vgl. Shiro Ito:»Educational Issues of Muslim Migrants in Japan«, in: *Asian Social Science*, Bd. 8, Nr.1, 2012, S. 104–106.

81　Anwar Farooq/Mazher Hussain:»A Brief Survey of Muslim Education in Pre-Colonial India (1206–1857)«, in: *Iranian Journal of Social Science and Humanities Research* 13–17 (2017), https://www.researchgate.net/publication/317045796_A_Brief_Survey_of_Muslim_Education_in_Pre-Colonial_India_1206-1857.

82　Die Studie beruht auf einer statistisch repräsentativen Auswertung von knapp 10 000 Interviews, je zur Hälfte Männer und Frauen, die zu gleichen Teilen auf die Länder Marokko, Ägypten, Libanon und Palästina entfielen. Vgl. El Feki, S./Heilman, B./Barker, G. (Hrsg.):»Understanding Masculinities. Results from the International Men and Gender Equality Survey (IMAGES) – Middle East and North Africa: Executive Summary«, Kairo/Washington, DC: UN Women and Promundo-US 2017, S. 7 ff., https://imagesmena.org/wp-content/uploads/sites/5/2017/05/IMAGES-MENA-Executive-Summary-EN-16May2017-web.pdf.

83　Ahmad Nofal:»Wir zerstören uns selbst im vollen Bewusstsein«, in: *FAZ* vom 3. Januar 2017, S. 5.

84　Tahar Ben Jelloun: *Der Islam, der uns Angst macht*. Berlin 2015, S. 46.

85 Vgl. Rita Breuer: *Liebe, Schuld und Scham. Sexualität im Islam.* Freiburg 2016, S. 22.

86 Bülent Mumay: »Alles wird zum Islam bekehrt«, in: *FAZ* vom 4. Januar 2018, S. 4.

87 Bassam Tibi: »Warum ich kapituliere«, in: *Cicero* 6 (2016), S. 115.

88 Die Durchsetzung islamkonformen Verhaltens wird als Aufgabe der ganzen Gesellschaft und der staatlichen Organe angesehen. Sie ist eben keine Privatsache: »Auch in Staaten, die in weiten Teilen eine westliche Gesetzgebung übernommen haben (...), gilt im Bereich Frau, Familie, Ehre und Sexualität der Islam, und das selbst bei Menschen, die eigentlich nicht besonders religiös sind.« Rita Breuer: *Liebe, Schuld und Scham*, a. a. O., S. 13 f.

89 Zana Ramadani: *Die verschleierte Gefahr. Die Macht der muslimischen Mütter und der Toleranzwahn der Deutschen.* Berlin/München/Zürich/Wien 2017, S. 64 f.

90 Vgl. Michael Martens: »Sieg voller Ungereimtheiten«, in: *FAZ* vom 18. April 2017, S. 3.

91 Remona Aly, Kommunikationschefin der Exploring Islam Foundation, interpretiert den Burkini als »Ausdruck eines wachenden Selbstbewusstseins. Muslimische Frauen wollen aktiv am öffentlichen Leben teilnehmen und sich, wie alle anderen, ungehindert entfalten und ausdrücken können.« Remona Aly: »Wie es uns gefällt«, in: *Die Weltwoche* 35 (2016), S. 51. Diese Argumentation kehrt das Wesentliche unter den Tisch. Erst die verbindlichen islamischen Verhüllungsgebote zwingen die Frauen in die Rolle, sich zwecks Teilnahme am öffentlichen Leben zu verhüllen. Sie haben eben nicht die Wahl, in ihrer verhüllten Familie Minirock zu tragen, die Haare offen zu tragen und im Kreise ihrer Familie im Bikini zu baden. Es ist deshalb extrem verlogen, den Burkini als Ausdruck von Freiheit zu interpretieren.

92 Der Verkaufserfolg solcher Bücher ist leider meist begrenzt. Der Bedarf der deutschen Medien und Leser an immer neuen Opfergeschichten muslimischer Frauen ist offenbar gedeckt.

93 So erlässt Diyanet, die türkische Behörde für religiöse Angelegenheit, mittlerweile Empfehlungen zum angemessenen Verhalten von Verlobten in der Öffentlichkeit (kein Händchenhalten, kein Körperkontakt). Sogar das Lachen oder Lächeln der Frau in der Öffentlichkeit stößt auf das Missfallen von Präsident Erdoğan. Vgl. Rita Breuer: *Liebe, Schuld und Scham*, a. a. O., S. 22 ff.

94 Vgl. Cigdem Toprak: »Frauenmord als Mentalitätsfrage«, in: *FAZ* vom 6. April 2016, S. 7.

95 Veronika Hartmann: »Frauen in der Türkei. ›Wir gehören nicht mehr hierher‹«, in: *Neue Zürcher Zeitung* vom 7. Januar 2017.

96 Vgl. Bülent Mumay: »Alles wird zum Islam bekehrt«, in: *FAZ* vom 4. Januar 2018, S. 4.

97 Das führt zu ganz absurden und entwürdigenden Situationen, zum Verzicht auf Behandlungsqualität und oft genug geradewegs zu unterlassener Hilfeleistung. In Deutschland häufen sich in jüngerer Zeit »Berichte, dass Muslime ihre Forderungen immer lauter und kompromissloser stellen und im Zweifel eine Entbindung durch den Arzt rigoros ablehnen oder es sogar als Akt der Islamfeindlichkeit werten, dass die Krankenhäuser nicht von vornherein darauf ein-

gestellt sind, religiösen Belangen der Muslime immer den Vorzug zu geben. Vereinzelt kommt es vor und im Kreißsaal zu Tumult.« Rita Breuer: *Liebe, Schuld und Scham*, a. a. O., S. 44.

98 In Großbritannien sind unter den pakistanischen Einwanderern 37 Prozent mit einem Cousin oder einer Cousine ersten Grades verheiratet. Bei der türkischstämmigen Bevölkerung in Deutschland sind es rund 25 Prozent. Etwa ein Drittel der Geburtsfehler der Kinder aus diesen Ehen kann auf die Blutsverwandtschaft zurückgeführt werden. Bestimmte Risiken verdoppeln sich dadurch. Kumulative Wirkungen ergeben sich daraus, dass die Praxis der Verwandtenheirat oft viele Jahrhunderte alt ist. Der Berliner Professor und Experte für Pränataldiagnostik Rolf Becker sagt dazu: »Wir sehen hier viele seltene Fälle, schwere Extremitätenanomalien, Hautdefekte, komplexe Herzfehler.« Vgl. Rolf Becker: *Pränatale Diagnostik und Therapie. Humangenetische Beratung, Ätiologie und Pathogenese von Fehlbildungen, invasive, nichtinvasive und sonographische Diagnostik sowie Therapie in utero*. Stuttgart 1995, S. 131 f.

99 Die unverheirateten türkischen Mädchen in Deutschland suchen nur zu 14 Prozent einen Frauenarzt auf, die bosnischen Muslimas zu 21 Prozent, bei den nicht muslimischen Migrantinnen sind es immerhin 41 Prozent. Vgl. Rita Breuer: *Liebe, Schuld und Scham*, a. a. O. S. 44.

100 In Jordanien hat die gerichtsmedizinische Untersuchung der für die Ehre getöteten Frauen im Jahr 2000 gezeigt, »dass über neunzig Prozent der Opfer gar keine Sexualkontakte hatten«. Rita Breuer: *Liebe, Schuld und Scham*, a. a. O., S. 47.

101 Ebenda, S. 104.

102 Vgl. ebenda, S. 126 ff.

103 Vgl. ebenda, S. 97.

104 »Im Westen hat das Antlitz eine andere Bedeutung als im Orient«, Interview mit Hans Belting in: *FAZ* vom 1. Dezember 2016, S. 11.

105 Vgl. Bülent Mumay: »Weil sie Shorts trug, wurde die junge Frau verprügelt«, in: *FAZ* vom 21. September 2016, S. 13.

106 Vgl. die zahlreichen schockierenden Beispiele bei Samuel Schirmbeck: *Der islamische Kreuzzug und der ratlose Westen. Warum wir eine selbstbewusste Islamkritik brauchen*. Zürich 2016, S. 81 ff.

107 Dazu gehört die große Verbreitung von sexuellem Missbrauch und sexueller Gewalt in der islamischen Welt, über die aber lange Zeit wegen der umfassenden sexuellen Tabuisierung wenig gesprochen wurde. Aufschlussreich ist es auch, dass sich laut Google-Statistik unter den acht Ländern mit den meisten Pornosuchanfragen sechs islamische Länder befinden, nämlich Pakistan, Ägypten, der Iran, Marokko, Saudi-Arabien und die Türkei. Auch Syrien und der Irak liegen weit vorne. Vgl. Rita Breuer: *Liebe, Schuld und Scham*, a. a. O., S. 178, S. 200 ff.

108 Vgl. Zana Ramadani: *Die verschleierte Gefahr*, a. a. O., S. 65 f.

109 Vgl. Rita Breuer: *Liebe, Schuld und Scham*, a. a. O., S. 67 f.

110 Ahmad Mansour: »Wir sind nicht mehr Kuscheltiere«, http://www.taz. de/!5317219/.

111 Karen Krüger: »Lassen Sie uns über Sex reden«, in: *Frankfurter Allgemeine Sonntagszeitung* vom 24. Januar 2016, S. 45.

112 Vgl. Philipp Plickert: »Die meisten Herrscher Afrikas jubeln über die Bevölkerungsexplosion«, in: *FAZ* vom 9. Mai 2017, S. 20.

113 Gerhard Bökenkamp: *Ökonomie der Sexualität.* München 2015, S. 185.
114 Vgl. Youssef Courbage/Emmanuel Todd: *Die unaufhaltsame Revolution. Wie die Werte der Moderne die islamische Welt verändern.* München 2008.
115 Samuel P. Huntington: *Kampf der Kulturen,* a. a. O., S. 183.
116 Ebenda, S. 190.
117 Gerhard Bökenkamp: *Ökonomie der Sexualität,* a. a. O., S. 186 f.
118 https://www.morgenpost.de/bezirke/charlottenburg-wilmersdorf/article209956441/Heftige-Kritik-Berliner-gedenken-Terroropfer-mit-Islamisten.html.
119 http://www.deutschlandfunk.de/religion-und-politik-wir-koennen-von-muslimen-lernen.2540.de.html?dram:article_id=387054.
120 https://www.tagesschau.de/multimedia/sendung/ts-21707.html.
121 Vgl. Antje Schippmann: »Knallhart-Mullah bei Gabriels Friedenskonferenz«, in: *bild.de* vom 29. Mai 2017.
122 Zitiert in Ulrich Berls: »Mohammeds leichtgläubige Sympathisanten«, http://www.theeuropean.de/ulrich-berls/12178-die-linke-sollte-mal-wieder-marx-lesen.
123 http://www.ghadban.de/de/wp-content/data/AnhörungSalafismus1.pdf, S. 9.
124 Zitat entnommen aus: »Das Bildes des Ungläubigen im Koran«, http://derprophet.info/inhalt/das-bild-unglaeubigen-htm/.
125 Gilles Kepel/Antoine Jardin: *Terror in Frankreich. Der neue Dschihad in Europa.* München 2016, S. 64.
126 V. S. Naipaul: *Eine islamische Reise. Unter den Gläubigen.* München 2002, S. 591.
127 Aaatish Taseer: *Terra Islamica. Auf der Suche nach der Welt meines Vaters.* München 2010, S. 105.
128 Ebenda, S. 108.
129 Ebenda, S. 347.
130 Ebenda, S. 348.
131 Vgl. ebenda, S. 350.
132 https://www.nzz.ch/feuilleton/zeitgeschehen/abdel-hakim-ourghi-im-gespraech-dieser-islam-gehoert-nicht-zu-deutschland-ld.112710.
133 Ebenda.
134 Vgl. Thomas Thiel: »Das Spiel mit dem Feuer«, in: *FAZ* vom 16. August 2016, S. 9.
135 http://www.ghadban.de/de/wp-content/data/AnhörungSalafismus1.pdf.
136 Mouhanad Khorchide: *Gott glaubt an den Menschen. Mit dem Islam zu einem neuen Humanismus.* Freiburg 2015, S. 20.
137 Ebenda, S. 219.
138 Ebenda, S. 39.
139 Ebenda, S. 115.
140 Ebenda, S. 44.
141 Ebenda, S. 45.
142 Ebenda, S. 185.
143 Ebenda, S. 201.
144 Ebenda, S. 186.
145 Ebenda, S. 233.
146 Ebenda, S. 234.

147 http://www.achgut.com/artikel/naehe_und_unvereinbarkeit_von_bibel_
und_koran_1.
148 http://www.achgut.com/artikel/naehe_und_unvereinbarkeit_von_bibel_
und_koran_2.
149 http://www.achgut.com/artikel/naehe_und_unvereinbarkeit_von_bibel_
und_koran_4.
150 http://www.achgut.com/artikel/naehe_und_unvereinbarkeit_von_bibel_
und_koran_4.
151 http://www.achgut.com/artikel/naehe_und_unvereinbarkeit_von_bibel_
und_koran_5.
152 http://www.achgut.com/artikel/naehe_und_unvereinbarkeit_von_bibel_
und_koran_7.
153 Pew Research Center: »The World's Muslims. Religion, Politics and Socie-
ty«, Washington, April 2013, http://www.pewforum.org/files/2013/04/
worlds-muslims-religion-politics-society-full-report.pdf. Zur Methodik der Befragung s. S. 144 ff.
154 Vgl. Ruud Koopmans: »Religious Fundamentalism and Hostility against Outgroups: A Comparison of Muslims and Christians in Western Europe«, in: *Journal of Ethnic and Migration Studies*, Bd. 41, Nr. 1, 2015, S. 43, http://dx.doi.org
/10.1080/1369183X.2014.935307.
155 Mathias Rohe hält die von Koopmans durchgeführte Umfrage für »unreflektiert«, weil ihm die Ergebnisse nicht gefallen, und weist darauf hin, dass es in
Bezug auf extremistische Einstellungen Präziseres gebe. Seine Behauptung, die
Studie sei nicht repräsentativ, »belegt« er mit einem Artikel von Ferda Ataman,
dessen kritische Anmerkungen jedoch die zentralen Ergebnisse der Studie von
Koopmans nicht widerlegen. Ganz offenbar hat sich Rohe nicht die Mühe gemacht, die Studie von Koopmans selbst zu lesen. Vgl. Mathias Rohe: *Der Islam in Deutschland. Eine Bestandsaufnahme.* München 2016, S. 236 f. mit Anm.
178, sowie Ferda Ataman: »›Zwei Drittel der Muslime Fundamentalisten‹
– wirklich?«, https://mediendienst-integration.de/artikel/wzb-studie-koop-
mans-zu-fundamentalismus-muslime-und-christen-im-europaeischen-ver-
gleich.html.
156 Vgl. Heiner Rindermann/Noah Carl: »Human Rights: Why Countries Differ«,
in: *Comparative Sociology* 17 (2018), S. 29–69.
157 Vgl. Bernard Lewis: *What went wrong*, a. a. O., S. 96 ff.
158 Zum vollen Text der Kairoer Erklärung siehe https://www.humanrights.ch/
upload/pdf/140327_Kairoer_Erklaerung_der_OIC.pdf.
159 Samuel P. Huntington: *Kampf der Kulturen*, a. a. O., S. 314.
160 Rita Breuer: *Im Namen Allahs? Christenverfolgung im Islam.* Freiburg 2015,
S. 122.
161 Boualem Sansal: *2084. Das Ende der Welt.* Gifkendorf 2016, S. 255.
162 »Ist die Diktatur das Staatsmodell der Zukunft?«, Interview mit Boualem Sansal, in: *Neue Zürcher Zeitung* vom 17. Juni 2016.
163 Rita Breuer: *Im Namen Allahs?*, a. a. O., S. 8.
164 Open Doors: Weltverfolgungsindex 2017, S. 7, https://www.opendoors.de/
mediathek/video/weltverfolgungsindex-2017-riser-wo-hat-die-christenverfol-
gung-am-staerksten-zugenommen.

165 Rita Breuer: *Im Namen Allahs?*, a. a. O., S. 43 f.
166 Ebenda, S. 48.
167 Open Doors: Weltverfolgungsindex, a. a. O., S. 8.
168 Beispielsweise 698 in Karthago, 838 in Syrakus, 981 in Zamora, 987 in Coimbra, 985 und 1008 in Barcelona. Zahllose Massaker gab es im christlichen Anatolien. Vgl. Egon Flaig: *Gegen den Strom*. Springe 2013, S. 82 ff.
169 Vgl. Michael Martens: »Dichter der muslimischen Endzeit«, in: *FAZ* vom 7. Januar 2017, S. 18. Der serbische Schriftsteller Ivo Andrić hat den Auseinandersetzungen zwischen Christen und Muslimen in seinem Werk ein Denkmal gesetzt.
170 Rita Breuer: *Im Namen Allahs?*, a. a. O., S. 46.
171 Ebenda, S. 58.
172 Ebenda, S. 29 f.
173 Ebenda, S. 28.
174 Ebenda, S. 53.
175 Ebenda, S. 182.
176 Ebenda, S. 182.
177 Ebenda S.. 181.
178 Ebenda. S. 114.
179 Vgl. ebenda, S. 25.
180 Vgl. ebenda, S. 68.
181 In der oberägyptischen Provinz Qena leben vergleichsweise viele Christen. Dort hatte die Übergangsregierung 2011 einen christlichen Gouverneur ernannt. Dagegen protestierten Zehntausende von Muslimen, angestiftet von der Muslimbruderschaft und noch radikaleren Kräften; Gewalt wurde angedroht. Die Regierung knickte schnell ein und machte ihre Entscheidung rückgängig. Vgl. Rita Breuer: *Im Namen Allahs?*, a. a. O., S. 106. Der Fall erinnert an den christlichen Gouverneur von Jakarta, der einem unhaltbaren Blasphemievorwurf ausgesetzt war und in einer durch die Massen auf den Straßen aufgeheizten Atmosphäre sein Amt verlor.
182 Vgl. Ebenda, S. 119.
183 Vgl. ebenda, S. 115.
184 Vgl. ebenda, S. 121.
185 Vgl. ebenda, S. 111 f.
186 Vgl. ebenda, S. 26. In Ägypten kam es im April 2009 zur Massenvernichtung von 250 000 Schweinen, angeblich zur Bekämpfung der Schweinepest, von der allerdings in Ägypten kein einziger Fall bekannt wurde. Vgl. ebenda. S. 118.
187 Vgl. Jan Jessen/Sinan Sat: »Türkei beschlagnahmt Kirchen und Klöster«, in: *Berliner Morgenpost* vom 30. Juni 2017, S. 3.
188 Die Sudanesin Mariam Jahia Ibrahim Ishak war als Tochter eines muslimischen Vaters und einer christlichen Mutter geboren worden. Der Vater hatte die Familie früh verlassen. Sie war christlich erzogen worden, heiratete einen Christen und bekam von ihm zwei Kinder. Als sie im Jahr 2014 nicht bereit war, ihrem christlichen Glauben abzuschwören, wurde sie wegen Apostasie zum Tode verurteilt. Da ihre Ehe mit einem Christen als ungültig galt (als Muslima durfte sie ja nur einen Muslim heiraten), wurde sie außerdem wegen Unzucht zu 100 Peitschenhieben verurteilt, die vor der Hinrichtung auszuführen waren. Erst nach weltweiten Protesten wurde das Urteil aufgehoben. Aber der Mob

auf den Straßen von Khartum protestierte gegen ihre Freilassung. Schließlich ermöglichte der internationale Druck die Ausreise der Familie in die USA. Vgl. Rita Breuer: *Im Namen Allahs?*, a. a. O., S. 83 f. Es ist leider sicher anzunehmen, dass die Mehrzahl solcher Fälle international gar nicht bekannt wird, sodass das schreckliche Schicksal der Betroffenen auch nicht abgewendet werden kann.

189 Vgl. Rita Breuer: *Im Namen Allahs?*, a. a. O., S. 79.

190 So hatten 2011 in Oberägypten die Imame von 20 Moscheen zum Sturm gegen die Kirchen aufgerufen. Der Provinzgouverneur zog daraufhin die zuständigen Sicherheitskräfte ab. Der Zerstörungswille des Mobs richtete sich nicht nur gegen die Kirchen, sondern auch gegen die Häuser, Felder, Geschäfte und Autos von Christen. Im Sommer 2013 griff der salafistische Mob 61 Kirchen an. Brandanschläge ließen Kirchen, Klöster, christliche Buchhandlungen, Geschäfte und zahlreiche Bibeln in Flammen aufgehen. Vgl. ebenda, S. 145 ff.

191 Vgl. Christoph Ehrhardt: »Bedrohte Kopten«, in: *FAZ* vom 11. April 2017, S. 8.

192 Zitiert bei Rita Breuer: *Im Namen Allahs?*, a. a. O., S. 75.

193 Vgl. ebenda, S. 149 ff.

194 Im Jahr 2011 führte der Versuch, eine unschuldige Christin vor dem Tod aufgrund dieses Gesetzes zu retten, zur Ermordung des muslimischen Gouverneurs Salman Taseer und des katholischen Ministers für religiöse Minderheiten Shahbaz Bhatti. In Karachi demonstrierten 40 000 Menschen für den Mörder des Gouverneurs, seinen eigenen Leibwächter. Die zum Tode verurteilte Christin Assia Bibi verlor 2014 den Berufungsprozess, der Fall ist jetzt beim Obersten Gerichtshof Pakistans anhängig. Vgl. ebenda S. 123 ff.

195 Vgl. Rita Breuer: *Im Namen Allahs?*, a. a. O., S. 127.

196 Vgl. ebenda, S. 135 f.

197 Vgl. ebenda, S. 138 ff.

198 Wolfram Weimer: »Christen werden systematisch massakriert«, in: *n-tv* vom 11. April 2017, https://www.n-tv.de/politik/politik_person_der_woche/ Christen-werden-systematisch-massakriert-article19789150.html.

199 Vgl. Rita Breuer: *Im Namen Allahs?*, a. a. O., S. 157 f.

200 Vgl. ebenda, S. 108.

201 Vgl. ebenda, S. 142.

202 Ebenda, S. 110.

203 Ebenda, S. 162.

204 In den Schulbüchern, die von der palästinensischen Autonomiebehörde herausgegeben werden, kommen der Staat Israel, die 2000 Jahre jüdische Geschichte und Religion oder der Holocaust gar nicht vor. Juden werden allenfalls als Widersacher Mohammeds erwähnt, und es werden Verschwörungstheorien zur »zionistischen Bewegung« gebracht, die in den USA Medien und Wirtschaft beherrsche. Der »Märtyrertod« von Palästinensern wird verherrlicht und damit indirekt der Terror gutgeheißen. Vgl. Regina Mönch: »Hasslektion. Wo Israel nicht existiert«, in: *FAZ* vom 29. Juni 2017, S. 9.

205 Im Auftrag der Fernsehsender WDR und Arte hatten Joachim Schroeder und Sophie Hafner einen Dokumentarfilm »Auserwählt und abgegrenzt – Der Hass auf Juden in Europa« gedreht, der die Zusammenhänge zwischen dem Antisemitismus in Europa und der Palästinafrage beschrieb und die Rolle der politischen Linken sowie zahlreicher (auch kirchlicher) Nichtregierungsorgani-

sationen (NGOs) bei der Unterstützung des sich als Antizionismus verkleidenden Antisemitismus deutlich machte. Der Film geriet zum Skandal. WDR und Arte hielten ihn sechs Monate zurück. Erst seine Verbreitung über das Internet durch die *Bild*-Zeitung erzwang seine Ausstrahlung. So wurde er schließlich am 21. Juni 2017 um 22.15 Uhr in der ARD gezeigt und anschließend bei »Maischberger« diskutiert. Joachim Schroeder fasst die Aussage des Films wie folgt zusammen: »Der Antisemitismus drückt sich heute antizionistisch aus. Der Hass gegen Juden wurde kollektiviert. Israel ist heute der Paria unter den Staaten. Dabei ist es für Antisemiten völlig egal, was der Staat Israel tut – es geht um dessen Existenz.« – »Mit uns spricht seit sechs Monaten keiner«, Interview mit Joachim Schroeder, in: *FAZ* vom 21. Juni 2017, S. 15.

206 Vgl. Ruud Koopmans: »Religious Fundamentalism and Hostility against Outgroups: A Comparison of Muslims and Christians in Western Europe«, in: *Journal of Ethnic and Migration Studies*, a. a. O., S. 47.

207 Vgl. Dominique Reynié: »Anti-semitic attitudes in France. New insights«, S. 22 ff., http://www.fondapol.org/wp-content/uploads/2015/03/Anti-Semitic-Attitudes-in-France-New-Insights-20151.pdf.

208 In Frankreich werden Jahr für Jahr rund 400 antisemitische Vergehen, darunter viele Gewalttaten, bekannt, kaum jedoch antimuslimische Vergehen. Trotzdem glauben nur 31 Prozent der französischen Muslime, dass es in Frankreich viel Rassismus gegen Juden gibt. 68 Prozent sind aber der Meinung, dass es viel Rassismus gegen Muslime gibt. Vgl. ebenda, S. 5 und S. 28.

209 Das nimmt die unterschiedlichsten Formen an. So wurde an der Hochschule für angewandte Wissenschaft und Kunst in Hildesheim zehn Jahre lang ein Seminar über »Die soziale Lage der Jugendlichen in Palästina« angeboten, in dem Israel in extremer Weise an den Pranger gestellt und indirekt sogar um Verständnis für Selbstmordattentate geworben worden war. Vgl. Benjamin Weinthal: »In extremer Weise«, in: *taz* vom 7.10. 2016, http://www.taz.de/!5341162/.

210 Weltweit erregte besonderes Aufsehen der Fall des jüdischen Schülers an einer staatlichen Schule in Berlin-Friedenau, der von seinen mehrheitlich muslimischen Klassenkameraden bedroht und gemobbt wurde, als seine jüdische Herkunft bekannt wurde. Die Schule reagierte hilflos, die Eltern meldeten das Kind schließlich ab. Vgl. Toby Axelrod: »Classmates turn from friends to attackers after boy reveals he is Jewish«, in: *The Jewish Chronicle* vom 29. Juni 2017, https://www.thejc.com/news/world/classmates-at-berlin-school-turn-from-friends-to-attackers-after-boy-reveals-he-is-jewish-1.434990.

211 Abraham Cooper: »Viele muslimische Migranten sind antisemitisch«, in: *Der Tagesspiegel* vom 6. Juni 2016, http://www.tagesspiegel.de/politik/fluechtlinge-in-deutschland-viele-muslimische-migranten-sind-antisemitisch/13696190.html.

212 Vgl. Alan Posener: »›Antisemitismus ohne Antisemiten‹ greift um sich«, in: *Die Welt* vom 25. April 2017.

213 Bundesweit bekannt wurde im April 2017 der Fall des 14-jährigen Ferdinand an einer Berliner Schule. Dieser Fall ist keine Ausnahme, wie eine im Juli 2017 erschienene Stimmungsumfrage des American Jewish Committee (AJC) zeigte. Vgl. *Bild* vom 28. Mai 2017, http://www.bild.de/regional/berlin/antisemitismus/opfer-aus-berliner-schule-spricht-51935986.bild.html

sowie https://www.welt.de/politik/deutschland/article166822699/In-Atlanten-wird-der-Staat-Israel-ausradiert.html.

214 Vgl. Friederike Böge: »Machtprobe. Glaubenskrieg um das Blasphemiegesetz in Pakistan«, in: *FAZ* vom 9. Januar 2017, S. 8.

215 Vgl. Institute for Economics and Peace: »Global Terrorism Index 2016. Measuring and Unterstanding the Impact of Terrorism«, http://economicsandpeace.org/wp-content/uploads/2016/11/Global-Terrorism-Index-2016.2.pdf.

216 Vgl. Joseph Coitrou: »Versteinerte Scharia«, in: *FAZ* vom 26. Oktober 2016, S. N3.

217 Gilles Kepel: *Terror in Frankreich. Die Krankheit des Islam.* Zürich 2007, S. 146.

218 Bernard Lewis: *What went wrong?*, a. a. O., S. 107 f.

219 Rainer Hermann: »Terror und Islam«, in: *FAZ* vom 27. Mai 2017, S. 1.

220 Tahar Ben Jelloun: *Der Islam, der uns Angst macht*, a. a. O., S. 47.

221 Ebenda, S. 84.

222 Heinrich Schütz: Leserbrief, in: *FAZ* vom 15. Juli 2016, S. 21.

223 Vgl. dazu Sascha Adamek: *Scharia-Kapitalismus. Den Kampf gegen unsere Freiheit finanzieren wir selbst.* Berlin 2017.

224 Winston S. Churchill: *Weltabenteuer im Dienst.* Hamburg 1951, S. 51.

225 Volker Zastrow: »Güte«, in: *Frankfurter Allgemeine Sonntagszeitung* vom 11. Januar 2015, S. 8.

226 Michael Martens: »Was der Islam mit dem Islam zu tun hat«, *Frankfurter Allgemeine Sonntagszeitung* vom 11. Januar 2015, S. 8.

227 Vgl. Dr. Wolfgang Hintze: »Neue Studie: Terrorismus für junge Muslime ›akzeptabel‹«, Vera Lengsfeld vom 24. März 2017, http://vera-lengsfeld.de/2017/03/24/neue-studie-terrorismus-fuer-junge-muslime-akzeptabel/.

228 Ruud Koopmans: »Der Terror hat sehr viel mit dem Islam zu tun«, in: *FAZ* vom 1. Juni 2016.

229 Zitiert bei Hans-Hermann Tiedje: »Ägyptische Wahrheiten«, in: *Euro am Sonntag* 8/2015.

230 Vgl. »Marokko wählt. Gemäßigte Muslime der Regierungspartei PJD liegen vorn«, in: *FAZ* vom 7. Oktober 2016, S. 7.

231 »Der IS wird in neuer Form zurückkommen«, Interview mit Mohammad Abu Rumman und Hassan Abu Hanish, in: *FAZ* vom 7. November 2016, S. 7.

232 Abdelwahab Meddeb: *Die Krankheit des Islams*, a. a. O., S. 221.

233 »Muslimische Gesellschaften sind komplett gescheitert«, Interview mit Pervez Hoodbhoy, in: *Spiegel online* vom 28. Januar 2013, http://www.spiegel.de/politik/ausland/interview-mit-dem-pakistanischen-atomphysiker-pervez-hoodbhoy-a-879319.html.

Kapitel 4
Die Muslime in den Gesellschaften des Abendlandes

1 Vgl. Barbara Bramanti u.a.: »Genetic Discontinuity Between Local Hunter-Gatherers and Central Europe's First Farmers«, in: *Science*, Bd. 326, Nr. 5949, 2009, S. 137–140, DOI:10.1126/science.1176869; Pontus Skoglund u.a.: »Origins and Genetic Legacy of Neolithic Farmers and Hunter-Gatherers in Europe«, in: *Science*, Bd. 336, Nr. 6080, 2013, S. 466–469, DOI:10.1126/science.1216304.

2 Zitiert nach Egon Flaig: *Die Niederlage der politischen Vernunft. Wie wir die Errungenschaften der Aufklärung verspielen.* Springe 2017, S. 9.

3 Vgl. René Cuperius: »Das Märchen von der guten Migration. Die gefährliche Naivität der kritiklosen Migrationsbejaher«, in: *IPG-Journal* vom 7. März 2018, http://www.ipg-journal.de/regionen/global/artikel/detail/das-maerchen-von-der-guten-migration-2616/.

4 Statistisches Bundesamt: »Bevölkerung mit Migrationshintergrund – Ergebnisse des Mikrozensus« 2016, Wiesbaden, September 2017, S. 4.

5 Es ist davon auszugehen, dass seit dem Zensus 2011 auch die Zahlen des Mikrozensus an Zuverlässigkeit gewonnen haben. Bei meinen Berechnungen in *Deutschland schafft sich ab* hatte ich mich auf den damals aktuellsten Mikrozensus 2007 bezogen. Der Zensus 2011 zeigte, dass die Zahlen des Mikrozensus 2007 wegen fehlerhafter Fortschreibungen deutlich überhöht waren. Aus den 2009 vom Statistischen Bundesamt veröffentlichten Zahlen des Mikrozensus 2007 ließ sich damals erschließen, dass die Zahl der Menschen in Deutschland mit Migrationshintergrund, die aus einem mehrheitlich muslimischen Land kommen, zwischen vier und sechs bis sieben Millionen lag. Das breite Band ergibt sich daraus, dass in den Daten des Mikrozensus 2007 4,6 Millionen Menschen wegen fehlender oder inkonsistenter Angaben nicht einer bestimmten regionalen Herkunft zugeordnet werden, sodass deren Zuordnung von Annahmen abhängig ist. Mathias Rohe polemisierte zu meiner Wiedergabe und Interpretation der Daten des Mikrozensus 2007 noch im Jahr 2016: »Von kompetenten Wissenschaftlern wurde der unseriöse Umgang mit Daten und demografischen Prognosen hinlänglich belegt.« Belege dazu brachte er nicht. Die Belege des Mikrozensus waren so, wie sie waren, und wurden von mir gerade nicht überinterpretiert. Vgl. Mathias Rohe: *Der Islam in Deutschland. Eine Bestandsaufnahme.* München 2016, S. 80.

6 Dazu habe ich in der Tabelle 2 des Mikrozensus 2016 die Personen mit Herkunft Bosnien und Herzegowina, Kosovo, Türkei, Afrika, Naher und Mittlerer Osten, Afghanistan und Pakistan addiert. Vgl. Mikrozensus 2016 a. a. O., S. 63 ff.

7 Vgl. ebenda, S. 63 ff.

8 Die Zahlen sind aus den Grunddaten des Statistischen Berichts A15 – hj 2/16 des Amtes für Statistik Berlin-Brandenburg errechnet: Einwohnerinnen und Einwohner im Land Berlin am 31. Dezember 2016, Potsdam 2017; Tabellen 11 und 12.

9 Vgl. ebenda, Tabelle 9.

10 Das ist meine eigene Schätzung, die ich auf dem Wege des Überschlags aus dem Migrantenanteil aus islamischen Ländern und der überdurchschnittlichen Kinderzahl dieser Gruppe ermittelt habe.

11 Vgl. Anja Stichs: »Wie viele Muslime leben in Deutschland? Eine Hochrechnung über die Anzahl der Muslime in Deutschland zum Stand 31. Dezember 2015«, BAMF Nürnberg 2016, S. 30.

12 Vgl Sonja Haug/Stephanie Müssig/Anja Stichs: »Muslimisches Leben in Deutschland«, BAMF, Nürnberg 2009.

13 Die Schätzung 2009 war auf der Basis der Zahlen über Menschen mit Migrationshintergrund nach Herkunftsregionen im Mikrozensus 2007 erfolgt. Diese

wurden durch den Zensus 2011 deutlich nach unten korrigiert. Zur Ermittlung der Zahl der Muslime griff man außerdem auf eine repräsentative Umfrage zurück, die den Anteil der Menschen muslimischen Glaubens je nach Herkunftsregion erfasste. »Für die Studie wurden 6004 Personen, die entweder selbst oder deren Haushaltsangehörige aus einem relevanten muslimisch geprägten Herkunftsland stammen, befragt. Die Hochrechnung erfolgte auf Basis von Informationen über 17000 in den befragten Haushalten lebenden Personen.« Anja Stichs: »Wie viele Muslime leben in Deutschland?«, a. a. O., S. 8.

14 Anja Stichs: »Wie viele Muslime leben in Deutschland?«, a. a. O., S. 8.

15 Vgl. Sonja Haug/Stephanie Müssig/Anja Stichs: »Muslimisches Leben in Deutschland, im Auftrag der Deutschen Islam Konferenz«, hrsg. vom Bundesamt für Migration und Flüchtlinge, Nürnberg, Juni 2009, S. 36 ff.

16 Ebenda, S. 323.

17 Vgl. Anja Stichs: »Wie viele Muslime leben in Deutschland?«, a. a. O., S. 22 Tabelle 1.

18 Vgl. ebenda, S. 27, Tabelle 2.

19 Zitiert aus der schriftlichen Antwort des BAMF vom 13. Juli 2017 auf eine Anfrage von mir.

20 Anja Stichs, die Verfasserin der BAMF-Studie über die Zahl der Muslime in Deutschland, schrieb mir dazu am 13. Juli 2017: »In der MLD-Studie von 2008 wird die Sozialstruktur der Muslime in Deutschland untersucht, darunter auch die Altersstruktur. Aktuellere Daten sind mir nicht bekannt. Auch nach Bundesländern differenzierte Daten sind mir nicht bekannt.«

21 Vgl. Landeshauptstadt Wiesbaden, Amt für Strategische Steuerung, Stadtforschung und Statistik: »Religionszugehörigkeit der Wiesbadener«, Wiesbaden, Februar 2012, S. 6.

22 Vgl. Pew Research Center: »The Future of the Global Muslim Population. Projections for 2010–2030«, Washington, Januar 2011; »Europe's Growing Muslim Population«, Washington, November 2017, http://assets.pewresearch.org/wp-content/uploads/sites/11/2017/11/06105637/FULL-REPORT-FOR-WEB-POSTING.pdf.

23 Vgl. ebenda, S. 40 f.

24 Zu den Annahmen vgl. ebenda, S. 5 ff.

25 Vgl. ebenda, S. 12.

26 Vgl. ebenda, S. 16.

27 Für die vollständige Angleichung legt Pew Research einen Zeitraum von 100 Jahren ab dem Zeitpunkt der Einwanderung zugrunde. Vgl. ebenda, S. 42.

28 http://www.pewforum.org/2015/04/02/europe/.

29 Das ergibt sich aus der Kombination von jugendlichem Altersaufbau und höherer Geburtenrate. Diese Wirkung lässt sich gut beobachten am Vergleich Deutschlands mit der Türkei und dem Iran. Alle drei Länder haben in etwa die gleiche Bevölkerungszahl von 80 Millionen. Aber im Iran und in der Türkei ist die Zahl der Geburten etwa doppelt so hoch wie in Deutschland, weil sich die Wirkung der höheren Fruchtbarkeitsrate (die in beiden Ländern sogar etwas niedriger ist als bei den europäischen Muslimen) mit der Wirkung des jugendlichen Bevölkerungsalters kombiniert.

30 Vgl. Urs Gehringer: »Bruxelles perdu?«, in: *Die Weltwoche* 6 (2015), S. 28.

31 Das ergibt sich als Überschlagsrechnung aus dem jüngeren Altersaufbau und der höheren Kinderzahl der Muslime.

32 Vgl. Thilo Sarrazin: *Deutschland schafft sich ab*, München 2010, S. 357 ff., Tabellen 8.8 und 8.9.

33 »Nichts ist hoffnungslos«, Interview mit Walter Laqueur, in: *Die Weltwoche* 52/53 (2015), S. 40.

34 Dieses Wahlverhalten war in ganz Deutschland erstaunlich uniform. Auch in München oder Stuttgart, wo die Arbeitslosigkeit sehr niedrig ist, stimmten zwei Drittel der Wähler für Erdoğan. In Essen und Düsseldorf waren es sogar über 70 Prozent.

35 »Krawalle und Übergriffe bei Straßenfest«, in: *FAZ* vom 17. Juli 2017, S. 4.

36 Zitiert in Rüdiger Soldt: »In der Dunkelheit. Wie kam es bei einem Straßenfest zu Randale?«, in: *FAZ* vom 18. Juli 2017, S. 4.

37 Der stellvertretende Vorsitzende der Essener SPD, Karlheinz Endruschat, kritisierte im Januar 2018: »Die Muslimisierung der Stadtteile im Essener Norden ist niemals seriös hinsichtlich zukünftiger Konflikte hinterfragt worden.« Mit der Sozialarbeit ließen sich nur Symptome behandeln. Umfang und Tempo der Zuwanderung veränderten die Viertel grundsätzlich. Bei einem »Weiter so« gebe man den Essener Norden langfristig auf, anstatt das Miteinander der Kulturen gezielt zu organisieren. Vgl. Frank Stenglein: »Essens SPD-Vize warnt vor Integrationsproblemen in Altenessen«, in: *Westdeutsche Allgemeine Zeitung* vom 27. Januar 2018, https://www.waz.de/staedte/essen/essens-spd-vize-warnt-vor-integrationsproblem-in-altenessen-id213237317.html.

38 Vgl. Heinz Buschkowsky: *Die andere Gesellschaft*. Berlin 2014, S. 91.

39 Vgl. ebenda, S. 14 f.

40 Das American Jewish Committee (AJC) führt im Sommer qualitative Interviews mit Lehrern an 21 Berliner Schulen mit hohem türkischen und arabischen Migrationsanteil durch. Vgl. https://www.rbb24.de/politik/beitrag/2017/07/lehrer-umfrage-ajc-antisemitismus-islamismus-schulen-berlin.html.

41 Vgl. Heiner Rindermann/James Thompson: »The cognitive competences of immigrant and native students across the world: an analysis of gaps, possible causes and impact«, in: *Journal of Biosocial Science* (2014), S. 1–18.

42 Die zunehmende Einwanderung nach Europa aus Ländern mit vergleichsweise niedriger kognitiver Kompetenz ist eine mögliche Erklärung dafür, dass in den europäischen Ländern der seit Jahrzehnten beobachtete Flynn-Effekt (im Zeitablauf allmählich steigende Leistung der Bevölkerung bei Intelligenztests) offenbar ausläuft oder gar ins Negative dreht. Vgl. Edward Dutton/Dimitri van der Linden/Richard Lynn: »The negative Flynn Effect: A systematic literature review«, in: *Intelligence* 59 (2016), S. 163–169; Emil O. W. Kirkegaard: »Predicting Immigrant IQ from their Countries of Origin and Lynn's National IQs: A Case Study form Denmark«, in: *Mankind Quarterly*, Bd. 54 (2013), S. 151–167.

43 Vgl. Francesco Awisati/Carlos González-Sancho (OECD): *PISA 2015 Ergebnisse. Exzellenz und Chancengerechtigkeit in der Bildung*, Bd. I. Bielefeld 2016, Tabelle 1.7.4a, S. 455.

44 Vgl. ebenda, Tabelle 1.7.5a, S. 457.

45 Vgl. Jaap Dronkers: »Positieve maar ook negatieve effecten van etnische diversiteit in scholen op onderwijsprestaties? Een empirische toets met internationale

PISA-data« [Positive but also Negative Effects of Ethnic Diversity in Schools on Educational Achievement? An Empirical Test with Cross-national PISA-Data], in: *Tijdschrift voor Onderwijsrecht en Onderwijsbeleid* 6 (2010), S. 483–499. Englische Textversion für die Konferenz »Integration and Inequality in Educational Institutions« an der Universität Bremen, 24.–25. September 2010.

46 Vgl. Jaap Dronkers/Rolf van der Velden/Allison Dunne: »Why are migrant students better off in certain types of educational systems or schools than in others?«, in: *CReAM Discussion Paper* 15 (2012), Centre for Research and Analysis of Migration, London 2012, S. 14.

47 Vgl. ebenda S. 18.

48 Vgl. Jan te Nijenhuis/Denise Willigers/Joep Dragt/Henk van der Flier: »The effects of language bias und cultural bias estimated using the method of correlated vectors on a large database of IQ comparisons between Dutch and ethnic minority migrants from non-Western countries«, in: *Intelligence* 24 (2016), S. 117–135.

49 Vgl. Jan te Nijenhuis/Henk van der Flier: »Differential Prediction of Immigrant Versus Majority Group Training Performance Using Cognitive Ability and Personality Measures«, in: *International Journal of Selection and Assessment*, Bd. 8, 2000, S. 54–60.

50 Vgl. Emil. O. W. Kirkegaard: »Net fiscal contributions of immigrant groups in Denmark and Finland are highly predictable from country of origin IQ and Muslim«, in: *Open Quantitative Sociology & Political Science*, 21. Mai 2017, DOI: 10.26775/OQSPS.2017.05.21.

51 Vgl. Emil O. W. Kirkegaard: »Immigrant GPA in Danish primary school is predictable from country-level variables«, in: *Open Differential Psychology*, Juni 2015, https://openpsych.net/files/papers/Kirkegaard_2015b.pdf.

52 Vgl. Emil O. W. Kirkegaard/John Fuerst: »Educational attainment, income, use of social benefits, crime rate and the general socioeconomic factor among 71 immigrant groups in Denmark«, in: *Open Differential Psychology*, Mai 2014, https://openpsych.net/forum/attachment.php?aid=145.

53 Vgl. Elina Kilpi-Jakonen: »Does Finnish Educational Equality Extend to Children of Immigrants?«, in: *The Journal of Nordic Migration Research* (1912), S. 167–181, hier S. 517 (2012), DOI: https://doi.org/10.2478/v10202-011-0039-4.

54 Vgl. Tanja Kirjavainen, National Audit Office of Finland: Präsentation beim 8. Performance Auditing Seminar on INTOSAI working group on IT-Audit, 28.–29. April 2016 in Brasilia, Brasilien.

55 Vgl. Yael Brinbaum/Annick Kieffer: »Trajectories of immigrant Children in secondary education in France: differentiation and polarization«, I.N.E.D 64 (2009), S. 507–554, https://www.researchgate.net/publication/282269984_Trajectories_of_Immigrants%27_Children_in_Secondary_Education_in_France_Differentiation_and_Polarization.

56 Vgl. ebenda, S. 531.

57 Vgl. dazu die Hinweise bei Mathieu Ichou / Marco Oberti: »Immigrant Families' Relationship with the School System: A Survey of Four Working-Class Suburban High Schools«, I.N.E.D. Population 69 (2014), S, 557–597, https://www.researchgate.net/publication/275414483_Immigrant_Families%27_Relationship_with_the_School_System_A_Survey_of_Four_Working-Class_Suburban_High_Schools.

58 Vgl. Heike Schmoll: »Im freien Fall. Unterdurchschnittliche Ergebnisse Frankreichs in der Bildungsstudie TIMMS«, in: *FAZ* vom 3. Dezember 2016, S. 10.

59 Vgl. Heike Wendt u. a. (Hrsg.): *TIMMS 2015, Mathematische und naturwissenschaftliche Kompetenzen von Grundschulkindern in Deutschland im internationalen Vergleich.* Münster/New York 2016, S. 107 und 162.

60 Vgl. OECD: *Talent Abroad: A Review of Moroccan Emigrants.* Paris 2017, S. 88 ff. und S. 99 ff.

61 Vgl. Petra Stanat u. a. (Hrsg.): *IQB Bildungstrend 2016. Kompetenzen in den Fächern Deutsch und Mathematik am Ende der 4. Jahrgangsstufe im zweiten Ländervergleich.* Münster/New York 2017.

62 Vgl. ebenda, S. 241 f.

63 »Schulleistungen in Deutsch und Mathematik mangelhaft«, in: *FAZ* vom 14. Oktober 2017, S. 4.

64 Vgl. Petra Stanat u. a. (Hrsg.): *IQB Bildungstrend 2016,* a. a. O., S. 245.

65 Vgl. ebenda, S. 258 ff.

66 Ebenda S. 237, Anm. 1.

67 Vgl. Julia Emmrich: »Wie Lehrer über Migranten denken«, in: *Berliner Morgenpost* vom 7. Juli 2017, S. 5.

68 Vgl. beispielhaft zu den Vietnamesen in Deutschland Gerald Wagner: »Das vietnamesische Paradoxon«, in: *Frankfurter Allgemeine Sonntagszeitung* vom 24. Januar 2016, S. 62.

69 Das zeigt sich in Deutschland an den Förderschul- und Gymnasialbesuchsanteilen der verschiedenen Herkunftsgruppen, vgl. Thomas Kemper/Spogmai Pazun: »Bildungsbeteiligung und Schulerfolg marokkanischer Schüler«, in: Andreas Pott/Khatima Bouras-Ostmann/Rahim Hajji/Soraya Moket (Hrsg.): *Jenseits von Rif und Ruhr. 50 Jahre marokkanische Migration nach Deutschland.* Wiesbaden 2014, S. 86.

70 Vgl. OECD: *Talent Abroad,* a. a. O., S. 87 ff.

71 Dabei wird dem Kind ein Migrationshintergrund zugeschrieben, wenn beide Eltern nicht in Deutschland geboren sind und/oder nicht die deutsche Staatsangehörigkeit besitzen oder wenn mindestens ein Elternteil diese Voraussetzungen erfüllt und das Kind nicht in Deutschland geboren ist. Sind also die Eltern eines Kindes in Deutschland geboren und besitzen die deutsche Staatsangehörigkeit, hat das Kind definitorisch keinen Migrationshintergrund, unabhängig von der Sozialisation und Lebensweise und der in der Familie bevorzugten Sprache. Die Zahl der Kinder, die in einer kulturell fremden Sozialisation aufgewachsen sind, kann deshalb deutlich höher sein als die Zahl der Kinder, denen ein Migrationshintergrund zugewiesen wurde. Von besonderer Relevanz kann dies bei Herkunftsgruppen sein, die ihre Lebensweise nur langsam oder kaum anpassen. Vgl. Senatsverwaltung für Gesundheit und Soziales: »Grundauswertung der Einschulungsdaten in Berlin 2015«, https://www.berlin-suchtpraevention.de/wp-content/uploads/2017/02/ga2015_netz.pdf, S. 13.

72 Vgl. die Auswertungen in Thilo Sarrazin: *Deutschland schafft sich ab.* München 2010.

73 Aussage von Bezirksbürgermeisterin Franziska Giffey bei einem Spendendinner am 4. Mai 2017.

74 Vgl. Florentine Anders/Andreas Abel:»Jedes sechste Kind spricht schlecht«, in: *Berliner Morgenpost* vom 26. April 2017, S. 1.

75 Zitiert in Heinz Buschkowsky: *Die andere Gesellschaft*, a. a. O., S. 275.

76 Aussage von Bezirksbürgermeisterin Franziska Giffey bei einem Spendendinner am 4. Mai 2017.

77 Vgl.»Immer mehr Migranten mit Hochschulabschluss«, in: *FAZ* vom 18. August 2017.

78 Vgl. Hans Anand Pant:»Die Versäumnisse der Vergangenheit rächen sich jetzt bei der Flüchtlingsfrage«, in: *FAZ* vom 16. Juni 2016, S. 6.

79 »Migranten an der Uni. Das Studium überfordert viele«. Interview mit Caner Aver, *Spiegel online* vom 18. Juni 2017, http://www.spiegel.de/lebenundlernen/uni/migranten-an-deutschen-unis-das-studium-ueberfordert-viele-a-1158340.html.

80 Wie z. B. in Sachsen. Vgl. Britta Veltzke;»Verwunderung über Migrantenklasse«, in: *Sächsische Zeitung* vom 1. September 2017, S. 15.

81 Vgl.»Bunte Mischung. Wie viele Migrantenkinder sollen in eine Schulklasse?«, in: *FAZ* vom 25. April 2017, S. 4.

82 Vgl. Lisa Becker:»Wenn in der Klasse Muttersprachler fehlen«, in: *FAZ* vom 8. Mai 2017, S. 15.

83 Schriftliche Auskunft des Bezirksamts Neukölln von Berlin: Schülerstatistik Grundschulen/Grundstufen, Stand: September 2016.

84 Heike Schmoll:»Neues Türschild, alte Probleme. Studie zur Berliner Schulreform«, in: *FAZ* vom 16. März 2017, S. 4.

85 »Es werden inkompetente Lehrer erzeugt«, Interview mit Heinz-Elmar Tenorth in: *FAZ* vom 28. Dezember 2017, S. 6.

86 Anja Stichs/Steffen Rotermund:»Vorschulische Kinderbetreuung aus Sicht muslimischer Familien. Im Auftrag der Deutschen Islamkonferenz«. Working Paper 78 des Forschungszentrums des Bundesamtes, Nürnberg 2017, S. 5.

87 So die Einschätzung des Chefs der Dresdner Agentur für Arbeit.»Flüchtlinge brauchen meist fünf Jahre, um einen Job zu finden«, Interview mit Thomas Wünsche, in: *Sächsische Zeitung* vom 11. Juli 2017, S. 19.

88 Vgl. Heiner Rindermann:»Ingenieure auf Realschulniveau«, in: *Focus* 43 (2015), S. 42.

89 Vgl.»Zwei Drittel können kaum lesen und schreiben«, Interview mit dem Bildungsökonomen Ludger Wößmann, http://www.zeit.de/2015/47/integration-fluechtlinge-schule-bildung-herausforderung.

90 Vgl. exemplarisch die Erfahrungen eines Deutschlehrers in Integrationskursen: Josef Ben Jakob:»Null Bock auf Integration«, in: *Die Achse des Guten* vom 10. Januar 2018, https://www.achgut.com/artikel/null_bock_auf_integration.

91 Vgl. Hans Anand Pant:»Die Versäumnisse der Vergangenheit rächen sich jetzt bei der Flüchtlingsfrage«, a. a. O., S. 6.

92 Eine kuriose Fußnote liefert hier das gescheiterte Projekt des Kulturanthropologen Werner Schiffauer»Brücken im Kiez«: Er wollte die Berliner Moscheegemeinden an den Schulen so weit installieren, dass konservative muslimische Eltern mit den Lehrern und Schulleitern»auf Augenhöhe« kommunizieren konnten, was immer das sein sollte. Durch direkten Einfluss auf die Schulen wäre so den Moscheegemeinden Nachwuchs zugeführt worden. Aber Projekte zum Nachhilfeunterricht durch muslimische Studenten scheiterten. Die mus-

limischen Eltern wollten dafür nicht zahlen. Am Ende ging es nur noch um religionspolitische Ziele der konservativen Verbände, während das verbreitete Schulversagen der muslimischen Kinder aus dem Fokus geriet. Vgl. Regina Mönch: »Schule und Integration. Die Grenzen der Zumutung«, in: *FAZ* vom 6.2.1016, http://www.faz.net/aktuell/feuilleton/buecher/rezensionen/sachbuch/werner-schiffauers-schule-moschee-elternhaus-14052345.html.

93   Vgl. Georg W. Oesterdiekhoff: *Die Entwicklung der Menschheit von der Kindheitsphase zur Erwachsenenreife.* Wiesbaden 2013.

94   »Ich sehe bei allen ein Bekloppheitssyndrom«, Interview mit Feridun Zaimoglu, in: *FAZ* vom 3. April 2018, S. 11.

95   Vgl. Jörg Hartmann: »Do second-generation Turkish migrants in Germany assimilate into the middle class?«, in: *Ethnicities* 205, Bd. 16 (3), S. 368 ff.

96   Dietrich Creutzburg: »Viele Türken in Deutschland sind arm«, in: *FAZ* vom 19. Mai 2016, S. 18.

97   Ebenda.

98   Vgl. Statistik Austria, Kommission für Migrations- und Integrationsforschung der Österreichischen Akademie der Wissenschaften: »Migration und Integration. Zahlen, Daten, Indikatoren«. Wien 2017.

99   Vgl. OECD: *Talent Abroad*, a. a. O., S. 113 ff.

100   Die höchste Kategorie AB umfasst alle hohen und höheren Management-, Verwaltungs- und Expertentätigkeiten. Die Kategorie C1 umfasst entsprechende Tätigkeiten auf mittlerem Niveau. Die Kategorie C2 umfasst qualifizierte manuelle Tätigkeiten. Die Kategorie D umfasst ungelernte und angelernte Arbeit. Die Kategorie E umfasst Arbeitslosigkeit und niedrigste Tätigkeiten.

101   Vgl. Ignace Glorieux/Ilse Laurijssen: »The labour market integration of ethnic minorities in Flanders«, Untersuchung im Auftrag des flämischen Unterrichtsministeriums. SSL-Rapport Nr. SSL/OD2/2009.15.

102   Vgl. Emil O. W. Kirkegaard/John Fuerst: »Educational attainment, income, use of social benefits, crime rate and the general socioeconmic factor among 71 immigrant groups in Denmark«, in: *Open Differential Psychology*, Mai 2014, https://openpsych.net/forum/attachment.php?aid=142.

103   Vgl. Emil O. W. Kirkegaard: »Net fiscal contributions of immigrant groups in Denmark and finnland are highly predictable from country of origin IQ und Muslim«, in: *Open Quantitative &Sociology & Political Science*, Mai 2017, https://openpsych.net/paper/53.

104   Vgl. Phillip Connor/Matthias Koenig: »Explaining des Muslim employment gap in Western Europa: Individual-level effects and ethno-religious penalties«, in: *Social Science Research* 49 (2015), S. 191 ff.

105   Vgl. Heinrich Maetzke: »Das Ende der Willkommenskultur«, in: *Bayernkurier* vom 11. März 2016, https://www.bayernkurier.de/ausland/11489-das-en-de-der-willkommenskultur/.

106   Vgl. Ruud Koopmans: »Does Assimilation Work? Sociocultural Determinants of Labour Market Participation«, in: *Journal of Ethnic and Migrations Studies*, Bd. 42 (2016), S. 197 ff.

107   Ruud Koopmans: »Auch Kultur prägt Arbeitsmarkterfolge. Was für die Integration von Muslimen wichtig ist«, in: *WZB-Mitteilungen*, Heft 151, März 2016, S. 17.

108 Vgl. Dirk Halm/Martina Sauer: »Muslime in Europa. Integriert, aber nicht akzeptiert?« August 2017, Bertelsmann Stiftung, Gütersloh, S. 13.
109 Vgl. ebenda, S. 20 ff.
110 Vgl. ebenda, S. 28 f.
111 Vgl. ebenda, S. 29.
112 Vgl. ebenda, S. 30.
113 Vgl. Marcel Leubecher: »Jeder zweite Arbeitslose in Westdeutschland hat Migrationshintergrund«, in: *Die Welt* vom 18. Juli 2017, https://www.welt.de/poli-
tik/deutschland/article166743394/Jeder-zweite-Arbeitslose-in-Westdeutsch-
land-hat-Migrationshintergrund.html.
114 Benedict Neff: »Die schöne Welt von Bertelsmann«, in: *Neue Zürcher Zeitung*
vom 3. September 2017.
115 Anja Stichs/Stephanie Müssig: *Muslime in Deutschland und die Rolle der Religion
für die Arbeitsmarktintegration.* Wiesbaden 2013, S. 67.
116 Vgl. ebenda, S. 62, Tabelle 3.
117 Ebenda, S. 70, S. 72 Tabelle 7.
118 Ebenda, S. 78.
119 Ebenda, S. 68.
120 Es handelt sich um die Länder Afghanistan, Eritrea, Irak, Iran, Nigeria, Pakistan, Somalia und Syrien. Vgl. Bundesagentur für Arbeit: »Fluchtmigration«,
Dezember 2017.
121 Vgl. ebenda S. 17.
122 Vgl. Anita Jacob-Puchalska: »Jedes fünfte Unternehmen hat bereits Geflüchtete
beschäftigt«, in: *Ifo Schnelldienst* 12/2017 vom 29. Juni 2017, S. 84 ff.
123 Vgl. Kristina Budimir: »Aktuelles Zuwanderungsgeschehen und Arbeitsmarktpartizipation von Migranten«, in: *Ifo Schnelldienst* 18/20217 vom 28. September
2017, S. 34 ff. Tabelle 3.
124 »Flüchtlinge können kaum Deutsch«, in: *FAZ* vom 8. Januar 2018, S. 17.
125 Vgl. Julian Staib: »Nicht mal am Horizont ein Ausbildungsplatz«, in: *FAZ* vom
27. Februar 2016, S. 3.
126 Vgl. Markus Wehner: »Migration als Waffe«, in: *Frankfurter Allgemeine Sonntagszeitung* vom 19. Februar 2017, S. 7.
127 »SPD: Sauerei! Kein Schweinefleisch im Jugendknast«, in: *Berliner Kurier* vom
20. August 2012, https://www.berliner-kurier.de/berlin/polizei-und-justiz/
spd-sauerei--kein-schweinefleisch-im-jugendknast-4553774
128 Vgl. Kirsten Heisig: *Das Ende der Geduld. Konsequent gegen jugendliche Gewalttäter.* Freiburg 2010.
129 Vgl. Statistisches Bundesamt, Fachserie 1, Reihe 4.1, 2017, Tabelle 2, S. 1 f.
130 Vgl. Statistisches Bundesamt, Fachserie 1, Reihe 2.2, 2016, Tabelle 1, S. 29.
131 Vgl. Kristian Frigelj: »Wenn in der Gefängniszelle arabische Texte auftauchen«,
in: *Die Welt* vom 21. Februar 2017, https://www.welt.de/vermischtes/artic-
le162272363/Wenn-in-der-Gefaengniszelle-arabisch-Texte-auftauchen.html
132 Vgl. Florian Niedermann: »Mit Allah hinter Gittern«, in: *Der Tagesspiegel* vom
18. Juni 2017, http://www.tagesspiegel.de/weltspiegel/sonntag/religioeser-bei-
stand-im-gefaengnis-mit-allah-hinter-gittern/19938884.html
133 Vgl. Jean-Marc Leclerc: »Un rapport explosif sur l'islam radical dans les prisons
françaises«, in: *Le Figaro* vom 23. Oktober 2014, http://www.lefigaro.fr/actuali-

te-france/2014/10/22/01016-20141022ARTFIG00314-un-rapport-explosif-sur-l-islam-radical-dans-les-prisons-francaises.php

134 Vgl. Molly Moore: »In France. Prisons filled with Muslims«, in: *Washington Post* vom 29. April 2008, http://www.washingtonpost.com/wp-dyn/content/article/2008/04/28/AR2008042802560.html

135 Meine Auszählung der Namen der Angeklagten im Wochenplan vom 18.–22.12.2017 ergab, dass von 204 aufgeführten Vornamen der Angeklagten 90 Vornamen auf eine islamische Herkunft hinweisen. Der Journalist Michael Leh, der mich auf den Wochenplan aufmerksam machte, nimmt diese Auswertung regelmäßig vor. Er schätzt den durchschnittlichen Anteil auf 50 Prozent + x

136 Vgl. Bundesminister des Innern, Innenministerkonferenz: Bericht zur Polizeilichen Kriminalstatistik 2016, April 2017, S. 6.

137 Das sind tatverdächtige Personen mit dem Aufenthaltsstatus »Asylbewerber«, »Duldung«, »Kontingentflüchtling/Bürgerkriegsflüchtling« und »unerlaubt«. Vgl. ebenda, S. 10.

138 Vgl. Bundeskriminalamt: »Kriminalität im Kontext von Zuwanderung«. Bundeslagebild 2017, Mai 2018, S. 9.

139 Vgl. Bundesamt für Migration und Flüchtlinge: Bundesamt in Zahlen 2015, Bundesamt in Zahlen 2016, jeweils Tabelle 1–4, S. 22.

140 Vgl. Statistisches Bundesamt: Fachserie 1, Reihe 1.3 – 2015, Tabelle 2, S. 14.

141 Vgl. Bundeskriminalamt: »Kriminalität im Kontext von Zuwanderung«, a. a. O., S. 21 und S. 24.

142 Vgl. Christian Pfeiffer / Dirk Baier / Sören Kliem: »Zur Entwicklung der Gewalt in Deutschland«, Züricher Hochschule für angewandte Wissenschaft, Institut für Delinquenz und Kriminalprävention, Januar 2018, S. 72.

143 Ebenda, S. 74.

144 Vgl. ebenda S. 78.

145 Vgl. ebenda S. 82 f.

146 Die Unterstellung, Kriminalität sei für den Migranten quasi alternativlos, wenn er keine Bleibeperspektive hat, stellt nicht nur unseren Rechtsstaat auf den Kopf, sondern ist auch eine indirekte Herabsetzung der Willensfreiheit und der Entscheidungskompetenz der kriminell Gewordenen. Vgl. Christian Geyer: »Verdammte Flüchtlinge? Ein Kriminologe blamiert sich im Radio«, in: *FAZ* vom 4. Januar 2018, S. 11.

147 Vgl. Florian Schoop: »Zensur in Polizeiberichten. Ein falscher Entscheid«, in: *Neue Zürcher Zeitung* vom 7. November 2017, https://www.nzz.ch/zuerich/zensur-in-polizeiberichten-ein-falscher-entscheid-ld.1326902

148 Vgl. Karin Truscheit: »Im Fokus des Interesses. Studie zu Kriminalität im Kontext anderer Zahlen«, in: *FAZ* vom 5. Januar 2018, S. 2.

149 Vgl. zu dem Beispiel Eberhard Sens: »Von Lücken-Lügen und Schatten. Vier Notizen«, in: *Tumult* 4 (2017), S. 75 ff.

150 Vgl. zur ganzen absurden Debatte Wolfgang Meins: »Medizin-Ethik im Zeichen der Willkommens-Debatte«, in: *Die Achse des Guten* vom 28. Dezember 2017, https://www.achgut.com/artikel/medizin_ethik_in_zeiten_der_willkommens-Ideologie

151 https://www.deutschlandfunk.de/fluechtlingskriminalitaet-in-schweden-die-medien-schweigen.795.de.html?dram:article_id=373438

152 Vgl. Emil O. W. Kirkegaard / David Becker: »Immigrant crime in Germany 2012–2015«, in: *Open quantitative Sociology and Political Science*, Februar 2017, https://openpsych.net/files/papers/Kirkegaard_2017a.pdf

153 Vgl. Emil O. W. Kirkegaard: »Criminality and fertility among Danish immigrant populations«, in: *Open Differential Psychology*, März 2014, https://www.researchgate.net/publication/260787374_Criminality_and_fertility_among_Danish_immigrant_populations

154 Vgl. Emil O. W. Kirkegaard: »Crime, income, educational attainment and employment among immigrant groups in Norway and Finland«, in: *Open Differential Psychology*, Oktober 2014, https://openpsych.net/paper/29

155 Vgl. Emil O. W. Kirkegaard: »Crime among Dutch immigrant groups is predictable from country-level variables«, in: *Open Differential Psychology*, Oktober 2015, https://openpsych.net/paper/16

156 Vgl. Noah Carl: »Ethnicity and electoral fraud in Britain«, in: *Electoral Studies* 50 (2017), S. 128–136.

157 Vgl. Sergio Herzog: »Ethnic and immigrant residential concentration, and crime rates«, in: *Journal of Criminal Justice* 37 (2009), S. 427–434.

158 Vgl. Ingrid Carlqvist / Lars Hedegaard: »Sweden: Rape Capital of the West«, Gatestone Institute, 14. Februar 2015, https://de.gatestoneinstitute.org/5223/schweden-vergewaltigung

159 Vgl. Hans-Christian Rößler: »Der Dschihadist in Rajoys Volkspartei«, in: *FAZ* vom 19. September 2017, S. 8.

160 Eva-Maria Michels: »Ein Staat löst sich auf«, in: *Cato*, 1 (2018), S. 30 f.

161 Vgl. Christian Pfeiffer / Dirk Baier / Sören Kliem: »Zur Entwicklung der Gewalt in Deutschland«, a. a. O., Abbildung 8, S. 16.

162 Ebenda, S. 18.

163 Besonders anschaulich und bestürzend war nach dem Sexualmord durch einen jungen Afghanen in Freiburg die fehlende Berichterstattung in der ARD-Tagesschau. Der Mord wurde als rein lokales Ereignis ohne Bezug zur Flüchtlings- und Asylproblematik eingestuft. Vgl. Michael Hanfeld: »Wir sehen, was wir nicht zu sehen bekommen«, in: *FAZ* vom 6. Dezember 2016, S. 15.

164 Vgl. Alexander Haneke: »Angst in der Stadt«, in: *FAZ* vom 30. September 2017, S. 3.

165 So in Sigmaringen, wo es durch die Landeserstaufnahmestelle im Stadtgebiet zu ernsthaften Beeinträchtigungen im Einzelhandel der Innenstadt kam. Vgl. Christoph Wartenberg:» Händler beschweren sich über Flüchtlinge«, in: *Schwäbische Zeitung* vom 10. Januar 2018, http://www.schwaebische.de/region_artikel,-Haendler-beschweren-sich-ueber-Fluechtlinge-_arid,10799292_toid,623.html

166 Und immer umfassender werden die Überwachungsmethoden. Vgl. Rüdiger Soldt: »Automatischer Alarm bei Taschendiebstahl«, in: *FAZ* vom 29. Dezember 2017, S. 2.

167 Vgl. Frank Bachner: »Freibadschläger bleiben häufig ohne Strafe«, *Der Tagesspiegel* vom 21. Juli 2015, http://www.tagesspiegel.de/berlin/gewalt-in-berlin-freibadschlaeger-bleiben-haeufig-ohne-strafe/12081260.html

168 Vgl. Alexander Dinger: »Ein Totalversagen des Senats bei der Abschiebepraxis«, in: *Berliner Morgenpost* vom 19. Oktober 2017, S. 10.

169 Vgl. Harald Martenstein: »So verliert der Staat seine Glaubwürdigkeit«, in: *Der Tagesspiegel* vom 14. Oktober 2017, http://www.tagesspiegel.de/politik/martenstein-ueber-versaeumte-abschiebungen-so-verliert-der-staat-seine-glaubwuerdigkeit/20456282.html

170 Vgl. Frank Bachner / Hannes Heine: »Tatort Neukölln. Organisierte Kriminalität Der Kampf gegen die Banden«, in: *Der Tagesspiegel* vom 25. Oktober 2016, S. 2.

171 So die Darstellung von Franziska Giffey, Bezirksbürgermeisterin von Berlin-Neukölln, im Gespräch am 4. Mai 2018.

172 2013 ging die Zwangsversteigerung des Objekts Karl-Marx-Str. 145 in Berlin-Neukölln durch die Medien. 40 Araber im Gerichtssaal bedrohten die Interessenten, der Termin musste unter Polizeischutz stattfinden. Der Interessent, der den Zuschlag bekam, konnte nur anonym über einen Treuhänder erwerben. Das LKA Berlin erklärte ihm, zu seinem Schutz nichts tun zu können. Mittlerweile hat er das Objekt weiterveräußert. Ich kenne die Details des Falls durch den persönlichen Bericht des damaligen Käufers. Vgl. dazu auch Ulla Reinhard: »Polizei muss Zwangsversteigerung von Berliner Haus schützen«, in: *Berliner Morgenpost* vom 10. Juli 2013, https://www.morgenpost.de/bezirke/neukoelln/article117890602/Polizei-muss-Zwangsversteigerung-von-Berliner-Haus-schuetzen.html

173 Vgl. Lorenz Vossen: »Frecher, skrupelloser, gewalttätiger«, in: *Berliner Morgenpost* vom 5. April 2017, S. 11; vgl. Karlheinz Gaertner: *Sie kennen keine Grenzen mehr. Die verrohte Gesellschaft. Erfahrungen eines Polizisten.* Zürich 2017.

174 In Berlin gab es 2016 rund 16 200 Straftaten je Einwohner, in Bremen 14 100 und in Dortmund 13 000. Vgl. Dominique Bergson: »Berlin gehört den Clans«, in: *Frankfurter Allgemeine Sonntagszeitung* vom 28. Mai 2017, S. 24 f.

175 Vgl. Michael Behrendt / Wolfgang Büscher: »Polizei gegen Araber-Clans – der ungleiche Kampf in Berlin«, in: *Die Welt* vom 5. März 2018.

176 Vgl. »Wir müssen die Clan-Strukturen jetzt schnell zerschlagen«, Interview mit Ralph Ghadban, in: *FAZ* vom 7. April 2018, S. 4.

177 Vgl. Dominique Bergson, »Berlin gehört den Clans«, a. a. O.

178 So seine Äußerung in einem Vortrag am 15. Januar 2018.

179 Vgl. Dominique Bergson: »Berlin gehört den Clans«, a. a. O.

180 So kam es im Mai 2017 in Naumburg/Saale zu einer Konfrontation zwischen der Polizei und einem syrischen Clan, der in ganz Sachsen-Anhalt aktiv ist. Die Polizei wollte einem 21-jährigen Syrer den Führerschein abnehmen. Der holte Freunde und Familienmitglieder zur Verstärkung. Die Polizei zog sich aus der bedrohlichen Situation mitsamt Führerschein auf das Revier zurück. Im Polizeirevier eskalierte die Situation, als der Betroffene und seine Verbündeten zu acht randalierten. Der Inhaber des Führerscheins bedrohte den für den Einzug des Führerscheins verantwortlichen Polizisten und seine Familie mit Mord. Vgl. »Als sich der Clan zusammenrottete, zog sich die Polizei zurück«, https://www.welt.de/vermischtes/article164482933/Als-sich-der-Clan-zusammenrottete-zog-sich-die-Polizei-zurueck.html

181 Interview mit Ralph Ghadban: »Clans in Deutschland fühlen sich so stark, dass sie zum Angriff übergehen«, in: *Focus* vom 26. April 2017, https://www.focus.de/politik/deutschland/interview-mit-ralph-ghadban-experte-clans-

in-deutschland-fuehlen-sich-so-stark-dass-sie-zum-angriff-uebergehen_
id_7034136.html
182 Zwei Kronzeugen hatten sich zum Auspacken entschieden. Unter anderem
stellte sich heraus, dass der Clanchef Zaki Al-Zein am Telefon einen Mordauf-
trag gab, den das Opfer nur schwer verletzt überlebte. Der Clanchef musste für
sechs Jahre und elf Monate ins Gefängnis. Vgl. *Berliner Morgenpost* vom 19. Dezember 2017, S. 9. Vgl. auch Thomas Heise / Claas Meyer-Heuer: »Machen-
schaften einer Großfamilie. ›Papa, wir haben das KaDeWe gemacht‹«, in: *Spiegel
online* vom 11. Dezember 2016.
183 Vgl. Polizeimeldung Nr. 2908-2912, Presseinformation vom 31. Dezember 2017.
184 Vgl. Alexander Dinger / Steffen Pletl: »Münzdiebe hatten Komplizen im Museum«, in: *Berliner Morgenpost* vom 13. Juli 2017, S. 9.
185 Vgl. »Mafia-Methoden in der Hauptstadt. So zocken kriminelle Clans mit
Flüchtlings-Pensionen ab«, in: *Bild* vom 24. März 2017, http://www.bild.de/
regional/berlin/organisiertes-verbrechen/so-zocken-kriminelle-clans-mit-flu-
echtlings-pensionen-ab-50895514.bild.html
186 Vgl. Katharina Iskandar: »Crack ohne Ende«, in: *FAZ* vom 4. November 2017,
S. 3.
187 Vgl. Jörg Diehl / Ansgar Siemens: »Wie Extremisten und Kriminelle um
Flüchtlinge werben«, in: *Spiegel online* vom 26. Mai 2016, http://www.spiegel.
de/panorama/justiz/kriminalitaet-wie-extremisten-und-kriminelle-um-flu-
echtlinge-werben-a-1093716.html
188 Vgl. Dominique Bergson: »Berlin gehört den Clans«, a. a. O., S. 25.
189 Reiner Burger: »Klare Kante gegen Clans. Kann der Rechtsstaat den Kampf
gegen kriminelle Parallelgesellschaften noch gewinnen?«, in: *FAZ* vom 21. Februar 2018, S. 1.
190 Hannes Heine: »Selbst für Kreuzberg zu krass«, in: *Der Tagesspiegel* vom 18. Februar 2016, http://www.tagesspiegel.de/berlin/bezirke/friedrichshain-kreuz-
berg/raub-und-schlaege-am-kottbusser-tor-in-berlin-selbst-fuer-kreuzberg-zu-
krass/12907214.html; vgl. Hannes Heine: »Kotti, ein Dienstagabend«, in: *Der
Tagesspiegel* vom 12. Juni 2017, http://www.tagesspiegel.de/themen/reportage/
debatte-um-kriminalitaet-in-kreuzberg-kotti-ein-dienstagabend/19921610.html
191 Zitiert in Reiner Burger: »Diese Straße gehört uns!«, in: *FAZ* vom 4. Februar
2017, S. 3.
192 Vgl. Soeren Kern: »European ›No-Go‹ Zones: Fact or Fiction? Part 1: France«,
Gatestone Institute, 20. Januar 2015, https://www.gatestoneinstitute.org/5128/
france-no-go-zones
193 Vgl. Volker Seitz: »Jenseits von Afrika«, in: *Die Achse des Guten* vom 6. Januar
2018, http://www.achgut.com/artikel/jenseits_von_afrika
194 Vgl. Soeren Kern: »European ›No-Go‹ Zones: Fact or Fiction? Part 2: Britain«, Gatestone Institute, 3. Februar 2015, https://www.gatestoneinstitute.
org/5177/no-go-zones-britain
195 Vgl. Steffen Munter: »Schweden: ›No-Go-Areas‹ oder ›besonders empfind-
liche Gebiete‹? – Haarspaltereien statt Offenheit – ›Tagesschau‹ mischt mit«,
in: *Epoch Times* vom 1. September 2017, http://www.epochtimes.de/politik/
europa/schweden-no-go-areas-oder-besonders-empfindliche-gebiete-haarspal-
tereien-statt-offenheit-tagesschau-mischt-mit-a2204933.html

196 Kristian Frigelj: »Wir haben uns Kriminalität importiert«, in: *Die Welt* vom 27. Dezember 2015, https://www.welt.de/vermischtes/article150350700/Wir-haben-uns-Kriminalitaet-importiert.html

197 Zana Ramadani: *Die verschleierte Gefahr: Die Macht der muslimischen Mütter und der Toleranzwahn der Deutschen.* Berlin/München/Zürich/Wien 2017, S. 58.

198 Vgl. Hans-Christian Rößler: »Die Moschee an der Schlucht des Todes«, in: *FAZ* vom 1. September 2017, S. 3.

199 Vgl. Nicolai Sennels: *Blandt kriminelle muslimer: en psykologs erfaringer fra København Kommune.* Kopenhagen 2009; Nicolai Sennels: »Muslims and Westerners: The Psychological Differences«, in: *New English Review*, Mai 2010, http://www.newenglishreview.org/custpage.cfm/frm/63122/sec_id/63122; Alexander Meschnig: »Die Rückkehr der Gewalt in den Alltag«, in: *Die Achse des Guten* vom 12. Mai 2016, http://www.achgut.com/artikel/die_rueckkehr_der_gewalt_in_den_alltag.

200 Vgl. Alexander Dinger / Peter Oldenburg: »Mit Vollgas auf der Flucht«, in: *Berliner Morgenpost* vom 6. April 2017, S. 9.

201 Vgl. Andreas Gandzior: »Massenschlägerei in der U8«, in: *Berliner Morgenpost* vom 18. Dezember 2017, S. 9.

202 Vgl. »Steinwürfe gegen Streifenwagen. Im Main-Taunus-Kreis suchen einige Jugendliche immer wieder die Auseinandersetzung mit der Polizei«, in: *FAZ* vom 2. November 2017.

203 Vgl. Thomas Haag: »Bad Kreuznach erlässt ein nächtliches Aufenthaltsverbot für mehrere öffentliche Anlagen«, in: *Allgemeine Zeitung* von 21. Juli 2017.

204 Vgl. Gerichtsbericht von Raquel Erdtmann: »In Deutschland ist das eine große Sache. Zwei afghanische Brüder treten vor einer Disco einen Mann fast tot. Drei Tage später eine anderen«, in: *Frankfurter Allgemeine Sonntagszeitung* vom 12. März 2017, S. 4.

205 Frank Bachner: »Wird Berlin zum Angstraum?«, in: *Der Tagesspiegel* vom 6. März 2018, https://www.tagesspiegel.de/berlin/integration-von-fluechtlingen-wird-berlin-zum-angstraum/21029108.html.

206 Livia Gerster: »Unter Nichtsgönnern«, in: *Frankfurter Allgemeine Sonntagszeitung* vom 21. Januar 2018, S. 4.

207 Vgl. Urs Gehriger: »Der Gelehrte und der ewige Krieg«, in: *Die Weltwoche* 48 (2017), S. 44.

208 Vgl. Nicolai Sennels: »Muslims and Westerners«, a. a. O.

209 »Insgeheim lieben sie doch alle Trump«, Interview mit Niall Ferguson, in: *Die Weltwoche* 4 (2018), S. 57.

210 Sachverständigenrat deutscher Stiftungen für Integration und Migration (SVR): Jahresgutachten 2016, S. 76.

211 Vgl. Paul Statham / Ruud Koopmans /Marco Giugni / Florence Passy: »Resilient or adaptable Islam?«, in: *Ethnicities*, Bd. 5 (4) 2005, S. 427–459.

212 Vgl. ebenda, Tabelle 2, S. 440.

213 Vgl. ebenda S. 454 und die dort zitierte Literatur. Siehe ferner: Thom Duyvené de Wit / Ruud Koopmans: »The Integration of Ethnic Minorities into Political Culture: The Netherlands, Germany and Great Britain Compared«, in: *Acta Politica* 2005 (40) S. 50–73.

214 Sonja Hartwig: *Kazim, wie schaffen wir das? Kazim Erdoğan und seine türkische Männergruppe – vom Zusammenleben in Deutschland.* München 2017.

215 Vgl. Corinna Budras:»Herr Lejbo und die AfD«, in: *Frankfurter Allgemeine Sonntagszeitung* vom 5. Juni 2016, S. 27.

216 Vgl. Ruud Koopmans:»Auch Kultur prägt Arbeitsmarkterfolg. Was für die Integration von Muslimen wichtig ist«, a. a. O.

217 Vgl. Peter Wetzels / Katrin Brettfeld: *Muslime in Deutschland.* Bonn 2007, S. 112 f.

218 Vgl. ebenda, S. 138 f.

219 Detlef Pollack / Olaf Müller:»Religionsmonitor. Verstehen was verbindet. Religiosität und Zusammenhalt in Deutschland«,Gütersloh 2013, S. 18.

220 Ebenda, S. 24.

221 Ruud Koopmans:»Religiöser Fundamentalismus und Fremdenfeindlichkeit. Muslime und Christen im europäischen Vergleich«, in Jörg Rössel / Jochen Roose (Hrsg.): *Europäische Kultursoziologie.* Wiesbaden 2015, S. 457 f.

222 Vgl. ebenda, S. 471.

223 Vgl. ebenda, S. 478.

224 1997 stimmten 56 Prozent der befragten türkisch-muslimischen Jugendlichen der Aussage zu, alle Religionen außer der muslimischen seien falsch und der Islam sei die einzige rechtgläubige Religion. 49 Prozent lehnten eine Modernisierung des Glaubens ab und meinten, man müsse stattdessen für die göttliche Ordnung eintreten. Vgl. SVR:»Viele Götter, ein Staat: Religiöse Vielfalt und Teilhabe im Einwanderungsland. Jahresgutachten 2016 mit Integrationsbarometer«. Berlin 2016, S. 83.

225 Vgl. Ahmad Mansour: *Generation Allah. Warum wir im Kampf gegen religiösen Extremismus umdenken müssen.* Frankfurt a. M. 2015.

226 Christian Pfeiffer / Dirk Baier / Sören Kliem:»Zur Entwicklung der Gewalt in Deutschland«. Zürcher Hochschule für angewandte Wissenschaft, Institut für Delinquenz und Kriminalprävention, Januar 2018, S. 60.

227 Detlef Pollack / Olaf Müller:»Religionsmonitor«, a. a. O., S. 37.

228 Vgl. ebenda, S. 39.

229 Vgl.»Gefährliche Jugend. Studie zu Frankreichs Muslimen«, in: *FAZ* vom 25. März 2017, S. 14.

230 Vgl. Michaela Wiegel:»Herausforderung Laizität. Eine Studie über Muslime in Frankreich führt zu heftigen Debatten«, in: *FAZ* vom 24. September 2016, S. 12.

231 Vgl. Stefanie Bolzen:»So denken Muslime in Großbritannien wirklich«, in: *Die Welt* vom 14. April 2016, https://www.welt.de/vermischtes/article154359076/So-denken-Muslime-in-Grossbritannien-wirklich.html

232 »Terrorismus und Islam hängen zusammen«, Interview mit Kyai Haji Yahya Cholil Staquf, in: *FAZ* vom 18. August 2017, S. 9.

233 Vgl. SVR: Jahresgutachten 2016, S. 15 f.

234 Detlef Pollack / Olaf Müller:»Religionsmonitor«, a. a. O. S. 49 f.

235 Dirk Halm /Martina Sauer: *Muslime in Europa. Integriert, aber nicht akzeptiert?* August 2017. Gütersloh, S. 36.

236 Benedict Neff:»Die schöne Welt von Bertelsmann«, in: *Neue Zürcher Zeitung* vom 3.September 2017.

237 SVR: Jahresgutachten 2016, a. a. O., S. 76.

238 Christian Pfeiffer / Dirk Baier / Sören Kliem: »Zur Entwicklung der Gewalt in Deutschland«, a. a. O., S. 57.

239 SVR: Jahresgutachten 2016, S. 81.

240 Vgl. Peter Wetzels / Katrin Brettfeld: *Muslime in Deutschland*, a. a. O., S. 201.

241 So seine wörtliche Äußerung im Rahmen eines Vortrags am 15. Januar 2018, bei dem ich Zuhörer war. In der Diskussion bekräftigte er diese Einschätzung.

242 Ralph Ghadban: »Deutsche Leitkultur und islamische Lebensweise«, in: *Focus online* vom 20. April 2017, https://www.focus.de/politik/experten/ghadban/gastbeitrag-deutsche-leitkultur-und-islamische-lebensweise_id_7155265.html

243 »Der deutsche Staat kapituliert vor dem Islam«, Interview mit Bassam Tibi, in: *Neue Zürcher Zeitung* vom 5. April 2018, https://www.nzz.ch/feuilleton/die-islam-konferenz-ist-deutsche-unterwerfung-ld.1371525?mktcid=nled&mktcval=107&kid=_2018-4-4

244 Vgl. »Deshalb ist die Integration meiner Landsleute gescheitert«, Interview mit Nuray Çeşme (Autorin des Buches: *Der Wille versetzt Berge. Aus dem Leben einer türkischen Gastarbeiterfamilie.* Stuttgart 2016), in: *N24.de* vom 24. September 2016.

245 Vgl. Stefanie Bolzen: »Der britische Buschkowsky hat Migrationshintergrund«, in: *Die Welt* vom 17. Juni 2016, https://www.welt.de/politik/ausland/article156273610/Der-britische-Buschkowsky-hat-Migrationshintergrund.html

246 Vgl. Jan Hauser: »Migranten kritisieren deutsche Flüchtlingspolitik«, in: *FAZ* vom 1. Dezember 2016, S. 18.

247 Vgl. Joachim Wagner: *Richter ohne Gesetz: Islamische Paralleljustiz gefährdet unseren Rechtsstaat.* Berlin 2011; siehe auch Sabatina James: *Scharia in Deutschland. Wenn die Gesetze des Islam das Recht brechen.* München 2015.

248 Thomas Thiel: »Gerichtsbarkeit nach uralter Väter Sitte«, in: *FAZ* vom 10. Mai 2017, S. 12; vgl. auch Katharina Fontana: »Grauzone Scharia«, in: *Die Weltwoche* 4 (2018), S. 28 ff.

249 Vgl. Rüdiger Franz: »Neues Bonner Bad soll Vorhang für Musliminnen bekommen«, General-Anzeiger Bonn vom 22. Januar 2016, http://www.general-anzeiger-bonn.de/bonn/stadt-bonn/Neues-Bonner-Bad-soll-Vorhang-für-Musliminnen-bekommen-article3751768.html

250 Vgl. exemplarisch wie ein Wohngebiet in Berlin-Spandau gleichzeitig absinkt und muslimische Enklave wird: Helga Labenski: »Kampf gegen den Niedergang«, in: *Berliner Morgenpost* vom 26. Januar 2017, S. 19.

251 Vgl. Michaela Wiegel: »Hunderte Molenbeeks? Frankreich diskutiert über den Zustand seiner Banlieues«, in: *FAZ* vom 20. März 2016.

252 Dirk Halm / Martina Sauer: »Muslime in Europa. Integriert, aber nicht akzeptiert?«, in: *Religionsmonitor* der Bertelsmann Stiftung. Gütersloh, August 2017, S. 39.

253 Ebenda S. 50.

254 Ebenda S. 32.

255 Vgl. ebenda S. 38.

256 Meine Frau Ursula Sarrazin hat in 36 Jahren Tätigkeit an Grundschulen in Köln, Bonn, Mainz und Berlin durchgehend mit türkischen und arabischen Schülern diese Erfahrung gemacht. Dies stimmt überein mit den Erfahrungen von Kollegen und Bekannten.

257 Dirk Halm / Martina Sauer: »Muslime in Europa. Integriert, aber nicht akzeptiert?«, a. a. O., S. 33.

258 Vgl. Michael Blume: *Islam in der Krise. Eine Weltreligion zwischen Radikalisierung und stillem Rückzug.* Ostfildern 2017, S. 25 ff.

259 Vgl. Peter Wetzels / Katrin Brettfeld: *Muslime in Deutschland*, a. a. O., S. 110.

260 Vgl. Sonja Haug / Stephanie Müssig / Anja Stichs: »Muslimisches Leben in Deutschland«, a. a. O., S. 79.

261 Vgl. Dirk Halm /Martina Sauer / Jana Schmidt / Anja Stichs: »Islamisches Gemeindeleben in Deutschland«, Forschungsbericht 13, Bundesamt für Migration und Flüchtlinge. Nürnberg 2012, S. 7.

262 Vgl. ebenda, S. 8 f.

263 Vgl. ebenda S. 10.

264 Susanne Schröter: »*Gott näher als der eigenen Halsschlagader*«. *Fromme Muslime in Deutschland.* Frankfurt a. M. 2016, S. 368 f.

265 Ahmad Mansour: »Wer von Turboradikalisierung redet, hat null Ahnung«, in: *Die Welt* vom 26. Juli 2016, https://www.welt.de/debatte/kommentare/article157254727/Wer-von-Turboradikalisierung-redet-hat-null-Ahnung.html

266 So damals die Einlassung des Bundesinnenministerium, zitiert in: https://de.wikipedia.org/wiki/Deutsche_Islamkonferenz#cite_note-1

267 Vgl. »Die Integrationseuphorie ist verflogen«, https://www.politikforen.net/showthread.php?41398-Die-Integrations-Euphorie-ist-verflogen/page4

268 Vgl. Deutsche Islam Konferenz: Ergebnisse und Dokumente, http://www.deutsche-islam-konferenz.de/DIK/DE/DIK/1UeberDIK/Dokumente/dokumente-inhalt.html

269 »Der deutsche Staat kapituliert vor dem Islam«, Interview mit Bassam Tibi, a. a. O.

270 Vgl. Dirk Halm / Martina Sauer / Jana Schmidt /Anja Stichs: »Islamisches Gemeindeleben in Deutschland«, a. a. O., S. 36 f.

271 Vgl. Lydia Rosenfelder: »Haben muslimische Prediger in Deutschland spioniert? Die Türkei regiert weiter über den DITIB-Verband in deutsche Moscheen hinein«, in: *Frankfurter Allgemeine Sonntagszeitung* vom 27. Januar 2017, S. 6.

272 Vgl. Joachim Wagner: »Erdoğans langer Arm reicht bis Neukölln«, in: *Die Welt* vom 6. März 2018, https://www.welt.de/print/die_welt/politik/article174230212/Erdogans-langer-Arm-reicht-bis-Neukoelln.html

273 »Sie sind nicht älter als sieben, acht, zehn Jahre. Als kleine uniformierte Kindersoldaten marschieren sie in ihrer Moschee für Allah und Vaterland. Dann fallen sie, von Feindeskugeln getroffen. (...) ›Die Kugel, die dich getroffen hat, spüre ich in meinem Leib… Mein Märtyrer, schlaf ruhig!‹, singen kleine Mädchen. Seit Wochen geschieht das in Ditib-Moscheen dieses Landes (...).«, in: *FAZ* vom 28. April 2018, S. 9.

274 Vgl. Dirk Halm / Martina Sauer /Jana Schmidt /Anja Stichs: »Islamisches Gemeindeleben in Deutschland«, a. a. O., S. 38 f.

275 Siehe die gründliche Ausarbeitung der Wissenschaftlichen Dienste des Deutschen Bundestags: »Islamische Organisationen in Deutschland. Organisationsstruktur, Vernetzungen und Positionen zur Stellung der Frau sowie zur Religionsfreiheit«, Dokumentation WD1 – 3000–004/15.

479

276 Zentralrat der Muslime in Deutschland e. V.: »Grundsatzerklärung zur Beziehung der Muslime zum Staat und zur Gesellschaft« vom 20. Februar 2002, Ziffer 8, http://zentralrat.de/3035.php

277 Ebenda, Ziffer 10.

278 Ebenda, Ziffer 11.

279 Ebenda, Ziffer 13.

280 Wissenschaftlicher Dienst des Deutschen Bundestages: »Islamische Organisationen in Deutschland«, a. a. O., S. 7.

281 Ebenda, S. 11.

282 Ebenda, S. 26 f.

283 »Dieser Islam gehört nicht zu Deutschland«, Interview mit Abdel-Hakim Ourghi, in: *Neue Zürcher Zeitung* vom 25. August 2016, https://www.nzz.ch/feuilleton/zeitgeschehen/abdel-hakim-ourghi-im-gespraech-dieser-islam-gehoert-nicht-zu-deutschland-ld.112710

284 Vgl. Abdel-Hakim Ourghi: »Der Islam braucht eine ehrliche Debatte«, in: *Bild* vom 7. Januar 2018, http://www.bild.de/politik/inland/politik-inland/gastbeitrag-ourghi-54336640.bild.html

285 Vgl. Constantin Schreiber: *Inside Islam – Was in Deutschlands Moscheen gepredigt wird*. Berlin 2017.

286 SVR: Jahresgutachten 2016, a. a. O., S. 78 f.

287 Vgl. »Mann wegen Kreuz an Kette attackiert«, in: *Berliner Morgenpost* vom 13. September 2017, S. 9.

288 Vgl. Miguel Sanches: »Gewalt gegen Christen – mitten in Deutschland«, in: *Berliner Morgenpost* vom 2. Februar 2018, S. 3.

289 Vgl. Harald Martenstein: »Falsche Toleranz gegenüber radikalen Muslimen«, in: *Der Tagesspiegel* vom 16. Dezember 2017, http://www.tagesspiegel.de/politik/martenstein-ueber-antisemitismus-falsche-toleranz-gegenueber-radikalen-muslimen/20734598.html

290 Vgl. Jonas Hermann: »Ein antisemitischer Vorfall an einer Berliner Schule wirft die Frage auf, ob Deutschlands Schulen sicher sind«, in: *Neue Zürcher Zeitung* vom 30. März 2018, https://www.nzz.ch/international/aggressive-einwanderer-an-deutschlands-schulen-ld.1370735

291 Sigmount A. Königsberg, Antisemitismusbeauftragter der jüdischen Gemeinde in Berlin, kritisierte im Juni 2018 zu antisemitischen Vorfällen an der internationalen John-F.-Kennedy-Schule, »dass wieder einmal antisemitische Angriffe von den Lehrkräften nicht erkannt wurden, keine präventiven Maßnahmen ergriffen wurden und auch nicht interveniert wurde«. Vgl. Katrin Lange: »Klebezettel mit Hakenkreuz«, in: *Berliner Morgenpost* vom 29. Juni 2018, S. 10.

292 Vgl. Hannes Heine: »Wachleute bedrängen israelischen Tourismusstand«, in: *Der Tagesspiegel* vom 9. März 2018, https://www.tagesspiegel.de/berlin/security-poebelt-auf-der-itb-wachleute-bedraengen-israelischen-tourismusstand/21051500.html

293 Vgl. »Bald ist hier Frankreich! Ernüchternd: ›Arte‹ besucht ›Europas Muslime‹«, in: *FAZ* vom 11. April 2017.

294 Vgl. Michaela Wiegel: »Kollektive Umerziehung? Wie unterschiedlich Deutschland und Frankreich die Radikalisierung von Muslimen bekämpfen«, in: *FAZ* vom 7. Juni 2016, S. 8.

295 Vgl. Thomas Eppinger: »Mitten in Europa ermordet, weil sie Juden waren«, in: *mena-watch* vom 29. März 2018, https://www.mena-watch.com/mena-analysen-beitraege/mitten-in-europa-ermordet-weil-sie-juden-waren/

296 Vgl. Gilles Kepel: *Der Bruch. Frankreichs gespaltene Gesellschaft.* München 2017.

297 »Wir haben eine immer größer werdende muslimische Minderheit, die sich radikalisiert«, Interview mit Michael Wolffsohn, in: *Neue Zürcher Zeitung* vom 27. Februar 2018, https://www.nzz.ch/feuilleton/der-historiker-michael-wolffsohn-sieht-in-einer-radikalisierten-muslimischen-minderheit-den-grund-fuer-wachsenden-antisemitismus-ld.1359869

298 Vgl. Olivier Roy: *Ihr liebt das Leben, wir lieben den Tod. Der Dschihad und die Wurzeln des Terrors.* München 2017, S. 149 ff.

299 SVR: Jahresgutachten 2016, a. a. O., S. 16.

300 Vgl. Ramazan Demir: *Unter Extremisten. Ein Gefängnisseelsorger blickt in die Seelen radikaler Muslime.* Wien 2017.

301 »Nichts ist hoffnungslos«, Interview mit Walter Laqueur, in: *Die Weltwoche* 52/53 (2015), S. 42.

302 Sabatina James bei Phönix-TV: »Darum wird der antidemokratische Islamismus nicht konsequent bekämpft«, in: *Epoch Times* vom 23. Februar 2017, http://www.epochtimes.de/politik/welt/sabatina-james-bei-phoenix-tv-darum-wird-der-antidemokratische-islamismus-nicht-konsequent-bekaempft-a2055883.html

303 Vgl. Bundesministerium des Innern, Verfassungsschutzbericht 2016, S. 170.

304 Ebenda, S. 179 f.

305 »Die Salafisten und die Deutungshoheit über den Islam«, Interview mit Gilles Kepel, in: *Neue Zürcher Zeitung am Sonntag* vom 15. Mai 2016, https://www.nzz.ch/nzzas/nzz-am-sonntag/islamismus-experte-gilles-kepel-die-salafisten-und-die-deutungshoheit-ueber-den-islam-ld.82731

306 Verfassungsschutzbericht 2016, a. a. O., S. 180 f.

307 Peter Tiede: »Fünf Gründe, warum es mit der Integration so nicht klappt«, in: *Bild* vom 18. Februar 2018, https://www.bild.de/bild-plus/politik/inland/integration/experte-integration-von-muslimen-in-deutschland-gescheitert-54849880,view=conversionToLogin.bild.html. Vgl. Joachim Wagner: *Die Macht der Moschee, Scheitert die Integration am Islam?* Freiburg 2018.

308 Vgl. Jochen Bittner: »The Wrong Way for Germany to Debate Islam«, in: *The New York Times* vom 29. März 2018.

309 Rainer Hermann: »Der Islam ist in Deutschland«, in: *FAZ* vom 28. März 2015, S. 1.

310 Ralph Ghadban: »Migration importiert ein archaisches Frauenbild«, in: *Die Welt* vom 1. Februar 2016, https://www.welt.de/debatte/kommentare/article151741148/Migration-importiert-ein-archaisches-Frauenbild.html

311 Darum zählt Vergewaltigung der Frauen in den Kriegen des Nahen und Mittleren Ostens zum Standardmittel der Kriegsführung. Vgl. »Diese Männer denken: Deutsche Frauen sind Schlampen«, Interview mit Bassam Tibi, in: *Basler Zeitung* vom 11. Januar 2017. https://bazonline.ch/ausland/europa/diese-maenner-denken-deutsche-frauen-sind-schlampen/story/22916308

312 Diese kulturelle Einstellung erklärt den starken Anstieg der sexuellen Übergriffe und Gewalttaten seit der Einwanderungswelle vom Herbst 2015. Was in der

Kölner Silvesternacht 2015 geschah, passiert in der arabischen Welt am hell-lichten Tag hunderttausendfach. Das fehlende Unrechtsbewusstsein der mus-limischen jungen Männer lässt sich aus der islamischen Kultur erklären. Vgl. Samuel Schirmbeck: »Sie hassen uns«, in: *FAZ* vom 11. Januar 2016, S. 8.

313 Vgl. »Wir befinden uns mitten in der islamischen Inquisitionszeit«, Inter-view mit Imad Karim, in: *kurier.at* vom 16. Juni 2017, https://kurier.at/politik/deutsch-libanesischer-regisseur-imad-karim-wir-befinden-uns-mit-ten-in-der-islamischen-inquisitionszeit/270.091.734

314 Vgl. »Muslimische Gesellschaften sind kollektiv gescheitert«, Interview mit Pervez Hoodbhoy, in: *Spiegel online* vom 28. Januar 2013, http://www.spiegel.de/politik/ausland/interview-mit-dem-pakistanischen-atomphysiker-per-vez-hoodbhoy-a-879319.html

315 Vgl. Lydia Rosenfelder: »Zweierlei Türken«, in: *Frankfurter Allgemeine Sonn-tagszeitung* vom 18. September 2016, S. 8.

316 Karen Krüger: »Die K-Frage«, in: *Frankfurter Allgemeine Sonntagszeitung* vom 16. September 2016, S. 42.

317 In Österreich erklärte die Islamische Glaubensgemeinschaft (IGGiÖ), eine vom Staat anerkannte Körperschaft des öffentlichen Rechts, dass für Frauen das Tragen des Kopftuchs in der Öffentlichkeit von der Pubertät an ein »religiöses Gebot und damit Teil der Glaubenspraxis« sei. Das Tragen einer Gesichtsbede-ckung (Vollschleier) sei den Frauen freigestellt. Vgl. Kritik an Kopftuchgebot in Österreich, in: *FAZ* vom 7. März 2017, S. 5.

318 »Als Christin würde ich protestieren«, Interview mit Seyran Ateş, in: *Kurier* vom 6. März 2018, https://kurier.at/politik/inland/imamin-ate-als-chris-tin-wuerde-ich-protestieren/313.056.892

319 Vgl. Susanne Leinemann: »Mit Kopftuch ins Klassenzimmer«, in: *Berliner Mor-genpost* vom 14. April 2018, S. 13.

320 Vgl. Michael Hanfeld: »Kurze Sachen trägt sie nicht mehr«, in: *FAZ* vom 11. Januar 2018, S. 13.

321 Vgl. Rudolf Steinberg: »Vollschleier. Ein allgemeines Verbot der Burka wäre un-klug. Trotzdem muss der Rechtsstaat etwas gegen sie unternehmen. Das geht«, in: *Frankfurter Allgemeine Sonntagszeitung* vom 18. September 2016, S. 10.

322 Vgl. »Die Spaltung der Republik mit den Mitteln des Textils. Manuel Vals nennt Burkinis Symbole der Unterwerfung«, in: *FAZ* von 16. August 2016.

323 Großbritannien geht hier aufgrund seiner kolonialen Vergangenheit, die vor al-lem die ehemalige Kronkolonie Indien betrifft, mit seinen Scharia-Councils rela-tiv am weitesten. Vgl. Sachverständigenrat deutscher Stiftungen für Integration und Migration (SVR): Jahresgutachten 2016, S. 137 ff.

324 Vgl. Sarah Carol / Rahim Hajji / Ruud Koopmans: »Sprachliche Integration, interethnische Kontakte und Religiosität. Ein Gruppenvergleich«, in: Andreas Pott / Khatima Bouras-Ostmann /Rahim Hajji / Soraya Moket (Hrsg.): *Jen-seits von Rif und Ruhr*, a. a. O., S. 107 ff. insb. S. 115 ff.

325 Rindermann berechnet die Veränderung des durchschnittlichen IQ für die Zeit von 2010 bis 2100 aufgrund von Demografie und Einwanderung: Der durch-schnittliche IQ der Bevölkerung wird in Ostasien, Südasien und Australien auf-grund der Herkunft der Einwanderer kaum durch Einwanderung beeinflusst. In den USA ist der negative Einfluss von Einwanderung auf die kognitiven Fä-

higkeiten schon etwas höher und liegt bei rund 4 IQ-Punkten. In Mitteleuropa liegt der prognostizierte Rückgang der kognitiven Fähigkeiten bei rund 10 IQ-Punkten. Vgl. Heinrich Rindermann: *Cognitive capitalism: Human capital and the wellbeing of nations.* Cambridge 2018, Tabelle 13.4, S. 516.

326 Vgl. Thom Duyvené de Wit / Ruud Koopmans: »The Integration of Ethnic Minorities into Political Culture: The Netherlands, Germany and Great Britain Compared«, in: *Acta Politica* 40 (2005), S. 50–73.

327 Vgl. Samuel Huntington: *Kampf der Kulturen. Die Neugestaltung der Weltpolitik im 21. Jahrhundert.* Hamburg 2006, S. 326.

328 »In Cafés sitzen keine Frauen mehr«, Interview mit Élisabeth Badinter und Alice Schwarzer, in: *Frankfurter Allgemeine Sonntagszeitung* vom 10. Dezember 2017, S. 5.

329 Beispielsweise die von Türken betriebene »Sportsbar Stadtmitte« an der Grenze zwischen den Bezirken Mitte und Kreuzberg. Vgl. »Türkische Sportsbar. Frauen dürfen hier nicht rein«, in: *Berliner Kurier* vom 12. Februar 2016. Am 19. Februar 2016 korrigierte der Berliner Kurier die Berichterstattung. Offenbar gab es kein *formales* Zutrittsverbot für Frauen. Das wäre auch rechtswidrig gewesen.

330 Michel Houellebecq: »Ich bin ein halber Prophet«, in: *FAZ* vom 27. September 2016, S. 9.

331 Edgar Selge spielt in dem ARD-Fernsehfilm »Unterwerfung« den Schauspieler Edgar Selge, der im gleichnamigen Theaterstück am Hamburger Deutschen Schauspielhaus die Hauptrolle des Literaturprofessors François spielt. Dazu schrieb Necla Kelek: »Was zunächst als *raffinierte Brechung* und Verschränkung von Spiel und Realität erscheint, erweist sich im Laufe des Films als Distanzierung der Macher vom Inhalt des Stücks und als die Denunzierung des Autors Houellebecq. (...) Relativiert wird so auch die von Houellebecq erzählte Unterwerfung der Intellektuellen vor der Realität.« Necla Kelek: »Nur eine Männerphantasie?«, https://www.perlentaucher.de/essay/necla-kelek-ueber-den-fernsehfilm-die-unterwerfung-nach-dem-roman-von-michel-houellebecq.html

332 »Integration in eine Frage der Menge«, Interview mit Alain Finkielkraut, in: *Cato* 1 (2018), S. 26 f.

333 Ebenda.

334 Mathias Döpfner: »Die Taschenlampe des mündigen Bürgers«, in: *Die Welt* vom 18. September 2017, https://www.welt.de/debatte/kommentare/article168741531/Die-Taschenlampe-des-muendigen-Buergers.html

335 Zitiert bei Samuel P. Huntington: *Kampf der Kulturen,* a. a. O., S. 326.

336 Ebenda, S. 319.

337 Thilo Sarrazin: *Deutschland schafft sich ab.* a. a. O., S. 330.

338 Berthold Kohler: »Abschied von den Lebenslügen«, in: *FAZ* vom 19. April 2017, S. 1.

339 Jacob Burckhardt: *Weltgeschichtliche Betrachtungen* (Veröffentlichung aus dem Nachlass 1905). Erläuterte Ausgabe, hrsg. von Rudolf Marx, Stuttgart 1978, S. 263.

340 »Der Islam wird unsere Gesellschaft aufsprengen«, Interview mit Boualem Sansai, in: *Die Welt* vom 29. Mai 2016, https://www.welt.de/kultur/literarische-welt/article155752745/Der-Islam-wird-unsere-Gesellschaft-aufsprengen.html

Kapitel 5
Was man tun muss

1   Der tief eingewurzelte menschliche Egoismus ist oft unbewusst und wirkt auch indirekt, etwa indem man Minderheitenrechte für andere Gruppen befürwortet, weil man selbst als Minderheit auf einem ganz anderen Gebiet ebenfalls Sonderrechte beansprucht. Vgl. Jacob Weeden / Robert Kurzban: *The Hidden Agenda of the Political Mind*. Princeton 2014; und Patrick Bernau: »Alles Egoisten! Altruistische Politik ist nur ein Schein«, in: *FAZ* vom 29. Dezember 2014, S. 18.

2   Vgl. Jonathan Haidt: *The Righteous Mind. Why Good People are Divided by Politics and Religion*. London 2012, S. 189–220.

3   Vgl. dazu ebenda, S. 213 ff. Zur Illustration, wie schnell sich Evolution vollziehen kann, erwähnt Haidt die Studie des sowjetischen Wissenschaftlers Dmitry Belyaev. Dieser war 1948 degradiert worden, weil er an die Mendel'sche Genetik glaubte. An einem sibirischen Forschungsinstitut arbeitete er dann mit Füchsen, aber anstatt sie in Bezug auf die Pelzqualität zu selektieren, selektierte er sie nach sozialen Eigenschaften. Bereits nach 9 Generationen wurden die Füchse zahmer, auch änderte sich ihre Gestalt, und nach 30 Generationen wurden sie so zahm, dass man sie als menschliche Spielgefährten halten konnte, lernbegierig und darauf aus zu gefallen.

4   Charles Darwin: *Die Abstammung des Menschen*. Frankfurt a. M. 2009, S. 165 f.

5   Vgl. dazu Haidt: *The Righteous Mind*, a. a. O., S. 195, dort auch Fußnote 18.

6   Richard Dawkins: *Der Gotteswahn*. Berlin 2007, S. 429 f.

7   Henryk M. Broder: »Wann ging zuletzt ein Atheist mit Messer auf Menschen los?«, in: *Die Welt* vom 1. April 2018, https://www.welt.de/debatte/kommentare/plus175056001/Henryk-M-Broder-Wann-ging-zuletzt-ein-Atheist-mit-Messer-auf-Menschen-los.html

8   Dirk Halm / Martina Sauer: »Muslime in Europa. Integriert, aber nicht akzeptiert?« August 2017, Bertelsmann Stiftung, Gütersloh, S. 58.

9   »Terrorismus und Islam hängen zusammen«, Interview mit Kyai Haji Yahya Cholil Staquf, in: *FAZ* vom 19. August 2017, S. 9.

10 SVR: Jahresgutachten 2016 S. 16 f.

11 Hassan al-Banna: »Der Islam der Muslimbrüder«, zitiert in: Imad Mustafa: *Der politische Islam*. Wien 2014, S. 34 f.

12 Abdel-Hakim Ourghi: *Reform des Islam. 40 Thesen*. München 2017, S. 215 f.

13 Abdelwahab Meddeb: *Die Krankheit des Islam*, a. a. O., S. 245.

14 Vgl. Mathias Rohe: *Der Islam in Deutschland. Eine Bestandsaufnahme*. München 2016.

15 Siegfried Köppen: Leserbrief an die *Berliner Morgenpost*, 20. Januar 2017, S. 2.

16 So zeigte sich z. B. im Frühjahr 2017 in Großbritannien anlässlich des Attentats in Manchester, dass in Großbritannien der Zusammenhang zwischen Parallelgesellschaft, Islam und Terror weitgehend ausgeblendet wird. Vgl. Jochen Buchsteiner: »Das Offensichtliche«, in: *FAZ* vom 26. Mai 2017. Zur Kritik der westlichen Haltung siehe Rita Breuer: *Im Namen Allahs? Christenverfolgung im Islam*. Freiburg 2015, S. 155 ff.

17 Vgl. zu diesem Abschnitt Thilo Sarrazin: »Anmerkungen eines nicht Hilfreichen – Wie man die fatale Migrationspolitik korrigieren müsste«, in: Philip Plickert (Hrsg.): *Merkel. Eine kritische Bilanz*. München 2017, S. 152–166.

18 Vgl. Christoph Ehrhardt: »Das beste Geschäft ist immer noch das Schleuser-geschäft«, in: *FAZ* vom 13. Februar 2018, S. 2.

19 Vgl. Thilo Sarrazin: *Wunschdenken. Weshalb Politik so häufig scheitert.* München 2016, S. 282 ff.

20 Der Afrikaforscher Stephen Smith weist darauf hin, dass die Auswanderung Afrika nicht hilft, sondern schadet, weil die Aktivsten gehen. Die Geldüberwei-sungen der Ausgewanderten bezeichnet er als Rente ohne Gegenleistung für die Zurückgebliebenen, die ihre Aktivitäten lähmt und zudem den Ausgewander-ten die materiellen Mittel entzieht, die sie für ihre Integration brauchen. Es liegt deshalb im ureigenen afrikanischen Interesse, die Auswanderung nach Europa und Nordamerika zu unterbinden. Vgl. »Ansturm auf Europa«, Interview mit Stephen Smith, in: *Die Weltwoche* 21 (2018), S. 3–40.

21 Vgl. Robin Alexander: *Die Getriebenen, Merkel und die Flüchtlingspolitik. Report aus dem Innern der Macht.* München 2017.

22 Kay Hailbronner: »Wie das europäische Asylrecht reformiert werden kann. Nötig ist eine effektive Balance zwischen Schutzpflichten und Migrationssteue-rung«, in: *FAZ* vom 12. April 2018, S. b6.

23 Der Bundesverfassungsrichter Peter Huber, im Zweiten Senat des Bundesver-fassungsgerichts für das Europarecht zuständig, äußerte dazu auf dem Höhe-punkt der Debatte:»Dublin war darauf angelegt, nicht angewendet zu werden«, und zeigte Verständnis für die Bürger, die alles nur noch unverständlich finden. Vgl. Reinhard Müller: »Absurdes Dublin«, in: *FAZ* vom 23. Juni 2018, S. 4.

24 René Cuperus: »Das Märchen von der guten Migration. Die gefährliche Naivi-tät der kritiklosen Migrationsbejaher«, *IPG-Journal* vom 7. März 2018, http://www.ipg-journal.de/regionen/global/artikel/detail/das-maerchen-von-der-gu-ten-migration-2616/

25 Gerald Knaus, Chef des Berliner Thinktanks»Europäische Stabilitätsinitiative«, gilt als der geistige Vater des Abkommens der EU mit der Türkei. Er fordert, dass»alle, die von einem bestimmten Stichtag an Italien, Griechenland oder Spa-nien erreichen, nach einem kurzen, fairen Asylverfahren innerhalb von Wochen wieder in Nigeria, Pakistan oder dem Senegal sein« sollen,»wenn ihr Antrag abgelehnt wird«. Dazu fordert er Rückführungsabkommen mit den betreffen-den Staaten. »Abschiebungen sollen abschreckend wirken, Interview mit Gerald Knaus«, in: *FAZ* vom 23. April 2018, S. 9. Rückführungsabkommen sind not-wendig. Die Bereitschaft zu ihrem Abschluss wird allerdings erst dann da sein, wenn die europäischen Staaten sich endlich dazu durchringen, abgelehnte Asyl-bewerber ausnahmslos, notfalls gewaltsam unter militärischem Schutz in die Herkunftsstaaten zurückzuführen.

26 So auch die Einschätzung des aus dem Libanon stammenden Politologen und Islamwissenschaftlers Ralph Ghadban, der einen großen Teil seines Berufsle-bens der Integrationsarbeit mit libanesischen Arabern gewidmet hat. Vgl.»Wir müssen die Clan-Strukturen jetzt schnell zerschlagen«, Interview mit Ralph Ghadban, FAZ vom 7. April 2018, S. 4.

27 Zu den Zahlen siehe SVR: Jahresgutachten 2016, S. 95 f.

28 Ebenda, S. 97.

29 Ein entsprechender Versuch wurde an der Berliner Humboldt-Universität unternommen, er ist gescheitert. Das jetzt für das Wintersemester 2018/19 ge-

plante Institut für islamische Theologie an der Berliner Humboldt-Universität ist ein ungewisses Experiment. Liberale Muslime sind im Beitrat nicht vertreten. Vertreten sind die Islamische Gemeinschaft der schiitischen Gemeinden, der Zentralrat der Muslime und die Islamische Föderation Berlin. Ein Beirat mit fünf Mitgliedern – zwei entsandt von der Universität, je einer von den drei beteiligten Verbänden – soll die Geschicke des Instituts lenken und auch über Berufungen entscheiden. Vorgesehen ist die Ausbildung von Imamen und Religionslehrern. Vgl. Martin Niewendick: »Wer hat das Sagen am Berliner Islam-Institut?«, in: *Die Welt* vom 18. Mai 2018, https://www.welt.de/politik/deutschland/article176514455/Islam-Institut-Berlin-Wer-hat-das-Sagen.html

30   Vgl. SVR: Jahresgutachten 2016, S. 98 ff.

31   Vgl. ebenda, S.107 ff.

32   Vgl. ebenda, S. 111 ff.

33   Vgl. ebenda, S. 115 ff.

34   Mathias Rohe: *Das islamische Recht. Geschichte und Gegenwart.* München 2011, S. 9.

35   SVR: Jahresgutachten 2016, S. 136.

36   Vgl. ebenda, S. 137 ff.

37   Vgl. Joachim Wagner: *Richter ohne Gesetz. Islamische Paralleljustiz gefährdet unseren Rechtsstaat.* Berlin 2011.

38   Vgl. SVR: Jahresgutachten 2016, S. 140.

39   Otto Jastrow: »Der Islam kennt keine religiöse Toleranz«, in: *Deutschlandfunk* vom 9. Februar 2018, http://www.deutschlandfunk.de/sure-109-der-islam-kennt-keine-religioese-toleranz.2395.de.html?dram:article_id=4079200

40   »Terrorismus und Islam hängen zusammen«, Interview mit Kyai Haji Yahya Cholil Staquf in: *FAZ* vom 19.August 2017, S. 9.

41   »Christlicher Gouverneur von Jakarta muss wegen Blasphemie zwei Jahre in Haft«, in: *Die Welt* vom 9. Mai 2017, https://www.welt.de/newsticker/news1/article164387241/Christlicher-Gouverneur-von-Jakarta-muss-wegen-Blasphemie-zwei-Jahre-in-Haft.html

42   Vgl. Necla Kelek: »Merkel wird den Islamfunktionären geben, was sie verlangen«, in: *Die Welt* vom 24. April 2018, https://www.welt.de/debatte/kommentare/plus175753057/Integration-Merkel-wird-den-Islamfunktionaeren-geben-was-sie-verlangen.html

43   Hamed Abdel-Samad: *Integration. Ein Protokoll des Scheiterns.* München 2018, S. 65 f.

44   Vgl. Torsten Meise: »Heimat für 138 Nationen«, in: *change Magazin* 1 (2018), S. 11 ff.

45   Das ganz Drama des praktischen Scheiterns der Integration durch Bildung im deutschen Schulsystem wird deutlich bei Ingrid Freimuth: *Lehrer über dem Limit. Warum die Integration scheitert.* München 2018.

46   Vgl. zuletzt Thilo Sarrazin: *Wunschdenken,* a. a. O., S. 253 ff.

47   Vgl. SVR: Jahresgutachten 2016, S. 151 ff.

48   Dazu schrieb Harald Berger in einem Leserbrief an die *FAZ:* »Sarrazin hatte im letzten Kapitel seines berühmten Buches Absurditäten des Islam-Appeasement in Deutschland weitgehend ironisch und überspitzt dargestellt und so

um 2045–2050 datiert. Damit lag er falsch, denn 1. ist es mit dem BVG-Urteil schon 2015 losgegangen und 2. ist es keine Ironie mehr, sondern jetzt schon bittere Realität. Ich befürchte, der Kulturkampf wird nicht erst 2050 im Gange sein, sondern viel früher«, in: *FAZ.Net* vom 16. März 2015.

49   Vgl. SVR: Jahresgutachten 2016, a. a. O., S. 156.

50   Vgl. Reiner Burger: »Tür an Tür mit den Clans. Wie Nordrhein-Westfalen den Kampf gegen kriminelle Großclans führen will – und welche Schwierigkeiten es dabei gibt«, in: FAZ vom 13. Februar 2018, S. 2.

Schlussbemerkung

1   Die Grundschule im bürgerlichen Berlin-Charlottenburg, an der meine Frau bis 2011 unterrichtete, bietet in der Kantine des Schulhorts kein Schweinefleisch mehr an. So wird den nicht muslimischen Kindern Halal-Essen aufgezwungen. Die Praxis des Berliner Jugendknastes wurde damit übernommen.

2   Selbst scheinbar gut integrierte Muslime sind es häufig nicht und lehnen unsere Kultur ab. Im Mai 2018 hatte ein Bild der beiden türkischstämmigen deutschen Nationalspieler Ilkay Gündogan und Mesut Özil gemeinsam mit dem wahlkämpfenden türkischen Präsidenten Erdoğan für eine Debatte gesorgt. Ihr Agent Erkut Sögüt lebt in London. Einem britischen Journalisten erklärte er, er fühle sich zwar in Deutschland zu Hause, weil er dort aufgewachsen sei, aber nicht deutsch: »Eigentlich gehörte ich nie dazu.« Mit den Deutschen und Türken sei das so eine Sache. Wer dazugehören wolle, müsse sich assimilieren, so werden wie die Deutschen. »Polen und andere können das, aber Türken nicht, weil wir eine andere Kultur und eine andere Religion haben.« Siehe: »Was ein Auftritt mit dem türkischen Präsidenten über die Fußballer Mesut Özil und Ikay Gündogan sagt – und die Aufregung darum über alle anderen Deutschen«, in: *Der Spiegel* vom 14. Mai 2018.

3   Karen Krüger schreibt: »Wie viele der hier lebenden Muslime das religiöse Gesetz über das Grundgesetz stellen, ist nicht wirklich belegt. Sicher ist aber, dass derartige Interpretationen auch aus religiöser Sicht umstritten sind. Die Mehrheit der deutschen Muslime lehnt sie ab.« Das weiß keiner genau, und selbst wenn es so wäre, ist es angesichts der auch von Karen Krüger nicht bestrittenen Radikalisierungstendenzen nicht wirklich beruhigend. Karen Krüger: *Eine Reise durch das islamische Deutschland*. Berlin 2016, S. 346 f.

4   Als Seyran Ateş 2017 in Berlin eine liberale Moschee gründete, in der Männer und Frauen zusammen beten, Frauen keine Kopftücher tragen müssen und in der sie selbst als weiblicher Imam agiert, bekam sie über 100 Morddrohungen. Sie steht genau wie Hamed Abdel-Samad unter permanentem Personenschutz.

Tabelle 1: Demografische Eckdaten 1950-2100 (in 1000)

Jahr	1950	1990	2014	2015	Zuwachs in % seit			Prognose Mittl. Variante	
					1950	1990	2014	2050	2100
Welt	2536275	5330943	7298453	7383009	191,1	38,5	1,16	9771823	11184368
Europa	549375	723654	740211	740814	34,8	2,4	0,08	715721	653261
Deutschland	69966	79118	81490	81708					
Islamische Welt	466762	1301883	2211261	2260548	384,3	73,6	2,23	2962923	4059299
Islamische Welt/Welt	0,18	0,24	0,30	0,31				0,30	0,36
Islamische Welt/Europa	0,85	1,80	2,99	3,05				4,14	6,21
Afrika	228670	634667	1164130	1194370	422,3	88,2	2,60	2527557	4467588
Islamisches Afrika	139856	375671	675243	692332	395,0	84,3	2,53	1439820	2484795
Komoren	159	412	759	777	388,7	88,6	2,37	1463	2161
Djibouti	62	590	912	927	1395,2	57,1	1,64	1308	1264
Eritrea	1142	3113	4746	4847	324,4	55,7	2,13	9607	14781
Äthiopien	18128	48087	97367	99873	450,9	107,7	2,57	202083	249530
Somalia	2264	7397	13513	13908	514,3	88,0	2,92	36676	78972
Tansania	7650	25460	52235	53880	604,3	111,6	3,15	138082	303832
Tschad	2502	5957	13569	14009	459,9	135,2	3,24	33636	61691
Algerien	8872	25912	39113	39872	349,4	53,9	1,94	57437	62556
Ägypten	20713	57412	91813	93778	352,7	63,3	2,14	153433	198748
Libyen	1125	4437	6204	6235	454,2	40,5	0,50	8124	7431
Marokko	8986	25912	34318	34803	287,3	34,3	1,41	45660	43840
Sudan	5734	20147	37738	38648	574,0	91,8	2,41	80386	138648
Tunesien	3605	8233	11144	11274	212,7	36,9	1,17	13884	13321
Westsahara	14	217	515	526	3657,1	142,4	2,14	982	1287
Burkina Faso	4284	8811	17586	18111	322,8	105,5	2,99	43207	81723
Gambia	271	917	1918	1978	629,9	115,7	3,13	5233	7180
Guinea	3094	6041	11806	12092	290,8	100,2	2,42	26852	48327
Guinea-Bissau	535	1012	1726	1771	231,0	75,0	2,61	3603	5901
Mali	4708	8465	16963	17468	271,0	106,4	2,98	44020	83207
Mauretanien	660	2030	4064	4182	533,6	106,0	2,90	8049	13059
Niger	2560	8013	19148	19897	677,2	148,3	3,91	68454	192187
Nigeria	37860	95270	176461	181182	378,6	90,2	2,68	410638	793942

Zuwachs in % ab 2015		Männer 2015		Kriegs-index	Geburten		Nettoreproduktionsrate		Medianalter	
bis 2050	bis 2100	15–19	55–59		2010–2015	jährlich	1950–1955	2010–2015	1950	2015
32,4	51,5	304829	167871	1,8	699214	139843	1,67	1,10	23,5	29,6
-3,4	-11,8	19212	24422	0,8	39743	7949	1,15	0,76	28,9	41,7
		2052	3050	0,7	3357	671	0,97	0,67	35,3	46,2
31,1	79,6	84591	27469	3,1	231538	46308	1,97	1,65	20,9	25,2
		0,28	0,16		0,33	0,33				
		4,40	1,12		5,83	5,83				
						0				
111,6	274,1	61916	14185	4,4	199625	39925	1,85	1,96	19,3	19,4
108,0	258,9	34256	8287	4,1	113992	22798	1,81	1,97	19,3	20,6
88,3	178,1	42	10	4,2	128	26	1,75	1,98	19,5	19,7
41,1	36,4	45	13	3,5	110	22	1,87	1,30	16,5	23,6
98,2	205,0	266	50	5,3	869	174	1,96	1,96	17,3	18,6
102,3	149,8	5932	1019	5,8	15537	3107	1,83	2,00	17,9	18,6
163,7	467,8	603	107	5,6	2236	447	1,84	2,56	19,5	16,5
156,3	463,9	2784	532	5,2	9832	1966	2,08	2,30	16,9	17,3
140,1	340,4	786	124	6,3	2979	596	1,75	2,36	21,5	16,0
44,1	56,9	488	120	4,1	4747	949	2,22	1,38	19,4	27,6
63,6	111,9	4028	1613	2,5	12386	2477	1,80	1,58	20,8	24,7
30,3	19,2	262	104	2,5	680	136	1,97	1,12	21,0	27,5
31,2	26,0	1524	789	1,9	3535	707	2,18	1,21	19,5	28,0
108,0	258,7	2179	464	4,7	6434	1287	2,16	2,04	18,1	19,4
23,2	18,2	424	283	1,5	1007	201	1,94	1,07	20,3	31,2
86,7	144,7	22	13	1,7	52	10	1,76	1,20	18,7	29,4
138,6	351,2	1002	153	6,5	3438	688	1,47	2,29	19,5	17,0
164,6	263,0	106	19	5,6	394	79	1,27	2,37	19,5	16,8
122,1	299,7	682	155	4,4	2219	444	1,57	2,09	21,9	18,5
103,4	233,2	97	22	4,4	328	66	1,82	1,95	21,8	19,4
152,0	376,3	951	146	6,5	3640	728	1,44	2,48	20,8	16,2
92,5	212,3	216	51	4,2	651	130	1,78	2,07	17,9	19,8
244,0	865,9	1016	252	4,0	4504	901	1,84	2,98	15,2	14,8
126,6	338,2	9660	2044	4,7	34424	6885	1,64	2,12	19,1	17,9

Jahr	1950	1990	2014	2015	Zuwachs in % seit			Prognose Mittl. Variante	
					1950	1990	2014	2050	2100
Senegal	2887	7514	14546	14877	415,3	98,0	2,28	34031	64806
Sierra Leone	2041	4312	7079	7417	263,4	72,0	4,77	12972	16401
Asien	**1394018**	**3202475**	**4349561**	**4393296**	**215,2**	**37,2**	**1,01**	**5256927**	**4780485**
Islamisches Asien	**238092**	**667216**	**1047131**	**1066178**	**347,8**	**59,8**	**1,82**	**1523103**	**1574504**
Kasachstan	6703	16540	17488	17750	164,8	7,3	1,50	22959	25738
Kirgistan	1740	4373	5775	5865	237,1	34,1	1,56	8113	8852
Tadschikistan	1532	5284	8363	8594	461,0	62,6	2,76	15874	18928
Turkmenistan	1211	3684	5466	5565	359,5	51,1	1,81	7888	8324
Usbekistan	6264	20462	30500	30976	394,5	51,4	1,56	40950	38142
Afghanistan	7752	12249	32758	33736	335,2	175,4	2,99	61928	70410
Bangladesch	37895	106189	159405	161201	325,4	51,8	1,13	201927	173594
Iran	17119	56226	78411	79360	363,6	41,1	1,21	93553	72462
Malediven	74	223	408	418	464,9	87,4	2,45	576	496
Pakistan	37542	107679	185546	189381	404,5	75,9	2,07	328859	351943
Brunei	48	259	412	418	770,8	61,4	1,46	540	487
Indonesien	69543	181437	255131	258162	271,2	42,3	1,19	321551	306026
Malaysia	6110	18038	30228	30723	402,8	70,3	1,64	41729	41799
Aserbaidschan	2928	7243	9504	9617	228,4	32,8	1,19	11039	9559
Bahrain	116	496	1336	1372	1082,8	176,6	2,69	2327	2246
Irak	5719	17469	35006	36116	531,5	106,7	3,17	81490	155556
Jordanien	481	3561	8809	9159	1804,2	157,2	3,97	14188	17319
Kuwait	153	2100	3782	3936	2472,5	87,4	4,07	5644	6231
Libanon	1335	2703	5603	5851	338,3	116,5	4,43	5412	4350
Oman	456	1812	3961	4200	821,1	131,8	6,03	6757	6672
Katar	25	476	2374	2482	9828,0	421,4	4,55	3933	3971
Saudi-Arabien	3121	16327	30777	31557	911,1	93,3	2,53	45046	44029
Palästinensischer Staat	932	2101	4537	4663	400,3	121,9	2,78	9704	15115
Syrien	3413	12446	19203	18735	448,9	50,5	-2,44	34021	38167
Türkei	21408	53922	77031	78271	265,6	45,2	1,61	95627	85776
Vereinigte Arabische Emirate	70	1860	9071	9154	12977,1	392,2	0,92	13164	14776
Jemen	4402	12057	26246	28916	556,9	139,8	10,17	48304	53536

Zuwachs in % ab 2015		Männer 2015		Kriegs-index	Geburten		Nettoreproduktionsrate		Medianalter	
bis 2050	bis 2100	15–19	55–59		2010–2015	jährlich	1950–1955	2010–2015	1950	2015
128,7	335,6	796	135	5,9	2733	547	1,76	2,23	19,2	18,0
74,9	121,1	345	69	5,0	1129	226	1,39	1,82	20,4	18,5
19,7	**8,8**	**182081**	**102767**	**1,8**	**379985**	**75997**	**1,83**	**0,98**	**22,0**	**30,3**
42,9	**47,7**	**50335**	**19182**	**2,6**	**117546**	**23509**	**2,08**	**1,28**	**20,6**	**26,4**
29,3	45,0	581	392	1,5	1907	381	1,91	1,27	23,2	29,3
38,3	50,9	266	106	2,5	773	155	1,73	1,47	25,3	25,1
84,7	120,2	445	129	3,4	1246	249	2,20	1,60	22,3	22,5
41,7	49,6	237	100	2,4	559	112	2,26	1,37	23,5	26,4
32,2	23,1	1354	572	2,4	3362	672	2,03	1,10	24,1	26,3
83,6	108,7	1972	329	6,0	5386	1077	1,63	2,23	19,4	17,5
25,3	7,7	8242	2596	3,2	15905	3181	1,91	1,02	19,3	25,6
17,9	-8,7	2878	1541	1,9	6953	1391	1,98	0,83	21,9	29,5
37,8	18,7	17	6	2,8	38	8	1,58	1,05	18,6	26,4
73,6	85,8	9983	2826	3,5	26710	5342	1,70	1,60	19,8	22,5
29,2	16,5	19	10	1,9	34	7	2,86	0,91	22,4	30,6
24,6	18,5	11769	5611	2,1	25597	5119	1,75	1,14	20,0	28,4
35,8	36,1	1347	634	2,1	2467	493	2,44	1,01	19,6	28,5
14,8	-0,6	376	252	1,5	999	200	2,15	0,94	22,8	30,9
69,6	63,7	49	32	1,5	101	20	2,28	1,03	18,9	30,3
125,6	330,7	1957	338	5,8	5899	1180	2,05	2,08	22,0	19,3
54,9	89,1	386	92	4,2	983	197	2,36	1,70	17,2	22,5
43,4	58,3	118	36	3,3	359	72	2,70	0,99	21,5	31,0
-7,5	-25,7	271	132	2,1	381	76	2,41	0,82	23,2	28,5
60,9	58,9	134	76	1,8	387	77	1,85	1,39	18,8	29,0
58,5	60,0	72	29	2,5	121	24	2,71	0,97	18,9	30,7
42,7	39,5	1285	652	2,0	3105	621	2,22	1,30	19,0	28,3
108,1	224,1	271	47	5,8	723	145	2,54	2,00	17,3	19,3
81,6	103,7	1107	272	4,1	2362	472	2,50	1,49	20,3	20,8
22,2	9,6	3405	1883	1,8	6518	1304	2,09	1,00	19,3	29,8
43,8	61,4	256	202	1,3	490	98	2,29	0,88	18,9	33,3
67,0	85,1	1538	287	5,4	4181	836	1,87	1,92	18,9	19,3

United Nations 2017 Revision of World Population Prospects und eigene Berechnungen

Tabelle 2: BIP in Kaufkraftparitäten 2016

Jahr	BIP Dollar PPP* 2016	
	Anteil Welt	pro Kopf
Welt	100,00	
Europa		35530
Deutschland	3,28	49777
Islamische Welt	15,03	
Afrika		
Islamisches Afrika	3,37	
Komoren	0	1570
Djibouti	0	3580
Eritrea	0,01	1350
Äthiopien	0,15	2070
Tansania	0,13	3330
Tschad	0,03	2610
Algerien	0,51	15420
Ägypten	0,93	12600
Libyen	0,08	16370
Marokko	0,24	8860
Sudan	0,15	4570
Tunesien	0,11	12120
Burkina Faso	0,03	1880
Gambia	0	1710
Guinea	0,01	1320
Guinea-Bissau	0	1640
Mali	0,03	2360
Mauretanien	0,01	4590
Niger	0,02	1160
Nigeria	0,89	5930
Senegal	0,03	2730
Sierra Leone	0,01	1740

Jahr	BIP Dollar PPP* 2016	
	Anteil Welt	pro Kopf
Asien		
Islamisches Asien	11,66	
Kasachstan	0,38	25980
Kirgistan	0,02	3570
Tadschikistan	0,02	3120
Turkmenistan	0,08	18410
Usbekistan	0,17	6900
Afghanistan	0,05	2020
Bangladesch	0,55	4200
Iran	1,23	19050
Malediven	0,01	15980
Pakistan	0,84	5400
Brunei	0,03	83510
Indonesien	2,59	12420
Malaysia	0,73	28610
Aserbaidschan	0,14	18180
Bahrain	0,06	51270
Irak	0,49	16500
Jordanien	0,07	11540
Kuwait	0,25	72680
Libanon	0,07	19120
Oman	0,14	44470
Katar	0,28	131060
Saudi-Arabien	1,43	55230
Türkei	1,4	22020
Vereinigte Arabische Emirate	0,56	68900
Jemen	0,07	2820

* PPP = Purchasing power parity = US-Dollar in Kaufkraftparitäten

IWF und eigene Berechnungen

Tabelle 3: Indikatoren für Demokratie, Pressefreiheit, Korruption

Land	Demokratieindex 2016	Rangliste Pressefreiheit	Rangplatz Korruption
Deutschland	8,63	16	10
Afrika			
Islamisches Afrika	3,82		
Komoren	3,71	50	153
Djibouti	2,83	172	123
Eritrea	2,37	180	164
Äthiopien	3,60	142	108
Somalia		167	176
Tansania	5,76	71	116
Tschad	1,50	127	159
Algerien	3,56	129	108
Ägypten	3,31	159	108
Libyen	2,25	164	170
Marokko	4,77	131	90
Sudan	2,37	174	170
Tunesien	6,40	96	75
Burkina Faso	4,70	42	72
Gambia	2,91	145	145
Guinea	3,14	108	142
Guinea-Bissau	1,98	79	168
Mali	5,70	122	116
Mauretanien	3,96	48	142
Niger	3,96	52	101
Nigeria	4,50	116	136
Senegal	6,21	65	64
Sierra Leone	4,55	83	123

Land	Demokratieindex 2016	Rangliste Pressefreiheit	Rangplatz Korruption
Asien			
Islamisches Asien	3,53		
Kasachstan	3,06	160	131
Kirgistan	4,93	85	136
Tadschikistan	1,89		151
Turkmenistan	1,83	178	154
Usbekistan	1,95	166	156
Afghanistan	2,55	120	169
Bangladesch	5,73	144	145
Iran	2,34	169	131
Malediven		112	95
Pakistan	4,33	147	116
Brunei		155	
Indonesien	6,97	130	90
Malaysia	6,54	146	55
Aserbaidschan	2,65	163	123
Bahrain	2,79	162	70
Irak	4,08	158	166
Jordanien	3,96	135	55
Kuwait	3,85	103	75
Libanon	4,86	98	136
Oman	3,04	124	64
Katar	3,18	117	31
Saudi-Arabien	1,93	165	62
Palästinensischer Staat	4,49	132	
Syrien	1,43	177	173
Türkei	5,04	151	75
Vereinigte Arabische Emirate	2,75		24
Jemen	2,07	170	170

Economist, Reporter ohne Grenzen, Transparancy International